# MARIHUANA:

**horticultura del cannabis**
**La biblia del cultivador**
## MÉDICO
**de interior y exterior**

**por JORGE CERVANTES**

# Créditos

Título original: *Marijuana Horticulture: The Indoor/Outdoor Medical Grower's Bible*
Publicado por Van Patten Publishing, Inc.
Traducción y edición al castellano: David García
Corrección: Mamiko
Diseño de la cubierta: Chris Payaso
Fotografías de cubierta: Invernadero en los jardines medicinales de Eddy Lepp, por Chris Payaso. Cogollo de Thaitanic en plena floración, por Gato.
Grafismo: Christopher Valdes, Chris Payaso
Diseño y maquetación: Chris Payaso
Fotografías de contracubierta: Jorge Cervantes
Fotografías: Jorge Cervantes, Gato, Gregorio Fernández, Hugo, William, Eirik, Chris Payaso, David García
Edición: Linda Meyer, Estella Cervantes
Colaboradores: Dr. John McPartland, Chimera, Therese Blanco, Chris Payaso
© Jorge Cervantes, 2007
ISBN-13: 978-1-878823-24-3

USD $39.95      Europe 29,95€

**Impreso en China**

9 8 7

Para realizar pedidos al por mayor, contactar con los siguientes distribuidores:
España: www.marijuanagrowing.com/dhtml/contactus_wholesale.php
Reino Unido: Avalon Wholesale: www.avalonheadshop.co.uk, Tel.: (+44) 23 9283 2383
América del Norte: Quick Distribution: Tel.: (+1) 510 527 7036
Ingram Books: www.ingrambook.com
Visita nuestro sitio web, www.marijuanagrowing.com, para encontrar **más** distribuidores."

## A la memoria de:
## Steven McWilliams

Atemorizado por la posibilidad de ir a la cárcel, en constante sufrimiento y cansado de batallar por los derechos de los pacientes médicos que emplean marihuana, Steven McWilliams se suicidó en San Diego el día 11 de julio de 2005, lunes, cuando cumplía 51 años.

El señor McWilliams era famoso en Estados Unidos (EE.UU.) por sus esfuerzos en legitimar el movimiento por la marihuana médica. Aunque no fue tomado en serio al principio, McWilliams no abandonó, y trabajó para el movimiento desde 1996, tan pronto como los votantes del estado de California aprobaron la Proposición 215, que permite usar marihuana con propósitos médicos bajo prescripción facultativa.

Steven McWilliams trabajó a nivel local para que se implementara la Proposición 215 en San Diego. Mediante las apariciones semanales que realizaba en las reuniones del ayuntamiento, portando una planta de marihuana, impulsó que los políticos locales sacaran a la luz un plan para la distribución de cannabis. Como resultado, se asentaron en la ciudad unos baremos según los propios usuarios para determinar el número de plantas permitidas. Durante algún tiempo, el señor McWilliams sirvió en un comité ciudadano para tratar estos temas. Se presentó al consejo local en varias ocasiones, cuando no estaba planteando demandas para la ciudad.

A pesar de todo esto, fue declarado culpable de cultivo ilegal en 2003 y sentenciado a cumplir seis meses de prisión en una cárcel federal. En el momento de suicidarse, aún en libertad mientras se apelaba la sentencia, tenía que soportar graves dolores de manera crónica; el juez había ordenado que no usara marihuana. El señor McWilliams padecía severos

### Dedicatoria

Este libro está dedicado a Sebastian Orfali; a Roger Watanabe; a mi madre, padre, esposa y familia; a todos los pacientes médicos que emplean el cannabis; y a todos aquellos que han sufrido los efectos de la guerra contra las drogas (prohibidas del cannabis). Compartimos una aflicción común. Algunos políticos y agentes de la ley han compartido nuestro dolor; otros, se encuentran en diferentes estados de negación. Que Dios, Buda, Alá, Shiva, o cualquiera que sea la divinidad a la que rindas culto, los bendiga a todos.

efectos adversos por el empleo de los analgésicos que se prescriben habitualmente. Dejó una nota diciendo que era demasiado dolor para continuar así, y que esperaba que su suicidio ayudara a cambiar la posición del gobierno estadounidense en cuanto a la marihuana como medicina.

La casa consistorial de San Diego acogió servicios conmemorativos durante los cuales se repartieron rosas blancas entre los asistentes. Steph Sherer, directora ejecutiva de Americanos por un Acceso Seguro dijo: «Steve McWilliams fue torturado por el gobierno federal a causa de la medicación que necesitaba».

El dispensario Native Suns fue inaugurado en San Diego el día 6 de junio de 2005, desafiando el fallo del Tribunal Supremo de Estados Unidos contra las leyes sobre marihuana médica de los distintos estados. Tras una decisión dividida, con 6 votos contra 3, el juez Paul Stevens afirmó que el Congreso tiene la responsabilidad moral de cambiar las leyes de la nación respecto al uso de cannabis por parte de pacientes médicos. Al redactar el veredicto, el juez Stevens estimó que el gobierno federal no se había excedido en su autoridad legal cuando agentes federales llevaron a cabo redadas cuyo objetivo eran pacientes con receta del estado de California para usar marihuana médica.

# Agradecimientos

Parte de la información que aparece en este libro ha sido extrapolada de los foros y preguntas frecuentes que se encontraban en www.overgrow.com (OG). La siguiente lista contiene nombres de miembros de OG y de algunas de las muchas personas que han hecho posible este libro.

Éste ha sido un camino largo y tortuoso. Muchísimas personas maravillosas han ayudado a hacer realidad este libro. He incluido a todo el mundo por orden alfabético. Para clarificar, algunas de las personas que aparecen a continuación proporcionaron inspiración, otras aportaron hechos reales, y unos contribuyeron mucho más que otros. Sabemos quienes somos y estamos juntos.

Gracias especialmente a Chimera, que añadió precisión y conocimiento al capítulo de crianza. Es todo un experto en la materia.

10K
Adam (Hempworks/T.H.Seeds)
Al (Insta Print)
Alan Dronkers (Sensi)
Albert (Sensi)
Aleen
Alex (no Alex Saco de Mierda
    Mentiroso)
Allen St. Pierre (NORML)
Amadeo
André Grossman (*High Times*)
Annie
Apollo11Genius
Arjan (Greenhouse)
Aurora
Badar
Balta
Barbas
Barge
Barry (*Australian Hydroponics*)
Bean (*High Times*)
Ben Dronkers (Sensi)
Bernard Rapaz (Valchanvre)
Bev
Beverly Potter
Biddy
BigIslandBud
Bill
Bill C.
Bill Drake (autor)
Bill K.
Bill R.
BOG
Boy Ramsahai (*High Life* y *Soft
    Secrets*)
Breeder Steve (Spice of Life)
Brian (SNB)
Bubbasix
Bubble Man
Bukko
Buddy (Nirvana), Holanda
Buddy R.
Bud-E
Carlos Cholula
Carlos Hernández
César Doll (*Cáñamo*)
Charlie
Charlie F.
Chimera (Chimera Seeds)
Chris Conrad
Chris I.

Chris Payaso
Chris Simunek (*High Times*)
Cliff Cremer (*High Life* y *Soft Secrets*)
Connie (*Hanf*)
Consuelo
Cosmic Jimmy
Crow
Crystal (Kind Seeds)
Crystalman (Joop Dumay),
    Holanda
Curt (Advanced Nutrients),
    Holanda
D. B. Turner
D. C.
D.J. Short (DJ Short Seeds)
DaChronicKing
Dan (Vancouver, BC)
Dana Larson (*Cannabis Culture*)
Darryll (Kind Seeds)
Daryll
Dave Bienenstock (*High Times*)
David
David García (traductor)
David Strange (*Heads*)
David T.
David W.
David Watson
Dennis (*Grass Times*)
Dennis Peron
Dennis S.
Dennos
Derry (Barney's)
Deva
Dieter Hagenbach
Dirk Eran (Canna)
Doc Ontario
Doctor Dangerous
Don Collins
Donny
Doug (Hempworks/T.H.Seeds)
Dr. John McPartland (*Hemp
    Diseases and Pests*)
Drew Bennie
Dutch Grown
Eagle Bill (RIP)
Ed Borg, Holanda
Ed Rosenthal (autor)
Ed S., Canadá
Eddie (Flying Dutchmen)
Eddy Lepp
Eirik

Elizabeth
Elmar (BTT)
Emilio Gómez
Enric
Ernesto (*Cáñamo*)
Estelita, España
Evie
Farmer in the Sky
Fatima
Felipe Borrallo (Makoki)
Felix Kaatz (Owl's Production)
Ferrán (Good House Seeds)
Fergetit
Flick
Fluus
Foz
Frank
Frank (Canna)
G. I. Joe
Gaspar Fraga (*Cáñamo*)
Gato
George
Gillis (Canna)
Gisela
Glass Joe
Gloria (Kind Seeds)
Gonz
Gordon
Grant
Green Man
Gregorio (Goyo) Fernández
Guido (Hanfblatt)
Gurney
Gypsy Nirvana (Seeds Direct)
Hank
Harmon D.
HashMan
HempHappy
Henk (Dutch Passion)
Henk (HESI)
Hillary Black
Hugo (*Soft Secrets*)
Ivan (Ivanart)
ixnay007
J. D., España
Jack Herer
Jaime Prats (*Cáñamo*)
Jan
Jan Sennema
Jason King (autor)
Javi

Javi (The Plant)
Javis
Jerry
Jim
Jim, Chicago
Jim R.
Jimmy Chicago
JJ Jackson (Advanced Hydroponics)
JJ Turner
Joan Melendez
John
John (Avalon)
Johnny Sage, Ocean Beach
Joint Doctor (Low Ryder)
Jordi Bricker (*Cáñamo*)
Josete (*Cáñamo*)
Juan
Juan (The Plant)
Joaquín (El Conde)
K. (Trichome Technologies)
Karen (The Amsterdam)
Karulo (L'interior)
Kees (Super Sativa Seed Club)
Keith Stroop (NORML)
Kelly
Ken
Kevin
Kinny
Kyle (Kind Seeds)
Kyle Kushman (*High Times*)
Larry Armantrout
Larry Turner
Lars
Laurence Cherniac (autor)
Leaf
Lee Bridges (El Poeta del Cannabis, RIP)
Liam (Pollinator)
Linda
Lock
Lord of the Strains
Lorna (Cannabis College)
Loti, Suiza
Luc (Paradise Seeds)
Lyndon (*CC Newz*)
Madelena (Cannabis College)
Mani, España
Marc
Marc Emery (*Cannabis Culture*)
Marco Kuhn (CannaTrade)
MarcusVonBueler
Mario Belandi (Reina Madre)
Martin Palmer (Avalon)
Martin Trip
Mary Anderson
Matt (*High Times*)
Matt (T.H.Seeds), Holanda
Mauk (Canna)
Max M.
Mel Frank (*Marijuana Grower's Guide*)
Michael

Michael A.
Michka (Mama Editions)
Mickey
Miguel Gemino
Miguel
Mike
Mike
Mike Edison (*High Times*)
Mila (Pollinator)
Moisés Lopéz (*Cáñamo*)
Moño
Mr. Beaner
Mr. Ito
Murphy Stevens (autor)
Napoleon (Martin)
Natalia
Neil Wilkinson
Neville (The Seed Bank)
Nick (*Red Eye Express*)
Nol Van Schaik (Willie Wortel's)
Noucetta
Ocean
Olaf (Greenhouse)
Oli, Suiza
Opti
Óscar (Osona)
Patricia
Patrick, Suiza
Patty Collins
Paul
Pepe Población
Phil (*Weed World*)
Pim (Super Sativa Seed Club)
PREMIER
Psychotropic Nomad
R.C. (fundador de overgrow.com)
Ravi Dronkers (Sensi)
Red (Legends Seeds)
Reeferman
Renaté
Rick
Rick Cusick (*High Times*)
Rob
Rob Clarke (*Marijuana Botany*)
Robbie (Agromix)
Roberto C.
Roger
Roger (*Nacht-Schatten Verlag*)
Roger Botlanger (*Hanf*)
Roger Watanabe (RIP)
Rolf
Romulan Joe
Ron (Baba) Turner (Last Gasp)
Ron Wilks
Ross
Rubio
Sam S.
Sammy
Saskia
Saskia (Canna)

SC
Scott
Sebastian Orfali (RIP)
Sergi Doll (*Cáñamo*)
Shantibaba (Mr. Nice)
Simon (Serious Seeds)
Sita
Sixfinger
Skip
Skip Higdon
Skip Stone
Snoofer
Soma (Soma Seeds)
Spanish Hash Guy
Spence (Cannabis College)
Steve
Steve, Ámsterdam
Steve, OZ
Steve Bloom (*High Times*)
Steve Hagar (*High Times*)
Steve R.
Steve Solomon
Sus
Susan L.
T.
Taylor (Kind Seeds)
Ted B.
Ted Zitlau (RIP)
Tigranne (Mama Editions)
Tim G.
Tom (*Sinsemilla Tips*)
Tom Flowers (*Marijuana Flower Forcing*)
Tony (Sagarmatha)
Tony B.
Twofingered
Uncle Ben
Vansterdan
Wally Duck
Wayne O.
Wernard Bruining
Whirly
William
Willie (*Hanfblatt Tuner*)
Winnie (*Grow!*)
Wismy (*Yerba*)
Xavi
Xus
Yorg, Suiza
Yorgos
Ztefan (CannaTrade)

Resultaría imposible incluir en la lista anterior a todos los cultivadores y aficionados al cannabis que han prestado su ayuda para esta obra. Durante los últimos 20 años, todos ellos han proporcionado valiosas contribuciones y el apoyo necesario para hacer posible este libro.

## La guerra contra las drogas

La guerra contra las drogas en «América, tierra de los libres» está fuera de control. Esta guerra contra ciudadanos americanos y otras muchas almas desafortunadas por todo el mundo, continúa estando regida por el miedo y la desinformación que hacen circular las numerosas agencias gubernamentales, tanto estadounidenses como de otros países.

La guerra contra las drogas se concentra en encarcelar a los usuarios de cannabis, y está encabezada por un zar de la droga. El diccionario *Webster* define zar como **1.** Un antiguo emperador ruso. **2.** Un autócrata. **3.** Informal. Alguien con autoridad, líder. De estas definiciones, podemos deducir que un zar de la droga no es alguien que preste oídos a ningún tipo de oposición. ¿Es ésta la base de la democracia?

Entre los más infames zares de la droga americanos, se encuentran: William Bennet (fumador de tabaco, bebedor y jugador compulsivo), Barry McCaffrey (el general más condecorado de Estados Unidos e instigador de la fallida propaganda mediática anticannabis) y John Walters (un burócrata de carrera que etiqueta a los pacíficos consumidores de cannabis como terroristas). Todos los zares de la droga, pasados y presentes, profesan altos *estándares de moral*.

Muchos informes oficiales del gobierno, y también privados, han recomendado la legalización o despenalización del cannabis, incluyendo:

**1928:** La comisión Le Dain (Canadá) recomendó despenalizar o legalizar pequeñas cantidades de marihuana.

**1972:** La comisión Saber, designada por el presidente Nixon, afirmó que las leyes referentes a la marihuana deberían ser despenalizadas. Nixon rechazó esta recomendación y, en su lugar, apoyó la creación de la agencia antidroga estadounidense (DEA).

**1990:** El grupo consultivo de California (designado por el propio estado) recomendó que California legalizara la marihuana. El fiscal general del estado, John Van de Kamp, se negó a publicar el informe.

**2005:** Se hace público el informe *Implicaciones presupuestarias de la prohibición de la marihuana*. El informe de la Universidad de Harvard, realizado por 500 economistas estadounidenses encabezados por Milton Friedman, apoya legalizar y tasar el cannabis.

El cannabis ha sido utilizado medicinalmente durante más de 10.000 años, y está siendo dispensado legalmente como medicina en 10 estados de EE.UU., Canadá, Holanda y España. El gobierno de EE.UU. aún clasifica el cannabis como droga Tipo I, junto a la heroína, como si no tuviera valor médico.

La edición del *Seattle Times* del 30 de julio de 2004 informaba del «primer uso local de la disposición *Patriot Act* en un caso de contrabando de marihuana». El fiscal federal en Seattle, Washington, acusó a 15 personas en una operación de tráfico de marihuana. El agente infiltrado, perteneciente al Departamento de Inmigración y Aduanas de EE.UU., se hizo pasar por un hombre medio que contrabandeaba con divisas entre EE.UU. y Canadá.

Los presuntos traficantes de cannabis y dinero fueron acusados en aplicación del Acta Patriótica. Esta disposición fue aprobada como ley en EE.UU. para luchar contra el terrorismo internacional tras los ataques del 11 de septiembre a las torres del World Trade Center, en la ciudad de Nueva York. Sin embargo, según el fiscal federal Todd Greenberg, «nada indica que estos acusados estuvieran conectados con el terrorismo».

## Algunos hechos bien documentados:

| Causas de mortalidad | Muertes anuales |
|---|---|
| Tabaco | 435.000 |
| Sedentarismo y mala alimentación | 365.000 |
| Alcohol | 85.000 |
| Agentes microbianos | 5.000 |
| Agentes tóxicos | 55.000 |
| Accidentes con vehículos a motor | 26.347 |
| Reacciones adversas a medicamentos con receta | 32.000 |
| Suicidio | 30.622 |
| Incidentes con armas de fuego | 29.000 |
| Homicidio | 20.308 |
| Conductas sexuales | 20.000 |
| Todo uso ilícito de drogas, directo o indirecto | 17.000 |
| Drogas antiinflamatorias no esteroides, como la Aspirina® | 7.600 |
| Marihuana | 0 |

Esta información, confirmada para el año 2000 en Estados Unidos, proviene de: http://www.drugwarfacts.org/causes.htm.

www.drugwarfacts.org

www.stopthedrugwar.org

www.cannabisconsumers.com

www.druglibrary.org

## AÑO ARRESTOS POR MARIHUANA EN EE.UU.

| Año | Arrestos |
|-----|----------|
| 2001 | 723.627 |
| 2000 | 734.498 |
| 1999 | 704.812 |
| 1998 | 682.885 |
| 1997 | 695.200 |
| 1996 | 641.642 |
| 1995 | 588.963 |
| 1994 | 499.122 |
| 1993 | 380.689 |
| 1992 | 342.314 |

El 88,6% de las detenciones llevadas a cabo en 2001 fueron por posesión únicamente.

Con la creciente prohibición, se está cultivando más cannabis que nunca en todo el mundo. La mayoría de las fotografías y gran parte de la información que aparece en este libro fueron obtenidas fuera de las fronteras estadounidenses. Las leyes sobre el cannabis en «la tierra de los libres» son unas de las más horrorosas y represivas del mundo. No obstante, con este artificioso «programa de apoyo al precio del cannabis en un mercado libre», engendrado por el gobierno estadounidense, se está beneficiando el resto del mundo. Los cultivadores de todas partes, incluyendo aquellos que están dispuestos a arriesgar su libertad y sus posesiones en EE.UU., son capaces de hacer dinero *de facto* con este programa.

El programa funciona de la siguiente manera. Como el cannabis es ilegal, su precio se eleva artificialmente porque la oferta es limitada y la demanda se mantiene alta. Los empresarios agresivos ven una oportunidad de negocio y satisfacen las necesidades del mercado. Cuando se endurecen las ya severas leyes, los empresarios dejan paso a los matones y al crimen organizado, que cubren los pedidos de cannabis. Cualquier estudiante de primero de Económicas puede darse cuenta de todo ello.

Esta información ha atraído sobre sí las miradas de algunos políticos. Cada vez, un número mayor de ellos encuentra la integridad y el coraje necesarios para arriesgarse a un suicidio político, y avalan el cannabis médico.

# Contenidos

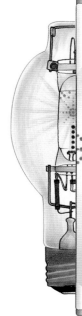

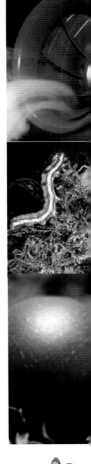

Las cubiertas que aparecen a continuación muestran algunos de los muchos libros publicados por Jorge.

*Edición original de Indoor Marijuana Horticulture, 1983.*

*Segunda edición de Indoor Marijuana Horticulture.*

*Segunda edición de IMH revisada.*

## Introducción

La *biblia* ha atravesado una completa metamorfosis desde su primera edición, en 1983. Aquella edición tenía sólo 96 páginas en blanco y negro, unidas con un par de grapas. Escribí el libro en un ordenador Kaypro II. Para componer, enganché mi Kaypro a un ordenador central VAX. Las *galeradas* de composición fueron pegándose hasta llegar a la copia impresa. Imprimí el libro en una imprenta Multilith. Mi mujer y yo reuníamos las páginas y las grapábamos, dando forma al primer libro de *Indoor Marijuana Horticulture*. De inmediato, la obra se convirtió en un superventas entre los cultivadores de interior, y así ha permanecido desde entonces.

La segunda edición (1985) incrementó el número de páginas a 288, y los cultivadores de interior la bautizaron como «la biblia». La tercera edición (1993) fue ampliada a 320 páginas; y la cuarta (2001), aumentó bastante de peso con sus 432 páginas, 200 fotos en color y dibujos. La biblia ha sido editada en holandés, alemán, francés, inglés y castellano. También hay una edición especial para el Reino Unido. La edición australiana fue prohibida por el gobierno de ese país, pero los orgullosos australes siguen encontrando la forma de introducir el libro en su continente.

Esta biblia tiene un formato algo mayor (15 x 21 cm.) y 512 páginas a todo color con más de 1100 fotografías, dibujos, diagramas y gráficos. La quinta edición está completamente rescrita para reflejar los cambios más recientes en el cultivo de cannabis. Las secciones sobre semillas, plantones, crecimiento vegetativo, clonación, floración, crianza y hachís han sido ampliadas sustancialmente. También han sido añadidas secciones completamente nuevas acerca de los invernaderos y el cultivo de exterior. Las fotos y los precisos dibujos en color se complementan con el texto para simplificar la información, de manera que resulte más fácil de asimilar.

Las cámaras digitales, junto a ordenadores cada vez más rápidos, con grandes discos duros y veloces conexiones a internet, han transformado la biblia en una obra mucho más completa.

Fuimos capaces de mantener el precio en 21,95 $ durante doce años, desde 1993 hasta 2005. Los costes de añadir color a todas y cada una de las páginas, la contratación de editores, los viajes y gastos generales de oficina, así como la inflación, han hecho necesario que se introduzca un mínimo de publicidad al tiempo que se eleva el precio a 24,95 $.

Si deseas saber más acerca de cómo anunciarse en la biblia, no dejes de visitar nuestro portal en internet: www.marijuanagrowing.com.

El texto va seguido de casos prácticos que muestran exactamente cómo distintos cultivadores han conseguido cosechas sobresalientes por céntimos al día. Todas sus estadísticas de cultivo -vatios, variedades, calendario, costes, peso de la cosecha, etc.- también aparecen listadas. Observa como los cultivadores invierten un mínimo de dinero para cosechar kilo tras kilo de cogollos de calidad superior durante los 365 días del año.

Un calendario y una lista de tareas de jardín aportan al libro conceptos adicionales de organización para todos los horticultores de interior.

*- Jorge Cervantes*

Primera edición de IMH en holandés.

Cuarta edición de IMH.

Marijuana Indoors:
Five Easy Gardens.

Tercera edición de IMH.

Cuarta edición de I
MH en alemán.

Marijuana Outdoors:
Guerrilla Growing.

IMH prohibida en Australia.

Cuarta edición de IMH en castellano.

Cultivo de guerrilla, edición en castellano.

Marihuana Drinnen

Cuarta edición de IMH para el Reino Unido.

Marijuana Jorge's Rx.

# Internet: información libre sobre cultivo

La información y la velocidad a la que ésta viaja constituyen la innovación más importante de los últimos cinco años en lo que respecta al cultivo de marihuana.

Internet permite que millones de cultivadores de todo el mundo compartan información. Los cultivadores de todas partes aún pueden preguntar y responder *on line* cuestiones de cultivo de forma anónima, y descargar información referente a los usos del cannabis. La siguiente lista incluye algunos de mis sitios favoritos en internet.

1. www.cannabiscafe.net es un sitio de referencia en castellano. Fue iniciado con dominio «.com» por un vaquero mejicano que se había *chingado* la cintura y que entretuvo su recuperación poniendo en marcha el foro. En la actualidad, es mantenido por la Asociación de Internautas del Cannabis Café, que también organiza anualmente la Cannabis Parade en algún lugar de España.

2. www.cannabisculture.com, sitio electrónico de la revista *Cannabis Culture*. Dispone de una completa selección de información sobre cannabis, incluyendo una buena cantidad de artículos sobre cultivo. Los destacados incluyen noticias recientes y actuales.

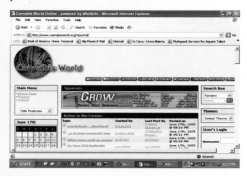

3. www.cannabisworld.com es un portal de visita obligada para el cultivador serio. Se trata de un sitio de cultivo avanzado.

4. www.weedfarmer.com está lleno de foros de cultivo que se mantienen muy activos. Repleto de información.

5. www.hightimes.com es el sitio oficial de la revista High Times y tiene secciones rebosantes de temas políticos, noticias, cultivo y muchas cosas más. Este sitio,

que registra un gran tráfico de visitas, lo tiene todo para el entusiasta del cannabis. Añádelo a tu lista de «Favoritos».

6. www.marijuanagrowing.com es el sitio oficial de Jorge Cervantes. Está repleto de información reciente sobre el cultivo de marihuana, con páginas y páginas de información actualizada, además de artículos de Jorge y numerosos consejos de cultivo para los tiempos que corren.

**biobe∫T**
BIOLOGICAL SYSTEMS

Worldwide a complete range of products for Integrated Crop Protection in horticulture

7. www.biobest.be no es un sitio acerca del cannabis, pero dispone de abundante información referida a los insectos beneficiosos.

8. www.overgrow.com (arriba a la derecha) era, sin lugar a dudas, el mejor sitio dedicado al cannabis en internet. Las autoridades canadienses cerraron esta web y www.cannabisworld.com a principios de 2006. A la hora de entrar en imprenta, seguíamos sin conocer el destino del popular sitio. Todos echamos de menos los cientos de miles de imágenes, la guía de variedades, los foros y la información puesta al día.

9. www.seedbankupdate.com puntúa las empresas de semillas según la información más fiable de internet. Este sitio destacado se actualiza semanalmente.

10. www.solocannabis.com es, con certeza, el sitio más grande en castellano: tiene la mayor base de miembros y el número más elevado de visitas entre todos los sitios en lengua hispana. Está dirigido con dedicación por un aficionado al cannabis y buen amigo desde un pequeño pueblo en el noreste de España.

Internet fue desarrollado por el Departamento de Defensa estadounidense (DOD) durante la segunda mitad del siglo XX. Los especialistas del gobierno desarrollaron la *World Wide Web* por razones de seguridad nacional. Resulta sencillo instalar un servidor *proxy* junto con algunas precauciones para utilizar la red con seguridad, de modo que el gobierno no pueda seguir tus movimientos.

Ten mucho cuidado cuando navegues por la red. Investiga en los distintos foros dedicados al cannabis para encontrar más información acerca de cómo navegar prudentemente.

Los cultivadores inteligentes, especialmente los de países con leyes draconianas, no envían correos electrónicos relacionados con el cultivo ni navegan por sitios de cultivo desde ordenadores que estén en casas donde se cultiva. Recuerda: nadie sabe quién puede estar vigilando el correo transparente. Los programas cortafuego (*firewalls*) alertan y protegen al usuario contra seguimientos y entradas sin autorización en su ordenador. Pregunta en tu tienda de informática por el *software* de seguridad para mantener a raya a los indeseables.

En el apartado de preguntas frecuentes de www.overgrow.com, sitio ahora cerrado, se podía entrar en detalles sobre los diferentes aspectos de seguridad en internet.

No frecuentes sitios ni *chats* dedicados a la marihuana a menos que hayas tomado las oportunas medidas de seguridad.

La información que encontramos en internet puede ser genial o puede acarrear problemas. Tanto los cultivadores como las autoridades tienen el mismo *status* en la red, y pueden publicar *hechos* en sus sitios electrónicos o grupos de noticias. En muchas ocasiones, estos *hechos* sin verificar y pobremente investigados, son interesados o inciertos. Pregúntate siempre a ti mismo si la información que estás leyendo tiene sentido; si suena demasiado bien como para ser cierta, probablemente no lo sea. A menudo, navego por muchos sitios y páginas antes de encontrar algo que merezca la pena conservar. «Gratis» suele querer decir que el material está orientado a la venta. Los grupos de noticias constituyen un foro excelente para compartir historias de cultivo.

## Química de la marihuana

El cannabis es la única planta que produce las sustancias químicas denominadas cannabinoides. Sin embargo, con la ingeniería genética a toda marcha, es sólo cuestión de tiempo que sean añadidos a otras plantas. Los cannabinoides son ingredientes únicos del cannabis; los cannabinoides psicoactivos son responsables de los efectos embriagadores de la marihuana, y algunos producen estimulación. Se ha confirmado la existencia de unos 40 cannabinoides distintos, pero la mayoría no son psicoactivos. He aquí un breve repaso a los seis más importantes.

$\Delta^9$ THC (Delta-9 tetrahidrocannabinol trans), el principal ingrediente estimulante. El cannabis, ya sea cáñamo industrial o marihuana farmacológica, contiene $\Delta^9$THC; eso sí, el cáñamo industrial contiene cantidades infinitesimales mientras que los cogollos secos de una marihuana potente pueden llegar a contener hasta el 25% de $\Delta^9$ THC. En variedades potentes de marihuana, quizá todos los efectos embriagadores estén derivados del $\Delta^9$ THC.

$\Delta^8$ THC, se encuentra en el cannabis en concentraciones muy bajas. También actúa como estimulante, pero hay tan poco $\Delta^8$THC en la mayoría de las muestras que los investigadores, criadores y cultivadores se concentran en el más abundante y potente $\Delta^9$ THC. Para simplificar las cosas, nos referiremos a ambos como THC.

El cannabidiol, conocido como CBD, también aparece en prácticamente todas las variedades de cannabis. Las cantidades de CBD varían enormemente, desde una pizca hasta más del 95% de todos los cannabinoides presentes en la planta. Generalmente, el CBD tiene efecto sedante con respecto a la estimulación que se experimenta. El CBD, cuando se combina con el THC, tiende a posponer el comienzo de la «subida» pero, a cambio, puede hacer que ésta dure hasta el doble. Que el CBD aumente o disminuya la fuerza de la estimulación es algo subjetivo que debe distinguir cada fumador.

El cannabinol, o CBN, se produce al oxidarse o degradarse el THC; en fresco, sólo existen indicios de esta sustancia. Los cogollos curados y almacenados y el hachís tienen niveles más altos de CBN, que ha sido convertido desde THC. La marihuana con niveles elevados de CBN suele hacer que el fumador se sienta desorientado y, a menudo, soñoliento o grogui: es lo que podríamos llamar una embriaguez estupefaciente. Como mucho, el CBN contiene sólo el 10% de la potencia psicoactiva del THC original.

El tetrahidrocannabiverol, o THCV, es el propilo más corto (tres carbonos) que sustituye la cadena de cinco carbonos o pentilo. Este compuesto está asociado a la fragancia de las plantas. Es decir, que la marihuana con un olor muy intenso suele contener THCV. Las temperaturas más cálidas hacen que se libere más olor. El THCV se encuentra en la marihuana muy potente que proviene del sureste y el centro de Asia, así como de ciertas regiones africanas. La concentración de THCV suele hacer que la *subida* comience más rápidamente y desaparezca antes. Todavía hay mucho que investigar sobre este cannabinoide.

*Representación de una molécula de THC.*

El cannabicromeno, o CBC, puede constituir el 20% del perfil de cannabinoides de una planta. Se ha estudiado poco acerca de este cannabinoide, aunque los investigadores creen que puede interactuar con el THC para intensificar la estimulación.

Para obtener una información más completa sobre la producción de cannabinoides, incluyendo diagramas químicos y perfiles de resina, consulta el libro *Marijuana Grower's Guide*, un clásico de Mel Frank (Red Eye Press, 1997, 330 páginas).

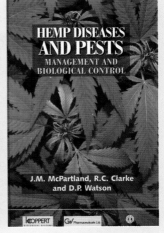

*Hay tres excelentes libros de referencia que todo cannabicultor de interior debería tener a mano: el citado* Marijuana Grower's Guide, *de Mel Frank;* Marijuana Botany, *por Robert Connell Clarke (Ronin Press); y* Hemp Diseases and Pests, *por J. M. McPartland, R. C. Clarke y D. P. Watson (CABI Publishing). Estas obras son guías clásicas de cultivo y crianza. Además, puede encontrarse información valiosa sobre jardinería en cualquiera de las veinte revistas que se incluyen al final de este libro, y visitando los sitios en internet que aparecen en este capítulo. También, puedes acudir a las ferias mencionadas en la Introducción; y leer publicaciones como* Organic Gardening, Mother Earth News, *etc., así como la sección de jardinería de los periódicos.*

El reverendo Charles Eddy Lepp, de los Jardines Medicinales de Eddy y el Ministerio Multidenominacional del Cannabis y el Rastafarismo.

Tigrane y Michka, de Mama Productions, y Jack Herer (El emperador está desnudo) disfrutan de un momento durante la Cannabis Cup en Ámsterdam.

Lorna, directora del Cannabis Collage de Ámsterdam, educa a miles de personas al año sobre el uso y los beneficios del cannabis médico.

## La marihuana como medicina
### Por el Dr. John McPartland

El cannabis (marihuana, hachís) ha sido usado con fines recreativos o medicinales durante 10.000 años o más. Sus indicaciones médicas son múltiples, incluyendo el glaucoma, la espasticidad muscular (p.ej., esclerosis múltiple), los desórdenes del movimiento (p. ej., enfermedad de Huntington) y muchos síndromes que cursan con dolor. La marihuana reduce la náusea y los vómitos, y aumenta el apetito, por lo que ayuda a personas con SIDA y contrarresta los efectos secundarios de la quimioterapia para el cáncer. La investigación demuestra que puede prevenir la muerte de neuronas dañadas, y todo el mundo sabe que alivia la ansiedad y la depresión.

La investigación con marihuana es uno de los campos más activos de la ciencia médica, por lo que cualquiera de los libros que sugerimos puede quedar anticuado pronto. En la edición de 2002 de *Marihuana - Cultivo en interior*, recomendábamos *Marijuana and Medicine* (National Academy Press, 1999), un libro clásico que ha sido actualizado por *Cannabis y Cannabinoides* (Ediciones Castellarte, 2003) y *The Medicinal Uses of Cannabis and Cannabinoids* (Pharmaceutical Press, 2004). *Marijuana Medicine*, de Christian Rätsch (Healing Arts Press, 1998) es un libro estupendo, enfocado a la etnobotánica y a los usos históricos del cannabis. Algunos sitios destacables en internet son www.maps.org, www.medicalmj.org y www.medmjscience.org, así como los enlaces que aparecen en www.druglibrary.org/schaffer/hemp/medical/medical.htm. También puedes obtener actualizaciones regulares sobre ciencia, política y leyes referidas a la marihuana médica suscribiéndote a *O'Shaughnessy's - The Journal of Cannabis in Clinical Practice* (www.ccrmg.org/journal.html). En castellano, hay otros libros sobre la materia, como *Manual médico de la marihuana*, de Ed Rosenthal, Dale Gieringer y el Dr. Tod Mikuriya (Ediciones Castellarte, 1999).

A pesar de los inequívocos beneficios médicos de la marihuana, la agencia antidroga estadounidense (DEA) clasifica la marihuana como droga prohibida de Tipo 1 («sin uso médico aceptado en la actualidad»). Sin embargo, el tetrahidrocannabinol (THC), principal ingrediente activo de la marihuana, está clasificado como droga sintética de Tipo III (dronabinol, Marinol®). Muchos americanos rechazan esta hipócrita clasificación de la DEA. Actualmente, diez estados de EE.UU. permiten a los pacientes poseer marihuana para uso médico bajo prescripción facultativa, pero la posesión continúa siendo ilegal ante la ley federal.

Como la marihuana permanece en la ilegalidad por la ley estadounidense, su fuente continúa siendo el mercado negro. Los pacientes deben obtener su medicina de productores sin regularizar. Tú, estimado lector, puede que seas uno de estos productores desregularizados. Los pacientes dependen de tu ética y destreza para abastecerles de medicina de calidad superior, libre de impurezas. Jorge y yo consideramos que, de alguna manera, las leyes deshonrosas generan una cierta honorabilidad entre aquellos a quienes persiguen, por lo que suplicamos a todos los cultivadores que provean sólo de la mejor marihuana cultivada de manera orgánica. Los métodos para cultivar hierba de calidad farmacéutica se encuentran perfilados en este libro. Procura que tus plantas estén lo más sanas que puedas, prestando una cuidadosa atención a lo básico: luz, nutrientes, agua y aire. Todo debe estar en equilibrio, especialmente los nutrientes. Si consigues el equilibrio adecuado, no necesitarás recurrir a los capítulos sobre insectos y control del moho. Los contaminantes más comunes de la marihuana son los mohos y pesticidas, y un cultivo óptimo elimina las posibilidades de ambos.

Por supuesto, puede que incluso el mejor cultivador no logre siempre un cultivo óptimo. En este libro, se detalla el empleo de pesticidas naturales, como aceites y jabones; y, aún mejor, se promueve el uso de controles biológicos u organismos disponibles a través de los comercios que combaten las plagas y enfermedades (un ejemplo típico son las mariquitas contra los áfidos). Si quieres obtener más información acerca del uso de pesticidas naturales y controles biológicos, consulta la biblia, *Hemp Diseases and Pests* (ver página anterior). No obstante, a pesar de toda esta información, seguiremos predicando que «prevenir es mejor que curar». Incluso la química *natural* puede causar problemas a ciertas personas. En la última edición de *O'Shaughnessy's*, se detalla el caso de una mujer que cayó enferma mientras manicuraba marihuana que había sido rociada con abamectina, un compuesto natural producido por una bacteria del suelo. Su uso en jardines orgánicos está aprobado pero, no obstante, casi mató a la mujer. Cultiva bien y evita los productos químicos.

*Este paciente, usuario de marihuana, atiende el jardín desde una silla de ruedas. La jardinería puede producir la medicina que necesita un paciente y proporcionar terapia.*

¿De qué manera funciona la marihuana como medicina? La cuestión es como una cebolla, con muchas capas que pelar antes de llegar al corazón. La primera capa es la esencia herbal de la medicina, que no concuerda con la ciencia médica actual. La DEA y la FDA critican el uso de hierbas como medicamentos, alegando que las plantas contienen una mezcla variable de compuestos y que no proporcionan un efecto farmacológico definido con precisión. Según la industria farmacéutica, las medicinas han de ser como balas de plata, fármacos sintéticos de un sólo ingrediente que enfilan hacia rutas metabólicas únicas en nuestros sistemas fisiológicos. Los herbolarios, por el contrario, aplauden la polifarmacia de los remedios herbales, y les atribuyen dos ventajas sobre los fármacos de un sólo ingrediente:

1. Los diversos elementos que hay en las hierbas pueden funcionar a través de mecanismos múltiples, mejorando la actividad terapéutica de manera sinérgica o acumulativa.

2. Las hierbas también pueden contener compuestos que mitiguen los efectos adversos de sus ingredientes activos predominantes.

Así, la marihuana ha sido definida como una «escopeta sinérgica» en contraste con las «balas de plata» sintéticas de un sólo ingrediente. Los distintos ingredientes de la marihuana modulan nuestra salud a través de varias rutas metabólicas, espoleando suavemente nuestro sistema hacia la homeostasis (autorregulación). Según la industria farmacéutica, esta cualidad multitarea hace que la marihuana resulte imposible de evaluar. Sin embargo, evita la distorsión desequilibrada de las rutas metabólicas únicas, como la que producen los medicamentos a base de un sólo ingrediente, como Vioxx.

El principal ingrediente de la marihuana es el THC. El tetrahidrocannabinol (THC) es una molécula *nueva*, producida por el cannabis, que ha evolucionado durante los últimos 34 millones de años. Muchos botánicos especulan que el THC evolucionó inicialmente como toxina para disuadir a los herbívoros, pero esta estrategia evolutiva fue desviada cuando el THC pasó a ser atractiva para los seres humanos –la «botánica del deseo» descrita por Michael Pollan-. El THC actúa en los humanos imitando un compuesto endógeno que produce nuestro propio cuerpo, llamado anandamida. El THC se une a los receptores de anandamida, llamados receptores cannabinoides (CB). La investigación revela que, originalmente, los receptores CB evolucionaron en organismos primitivos hace 600 millones de años. No obstante, como ocurre con todas las cuestiones del tipo el-huevo-y-la-gallina, la historia de los receptores CB y el cannabis comenzó mucho antes de que aparecieran este par de protagonistas en el tiempo evolutivo. Es probable que ambos tuvieran predecesores evolutivos que se pierden en la noche de los tiempos, antes de que los caminos de las plantas y los animales se bifurcaran en la sopa primordial. A lo largo de la eternidad, los receptores CB pudieron haberse convertido en vestigios, análogos a un apéndice, que sólo se reactivaron cuando el *homo sapiens* descubrió el cannabis. Los humanos hemos interactuado y coevolucionado con el cannabis durante milenios, creando un complejo medicamento heterogéneo a base de seleccionar las plantas que proporcionan los máximos beneficios con el mínimo de efectos

adversos. El éxito logrado tras 10.000 años o más de refinamiento de esta medicación botánica será difícil de igualar en los laboratorios modernos. Esta reconstrucción de la teoría farmacológica es radical y puede abanderar, con la marihuana al frente, la reintroducción de los medicamentos herbales en las modernas farmacopeas médicas.

Cuando el THC o la anandamida activan los receptores CB, éstos activan las proteínas-G a su vez. Las proteínas-G son mensajeros microscópicos que migran alrededor de las células y modulan muchos canales de iones y enzimas. Los receptores cannabinoides se asocian con diferentes subtipos de proteínas-G, como los subtipos Gi y Gs. La «i» y la «s» son las abreviaturas de «inhibidora» y «estimuladora», que describen los efectos opuestos que tienen estas proteínas-G sobre sus objetivos. La investigación ha demostrado que los diferentes cannabinoides activan preferentemente distintos subtipos de proteínas-G. Esto puede explicar por qué las diferentes variedades de marihuana producen efectos diferentes. Por ejemplo, las plantas afganas producen mucho cannabidiol (CBD), y quizá el CBD active proteínas-Gi preferentemente, causando un efecto inhibidor de tipo narcótico, insensibilizador. Mientras que las plantas tailandesas contienen tetrahidrocannabiverol (THCV, un propilo análogo al THC), que podría activar con preferencia las proteínas-Gs y causar la típica estimulación veloz y zumbante que producen estas plantas.

Gracias a su mezcla de ingredientes, la marihuana causa menos efectos psicológicos adversos (como ansiedad y reacciones de pánico) que el THC puro sintetizado (Marinol). Las pruebas clínicas han demostrado que el CBD reduce la ansiedad provocada por el THC, y también se han manifestado efectos antipsicóticos. La ansiedad del THC también puede ser aliviada por los terpenoides presentes en la marihuana. Muchos de estos terpenoides, incluyendo el limoneno, el linalol, el citronelol y el terpineol, son volátiles y poseen propiedades sedantes cuando son inhalados. Los terpenoides pueden también mitigar la pérdida de memoria causada por el THC puro. El limoneno, el terpineno, el carvacrol y el pulegón incrementan la actividad cerebral de la acetilcolina. Este mecanismo está compartido por la tacrina, una droga empleada en el tratamiento de la enfermedad de Alzheimer. Los terpenoides actúan sobre otros receptores y neurotransmisores. Algunos terpenoides actúan como inhibidores de la absorción de serotonina (como el Prozac®), y aumentan la del neurotransmisor GABA (como hace el Valium). Los terpenoides producen efectos antiinflamatorios en el tracto respiratorio. Su presencia en el humo de la marihuana puede que explique por qué inhalar el humo causa menos irritación e inflamación que inhalar THC puro. El limoneno bloquea la carcinogénesis inducida por el «alquitrán» que se genera durante la combustión de la hierba. Actualmente, el limoneno está siendo sometido a pruebas para el tratamiento de distintos tipos de cáncer. Los terpenoides están sorprendiendo a todos.

El Dr. Ethan Russo ha descrito el «síndrome de deficiencia endocannabinoide», y ha sugerido que la administración de THC y CBD puede corregir las deficiencias tanto de anandamida como de receptores CB. La administración de THC y CBD parece dar un impulso a nuestro sistema endocannabinoide. Por ejemplo, el THC estimula la liberación de anandamida, y el CBD inhibe su descomposición. Un estudio ha descubierto que la administración ajustada de THC puede incrementar la densidad de los receptores CB en el sistema nervioso central. La tolerancia y la adicción a la marihuana no son comunes, en parte, porque el THC es un *agonista parcial*. Los agonistas son compuestos que estimulan la actividad de los receptores, y los agonistas parciales pueden activarlos sólo parcialmente. Quizá, las mejores medicinas sean agonistas parciales: nos alejan de la enfermedad, pero aún se requieren nuestros mecanismos innatos de defensa para restaurar la salud por completo. Esto nos evoca la analogía del granjero y las ovejas: cuando el granjero encuentra una oveja fuera de la valla, corrige la situación llevando la oveja al otro lado de la valla, no cargando con la oveja por encima de la valla y llevándola hasta el centro de la dehesa.

En conclusión, la marihuana está siendo aceptada como medicamento por todo el mundo, incluso entre científicos y médicos. El profesor John Graham no andaba descaminado cuando predijo, en 1976, que «la droga ha sido desaprobada, prohibida oficialmente, pero el interés de la profesión médica está resurgiendo lentamente. No es imposible que se establezca un lugar para ella, limitado aunque respetable, en la terapéutica a finales de siglo» (*Marijuana and Health*, por J. D. P. Graham, Academic Press, 1976).

## Más información sobre marihuana médica

Visita www.marijuanagrowing.com o cualquiera de los siguientes sitios virtuales:

www.cannabis-med.org/spanish

www.americanmarijuana.org

www.cannabislink.ca

www.maps.org/mmj

www.crrh.org

www.medicalmarijuana.org

www.erowid.org

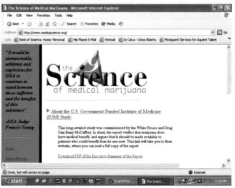

www.medmjscience.org

www.thecompassionclub.org

www.marihuana-medicinal.com

## Medidas de seguridad

Por desgracia, nos corresponde incluir un apartado sobre seguridad en este libro. Debes mantener tu cosecha a buen recaudo, sin distinción entre policías y ladrones; irónicamente, la policía te causará más problemas que los ladrones.

Los cultivadores de interior que prosperan son buenos ciudadanos y mantienen una imagen discreta: conservan limpios y en buen estado los patios y casas, conducen vehículos de calle y no acumulan sanciones de tráfico. Recuerda que una multa de tráfico impagada podría convertirse en una orden de arresto. Los cultivadores inteligentes pagan sus facturas dentro del plazo estipulado, son buenos vecinos y no montan fiestas locas, salvajes y ruidosas.

No tires a la basura cualquier cosa que pueda probar que cultivas. Los agentes de policía buscan en ella como ratas para encontrar evidencias que les den casos contra jardineros. Los cultivadores viven con el lema «En boca cerrada, no entran moscas».

No hagas nunca que te envíen semillas o productos de cultivo directamente a tu casa.

En la guerra contra las drogas, el gobierno de EE.UU. ha convertido a los cultivadores y consumidores en «el enemigo»; el trabajo de los defensores de la ley consiste en arrestar a un enemigo que cultiva flores. Para emprender esta guerra contra ciudadanos estadounidenses, las fuerzas de la ley disponen de un arsenal impresionante, incluyendo normas draconianas, desinformación y aparatos de vigilancia de alta tecnología.

La regla cardinal del cultivo es: nunca hables con nadie de ningún jardín.

El cultivo clandestino es tan simple como implica su nombre. El juego se llama *secretismo*. No se lo cuentes a nadie y no levantes sospechas. De esta forma, incontables cultivadores han estado recogiendo cosecha tras cosecha durante décadas en una América desgarrada por la guerra contra las drogas. Estas almas benévolas abastecen hoy día a gran parte de América.

Permanece alejado de otras casas donde se cultive, de fiestas salvajes y criminales de verdad, etc. Usa siempre el coche de un amigo cuando visites a la tienda de cultivo, y procura ir lo menos posible. Viaja acompañado siempre que puedas. Tu coche resulta fácil de rastrear y seguir. Mantén tus hábitos de consumo dentro de unos límites razonables; no des muestras de grandes ingresos de dinero. Con el tiempo, adquiere posesiones como casas y coches. No le cuentes a nadie que estás cultivando, ni siquiera bromees acerca de ello. Ten siempre un trabajo y un motivo para tus actividades. Trata de pasar desapercibido.

Mantén tu casa y alrededores en buen estado de conservación. Asegúrate de que la casa está pintada; el césped, cortado; y la basura, recogida. Limita el consumo eléctrico a una cantidad razonable, y cuida de que el aire esté limpio alrededor de la casa. Ten muy pocas visitas y no te expongas demasiado. Mantén las mínimas conversaciones con los vecinos.

Nunca confíes en nadie: ni en tus amigos, ni en tu hermano o hermana, ni en los niños, ¡ni siquiera en tu madre! En Estados Unidos, «tierra de los libres», un cultivador puede ir a la cárcel sólo por dar un consejo a otro cultivador. El Acta contra

*Un perro guardián es uno de los mejores elementos disuasorios contra ladrones.*

Organizaciones Corruptas y de Influencia Chantajista (RICO) son leyes de la conspiración que fueron promulgadas para acabar con la mafia. Hoy, las leyes RICO se aplican por igual contra cultivadores y no cultivadores. Ante la ley, una persona que aconseja regar por la mañana a un cultivador es igualmente culpable de cultivar el jardín de marihuana, aunque nunca haya visto ese jardín. Las leyes RICO pisotean la esencia de la Constitución estadounidense.

La reciente Acta de Seguridad Patria, además, atenta contra los derechos individuales.

No visites nunca a otros cultivadores, ni los llames por teléfono. Al visitar otro cultivo, el cultivador puede implicarte con pruebas circunstanciales, y se te considerará tan culpable como al cultivador.

NO uses trampas explosivas, cepos, armas de fuego atadas a cables con los que tropezar, etc., para proteger tu cosecha. Conozco a gente que usa sistemas de infrarrojos, los cuales toman imágenes y/o comienzan a grabar en vídeo cuando un objeto de tamaño o temperatura particular entra en las proximidades.

Dependiendo del país en el que vivas, las fuerzas de la ley deben conseguir primero una orden de registro para poder usar dispositivos de imagen térmica o por infrarrojos; pero si tienen una orden de registro, este tipo de intrusión con alta tecnología es perfectamente legal. Si quieres echar un vistazo a lo que ven, alquila unas gafas de visión nocturna sensibles al calor en el almacén de efectos militares de tu localidad; o saca una foto con película infrarroja desde fuera de tu operación de cultivo. También, puedes añadir un filtro a tu cámara digital y convertir las fotos con unos pocos clics en un programa tipo Photoshop® para poder ver los rastros de calor.

Las fuerzas de la ley disponen de sofisticados dispositivos para pinchar teléfonos, micrófonos direccionales supersensibles, visores infrarrojos y térmicos, etc. Además, pueden tener acceso a los registros de la compañía eléctrica, telefónica o de internet. Los agentes coaccionan a los empleados de la compañía eléctrica mediante intimidaciones para que incumplan la ley y les proporcionen datos referentes a los confiados consumidores. El rastreo de números telefónicos, incluyendo la localización, resulta muy sencillo. Ha habido más de un caso en que fuerzas del orden estadounidenses han conseguido indebidamente los registros telefónicos de tiendas de cultivo y les han puesto escuchas ilegales. La policía americana usa los registros de llamadas telefónicas para detectar casas donde se cultiva. Utiliza siempre teléfonos de pago con tarjetas, que no pueden rastrearse, o de monedas. Los agentes de narcóticos perezosos, además, vigilan los aparcamientos de los almacenes de jardinería y siguen a los clientes hasta casa.

Paga todas las facturas y realiza todas tus compras con dinero en efectivo. El efectivo no cuenta historias ni deja rastro. Utiliza las órdenes de pago para comprar mercancías por correo y asegúrate de que éstas sean enviadas a una dirección *segura*.

Si quieres hacer fotografías de tu jardín, utiliza

una cámara digital. Si usas una cámara de película, al viejo estilo, te arriesgas a que te descubran a la hora de revelar el carrete.

Los horticultores que cultivan cannabis, aunque se trate de cannabis médico, no deberían mostrar nunca sus cultivos a nadie. Jamás le digas a nadie que estás cultivando. Niega a todo el mundo que cultivas, en todas las ocasiones. En el instante que alguien sabe que estás cultivando en EE.UU., inmediatamente, pasas de Guerrero de la Hierba a víctima indefensa sometida a extorsión. Cuando la policía arresta a un *amigo* que ha visto tu cultivo, pueden emplear legalmente el engaño y la intimidación para hacer que tu *amigo* se ponga a chillar tu nombre. ¡Cuidado! Los interrogatorios pueden durar meses.

En aplicación de la ley, se recompensa a los *amigos* vengativos, a los amantes celosos y a los enemigos más despreciables por implicar a un cultivador ante las leyes RICO y el Acta de Seguridad Patria. Cientos de miles de cultivadores han visto arruinadas sus vidas en cuestión de segundos por el testimonio de un *camarada* vengativo.

Todas las tomas de corriente, fusibles y conexiones deben estar conectadas a tierra. Inspecciona las conexiones eléctricas en busca de cables ennegrecidos por el calor, conexiones derretidas o cableado maloliente.

Ten a mano un extintor de incendios capaz de apagar madera, papel, grasa, aceite y fuegos eléctricos.

Cuando las fuerzas del orden tienen *evidencias* de una operación de cultivo, buscan más. En EE.UU., para empezar, miran el teléfono, la electricidad y los registros de envíos. A menudo, suele utilizarse una cámara de visión térmica llegados a este punto; y, ocasionalmente, se emplean perros adiestrados para olfatear marihuana. La información es usada contra el cultivador para obtener una orden de registro. Si se descubren plantas en la casa, se sigue construyendo el caso mediante la utilización de cualquier cosa que diga el cultivador. De hecho, la policía recoge la mayor parte de la información sobre el cultivador de él mismo.

Rodea tu propiedad con una capa de virutas de cedro en vez de servirte de los típicos trozos de corteza para arriates y parterres. Las virutas de cedro disimulan otros olores. Recurre a los filtros de carbón y a los generadores de ozono para neutralizar

*Planta de* Cannabis indica *con sus características hojas anchas y baja estatura.*

la fragancia de la marihuana. Ten preparada una explicación para el consumo eléctrico adicional. Descarga los materiales de cultivo poco a poco, o dentro de un garaje cerrado.

Recuerda la frase de Bart Simpson: «Yo no lo hice. Nadie me vio. ¡No podéis probar nada!»

Los propietarios ausentes son los mejores caseros. Asegúrate de que las inspecciones necesarias estén hechas antes de mudarte a la casa, y de que el contrato de alquiler te asegure una notificación por adelantado de las inspecciones que deban realizarse posteriormente. Pon el teléfono, la electricidad, la basura, etc., a nombre de un amigo. Cultiva en una casa alquilada. En EE.UU., si tienes cuentas bancarias con fondos, propiedades como una casa, automóvil, etc., puedes perderlo todo por estar bajo sospecha de cultivo. No es necesario que alguien sea declarado culpable para que se le confisquen sus bienes.

Reduce el ruido y los olores mediante el sellado y aislamiento del cuarto de cultivo con placas de yeso. Similares a los tabiques de pladur, estas placas amortiguan bien el sonido. Instala tacos de goma en la base del ventilador. Construye un armario o un espacio extra (permitiendo el flujo de aire)

## Comprobaciones de seguridad

- Llevar un horario regular
- Tener un estilo de vida sencillo
- Mantener muy poco contacto con los vecinos
- Ser siempre agradable
- Nunca abrir la puerta del cultivo a nadie
- La factura eléctrica debería ser similar a la de los vecinos y ocupantes anteriores
- El jardín y los terrenos deberían estar ordenados y ser parecidos a los colindantes
- No se perciben fugas de luz en absoluto
- Utilizar el coche de un amigo cuando se visita la tienda de cultivo
- Ningún rumor de aparatos, apagado y encendido de ventilación, etc., es audible ni de noche ni de día

alrededor de los balastos para amortiguar el sonido. Coloca una plancha densa bajo los balastos para que absorba las vibraciones. Los ventiladores en línea son mucho más silenciosos y eficientes que los que van montados en cajas. Si la luz escapa por un respiradero, dobla el conducto en un ángulo de 90º y pinta de negro el trozo doblado. Esto eliminará las indeseables fugas de luz. El aire tratado con ozono debería soltarse a través de un respiradero en el tejado o por el tiro de una chimenea para reducir los olores a nivel del

*Evita que el agua del aire acondicionado drene al exterior, ya que puede estar cargada de la potente fragancia del cannabis.*

suelo (ver el apartado sobre generadores de ozono en el capítulo decimotercero). Ten cuidado al instalar respiraderos en el techo o en la chimenea: los reflejos de luz que se ven salir de la chimenea o por el tejado resultan muy sospechosos.

Las casas con un gasto eléctrico elevado son pocas y están alejadas unas de otras. La información de consumo de los inquilinos anteriores podría estar disponible en la compañía eléctrica. De media, los cultivadores en EE.UU. pueden usar una lámpara de 1.000 vatios por dormitorio. Esto quiere decir que un apartamento de dos habitaciones puede alojar 2.000 vatios, una casa de tres habitaciones, 3.000 vatios, etc. Desenchufa la secadora y otros electrodomésticos de consumo elevado. Baja el calentador de agua a 50 ºC o procura ducharte en el gimnasio, en el trabajo, etc.

Robar energía de la compañía eléctrica resulta incluso más revelador que pagarla. Además de que robar está mal, el riesgo añadido es desmesurado.

Para obtener más información acerca de seguridad personal, en internet y de cultivo investiga en los sitios dedicados al cannabis que mencionamos en este capítulo.

Hoy en día, los dispositivos de imagen térmica relativamente económicos (menos de 9.000 euros) están volviéndose más asequibles para los cuerpos de policía de menor ámbito. Los dispositivos de visión térmica han sido empleados legalmente para detectar el calor que escapa de las estructuras. Estas *evidencias* invasivas se añaden a otras pruebas para conseguir una orden de registro.

Según fuentes policiales de EE.UU., la utilización de estos dispositivos es legal sólo para detectar el calor que escapa por las ventanas, respiraderos, etc. Muy a menudo, los agentes de narcóticos usan ilegalmente las cámaras para asegurarse una orden de registro. Se deslizan por el barrio a primera hora de la mañana, o bajo el manto de la noche, para tomar las fotografías de calor. La ley estipula unos parámetros específicos para la cámara, y la tecnología es relativamente arcaica. Los aparatos homologados sólo son capaces de detectar las diferencias de calor en el exterior de los edificios. En EE.UU., es ilegal buscar rastros de calor en el interior de una estructura. Sin embargo, hoy existen dispositivos que, realmente, pueden ver a través de las paredes.

Puedes sortear los problemas debidos a imágenes térmicas encendiendo las luces de cultivo durante el día. El calor y la luz del día hacen que resulte imposible medir eficazmente el calor que sale por los respiraderos y ventanas. Las cámaras de visión térmica se vuelven inútiles ya que la tecnología no funciona durante el día. Protege y aísla las paredes y ventanas para evitar que se pierda el calor que producen las lámparas. Guarda los balastos en espacios aparte, y canaliza el calor lejos del cuarto de cultivo. Refresca el aire del cuarto de cultivo antes de que sea liberado al exterior. El aire que se ventila pasando por otra habitación está limpio y fresco antes de mezclarse con el ambiente exterior.

Los cultivadores con problemas a causa de imágenes térmicas deberían contactar con NORML, 1001 Connecticut Ave. NW, suite 710, Washington, DC 20036, Tel.: (+1) 202 483 7205. Disponen de un excelente estudio sobre dispositivos de imagen térmica y aspectos legales, recopilado por Carlos Ghigiotti. Esta información podría ahorrar mucho tiempo a otros abogados.

En junio de 2001, el Tribunal Supremo de EE.UU. se pronunció acerca del caso contra el residente de Oregón Danny Kyllo. La conclusión determinaba que la utilización de aparatos de visión térmica es constitutiva de registro ilegal. Los dispositivos de imágenes térmicas de alta tecnología suelen llamar la atención

*Ten siempre un extintor a mano.*

de la prensa tanto como las tácticas de intimidación de la policía. Los agentes de policía pueden mentir, tender trampas y actuar furtivamente para adquirir pruebas contra pacíficos cultivadores que aman las plantas. El engaño es una de sus armas mayores, y los chivatos son sus mejores aliados. Las fuerzas de la ley coartan legalmente a cultivadores aterrorizados para que delaten a sus amigos y familiares. La lección es simple: no le cuentes a nadie, por ninguna circunstancia, que estás cultivando en los Estados Unidos de América; si es que estás haciéndolo, claro. A diario, se detiene a cultivadores con pruebas basadas en los *rumores* obtenidos de informantes bajo arresto. Mantente alejado del fuego.

Un último y simple detalle de seguridad: cultiva eficientemente. Dentro y fuera de una América rota por la guerra contra las drogas, los cultivadores deberían cosechar 0,5 gramos de cogollo seco al mes por cada vatio de luz que mantengan encendido en la zona de floración. Los cultivadores

*Coloca bases de goma en los ventiladores y extractores para derivar las vibraciones y el ruido.*

que no alcanzan esta cantidad se engañan a sí mismos y, todavía, necesitan dominar los elementos básicos del cultivo. En Norteamérica, cultiva siempre menos de 99 plantas; la sentencia mínima que recogen las leyes federales por cultivar entre 100 y 1.000 plantas es de cinco años sin derecho a libertad condicional.

*Un filtro de carbón eliminará la fragancia del cannabis antes de expulsar el aire de la zona de cultivo.*

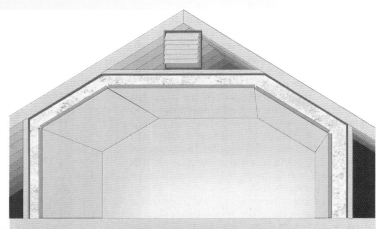

Un buen aislamiento facilitará el control de la temperatura en el espacio de cultivo y ayudará a mantener dentro cualquier señal de calor.

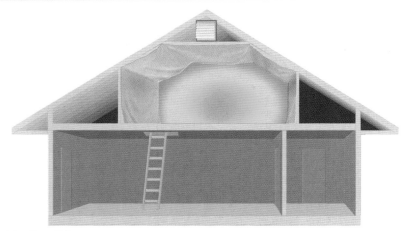

Este cuarto de cultivo ha sido forrado con un material para mantener el calor dentro. Visita www.hysupply.nl para obtener más información.

Me gustaría intercambiar correo electrónico con aquellos que reseñen mis trabajos. Si escribes reseñas en cualquiera de los sitios electrónicos que incluimos en nuestra lista (por favor, añade aquellos que no aparezcan a continuación), estaré encantado de poder responderte personalmente.

www.amazon.com
www.amazon.ca
www.amazon.co.uk

www.amazon.co.jp
www.amazon.de
www.amazon.fr
www.barnesandnoble.com
http://www.casadellibro.com
http://www.elcorteingles.es/libros/secciones/buscador/5.buscarotravez f.asp

Al hacer esta biblia, nuestra meta consiste en poder ofrecerte la mejor información del mundo.

Seguimos buscando formas de hacer este libro lo mejor posible. ¿Tienes algo que aportar? Si es así, no dejes de visitar nuestro sitio virtual, www.marijuanagrowing.com, para descubrir cómo hacerlo.

Si utilizamos tu información y dejas tu nombre (el alias es OK), entrarás a formar parte de los créditos de nuestra próxima edición.

*- Jorge Cervantes*

*Con algunos cuidados, tú también puedes tener un hermoso cultivo de Power Plant en interior o al aire libre.*

# Introducción

La clave para alcanzar el éxito en el cultivo de interior del cannabis consiste en comprender cómo producen alimentos y crecen las plantas de cannabis. El cannabis, ya sea dentro o fuera de casa, tiene las mismas exigencias para desarrollarse. Necesita luz, agua, nutrientes, un medio de cultivo y calor para fabricar alimentos y poder crecer. Sin cualquiera de estos elementos esenciales, el desarrollo se detiene y, pronto, llega la muerte.

En los cultivos de interior, la luz debe tener la intensidad y el espectro adecuados; el aire tiene que estar templado, y ser árido y rico en dióxido de carbono; el agua debe ser abundante pero no excesiva; y el medio de cultivo debe contener los niveles apropiados de nutrientes para fomentar un crecimiento vigoroso. Cuando todas estas necesidades se encuentran cubiertas en sus niveles óptimos de forma constante, el resultado es un desarrollo inmejorable.

El cannabis se cultiva normalmente como planta anual, completando su ciclo vital dentro de un mismo año. Una semilla plantada en primavera crecerá fuerte y alta durante el verano, y terminará de florecer en otoño, produciendo más semillas. El ciclo anual comienza de nuevo cuando las nuevas semillas brotan al año siguiente. En la naturaleza, el cannabis pasa por distintas fases de desarrollo. A continuación, se perfila cada una de estas etapas.

## Ciclo vital del cannabis

Después de 3 a 7 días de germinación, los brotes entran en el estadio de plántula (o plantón), que se extiende alrededor de un mes. Durante la primera etapa de crecimiento, la semilla germina o brota, establece un sistema de raíces y desarrolla un tallo y unas pocas hojas.

## Germinación

Durante la fase de germinación, la humedad, el calor y el aire activan las hormonas (citoquininas, giberelinas y auxinas) presentes en el interior de la resistente cubierta de la semilla. Las citoquininas estimulan la formación de células y las giberelinas hacen que se incremente el tamaño

*Semillas fuertes y saludables de Chronic, de Serious Seeds, germinadas después de pasar la noche sumergidas en agua.*

*Una vez germinada, la semilla fue puesta entre dos piezas de un cubo de lana de roca y no acusó estrés por el trasplante.*

*Un brote emerge fuerte y sano de un taco de turba Jiffy™. La semilla germinada se depositó cuidadosamente en un pequeño agujero con la punta de la raíz hacia abajo.*

*Plántula de Sweet Purple (Paradise Seeds) con un desarrollo perfectamente simétrico. El número de foliolos aumentará desde tres hasta once durante el crecimiento vegetativo.*

de las células. Gracias a la provisión de alimento almacenada dentro de la semilla, el embrión comienza a expandirse. Pronto, la cáscara de la semilla se abre en dos, una raicilla crece hacia abajo y un brote con hojas seminales empuja hacia arriba en busca de luz.

## Desarrollo de la plántula

La raíz primaria de la semilla crece hacia abajo y se ramifica, de manera similar a lo que ocurre con el tallo por encima del suelo. Las minúsculas raicillas absorben agua y nutrientes (sustancias químicas necesarias para la vida). Además, las raíces sirven de anclaje en el medio de cultivo. Los plantones deberían recibir entre 16 y 18 horas de luz cada día para mantener un crecimiento fuerte y sano.

## Crecimiento vegetativo

El crecimiento vegetativo de las plantas se mantiene cuando se proporcionan entre 16 y 24 horas de luz diariamente. A medida que la planta madura, las raíces adquieren funciones especializadas. La parte central, así como otras porciones envejecidas, contienen un sistema de transporte de agua y, además, pueden contener alimentos. Las puntas de las raíces producen células de elongación, que continúan adentrándose en la tierra en busca de agua y nutrientes. Las raíces capilares unicelulares son las que realmente absorben el agua y los nutrientes. Sin agua, las frágiles raíces capilares se secan y mueren. Son muy delicadas, y se dañan fácilmente si son manipuladas por manos torpes

*Esta Marley's Collie (Sensi Seeds) se cultivó en un invernadero, plantada en un cubo de 19 litros.*

*Centro: Las raíces fuertes y sanas son de un blanco radiante, mientras que las raíces capilares presentan un color blanco más difuso. Este clon enraizado está listo para trasplantar.*

*Izquierda: Las preflores macho (un pequeño meollo sobre el cuarto entrenudo) se desarrollan en las plantas, más o menos, después de cuatro semanas de crecimiento vegetativo.*

Este primer plano muestra preflores femeninas, pistilos blancos desplegándose desde un cáliz verde recién formado. Las preflores femeninas suelen aparecer más tarde que las masculinas.

Esta gran planta madre está siendo cultivada en un contenedor de 38 litros y puede dar más de cien esquejes al mes.

o si son expuestas a la luz y el aire. Sobre todo, se debe extremar el cuidado al trasplantar.

Al igual que las raíces, el tallo crece por elongación y, además, va produciendo nuevas yemas a lo largo de su desarrollo. La yema apical o central dirige el crecimiento hacia arriba; y las yemas laterales se convierten en hojas o ramas. El tallo funciona como vehículo para la transmisión de agua y nutrientes desde las delicadas raíces capilares hasta los brotes de crecimiento, hojas y flores. Los azúcares y almidones fabricados en las hojas se distribuyen a través de la planta por medio del tallo. Se trata de un flujo líquido que tiene lugar cerca de la superficie del mismo. Si el tallo se ha sujetado demasiado fuerte, con cuerdas u otros tipos de ataduras, se cortará el movimiento de los fluidos vitales, estrangulando y matando la planta. El tallo, además, mantiene rígida la planta con un tipo de celulosa especializada, que se localiza en las paredes internas. Al aire libre, la lluvia y el viento empujan las plantas por todos lados, fomentando una producción elevada de celulosa rígida que las mantenga derechas. En los espacios de interior, sin la presencia natural del viento y la lluvia, la producción de celulosa es mínima, así que las plantas desarrollan tallos débiles y pueden necesitar que se las tutore, especialmente durante la floración.

Una vez que las hojas se han expandido, comienzan a fabricar alimentos (carbohidratos). La clorofila (sustancia que da a las plantas su color verde) convierte el dióxido de carbono ($CO_2$) presente en el aire, el agua y la energía luminosa en carbohidratos y oxígeno. Este proceso, llamado fotosíntesis, requiere el agua que absorben las raíces y que, a través del tallo, llega hasta las hojas, donde se encuentra con dióxido de carbono. En el envés de las hojas, unos diminutos poros respiratorios, los estomas, canalizan la cantidad de $CO_2$ que entra en contacto con el agua. Para que la fotosíntesis tenga lugar, el tejido interior de la hoja debe permanecer húmedo. Los estomas se abren y cierran para regular este flujo de humedad, previniendo la deshidratación. Las hojas de la marihuana, además, están protegidas de la desecación por una piel externa. Así mismo, los estomas permiten la salida del vapor de agua y el oxígeno residual. Los estomas son muy importantes para el bienestar de la planta, y deben mantenerse limpios para promover un crecimiento vigoroso. Unos estomas sucios y obstruidos respiran tan bien como cualquiera de nosotros con la cabeza metida en un saco.

## Prefloración

El cannabis cultivado desde semilla empieza a mostrar preflores tras la cuarta semana de desarrollo vegetativo. Por lo general, éstas aparecen entre el cuarto y el sexto nudo desde la base de la planta. Las plantas de cannabis son, por lo general, macho o hembra, y cada sexo tiene sus propias flores distintivas. Las preflores serán o masculinas o femeninas. Los cultivadores retiran y destruyen las plantas macho (o las utilizan en proyectos de crianza) porque tienen niveles bajos de cannabinoides (THC, CBD, CBN, etc.). Las plantas hembra son cultivadas por su alto contenido en estas sustancias.

*Una vez que se ha cortado la punta de la rama, se recortan las hojas inferiores antes de plantar el esqueje, que es una réplica exacta de la planta madre.*

## Plantas madre

Los cultivadores seleccionan plantas madre fuertes, sanas y potentes cuando ya saben que son hembra. Las madres reciben entre 18 y 24 horas de luz al día para que permanezcan en fase de crecimiento vegetativo. Los cultivadores cortan las puntas de las ramas de las plantas madre y las enraízan. Las nuevas plantas enraizadas se llaman clones o esquejes. Cultivar varias madres fuertes y saludables es la clave para tener una provisión constante de clones hembra.

## Clonación

Los extremos de las ramas se cortan y enraízan para formar clones, que tardan de 10 a 20 días en desarrollar un sistema de raíces fuerte y sano. Los esquejes deben recibir entre 18 y 24 horas de luz diariamente, de forma que se mantengan en el estadio de crecimiento vegetativo. Una vez que el sistema radicular está

*Los clones necesitan entre 14 y 21 días bajo luz fluorescente para desarrollar un sistema de raíces fuerte. Una vez enraizados, pasan de 7 a 30 días en crecimiento vegetativo.*

*Haze Heaven hembra empezando a florecer abundantemente. Los entrenudos de las ramas se acortan y los blancos pistilos femeninos se desarrollan a partir de los cálices.*

*Las plantas macho florecen antes que las plantas hembra. Suelen mostrar signos de floración tras una semana o más con un fotoperiodo de 12 horas de luz por cada 12 de oscuridad.*

*Los receptivos pistilos femeninos de esta Hash Plant esperan ser fertilizadas con polen masculino. Al dejarlas sin polinizar, las plantas hembra continúan produciendo más y más cannabinoides.*

*Purple #1.*

establecido, se trasplantan los clones a contenedores más grandes. Ahora, están listos para desarrollarse durante un periodo entre una y cuatro semanas de crecimiento vegetativo, antes de ser inducidos a florecer.

## Floración

Al aire libre, el cannabis florece en otoño, cuando los días se van acortando y las plantas detectan que comienza a acercarse el fin de su ciclo vital anual. Al florecer, las funciones de la planta cambian: el desarrollo del follaje se ralentiza y comienzan a formarse las flores. En la mayoría de las variedades comerciales de cannabis, la floración es provocada al recibir 12 horas de oscuridad por cada 12 horas de luz. Las plantas provenientes de regiones tropicales suelen empezar a florecer con más luz y menos oscuridad. Las flores se forman durante la última etapa del desarrollo. Si se dejan sin polinizar, las flores femeninas evolucionarán sin semillas. Por el contrario, cuando se fertilicen con polen masculino, los cogollos de flores femeninas desarrollarán semillas.

Esta hembra polinizada está cargada de semillas. Una ver fertilizada con el polen masculino, las hembras ponen el grueso de su energía en producir semillas fuertes y sanas.

Las flores femeninas de cannabis sin polinizar continúan hinchándose y produciendo más resina mientras esperan que el polen les permita completar su ciclo vital con éxito. Tras semanas de abundante floración y producción de resina cargada de cannabinoides, la síntesis de THC alcanza su apogeo en la *sinsemilla* no fertilizada, frustrada.

El cannabis produce plantas hembra y plantas macho, y cuando ambos tipos de flores están desplegados, el polen de la flor masculina cae sobre la flor femenina, fertilizándola. El macho muere después de producir y liberar todo su polen. Las semillas, mientras, se forman y crecen dentro de las flores femeninas. A medida que las semillas maduran, la planta hembra muere lentamente. Es entonces cuando las semillas maduras caen al suelo y germinan de forma natural, a menos que sean recogidas para plantarlas la próxima primavera.

*Cultiva tantos plantones como sea posible para seleccionar las mejores plantas madre.*

*Bajo el sol del trópico, el cogollo principal de esta planta tailandesa parece más denso de lo que es en realidad.*

*Esta hoja de la variedad Thaitanic muestra las clásicas hojuelas -o foliolos- de forma alargada y fina, características del C. sativa.*

## Variedades de cannabis

El cannabis, ya sea soga o droga, está clasificado técnica y legalmente como *Cannabis sativa*. Con independencia de su origen, el cannabis se considera *Cannabis sativa* (*C. sativa*). Sin embargo, según *Hemp diseases and Pests*, por el Dr. J. M. McPartland. R. C. Clarke y D. P. Watson (CAB Internacional), el *Cannabis sativa* puede clasificarse, además, como: *Cannabis sativa* (= *C. sativa* var. *sativa*), *Cannabis indica* (= *C. sativa* var. *indica*), *Cannabis rudelaris* (= *C. sativa* var. *spontanea*), y *Cannabis afghanica* (= *C. sativa* var. *afghanica*). Cada variedad tiene su propio patrón de crecimiento, así como un aspecto distinto, olor y sabor peculiares, etc.

### Cannabis sativa

El *Cannabis sativa* (= *C. sativa* var. *sativa*) se originó predominantemente en Asia, América y África. Cada región de origen tiene características específicas, pero todas tienen los siguientes rasgos generales: gran estatura y ramas largas con espaciosas distancias internodales, un sistema de raíces ampliamente extendido, hojas grandes de foliolos estrechos, y flores un tanto escasas cuando se cultivan en interior bajo lámparas. Las variedades *sativa* florecen entre varias semanas y meses después que las *indica*. Si bien son buenas productoras al aire libre, y suelen llegar a medir 4,5 m o más, las variedades *sativa* puras alcanzan una altura excesiva a una velocidad demasiado rápida –algunas, más de tres metros en tres meses- para resultar prácticas en el cultivo de interior. Una lámpara DAI es incapaz de iluminar plantas altas eficazmente, y el rendimiento por vatio de luz es muy bajo. Las variedades de Méjico, Colombia, Tailandia y Jamaica pueden resaltar por su potencia gracias a una proporción elevada de THC en relación al CBD, lo cual produce un efecto «veloz», energético y elevador. Pero la potencia puede ser mínima también, con niveles bajos de THC. La mayoría de la marihuana que se exporta desde Colombia, Méjico, Tailandia y Jamaica recibe un trato pobre a lo largo de su vida, y aún peor durante el secado y embalaje. Estos abusos causan una degradación más rápida del THC. Como consecuencia, las semillas de este material suelen dar lugar a plantas más potentes que sus progenitoras.

Las variedades *sativa* de África central, incluyendo la potente congoleña, crecen de manera similar a las colombianas, con una estatura que suele superar los 4,5 metros, ramas largas y cogollos poco apretados.

Sudáfrica tiene puertos importantes, y los marineros introdujeron a través de ellos el *Cannabis sativa* desde muchos lugares distintos. Consecuentemente, la potencia de la hierba sudafricana puede ser muy fuerte o muy débil, y las plantas pueden ser bajas, altas, de ramas largas, arbustivas, etc. La famosa Durban Poison produce potentes cogollos tempranos, de color verde claro, y es la variedad más conocida de Sudáfrica.

El *C. sativa* asiático incluye las variedades tailandesas, vietnamitas, laosianas, camboyanas y nepalesas, y tienen características de crecimiento diversas, así como variaciones significativas en cuanto a potencia. Al mismo tiempo que las tailandesas y otras *sativa* de su zona suelen ser superpotentes a base de THC, también se cuentan entre las más difíciles de cultivar en casa y entre las más lentas en madurar. Las variedades tailandesas producen cogollos menudos y ligeros en ramas grandes y extensas tras florecer alrededor de cuatro meses. Las *sativa* tailandesas, vietnamitas, camboyanas y laosianas tienden a producir adultos hermafroditas.

El *C. sativa* nepalés puede generar hojas sobredimensionadas en plantas altas, de ramas largas, que producen cogollos escasos y de floración tardía, pero otras variedades de esta región se desarrollan como plantas bajas y compactas de floración más rápida. Con frecuencia, la producción de THC y la potencia resultan bastante altas, pero también pueden ser mediocres.

Todas las variedades de cáñamo se consideran *Cannabis sativa*. El cáñamo, al que suele llamarse cariñosamente *rope* (soga) en EE.UU., es *C. sativa* cultivado por su contenido en fibra. El cáñamo suele contener semillas y niveles apenas perceptibles de THC.

Esta hoja, perteneciente a una planta de cáñamo industrial, proviene de Chanvre & Co. El cannabis industrial puede polinizar el narcótico.

### Cannabis indica

El *Cannabis indica* (= *C. sativa* var. *indica*) es originario de Paquistán e India. Las variedades *indica* son apreciadas tanto por los cultivadores de interior como por los criadores debido a su crecimiento achaparrado y arbustivo; a su sistema de raíces condensado, los tallos robustos y las hojas anchas; y también por sus flores densas y pesadas, cargadas de THC. El follaje es de un verde muy oscuro y, en algunas variedades, las hojas que rodean los cogollos se vuelven de color rojizo a púrpura. Los pistilos, cortos y blanquecinos, también adquieren estas tonalidades. Algunas otras *C. indica* de esta parte del mundo tienen hojas más estrechas, largos pistilos blancos y follaje verde claro. Las variedades *indica* contienen, en general, una proporción mayor de CBD por THC, lo cual provoca un efecto que es descrito a menudo como si se hubiera asentado una piedra pesada e incapacitadora en la cabeza. La potencia de la «subida» varía de clara a estupefaciente. Algunas *indica* tienen un distintivo olor, parecido al de las mofetas o a la orina de gato, mientras que otras huelen dulces y exóticas. Las plantas con una abundante carga de resina tienden a ser las más resistentes a diversos hongos y plagas. Pocas *indica* con cogollos compactos, densos y pesados resisten el moho gris.

*Planta de* C. indica.

## Cannabis rudelaris

El *Cannabis rudelaris* (= *C. sativa* var. *spontanea*), fue llevada a Ámsterdam desde Europa central a principios de la década de 1980 por el Seed Bank para mejorar su programa de crianza. Si no la misma *rudelaris*, plantas muy similares a esta variedad crecen desde el norte de Minnesota, en EE.UU., hasta Manitoba y Saskatchewan, en Canadá. El *C. rudelaris* es una planta baja y asilvestrada que contiene muy poco THC, pero empieza el ciclo de floración tras unas pocas semanas de crecimiento. El fotoperiodo no induce la floración en el *C. rudelaris*. Aunque a veces se confunde con plantas *indica* más potentes, el *C. rudelaris* puro es una auténtica mala hierba que bordea los caminos, y produce dolor de cabeza en vez de embriaguez. Actualmente, unos pocos criadores han incorporado los genes de la temprana floración del *C. rudelaris* a otras *C. sativa*, *C. indica* y *C. afghanica* de floración rápida.

*Lowryder es uno de los pocos cruces con* C. rudelaris *que autoflorece y produce bastante THC.*

*Las hojas del* C. indica *tienen foliolos más anchos que las hojas del* C. sativa, *pero no tanto como las del* C. afghanica.

## Cannabis afghanica

El *Cannabis afghanica* (= *C. sativa* var. *afghanica*) es originario de lo que hoy es Afganistán. Es bastante baja -raramente alcanza dos metros de altura-, y tiene hojas y foliolos distintivos, anchos y de color verde oscuro. Un enramado denso y entrenudos cortos, a menudo con largos rabillos para las hojas (peciolos), dominan el perfil del *C. afghanica*. Los ejemplos más comunes de *C. afghanica* puro incluyen las diversas plantas de hachís existentes y las variedades afganas. El *C. Afghanica* se cultiva exclusivamente para obtener droga, y gran parte de la resina se convierte en un hachís que es bien conocido por su alto contenido en cannabinoides. Muchos cultivadores y criadores no distinguen el *C. afghanica* del *C. indica*, y agrupan ambas variedades en la categoría del *C. indica*.

*Hash plant, un tipo del cual existen muchas versiones, es una de las variedades clásicas de* C. afghanica.

*Uno de los primeros catálogos del Seed Bank, de 1987, muestra una planta de* C. rudelaris *al borde de una autopista en Hungría. Por error, muchos criadores aclamaron esta planta como el santo grial del cannabis.*

*El* C. afghanica *tiene hojas y foliolos muy amplios y distintivos.*

*Semillas de Power Plant en primer plano.*

*Semillas de Eclipse.*

*Las semillas de Kali Mist presentan un moteado abundante.*

## Semillas

El crecimiento explosivo tanto en el número de criadores como en el volumen de la venta legal de semillas en Holanda, Reino Unido, Canadá, Francia, Suiza, España, etc., ha dado lugar a más variedades de semillas que nunca. Las variedades de cannabis más populares son una combinación de dos o más de las siguientes: *C. sativa*, *C. indica*, *C. rudelaris* y *C. Afghanica*. Pero también hay muchas semillas con la genética de uno sólo de los tipos. Muchas de estas variedades de cannabis están criadas para dar lo mejor de sí en cultivos de interior. Otras, crecen mejor en invernaderos; y, algunas más, al aire libre en climas específicos. Consulta el capítulo decimosexto, «Crianza», donde aparece información acerca de las semillas de híbridos, incluyendo los híbridos F1, F2, F3, etc.

Una semilla contiene todas las características genéticas de la planta. Las semillas son el resultado de la propagación sexual y contienen los genes de cada progenitor, el masculino y el femenino. Algunas plantas, conocidas como hermafroditas, producen ambos tipos de flores en el mismo individuo. Los genes presentes en la semilla dictan el tamaño de la planta; su resistencia ante las plagas y enfermedades; la producción de raíces, tallos, hojas y flores; los niveles de cannabinoides; y muchos otros rasgos. El carácter genético de una semilla es el factor más importante que determina lo bien que una planta crecerá bajo luz artificial o natural y los niveles de cannabinoides que producirá.

Unos progenitores fuertes y sanos y el cuidado apropiado proporcionan semillas fuertes que germinan con vigor. Las semillas fuertes producen plantas sanas y cosechas abundantes. Las semillas que han estado guardadas mucho tiempo tardan más en brotar y tienen un porcentaje de germinación bajo. Las semillas vigorosas inician el crecimiento en una semana o menos. Las que tardan más de un mes en germinar podrían seguir siendo lentas y producir menos. No obstante, algunas semillas son más lentas en germinar, incluso en las mejores condiciones.

La cáscara o cubierta externa protectora no está sellada apropiadamente en algunas semillas, lo cual permite que penetren la humedad y el aire. Además, esto provoca

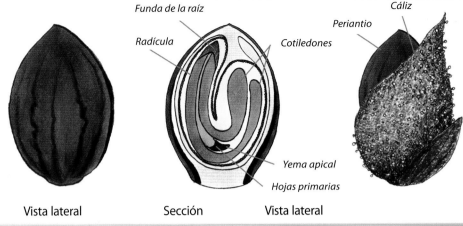

Funda de la raíz

Radícula

Cotiledones

Cáliz

Periantio

Yema apical

Hojas primarias

Vista lateral          Sección          Vista lateral

*La sección longitudinal muestra cómo la semilla se desarrollará en las distintas partes de la planta.*

que las concentraciones hormonales disminuyan y hace que las semillas sean menos viables. Las semillas permeables llaman a las plagas y enfermedades. Estas semillas suelen ser inmaduras, blancas, frágiles y se aplastan fácilmente con una ligera presión entre los dedos. Se trata de semillas débiles y no disponen de la fuerza suficiente para crecer bien.

Típicamente, el cultivador que adquiere un paquete de diez buenas semillas, procedentes de una empresa respetable, las germina todas de una vez. Una vez germinadas, se plantan con cuidado y se cultivan hasta alcanzar la madurez. Por lo general, algunas de las diez semillas serán machos, otras serán débiles y crecerán mal, y dos o tres semillas darán lugar a hembras fuertes y superiores. De estas superhembras, una se mostrará más robusta y potente que sus hermanas, y por ello será la seleccionada para convertirse en la madre de incontables superclones.

Un dibujo simple de una semilla revela un embrión, que contiene los genes, y una provisión alimenticia encerrados en una cubierta protectora. Las semillas maduras que son resistentes, de color entre castaño claro y marrón oscuro y presentan pintas o moteado son las que tienen el mayor índice de germinación. Las semillas blandas, pálidas o verdes suelen estar inmaduras y deberían evitarse. Las semillas inmaduras germinan mal y, con frecuencia, producen plantas enfermizas. Las semillas maduras, secas y frescas -de menos de un año- brotan rápidamente y desarrollan plantas robustas.

## Germinación

Las semillas de cannabis sólo necesitan agua, calor y aire para germinar. No les hacen falta hormonas extra para germinar. Las semillas brotan sin luz en un amplio rango de temperaturas, Entre 21 y 32 ºC, las semillas tratadas apropiadamente tardan en germinar de dos a siete días. Las temperaturas superiores a 32 ºC

*Las semillas de esta planta hembra fecundada han crecido hasta romper las brácteas donde están alojadas.*

## Seguimiento de la germinación

### Entre 55 y 72 horas

El agua es absorbida.

La punta de la raíz es visible.

### Entre 10 y 14 días

Se perciben las primeras raíces.

### Entre 21 y 30 días

Al menos la mitad de las semillas han enraizado alrededor del día 21. Probablemente, las semillas que no están enraizadas en 30 días se desarrollarán de manera lenta.

Una vez que las semillas han enraizado, el crecimiento celular se acelera, y el tallo, el follaje y las raíces se desarrollan rápidamente. Los plantones entran en pleno crecimiento vegetativo entre cuatro y seis semanas desde la germinación.

perjudican la germinación. Durante este proceso, la cubierta protectora de la semilla se abre, y permite que surja el extremo de un diminuto brote blanco (la radícula). Se trata de la raíz central. Los cotiledones, u hojas seminales, emergen del interior de la cáscara al empujar hacia arriba en busca de luz.

La germinación de la semilla se provoca mediante:

Agua

Temperatura

Aire (oxígeno)

## Agua

Sumergir las semillas en agua permite que la humedad atraviese la cáscara protectora de la semilla en cuestión de minutos. Una vez dentro, la humedad continúa extendiéndose para activar la producción de hormonas, que se encuentra en estado latente. En pocos días, son enviadas suficientes señales hormonales par producir una radícula. La raicilla emerge de forma ascendente para traer al mundo una planta nueva. Una vez que una semilla es humedecida, la presencia de la humedad debe ser constante para transportar los nutrientes, hormonas y agua necesarios para que continúen los procesos vitales.

Permitir que las semillas germinadas sufran estrés hídrico en este momento, atrofiará el crecimiento de la plántula.

## Temperatura

Las semillas de cannabis se desarrollan mejor a 25 °C. Si las temperaturas son bajas, se retrasa la germinación y, si son altas, la química de la semilla se ve alterada, provocándose una mala germinación.

Como mejor germinan las semillas es con las condiciones originales del lugar donde fueron cultivadas.

Una vez que las semillas han germinado, traslada los brotes a una zona de cultivo ligeramente más fresca, e incrementa los niveles de luz. Evita las temperaturas altas y los niveles bajos de luz, que provocan un crecimiento desgarbado.

## Aire (oxígeno)

Las semillas necesitan aire para germinar. Los medios de cultivo húmedos y apelmazados cortarán el abastecimiento de oxígeno y la semilla se ahogará literalmente. Plantar las semillas a demasiada profundidad también causa una mala germinación. Los brotes no tienen almacenada suficiente energía como para abrirse paso a través de una gruesa capa de tierra antes de emerger. Planta las semillas al doble de profundidad del ancho de la semilla. Por ejemplo, planta una semilla de 3 mm a 6 mm de profundidad.

El agua del grifo contiene suficientes sólidos disueltos (alimentos) para nutrir las semillas durante sus primeras semanas de vida. Aunque las semillas necesitan sólo de 30 a 50 ppm de nitratos antes de germinar, cualquier exceso interrumpirá los procesos químicos internos. Algunos cultivadores prefieren usar agua destilada, que no contiene sólidos disueltos prácticamente, para germinar las semillas. De hecho, lo que realmente provoca un agua con gran concentración de sólidos disueltos (sales) es extraer la humedad de la semilla.

Comienza con la nutrición de dos a cuatro semanas después de que los plantones hayan brotado. Algunos cultivadores esperan hasta que las hojas amarilleen antes de empezar a fertilizar. Emplea una solución suave, a un cuarto de concentración. Si el amarilleo persiste, añade un poco más de fertilizante.

Las semillas tienen una cáscara muy dura, la testa, y deben ser escarificadas para permitir que penetre el agua. Para escarificar las semillas, sitúa un trozo de cartón esmerilado o papel de lija en una caja de cerillas. Pon las semillas en la caja y agítala durante 30 segundos. Retira las semillas y asegúrate de que estén un poco ralladas. Con un mínimo de raspado, el agua penetrará más fácilmente y pondrá la germinación en marcha.

*Para escarificar las semillas, coloca un trozo de lima de uñas o papel de lija en una caja de cerillas.*

## Dos técnicas populares de germinación
## 1. Remojado previo en agua

Deja las semillas de un día para otro en un vaso de agua. Asegúrate de que las semillas se humedezcan, de forma que se active el desarrollo. No permitas que las semillas sigan sumergidas después de 24 horas: podrían empaparse demasiado, sufrir privación de oxígeno y pudrirse. Una vez remojadas, las semillas están listas para ser puestas a brotar entre hojas de papel toalla húmedas, o para ser plantadas en semillero o en un sustrato inerte, fino y ligero.

*Cierra la caja de cerillas con el cartón esmerilado y las semillas dentro.*

Sitúa las semillas, envueltas en un paño o papel de toalla húmedo, en un lugar cálido (entre 21 y 32 °C), asegurándote de que permanezcan a oscuras. Coloca el paño o papel toalla húmedo en posición vertical (para que la raíz crezca hacia abajo), sobre una rejilla (para el drenaje) o en un plato.

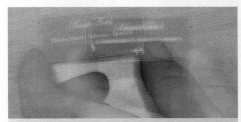

*Sacude la cajita durante 30 segundos para arañar y rallar las semillas, de forma que el agua pueda penetrar la cubierta externa.*

Mantén húmedo el paño, mojándolo a diario si hiciera falta. Deja que el exceso de agua drene libremente. El paño retendrá la humedad necesaria para que la semilla germine en unos pocos días. La semilla contiene una cantidad adecuada de alimentos para la germinación. Prevén los ataques de los hongos mediante riegos con una solución fungicida o con lejía al 2%. Una vez que las semillas han germinado y la punta blanca de la radícula es visible, recoge los frágiles brotes cuidadosamente (con unas pinzas) y plántalos. Ten cuidado de que la delicada raicilla no quede expuesta a una luz intensa o al aire de forma prolongada.

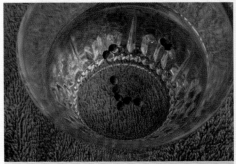

*Remoja las semillas en agua toda la noche para que germinen antes de ser plantadas.*

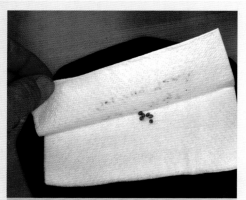

*Sitúa las semillas entre hojas de papel toalla, sobre un plato, para que germinen.*

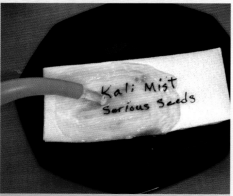

*Añade agua para humedecer el papel toalla e inclina el plato para drenar el exceso.*

*Las pastillas de turba Jiffy™ se expanden cuando se les añade agua, y son excelentes para iniciar nuevas plantas. Además, resultan muy fáciles de trasplantar.*

## 2. Plantación directa

Uno de los problemas que puede plantear la lana de roca es que las semillas salgan a la superficie antes de haber germinado. Esta es la razón por la que es mejor germinarlas antes de ponerlas en el sustrato de lana de roca.

Una vez que las semillas han germinado y los brotes blancos se han hecho visibles, tómalas cuidadosamente, con ayuda de unas pinzas, y plántalas en agujeros hechos previamente en la lana de roca. Asegúrate de que la raicilla apunte hacia abajo y que no permanezca expuesta a corrientes de aire o luces intensas. Cubre la semilla germinada con una capa de lana de roca húmeda, entre medio centímetro y algo más de uno. Mantén húmeda la lana de roca de manera uniforme. Una vez que la raíz principal brota, las pequeñas raíces capilares se desarrollarán entre 12 y 14 días.

El agua penetra en la cáscara protectora, continúa adentrándose y activa el proceso hormonal que induce la germinación, latente hasta entonces. Una vez que la semilla ha sido hidratada, la humedad debe mantenerse para que puedan ser transportados los nutrientes y hormonas, así como el agua, imprescindibles todos ellos para los procesos vitales. Si en este momento se permite que la semilla germinada sufra estrés por falta de humedad, su desarrollo puede verse alterado o detenido. Cuando la punta de la raíz se oscurece, es señal de que ha sufrido este tipo de daño.

Los medios de cultivo empapados cortan la provisión de oxígeno y provocan que la semilla se ahogue. Plantar las semillas a demasiada profundidad causa problemas de germinación.

*Las semillas que van directamente a bloques de lana de roca suelen estirarse hacia fuera. Germina las semillas antes de plantarlas para evitar este problema común.*

Los brotes no disponen de suficiente energía almacenada como para atravesar una gruesa capa de tierra antes de alcanzar la superficie. Planta las semillas al doble de profundidad del ancho de la semilla. Por ejemplo, si la semilla mide 3 mm, plántala a 6 mm de profundidad.

Las semillas no necesitan ningún aditivo para germinar. El agua corriente contiene los suficientes sólidos disueltos, el alimento que necesitan las nuevas plantas de semilla durante sus primeras semanas de vida. Un suplemento de nutrientes podría alterar los procesos químicos internos. Algunos cultivadores prefieren utilizar agua destilada, que no contiene sólidos disueltos prácticamente, para germinar las semillas.

Siembra directamente la semilla, o planta el brote ya germinado, en un arriate poco profundo, o en una maceta pequeña para semillas, una bolita de turba o un cubo de enraizamiento. Mantén húmedo el medio de cultivo de manera uniforme. Utiliza una cuchara para contener el cepellón de raíces cuando trasplantes desde un arriate. Las bolitas de turba y los cubos de lana de roca pueden trasplantarse después de un plazo entre dos y tres semanas, o cuando las raíces sobresalgan por los lados. Emplea una solución diluida de fertilizante, con sólo la cuarta parte de la dosis recomendada.

Construye una cubierta sobre el contenedor donde están plantadas las semillas para ayudar a retener la humedad. Para ello, coloca una bolsa o pieza de celofán sobre la tierra sembrada. La cubierta mantendrá elevadas la temperatura y la humedad. Usualmente, las semillas sólo necesitan un riego inicial si están dentro de esta envoltura. Retira la bolsa tan pronto como surja el primer brote; dejar la cubierta cuando las semillas ya han brotado provoca, además de otros problemas, infecciones por hongos.

Sitúa las semillas plantadas bajo una lámpara DAI para añadir calor seco mientras germinan. El calor seca la tierra, por lo que requerirá riegos más frecuentes. Coloca una alfombrilla térmica o cables calentadores bajo el medio de cultivo para facilitar la germinación. Las semillas de marihuana germinan y brotan con la mayor rapidez posible cuando la temperatura de la tierra está entre 24 y 27,5 °C, y la del aire, a 22 o 23 °C. Pero los tallos

Este cultivador de exterior preparó su semillero con tierra fina para macetas. Ha puesto a germinar cientos de semillas en él.

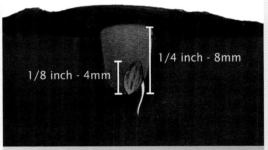

1/4 inch - 8mm

1/8 inch - 4mm

Planta las semillas al doble de profundidad del ancho de la semilla.

se espigarán si las temperaturas se mantienen por encima de 29 °C.

El exceso y la falta de riego son los mayores obstáculos que la mayoría de los cultivadores afrontan al germinar semillas y cultivar plantones. Mantén la tierra húmeda, no empapada. No dejes que la superficie del medio de cultivo se quede seca; procura conservarla húmeda constantemente. Montar los cubos de lana de roca o los semilleros sobre una rejilla permite un buen drenaje. Un semillero poco profundo con una alfombrilla térmica debajo puede requerir riego diario, mientras que una profunda maceta de cuatro litros necesitará ser regada cada tres o más días. Cuando están brotando las semillas, una plancha de cubos de lana de roca que está regada adecuadamente necesitará agua pasados de tres a cinco días. Cuando la superficie se seque (algo más de medio centímetro de profundidad), es hora de regar. Recuerda que, al principio, hay pocas raíces para absorber el agua y son muy delicadas.

*Este brote, ya germinado, se dejó secar durante algo más de una hora. Observa cómo se ha marchitado el extremo de la raíz. Este descuido, aparentemente pequeño, ocasionó que la planta resultante tuviera unos inicios muy lentos.*

## Cultiva más plantas hembra desde semilla

Los factores ambientales empiezan a influir en el sexo desde el momento en que el plantón tiene tres pares de hojas reales (sin contar los cotiledones). Entre los factores que influencian la determinación del sexo en el cannabis se incluyen los siguientes:

Aumentar el nivel de nitrógeno produce más plantas hembra. Rebajar el nivel de nitrógeno provoca más plantas macho. Incrementa el nivel de potasio para reforzar la tendencia a producir plantas macho; disminuir el nivel de potasio estimula que las plantas sean hembra. Durante las dos primeras semanas, una concentración elevada de nitrógeno junto a niveles bajos de potasio aumentan el número de plantas hembra.

Las temperaturas bajas aumentan el número de plantas hembra. Sin embargo, una humedad baja produce más machos.

La luz más azul aumenta el número de plantas hembra, mientras que la más roja acentúa las tendencias masculinas.

Un número reducido de horas de luz (p. ej. 14 horas) hace que surjan más hembras. Los días más largos (p. ej. 18 horas) causa un número mayor de plantas macho.

Estrés: cuando se cultiva desde semilla, cualquier estrés medioambiental tiende a producir más plantas macho.

Henk, el dueño de la empresa de semillas Dutch Passion, www.dutch-passion.nl, fue tan amable de permitirnos adaptar esta información de sus archivos.

Véase el capítulo decimosexto, «Crianza», para ampliar la información sobre cómo se producen las semillas feminizadas.

## Plantones

Cuando brota una semilla, surge la raíz central. Poco después, aparecen los cotiledones, también conocidos como hojas del brote o seminales. Las hojas de la semilla se extienden a medida que se alarga el tallo. En unos pocos días, aparecen las primeras hojas reales, y la pequeña planta es ahora, oficialmente, un plantón. Esta fase del desarrollo dura tres o cuatro semanas. Durante el crecimiento de la planta de semilla, se desarrolla rápidamente un sistema de raíces; mientras, el crecimiento de la vegetación por encima del nivel del suelo se mantiene lento. El calor y el agua son los elementos decisivos en este punto del desarrollo. El nuevo y frágil sistema radicular es muy pequeño, y requiere un aporte reducido aunque constante de agua y calor. Demasiada agua anegará las raíces, conduciendo frecuentemente a que éstas se pudran, y a infecciones por hongos *Phylum*. Por el contrario, la falta de agua hará que el incipiente sistema de raíces se seque. Mientras las plántulas van madurando, algunas crecerán más rápido, fuertes y con un aspecto saludable. En este momento, un poco de calor ayudará a que los pequeños plantones tengan un buen comienzo. Otras semillas brotarán lentamente, y serán más débiles y espigadas. Entresaca las plantas débiles y enfermizas, y concentra la atención en el resto de fuertes supervivientes. De la tercera a la quinta semana de crecimiento, los plantones deberían ser lo suficientemente grandes para poder saber cuáles retirar. No obstante, entresacar plántulas puede resultar muy difícil para los cultivadores que pagan 150 euros por unas pocas semillas.

Los plantones necesitan, como mínimo, 16 horas de luz al día. Por ahora, requieren una luz menos intensa, y crecerán bien bajo tubos fluorescentes durante las primeras dos o tres semanas. Los fluorescentes compactos y las lámparas de alta intensidad también pueden usarse. Para un crecimiento óptimo, las lámparas compactas deben mantenerse entre 30 y 45 cm por encima de las plántulas; y las lámparas DAI, entre 90 y 120 cm.

La fase de plantón ha terminado cuando el follaje empieza a desarrollarse rápidamente. El crecimiento generalizado por encima del suelo marca el comienzo del estadio de crecimiento vegetativo. Las plantas necesitan más espacio para crecer; trasplantarlas a contenedores más grandes precipita el desarrollo.

*Plantones fuertes y sanos como éste, de White Widow, son claves para una cosecha abundante.*

*Las plántulas que van surgiendo de los semilleros de turba desarrollan las hojas seminales (cotiledones) antes de poder desplegar su primer par de hojas verdaderas.*

*Estas plántulas de Blue Satellite proliferan en un vaso de corcho. Fueron trasplantadas el día que se tomó la imagen.*

*Esta pequeña Thaitanic se encuentra al final de su fase de crecimiento como plantón.*

*Los semilleros profundos facilitan el desarrollo del sistema de raíces. Este plantón fue trasplantado al aire libre y creció muy bien.*

## Pedidos de semillas

Pedir semillas a través de un anuncio aparecido en una revista, o por internet, es algo común. Muchas empresas respetables se anuncian. Es más seguro para tí que hagas tu pedido a una empresa con la que puedas contactar por teléfono. Habla con alguien cualificado, que te resuelva las dudas. En general, las empresas con una dirección de correo electrónico y un sitio virtual funcionan bien, pero asegúrate de que contestan a tus mensajes con prontitud. No dudes en llamar a varias empresas y hacerles preguntas específicas acerca de las variedades que venden. Si vives en un país donde las semillas son ilegales, llama desde un teléfono público y usa tarjetas telefónicas. No llames a la empresa de semillas desde el teléfono de una casa donde se cultiva.

Comunicarse mediante correo electrónico puede dejar un rastro hasta el ordenador si no haces uso de un servidor *proxy*. Utiliza los buscadores en internet para obtener información acerca de cómo instalar y utilizar este tipo de servidores.

Algunas empresas de semillas producen su propio grano y lo venden al público directamente; pero la mayoría de los productores de semillas venden su género a revendedores como www.kindseed.com, www.theamsterdam.com o www.hempqc.com (Heaven's Stairway).

Echa un vistazo a las guías de variedades de sitios como www.cannabiscafe.net para hallar más información sobre el cultivo de variedades específicas. Una vez que has decidido qué pedir y has tomado contacto con la empresa, estás listo para hacer tu pedido. No uses una tarjeta de crédito si te preocupa la seguridad. Las empresas, normalmente, cargan el importe en tu tarjeta de crédito de manera discreta; no ponen como concepto «semillas de cannabis». No obstante, si decides utilizar una tarjeta de crédito, confirma el asunto con el vendedor. También, puede que prefieras emplear una orden de pago internacional, pero el dinero en efectivo es el único que no cuenta historias ni deja rastros. Envuelve el dinero en papel carbón para que no pueda verse. Deja que transcurra una cantidad de tiempo razonable, de dos a cuatro semanas, para que llegue el pedido. No olvides que, a veces, los paquetes acaban perdiéndose por extravío o por direcciones incorrectas.

Puede que quieras disponer de una dirección *segura*, como un apartado de correos con nombre falso. Visita www.seedbankupdate.com. Esta página se actualiza regularmente y clasifica las empresas de semillas según su nivel de actuación.

Si los agentes de aduanas de EE.UU. capturan tu pedido de semillas, te enviarán una nota informándote del hecho. Jamás hemos tenido constancia de que un oficial de las fuerzas de seguridad aparezca en la puerta de alguien por este motivo.

Cuando compres diez semillas, germina sólo la mitad de ellas. Si germinan, prosigue con el resto de las semillas.

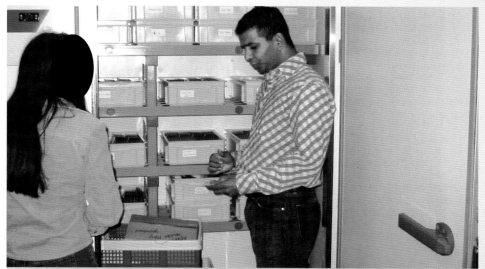

*El propietario de High Quality Seeds y Black Label Seeds, Boy Ramsahai, muestra su refrigerador de última generación para la conservación de semillas. El frigorífico conserva la humedad por debajo del 5% para asegurar un almacenaje seguro a largo plazo.*

## Conservación de las semillas

Guarda las semillas a oscuras, en un lugar fresco y seco. Asegúrate de etiquetar los recipientes. Algunas semillas permanecerán viables cinco años o más si están almacenadas adecuadamente. Cuando el 50% de las semillas no germinen, la vida media de almacenamiento ha finalizado. Sin embargo, las semillas de un año o más suelen llevar más tiempo para germinar, y tienen un porcentaje de germinación más bajo.

Las hormonas de la semilla -ABA, citoquininas y giberelinas- responder con presteza a la humedad, ya que es el principal estímulo de la germinación. Procura que las semillas se mantengan secas con el fin de impedir que la humedad les indique que germinen. Un poco de de humedad condensada puede darle a las semillas una señal falsa para que germinen, provocando que éstas gasten toda su energía almacenada. Evita los niveles de humedad por encima del 5% para asegurar que las semillas sean viables. Los niveles de humedad por encima de este nivel reducen el índice de germinación rápidamente. Guarda

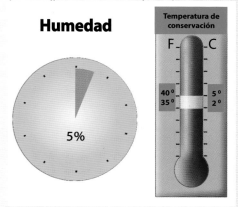

*Las semillas pueden conservarse mucho tiempo si la humedad es inferior al 5% y la temperatura se sitúa entre 2 y 5 ºC.*

Las semillas secas son sensibles a la temperatura; pueden ser desinfectadas con una corta aplicación de calor. Las temperaturas bajas ralentizan la actividad interna de la semilla, por lo que son las más adecuadas para su conservación. Puedes usar nitrógeno líquido -extremadamente frío- y criogenizar las semillas para almacenarlas durante largos periodos de tiempo.

El aire, una vez que se adentra en la cubierta externa de la semilla, le indica a ésta que germine. Las semillas viables se conservan mejor si se envasan al vacío para eliminar todo el oxígeno.

Las semillas con una cáscara delgada nunca entran del todo en fase latente, porque la humedad y el aire están siempre presentes en su interior. Esta humedad y este aire hacen que los niveles hormonales se disipen lentamente. Las semillas de este tipo no se conservan bien durante mucho tiempo.

## Pestes de las semillas

Las pestes de las semillas se vuelven activas si hay más del 10% de humedad. Cuando el medio de cultivo contiene más del 15% de humedad, los hongos pasan a la acción. El exceso de fertilizantes ralentiza el desarrollo del plantón y promueve los ataques fúngicos.

Las temperaturas entre 20 y 30 ºC fomentan los hongos *Phytium* y *Phylum*, que causan el mal de vivero o *damping-off*, y los *Rhixoctonia*. Como mejor se desarrollan las semillas de cannabis es a 25 ºC. La mayoría de los hongos se reproducen a ritmo más rápido en el rango de temperaturas que va de 20 a 30 ºC.

Mantente atento a la aparición de problemas. La sobredosis de nutrientes quema las puntas de las hojas y los foliolos, lo cual puede parecer, a ojos inexpertos, que se están pudriendo. No fertilices. Aplicar un fungicida en este momento empeorará el problema.

*Guarda las semillas en una bolsa de plástico hermética, dentro de un envase de película o similar. Emplea un recipiente sellado con calor si vas a almacenar semillas durante más de un par de meses. Incluye un paquete de sílice en el contendor para que absorba el exceso de humedad.*

*Salas como ésta abastecen de plantas hembra para crianza a un criador de semillas de la Columbia Británica.*

*Warlock en plena floración.*

*Hembra repleta de semillas procedente de Next Generation Seeds, una empresa nueva en el horizonte de la Columbia Británica, Canadá.*

### Ferias de muestras del cannabis

Hay multitud de ferias de negocios que se celebran por todo el mundo en varias épocas del año. Estos eventos constituyen una oportunidad excelente para aprender lo último en técnicas de cultivo, con seminarios y conferencias impartidos por cultivadores de renombre. Las visitas a estas ferias te brindan la ocasión de ver los productos de cultivo de la industria del cannabis, incluyendo semillas y equipamiento.

*Uno de los intentos para liar el canuto más grande del mundo.*

*Goyo señala una hoja que la policía pintó de color dorado durante la feria CannaTrade, en Berna, Suiza.*

*Estas bolsas laminadas ofrecen a los entusiastas del cannabis una conservación y un transporte a prueba de olores.*

*Northern Lights #5 x Haze.*

Un lindo cogollo de Hempstar.

# Capítulo TERCERO

# CRECIMIENTO VEGETATIVO

*Un desarrollo vegetativo fuerte y saludable es clave para obtener una cosecha de peso.*

## Introducción

La fase de desarrollo del plantón dura alrededor de dos o tres semanas. Una vez que se ha establecido un fuerte sistema de raíces, y el crecimiento del follaje se acelera, los plantones entran en el estadio

*Este plantón está en los primeros estadios de su desarrollo vegetativo.*

*Esta hembra de Euforia ha estado más de dos meses en crecimiento vegetativo.*

vegetativo del desarrollo. Cuando la producción de clorofila va a toda velocidad, una planta vegetativa producirá un follaje tan verde y frondoso como le sea posible genéticamente, mientras que no se limiten la luz, el $CO_2$, los nutrientes ni el agua. Con los cuidados apropiados, la marihuana crecerá entre uno y cinco centímetros al día. Una planta que se quede estancada ahora podría tardar semanas en volver a un crecimiento normal. Un sistema de raíces fuerte y sin restricciones, resulta esencial para proporcionar el agua y los nutrientes imprescindibles. Un desarrollo vegetativo sin limitaciones es clave para una cosecha saludable. La ingesta de agua y nutrientes de la planta cambia durante el crecimiento vegetativo. La transpiración se produce a un ritmo más elevado, por lo que requiere más agua. Se precisan niveles altos de nitrógeno; el consumo de potasio, fósforo, calcio, magnesio, azufre y oligoelementos se produce a un ritmo mucho más rápido. Cuanto más grande se hace una planta y más aumenta su sistema de raíces, antes se secará la tierra. La clave para un fuerte crecimiento vegetativo y una cosecha generosa consiste en aportar, tanto a las plantas como a sus raíces, el ambiente más adecuado.

El crecimiento vegetativo se mantiene con 16 horas de luz o más. Yo solía creer que, pasadas las 18 horas de luz, la efectividad comenzaba a disminuir, pero posteriores investigaciones han demostrado que las plantas crecen a más velocidad con 24 horas de luz. Siempre que se mantenga un fotoperiodo de 18 horas, la marihuana continuará en desarrollo vegetativo durante un año o más (teóricamente, de forma indefinida).

El cannabis reacciona a los cambios de fotoperiodo; la floración puede controlarse mediante el ciclo de luz y oscuridad. Esto permite a los horticultores de interior poder controlar el desarrollo vegetativo y floral. Una vez que el sexo de una planta ha sido determinado, puede convertirse en una planta madre, en un esqueje o en una planta macho para crianza; y esta planta podrá ser cosechada o, incluso, revegetada.

Nota: Las plantas muestran *preflores* tempranas, masculinas o femeninas, alrededor de la cuarta semana de crecimiento vegetativo. Ver «Prefloración» en el capítulo cuarto y las secciones sobre preflores masculinas y femeninas incluidas en el presente capítulo.

La clonación, el trasplante, la poda y el moldeado se inician cuando las plantas están en la etapa de desarrollo vegetativo.

## Esquejes y clonación

La marihuana puede reproducirse (propagarse) sexual o asexualmente. Las semillas son el producto de la propagación sexual; y los clones o esquejes son el resultado de la propagación asexual o vegetativa. En su forma más simple, producir un esqueje o clon implica cortar el extremo de una rama en crecimiento y enraizarlo. Técnicamente, la clonación consiste en tomar una célula de una planta y fomentar su crecimiento hasta dar lugar a otra planta. Normalmente, cuando los cultivadores de marihuana se refieren a un clon, quieren decir una rama de cannabis que ha sido cortada y enraizada.

La clonación reduce el tiempo que tarda en madurar una cosecha. Los cultivadores productivos tienen dos habitaciones: el cuarto para clonación y vegetativo ocupa alrededor de una cuarta parte del espacio que se dedica al segundo cuarto, destinado a la floración. Las plantas en vegetativo, más pequeñas, ocupan mucho menos espacio que las plantas en plena floración. Por ejemplo, una lámpara de halogenuro metálico de 250 ó 400 vatios puede iluminar clones y plantas en crecimiento que podrían llenar fácilmente un cuarto iluminado por tres lámparas de sopio AP de 600 vatios. Si se apaga el halogenuro, los tubos y lámparas fluorescentes compactas resultan más económicas y enraízan los esquejes perfectamente.

Combina ciclos de floración y cosecha de ocho semanas con una clonación continua para establecer una cosecha perpetua. Un método fácil de adoptar consiste en sacar dos esquejes cada cuatro días, y cosechar una planta hembra madura al día siguiente. En cada ocasión que se cosecha una planta, se pasan uno o dos clones enraizados de un cuarto de vegetativo constantemente aprovisionado al cuarto de floración. Este régimen proporciona al cultivador 30 esquejes en floración que están programados a 91 días. Transcurren 91 días desde que el esqueje se corta de la planta madre hasta que se recolecta. Empleando este calendario, un cultivador tendría 30 clones, 10 plantas vegetativas y 30 plantas en floración en todo momento. Ver tabla en la página siguiente.

*Los comerciantes suizos vendían clones libremente hasta 2001, año en que se cambió la ley. Ahora, los cultivadores suizos actúan en la clandestinidad.*

*Espacio para la producción de esquejes en el sótano de una tienda de cultivo.*

| Fase del desarrollo | Tiempo | Número de plantas |
|---|---|---|
| Clon | 3 semanas | 30 |
| Vegetativo | 2 semanas | 10 |
| Floración | 8 semanas | 30 |
| Total | | 70 |

*Este mar de clones comparte todas las características genéticas. Todos ellos crecerán hasta parecerse a las plantas madre.*

*Dos reinas madre que pronto darán gran cantidad de clones.*

Induce a florecer los clones cuando midan entre 10 y 30 cm para obtener la máxima eficiencia de la luz DAI. La luz artificial disminuye según el cuadrado de la distancia, lo cual quiere decir que las hojas que están a 2 m de la bombilla reciben una dieciseisava parte de la cantidad de luz que recibirían a 50 cm. El follaje que está sombreado recibe menos luz, crece más lentamente y tiene un aspecto raquítico.

Las dimensiones de las cosechas de esquejes cultivados en contenedores pequeños son mucho más fáciles de mover y mantener que las de plantas de gran tamaño en macetas de gran capacidad. Los pequeños esquejes también son productivos y fáciles de cultivar en invernadero o al aire libre.

Los clones fuertes y bien iluminados crecen deprisa y son menos propensos a ser afectados por las plagas y enfermedades. Los esquejes que crecen con rapidez se desarrollan a más velocidad de a la que pueden reproducirse los ácaros. Para cuando se declara la plaga de ácaros, las plantas están a pocas semanas para la cosecha. Los esquejes, además, son fáciles de sumergir en una solución acaricida cuando son pequeños.

Los experimentos con clones son consistentes y sencillos de controlar. Los clones genéticamente idénticos responden de igual manera a los diferentes estímulos, como pueden ser la fertilización, la luz, el doblado, etc. Después de experimentar con esquejes de la misma planta madre durante varias cosechas, el cultivador tiene una idea bastante clara de lo que necesita esa genética para desarrollarse bien.

## Plantas madre

Cualquier planta puede ser clonada, con independencia de su edad o estadio de desarrollo. Los mejores resultados, sin embargo, se obtienen a partir de plantas de, por lo menos, dos meses de edad. Los esquejes que se toman de plantas más jóvenes se desarrollan con lentitud y de forma desigual. Los esquejes que se cortan de plantas en floración enraízan rápidamente, pero requieren un mes o más para volver al estadio vegetativo. Estos clones revegetados pueden florecer prematuramente y los cogollos son más propensos a los ataques de plagas y hongos.

Cualquier planta hembra puede convertirse en una planta madre. Puede haber sido cultivada desde semilla o ser un esqueje de otro esqueje. He entrevistado a varios cultivadores que han sacado esquejes de esquejes más de veinte veces. Es decir, se tomaron clones (C-1) de la planta hembra original de semilla. Estos esquejes C-1 se cultivaron en estado vegetativo, y otros clones (C-2) fueron tomados de ellos. Dos semanas después, la floración fue inducida en los C-1, al tiempo que los C-2 comenzaban su crecimiento vegetativo. A continuación, se sacaron nuevos esquejes (C-3) de los C-2. Esta misma técnica de cultivo con clones de clones se continúa hasta bien pasada la generación C-20 sin que haya una caída en la potencia o el vigor del esqueje. No obstante, si las plantas madre sufren estrés, producirán clones débiles. Las plantas madre que son forzadas a florecer y, luego, se revegetan no sólo producen menos, también están estresadas y confundidas. Los clones que crecen poco suelen ser el resultado de prácticas de clonación deficientes e insalubres.

Un esqueje es una réplica genética exacta de la planta madre. Cada célula de la planta madre lleva un detallado programa de sí misma en su ADN. La radiación, los productos químicos y los malos hábitos culturales pueden dañar el ADN. A menos que sea perjudicado, el ADN permanece intacto.

Una planta hembra producirá el 100% de plantas hembra, todas exactamente iguales a la planta madre. Cuando se cultivan en idénticas condiciones, los esquejes de la misma planta madre tienen el mismo aspecto. Pero si los mismos esquejes se cultivan en diferentes cuartos de cultivo, sujetos a entornos distintos, suelen parecer diferentes.

Una planta de seis meses produce más cannabinoides que una planta de un mes. Mediante la clonación, el hortoculturista está cultivando una planta con alto contenido en THC, que continuará aumentando de potencia a un ritmo muy rápido. Un esqueje que lleva enraizado un mes se comporta igual que una planta de cuatro meses, y puede ser inducido a florecer con un fotoperiodo de 12 horas fácilmente.

Mantén varias plantas madre en estado vegetativo para disponer de una provisión consistente de esquejes. Comienza a formar nuevas plantas madre de semilla cada año. Da a las plantas madre de 18 a 24 horas de luz al día para mantener un crecimiento veloz. Para un mejor

*Esta joven Shaman ya ha mostrado preflores femeninas y puede convertirse en una planta madre.*

*El cultivador de este invernadero suizo cuida de sus clones en camas bajas y mantiene las madres a la luz brillante del piso superior.*

resultado, nutre las plantas madre con el 10% menos de nitrógeno, ya que fomenta el enraizamiento de los esquejes.

*Esta joven planta madre recibe los mejores cuidados. Pocas semanas antes, este esqueje era sacado de una plante madre.*

*Las plantas madre deben permanecer muy saludables para ser capaces de producir muchos esquejes. Las raíces de esta madre muestran lo sana que está.*

*Para un cultivo y mantenimiento sencillos, las plantas madre se cultivan individualmente en amplios contenedores hidropónicos.*

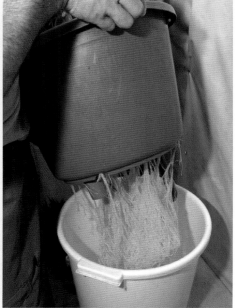

*El sistema de raíces de esta madre de elevada producción es fuerte y de un blanco muy saludable.*

## Puntos negativos

Los clones crecen más despacio que las plantas híbridas F1 cultivadas desde semilla. Un híbrido F1 es la primera generación filial heterocigota, polen y óvulo. Los híbridos F1 tienen *vigor híbrido*, que significa que este cruce se desarrollará un 25% más grande y más fuerte que los esquejes. El vigor híbrido, además, hace que las plantas sean menos susceptibles a los problemas por plagas y enfermedades.

Comienza siempre con las mejores plantas madre que encuentres. Una planta madre rinde clones a su imagen; si carece de potencia, producción o no es resistente a las plagas y enfermedades, el esqueje compartirá sus inconvenientes. Estas debilidades se incrementan cuando se cultiva una sóla variedad. Una plaga incontrolada o una enfermedad pueden acabar con la cosecha entera.

Algunos cultivadores tienen dificultades para aprender a hacer esquejes. Si éste es el caso, continúa trabajando los problemas uno a uno, y aprenderás. Algunas personas tienen una curva de aprendizaje más lenta cuando se incluye la clonación. Coge de cinco a diez esquejes prácticos antes de ponerte a esquejar en serio. También, puedes trabajar con variedades que sean fáciles de clonar.

## Plantas fáciles de clonar

La mayoría de las variedades *indica* y *skunk* son fáciles de reproducir asexualmente.

Las plantas enfermizas y los propios cultivadores causan la mayor parte de los problemas de enraizamiento que tienen los clones. Las plantas débiles producen esquejes sin vigor y que tardan en enraizar. Unas condiciones pobres de cultivo también afectan a la fortaleza del esqueje.

## Plantas difíciles de clonar

Las variedades Rudelaris Indica y Rudelaris Skunk no producen plantas madre satisfactorias por su capacidad para autoflorecer. Entre las muchas variedades de exterior con una ligera tendencia a preflorecer con el fotoperiodo a 18 horas se incluyen Early Girl y Early Skunk. Comprueba este detalle con la empresa de semillas. No obstante, la floración temprana no es un rasgo que la excluya como plantas madre.

## Preparación

La clonación es el incidente más traumático que puede experimentar una planta de cannabis. Los esquejes pasan por una transformación increíble cuando pasan de ser puntas de ramas cortadas a plantas enraizadas. Toda su química interna cambia. El tallo que antes desarrollaba hojas, ahora, tiene que producir raíces para sobrevivir. En este momento, los clones se encuentran en el punto más delicado de su vida.

Los clones desarrollan rápidamente un denso sistema radicular cuando los tallos tienen una concentración alta de carbohidratos y están poco nitrogenados. Aumenta los niveles de carbohidratos mediante la lixiviación del medio de cultivo con cantidades copiosas de agua para arrastrar fuera los nutrientes. El medio de cultivo debe drenar muy bien para soportar fuerte lavado sin saturarse. El abonado foliar a la inversa lixiviará los nutrientes de las hojas. Para realizarlo, llena un pulverizador con agua limpia y rocía la planta madre cada mañana, hasta empaparla, durante tres o cuatro días. Las hojas más viejas pueden volverse de color verde claro; y el crecimiento se ralentiza a medida que se usa el nitrógeno disponible y se producen carbohidratos. El contenido en carbohidratos y hormonas es

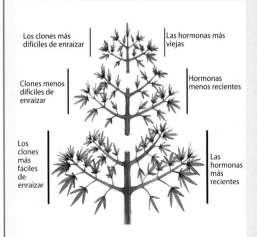

Los clones más difíciles de enraizar

Las hormonas más viejas

Clones menos difíciles de enraizar

Hormonas menos recientes

Los clones más fáciles de enraizar

Las hormonas más recientes

*Los esquejes de las ramas bajas son los más fáciles de enraizar porque contienen mayor cantidad de las hormonas apropiadas.*

## La integridad de los parentales

1. Mantener el fotoperiodo entre 18 y 24 horas al día
2. Mantener las plantas sanas
3. Cultivarlas de 6 a 9 meses
4. Reponer
5. Cultivarlas hidropónicamente

mayor en las ramas bajas, más viejas y maduras (ver dibujo en la página anterior). Que una rama rígida se pliegue fácilmente cuando se intenta doblarla es un buen indicio de un alto contenido en carbohidratos.

El contenido hormonal es diferente en las distintas partes de la planta. Las hormonas que estimulan el crecimiento de las raíces están concentradas cerca de la base de la planta, junto al tallo central. Se trata de la porción más vieja de la planta y es donde se localizan la mayoría de las hormonas de enraizamiento. El ápice de la planta contiene hormonas más viejas; los esquejes cortados de esta parte enraízan despacio.

Mientras enraízan, los clones requieren un mínimo de nitrógeno y niveles incrementados de fósforo para estimular el desarrollo de las raíces. Las pulverizaciones deberían evitarse durante el enraizamiento ya que aumentan el estrés de la clonación. Con un poco de instrucción y algo de experiencia, la mayoría de los cultivadores consiguen, de manera consistente, un porcentaje de supervivencia del 100% para sus esquejes.

Los esquejes grandes con largos tallos repletos de almidón desarrollan raíces más lentamente que los esquejes pequeños con tallos cortos. El exceso de almidón en un sustrato húmedo, además, atrae las enfermedades. Los clones de tallos finos disponen de menos reservas (almidón acumulado), pero sólo necesitan una reserva de energía suficiente para iniciar el crecimiento de las raíces.

Los esquejes pequeños con pocas hojas enraízan a mayor velocidad que los grandes, con más hojas. Al principio, las hojas contienen humedad, pero después de unos días, el tallo ya no es capaz de aportar suficiente humedad a las hojas, y el clon sufre estrés. Una pequeña cantidad de hoja es todo lo que se necesita

*Estos esquejes de Ortega fueron puestos a enraizar el 25 de agosto y pronto serán trasplantados.*

|  | Ramas tiernas | Ramas viejas |
|---|---|---|
| Comienza la división celular | Día 4 | Día 6 |
| Se forman las primeras protuberancias | Día 6 | Día 10 |
| Las raíces comienzan a crecer | Día 7 | Día 20 |
| Hay raíces suficientes para trasplantar | Día 14 | Día 28 |

Esta tabla muestra los tiempos medios para el proceso de enraizamiento del cambium. Observa cómo los esquejes que se han cortado de las zonas más jóvenes enraízan el doble de rápido que los tomados de partes más viejas.

para realizar la fotosíntesis que proporcione la energía suficiente para el desarrollo de las raíces.

## Precauciones

La embolia se produce cuando una burbuja de aire queda atrapada en el hueco del tallo, y suceden al cortar esquejes grandes y dejarlos en la mesa antes de ponerlos en agua o en el medio de cultivo. Cuando ocurre una embolia, la corriente de fluidos se detiene y el clon muere. Después de sacar esquejes, sumérgelos inmediatamente en agua o en el medio de enraizamiento para prevenir que el aire quede atrapado en los tallos huecos. Esta amenaza se elimina cortando los esquejes dentro del agua.

Los clones enraízan bien con el pH entre cinco y seis. Los sistemas aeropónicos de clonación suelen ir mejor con un pH de cinco a cinco y medio. A la mayoría de las enfermedades les cuesta propagarse por debajo de estos niveles de pH. Asegúrate de que siempre haya abundancia de aire en el medio de enraizamiento: estimulará el desarrollo de las raíces.

Evita que los clones mueran por un exceso de amabilidad y fertilizantes. Como mínimo, dar a los clones mucho fertilizante provoca que el enraizamiento se retrase. De hecho, una buena dosis de nitrato de amonio (un fertilizante común) detendrá el crecimiento de las raíces capilares.

Si los esquejes se infestan, emplea piretrinas en aerosol. Recuerda: todos los pesticidas, ya sean naturales o no, son fitotóxicos. En general, pulverizar los esquejes no es buena idea. Si tienes que hacerlo, aplica pulverizaciones naturales y orgánicas cuando el ambiente esté fresco y reduce su uso al mínimo.

Evita las pulverizaciones antidesecantes en lo posible, y haz uso de ellas sólo si no está disponible una cubierta para mantener la humedad. Las pulverizaciones no sólo humedecen las hojas, también obstruyen los estomas y pueden perjudicar el desarrollo de las raíces en los clones.

No riegues en exceso los esquejes. Mantén el medio constantemente húmedo, pero no dejes que se empape.

Cualquier tipo de estrés trastorna las hormonas y ralentiza el desarrollo.

Mantén limpia la zona de clonación. No saques esquejes de un lugar donde anidan los hongos y las enfermedades. El *Pythium* es lo peor; se propaga con las altas temperaturas y la humedad excesiva. A los ácaros, las moscas blancas, los trips, etc., les encantan los clones tiernos y débiles. Retira los clones infestados de la habitación. Las condiciones

*No uses fertilizantes con los esquejes ni con las plántulas.*

de cultivo frescas, entre 18 y 25 ºC, retrasan la reproducción tanto de los ácaros como de las esporas de los hongos, y permiten evitar las infestaciones.

## Hormonas de enraizamiento

Las hormonas que inducen el crecimiento de las raíces aceleran los procesos de la planta. Cuando el tallo de un esqueje desarrolla raíces, debe transformarse para pasar de producir células del tallo a elaborar células indiferenciadas y, finalmente, a fabricar células para la formación de raíces. Las hormonas de enraizamiento precipitan el desarrollo de las células indiferenciadas. Una vez indiferenciadas, las células se transforman rápidamente en células radiculares. Tres de las sustancias que estimulan el crecimiento de células indiferenciadas son el ácido 1-naftalenoacético (ANA), el ácido 3-indolbutírico (AIB) y el ácido 2, 4-diclorofenoxiacético (2, 4 ADF). Las hormonas comerciales de enraizamiento contienen uno, dos o los tres ingredientes sintéticos mencionados, y suelen incluir un fungicida para ayudar a prevenir el *damping-off* o mal del vivero.

Las hormonas de enraizamiento están disponibles en forma de líquido, gel o polvo. Las presentaciones líquida y en gel penetran en los tallos uniformemente, y resultan más versátiles y consistentes. Las hormonas de enraizamiento en polvo se adhieren a los tallos de forma inconsistente, penetran débilmente, estimulan un crecimiento desigual de las raíces y producen un índice más bajo de supervivencia.

| **Productos** de enraizamiento | **Contenido** | **Notas** |
|---|---|---|
| **Algimin®** **Maxicrop** | Producto con quelpo seco Algas líquidas | Sin AIB ni ANA. Sumergir los esquejes durante la noche en una solución con 15 gr de Algimin® por litro de agua. Una vez plantados, seguir regando con esta solución. |
| **Clonex®** | El primer gel para clonar | Una mezcla con siete vitaminas, once minerales, dos agentes antimicrobianos y 3.000 ppm de hormonas de enraizamiento. El gel sella tejidos del esqueje, reduciendo las posibilidades de que se infecte o sufra una embolia. |
| **Radical Magic®** | AIB al 4%, etanol | Hormona líquida de enraizamiento. Gran versatilidad de uso. |
| **Earth Juice Catalyst®** | | Producto orgánico derivado de salvado de avena, quelpo y melaza, con un complejo de vitamina B, aminoácidos, hormonas y niveles bajos de nutrientes. |
| **Clonfix®** | Hormonas | Otro práctico y eficaz producto de enraizamiento en gel. |
| **Hormodin®** | IBA | Polvo disponible en tres concentraciones: 1.000, 3.000 y 8.000 ppm. |
| **Jump Start** **Cutting Accelerator®** | AIB, vitaminas, nutrientes | Pulverizador foliar para mejorar el índice de supervivencia y acelerar el enraizamiento. Según sus usuarios, los esquejes llegan a enraizar en menos de una semana. |
| **Nitrozyme®** | Producto natural | Extracto de algas que contiene citoquininas, auxinas, enzimas, giberelinas y etilenos. Pulveriza las madres con este producto dos semanas antes de cortar los esquejes. |
| **Clone it®** | AIB al 4%, vitaminas y minerales | Gel de enraizamiento con una base especial de carbono biodisponible. Su fórmula ha sido mejorada para aumentar el tiempo de máxima frescura. |
| **Rhizopon AA®** **(Rhizopon B.V.)** | AIB | La mayor empresa del mundo dedicada a la investigación y fabricación de productos de enraizamiento. En polvo o pastillas solubles con concentraciones desde 500 hasta 20.000 ppm. |
| **Rootech®** | AIB, vitaminas, nutrientes | Gel de textura consistente, fabricado por Technaflora; es uno de los favoritos en Norteamérica. |
| **Vita Grow** | AIB, ANA | Los clientes dicen que «podrías enraizar hasta los palitos de los helados». |

Advertencia: Algunos productos no están recomendados para su uso en plantas comestibles. Lee la etiqueta cuidadosamente antes de decidirte a utilizar un producto.

Las hormonas líquidas de enraizamiento pueden rebajarse a diferentes concentraciones. Prepara siempre la concentración más diluida, para esquejes tiernos. Aplicar *sólo una vez* cualquier hormona de enraizamiento que contenga AIB. Si se exceden de concentración o de duración, las aplicaciones con AIB dificultan la formación de raíces. Tan pronto como se cortan los esquejes, éstos comienzan a despachar hormonas de enraizamiento hacia la herida. Sin embargo, las hormonas no llegan con toda su fuerza hasta una semana después. Las hormonas artificiales de enraizamiento cubren esa necesidad hasta que las naturales toman el control.

Sumerge los esquejes otra vez antes de plantarlos. Con un baño corto, de 5 a 15 segundos, en soluciones de AIB y ANA con una concentración entre 500 y 20.000 ppm, los tallos absorben homogéneamente la hormona concentrada.

Relativamente nuevos en el mercado, los geles han calado en todas partes. Son prácticos y fáciles de usar, pero no son solubles en agua. Una vez aplicado, el gel se sujeta al tallo y permanece ahí durante más tiempo que el formato líquido o en polvo.

Los polvos de enraizamiento consisten en una mezcla de talco con AIB y/o ANA, y son más baratos que los productos en gel o líquidos. Para utilizarlos, impregna el extremo húmedo del esqueje en el polvo. Aplica una capa espesa y uniforme. Para evitar la contaminación, vierte una pequeña cantidad en un recipiente aparte y tira lo que sobre. Sacude el exceso de polvo con ligeros golpes o raspando el esqueje ligeramente; el exceso de hormonas puede dificultar el desarrollo de raíces. Haz un agujero más grande que el tallo en el medio de enraizamiento. Si el agujero es demasiado pequeño, el polvo se desprenderá al insertar el esqueje.

También puedes pulverizar los clones con una solución diluida de AIB para uso foliar, de 50 a 90 ppm. Ten cuidado de pulverizar lo justo para cubrir las hojas, y no repitas la aplicación. El follaje no debería llegar a gotear. Una sobredosis de AIB retrasa el crecimiento, impide el desarrollo de las hojas y puede, incluso, llegar a matar el clon.

Algunos cultivadores remojan sus esquejes en una solución diluida (de 20 a 200 ppm de AIB y/o ANA) durante 24 horas. Sin embargo, he visto pocos cultivadores que empleen esta técnica por su tardanza.

Para determinar la concentración de la hormona en partes por millón, multiplica por 10.000 el porcentaje que indica el fabricante. Por ejemplo, un producto al 0,9% de AIB contiene 9.000 ppm de AIB.

Una sustancia completamente natural que induce el crecimiento de las raíces es el agua de sauce. Se desconoce qué sustancia está presente en todos los sauces y favorece el crecimiento de las raíces, pero los experimentos repetidos han demostrado que el agua de sauce aumenta las raíces un 20% más que el agua corriente. Mezclada con hormonas comerciales de enraizamiento, este agua de sauce produce resultados fenomenales.

Para preparar un compuesto de enraizamiento con agua de sauce, encuentra uno de estos árboles y retira algunas de sus ramas de menos de un año, que miden algo menos de 4 cm de diámetro. Elimina las hojas y corta las ramas en trozos de 3 cm de largo. Coloca los palos sobre uno de sus extremos, de forma que quepan muchos de ellos en un vaso de agua o en una jarra. Llena el recipiente con agua y déjalos en remojo durante 24 horas. Tras este periodo, vierte el agua de sauce y empléala como hormona de enraizamiento. Deja los clones de marihuana en este agua durante 24 horas y,

Los geles para clonación son muy populares porque mantienen las hormonas distribuidas uniformemente a lo largo del tallo subterráneo.

Prepara todos los útiles de clonación antes de empezar.

entonces, plántalos en el medio de enraizamiento. Si usas una hormona comercial líquida, sustituye el agua corriente por agua de sauce al hacer la mezcla.

Hay productos de la casa Canna, así como de otras empresas, que contienen hongos *Trichoderma*. Estos hongos hacen que las raíces crezcan y absorban mejor los nutrientes. Para aprender más sobre

## Produce más raíces

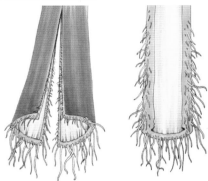

*Divide el tallo de los clones para dejar expuesta más superficie de la capa de cambium, que está justo bajo la piel del tallo. Se trata del único lugar donde se generan raíces nuevas.*

Exponer la capa del cambium provoca que crezcan muchas raíces en la zona descubierta. Raspa ligeramente la capa externa del tallo, dejando el cambium al descubierto, para estimular que las hormonas se concentren donde han de surgir las raíces. Dividir el tallo del esqueje deja expuesta una mayor extensión donde desarrollar raíces. Ambas prácticas incrementan el número de raíces saludables, pero el tiempo necesario para el enraizamiento se alarga unos días.

Después de recortar y raspar el esqueje, sumerge el tallo desnudo en hormonas de enraizamiento. Ahora está listo para insertarlo en el sustrato.

*Realiza un corte que divida el tallo en dos para ampliar el área donde crecerán las raíces.*

## Evita problemas:

Mantén despejada la zona de trabajo. Limpia las superficies y utensilios antes de empezar.

Ten listo el medio de cultivo.

Prepara la planta madre (los brotes elegidos).

Corta los esquejes.

Aparta los clones no utilizados.

Inserta (planta) el esqueje en el medio de cultivo o en el sistema aeropónico.

Sitúa los clones bajo una cubierta para retener la humedad.

Vigila el crecimiento de raíces.

Trasplanta cuando las raíces surjan del medio de enraizamiento.

Habitúa los clones al nuevo entorno de manera gradual.

*Esta hermosa madre de Stinky Pinky sólo tiene dos meses y medio.*

este proceso, visita el sitio web de Canna, www.canna.com.

## Antes de esquejar

Hacer clones o esquejes es el más eficiente y productivo de los medios de propagación para los pequeños cultivadores, ya sean de interior o exterior. Una vez que las hembras han sido identificadas, todo está listo para la práctica del simple y productivo arte del esquejado.

Desinfecta todos los utensilios y las superficies de trabajo para eliminar bacterias, hongos, virus y otros organismos patógenos que pueda haber. Utiliza unas tijeras afiladas, una navaja o una hoja de cuchilla después de limpiarlas con alcohol, vinagre o lejía (una solución al 5-10%). Lávate bien las manos como paso previo.

*Realiza el corte para sacar el esqueje en un ángulo de 45°.*

Asegúrate de tener todos lo útiles de clonación al alcance de la mano: cubos de enraizamiento, las hormonas, la cuchilla o las tijeras, el pequeño invernadero para mantener la humedad, etc., antes de empezar a sacar esquejes.

## La clonación, paso a paso

**Primero:** Escoge una planta madre de dos meses de edad por lo menos. Algunas variedades dan buenos clones incluso cuando se las empuja con fertilizantes en hidroponía. Si una variedad resulta

*Elimina uno o dos grupos de hojas.*

difícil de clonar, lava la tierra con dos litros de agua por cada litro de tierra; hazlo cada mañana durante una semana antes de cortar los esquejes. El drenaje debe ser bueno. O rocía las hojas abundantemente, cada mañana, con agua limpia. Ambas prácticas ayudan a eliminar el nitrógeno. No añadas fertilizante.

**Segundo:** Con una hoja afilada, corta las ramas en un ángulo de 45°. Elige ramas firmes y sanas con un diámetro entre 3 y 6 mm y un largo entre 6 y 10 cm. Procura no aplastar el extremo del tallo al realizar el corte. Elimina dos o tres grupos de hojas con sus nudos para que el tallo pueda entrar bien en la tierra. Debería haber, al menos, dos grupos de hojas por encima del suelo, y uno o dos nudos recortados bajo tierra. Al sacar el esqueje, haz el corte a medio camino entre dos nudos. Coloca el extremo cortado en agua inmediatamente. A medida que sigues sacando esquejes, ve poniéndolos en agua.

*Mantén los clones cortados en un vaso de agua hasta que llegue el momento de sumergirlos en hormonas y plantarlos.*

*Sumerge el tallo recortado en el gel o el líquido de enraizamiento. Vierte un poco en un recipiente para no contaminar el envase y desecha lo que sobre.*

*Coloca el tallo con hormonas dentro del bloque de enraizamiento.*

*Pellizca la parte de arriba del bloque para que el medio de cultivo esté en contacto con el tallo.*

**Tercero:** Los cubos de lana de roca y Oasis™ para enraizamiento resultan adecuados y fáciles de mantener y trasplantar. También puedes llenar contenedores pequeños o bandejas para semilleros con arena gruesa lavada, vermiculita fina, sustrato inerte o tierra buena para macetas en caso de que no haya otra cosa disponible. Satura el sustrato con agua y emplea un lápiz sin punta, un clavo, un palito, etc., para hacer un agujero en el medio de enraizamiento que sea un poco más grande que el tallo. El agujero debería llegar hasta 1,5 cm del fondo del contenedor para permitir el desarrollo radicular.

Sitúa la bandeja que contiene los bloques o macetas de enraizamiento en una bandeja estándar de cultivo. Si no hay ninguna disponible, agujerea las tres cuartas partes del cubo de enraizamiento para los tallos.

Llena la bandeja de lana de roca con agua, pH de 5 a 6. Utiliza siempre bandejas de plástico resistentes.

*Cultiva los clones hasta que estén bien enraizados. Recuerda etiquetarlos siempre cuando los plantes.*

**Cuarto:** Emplea una hormona de enraizamiento y, si fuera necesario mezclarla, prepara la solución justo antes de utilizarla. Para los productos líquidos, usa la proporción marcada para esquejes tiernos. Remueve cada esqueje en la solución hormonal de 5 a 15 segundos. Introduce el esqueje en el agujero del medio de enraizamiento y ajusta el sustrato suavemente a su alrededor. Las hormonas en gel o en polvo no requieren ser mezcladas. Sumerge los tallos en el gel, siguiendo las instrucciones, o pásalos por el polvo. Al plantarlos, ten especial cuidado de que se mantiene una capa firme de gel o polvo sobre los tallos mientras pones la tierra en su sitio.

**Quinto:** Riega ligeramente hasta que la superficie se humedezca de manera uniforme. Mantén húmedos los clones todo el tiempo. Los esquejes no tienen raíces con las que absorber agua para las hojas, así que el agua llega a través de las hojas y el tallo hasta que haya raíces que puedan suplirla. El agua es necesaria para mantener el medio de cultivo húmedo. No dejes que se empape.

**Sexto:** Los clones enraízan más rápido si tienen luz fluorescente de 18 a 24 horas diarias. Si tienen que ponerse bajo luz DAI, sitúalos en el perímetro del jardín, de forma que reciban una luz menos intensa; o sombréalos con una tela o malla. Un tubo fluorescente a 15 cm por encima de los esquejes, o una lámpara de halogenuro metálico de 400 vatios alejada de 120 a 180 cm, aportan la cantidad perfecta de luz para que los clones enraícen. Los fluorescentes de color blanco frío (o una combinación de blanco cálido y blanco frío) son excelentes para enraizar.

Enraizamiento de clones

95-100%

**Raíces/Aire**

F          C

80°                    27°
75°     Roots     24°
65°      Air      18°

*Arriba: Rango óptimo de humedad para la clonación.*

*Derecha: Rango óptimo de temperatura para el medio de cultivo.*

*Un humidificador asegura que la humedad supere el 95% en el cuarto de clonación.*

*Las cúpulas para retener la humedad se ajustan sobre las planchas de clones. Las de la derecha están cubiertas con Agronet ligera para reducir la luz sobre los esquejes nuevos.*

*Para reducir la transpiración, recorta las hojas por la mitad antes de insertar el esqueje.*

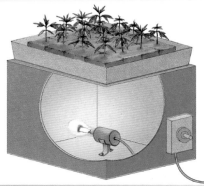

*Una bombilla de luz incandescente conectada a un reostato proporciona un control exacto del calor en la base.*

*Este gran esqueje ha estado enraizando una semana. El experto cultivador se asegura de que el clima sea perfecto para que los esquejes no sufran estrés.*

*Este fuerte clon ha desarrollado una masa de raíces en un jardín aeropónico de clonación y está listo para plantar.*

**Séptimo:** Los esquejes enraízan lo antes posible si los niveles de humedad no bajan del 95% en los dos primeros días y, a partir de ahí, se reducen gradualmente hasta el 80-85% durante la semana siguiente. Un mini-invernadero o cubierta ayudará a mantener alta la humedad. Construye esta cubierta con plástico rígido o para bolsas, o utiliza cristal. Recuerda dejar aberturas para que el aire pueda entrar y salir, permitiendo que los clones respiren. Si es posible, rocía los esquejes varias veces al día como alternativa a la cubierta de humedad. Retira todo el follaje enfermizo, putrefacto o muerto.

Corta las hojas por la mitad para reducir la superficie de transpiración y, también, para evitar que se solapen. La humedad que fomenta los hongos suele estar atrapada entre hojas que se solapan. Procura que el medio de cultivo no llegue a secarse, de forma que haya siempre humedad suficiente para prevenir que las hojas recortadas pierdan azúcares, lo cual atraería enfermedades.

**Octavo:** Los esquejes enraízan más rápido cuando el medio de cultivo está más cálido que el aire del entorno en unos pocos grados. La actividad subterránea se ve incrementada con un sustrato más cálido, mientras que la transpiración disminuye con una temperatura del aire más fresca. Para obtener los mejores resultados, mantén el medio de cultivo entre 24 y 27 ºC. Las temperaturas por encima de 29 ºC provocarán daños. La temperatura del aire debe mantenerse 3 ó 3,5 ºC más fresca que la del sustrato. Un medio de cultivo cálido en combinación con una temperatura ambiente fresca reduce las enfermedades y conserva la humedad. Rociar los esquejes con agua refresca las hojas y, también, hace que disminuya la transpiración; esto ayuda a que los traumatizados esquejes retengan mejor la humedad, de la cual carecen por la inexistencia de raíces.

Sitúa los clones en un lugar cálido para ajustar la temperatura del aire, y utiliza una alfombrilla térmica, cables calefactores o una bombilla de luz incandescente bajo los esquejes que están enraizando.

**Noveno:** Algunos esquejes puede que se marchiten, pero recuperan la rigidez en pocos días. Los clones deberían tener un aspecto casi normal al finalizar la primera semana. Los esquejes que aún siguen lacios después de siete días puede que enraícen tan despacio que nunca alcancen al resto. Entresácalos, o devuélvelos a la cámara de clonación para que desarrollen más raíces.

**Décimo:** Entre una y tres semanas, los esquejes deberían estar enraizados. Las señales de que han enraizado incluyen las puntas amarillas en las hojas, raíces que crecen por fuera de los agujeros de drenaje y un crecimiento vertical de los clones. Para vigilar el desarrollo de las raíces en planchas y macetas, retira cuidadosamente el esqueje con el cepellón. Los mejores resultados se obtienen cuando no se trasplantan los clones hasta que un denso sistema de raíces crece por fuera de los bloques de enraizamiento.

Los esquejes están fuertes y tienen aspecto saludable después de cortarlos. Después de cinco o seis días, las hojas pueden empezar a cambiar de color; se quedan pequeñas y suelen adquirir un matiz más oscuro de verde. Tras una semana, las hojas bajas comenzarán a amarillear si sus niveles de nutrientes se disipan.

Una semana después de haber sacado los esquejes, sus tallos desarrollarán protuberancias radiculares encallecidas llamadas primordios. Los primordios son entre semitransparentes y blancos, y deberían tener un aspecto sano. Los clones producen muy poco desarrollo del follaje durante este proceso. Una vez que la raíz, el sistema vascular de transporte, está en su sitio y funcionando adecuadamente, los clones son capaces de experimentar un crecimiento explosivo con los debidos cuidados.

Los clones que están enraizando pueden manejar cada vez más luz a medida que crecen las raíces. Cuando se hayan formado, sitúa las lámparas fluorescentes de 5 a 10 cm por encima de las plantas. Fertiliza con una solución suave cuando todos los clones hayan comenzado su crecimiento vegetativo.

Cualquier signo de viscosidad, plagas o enfermedades significa que hay problemas, y los clones deberían ser retirados del jardín.

Trasplanta sólo los clones más fuertes y mejor enraizados (ver «Trasplantes» a continuación). Los esquejes que enraízan de manera lenta deberían mantenerse en la cámara de clonación o ser retirados. No sitúes los clones bajo luz intensa hasta que hayan desarrollado por completo sus sistemas de raíces. Una vez trasplantados, los nuevos individuos están listos para la aclimatación.

*Este esqueje necesita desarrollar un sistema de raíces mayor antes de ser trasplantado.*

*La masa de raíces proviene de un clon con el tallo dividido; la capa externa del tallo fue raspada para que el cambium quedara expuesto.*

*La cantidad de raíces que crecen en este clon, enraizado en un bloque Jiffy™, nos indica que está listo para trasplantar.*

## Secuencia de clonación para sexado

1. Haz dos esquejes

2. Etiqueta cada esqueje

12 horas

3. Dales 12 horas de luz mientras enraízan

4. El esqueje determinará su sexo en 2-3 semanas

## Clonación del ápice del brote

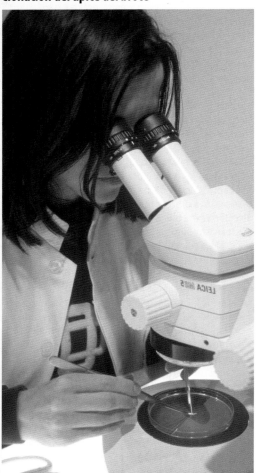

*Esta experta suiza en clonación está retirando una minúscula porción de una planta madre para clonarla en una solución de agar. Tales clones son fáciles de mantener durante periodos largos.*

Monta una zona de precrecimiento vegetativo, iluminada con lámparas DAI o fluorescentes compactos, para los clones ya enraizados. Déjalos crecer en este espacio de cultivo durante la primera semana o dos de vegetación. Esta zona necesita ser lo suficientemente grande como para acomodar las plantas desde el momento en que miden unos pocos centímetros hasta que alcanzan alrededor de 30 cm de altura y están listos para ser trasladados al cuarto de floración.

## Acodo

En *Marihuana Botany*, de Robert C. Clarke, aparece una buena secuencia de enraizamiento por acodo. Hasta la fecha, jamás he visto a nadie utilizar esta técnica. Aunque resulta interesante, normalmente, no es necesario recurrir a ella. El cannabis es fácil de enraizar o clonar.

## Sexado mediante clonación

Determina el sexo de las plantas con precisión, acertando en el 100% de los casos, mediante la clonación. Para sexar con esquejes, prepara dos de ellos (por si uno muere) por cada una de las plantas parentales en cuestión. Utiliza etiquetas resistentes al agua y rotuladores indelebles para identificar los grupos de clones y sus padres correspondientes.

Mientras enraízan, proporciona a los esquejes un régimen lumínico de 12 horas diarias. Después de un día de 12 horas, sitúa los clones en un armario oscuro, o cúbrelos con una caja. Durante el periodo nocturno, debe haber una oscuridad total y sin interrupciones para inducir la floración. Los clones suelen mostrar indicios de su sexo en dos semanas. Entresaca todos los machos, exceptuando aquellos que se empleen para criar. Florece las pequeñas hembras y mantén sus madres en crecimiento con un fotoperiodo de 18 a 24 horas.

Los cultivadores que sólo disponen de una habitación pueden enraizar los esquejes en una bandeja para semillero, cubriéndola con una caja de cartón que no deje pasar la luz durante 12 horas al día. Retira la caja de cartón después de que se hayan apagado las luces para aumentar la circulación de aire.

## Clones de plantas en floración

Puedes clonar tu planta hembra favorita aunque esté en floración, pero es difícil. Los esquejes tardan más en enraizar, y los resultados no son siempre los mejores. Las poderosas hormonas de floración deben ser revertidas, y las señales para las hormonas de enraizamiento han de ser enviadas. Éste es el momento de dar a las plantas 24 horas de luz para indicarles que crezcan.

Corta los esquejes de las puntas de las ramas verdes y bajas. Corta un tallo de 3 a 5 cm, y elimina las flores y hojas bajas. Deja dos o tres hojas verdes. Si las hojas han amarilleado, las posibilidades de supervivencia disminuyen exponencialmente.

*Puedes sacar esquejes de plantas en floración y revertirlos a crecimiento vegetativo una vez enraizados.*

Cuanto más pronto se saquen los esquejes en la fase de floración, más rápido enraizarán y revegetarán. Una vez que la planta alcanza el punto de senescencia, las hormonas de crecimiento ya se han disipado, resultando insuficientes para iniciar raíces nuevas.

## Conservación de esquejes

Para guardar esquejes con el fin de usarlos posteriormente, envuelve los tallos recién cortados y pelados con una tela mojada o papel toalla. Mete los clones envueltos en una bolsa de plástico y guárdalos en el frigorífico. Diariamente, elimina el agua que se condensa, por el ambiente frío, dentro de la bolsa. Mantén la temperatura por encima de 5 ºC. Las temperaturas por debajo de este nivel pueden provocar roturas en las células de las plantas. Los esquejes deberían poder aguantar en la nevera alrededor de tres semanas.

Clonex Root Matrix, uno de los productos de Growth Technology, consiste en un gel que permite que los esquejes cortados vayan enraizando mientras esperan a ser utilizados.

## Antes de trasplantar

*Prepara el baño para los esquejes y utiliza una bayeta para contener la tierra durante la inmersión.*

*Sumerge el clon entero en la solución para asegurar que el acaricida cubre todo el follaje.*

*Retira el esqueje y sacude el exceso de líquido antes de trasplantar.*

Sumerge los clones enraizados en una solución acaricida y fungicida antes de trasplantarlos y, de nuevo, antes de pasarlos al cuarto de floración.

Prepara un baño acaricida y fungicida (me gusta Einstein Oil) para desinfectar los clones antes de insertarlos en el medio de cultivo. Llena de agua un recipiente, rebaja el pH hasta 5 ó 6 puntos y añade un fungicida natural como el peróxido de hidrógeno en una proporción del 2%. O añade a la mezcla un 10% de cloro o vinagre. **No mezcles vinagre y cloro: el gas que se desprende es venenoso.** Ver «Trasplantes» a continuación.

## Trasplantes

Cuando las plantas son demasiado grandes para sus contenedores, deben ser trasplantadas para que el crecimiento rápido pueda continuar. Los sistemas de raíces inhibidos y apretados dan lugar a plantas enfermizas y atrofiadas. Los indicios de que las plantas necesitan más espacio para las raíces incluyen un crecimiento lento y enfermizo y ramas que se desarrollan con una distancia internodal mayor. Las plantas que tienen las raíces severamente limitadas tienden a crecer hacia arriba con pocas ramas que se estiran fuera del contenedor. Para comprobar estos síntomas, saca la planta de su maceta para ver si las raíces están entretejidas en la base o en los lados del contenedor.

Cuando se cultivan plantas bajas que alcanzan la madurez en 90 días, no es necesario utilizar contenedores de más de 12 litros. Las plantas madre grandes necesitarán un contenedor acorde a su tamaño si se mantienen más de unos meses.

*En este contenedor, las raíces están creciendo por los lados y por toda la base. La planta está lista para ser trasplantada.*

Trasplanta si no al mismo tipo de medio de cultivo, a uno que sea similar; de lo contrario, podría crearse un diferencial entre la presión del agua de ambos medios, lo cual frena el movimiento del agua y ralentiza el crecimiento de las raíces. Empezar a cultivar las semillas y esquejes en cubos de enraizamiento o tacos de turba hace que los trasplantes resulten sencillos. Sitúa el cubo o el taco de turba en un agujero realizado en el medio de cultivo, asegurándote de que esté firmemente asentado. Después de trasplantar, recuerda mantener una humedad constante en los cubos de enraizamiento o en el sustrato empleado.

El trasplante es la segunda experiencia más traumática, sólo después de la clonación. Requiere una atención especial y cierta destreza manual. Los diminutos pelos radiculares son muy delicados y pueden ser destruidos fácilmente por la luz, el aire o unas manos torpes. Las raíces crecen en la oscuridad, en un ambiente quieto y seguro. Cuando las raíces dejan de estar en contacto con la tierra durante mucho tiempo, se secan y mueren.

El trasplante debería suponer tan poca molestia para el sistema de raíces como fuera posible. El agua ayuda a que la tierra se mantenga en contacto alrededor de las raíces y evita que se sequen. Las raíces necesitan estar en contacto constantemente con tierra húmeda para poder abastecer de agua y alimentos al resto de la planta.

Después de trasplantar, la fotosíntesis y la producción de clorofila se ralentiza, al igual que ocurre con el agua y la absorción de nutrientes a través de las raíces. Trasplanta a última hora del día, de forma que las plantas dispongan de toda la noche para recuperarse. Los trasplantes requieren una luz tenue para que el follaje crezca al ritmo que las raíces pueden aportar agua y nutrientes. Los trasplantes recién hechos deberían recibir, durante un par de días, una luz filtrada y menos intensa. Si hay una lámpara fluorescente a mano, sitúa las plantas debajo durante un par de días, antes de pasarlas de nuevo a la intensa luz de las lámparas DAI o del sol para su aclimatación.

Idealmente, las plantas deberían estar tan sanas como sea posible antes de sufrir el trauma del trasplante. Sin embargo, trasplantar una planta enferma y de raíces colapsadas a un contenedor más grande ha resuelto más de una situación. Una vez trasplantado, el cannabis requiere niveles bajos de nitrógeno y potasio, así como una mayor cantidad de fósforo. Cualquier producto que contenga

Las raíces vistas en los tacos de enraizamiento quieren decir que los esquejes están listos para el trasplante.

hongos *Trichoderma* o vitamina B[1] ayudará a reducir el choque por el trasplante. Las plantas necesitan unos días para asentarse y restablecer una sólida corriente de fluidos desde las raíces hasta el resto de la planta. Cuando se trasplanta con cuidado y se perturba lo mínimo, no tiene por qué haber signos de estrés o decaimiento.

El doble plantado es una técnica simple que molesta muy poco a las raíces. Para plantar doblemente una planta, corta la base de una maceta que esté atestada de raíces, y sitúala encima de otro contenedor más grande con tierra. Las raíces crecen hacia abajo, dentro de la segunda maceta.

## El trasplante, paso a paso

**Primero:** Dos días antes de trasplantarlo, riega el esqueje con hongos *Trichoderma* y vitamina B[1] a mitad de dosis.

**Segundo:** Llena el nuevo contenedor -p. ej., de 10 L- con una tierra rica para macetas o con sustrato inorgánico hasta 5 cm del borde.

**Tercero:** Riega con una solución suave de fertilizante hidropónico, a un cuarto de la concentración usual, hasta que sature el medio de cultivo y drene libremente por fuera de la base.

**Cuarto:** Cuidadosamente, saca el cepellón del contenedor. Sitúa la palma de tu mano sobre la parte de arriba del contenedor, dejando el tallo entre los dedos; dale la vuelta y haz que el cepellón se deslice en tu mano. En este punto, pon todo el cuidado en que el cepellón se mantenga de una pieza.

**Quinto:** Coloca el cepellón con cuidado en el agujero preparado en el contenedor de 10 L. Asegúrate de que todas las raíces crecen hacia abajo.

**Sexto:** Rellena el hueco alrededor del cepellón. Suavemente, pero con firmeza, haz que la tierra entre en contacto con el cepellón.

**Séptimo:** Riega con fertilizante a media concentración, incluyendo hongos *Trichoderma* o vitamina B[1]. La tierra debería saturarse -no encharcarse- y drenar con soltura. Si el cubo de enraizamiento y el nuevo sustrato son de diferentes tipos, pon especial atención a los niveles de humedad. Deja que la lana de roca se seque lo suficiente para que las raíces exploren el nuevo medio en busca de humedad.

**Octavo:** Sitúa los nuevos trasplantes en el perímetro del jardín iluminado con lámparas DAI, o déjalos un par de días bajo una malla para reducir la dureza de la luz solar. Una vez que los trasplantes lucen fuertes, sitúalos a plena luz.

**Noveno:** Fertiliza las mezclas inorgánicas después de trasplantar. Emplea un fertilizante hidropónico completo, que contenga nutrientes solubles en forma de quelatos. La tierra nueva para macetas suele disponer de los nutrientes necesarios para un par de semanas; luego, se precisa una fertilización suplementaria.

*Retira cuidadosamente las plántulas de los contenedores. Estos pequeños plantones se mantuvieron húmedos y se cambiaron rápidamente para minimizar la exposición al aire y a la luz. Los cultivadores regaron con una solución de vitamina B[1] para reducir el choque por el trasplante.*

*Trasplantar este esqueje, cultivado en lana de roca, a tierra o a una mezcla inorgánica es fácil y sencillo. Retira el forro de plástico antes de asentar el clon en un agujero preparado en el sustrato.*

*Este clon ha crecido en una maceta de 10 cm y está listo para ser trasplantado.*

**Décimo:** Véase la tabla sobre el tamaño de los contenedores a continuación.

| Tamaño mínimo del contenedor | |
| --- | --- |
| **Edad de la planta** | **Tamaño del contenedor** |
| 1-3 semanas | Taco de enraizamiento |
| 2-6 semanas | Maceta de 10 cm |
| 6-8 semanas | Maceta de 7,5 L |
| 2-3 meses | Maceta de 11 L |
| 3-8 meses | Maceta de 19 L |
| 6-18 meses | Maceta de 38 L |

**Los plantones y los esquejes** pueden ser trasplantados directamente en macetas de un tamaño entre 11 y 19 L, creando un sistema que requiere menos contenedores y, por tanto, menos trabajo y estrés posible para las plantas. Cuanto mayor es el volumen de tierra, más tiempo se retienen el agua y los nutrientes, y menos frecuente tiene que ser el riego. Cuando los clones y plántulas se trasplantan directamente en un contenedor de 19 L, las raíces crecen hacia abajo, a los lados y alrededor de las paredes del contenedor y de su base. De hecho, la mayoría de las raíces crecen fuera de la tierra y forman una capa detrás de la pared del contenedor.

Para estimular que las raíces desarrollen un sistema compacto y denso, trasplanta justo antes de que hayan sobrepasado la capacidad de su maceta. Trasplantar un clon bien enraizado de su taco de enraizamiento a una maceta de 10 cm, y trasplantar de ésta a un contenedor o bolsa de cultivo de 11 L, provoca que se desarrolle un sistema de raíces más extenso en una bola pequeña de medio de cultivo. Un trasplante bien hecho causa un estrés mínimo. La mayoría de las cosechas de marihuana están en el suelo tan poco tiempo que un trasplante chapucero cuesta una valiosa recuperación y la pérdida de rendimiento.

Trasplanta los plantones y los esquejes a camas elevadas y arriates grandes directamente desde las macetas de 10 cm. Hasta 20 plantas pueden trasplantarse en un arriate de 61 x 61 x 30 cm, pero entre 6 y 12 plantas producirán más o menos el mismo peso seco de cogollos. Una vez que las plantas comienzan a apiñarse y hacerse sombra las unas a las otras, dobla los tallos hacia fuera y átalos a un enrejado sujeto al arriate. Los arriates

*Este clon fue trasplantado directamente a un contenedor de gran tamaño en el Cannabis College de Ámsterdam.*

aún más grandes requieren menos mantenimiento. El volumen mayor de tierra retiene el agua y los nutrientes mucho más tiempo y más uniformemente. Un inconveniente es que todas las plantas reciben la misma dieta y cantidad de agua.

Los contenedores de 11 L son ideales para plantas de 60 a 90 cm. Las macetas más grandes suelen resultar innecesarias porque las plantas no crecen más de una o dos semanas en fase vegetativa, y de seis a diez semanas en floración. Los contenedores de 11 L son fáciles de manejar y mover. Además, las raíces crecen menos durante la floración. Cuando la planta comienza a estar limitada, ha llegado la hora de la cosecha. Solía recomendar un contenedor de hasta 19 L para plantas que son cosechadas después de 90 días totales de vida. Ahora, creo que es un despilfarro. Aunque los contenedores más pequeños llegan a requerir

## Aclimatación

La aclimatación es el proceso para endurecer los esquejes y plantones. Durante el proceso de enraizamiento, las hojas aportan al clon gran parte de la humedad. Ahora, las nuevas raíces, blancas y sanas son las que están proporcionando la humedad al clon. Vigila los daños en las raíces. Las raíces marrones se están pudriendo y carecen de oxígeno. Las raíces finas y oscuras, parecidas a pelos, se han secado. Una vez dañadas, las raíces se quedan estropeadas, y han de crecer nuevas raíces para reemplazarlas. Aparta los clones con raíces estropeadas, porque crecerán despacio. La capa cerosa que protege las hojas tiene que desarrollarse de nuevo. A la hora de aclimatar los esquejes enraizados al cuarto de cultivo, es mejor realizar el proceso a lo largo de una semana. Hacer que los clones se acostumbren gradualmente asegurará que sufran el mínimo estrés, y continúen creciendo rápidamente.

*Estos hermosos plantones fueron empezados a cultivar en interior, bajo una lámpara fluorescente. El cultivador los lleva fuera durante unas horas cada día para que se aclimaten al ambiente de exterior.*

Aclimata los que estén fuertes, introduciéndolos en el mundo real: el cuarto de cultivo donde se encontrarán con la respuesta fotosintéticamente activa (RFA) en todo su esplendor y nutrientes que harán que sus células se estremezcan. Ahora es momento de precrecer los clones, antes de ponerlos en el cuarto de floración.

El follaje pierde su capa protectora de cera cuando pasa por la clonación, así que ahora está muy sensible. Las raíces nuevas deben empezar a transportar agua hasta las hojas a través de los tallos. Las raíces y el sistema de transporte de humedad comienzan a funcionar primero en los clones fuertes y sanos. Los esquejes que se retrasan a partir de ahora deberían ser retirados, porque siempre irán lentos. Puedes dejarlos enraizar más tiempo y no trasplantarlos hasta que se desarrollen una cantidad adecuada de raíces.

*Esta hembra fue podada y doblada para que pasara desapercibida y, también, para abrir el centro de la planta.*

riegos diarios, producen cosechas comparables a las de los contenedores de 19 litros.

Las plantas madre son mucho más grandes, crecen más y pueden necesitar contenedores de hasta 115 litros de capacidad. No obstante, las plantas madre crecen bastante bien durante un año o más en contenedores hidropónicos de 19 a 38 litros. Si planeas mantener una planta madre más de unos meses, cultívala hidropónicamente en su propio contenedor para obtener los mejores resultados.

## Poda y doblado

La poda y el doblado de una planta redireccionan las hormonas de crecimiento. Podar afecta a las plantas más drásticamente que doblarlas. Una poda y un doblado selectivos nos permite manipular los niveles de auxina en las ramas y puntas florales. Eliminar o doblar una rama, o la punta de la rama, altera los balances hormonales. Cortar el meristemo (el brote principal de crecimiento) de una planta de cannabis provoca que las auxinas se repartan, aumentando su concentración en las puntas de las ramas inferiores. Doblar un brote de crecimiento no modifica tanto las concentraciones hormonales como podarlo.

## Poda

Cuando podes, utiliza siempre instrumentos limpios. Una navaja recta, una cuchilla de un sólo filo, una podadora afilada o un par de tijeras: todos funcionan bien. Higieniza las tijeras podadoras y cuchillas después de usarlas con alcohol de farmacia. Usa las tijeras de poda de interior sólo en el jardín de interior. Las podadoras que se utilizan al aire libre llevan de todo, desde arañas rojas hasta esporas de hongos. Si hay que emplear las tijeras de exterior, límpiala a fondo con alcohol para esterilizarlas antes de empezar a cortar.

Después de la poda, la herida abierta invita a las plagas y enfermedades. Lávate las manos y todos los utensilios antes y después de podar. Realiza los cortes en un ángulo de 45º para evitar que la humedad se asiente en las heridas.

Evita podar durante un mes antes de inducir la floración. Como la poda difusiona las hormonas florales, la floración se retarda. Si se hace una poda en profundidad poco antes de la floración, el pico de maduración se verá retrasado en una semana o más. Las hormonas necesitan alrededor de un mes para recuperar la concentración que tenían antes de la poda.

Deja las hojas en paz. Eliminar hojas sanas es como acuchillar la salud de las plantas. Eliminar las hojas grandes, que dan sombra, NO hace que las plantas sean más productivas. Esta práctica NO proporciona más luz a las hojas de menor tamaño y a los brotes de crecimiento. Las plantas necesitan todas sus hojas para producir la máxima cantidad de clorofila y alimentos. Cortar hojas retarda

## Técnicas básicas de poda para las plantas de marihuana

*Poda el ápice de la planta por debajo del primer grupo, o dos, de ramas para dirigir las hormonas hacia las ramas inferiores. El efecto aumenta cuanto más se poda el tallo central.*

*Poda la parte superior de las plantas para distribuir las hormonas y hacer que las ramas bajas crezcan más.*

*Poda las puntas de todas las ramas a excepción del tallo central para que las plantas se hagan más altas.*

*Retira las ramas bajas, que no reciben tanta luz. Las plantas redirigirán la energía hacia los cogollos.*

*Podar todas las ramas bajas facilita la inspección de los accesorios de irrigación, y disminuye los problemas asociados con un crecimiento débil.*

*En este cuarto no se hizo ninguna poda. Los cogollos eran tan grandes que las plantas tuvieron que ser tutoradas con varas de bambú.*

la producción de clorofila, estresa la planta e interfiere su crecimiento. El estrés es un inhibidor del desarrollo. Retira sólo las hojas muertas o aquellas que estén dañadas en un 50%.

**Retira las ramas espigadas** y todo el crecimiento que no reciba la suficiente energía luminosa, incluyendo las hojas secas o estropeadas. Podar las ramas bajas concentra las auxinas en las ramas de la parte superior, lo cual fuerza el crecimiento hacia arriba. Corta las ramas bajas limpiamente, junto al tallo, de manera que no quede ningún resto que pueda pudrirse y atraer plagas o enfermedades. Si tienes que cosechar un poco de hierba antes de tiempo, eliminar unas pocas ramas bajas producirá una reducción mínima de la cosecha.

Podar las ramas y el crecimiento atrofiados en la parte interior de la planta abre la estructura y aporta una mayor y mejor circulación de aire. Además, permite que la luz alcance zonas más intrincadas de las plantas.

**No podar** tiene varias ventajas. Se permite que las hormonas florales vayan concentrándose en las puntas de las ramas, causando que los cogollos crezcan más fuertes y densos. Las plantas sin podar se apiñan en una zona reducida. Las plantas atestadas tienen menos espacio para ramificar lateralmente, y tienden a crecer más hacia arriba. Los clones se pasan a floración después de estar entre 1 y 30 días en el cuarto de crecimiento

*Las plantas podadas suelen sellarse solas, pero los problemas aún pueden sobrevenir mientras haya una abertura que atraiga a las plagas.*

vegetativo. Todos los pequeños clones están apretados unos con otros en macetas de doce litros. Cada una de las plantas ocupa el mínimo espacio durante el mínimo de tiempo para producir la máxima cantidad de marihuana. La luz es mucho más intensa, y toda la planta desarrolla puntas de flores con pocas hojas anchas.

La mayoría de los cultivadores de éxito no podan nada, especialmente si están cultivando clones pequeños, de 60 a 90 cm de altura. Las cosechas de esquejes pequeños no requieren que se pode para aumentar la cantidad de luz que llega a las hojas de abajo ni para alterar la forma. No podar es lo más sencillo y productivo cuando se cultivan cosechas de poca altura.

**Cortar de un pellizco o podar** los brotes (las puntas de las ramas) provoca que las dos yemas que están debajo del corte crezcan más grandes y fuertes. Esto incrementa el número de puntas o cogollos principales y grandes. Podar los brotes, además, difunde las hormonas florales. Estas hormonas (auxinas) evitan que los cogollos laterales crezcan muy rápido, así que todas las ramas bajas se desarrollan más rápidamente cuando se elimina el brote terminal. Cuanto más lejos esté una rama de las hormonas, concentradas en el ápice de la planta, menos efecto tienen las auxinas.

Para eliminar de un pellizco la punta de una rama, simplemente córtala bajo el último grupo de hojas, o los dos últimos, con las uñas de los dedos pulgar e índice. Pellizcar de esta forma, con los dedos, el crecimiento tierno ayuda a sellar la herida y suele resultar menos dañino para las plantas que cortarlas. Cuando se pellizca el tallo central se estimula el crecimiento lateral e inferior. Cuando todos los brotes son pellizcados, se refuerza el crecimiento de la parte inferior. Ir pellizcando continuamente, como al sacar esquejes de una planta madre, ocasiona que se formen multitud de pequeñas ramas debajo de las puntas podadas. Con el tiempo, la forma de la planta acaba pareciéndose a un seto. La mayoría de los cultivadores no pellizcan los brotes tiernos porque disminuye la producción de los cogollos más densos y selectos; pero puede no afectar al peso total del producto final ya seco.

La **superproducción (*supercropping*)** es una forma de pellizcar o podar los brotes de las ramas. No estamos seguros de quién ni cuándo se acuñó el

*Los brotes de crecimiento principales de esta gran planta de terraza fueron podados, lo cual estimuló el crecimiento de la parte inferior.*

término. Lo que sabemos es que hay varias versiones diferentes de superproducción *inventadas* por jardineros innovadores.

Esta técnica puede incorporar la poda FIM, que se explica más adelante. También, se

*Las hormonas florales se concentran en cuatro ramas principales.*

combina con el doblado. Algunos llegan al punto de mutilar las plantas, quebrando las ramas unos centímetros por debajo de los brotes principales. Retirar hojas sanas, de forma que «los sitios donde cogolla la planta reciben más luz» también es practicada por algunos *supercroppers*. Para más información, consulta «Estrés» al final de este capítulo.

Podar todas las ramas o eliminar más del 20% del follaje en un corto periodo de tiempo estresa las plantas demasiado, y hace que disminuya la cosecha. Sin embargo, al sacar esquejes, algunos cultivadores podan en efecto una planta madre hasta dejar las ramas peladas, y la dejan recuperarse durante un mes o más.

Podar demasiadas veces puede alterar las concentraciones hormonales, causando un crecimiento espigado. Este suele ser el caso de plantas madre que proporcionan demasiados clones. La planta madre debe descansar y ganar contorno, porque las ramas pequeñas y espigadas no enraízan con fuerza.

**Elimina todas las ramas excepto las cuatro principales.** El meristemo (tallo central) se corta justo encima de las cuatro ramas más bajas (principales). Al quitar la guía central, las hormonas florales se concentran en las cuatro ramas restantes. Estas pocas ramas son más fuertes y producen una mayor cantidad de puntas florales densas y pesadas. Corta el tallo sobre las cuatro ramas principales; no elimines las hojas de estas ramas. Selecciona plantas con tres grupos de nudos, de alrededor de seis semanas de edad, y poda o pellizca el último grupo de nudos; de esta forma, quedan dos pares de nudos. Pasa las plantas al cuarto de floración cuando midan sobre 30 cm de alto. Las plantas como Skunk #1, y otras de floración igualmente robusta, deberían ser puestas a florecer cuando miden entre 15 y 20 cm.

**La técnica FIM** fue acuñada por un lector anónimo de la revista *High Times*, la cual publicó esta aportación, llegada desde el estado norteamericano de Carolina del Sur, en el número de julio de 2000. La técnica se hizo legendaria en www.overgrow.com desde que aquel cultivador escribiera que «esta técnica de poda podría

## Técnica FIM

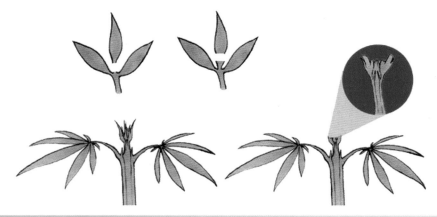

*El dibujo de la izquierda muestra el método tradicional para podar el ápice de una planta. Toda la yema de crecimiento se elimina, cortando debajo del brote. Cuando el brote entero se ha retirado, las dos yemas situadas justo debajo del corte crecen a mayor velocidad y se hacen más fuertes. El dibujo del centro y el detalle de la derecha muestran la técnica de poda FIM: el 10% de la base del brote permanece intacto. Esta es la clave de la técnica FIM. El resultado de esta única poda es la formación de múltiples ramificaciones. Según los aficionados a la poda FIM, las yemas terminales acaban produciendo cogollos de mayor peso y densidad.*

revolucionar el cultivo de interior». Aquel cultivador de Carolina del Sur intentó cortar de un pellizco el ápice de una planta, pero al darse cuenta de que no había cortado el brote entero, exclamó «¡Joder, fallé!» («*Fuck, I missed!*», en el original); de esta forma, acuñó el acrónimo FIM.

## Doblado

El doblado es similar a la poda en el sentido de que altera el flujo de hormonas. Mediante un doblado eficaz, se neutraliza el efecto de la hormona que inhibe el crecimiento. El doblado de las plantas es mucho más fácil que podarlas. Para realizarlo, inclina la planta en la dirección deseada y átala en su sitio. Las ramas pueden doblarse mucho antes de plegarse o quebrarse. Incluso si una planta se ha doblegado, átala; si resulta necesario, utiliza una tablilla. El tallo se curará solo. Las ramas jóvenes y flexibles aguantan mejor el doblado que las viejas y anquilosadas. Doblar las ramas horizontalmente estimula que los brotes crezcan en vertical, dirigiéndose hacia la luz. Las yemas se convertirán en cogollos impresionantes,

porque todas ellas recibirán más luz. Un macetero de madera con una red a los lados hace que sea muy fácil anclar las plantas dobladas.

El alambre recubierto, como el que se emplea para cerrar las bolsas de pan de molde, puede adquirirse en las tiendas de jardinería. Se encuentra ya cortado o en rollo, de forma que el cultivador pueda elegir el largo. Los cables de teléfono o de electrónica, recubiertos de plástico, también funcionan bien. Se ajustan con un simple giro y permanecen rígidos, dejando hueco para que el tallo respire. Pero si se aprieta demasiado alrededor del tallo, los líquidos no podrán fluir y la planta podría morir.

Actúa con suavidad al doblar, incluso el cannabis duro puede aguantar bastante abuso. A veces, una bifurcación puede separarse o una rama puede plegarse por completo, cortando la corriente de fluidos. Estos infortunios se arreglan fácilmente con una pequeña tablilla de madera, enderezando el tallo desvencijado y asegurando la inmovilización con alambre recubierto o cinta para conductos.

*Doblar las plantas hará que sean más discretas y pasen desapercibidas.*

Los cultivadores suelen combinar el doblado y la poda. Resulta fácil podar demasiado, pero es más difícil doblar en exceso.

## Raíces podadas por el aire

Cuando las raíces llegan al fondo del contenedor y quedan expuestas al aire, dejan de crecer. El aire poda las raíces con naturalidad. Éstas no pueden crecer fuera de la maceta, debido a que el clima poco húmedo y aireado es demasiado inhóspito.

## Poda de raíces

La poda de raíces podría ser necesaria para revitalizar las plantas agobiadas en macetas de exterior o de invernadero. Eliminar raíces no hará que las plantas crezcan más velozmente; de hecho, ralentizará el crecimiento durante dos semanas más o menos. Una vez que las raíces vuelvan

*Las dos plantas que crecen en este contenedor de 38 litros han sido dirigidas para que crecieran a lo largo de un parapeto, justo fuera del campo de visión del vecino.*

*Las raíces de estos clones crecen a través de los agujeros de drenaje. Al entrar en contacto con el aire, el crecimiento se detiene. El aire poda las raíces.*

*Doblar las ramas hace que el jardín sea más discreto y permite que la luz del sol llegue a los cogollos más pequeños.*

a crecer, se recupera el desarrollo normal. A mediados de verano, poda las raíces de las plantas que deban permanecer en el mismo tamaño de contenedor. La poda de raíces hará que las plantas sigan siendo manejables y fáciles de mantener.

## Poda química de raíces

La poda química de raíces es una forma adecuada de controlar el crecimiento de las raíces dentro de los contenedores. Los viveros comerciales llevan muchos años empleando esta técnica con resultados sobresalientes. El siguiente pasaje resume un artículo excelente sobre la poda química de raíces, firmado por Uncle Ben, que estaba disponible en www.overgrow.com.

Uncle Ben aplicó un producto llamado Griffin's Spin-Out, que consiste en hidróxido de cobre suspendido en un excipiente. Para su uso, simplemente se dan dos capas de Griffin's Spin-Out en el interior de los contenedores. Las raíces crecen hasta poco antes de tocar el hidróxido de cobre; luego, se detienen y acaban por volverse. Las raíces no entrarán en contacto con el desagradable compuesto. El resultado es similar a lo que sucede sobre la superficie cuando el crecimiento de la parte inferior se ve estimulado por la poda de las puntas de las ramas. Cuando se poda con

*Para sacar las plantas grandes de los contenedores, utiliza un cuchillo o una hoja de metal con el fin de separar las raíces de la parte interior de la maceta. Mueve la hoja arriba y abajo por todo el filo del contenedor para despegar las raíces.*

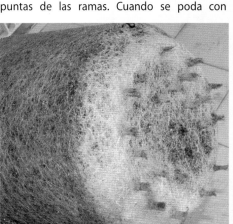

*Las raíces de esta planta confinada forman una masa alrededor del interior y la base del contenedor. Las raíces que crecen fuera de los agujeros de drenaje son podadas al entrar en contacto con el aire. Esta planta necesita ser replantada.*

*Retira el cepellón del contenedor.*

pintura de hidróxido de cobre, se desarrollan más raíces en total; y éstas crecen por todo el cepellón, especialmente en el centro. Las plantas con un sistema de raíces denso y disperso uniformemente por todo el cepellón son más fáciles de mantener, y pueden hacerse más grandes en contenedores de menor tamaño.

## Injertos

Se sabe poco acerca de los injertos en el cannabis. Sí, es posible injertar cannabis en el lúpulo. Lo más frecuente es injertar el tallo del lúpulo a una planta de cannabis con raíces. La planta vivirá; sin embargo, no producirá THC.

He preguntado a muchos cultivadores si han experimentado con injertos, y ninguno lo ha hecho. Injertar un tallo de *C. indica* a una planta de *C. sativa* con un gran sistema radicular sería un experimento interesante. El sistema de raíces, de mayores dimensiones, podría abastecer fácilmente de agua y nutrientes a la planta *C. indica*, más pequeña. La planta resultante podría ser más resistente a la sequía.

## Estrés

El cannabis da lo mejor de sí en cuanto a crecimiento y producción cuando se le proporciona un ambiente estable. Las plantas estresadas rinden menos que las que no lo están. Entre las causas de estrés se encuentran la restricción de agua, la fluctuación del fotoperiodo, la luz de baja intensidad y la luz ultravioleta, la toxicidad o carencia de nutrientes, un sustrato frío o caliente, las temperaturas ambientales, cualquier aplicación manifiesta de hormonas de crecimiento como las B[9], giberelinas y

*Retira con suavidad parte de la tierra del cepellón. Me gusta eliminar la porción central del cepellón, donde residen pocas raíces.*

*Una vez que se ha retirado entre el 30 y el 40% de la tierra, añade una base de tierra nueva en el fondo del contenedor y coloca el cepellón encima. Rellena con tierra nueva para macetas y asiéntala en su sitio suavemente. Después de trasplantar, riega a fondo con una solución de vitamina B[1].*

citoquininas, el ácido abscísico, el etileno, la colchicina, etc.

El estrés puede hacer que las plantas produzcan más resina pero, al mismo tiempo, provoca un crecimiento que, además de reducido, puede resultar extraño. Por ejemplo, Felix, un cultivador suizo de exterior, cultivó dos campos de cannabis: uno, a 300 metros de altitud y, otro, a 1.300 metros. El campo a mayor altura sufrió estrés debido a que estaba expuesto a temperaturas más bajas y a una radiación ultravioleta de mayor intensidad. Estas plantas produjeron un 25% más de resina cargada de THC que las plantas del campo situado a menor altura. Sin embargo, las plantas cultivadas a 300 metros rindieron, como mínimo, un 25% más de peso seco que las plantas cultivadas a mayor elevación.

Eliminar las grandes hojas verdes, que dan sombra, permite que brille más luz sobre las hojas más pequeñas, pero también hace que el crecimiento vaya más despacio y que disminuya la cosecha. Retira sólo las hojas que estén dañadas en más de la mitad por enfermedades o plagas. A menudo, las hojas parcialmente amarillas recobran el verdor una vez que se ha eliminado el estrés. Quitar ramas bajas, espigadas y poco iluminadas, estresa las plantas mucho menos que cortar hojas para acelerar el crecimiento del follaje que está en la parte superior.

Mutilar las plantas, rompiendo el tronco o clavándole una estaca, torturándolas a base de golpes, puede que incremente la producción de resina; sin embargo, lo más frecuente es que el estrés retarde el crecimiento y cause otros problemas. Las restricciones de agua también pueden provocar una

El interior de las macetas ha sido pintado con Griffin's Spin-Out, que contiene hidróxido de cobre, para podar las raíces.

Este primer plano de un cepellón muestra una zona que se dejó sin pintar, donde se ven algunas raíces. Esto demuestra que las raíces no crecen en contacto con la capa de hidróxido de cobre.

Las plantas estresadas con tallos heridos crecen más despacio e invitan a las plagas y enfermedades.

Esta imagen de la masa fibrosa de raíces fue tomada después de que Uncle Ben retirara gran parte de la tierra semiseca.

mayor producción de resina, pero perjudica el crecimiento y disminuye la producción de hojas, tallos y flores. El estrés hídrico ralentiza o detiene el enraizamiento de los esquejes. Si los clones tienen demasiadas hojas y están demasiado ocupados con la transpiración, el crecimiento de las raíces es muy lento. A la inversa, los medios de enraizamiento anegados no dejan espacio para el aire, y el enraizamiento también avanza a marcha lenta.

El estrés también puede afectar al sexo de las plantas. Consulta el capítulo decimosexto, «Crianza», para más información al respecto.

Esta pequeña planta, apodada Lola, se estresó y quedó atrofiada por falta de agua. Aunque sea una hermosa hembra pequeña, la cosecha pesó unos escasos 2,3 gr.

*Filotaxia: la ramificación cambia cuando un plantón comienza su etapa de desarrollo floral. La planta vegetativa de la izquierda muestra una ramificación simétrica. El enramado se vuelve asimétrico al entrar en el estadio de floración.*

*Las plantas cultivadas desde semilla producen ramas simétricas durante las fases de crecimiento plantular y vegetativo.*

## Ciclo vital

El cannabis debe florecer y producir semillas para completar con éxito su ciclo vital. La marihuana es una planta dioica, es decir, que es macho (produce polen) o es hembra (produce óvulos). No obstante, también pueden darse plantas hermafroditas (bisexuales) con ambos tipos de flores, masculinas y femeninas.

En la naturaleza, el cannabis florece durante el otoño, tras los largos y calurosos días de verano. Las noches largas y los días cortos de otoño dan la señal para que la marihuana comience a florecer. Por lo general, las plantas son macho o hembra. Las plantas producen flores de un tipo u otro después de cuatro semanas de crecimiento vegetativo. Para entrar en detalle, véase «Prefloración» un poco más adelante.

Durante la floración, las pautas químicas y de crecimiento cambian: los tallos se alargan; las hojas se desarrollan con menos foliolos progresivamente; la producción de cannabinoides se ralentiza al principio y, luego, se acelera; y la formación de flores, inicialmente rápida, va frenándose pasado un tiempo. Las necesidades de nutrientes cambian a medida que evolucionan las distintas fases de desarrollo. Las plantas

*La ramificación asimétrica tiene lugar a medida que la planta cultivada desde semilla comienza a florecer.*

se enfocan a la producción de flores en detrimento del crecimiento vegetativo. La producción de clorofila, que requiere mucho nitrógeno, va decreciendo; mientras, la absorción de fósforo y potasio se incrementa para promover la formación de flores. Poco antes del estadio de floración, los cultivadores cambian la fórmula de fertilización por una combinación específica para lograr una superfloración, con menos nitrógeno y más fósforo y potasio.

Para inducir la floración, tanto en invernaderos como en cultivos de interior o al aire libre, basta con aumentar el número de horas de oscuridad total, reduciendo las horas de luz. Proporciona al cannabis 12 horas de oscuridad ininterrumpida y 12 horas de luz para que se produzcan signos visibles de floración en dos semanas o menos. Este programa es efectivo para todas las variedades, excepto las *sativa* puras de floración más tardía. Los cultivadores con un cuarto para el crecimiento vegetativo, iluminado de 18 a 24 horas diariamente, y un cuarto de floración con días y noches de 12 horas, crean entornos que imitan los fotoperiodos del verano y el otoño. Con esta simple combinación, los cultivadores tienen en marcha

*El ápice de este cogollo, de variedad desconocida, es una masa de blancos y difusos pistilos, que parecen pelos.*

*Cuando se emplea un fertilizante poco nitrogenado para conseguir una floración superior, con más fósforo y potasio, las hojas anchas amarillean durante la maduración.*

*Esta planta macho está en plena floración. Las flores, cargadas de polen, continúan abriéndose y desprendiendo su contenido durante dos semanas o más.*

*La imagen muestra una planta macho tras 24 días de crecimiento vegetativo, a 18 horas de luz y 6 horas de oscuridad diarias. Las flores estaminíferas se localizan en los nudos, entre la estípula y la rama en crecimiento.*

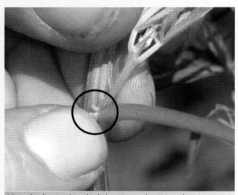

*Vista desde otro ángulo de la misma planta macho en prefloración.*

Primordio estaminífero

*La flecha roja señala el lugar donde se desarrollan las preflores tanto en las plantas macho como en las hembra.*

una cosecha de cogollos sobresalientes en un plazo de 6 a 10 semanas durante todo el año.

Cuando se induce la floración en el cannabis cultivado desde semilla mediante un fotoperiodo de 12 horas diarias, las plantas muestran su sexo, masculino o femenino. Una vez que se tiene confirmación del sexo, las plantas macho son casi siempre cosechadas antes de que liberen el polen, y las plantas hembra son estimuladas a producir mayores rendimientos. A partir de que se fija el fotoperiodo, cualquier interrupción del mismo provocará estrés a las plantas. Si sufren demasiado estrés, las tendencias hermafroditas se acentuarán.

La absorción de agua por parte de las plantas en floración suele ser inferior de alguna forma a la que tenían durante el crecimiento vegetativo. Un riego adecuado durante la floración es importante para que las plantas puedan desarrollar los procesos químicos internos y la producción de resina. En realidad, restringir el agua para *estresar* una planta atrofia su crecimiento y disminuye la producción.

Eliminar las hojas grandes para permitir que la luz llegue con toda su intensidad a los cogollos pequeños o para *estresar* las plantas es una locura. Las hojas grandes son necesarias para que las plantas se mantengan sanas. En interiores e invernaderos, donde las horas de oscuridad están controladas, el cannabis suele florecer entre 6 y 10 semanas. Se trata de un periodo de tiempo muy corto. Cortar las puntas de las ramas con el fin de iniciar un número mayor de brotes florales produce la dispersión de las hormonas florales, con lo que se retarda el desarrollo. Retira sólo las hojas que, como mínimo, están ya medio dañadas por las enfermedades, las plagas y las prácticas de origen cultural.

En la polinización, uno de los muchos y diminutos granos de polen de la cápsula floral masculina (estaminífera), cae sobre un pistilo de la flor femenina (pistilífera). Las puntas de las flores femeninas están constituidas por una masa de cálices, cada uno de los cuales alberga un óvulo del que sobresalen un par de pistilos. La fertilización en sí tiene lugar cuando el grano de polen masculino se desliza pistilos abajo y se une con el óvulo en lo profundo del cáliz femenino. Una vez que se ha efectuado la fertilización, los pistilos se secan, volviéndose de color marrón, y se forma una semilla dentro de la bráctea seminal. Las semillas son el resultado de esta propagación sexual y contiene características genéticas de ambos parentales. En la naturaleza, hay un 50% de posibilidades de que una semilla produzca una planta hembra o una macho. Una vez fertilizada con el polen masculino, las plantas hembra ponen el grueso de su energía en el desarrollo de semillas fuertes y viables. Cuando las flores están llenas de semillas completamente maduras, la planta hembra muere, habiendo completado con éxito su ciclo vital. La planta macho completa su ciclo y muere después de producir y liberar todo su polen para que el viento lo disperse en busca de los receptivos pistilos femeninos.

## Prefloración

Las preflores, descritas por Robert Clarke en *Marijuana Botany* como «primordios», son el primer indicio del sexo de una planta. Las preflores crecen en los entrenudos de las ramas, justo detrás de las estípulas, alrededor de la cuarta semana de crecimiento vegetativo. En esos momentos, la planta tiene de seis a ocho semanas de vida y ha alcanzado el punto de madurez sexual. Las preflores son la primera señal de que la planta se está preparando para florecer: la siguiente etapa de su ciclo vital.

Las preflores pueden verse a simple vista, pero una lupa de entre 10 y 30 aumentos hará que resulte más fácil advertirlas. Puedes determinar el sexo de una planta con precisión a partir de la octava semana. Empleando este método, puedes distinguir el sexo antes de inducir las plantas a florecer.

## Plantas macho
## Prefloración masculina

Por lo general, las preflores masculinas se hacen visibles cuando las plantas tienen entre seis y ocho semanas, tras la cuarta semana de crecimiento vegetativo. Las preflores surgen detrás de las estípulas, en el cuarto o quinto entrenudo del tallo central, y no suelen llegar a ser flores completas. Pero, según Bongaloid (www.overgrow.com), «una planta macho desarrollará flores estaminíferas maduras después de un periodo prolongado en crecimiento vegetativo».

Espera siempre a que las preflores hayan aparecido antes de inducir la floración. Hacerlo antes, ajustando el fotoperiodo a 12 horas de oscuridad ininterrumpida y 12

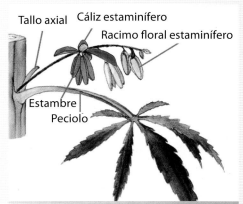

Tallo axial   Cáliz estaminífero

Racimo floral estaminífero

Estambre

Peciolo

*Dibujo botánico de todas las partes masculinas y vista general de la flor masculina.*

*Las flores masculinas tempranas son fáciles de detectar a simple vista. Se localizan en los entrenudos de las ramas.*

*Los sacos de polen masculino cuelgan como pequeñas pepitas. Cada saco contiene polen suficiente para fertilizar todas las plantas hembra de un cuarto de cultivo medio.*

horas de luz antes de que se desarrollen las preflores estresará la planta. Este estrés podría fomentar un crecimiento peculiar, y puede que las plantas se desarrollen como hermafroditas. Inducir la floración antes de que se formen las preflores no hará que ganes tiempo. De hecho, la floración tendrá lugar al mismo ritmo que si hubieras esperado a que aparecieran las preflores.

En general, las plantas cultivadas desde semilla con un fotoperiodo de 18 horas de luz y 6 de oscuridad al día mostrarán preflores antes que las plantas que han crecido con luz las 24 horas del día. Una vez que se puede distinguir si las preflores son masculinas o femeninas, las plantas pueden ser inducidas a florecer con un fotoperiodo de 12 horas de luz.

*Las flores masculinas se desarrollan con rapidez en el ápice de esta planta macho. No pierdas de vista las plantas macho, y sepáralas del resto tan pronto como sean detectadas.*

*Esta hermosa flor masculina ha dispersado su polen amarillento a través del aire.*

*Esta planta macho está en plena floración. Las flores se abren a lo largo de una semana o más para asegurar que las plantas hembra queden completamente polinizadas.*

*Los granos de polen son minúsculos. Esta imagen de un grano de polen ha sido ampliada 4.000 veces. Eirik (www.overgrow. com) capturó la toma de un microscopio electrónico.*

Una nota de precaución de bc-tricome-farmer (www.overgrow.com): «No intentes sexar un plantón en base a las primeras preflores. Espera y asegúrate. El plazo desde que se emplea una lupa de 25 aumentos para detectar la primera preflor hasta que la planta empieza a liberar polen es, al menos, de 10 días, por lo que resulta seguro.»

## Floración de la planta macho

Cuando se le da un fotoperiodo de 12 horas al día, las plantas macho de cannabis alcanzan su madurez y florecen de una a dos semanas antes que las plantas hembra. No obstante, las plantas macho no requieren necesariamente un fotoperiodo de 12 horas para producir flores y liberar polen; también pueden florecer cuando los días son largos, aunque suelen producir pocas flores. Una vez que aparecen los cálices masculinos, el polen se desarrolla rápidamente, y puede dispersarse en muy poco tiempo. Siempre hay una flor que se abre muy pronto; a menudo, en 24 horas o menos. Para evitar los problemas de polinización, elimina las plantas macho tan pronto como puedas distinguirlos. Si estás cultivándolos a propósito, aíslalos siempre de las plantas hembra, de manera que no las polinicen. Ver el siguiente capítulo, «Cosecha», para ampliar la información sobre cómo cosechar plantas macho.

Las plantas macho continúan floreciendo y dejando caer su polen amarillento y similar al polvo desde los sacos de polen acampanados hasta bien entrada la floración de las plantas hembra, lo cual asegura la polinización. Si estás haciendo semillas, polinizar demasiado pronto, antes de que las *chicas* hayan desarrollado muchos pistilos femeninos receptivos, dará como resultado una cosecha de semillas pequeña. Ver el capítulo decimoséptimo, «Crianza», para más información al respecto.

Las flores macho miden alrededor de 6 mm de largo y su coloración va del verde pastel al amarillo. Las flores se desarrollan antes cerca del ápice de la planta. Los sacos de polen crecen de una espiga corta y cuelgan en racimos, cerca de la base de las ramas. Gradualmente, las flores se van desarrollando en la parte inferior de la planta. Entre dos y seis semanas después de fijar el fotoperiodo a 12 horas, los sacos florales, completamente formados, se abren y sueltan el polen.

Las plantas macho suelen ser más altas que las hembra, y tienen tallos robustos, una ramificación

esporádica y pocas hojas. En la naturaleza, el viento y la gravedad llevan el polen desde las elevadas flores masculinas hasta las receptivas flores femeninas con el fin de fertilizarlas. Las plantas macho producen menos flores que las hembra, porque una planta macho puede polinizar muchos individuos femeninos; además, contienen menos THC y sus niveles de cannabinoides son muy inferiores a los de las plantas hembra.

Al ser fertilizadas con el polen, las plantas hembra detienen la alta producción de THC y comienzan la formación de semillas. Retira y destruye las plantas macho, excepto aquellas que se utilicen para crianza, tan pronto como su sexo haya sido determinado. Las plantas macho de cría, en el momento en que se sexan, deben separarse de las plantas hembra. No permitas que suelten polen. Los primeros sacos de polen suelen formarse y abrirse de forma prematura, o están ocultos bajo el follaje y pasan inadvertidos hasta que es demasiado tarde. Si cultivas desde semilla, pon todo el cuidado en detectar las flores y plantas masculinas.

Algunos cultivadores han informado de que las alteraciones del fotoperiodo, así como una subida o bajada dinámica de las temperaturas, provoca la aparición de más plantas macho. Observa que cada estímulo implica crear unas condiciones que

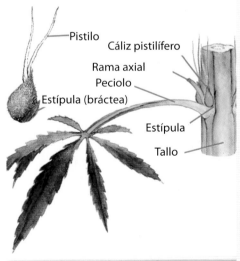

Pistilo
Cáliz pistilífero
Rama axial
Peciolo
Estípula (bráctea)
Estípula
Tallo

*Este dibujo muestra las partes principales de una planta hembra de cannabis.*

*El cáliz verde sustenta dos pistilos muy pequeños en esta Flo, de DJ Short, en prefloración.*

*En esta planta hembra de Mr. Bubble, la preflor es fácil de distinguir a simple vista.*

*Las preflores de esta Puna Budder, de T.H.Seeds, se acercan al final de la etapa de prefloración, que dura alrededor de dos semanas.*

causan estrés a las plantas. Además, el ambiente estresante no tiene por qué hacer que toda la planta se vuelva macho; la vuelve hermafrodita. Las plantas más susceptibles ya tienen una predisposición al hermafrodismo. Véase el capítulo decimosexto, «Crianza», para más información.

Hay varias maneras de promover que las plantas sean macho o hembra durante la fase de desarrollo del plantón (véase «Cultiva más plantas hembra desde semilla» en el capítulo segundo). A lo largo del crecimiento vegetativo, puedes hacerte una buena idea del sexo de una planta en base a su procedencia genética y a las características de su desarrollo. La forma más fiable de deducir el sexo consiste en el «Sexado mediante clonación» (capítulo tercero). Para un tratamiento detallado de esta materia, consulta el capítulo decimosexto, «Crianza».

## Plantas hembra
### Hembra y *sinsemilla*
### Prefloración femenina

Al acercarse el final de un crecimiento vegetativo normal, las plantas cultivadas desde semilla desarrollan preflores. Se trata del momento en que se inicia la formación del cáliz femenino, y no está sujeto al fotoperiodo. Sucede cuando una planta es lo suficientemente mayor para mostrar señales de madurez sexual, sobre la cuarta semana de crecimiento vegetativo, o entre seis y ocho semanas desde la germinación. Las preflores aparecen detrás de las estípulas en el cuarto o quinto entrenudo del tallo.

Una preflor parece como una flor femenina normal; la mayoría tienen un par de vellosos pistilos blancos. Por lo general, los pistilos se forman después de que se desarrolle otra parte de la preflor: la bráctea verde claro que alojará la semilla. Espera hasta que los pistilos se hayan formado para asegurarte de que se trata de una planta hembra, y no macho. La fase de prefloración dura de una a dos semanas. Ahora, lo que impera es tener un poco de paciencia.

Las plantas cultivadas desde semilla con el fotoperiodo de 18 horas, habitualmente, presentarán preflores pronunciadas antes que las plantas a las que se les proporciona luz durante las 24 horas del día. Y, con un régimen lumínico de 16 horas al día, aumentando a 8 las horas de oscuridad, las preflores se muestran aún antes y suelen ser más pronunciadas. Una vez que pueden distinguirse si las preflores son masculinas o femeninas, las plantas pueden ser inducidas a florecer con el fotoperiodo de 12 horas.

Aguarda siempre hasta que aparezcan las preflores antes de inducir la floración. Provocar este cambio, mediante ciclos de 12 horas de oscuridad ininterrumpida y 12 horas de luz, antes de que se desarrollen las preflores estresará la planta. Este estrés podría ocasionar un crecimiento anómalo, y las plantas podrían volverse hermafroditas. Inducir la floración antes de que se formen las preflores no hará que ésta se acelere. La floración tardará lo mismo en llegar que si hubieras esperado a que aparecieran las preflores.

*Chocolate Chunk empezando a florecer.*

## Floración de la planta hembra

El cannabis hembra es apreciado por su producción elevada de resina potente y su pesado rendimiento floral. Las plantas femeninas ideales crecen rechonchas y arbustivas, con ramas pegadas al tallo y de follaje denso. En la mayoría de las variedades, los primeros signos de flores femeninas se presentan entre una y tres semanas después de inducir la floración con el fotoperiodo de 12 horas. Inicialmente, las flores femeninas aparecen cerca del ápice del brote terminal, y gradualmente se van desarrollando en las ramas inferiores, comenzando en las puntas y desplazándose hacia abajo. Las flores tienen dos pequeños (6-12 mm) pelos blancos y vellosos, llamados pistilos, que forman una «V». La base del juego de pistilos se sujeta a un óvulo, el cual está contenido en una vaina de color verde claro, llamada cáliz. Los cálices con sus pistilos forman densos racimos o cogollos a lo largo de los tallos. Los racimos de cogollos suelen llamarse puntas o colas. Las masas de cálices se desarrollan rápidamente durante las primeras cuatro o cinco semanas, tras las cuales aumentan a un ritmo más lento. Los cogollos ganan gran parte del peso que darán en la cosecha a medida que se hinchan, durante las últimas dos o tres semanas de crecimiento. Las *C. sativa* puras, como las variedades tailandesas, pueden florecer durante cuatro meses o más. Una vez que el óvulo ha sido fertilizado por el polen masculino, la rápida formación de cálices y la producción de resina se ralentizan, y comienza el desarrollo de la semilla.

*Chocolate Chunk en plena floración.*

*Flo al comienzo de la floración.*

*Flo en floración avanzada.*

Cuando la floración de las plantas hembra está en su cénit, los pistilos aumentan por todas partes. Pronto, cambian de color; lo más frecuente es que pasen de color blanco a ámbar y, con el tiempo, a marrón rojizo.

## Sinsemilla

El término *sinsemilla* es de origen anglosajón, aunque deriva de dos palabras en castellano: sin y semilla. Se trata de la palabra que describe aquellas puntas de plantas de cannabis en floración que no han sido fertilizadas por el polen de las plantas macho.

Los apreciados cogollos sin semillas son los más potentes de la planta, sea cual sea la variedad, con un gran volumen de THC en proporción al cogollo floral;

*Haze Heaven en los inicios de la floración.*

*Mr. Bubble en los comienzos de la floración.*

*Haze Heaven en pleno florecimiento.*

*Nebula al inicio de la floración.*

*Stinky Pinky al principio de la floración.*

*Shaman empezando a florecer.*

y es todo para fumar, sin ninguna semilla. Las plantas sin polinizar continúan floreciendo hasta que la formación de cálices y la producción de resina declina, entre seis y diez semanas después de ajustar las luces a 12 horas. Durante ese tiempo de floración, los cálices se desarrollan y aumentan a lo largo del tallo, dando un rendimiento más elevado en cogollos de alta calidad que las flores polinizadas y con semillas.

Para que cualquier planta produzca marihuana *sinsemilla*, basta con retirar las plantas macho tan pronto como sean identificadas. Eliminar las plantas macho garantiza que el polen masculino no fertilizará los suculentos pistilos femeninos. A veces, unos pocos granos tempraneros de polen son liberados por flores masculinas prematuras. El polen disperso de las plantas macho de cannabis, ya sean salvajes o cultivadas, pueden estar flotando en el aire. Algunas veces, aparecerá una hermafrodita con unas pocas flores masculinas, brotadas en una planta predominantemente hembra. Véase el apartado «Hermafroditas» en el capítulo decimosexto, «Crianza».

*Nebula en plena floración.*

*Warlock Passion en una etapa floral temprana.*

*Stinky Pinky en plena floración.*

*White Russian empezando a florecer.*

*Warlock en plena flor.*

*White Russian florecida.*

*Shaman en fase avanzada de floración.*

*Mr. Bubble en plena flor.*

*Inspecciona los cristales de resina con un microscopio de 30 aumentos para distinguir el momento exacto de la cosecha.*

*Esta Thaitanic no está lista para la cosecha. Los pistilos blancos acaban de empezar a cambiar de color.*

*Thaitanic a punto para la cosecha. Observa que muchos de los pistilos están cambiando de color.*

## Introducción

La recompensa por toda la investigación, el trabajo, el riesgo y los gastos, así como por la larga y paciente espera, es una cosecha abundante. Los esquejes y plantones bien cultivados, fuertes y sanos, producen las mayores cosechas. Una precosecha y una cosecha bien organizadas son esenciales para preservar la calidad del cannabis y reducir la carga de trabajo.

Cosecha cuando las plantas estén en su punto de madurez. Dependiendo del efecto que te guste, tema que será tratado a continuación, el momento de la cosecha resulta decisivo. El punto óptimo de cosecha se mantiene alrededor de cinco y siete días.

Una vez que se han cosechado las plantas, la mayoría de los cultivadores manicuran los cogollos antes de dejarlos secar lenta y uniformemente con el fin de preservar el THC. Después del secado, los cogollos deberían curarse para obtener todo su aroma y sabor. Como un buen vino, el envejecimiento o curado mejora tanto el gusto como la fragancia. A partir de que los cogollos estén curados, una conservación adecuada asegurará que retengan todas sus cualidades esenciales.

## Antes de cosechar

La fragancia es, a menudo, un problema antes, durante y después de la cosecha. Controla la fragancia de las flores manteniendo una buena ventilación en los cuartos de secado y manicura. Si es posible, permite que haya una corriente de aire fresco a través de la habitación de secado para eliminar los olores rápidamente. Si el aire se estanca dentro y alrededor de los cuartos de manicura y secado, los olores se asientan y se acumulan. Mantén la temperatura por debajo de 21 ºC, de manera que los aceites esenciales del cannabis no se volatilicen, liberando agradables pero indeseadas fragancias. Retiene la fragancia del cannabis en cuartos sellados para el secado y la manicura. Purifica el aire con un filtro de carbón antes de expulsarlo. Véase «Olor», en el capítulo decimotercero, para una mayor información sobre el control de la fragancia.

Evita el gusto de los fertilizantes, ya sean orgánicos o químicos, en los cogollos cosechados mediante el lavado con agua limpia o una solución de aclarado para eliminar cualquier residuo o compuesto químico que se haya acumulado en la tierra o en el follaje de la planta. Entre siete y catorce días antes de cosechar, riega a fondo el jardín con agua destilada o que esté tratada mediante ósmosis inversa. Emplea una solución de aclarado como Final Phase® si tienes que usar agua corriente con muchos sólidos disueltos. Algunos cultivadores fertilizan hasta tres o cuatro días antes de la cosecha y utilizan una solución de aclarado para eliminar los residuos de los abonos. Aplica este riego igual que si se tratara de una solución nutriente. Deja siempre que al menos un 10% -preferiblemente más- drene fuera a través de la base de los contenedores. Si se trata de un sistema hidropónico recirculante, cambia el agua entre cuatro y seis días después de la aplicación, y continúa rellenando el depósito con agua limpia.

*Manicurar las plantas lleva mucho tiempo. Se puede tardar entre cuatro y seis horas en manicurar medio kilo de marihuana con unas tijeras, o de una a dos horas si se emplea un aparato automático.*

### Cómo saber que el fertilizante afectará al sabor

1. Las puntas y los bordes de las hojas están quemados.
2. Las hojas están quebradizas al llegar la cosecha.
3. Los cogollos chisporrotean cuando arden.
4. Los cogollos huelen a química.
5. El gusto de los cogollos recuerda al fertilizante.

No riegues durante un día o dos antes de la cosecha. La tierra debería estar bastante seca, pero no tanto como para que la planta pierda su turgencia. Esto acelerará el secado en un día o más, y no afectará a la calidad del producto final.

## La cosecha

El crecimiento se detiene en la cosecha, y el contenido en THC ya no podrá incrementarse; a partir de entonces, permanecerá igual o disminuirá. Un manejo apropiado es la clave para retener la potencia del THC. Las exposiciones prolongadas a la luz, las temperaturas por encima de 27 ºC, las fricciones de las manos torpes y las condiciones húmedas deberían ser evitadas porque son factores que degradan el THC.

El compuesto químico THC está presente, sobre todo, en las hojas y en las flores. Está contenido principalmente, en los tricomas glandulares con tallo, conocidos popularmente como «glándulas de resina» o, simplemente, «tricomas». Es posible que los tallos y las raíces huelan como si pudieran fumarse, pero contienen pocos -si algunos- cannabinoides que alteren el estado mental, y la resina no es muy psicoactiva. Las plantas macho contienen mucho menos THC y son cosechadas antes de que puedan abrirse sus flores y liberen el polen. Las plantas hembra se recolectan cuando los tricomas alcanzan el punto justo de madurez. Las hojas son recogidas primero.

Los cultivadores cuelgan las plantas con la punta hacia abajo porque es simple, conveniente y efectivo; no para que la resina cargada de THC se deslice hasta los cogollos. Por lo demás, hervir las raíces con el fin de extraer THC es un despropósito.

## Hojas

Una vez que las hojas grandes están completamente formadas, la potencia del THC ha alcanzado el máximo. Las hojas más pequeñas, que están alrededor de los cogollos, continúan desarrollando resina hasta que los racimos florales están maduros. La potencia se retiene mientras que las hojas estén sanas y verdes; no se pierde nada dejándolas en la planta. Recolecta las hojas si muestran síntomas de enfermedad o un rápido amarilleamiento que el fertilizante no ha podido evitar. Una vez que empiezan a amarillear y secarse, la potencia decrece un tanto. Esto es cierto especialmente para las hojas anchas que crecen antes que los cogollos. Las hojas grandes se vuelven amarillas durante la floración, cuando se suprime el fertilizante rico en nitrógeno.

Corta la hoja entera, incluyendo su tallo (peciolo) y échala en una bolsa: las de papel dejan transpirar y pueden cerrarse doblando la parte superior. Las bolsas de plástico no permiten la transpiración, así que deben dejarse abiertas. Si el peciolo se deja en el tallo de la planta, se arruga y comienza a morir, atrayendo la humedad y el moho. Eliminarlo evitará problemas de moho.

Guarda la bolsa de papel en un armario o alacena con una humedad entre el 40 y el 60% y una temperatura de 15 a 21 ºC. Abre la bolsa una o dos veces al

*Pon a secar las hojas en una bolsa de plástico abierta. Remuévelas una o dos veces al día para airearlas y ayudar a que se sequen.*

*Corta las hojas grandes de las plantas antes de manicurar las hojas pequeñas de los cogollos. Asegúrate de retirar las hojas incluyendo el peciolo que las une al tallo para evitar que prolifere el moho.*

*Estas bolsas de hojas secas y recortes están listas para ser transformadas en hachís.*

día y remueve las hojas a mano. Deberían estar secas al tacto de cinco a siete días después de cortarlas. Una vez secas, guárdalas en el congelador para que estén listas para hacer hachís con un Ice-O-Lator®.

## Recolección de las plantas macho

Las flores masculinas producen polen tan pronto como dos semanas después de cambiar las luces al ciclo de 12 horas de luz. Hay que estar atento a las primeras en abrirse. De tres a seis semanas desde que se inició la floración, los sacos de polen se abren y la producción de flores continúa durante varias semanas, hasta que las primeras vainas comienzan a dejar caer el polen. Una vez que las flores masculinas son claramente visibles pero aún no se han abierto, la producción de THC está en sus niveles máximos. (Consulta el siguiente apartado, «La cosecha *sinsemilla*», sobre los tricomas glandulares.) Este es el mejor momento para cosechar. Cuando las plantas macho liberan el polen, el proceso de degradación se acelera y las flores caen.

Recolecta las plantas macho con cuidado, especialmente si están cerca de plantas hembra. Corta la planta por la base, sacudiéndola lo menos posible. Para prevenir una polinización accidental por flores masculinas que se hayan abierto de manera inadvertida, cubre cuidadosamente la planta macho con una bolsa de plástico y átala por debajo antes de cortar. O, si ves un saco de polen abierto, pulveriza con agua para hacer que el polen sea inviable. Mantén las plantas macho que utilices para criar tan lejos como sea posible de las plantas hembra en floración. Asegúrate de instalar mallas finas para el aire que entra en el cuarto de floración, y humedécelas regularmente para acabar con el polen incontrolado. Aísla las plantas macho hasta que sean necesarias. Después de un mes, la planta macho comenzará a revegetar aunque todavía

*Antes de recolectar las plantas macho, pulverízalas con agua para desactivar el polen.*

disponga de sacos de polen viables. Los machos también pueden ser clonados y mantenidos en estado vegetativo hasta que sean necesarios. Induce la floración alrededor de tres semanas antes de que haga falta polen viable. De tres a cinco semanas, la planta macho estará llena de sacos de polen viable.

Prolonga la recolección de las plantas macho retirando las flores, con pinzas o con las uñas, a medida que aparezcan. Pronto, flores nuevas surgen tras el espolio de las viejas. Continúa eliminando los sacos de polen hasta que las plantas hembra estén a dos semanas del pico de floración. Retirar las flores masculinas una a una es un proceso tedioso, lleva tiempo y es fácil que algunas se pasen por alto.

Resulta práctico recolectar la mayoría de las ramas, dejando sólo una o dos para concentrar la producción de polen. Una sóla flor masculina contiene polen suficiente para polinizar muchos óvulos femeninos; con una rama llena de flores masculinas será suficiente para cubrir la mayoría de las necesidades de crianza a nivel casero.

## La cosecha *sinsemilla*

Las flores sin semillas están maduras entre seis y doce semanas después de que el fotoperiodo se haya cambiado a 12 horas. El mejor momento para cosechar la *sinsemilla* es cuando la producción de THC ha alcanzado su máximo pero aún no ha comenzado el proceso de degradación. Las variedades establecidas de interior se crían para que toda la planta

*Puedes cortar ramas de una planta macho para utilizarlas luego, sin tener que recolectar toda la planta.*

*Las ramas florecidas de las plantas macho se mantienen en agua varios días. Los sacos de polen seguirán abriéndose.*

*Antes de retirar del jardín las plantas macho, cúbrelas con bolsas de plástico para ayudar a contener el polen.*

Inspecciona los cogollos cuidadosamente para detectar el punto de acabado.

Los tricomas largos y finos son comunes en la mayoría de las variedades con dominante sativa. El envés de esta hoja está forrada de glándulas transparentes, algunas de las cuales están tornándose ambarinas.

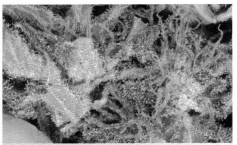

Los tricomas del centro de la imagen se han vuelto de color ámbar, y muchos de ellos han perdido la cabeza glandular. Esta planta fue cosechada para evitar una mayor degradación de la resina.

Los tricomas luchan por el limitado espacio en las hojas de este cogollo a punto. Observa como los pistilos se han secado y que los tricomas están en toda su madurez para ser cosechados.

alcance el pico de potencia al mismo tiempo. Las puntas florales más bajas, que han recibido menos luz, no están tan *escarchadas* de resina como las ramas superiores, y podrían madurar más despacio. Las variedades que maduran de una vez tienden a pasar por cuatro o cinco semanas de rápida formación de cogollo antes de que los niveles de crecimiento disminuyan. La cosecha se lleva a cabo entre una y tres semanas después de que se frene el crecimiento. Las variedades de *C. indica* puras y muchos cruces de *C. indica* y *C. sativa* son recogidas de seis a diez semanas

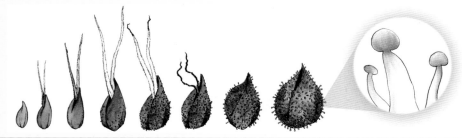

Desarrollo del cáliz femenino en sus estadios temprano, medio y tardío.

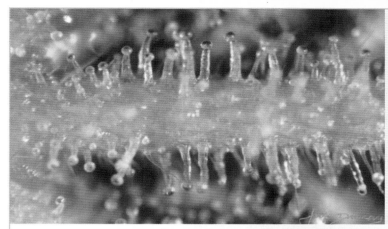

*Cosecha temprana: las glándulas de resina están en sus fases tempranas de formación. Cosecha cuando los tricomas empiecen a tornarse de color blanco lechoso o ámbar para conseguir la máxima concentración de THC.*

*Cosecha tardía: la luz coloreada de la fotografía acentúa la coloración ambarina de los tricomas al ser dejado atrás el momento óptimo para la cosecha.*

*Las fotografías de esta página aparecen por cortesía de Joop Dumay, Crystalman.*
*www.crystalman.nl*

*Cosecha óptima: Las glándulas de resina comienzan a volverse de color blanco cremoso después de que los tricomas se hayan formado por completo. Estos tricomas parecen decir que es hora de cosechar.*

después de haber inducido la floración, mientras que los cruces de *C. indica* con plantas *C. sativa* más dominantes, como Skunk #1, pueden no estar listas antes de diez semanas. Los cultivadores comerciales suelen recoger cogollos inmaduros, con seis semanas de floración, para poder recolectar más de una cosecha al año.

La variedades *sativa* puras, especialmente las razas tailandesas y asiáticas que se cultivan desde semillas nativas, llevan más tiempo para florecer desde que se reduce el fotoperiodo a 12 horas. De hecho, pueden llegar a tardar cuatro meses en terminar su floración. Estos tipos tienden a formar cogollos con un ritmo uniforme a lo largo de la floración, sin un declive aparente en el ritmo de crecimiento. Pocos cultivadores de interior tienen el tiempo o la paciencia para cultivar variedades

*sativa* puras debido a que, además del largo periodo de floración, estas plantas crecen estiradas y producen poco rendimiento. Los cogollos de la parte superior de la planta suelen alcanzar su máxima potencia entre unos pocos días y dos semanas antes que los cogollos más bajos. Las *sativa* ecuatoriales de larga floración pueden requerir varias cosechas.

Los pistilos cambian de color blanco a marrón o marrón rojizo a medida que terminan de madurar los racimos florales. Cuando esto sucede, quiere decir que las plantas están llegando al final; sin embargo, este no es el mejor indicador del punto de madurez. Después de investigar detalladamente, he llegado a la conclusión de que resulta difícil concretar la madurez en función del color de los pistilos. La mejor manera de hacerlo es observando el color de las glándulas de resina o tricomas.

Las glándulas de resina cambian de color a medida que maduran. Al principio, estas glándulas son claras. A medida que continúan madurando, se tornan de color lechoso aunque translúcido; y, por último, se vuelven ambarinas. Las glándulas de resina que son dañadas al comprimirlas o apretarlas, se deterioran rápidamente. No todas las glándulas cambian al mismo tiempo.

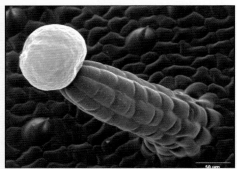

Este primer plano de una glándula de resina fue tomado con un microscopio electrónico a 370 aumentos. El THC se concentra en la base de la cabeza. Imagen al microscopio electrónico por cortesía de Eirik.

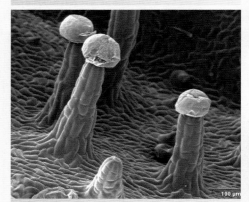

Los tricomas son muy delicados y se rompen fácilmente. Observa la cabeza agujereada en uno de los tricomas, y el tricoma completamente descabezado. Imagen al microscopio electrónico (80X) por cortesía de Eirik.

Este científico de Canna mide el contenido exacto de THC de los cogollos cosechados con un cromatógrafo de gases.

Un tricoma es un pelo de una planta. Los tricomas que se encuentran en el cannabis farmacológico son glandulares y de carácter secretorio. Estos tricomas glandulares se componen de un tallo con una cabeza de resina; son parecidos a un poste con un pomo encima. Se forman en los cogollos y en las hojas pequeñas. La mayor concentración de THC se localiza en la base de la cabeza de resina. El mejor momento para cosechar es cuando estos tricomas han desarrollado una cabeza esférica y aún son transparentes. Las glándulas envejecidas comienzan a volverse marrones y menguan; se están descomponiendo, y el contenido en THC disminuye. Inspecciona los cogollos cada día a partir de la sexta semana de floración. Controla varios cogollos de plantas distintas para asegurar que la máxima cantidad de tricomas estén listos para la cosecha.

Los tricomas cistolíticos tienen una punta fina y, a menudo, son largos y similares al vello. Estos tricomas protectores son los más comunes en el envés de las hojas. Las glándulas cistolíticas exudan sustancias insecticidas y acaricidas que dificultan la ingestión por parte de las plagas y las repelen, pero no contienen THC.

Los tricomas glandulares de esta fotografía son cortos y gruesos. Crystalman añadió color a la imagen para darle una mayor perspectiva.

Las fotografías de esta página son cortesía de Joop Dumay, Crystalman.

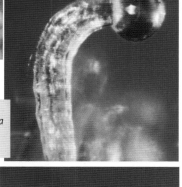

Este primer plano realizado por Crystalman muestra una larga glándula de resina que está en su punto justo de madurez.

Pueden observarse con claridad los tricomas con tallo, cada una de las columnas de color claro que están coronadas por una bola que contiene THC. Los pelos cistolíticos con aspecto de vellosidades no contienen THC.

Cosecha cuando la mitad (el 50%) de los tricomas hayan adquirido un color translúcido cremoso para un punto máximo de madurez. En este punto, el efecto será tanto cerebral como físico, con una buena embriaguez para el cuerpo y la mente.

Cosecha cuando la mayoría de los tricomas se hayan vuelto de color ámbar para un efecto más corporal. Las variedades *indica* puras, las *afghanica* y las de predominancia *indica* que se cosechan en este punto tardío provocan una gran pesadez física, o apalancamiento. Esperar a que las variedades *sativa* puras o dominantes alcancen esta fase para cosecharlas no aprovecha los puntos fuertes de estas plantas. Dichas variedades están en su mejor momento para ser cosechadas cuando las glándulas de resina son de color claro a lechoso.

## La cosecha, paso a paso

**Primero:** Deja de abonar entre siete y diez días antes de la cosecha. La acumulación latente de nutrientes en el follaje le confiere sabor a fertilizante. Arrastra los nutrientes fuera del medio de cultivo de siete a diez días en previsión de la cosecha. Algunos cultivadores continúan fertilizando hasta tres días antes de cosechar y emplean luego un producto como Final Phase®. Estos productos aceleran el aclarado de los compuestos químicos acumulados en las plantas de cannabis.

**Segundo:** Si se ha aplicado algún tipo de pulverización durante las últimas dos semanas (no recomendado), rocía a fondo las plantas con agua para lavar los residuos indeseables que pueden haberse acumulado en el follaje. El baño no afectará a la producción de resina. Agita los cogollos con suavidad después del aclarado para sacudir el agua acumulada. Para prevenir las infecciones por hongos, rocía el jardín al comienzo del día para permitir que se seque el exceso de agua de las hojas antes de que caiga la noche. Si el moho (*botritis*) amenaza los cogollos, no los laves.

**Tercero:** Puede que quieras darle a las plantas 24 horas de oscuridad total antes de la cosecha. Muchos cultivadores hacen esto y dicen que, después, los cogollos están un poco más resinosos.

**Cuarto:** Cosecha por la mañana, cuando el contenido en THC está en su punto máximo. Recolecta la planta entera, o rama a rama, cortándola con una podadora cerca de la base.

Arrancar el cepellón resulta innecesario y lo ensucia todo. Todo el THC se produce en el follaje, no en las raíces.

**Quinto:** No es necesario colgar las plantas boca abajo para que la resina fluya hacia el follaje. Una vez formada, la resina no se mueve. No obstante, secar la planta entera de esta forma es muy oportuno. Si los tallos se dejan intactos, el secado es mucho más lento.

**Sexto:** Para cosechar las plantas enteras y/o las ramas:

a. Retira las hojas grandes uno o dos días antes de cortar del todo las plantas. O elimina las hojas después de cortar las plantas. Quitar antes de en medio las hojas grandes hace que la manicura sea más fácil y rápida.

b. Cosecha las plantas enteras cortándolas por la base antes de manicurarlas.

c. O corta cada rama en trozos de 15 a 60 cm y manicura los cogollos recién cosechados, eliminando las hojas con con una podadora o con tijeras. Cuelga las ramas manicuradas hasta que se sequen. Una vez secas, corta las puntas de las ramas, teniendo especial cuidado de tocar los cogollos tiernos lo menos posible.

d. O deja las hojas grandes en las ramas para que actúen como una envoltura que proteja los racimos florales. Así, las frágiles glándulas de resina están protegidas contra el aplastamiento y la rotura hasta la manicura final; pero la manicura resulta mucho más lenta y tediosa cuando el follaje está seco.

## Manicura

Una vez cosechados, manicura los cogollos cuidadosamente, cortando las hojas grandes por donde se unen al tallo. Dejar el peciolo (el tallo de la hoja) puede provocar que le salga moho. Recorta las hojas pequeñas con poca resina que hay alrededor de los cogollos, de manera que lo que quede sea un hermoso cogollo cargado de THC.

La manicura es más sencilla cuando las hojas están blandas y flexibles, inmediatamente después de la cosecha. Recortar las hojas en este momento, además, hará que el secado sea más rápido. Esperar a que el follaje esté seco hará que el trabajo de manicurar los cogollos sea largo y tedioso.

Manicurar resulta más sencillo con un buen par de tijeras que tengan hojas pequeñas, facilitando el acceso y corte de los peciolos en el tallo principal. Un par de tijeras ergonómicas con asas cómodas es indispensable cuando se manicura cannabis durante horas.

Haz la manicura sobre una malla fina (consulta el capítulo número quince, «Hachís») o sobre una superficie de vidrio. Raspa las glándulas de resina que hayan caído en la superficie o bajo la malla. Esta potente resina puede fumarse en el momento, o prensarse en piezas de hachís.

Utiliza unos baratos guantes de goma para recoger el hachís de los dedos. Tras manicurar durante unas horas, retira el *finger hash* de los guantes mediante un baño en un poco de alcohol isopropilo. Deja el alcohol cargado de hachís sobre una encimera toda la noche para que se evapore. Raspa el hachís resultante después de que el alcohol se haya evaporado por completo. O coloca los guantes de goma en un congelador durante unas horas. El enfriamiento hará que sea más fácil raspar y frotar el hachís acumulado en los guantes.

Retira la resina acumulada en las tijeras cuando impidan el movimiento de las hojas. Utiliza un cuchillo pequeño para sacar la resina de los filos. Une las pequeñas porciones de resina en una bola prensándolas entre los dedos. La bola de hachís aumentará de tamaño a medida que progrese la manicura.

Planea el tiempo que vas a necesitar para cosechar y manicurar tu cosecha. Una buena manicura de medio kilo de cogollos lleva entre cuatro y seis horas si se hace a mano, y de una a dos horas si se emplea una podadora automática.

*Elimina las hojas grandes cortando el peciolo por donde se une a la rama principal.*

*Una pared de cogollos puede ser impresionante, pero tiende a perder grosor después de manicurar a mano durante unos días.*

*Corta el tallo principal por la base para cosechar la planta entera de una vez.*

*Recolecta las ramas una a una y cuélgalas en líneas de secado después de manicurarlas para acelerar el secado y reducir la carga de trabajo.*

## Secado

Después de la cosecha, la marihuana debe secarse antes de ser fumada. El secado convierte el THC desde su forma ácida, cruda y no psicoactiva, a su forma neutral psicoactiva. En otras palabras, la marihuana verde y fresca no será muy potente. El secado también

convierte el 75% o más de la planta recién cosechada en vapor de agua y otros gases.

Cuando cortas una planta -o una parte de ella- y la pones a secar, el transporte de fluidos continúa en el interior de la planta, pero a un ritmo más lento. Los estomas se cierran poco después de la cosecha, y el secado se ralentiza ya que se escapa poco vapor. Los procesos naturales de la planta van acercándose lentamente a su término a medida que la planta se seca. Las células externas son las primeras en secarse, pero el fluido aún continúa moviéndose desde las células internas para proporcionarles humedad. Cuando este proceso tiene lugar adecuadamente, las plantas se secan de manera uniforme. Eliminar hojas y tallos grandes durante la cosecha acelera el secado; sin embargo, el contenido de humedad en los cogollos, hojas y tallos *secos* es irregular. Si los cogollos se secan demasiado rápido, la clorofila y otros pigmentos, el almidón y los nitratos quedan atrapados en los tejidos de la planta, haciendo que tenga mal sabor, a *verde*, y una mala combustión.

Cuando las plantas se secan relativamente despacio, entre cinco y siete días o más, la humedad se evapora en el aire de manera regular, produciendo cogollos uniformemente secos con una descomposición mínima de THC. Los cogollos secados lentamente tienen un sabor dulce y el humo es suave. El gusto y el aroma mejoran cuando los pigmentos se descomponen. Un secado lento y uniforme, gracias al cual la humedad está

*Las tijeras eléctricas de bonsai funcionan con corriente alterna o contínua. Este gran invento para los cultivadores de interior o de guerrilla reduce el tiempo de manicura a un tercio o menos. El póster al fondo es Napoleón en la portada de la revista Newsweek.*

*El aparato de manicura Aardvark se conecta a una aspiradora que arrastra todos los recortes hasta una bolsa. Pon el tubo flexible en el congelador y sacude la resina acumulada una hora después.*

repartida por los tallos, el follaje y los cogollos, permite que haya tiempo suficiente para que se degraden los pigmentos. Secar las plantas enteras concede un tiempo añadido para que este proceso tenga lugar.

Para acelerar el tiempo de secado, retira las hojas anchas y los tallos durante la cosecha. Resulta más fácil trabajar cuando las hojas están frescas y tiernas que cuando están secas. Si tienes que manicurar cuatro kilos de marihuana, querrás que sea lo más fácil posible.

Las plantas con las hojas en abanico intactas tardan más en secarse y requieren mucho más tiempo de manicura. Las hojas exteriores forman una cobertura que ayuda a proteger los delicados tricomas durante el secado, pero esta práctica convierte la eliminación de las hojas secas en una tarea engorrosa y tediosa que se lleva a cabo en dos pasos.

Los extractores y ventiladores ayudarán a controlar el calor y la humedad, manteniéndolos en niveles adecuados. También puedes utilizar un deshumidificador para controlar la humedad. Un aparato de aire acondicionado resulta ideal para mantener a raya la temperatura y la humedad en climas cálidos. Los grandes espacios de secado puede que requieran calefacción para elevar la temperatura y reducir la humedad. No dirijas los ventiladores directamente hacia las plantas; impide que se sequen de manera uniforme.

Para obtener los mejores resultados, el secado debería ser lento. La temperatura ideal del aire está entre 18 y 24 °C, y la humedad, entre el 45 y el 55%. Las temperaturas por debajo de 18 °C retrasan el secado, pero la humedad suele aumentar rápidamente. Una humedad por encima del 80% alarga el tiempo de secado y hace que la amenaza de que se enmohezcan los cogollos sea inminente. Las temperaturas superiores a 24 °C puede provocar que los cogollos se sequen demasiado rápido y, además, pueden causar que la humedad caiga por debajo del 50% ideal con más facilidad. Las temperaturas por encima de 29 °C hacen que los cogollos se sequen a tal velocidad que el humo se vuelva áspero. Una humedad relativa inferior al 30-40% causa un secado excesivamente rápido de los cogollos, provocando que éstos retengan clorofila y sabor a verde. Los cogollos secados con rapidez se vuelven quebradizos y se deshacen. Una humedad baja también provoca que los cogollos pierdan sabor y olor. Si la humedad está entre el 30 y el 40%, reduce el movimiento del aire al mínimo para retardar el secado. Utiliza siempre un termómetro y un higrómetro que definan con precisión las mínimas y las máximas para asegurar que ambos parámetros se mantengan en su rango ideal.

El Grass Chopper es uno de los muchos aparatos de manicura de tamaño medio que se basan en la eliminación de las hojas por aspiración.

Raspa la resina de las tijeras y únela en una bola de hachís. Retira la resina acumulada en los guantes con alcohol o ponlos en el congelador para facilitar la separación.

Recorta los cogollos sobre una malla o una base de vidrio para recoger las glándulas de resina. Raspa las glándulas y prénsalas para hacerlas hachís.

Este ingenioso cultivador se construyó un manicurador automático fijando a un banco de trabajo un par de piezas de metal y un taladro con cinta para conductos.

*El cultivador secó su cosecha de medio kilo en un armario pequeño. Se tendieron dos niveles de líneas de secado a todo lo ancho del espacio.*

*Shantibaba (Mr. Nice Seeds) construyó estantes de secado con ángulos metálicos y les instaló ruedas para facilitar su disposición y almacenaje.*

Las cosechas pequeñas pueden secarse fácilmente en un armario, una alacena o una caja de cartón que venga a ocupar una pequeña fracción del tamaño del área de cultivo. Las cosechas grandes precisan mucho más espacio. Si el lugar de secado constituye un problema, plantar por etapas o cultivar al mismo tiempo plantas de maduración rápida y plantas lentas conduce a una cosecha escalonada que deja espacio libre a medida que van secándose los cogollos.

Las grandes cosechas de exterior y de interior necesitan amplios espacios en los que secarse. Puedes utilizar el cuarto de cultivo si no lo estás utilizando. No seques plantas en el mismo espacio donde estás cultivando otras, ya que las condiciones climáticas que se requieren para cultivar marihuana son diferentes de las necesarias para su secado. Además, los hongos y los ácaros, incluyendo las indeseables arañas rojas, pueden emigrar de las plantas muertas a las vivas. Inspecciona diariamente los cogollos que están en proceso de secado para detectar cualquier síntoma de hongos, moho y ácaros. Aplica Tanglefoot™ (una especie de grasa) alrededor de los extremos de las líneas de secado con el fin de formar una barrera que evite que los ácaros emigren a las plantas vivas. Los ácaros se congregan en la barrera y son fáciles de aplastar.

Una caja de cartón o de madera constituye un excelente espacio de secado para colgar las cosechas pequeñas. El flujo de aire disminuye en los espacios encerrados, por lo que debe darse la vuelta diariamente tanto a las hojas como a los cogollos para permitir que la humedad se evacue de manera uniforme y se prevenga la aparición de moho. Enhebra una aguja grande con hilo dental y pasa el hilo de un lado a otro de la caja de cartón, cerca del borde, para tender líneas de secado. Si la caja es lo suficientemente alta, puedes instalar varios niveles de líneas de secado. Cierra la caja y déjala en un armario o en una habitación desocupada. Abre las solapas de la caja para permitir la circulación de aire según sea necesario. O abre agujeros tanto en la parte inferior

*El secado de esta cosecha se ralentizó porque no se manicuró al cosechar.*

como en la superior de la caja para permitir que el aire se intercambie y circule. Revisa diariamente cómo marcha el secado. Si los cogollos se están secando demasiado rápido, abre la caja y sitúala en un lugar más fresco.

Colgar las plantas es una forma de ahorrarse trabajo y facilitar un secado lento y uniforme. Sin embargo, los tallos grandes, que retienen mucha humedad, pueden ser eliminados: al colgar sólo las ramas pequeñas, se acorta el tiempo de secado en unos días.

Utiliza palillos de la ropa para tender las ramas en las cuerdas de secado, o engancha un clip para papel en la base de la rama y cuélgalo en la cuerda. Otra opción consiste en tronchar las ramas para formar un ángulo que sirva de gancho a la hora de colgarlas.

Emplea un tendedero plegable para disponer de un secadero que sea fácil de cambiar de sitio. Abre el tendedero, cuelga los cogollos y cúbrelo todo con una sábana oscura o una tela grande. La pieza de tela permite el intercambio de aire y preserva de la luz. Dirige un ventilador hacia la parte de fuera de la tela, de manera que el aire circule por debajo y seque los cogollos.

Montar un secadero pequeño es tan sencillo como unir unos tableros de madera en ángulos rectos y colgar líneas de secado a través de la estructura. O puedes hacer paredes de plástico rígido negro fijándolas al techo y al suelo con cinta para conductos.

El secado de una cosecha grande puede requerir un espacio amplio. Si dispones de una habitación o un granero, un cobertizo, etc., corta las plantas por la base y cuélgalas a lo largo de líneas de secado, eliminando antes las hojas más grandes. Corta ramas de 30 cm a un metro de largo. Manicura cada rama y tiéndelas en las cuerdas de secado para completar el proceso.

Puede ahorrarse espacio mediante la fabricación o adquisición de estantes de secado para cogollos. Construye los estantes de secado con malla para ventanas o red de plástico para agricultura. Estira la malla o la red sobre un marco de madera y fíjala con grapas. Coloca separadores de entre 8 y 15 cm para permitir que el aire circule por los distintos pisos. O construye una caja de secado con niveles que se puedan quitar y poner. Véase fotografía en esta página.

Con el fin de disipar el grueso de la humedad, cuelga los cogollos manicurados durante un día o dos antes de ponerlos en mallas de secado. Una vez que los cogollos están sobre las mallas, debe dárseles la vuelta diariamente para asegurar un secado uniforme.

*Resulta sencillo fabricar una caja de secado. Los separadores de madera entre las cajas permiten el flujo de aire necesario.*

Los cogollos manicurados también pueden ser puestos a secar en cajas. Mueve los racimos florales a diario, de forma que el lado que quede expuesto al aire sea distinto. Los cogollos se secan más despacio, porque el flujo de aire es reducido. Forra las cajas con plástico o papel de aluminio para poder recoger las glándulas de resina que caen al fondo. Para contener las glándulas de resina, sella las juntas de las cajas con cinta adhesiva.

El tiempo de secado depende de la temperatura, la humedad y la densidad del cogollo. La mayoría de los cogollos estarán lo suficientemente secos para comenzar a ser curados en un plazo de cinco a siete días. Los cogollos densos, grandes y gruesos pueden llevar tres o cuatro días más. Presiona suavemente los cogollos tras unos días de secado para comprobar la humedad que contienen. Dobla los tallos para ver si están listos. Si el tallo se quiebra, en vez de plegarse, está listo para pasar al curado.

Vigila la sequedad doblando un tallo. *El tallo debería crujir en vez de plegarse al ser doblado.* El cogollo debería estar seco al tacto, pero no quebradizo. Así mismo, el cogollo debería arder lo bastante bien como para poder fumarse cuando está seco.

La luz (los rayos UV), el calor y la fricción aceleran la biodegradación, y son los mayores enemigos de la marihuana que está secándose o ya seca. Mantén la marihuana seca fuera de

*Un cultivador español envolvió las plantas en papel de periódico para protegerlas de la luz.*

*Esta cosecha de exterior se haya colgada a la entrada de un granero. La brisa que corre a través de la estancia se lleva la humedad evaporada y la fragancia.*

*Los cajones de esta cómoda tienen rejillas en la base. Coloca los cogollos en las mallas para secarlos.*

los recalentados salpicaderos de los coches, alejada de salidas de aire caliente, etc. La fricción y el manoseo aplastan y hacen saltar las glándulas de resina. Incluso con un secado y curado apropiados, manipular de forma ruda la marihuana cosechada disminuirá el contenido de THC. Las bolsas de plástico y las manos que aprietan cariñosamente los cogollos hacen que se rompan millones de diminutas glándulas de resina por minuto en el mundo. Para mantener intacta la marihuana seca, guárdala a oscuras en un recipiente de vidrio hermético, y consérvala en el frigorífico. Los envases corrientes de cristal permiten que los cogollos puedan ser admirados al tiempo que se mantienen protegidos. Los recipientes de vidrio no añaden ningún olor a plástico o metal, y contienen la penetrante fragancia de los cogollos de marihuana fresca. Introducir un trozo de piel de naranja o limón en el envase añadirá un aroma cítrico al *bouquet*.

## Curado

El curado permite que los cogollos continúen secándose lentamente. La primera semana de curado afecta a la potencia en que se elimina de manera uniforme la humedad que hay en el interior del cogollo, por lo que todo el THC se vuelve psicoactivo prácticamente. El curado también permite que los cogollos se sequen lo suficiente para que el moho no se desarrolle cuando sean almacenados. Los cogollos bien curados tienen una combustión uniforme y proporcionan una fumada placentera.

Después de que las plantas o las ramas y cogollos se hayan secado en mallas o colgando en secaderos durante un periodo de cinco a siete días y parecen estar secos, aún contienen humedad dentro. Esta humedad afecta al sabor y a la potencia. El curado elimina este exceso de humedad. El curado hace que el cogollo se seque uniformemente, y convierte prácticamente todo el THC a su forma psicoactiva.

Corta los tallos en trozos manejables –entre 30 y 45 cm- y guárdalos en un contenedor hermético. Los envases herméticos de vidrio con junta de goma o similar son los mejores. Evita las bolsas de plástico tipo Ziploc y similares, que no son herméticas. Las bolsas de plástico que se utilizan para un almacenamiento a largo plazo sí son herméticas. Las bolsas barrera reflectantes y antidetección, disponibles en Hy Suply (www.hysupply.nl) son herméticas y a prueba de infrarrojos. Algunos cultivadores evitan los recipientes de plástico tipo Tupperware™, alegando que el plástico da un sabor desagradable a los cogollos. Pero, cuando se curan grandes cantidades, los cubos de plástico son la mejor opción porque rellenar envases de vidrio con 5 kg o más sería laborioso y nada práctico.

Encierra los cogollos en un contenedor para crear un microclima que permita que la humedad del interior del cogollo se elimine por igual. La humedad interna se desplazará a las partes secas de los cogollos. Embala con suavidad tantos cogollos como sea posible en el contenedor, pero sin forzarlos y evitando que se dañen. Deja los contendores en un sitio oscuro, fresco y seco. Revísalos entre dos y cuatro horas después para ver si los cogollos han *sudado* la humedad. Para ello, apriétalos suavemente para sentir al tacto si están más húmedos que antes. Ten cuidado al presionar; las glándulas de resina se rompen con facilidad.

Si los tallos se pliegan en vez de quebrarse cuando se intenta doblarlos, y los cogollos aún están húmedos al tacto, pásalos cuidadosamente del contenedor a bolsas de papel. La bolsas pueden llenarse unos 15 cm. Pliega el borde de la bolsa una o dos veces para cerrarla. Inspecciona los cogollos dos o tres veces al día para controlar el secado. Remuévelos con detenimiento dentro de la bolsa para que queden expuestos por diferentes lados. Sácalos cuando estén secos y devuélvelos al contenedor sellado. Revísalos al día siguiente para comprobar que estén uniformemente secos. Los tallos deberían chasquear al ser doblados. Si están demasiado húmedos, vuelve a ponerlos en bolsas de papel hasta que se sequen. Cuando estén secos, devuélvelos al contenedor de curado.

Si los cogollos parecen contener poca humedad y los tallos chasquean cuando se doblen, déjalos en el contendor y permite que el exceso de humedad se elimine por arriba. Abre el contenedor durante unos minutos cada varias horas para dejar que el exceso de humedad se disipe antes de poner la tapa de nuevo. Llegados a este punto, puedes introducir la piel de un limón o de una naranja en el contendor para añadir un ligero aroma cítrico.

Vigila el contenedor varias veces al día. Deja la tapa abierta entre cinco y diez minutos para evacuar la humedad. Dependiendo de la humedad contenida, los cogollos deberían estar totalmente secos entre unos pocos días después y un par de semanas. Una vez secos por igual, estarán listos para ser almacenados en contenedores herméticos sellados.

*Deposita los cogollos pequeños en una caja para que se sequen. Dales la vuelta diariamente para promover un secado uniforme y prevenir el moho.*

### Condiciones idóneas para el secado

| | | |
|---|---|---|
| 1. | Temperatura | 18-24 ºC |
| 2. | Humedad | 45-55% |
| 3. | Luz | Ninguna |
| 4. | Manipulación | Mínima |
| 5. | Hojas | Eliminar al cosechar |
| 6. | Cogollos manicurados | Colgar hasta que estén secos |

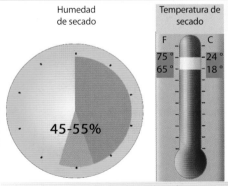

Humedad de secado

45-55%

Temperatura de secado

F C
75 ° 24 °
65 ° 18 °

*Humedad y temperatura óptimas para el secado.*

## Secado rápido

A continuación, se incluyen seis maneras de secar cogollos rápidamente. Recuerda que los cogollos que son secados rápidamente tienen una combustión muy caliente; su humo resulta áspero y, al fumarse, saben a *verde*.

**Primera:** Manicura los cogollos en fresco y elimina todos los tallos. Extiéndelos bien y envuélvelos en papel o mételos en sobres. Sitúa el envoltorio o el sobre donde reciba el calor de un frigorífico, radiador, televisión, etc. Dependiendo del nivel de calor, los cogollos estarán secos entre unas horas después o al día siguiente. Entonces, los cogollos estarán un poco crujientes; colócalos en un recipiente hermético hasta que *suden*. Envuélvelos de nuevo en papel y sécalos hasta que se deshidraten lo suficiente para arder bien.

**Segunda:** Corta los cogollos y/o las hojas en fresco. Sitúalos en un trozo de papel de aluminio de 30 cm. Aguántalo o déjalo sobre una bombilla de 60 ó 100 vatios. Remueve cada 15-30 segundos. El material estará lo suficiente seco como para fumarse entre uno y tres minutos.

**Tercera:** Coloca los cogollos y/o las hojas sobre papel de panadería y hornéalos a 65 °C durante 10-15 minutos. Vigila regularmente y remueve si fuera necesario hasta que la materia vegetal esté seca. No eleves la temperatura por encima de 90 °C o el THC se vaporizará en el aire.

**Cuarta:** Sitúa los cogollos y/o las hojas en un horno microondas. Enciende el microondas a media potencia durante periodos de 15 a 30 segundos. Repetir hasta que la materia vegetal esté seca, y remover tal como haga falta.

**Quinta:** Corta los cogollos y/o las hojas en trozos pequeños y deposítalos en un recipiente de vidrio con tapa hermética. Introduce varias bolsitas secantes de gel de sílice (como las que se incluyen con los aparatos electrónicos y cámaras) en el envase de vidrio y ciérralo. La humedad será absorbida por el gel de sílice en pocas horas. Retira los paquetitos y sécalos usando una fuente de calor seco. Reutiliza el gel de sílice hasta que la marihuana esté lo suficientemente seca para poder fumarse. Hallarás los paquetes de gel de sílice en tiendas de repuestos para automóviles o de electrónica, además de en las tiendas de cultivo.

**Sexta:** Secar los cogollos en un deshidratador para alimentos durante 24-48 horas es la siguiente opción por orden de preferencia. Los deshidratadores de alimentos consisten en una serie de rejillas apilables. Pon los cogollos y las hojas en las rejillas, montando una sobre otra. Un ventilador insufla aire hacia arriba suavemente para secar la marihuana en poco tiempo. Un amigo utilizó está técnica y los cogollos se fumaban bien, pero como se trataba del único material disponible, quizá mi percepción no era del todo fiable.

## Secado por congelación

El hielo seco es dióxido de carbono helado. Cuando se calienta, el $CO_2$ cambia de estado sólido a gaseoso sin pasar por el estado líquido. Cuando la marihuana húmeda se encierra junto con hielo seco ($CO_2$ helado), con una humedad relativa prácticamente nula, las moléculas de agua migran desde el cannabis hasta el hielo seco. Esto provoca que se incremente la humedad relativa del $CO_2$ y que disminuya la contenida en la marihuana. Este proceso ocurre por debajo de 0 °C, y preserva las cualidades del cannabis.

Introduce hielo seco y cogollos a partes iguales en un recipiente. Pon el hielo seco en el fondo y los cogollos encima. Cierra el envase con una tapadera. Realiza algunos agujeros en la tapa para que puedan salir los gases. Pon el recipiente en el congelador de tu cocina. Inspecciona cada 12-24 horas. Cuando el hielo seco haya desaparecido, los cogollos deberían estar completamente secos. Si no están secos, añade más hielo seco hasta que el cannabis esté listo. Para que el hielo seco cunda más, seca los cogollos durante unos días antes de envasarlos con él.

Este método conserva la potencia y la frescura, y provoca muy poca degradación de las glándulas de resina a causa del calor, la luz, el aire y las manos poco cuidadosas. El humo tiene un sabor mentolado ya que la clorofila no se descompone.

Para saber el contenido aproximado de humedad en los cogollos secos, pesa un cogollo al cosechar, cuando está fresco. Pesa de nuevo este mismo cogollo durante el proceso de secado y curado para apreciar la cantidad de humedad que va perdiendo. Por ejemplo, un cogollo que pesa 10 gr al ser cosechado, dará un peso de 2,5 gr cuando haya perdido el 75% de su humedad. En general, un cogollo seco pesará el 75% menos que cuando estaba fresco, recién cosechado.

## Envasado y conservación

Almacenar el cannabis en un ambiente hermético preservará el aroma, el sabor y la potencia. Utiliza el sellado al vacío para evacuar el aire de los envases de vidrio. Este tipo de mecanismos están disponibles en la sección de alimentación y menaje de los grandes almacenes y no resultan caros. Sin embargo, hay cultivadores que afirman que los contenedores sellados al vacío con dispositivos baratos pierden el vacío después de unos días. Otros mecanismos más caros de sellado al vacío, como el que está disponible en www.deni.com, funcionan mucho mejor. Cuando los cogollos se envasan al vacío adecuadamente, se mantienen tan frescos como el día que fueron sellados en el recipiente hermético.

Sella al vacío el recipiente y guárdalo en el frigorífico para su conservación. Déjalo en la nevera o en un lugar fresco, oscuro y seco durante un mes o más. El sabor y la potencia serán máximos. La refrigeración ralentiza la descomposición, pero recuerda que los frigoríficos tienen un alto nivel de humedad, por lo que el contenedor debe estar sellado herméticamente. Acabo de comprobar la humedad relativa y la temperatura dentro de mi frigorífico: 65% de humedad relativa y 5 ºC. No pongas el recipiente en el congelador. La congelación provoca que la humedad salga a la superficie de los cogollos, lo cual puede dañar las glándulas de resina.

Sitúa los envases sellados en un lugar fresco, seco y oscuro. Algunos cultivadores prefieren mantener los recipientes herméticos y sellados en el frigorífico. Si la junta no es hermética, la baja temperatura de la nevera crea unas condiciones de humedad elevada. Los cogollos secos que se guardan en un recipiente que no es hermético atraen la humedad en este entorno de alta humedad. Poco después, los cogollos están tan húmedos que hay que secarlos otra vez.

*Este cultivador deja que los cogollos se sequen despacio en una caja grande de cedro antes de pasarlos a recipientes de vidrio para su curado final.*

*Retira la tapa del envase dos o tres veces al día para permitir que escape la humedad durante el proceso de curado.*

*Los botes de curado con juntas de goma mantienen el interior en condiciones herméticas.*

*Los cogollos son embolsados después de pesarlos.*

*A continuación, la bolsa de cogollos se sitúa en la máquina de sellado al vacío.*

*Una vez en su sitio, el aire es eliminado y la bolsa de cogollos queda sellada herméticamente.*

*El resultado final es una bolsa compacta y hermética de cogollos.*

## Cosechas de semilla

Recolecta las cosechas de semilla cuando las semillas sean grandes y estén maduras. A menudo, las semillas realmente abren la bráctea que las contiene. Las plantas hembra en floración desarrollan muchos cálices receptivos y preparados hasta que tiene lugar la polinización. Las semillas están completamente maduras entre seis y ocho semanas después. Una vez polinizada, la mayor parte de la energía de la planta hembra se enfoca a la producción de las semillas. El contenido en Tetrahidrocannabinol (THC) es, entonces, de mínima importancia. Las cosechas de semilla pueden mantenerse plantadas hasta que las semillas «cascabeleen dentro de la vaina», pero la mayoría de los cultivadores las cosechan antes de que esto ocurra. Vigila y controla los insectos, ácaros y hongos que atacan la planta debilitada y su provisión de semillas maduras.

Los criadores privados suelen polinizar sólo una o dos ramas. Las ramas sin polinizar se dejan para producir *sinsemilla*. Las puntas *sinsemilla* se cosechan cuando están a punto. Las ramas con semillas continúan madurando durante otra semana o dos hasta que están listas. Cuando las semillas estén maduras, retíralas de sus vainas frotando los cogollos con semillas entre las manos, sobre un contenedor. Para separar las semillas de la marihuana, pon las semillas cosechadas y la materia vegetal

*Las semillas de esta hembra de Blueberry, de Dutch Passion, han abierto los cálices cubiertos de resina.*

que las acompaña en una bandeja grande con laterales. Mueve la bandeja adelante y atrás e inclínala para que las semillas se acumulen en una esquina. Retira la marihuana a mano y repite el proceso. Frota las semillas entre las manos para eliminar los restos de cálices que aún queden adheridos a las semillas. Agita la bandeja e inclínala para congregar las semillas y separarlas de la broza.

Guarda las semillas en un sitio oscuro, seco y fresco. Las semillas son viables y están listas para ser plantadas tan pronto como son cosechadas, pero pueden dar lugar a plantas enfermizas. Deja que las semillas se sequen durante un mes o dos antes de plantarlas. Las semillas de cáscara dura son las que tienen más probabilidades de brotar y crecer bien. Véase «Conservación de las semillas» en el capítulo segundo.

*Esta imagen de una hembra semillada de TNT fue tomada en el cultivo de Gipsy Nirvana antes de que la policía cosechara la planta.*

## Revegetación

Revegeta las hembras cosechadas dejando en las plantas varias ramas bajas y poco desarrolladas con follaje. Proporciónale un fotoperiodo de 18 horas diarias. La planta hembra dejará de florecer y revegetará, volviendo al estadio de crecimiento vegetativo.

Abona los restos de la planta cosechada, hojosos y medio cogollados, con un fertilizante de mayor proporción de nitrógeno. Esto ayudará a que la planta cosechada desarrolle más follaje a medida que va revirtiéndose a la fase de crecimiento vegetativo, durante un periodo que lleva de cuatro a seis semanas. El nuevo crecimiento, verde y en forma de hojas, retoñará a partir de las ramas y puntas florales. Las hojas continuarán desarrollando más y más *dedos* a medida que progrese la revegetación. Deja que las plantas revegetadas crezcan hasta que

*Deja que las semillas se desarrollen hasta que sean grandes y fuertes. Con frecuencia, algunas de las semillas llegarán a abrir los cálices que las contienen.*

tengan el tamaño deseado antes de inducir la floración con el fotoperiodo de 12 horas. Si se permite que las segundas cosechas crezcan hasta alcanzar mucha altura, las plantas producen cogollos escasos. Recuerda que estas plantas ya tienen las raíces limitadas y, cuando la luz que les llega es reducida, el resultado son cogollos dispersos.

Veamos un posible escenario para revegetar plantas. Por ejemplo, una persona que cultivó una hermosa cosecha de plantas hembra, y sabía cuál era cada planta por su nombre, llegó al momento de la recolección. En vez de comenzar desde semilla de nuevo, el cultivador decidió dejar unas pocas hojas y cogollos en las gruesas ramas cosechadas. A partir del día siguiente a la cosecha, indujo el crecimiento vegetativo con días de 18 horas y noches de 6 horas. Un mes después, sacó muchos esquejes de sus plantas hembra favoritas. Indujo a florecer las madres originales un mes después de cortar los esquejes. Los clones, mientras, fueron enraizados, trasplantados y llevados a un cuarto de floración. La cosecha original fue recogida el uno de enero. La segunda cosecha tuvo lugar el primero de abril. La segunda cosecha pesó menos, y los cogollos eran más pequeños. Sacar esquejes de plantas revegetadas, además, dispersa las hormonas y estresa las plantas de forma severa.

*Las plantas revegetadas llevan de un mes a seis semanas para volver a retoñar.*

*Esta planta hembra recibía 18 horas de luz diarias. Un error hizo que recibiera sólo 12 horas de luz durante tres días, lo cual indujo la foración. El cultivador volvió a ajustar el fotoperiodo a 18 horas de luz y 6 de oscuridad por día. La planta necesitó 6 semanas para retomar el crecimiento vegetativo normal. El estrés lumínico, además, causó que las hojas crecieran en círculos.*

*Las plantas hembra de este invernadero colombiano están a cubierto de las frecuentes lluvias.*

Zinc
Azufre
Potasio
Fósforo
Magnesio
Cobre
Boro
Silicio
Nitrógeno
Medio de cultivo
Aire
Luz
Agua
Calcio
Hierro

*Este barril lleno de agua muestra que el cannabis crece tan rápido como se lo permiten ciertos factores. La luz es el principal factor que limita el crecimiento en los cultivos de interior.*

| Aire | 20% |
|------|-----|
| | Temperatura |
| | Humedad |
| | Contenido de $CO_2$ y $O_2$ |
| | |
| **Luz** | **20%** |
| | Espectro (color) |
| | Intensidad |
| | Fotoperiodo (horas de luz al día) |
| | |
| **Agua** | **20%** |
| | Temperatura |
| | pH |
| | EC |
| | Contenido de $O_2$ |
| | |
| **Nutrientes** | **20%** |
| | Composición |
| | Pureza |
| | |
| **Medio de cultivo** | **20%** |
| | Contenido de aire |
| | Contenido de humedad |

## Acerca de los cuartos de cultivo

### Sótanos

Los rincones apartados dentro de los sótanos, donde resulta fácil mantener una temperatura constante todo el año, son el mejor lugar para montar un cuarto de cultivo. Los sótanos están bien aislados por las paredes de cemento y la tierra. Puede hacerse una habitación dentro del sótano y camuflarla con un biombo, una pared doble, un banco de trabajo o con estanterías.

La seguridad se ve reforzada gracias a la instalación de una puerta falsa en un armario. El cuarto de cultivo se localiza detrás de la puerta secreta. Otra buena opción, excepto por la posible acumulación de calor, es el ático o buhardilla. Pocas personas se aventuran a subir a una buhardilla de difícil acceso. Algunos cultivadores emplazan sus jardines bajo una trampilla cubierta con una alfombra.

Las fuerzas de la ley no pueden utilizar la factura de la luz como único motivo para conseguir una orden de registro. Pero pueden usarla junto a otras *evidencias*, como restos de un cultivo de interior que puedan encontrarse en los alrededores, imágenes térmicas de fugas de calor, chivatazos, etc., para asegurarse una orden de registro. Mientras la marihuana cultivada no sea vendida o mostrada a un chivato, no debería haber ningún motivo para despertar sospechas. La tecnología de imagen térmica es fácil de sortear. Simplemente, enciende las luces durante el día para confundir esta tecnología. O enfría el aire que sale del cultivo, soltándolo en una habitación bien aislada, de manera que no deje un rastro de calor.

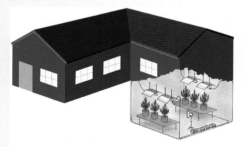

*Esta representación de un cuarto de cultivo en un sótano muestra un ejemplo real. Las plantas situadas sobre mesas se mantienen más cálidas y son fáciles de cuidar.*

Las construcciones aledañas, los garajes y los graneros separados de las casas son algunos de los peores lugares para cultivar cannabis. Los ladrones y los agentes de la ley no consideran que entrar en un cobertizo o en un garaje sea un crimen, aunque no se plantearían entrar en un domicilio. La seguridad es mucho mayor cuando el jardín está dentro de la casa.

Aunque resulta menos común, hay cuartos de cultivo incluso sobre ruedas. Algunos cultivadores innovadores han remodelado caravanas y autobuses para alojar cuartos de cultivo. Uno de mis cultivos favoritos estaba instalado en un tráiler, y otro estaba en un yate de recreo de 18 metros de eslora.

El tamaño del cuarto de cultivo determina el tamaño de las lámparas y el número de ellas. Las lámparas de descarga de alta intensidad (DAI) que funcionan bien para el cultivo de marihuana están disponibles en distintos vatajes: 150, 175, 250, 400, 600, 1.000 y 1.100. Las lámparas de menor vataje, entre 150 y 400, van bien para armarios o espacios entre 0,8 y 2 m² de superficie. Emplea lámparas a partir de 600 vatios para iluminar áreas mayores.

Las ilustraciones y fotografías muestran varios ejemplos de planificación del cuarto de cultivo. Como podrá apreciarse, hay varias aproximaciones básicas de diseño y producción para el cuarto de cultivo. La mayoría de los cultivadores empiezan con un cultivo que se desarrolla en una sóla habitación. Después de cosechar el jardín, introducen una nueva tanda de clones. El fotoperiodo se vuelve a ajustar a 18 horas y el ciclo continúa.

Las instalaciones más productivas utilizan dos cuartos. El primero de ellos se emplea para crecimiento vegetativo, plantas madre y enraizamiento de esquejes. Este espacio debería tener una cuarta parte del tamaño del cuarto de floración. Cuando se recoge la cosecha en el cuarto de floración, las plantas del cuarto de crecimiento vegetativo se trasladan a éste.

La superproductividad se consigue con una cosecha perpetua. A diario, o por semana, se sacan varios esquejes. Cada día, se cosechan unas cuantas plantas. El lugar que deja vacío cada planta cosechada lo ocupa un nuevo esqueje.

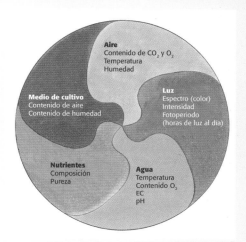

**Aire**
Contenido de $CO_2$ y $O_2$
Temperatura
Humedad

**Luz**
Espectro (color)
Intensidad
Fotoperiodo
(horas de luz al día)

**Medio de cultivo**
Contenido de aire
Contenido de humedad

**Nutrientes**
Composición
Pureza

**Agua**
Temperatura
Contenido $O_2$
EC
pH

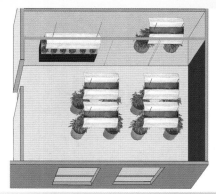

*Esta instalación de interior dispone de un amplio cuarto de floración, un cuarto para crecimiento vegetativo y una cámara de enraizamiento.*

*Esta productiva zona de floración está montada en una esquina cerrada dentro de un sótano.*

*Tómate tu tiempo para montar el cuarto de cultivo, de forma que el espacio se use eficientemente.*

*Este armario de cultivo consta de todo lo necesario: luces, ventiladores y cannabis. Una lámpara DAI de 400 vatios ilumina la zona superior de floración (90 x 120 cm) y dos fluorescentes compactos de 55 vatios, montados en un reflector, iluminan las madres y los esquejes en esta instalación de cosecha perpetua.*

## Montaje del cuarto de cultivo paso a paso

Prepara el cuarto de cultivo antes de introducir las plantas. La construcción requiere espacio y planificación. Un cuarto de cultivo en construcción ofrece un entorno terrible para las plantas. Una vez que el cuarto de cultivo esté habilitado y sea totalmente operativo, estará listo para trasladar las plantas.

**Primero:** Elige un espacio por el que no se circule demasiado. Un rincón del sótano o una habitación en desuso son perfectos. Una lámpara DAI de 1.000 vatios, bien montada, iluminará eficientemente una superficie de 1,8 x 1,8 m. El techo debería estar a una altura mínima de 1,5 m. Ten en cuenta que las plantas en macetas se sitúan a 30 cm del suelo como mínimo, y que se necesitan otros 30 cm de espacio para colgar la lámpara del techo. Esto reduce a 90 cm la altura de que disponen las plantas. Si nos vemos obligados a florecer en una buhardilla o en un sótano con el techo a 120 cm de altura, se puede compensar la falta de altura empleando esquejes y lámparas de poco vataje, y utilizando técnicas como el doblado y la poda.

**Segundo:** Cierra el cuarto si no está ya cerrado. Retira todo lo que no tenga que ver con el jardín. Los muebles, las telas y las cortinas pueden albergar hongos. Un espacio cerrado permite un control preciso de todo lo que

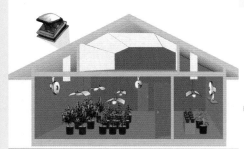

*Una sóla lámpara de 1.000 vatios de halogenuro metálico puede cubrir suficientes plantas madre, clones y plantas en crecimiento vegetativo para llenar el espacio que iluminan 4.000 vatios de luz DAI en floración. Este diseño permite que el fuerte olor vaya hacia arriba antes de ser evacuado mediante la ventilación del tejado. Una tercera zona en el ático amortigua los rigores del calor durante el verano.*

*El acceso a este cultivo situado en una buhardilla se realiza a través de una escalera retráctil. El cultivador utiliza los espacios libres para tratar el aire con un generador de ozono antes de expulsarlo al exterior.*

entra y sale. Para la mayoría de los cultivadores, cerrar el cuarto de cultivo es cuestión de, simplemente, colocar unas planchas de aglomerado o de plástico y pintar el cuarto de blanco mate si hiciera falta. Asegúrate de que la luz no sea visible desde fuera. Si tienes que cubrir una ventana, hazlo con discreción; no debería notarse que ha sido tapada. Aísla las ventanas y paredes de forma que no haya fugas de calor que puedan delatar la operación de cultivo. Las ventanas de los sótanos suelen estar camufladas o pintadas de negro. Coloca objetos como libros, efectos personales y domésticos, etc., frente a la ventana, y construye una caja alrededor de las cosas para que pueda verse una escena natural desde el exterior. Por la noche, la luz brillante que se cuela a través de una rendija de la ventana sin cubrir es como un faro para los vecinos curiosos o para los bandidos.

**Tercero:** Cubre las paredes, el techo, el suelo -todo- con un material altamente reflectante, como la pintura mate de color blanco o el Mylar. Cuanto mayor sea la reflexión, más energía lumínica estará disponible para las plantas. Una buena reflexión de la luz permitirá que la cobertura efectiva de una lámpara DAI se incremente entre un 10% y un 20%, sólo por gastar unos pocos euros en pintura para las paredes. El plástico rígido reflectante también es económico y protege las paredes y los suelos.

**Cuarto:** Consulta «Montaje de la ventilación paso a paso» en el capítulo decimotercero. A pesar de que el suministro de aire fresco y la circulación constante del aire son esenciales, a menudo resultan inadecuados. En todo cuarto de cultivo debería haber, al menos, una toma de aire fresco. Puede ser una puerta abierta, una ventana o un conducto que dé afuera. Un extractor con salida al exterior o que empuje aire nuevo a través de una puerta abierta suele crear un flujo adecuado de aire. Un ventilador oscilante proporciona una buena circulación del aire. Al instalar este tipo de ventiladores, asegúrate de que no esté en una posición fija ni sople con demasiada fuerza sobre las plantas más tiernas. Podría causar quemaduras y resecar las plantas, especialmente las plántulas y esquejes. Si el cuarto dispone de una entrada de aire caliente, puede abrirse para proporcionar calor extra o una mayor circulación de aire.

Este cuarto de cultivo, instalado en una buhardilla, está aislado con Styrofoam y láminas reflectantes de barrera antidetección (disponibles en www.hysupply.nl), que evitan que puedan detectarse los rastros de calor.

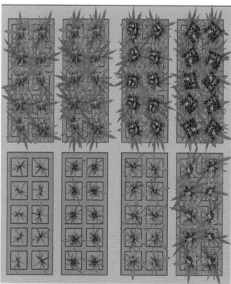

Esta sencilla disposición de mar verde está iluminada por una lámpara DAI de 1.000 vatios y consta de diez plantas por bandeja (80 plantas en total). Cada semana, se cosecha una bandeja de diez plantas, y se introducen diez plantas nuevas.

*Estas plantas crecen en macetas de 11 L y el centro está a 15 cm de los bordes. Las paredes, de 2 m de alto, están cubiertas con plástico blanco Visqueen.*

*Mantener el calor dentro de la habitación es tan importante como mantenerlo fuera. El aislamiento evitará que entre el calor del exterior, y la temperatura que se genere dentro será fácil de controlar.*

**Quinto:** Cuanto mayor sea tu jardín, más agua necesitará. Un jardín de 3 x 3 m puede llegar a necesitar más de 190 L por semana. Acarrear agua es un trabajo duro y cotidiano. Si un litro de agua pesa algo menos de un kilo, habrá que mover alrededor de 180 kg de agua a la semana. Resulta mucho más fácil instalar una manguera con una válvula de apertura y cierre o conectar un grifo en la habitación que cargar con tanta agua. Acoplar una lanza de riego de 90 cm a la válvula de apertura y cierre de la manguera facilita el trabajo y protege las ramas de posibles roturas cuando hay que regar a través de un follaje denso. Engancha la manguera a un grifo de agua caliente y agua fría para poder regular la temperatura de forma sencilla.

**Sexto:** Lo ideal es que el suelo sea de hormigón o de superficie lisa para que pueda barrerse y fregarse bien. Resulta muy útil que haya un desagüe en el suelo. En cuartos de cultivo enmoquetados o con el suelo de madera, una tela grande como las que usan los pintores o el plástico blanco grueso tipo Visqueen® protegerá el suelo de la humedad. Las bandejas que se sitúan debajo de cada contenedor aportan aún más protección.

**Séptimo:** Monta una gancho que pueda soportar 14 kg para cada lámpara. Coloca una cadena ajustable o una cuerda y una polea entre el gancho clavado en el techo y el anclaje de la lámpara. Esta conexión ajustable hace que sea fácil mantener la lámpara a la distancia apropiada de las plantas y que pueda subirse para que no moleste durante el mantenimiento.

**Octavo:** Hay herramientas que un cultivador de interior debe tener, y otras que hacen que la horticultura de interior sea mucho más precisa y económica. Las herramientas extra contribuyen de tal manera a la eficacia del jardín, que se amortizan en unas cuantas semanas. Ten a mano todas las herramientas antes de trasladar las plantas al cuarto de cultivo. Si las herramientas están ahí cuando hacen falta, es más probable que se utilicen. El higrómetro es un buen ejemplo de ello. Si las plantas muestran síntomas de crecimiento lento y enfermizo debido a una humedad elevada, la mayoría de los cultivadores no identificarán la causa exacta de inmediato. Esperarán y harán suposiciones, y quizá se figuren la causa del problema antes de que ataque un hongo y muera la planta. Cuando el higrómetro está instalado en el cuarto de cultivo antes de introducir las plantas, el horticultor sabe desde el principio si la humedad es demasiado alta y puede provocar un desarrollo enfermizo.

**Noveno:** Consulta la sección «Montaje del sistema DAI paso a paso» al final del capítulo segundo.

**Décimo:** Traslada los plantones o esquejes enraizados al cuarto de cultivo. Colócalos muy juntos bajo la lámpara. Asegúrate de que la lámpara DAI no esté tan cerca que pueda quemar las hojas de las pequeñas plantas. Sitúa las lámparas de 400 vatios 45 cm por encima de las plántulas y clones. Coloca las lámparas de 600 vatios a 60 cm y las lámparas de 1.000 vatios, a 75 cm. Comprueba la distancia diariamente. Cuelga del gancho un cordel cortado a la medida adecuada para medir la distancia.

## Invernaderos y armazones de exterior

El siguiente repaso acerca de los invernaderos y las cajoneras de exterior te dará una idea de lo que resulta necesario y cómo planear tu proyecto para alcanzar una cosecha abundante. Los enlaces que aparecen más adelante te ayudarán a obtener gran cantidad de información acerca de los invernaderos y diversas estructuras de exterior.

Los invernaderos y los armazones de exterior (tanto en frío como con calefacción) son útiles para extender la temporada de cultivo y/o proteger las nuevas plantas y plantones. El tipo de estructura que elijas dependerá del tamaño y la situación de tu área de cultivo, del dinero que puedas gastar y de las cuestiones de seguridad. Las cajoneras simples -en frío o con calefacción- pueden construirse a base de materiales comunes, como cristales viejos de ventanas y balas de heno. Los invernaderos son, por lo general, más grandes y complejos. Pueden resultar caros de construir y mantener, pero ofrecen más flexibilidad mientras se cultiva y se utiliza la construcción.

A la hora de decidir una estructura para cultivar, primero, analiza cuidadosamente el proyecto sobre el papel. Ten en cuenta la cantidad de espacio que tienes para la

*Esta ilustración muestra cómo instalar un extractor. Si se añaden bases o juntas de goma al extractor, se amortigua el ruido.*

*Un extractor de ventilación y un ventilador oscilante para la circulación del aire son esenciales a la hora de mantener un entorno saludable.*

*Una regadera puede servir para jardines pequeños y para aplicar pequeñas cantidades de fertilizante.*

*Esta habitación enmoquetada se ha forrado con plástico reflectante tipo Visqueen. La cinta adhesiva para conductos funciona muy bien para mantener juntas las piezas de plástico, incluso en condiciones de alta humedad.*

*El cultivador suizo de este jardín ancló una fuerte viga de acero al techo en la que colgó todas las luces.*

construcción y cuántas plantas puedes culivar con seguridad. Las cajoneras de exterior son pequeñas y pueden ser tan simples como un armazón de cristal o de plástico que se coloca en el suelo sin ninguna fuente de calor artificial. Su función básica consiste en proteger las plantas jóvenes y los plantones del viento y el frío al principio de la primavera, pero también pueden ser oscurecidos para inducir una floración y una cosecha tempranas. Las cajoneras en caliente son similares en tamaño y estructura, pero proporcionan calor mediante el abonado con estiércol, electricidad, vapor o una tubería de agua caliente (calor radiante). Puedes utilizar una cajonera en caliente para desarrollar plántulas y esquejes tempranos y, después, convertir la estructura en una cajonera en frío. Ambos tipos de armazones para exterior comparten toda una serie de ventajas: economía, simplicidad, tamaño pequeño y portabilidad.

Los invernaderos, tanto grandes como pequeños, tienen un coste más elevado de dinero, tiempo y espacio. A excepción de las cubiertas ligeras con aros y los invernaderos en miniatura, también son más permanentes. El tipo de invernadero elegido está en función del uso que vaya a hacerse del espacio y de su ubicación. Un invernadero unido a una edificación, o que esté apoyado en ella, será probablemente más pequeño y menos caro de levantar que una estructura independiente.

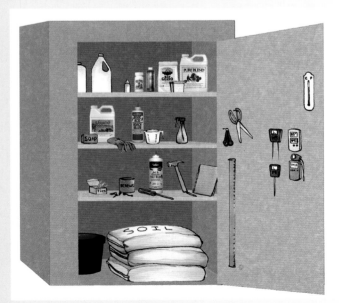

**Herramientas necesarias:**
Termómetro
Pulverizador
Medidor de pH
Jabón líquido biodegradable
Higrómetro
Podadora o tijeras
Alambre para atar
Tirafondos
Destornillador
Cucharas y vaso medidor
Lápiz y bloc de notas
Medidor de humedad
Fotómetro
Vara para medir el crecimiento

El área total del invernadero está determinada por el número de plantas que pretendes cultivar. Calcula 90 cm² por cada planta madura. No olvides dejar 15 cm de espacio para la circulación del aire entre los bancos y las paredes laterales. Añade espacio para pasillos -para permitir el paso o para que quepa una carretilla- y para un posible banco central. El vidrio y los paneles y pliegos de plástico están disponibles en varios anchos, y resulta más sencillo construir un tamaño compatible con estas unidades que cortar los paneles. Por ejemplo, una caseta de 2,4 m puede ser levantada con dos paneles de 120 cm de fibra de vidrio. La altura central depende del nivel de los aleros. Las plantas que no crecen mucho pueden tener suficiente con una altura de 1,5 m; las plantas altas necesitan de 1,8 a 2,1 m. Después de determinar la altura a la que los aleros se encontrarán con los paneles laterales, una fórmula simple te dará la altura central: Altura central = alero + 0,25 de anchura (una caseta de 3,6 m de ancho con aleros a 1,5 m tendrá una altura central de 2,4 m).

El presupuesto, las habilidades constructivas y la seguridad pesarán decisivamente a la hora de tomar una decisión. La estructura menos cara por metro cuadrado es una extensión de 4,8 m de ancho que albergará dos camas o bancos laterales, dos pasillos y una amplia cama o banco central. La opción más barata de todas es una estructura adosada, de entre 2,4 y 3,6 m de ancho, con dos camas o bancos anchos y un pasillo central. Cualquiera que sea la opción que elijas, construirla tú mismo resultará mucho más barato y más seguro que contratar a un constructor. Puedes adquirir gran parte de la instalación eléctrica y de fontanería en kits completos o previamente ensamblados. He aquí un excelente sitio electrónico de bricolaje: www.buideazy. com/greenhouse.html. O, si buscas un juego completo: www.inverna.es.

El clima tiene un papel importante en la elección del invernadero. Por ejemplo, una cajonera en frío te dará seis semanas más de temporada

*Antes de ser trasladados a la zona de floración, estos clones fueron trasplantados y cultivados con 24 horas de luz durante una semana.*

*Esta representación muestra el forro de Styrofoam, que retiene el calor. Este material aísla los pequeños contenedores del suelo frío. La parte superior tiene bisagras para permitir un buen acceso y, al levantarla, se ventila eficazmente.*

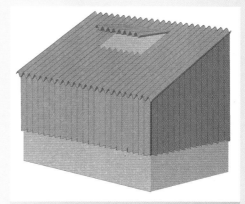

*Este invernadero pequeño está cubierto con fibra de vidrio corrugada. Toda la ventilación necesaria se consigue mediante una abertura en la parte de arriba. La fibra de vidrio deja pasar la luz suficiente para que se promueva el crecimiento y evita que se vea el jardín desde fuera.*

Los invernaderos con arcos son muy fáciles de construir a base de tubos de plástico o de metal. Algunos cultivadores usan fijaciones de hormigón. Los arcos se preparan de manera sencilla con tubo plástico de PVC de hasta 2,4 m de largo. También puedes hacer túneles a ras de suelo con una altura inferior a 90 cm.

El acolchado con plástico negro conserva la humedad y frena el crecimiento de hierbas en este invernadero con arcos.

Esta foto fue tomada en Nijmegen, Holanda, a finales de noviembre de 1985, en el Cannabis Castle original que inició Neville, propietario del Seed Bank. Las plantas crecen en pequeños bloques de lana de roca. La caja blanca de la derecha es un calefactor.

en el noreste de la Península Ibérica, de clima templado. Esto no será válido para zonas más frías, como el norte de la zona centro. De igual forma, una región cálida o tropical necesitará más sombra y agua. Al tratarse de las estructuras más económicas, los grandes armazones en frío no sirven para tener un jardín en climas fríos. La situación de un invernadero, así como lo expuesto que pueda estar, dependerá del clima; pero, en general, deberá estar fuera del alcance de miradas curiosas, resguardado de los vientos fuertes y lejos de cualquier zona donde las ramas caídas y otros fragmentos puedan ser un problema.

Hay muchas opciones para el diseño externo. Las cajoneras en frío pueden ser tan simples como un vidrio de ventana colocado sobre un rectángulo hecho con balas de paja, o como un trozo de plástico estirado sobre un marco de metal o de tubo de PVC y aguantado con abrazaderas. La cinta para conductos también funciona estupendamente para fijar el plástico. La ventaja de los plásticos es que se pueden retirar durante el día para aprovechar el aire fresco y el calor del sol y, luego, pueden volver a colocarse para proteger las plantas del frío durante la noche. La cajonera en frío se convierte fácilmente en una cajonera en caliente mediante la instalación de calefacción eléctrica y un sistema de riego o aspersión.

Los invernaderos pueden estar adosados (anexos, montados en ventanales o abiertos al interior) o ser independientes. Los invernaderos anexos utilizan uno o dos lados de una estructura existente y están limitados a uno o dos bancos con hileras de plantas, con una anchura total de 2,1 a 3,6 m, y un largo que llega hasta la edificación. Dejando a un lado la seguridad, las ventajas del invernadero anexo incluyen la proximidad a tomas tanto de corriente eléctrica como de agua, y el calor; pero, en contra, tenemos la limitación de tamaño, la luz, la ventilación y el control de la temperatura.

Los invernaderos montados en ventanales sustituyen las ventanas existentes, proporcionando una forma relativamente barata de cultivar plantas bajas, plantones pequeños o esquejes. Puede instalarse de manera simple con herramientas de uso común. Las desventajas estriban en su tamaño reducido y la posibilidad de que pueda ser visto.

Los invernaderos discretos son perfectos para cosechas de plantas bajas. Resulta sencillo montar una caseta o un invernadero con arcos junto una construcción que recibe sol directo. Los invernaderos bajos y los armazones son fáciles de oscurecer en pleno verano para obtener los beneficios de cosechar pronto.

Los invernaderos pequeños y las cajoneras de exterior también sirven para patios, balcones y azoteas. Protegen las plantas del viento y de las miradas inquisitivas de los vecinos.

Un invernadero abierto al interior puede ser una opción atractiva. Como los anexos o los que se montan en ventanales, este tipo de invernadero está adosado a la casa y comparte similares limitaciones de tamaño, luz, ventilación y temperatura. A diferencia de los otros dos, el invernadero abierto al interior puede ser de mayor tamaño y puede estar conectado a la casa -aportando calor y humedad- o incluso funcionar como invernáculo, un buen lugar para relajarse. Sin embargo, resulta más caro de calentar y mantener. Estos invernaderos son más populares donde la seguridad es un asunto de poca importancia.

El invernadero independiente ofrece la mayor flexibilidad en cuanto a tamaño y situación. Puede construirse de forma que se aproveche el sol al máximo, pero no retiene bien el calor y puede resultar caro mantener la temperatura. Existen multitud de estructuras y cubiertas disponibles como equipamiento completo o como materiales sueltos. Además, hay muchos sitios en internet, como www.e-coinsa.com/webesp/proyectos/invernaderos/caracteristicas.htm#, que te ayudarán a elegir el plan que mejor se adapte a tus necesidades.

El esqueleto puede ser de madera o de metal. Puedes seleccionar un armazón a base de paneles, que resulta más caro (los paneles son unidades individuales) pero tiene la ventaja de que se montan y desmontan rápidamente. Si la portabilidad es importante, hay invernaderos en miniatura y casetas con arcos que pueden adquirirse completos por menos de 300 €. Como pueden moverse, estas estructuras no requieren permisos porque están consideradas de uso temporal en las ordenanzas municipales. Para más información acerca de tipos y precios, visita sitios electrónicos como www.hoophouse.com.

## Cubiertas

A la hora de elegir la cubierta, hay más opciones que si se trata de la estructura. El invernadero tradicional es de vidrio. El cristal, además de comprometer la seguridad, es pesado, caro y se rompe con

*Los plantones femeninos trasplantados en este invernadero acaban de ser regados. Aunque fueron trasplantados tarde, se desarrollaron bien.*

*Las plantas de floración temprana en este invernadero ya rozan unas con otras. Miden 90 cm de altura.*

*Este invernadero en un jardín trasero cerca de París, Francia, fue plantado recientemente.*

*Dos meses después de plantado, el cultivador utilizó plástico negro para inducir la floración con un fotoperiodo de 12 horas diarias.*

*Las largas noches de 12 horas inducen signos visibles de floración en dos semanas más o menos. Estas plantas han estado floreciendo casi un mes.*

facilidad. Los plásticos y la fibra de vidrio proporcionan alternativas económicas y seguras.

El plástico es mucho más barato que el vidrio (entre la sexta y la décima parte del coste), puede calentarse de manera tan efectiva como el vidrio y lo iguala a la hora de producir plantas y cogollos de calidad. El polietileno (PE) tiene un coste bajo y es ligero, proporciona gran cantidad de luz y puede soportar los rigores del clima durante el otoño, el invierno y la primavera. Sin embargo, no tolera los niveles de rayos UV del verano, por lo que debe reemplazarse anualmente. Los rayos ultravioleta impiden que el PE dure más, y tanto este material como la fibra de vidrio pierden el calor más rápido que el vidrio. Durante el día, esto puede ayudar a mantener las plantas más frescas, pero la pérdida de calor durante la noche hace necesario el uso de una fuente artificial de calor. Poly Weave™ es un tejido plástico fabricado con polietileno de 8 mm reforzado con hilo de nailon. Transmite hasta el 90% de la luz solar, puede ser cosido o unido con cinta adhesiva, y tiene una vida útil de hasta cinco años.

El polivinilo de cloro (PVC) es de dos a cinco veces más caro que el PE pero puede durar cinco años o más. El PVC es plegable, transparente o translúcido y está disponible en anchos de 1,2 a 1,8 m que pueden sellarse para disponer de una gran pieza. Los paneles corrugados de plástico que inhiben los rayos UV aportan otra opción más. Los paneles pueden emplearse en cajoneras, casetas de propagación e invernaderos, proporcionando una protección excelente contra el viento y la nieve, y una captación óptima del calor del sol. El plástico corrugado, además de bloquear los rayos UV, tiene propiedades aislantes (aislamiento 2,5 R en los paneles de 3,5 mm, y 3,0 R en los paneles de 5,0 mm).

La fibra de vidrio corrugada es ligera, fuerte y se presenta en paneles de 2,4 a 3,6 m. Las peores calidades se decoloran, reduciéndose la penetración de la luz, pero una buena calidad de fibra de vidrio clara puede costar tanto o más que el vidrio. Su menor peso constituye una ventaja, y es más difícil ver a través de él.

El Lexan™ (www.geplastics.com/resins/es/materials/lexan.html) es un termoplástico que dura años y transmite casi tanta luz como el vidrio al tiempo que retiene el calor. Los paneles claros como los de vidrio o Lexan™ pueden requerir que se sombree durante la parte más calurosa del día. De nuevo, existen diversas opciones. Puedes elegir un cañizo de fibras naturales, de plástico o de aluminio; o un compuesto que se aplica como pintura por fuera del vidrio. El vinilo es flexible y se instala fácilmente ya que se adhiere al cristal mojado por dentro de la estructura, y es reutilizable.

El esqueleto y la cubierta son sólo el comienzo. El cultivo de plantas en invernadero suele ser más exigente que cultivar de interior. El aire, la temperatura, la humedad, la luz y la calidad del aire deben ser controlados en relación a un clima que cambia constantemente dentro del invernadero.

## Control del clima

Incluso los mejores invernaderos pierden calor por radiación, conducción y convección a través del vidrio, las paredes y el suelo (o la tierra), y también a través de las aberturas de ventilación, puertas y rendijas. Para contrarrestar las variables externas, la estructura interna del invernadero es, en cierta medida, más compleja que la selección de los materiales para el esqueleto y la cubierta.

Todos los invernaderos necesitan ventilación, y la mayoría necesitan ventiladores. Busca un extractor que tenga capacidad para cambiar todo el aire del invernadero en un minuto. La capacidad se refiere a la cantidad de fuerza necesaria para hacer circular el volumen de aire de tu estructura.

Calcula el volumen multiplicando los pies cuadrados de tu invernadero por la altura. Multiplica el volumen por sesenta cambios de todo el aire cada hora, y así obtendrás la capacidad del invernadero en pies cúbicos por minuto (cfm).

Por ejemplo:

Un invernadero de 8 x 12 x 7 pies (2,4 x 3,6 x 2,1 m) requiere un extractor con un cfm de 40.320. 8 x 12 x 7 pies x 60 minutos = 40.320

Aquí tenemos un ejemplo métrico similar:

2,5 x 3,5 x 2 = 17,5 m² x 60 minutos = 1.050 m³

La combinación de trampillas y extractor forzará la salida del aire más caliente y húmedo al tiempo que protege las plantas de las corrientes. Véase

*Estos cogollos grandes y fuertes están a pocas semanas de la cosecha.*

el capítulo decimotercero, «Aire», para más información.

Las aberturas de ventilación controlan la temperatura durante todas las estaciones y mejoran las condiciones de cultivo. Las trampillas de acción manual en el techo requerirán fecuentes

*Esta Mekong Haze con tan buen aspecto es un cruce sobresaliente de plantas sativa.*

inspecciones, o puedes instalar trampillas automáticas con un motor eléctrico y un termostato que regule la apertura y cierre en función de las condiciones ambientales. La ventilación también es importante en el caso de las cajoneras. Los modelos más sofisticados tienen trampillas rellenas de cera que operan automáticamente, abriéndose cuando aumenta el calor y cerrándose al bajar la temperatura. Puedes hallar el «Optivent» y otros muchos suministros para invernaderos en www. charleysgreenhouse.com.

Los sistemas de calefacción son cruciales para mantener las plantas sanas durante las noches frías. El cannabis crece bien con temperaturas nocturnas entre 16 y 18 ºC, pero si refresca más, se necesitará una fuente adicional de calor para un crecimiento sostenido.

Puedes hacer que una cajonera en frío pase a ser una cajonera en caliente con estiércol o añadiendo calefacción con vapor, tuberías de agua caliente o electricidad. Para hacer un uso eficiente de la electricidad, adquiere alfombrillas o cables para calentar la tierra que dispongan de un termostato que controle la temperatura automáticamente. Deposita el cable en la tierra, sobre la base de la cama o en un lecho de arena o vermiculita, y cúbrelo con una capa de 5 cm de arena. Necesitarás alrededor de 15 vatios de electricidad por cada 30 cm$^2$ de área de cultivo. Los cables de calefacción son igualmente útiles en invernaderos para calentar plántulas, clones o plantas en floración sin el coste de calentar toda la estructura.

*Este invernadero suizo para clonación fue reconvertido a partir de un invernadero dedicado a la flor cortada y a las hortalizas.*

Los invernaderos pequeños pueden ser calentados de manera relativamente económica con un radiador eléctrico o, más eficientemente, forzando el aire caliente que controla un termostato a través de conductos o tubo de plástico para distribuir el calor. Las estructuras más grandes pueden calentarse mediante aire forzado, o con un sistema de calefacción a base de carbón, agua caliente o vapor. El vapor puede utilizarse también para esterilizar lechos de cultivo y tierra para macetas. Además, podemos emplear el método tradicional para calentar los invernaderos: el compost. Un cultivador estadounidense de Portland, Oregon, amontona materia orgánica a los lados del invernadero hasta un altura de 1,5 m por dentro y por fuera. A medida que el compost se descompone, desprende un calor que mantiene templada la estructura con un coste muy bajo.

El enfriamiento con rocío elimina el exceso de calor y añade humedad, reduciendo las necesidades de riego. El aire húmedo circula a través de la estructura mientras que el aire cálido es expulsado a través de las trampillas del tejado o mediante extractores. Si está bien instalado, un aparato enfriador puede reducir la temperatura interior entre 15 y 23 ºC en climas cálidos y secos (menos en zonas con humedad elevada). Al igual que los ventiladores, el tamaño del refrigerador está determinado por el tamaño del invernadero. Por regla general, hay que buscar un aparato que cubra el espacio total en metros cúbicos y un 50% más. Para proporcionar enfriamiento y humidificación al mismo tiempo, el refrigerador debe instalarse por fuera del invernadero; de otra forma, sólo humidificará sin hacer que descienda la temperatura. Turner greenhouses tiene un sitio muy útil (www.turnergreenhouses.com/Cooling/cool_tip. html) con algunos consejos para seleccionar un sistema de enfriamiento para tu invernadero. Otros buenos sitios centrados en los invernaderos son: www.igcusa.com/greenhousecooling information.htm, que incluye gráficos de gran ayuda; y www.infoagro.com/industria_auxiliar/control climatico_2.asp, que dispone de explicaciones detalladas acerca de las necesidades de refrigeración y los recursos disponibles.

Rociar y regar son, de igual forma, componentes importantes de la jardinería en invernaderos.

Los largos periodos de cultivo y las temperaturas elevadas de manera sostenida hacen que sea esencial un riego adecuado. De nuevo, hay métodos adecuados para cada temperamento, desde lo menos sofisticado hasta los dispositivos automáticos.

La mayoría de las empresas ofrecen sistemas de riego y pulverización en componentes sueltos, los cuales pueden ser combinados y montados para adecuarse a las necesidades del cultivador. Los sistemas automáticos disponen de un temporizador que acciona la pulverización o el riego a intervalos prefijados. Puede que quieras un interruptor para cambiar de riego manual a automático y viceversa. Para más información acerca de los usos específicos y los tipos de sistemas de riego, visita páginas web como www.acm-spain.com, que cubren gran variedad de temas relacionados con el medio ambiente interno de los invernaderos.

Un método menos complicado para controlar el riego y rociado consiste en una serie de pantallas que se inclinan hacia abajo con el peso del agua, cerrando el flujo; luego, se elevan para volver a comenzar el ciclo a medida que se secan. Se trata de un método que está completamente automatizado en función del agua que haya. Desde luego, también está el riego manual, que resulta muy efectivo y no requiere intervención mecánica. Los sistemas automáticos, ya sean o no avanzados, constituyen alternativas al riego manual que pueden ser útiles durante las ausencias del jardinero.

Los dispositivos de calefacción y de riego dependen del otro coste de mantenimiento del invernadero: es decir, del tiempo que tiene que pasar el cultivador atendiendo las plantas. Puedes mantener al mínimo los costes en equipamiento si planeas pasar mucho tiempo en el invernadero. Para los cultivadores que están alejados de la estructura durante largos periodos, los sistemas automáticos son una buena inversión.

Además de protección, calor, agua y ventilación, las plantas necesitan luz. En esta sección, ofreceremos un breve repaso a la iluminación, ya que es un tema que se trata a fondo en el capítulo noveno. La luz fluorescente ofrece una alta eficiencia con poco calor, y es la más utilizada. La luz incandescente -entre 60 y 500 vatios- puede emplearse para alargar la duración del día. Las lámparas de

*La tierra de este invernadero de vidrio, situado en España, ha sido abonada regularmente con materia orgánica a lo largo de diez años. Los cultivadores añaden arcilla expandida sobre la superficie a modo de acolchado, con la ventaja de que la arlita no se descompone.*

*Este hermoso invernadero lo cultivaba el legendario Shantibaba en Suiza. Tras una larga estancia en una prisión suiza, está en libertad.*

*Cogollos de invernadero en todas direcciones.*

descarga de alta intensidad (DAI) tienen una larga vida útil, y las de sodio emiten la mejor luz para ser combinada con la luz natural. Con independencia de la fuente de luz que elijas, puede que quieras adquirir un medidor de luz (30-50 €). Resultará muy útil para ajustar el nivel lumínico de tu invernadero con una eficiencia máxima.

El dióxido de carbono ($CO_2$) es otro aspecto importante del entorno del invernadero que tocaremos en esta sección. Durante el día, los invernaderos cerrados suelen disponer de demasiado poco $CO_2$ para que las plantas puedan utilizar eficazmente la luz. Aumentar los niveles de $CO_2$ acelerará el crecimiento de las plantas; y los métodos para lograrlo van desde un caro equipamiento de $CO_2$ con sensores infrarrojos hasta los bloques de hielo seco guardados en envases presurizados. Puede hallarse una información más detallada sobre el $CO_2$ en el capítulo decimotercero, «Aire».

La seguridad es siempre un tema importante cuando se cultiva cannabis. Hay varias formas de camuflar el invernadero, como cultivar otras plantas junto al cannabis. Pinta las paredes con una pintura que bloquee la luz, de manera que permita su paso pero no las miradas indiscretas. Pásate por una tienda superdescuento y hazte con flores artificiales. Sitúalas entre las plantas de cannabis y a su alrededor para que parezca que crecen en ellas. Recuerda prestar atención a las demás plantas que florecen en la misma época y que resultan muy adecuadas.

Plantar en el suelo de tierra del inverna-

*Cultivar los plantones en el invernadero -utilizando contenedores- durante el primer mes, ahorra espacio y los deja listos para florecer. Trasplantar provocando el mínimo estrés a las plantas es la clave del proceso.*

dero te permite usar métodos orgánicos. Las plantas no pueden moverse fácilmente, pero se hacen más grandes y requieren menos mantenimiento que las plantas cultivadas en contenedores. Sin macetas, las plantas también pasan más desapercibidas. Cultivar en tierra madre es siempre mejor que plantar en macetas. La mayoría de los principios que se aplican al cultivo de exterior también son válidos cuando se cultiva en un invernadero. Consulta el capítulo séptimo, «Exterior», y el capítulo décimo, «Tierra y contenedores», para más información al respecto.

Los invernaderos pueden oscurecerse para inducir la floración a mediados de verano. Esta práctica te permitirá recoger hasta tres cosechas al año. Las plantas de cannabis florecen cuando las noches son tan largas (12 horas) como los días. Oscurece el invernadero de forma que las plantas reciban 12 horas ininterrumpidas de oscuridad cada día para inducir la floración. Cuando el invernadero se oscurece diariamente, de manera que las plantas reciban 12 horas de oscuridad, una tanda de clones que se planten el día uno de mayo podrá ser cosechada entre mediados y finales de julio.

Hay maquinaria de oscurecimiento automático que está disponible para los grandes invernaderos comerciales. Normalmente, los invernaderos más pequeños se cubren con plástico negro para oscurecer el interior durante 12 horas.

Cuando se combina con la luz del sol, la luz artificial se emplea de manera óptima durante las horas de luz que ya no son de día. Los cultivadores que trabajan en invernadero encienden las luces DAI cuando la luz solar disminuye (30 minutos antes de la puesta de sol) y las apagan cuando la luz natural aumenta (30 minutos después del alba). Enciende las luces DAI cuando la intensidad de la luz natural sea menor del doble de la intensidad de la luz DAI. Puedes medir cuando se alcanza este punto con un fotómetro. Apaga las luces DAI cuando la intensidad de la luz solar sea dos veces mayor que la intensidad de la luz DAI. Puede utilizarse una célula fotoeléctrica que mida la intensidad de la luz y encienda y apague automáticamente las luces.

*El cultivador de este invernadero suizo corre la cubierta sobre las plantas por la tarde, y la descorre después de que anochezca. La cubierta se desliza mediante cables fijados a postes de madera.*

La iluminación suplementaria surte mayor efecto con las plantas más jóvenes. Resulta menos costoso iluminar las plantas cuando son pequeñas.

Hay muchos tipos de cubiertas disponibles para invernaderos y armazones de exterior. Las mejores láminas para invernaderos son resistentes a los rayos UV (ultravioleta) y transmiten gran cantidad de luz. El Lexan es rígido y está lleno de canales que retienen la temperatura. Se trata de uno de los mejores plásticos disponibles para invernaderos. El Lexan dura años y transmite casi tanta luz como el vidrio, al tiempo que retiene el calor en el invernadero. El único problema del Lexan es que es transparente. Algunos cultivadores disfrazan el cannabis que crece en invernaderos atando flores ornamentales de plástico a las ramas que pueden verse al pasar cerca, lo cual es recomendable en lugares donde los vecinos no son curiosos y las leyes no son muy severas.

Regular el calor en un invernadero es mucho más difícil que en un cuarto cerrado de cultivo. Los invernaderos se calientan rápido durante los días soleados, y se enfrían a la misma velocidad cuando el sol se oculta tras una nube o se pone por el

*El sistema automático para oscurecer este invernadero del Cannabis Castle, en Holanda, apaga la luz en el jardín para inducir la floración. La cubierta, además, sirve para aislar el invernadero durante los cortos días de invierno.*

horizonte. Esta fluctuación de calor resulta difícil y cara de controlar. Además, las variaciones de calor y frío afectan a la proporción de agua y nutrientes que necesitan y emplean las plantas, lo cual hace que el cultivo en invernadero sea más exigente que el cultivo de interior.

Añadir un capítulo completo sobre invernaderos está fuera del alcance de este libro. Dos de mis libros favoritos sobre el cultivo en invernaderos son *Cultivo en invernadero*, de Amadeo Alpi y Franco Tognoni (Mundi-Prensa) e *Invernaderos. Diseño, construcción, ambientación*, de Antonio Matallana y Juan Ignacio Montero (Mundi-Prensa).

*Mantén las luces encendidas de noche si los días son cortos o si vives en un entorno tropical. Estos cultivadores sudamericanos usan luz incandescente para evitar que las plantas florezcan durante los días cortos.*

*Este bonito cogollo madura con la luz que se filtra a través de la cubierta de Agrolene del invernadero.*

Gregorio (Goyo), fotógrafo y articulista especializado en el cannabis, muestra un campo suizo de plantas hembra en floración.

*¡Te cogí! Esta hermosa Jamaican Pearl se plantó en una esquina recóndita del jardín trasero.*

*El cultivador está atisbando a través de una de sus plantas de guerrilla.*

# Introducción

Gran parte de la información que se refiere específicamente al cultivo de exterior se encuentra en este capítulo. Muchos de los temas incluidos en este capítulo están cubiertos con gran detalle en otros capítulos del libro. Las referencias a estos capítulos aparecen reflejadas a lo largo del texto.

El cultivo de exterior es más popular que el cultivo de interior en países con leyes laxas. La razón es simple: el sol es gratis, mientras que las lámparas y la electricidad cuestan dinero. Por este sencillo motivo, hay más personas que cultivan al aire libre.

El cannabis es una planta fuerte, que puede cultivarse con éxito en casi cualquier lugar. Prestando atención a la seguridad, prácticamente cualquier área de cultivo puede alterarse lo suficiente -a veces, con muy poco esfuerzo- para cultivar un jardín saludable.

Realiza tus investigaciones antes de plantar. Lee los artículos de jardinería y charla con los cultivadores locales acerca del mejor momento para plantar y cultivar tomates y hortalizas similares. Infórmate también sobre los insectos y las plagas más comunes. Busca publicaciones donde se traten las condiciones locales de cultivo. Suelen estar disponibles en viveros o a través de las entidades locales del Ministerio de Agricultura.

Puedes cultivar en cualquier parte. Por ejemplo, uno de los primeros cultivos de guerrilla que planté estaba junto a un acceso de una autovía en una ciudad del noroeste de EE.UU., en la década de 1970. Planté los plantones en tierra arcillosa, en un entorno infestado de zarzas, a finales de junio. Aboné las plantas una sóla vez con fertilizante de liberación lenta. A finales de septiembre, las pequeñas plantas hembra tenían cogollos pequeños y densos para fumar. La cosecha no llegó a medio kilo de cogollos fragantes aunque con mucha hoja. Todo el mundo lo llamaba *homegrown* (cultivo casero).

Mi primera gran plantación de guerrilla fue plantada y cosechada en las colinas de California. Realicé una larga marcha por uno de los muchos cañones llevando un motor de 3,5 hp, que pesaba 14 kg, más la bomba (otros 14 kg) y las tuberías de conexión para la toma de entrada, de 5 cm, y la toma de salida, de 3,5 cm. Fue todo un reto cargar con cuatro cubos de 115 L (los típicos contenedores de basura hechos de plástico), que servirían como depósitos; los tubos de PVC en largos de 3 m;

y alrededor de 60 m de manguera.

Di todos estos viajes, porteando materiales sospechosos, a las cuatro de la mañana. La peor parte vino cuando tuve que llevarlo todo de vuelta, cuesta abajo, después de terminar con el cultivo.

Tras muchos viajes a lo alto del cañón, coseché casi tres kilos de cogollo colombiano y mejicano. La calidad era buena, pero había cosechado temprano y tenía los únicos cogollos frescos que había en los alrededores a mitad de septiembre.

En los viejos tiempos, los terrenos rurales que estaban a la venta en el norte de California solían anunciar el número de agujeros que se habían mejorado para cultivar marihuana.

Ahora, los Rangers de los parques llevan armas y tienen autoridad para detener a *sospechosos* de cultivo. Las mafias latinas también se han trasladado a los Bosques Nacionales, instalando a inmigrantes ilegales con armas para que cultiven y defiendan grandes extensiones de hierba de guerrilla. La guerra contra las drogas ha convertido gran parte de América en un lugar inseguro para vivir y cultivar.

Australia, Canadá y muchos sitios de Europa, así como otros lugares del mundo, son significativamente distintos; los cultivadores pueden plantar en sus jardines traseros, en invernaderos o en lugares remotos con poco temor a ser arrestados.

## Variedades

Seleccionar las variedades adecuadas para tu climatología es tan importante como hallar el lugar perfecto. Esta sección acerca de las variedades está adaptada de un hilo que empezó Leaf, un miembro de www.overgrow.com y experto cultivador de exterior con muchísima experiencia. Uno de los casos prácticos también está adaptado de los mensajes de Leaf. En el sitio web hay mucha más información al respecto.

A continuación, se incluye un rápido repaso a algunas variedades populares para exterior. Las variedades están agrupadas en cinco categorías diferentes, según su tiempo de acabado. Para más información sobre variedades de cannabis, échale un vistazo a la «Biblia de las Variedades» en www.cannabiscafe.net.

Es buena idea cultivar diversas variedades con tiempos de acabado diferentes para diseminar el trabajo y el secado a lo largo del tiempo. Si llevas a cabo un cultivo de primavera, puedes cosechar durante gran parte de la temporada.

*Las variedades de cannabis maduran a diferente ritmo. Elige las variedades que se desarrollen bien en tu clima y que estén en su punto antes de que comiencen los días fríos y húmedos.*

*Hash Plant, disponible en muchas empresas de semillas, está lista para ser cosechada a finales de agosto cuando se cultiva al aire libre.*

*Early Riser, fiel a su nombre, está lista para la cosecha entre finales de agosto y mediados de septiembre.*

*Jack Herer termina de mediados a finales de septiembre.*

1. Hash Plant, Afghani, Hindu Kush, etc., son magníficas variedades que están listas entre mediados y finales de agosto. El rendimiento y la potencia son bastante elevados, y su fragancia también lo es. Se trata de variedades para cultivadores expertos. Necesitan grandes cantidades de sol intenso y deben ser regadas por abajo, no desde arriba a modo de lluvia. Estas variedades empiezan a florecer cuando los días son largos y la luz solar, intensa. Los cogollos engordan rápidamente en plantas con tendencia a un crecimiento bajo y rechoncho. La lluvia, seguida por días soleados y calurosos, puede fomentar la aparición de moho, que podría diezmar la cosecha en poco tiempo. Leaf ha visto cogollos secos y curados, del tamaño de un melocotón, que se llenaban de moho. Hubo que tirarlos. Para evitar los problemas con el moho, sugiere cosechar cuando alrededor del 10% de los pistilos se hayan secado. Incluso un rocío abundante puede causar un desastre mohoso. A Leaf le encanta Hash Plant.

2. Early Pearl, Early Queen, Eary Riser, etc., Manitova Poison y otras variedades similares terminan de madurar entre finales de agosto y primeros de septiembre a 49º, latitud norte. Son potentes y producen un poco más que las variedades mencionadas más arriba. Crecen de 1,8 hasta 2,7 m de altura y son bastante arbustivas. La mayoría de estas variedades son resistentes al moho y fáciles de cultivar: una elección excelente para novatos o cultivadores con poco tiempo para cuidar sus plantas.

3. Mighty Mite, Durban Poison, Jack Herer, etc., acaban entre mediados y finales de septiembre. El rendimiento y la potencia son muy buenos, y el olor no resulta demasiado intenso. Todas las plantas desarrollan una enorme cola central con varios cogollos importantes en las ramas principales. Puede ser necesario atarlos para evitar que haya ramas rotas. Podar el ápice parece que incrementa el rendimiento. Estas variedades necesitan poco mantenimiento, pero cuanto más amor les des, mayor será la recompensa. Estas plantas crecen bien si se las deja solas hasta mitad de septiembre y dan una buena cosecha con tal de que no se sequen o se desplomen. Mighty Mite es otra de las favoritas.

4. Blueberry, White Widow, White Rhino, Super Silver Haze, Pure Power Plant, etc., tienden a estar acabadas entre mediados y finales de octubre. Tanto el rendimiento

como la potencia son muy elevados. No huelen mucho mientras se cultivan, pero esto cambia cuando están cortadas. Alcanzan una altura de 2 a 3 m y producen abundantemente. Para obtener la mejor cosecha, requieren algo de atención. Super Silver Haze y Pure Power Plant pueden resultar difíciles de terminar porque suelen desarrollar moho cerca de la cosecha cuando el tiempo es húmedo. Sin embargo, una helada suave tiende a producir llamativos colores (purpúreos). Todas estas plantas funcionan bien al aire libre, pero crecen aún mejor en interior.

**5.** Skunk #1, Northern Lights #5 x Haze, Big Bud y las variedades *sativa* puras o casi puras están a punto para la cosecha entre finales de octubre y primeros de noviembre. A veces, las *sativa* no terminan de madurar si el tiempo se vuelve demasiado frío y llega la nieve. Un año, el día 15 de noviembre, la primera nevada tuvo que ser sacudida al cosechar. Alrededor del 50% de los pistilos se habían secado. Las plantas de Skunk #1 son extremadamente olorosas; el viento puede llevar su aroma a más de un kilómetro y medio literalmente. Todas las variedades de este grupo tienen un rendimiento alto o muy alto, pudiendo llegar a producir más de un kilo por planta. Big Bud produce un rendimiento enorme; las ramas bajas tienen que ser atadas o tutoradas para evitar roturas debido al peso de los cogollos. La potencia es excelente en todas las plantas de esta categoría, a excepción de Big Bud.

Todas las plantas llegan a ser muy altas. Big Bud y Skunk #1 crecen entre 3 y 4 m. Northern Lights suele crecer aún más. Alguna *sativa* puede llegar a alcanzar 6 m.

Los hongos pueden llegar a ser un problema para estas plantas de floración tardía. Soportan bien la lluvia y una ligera helada; muchas incluso pueden aguantar unas pocas nevadas. Al fin y al cabo, crecen como hierbajos.

## Clima

Los cultivos al aire libre están dominados por la climatología, la tierra y el agua ya estén plantados en un lugar remoto en la montaña, en un coqueto jardín trasero o en tu balcón.

Los microclimas son miniclimas que existen dentro de climas más grandes. Existen mapas disponibles de estas áreas. Muchos mapas, como el de zonas de resistencia del Departamento de Agricultura de Estados Unidos (USDA), www.usna.usda.gov/ Hardzone/ushzmap.html, delimita de forma

*White Russian y otras variedades de la familia White están listas para ser cosechadas entre mediados y finales de octubre.*

*Northern Lights #5 x Haze es una de las variedades más potentes y sabrosas. Este cruce está listo para la cosecha de finales de octubre a principios de noviembre.*

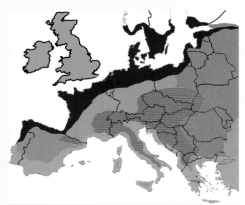

*Arriba: mapa climático aproximativo de Europa.*
*Abajo: mapa climático aproximativo de Norteamérica.*
*La leyenda es la misma para ambas ilustraciones.*

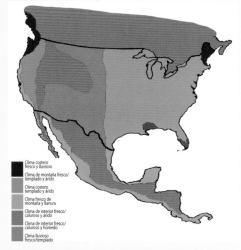

- Clima costero fresco y lluvioso
- Clima de montaña fresco/templado y árido
- Clima costero templado y árido
- Clima fresco de montaña y llanura
- Clima de interior fresco/caluroso y árido
- Clima de interior fresco/caluroso y húmedo
- Clima lluvioso fresco/templado

*Flanqueada por una higuera, esta planta hembra en floración fue cultivada en Ticino, la zona más cálida de Suiza.*

detallada las fronteras climáticas. El mapa divide Norteamérica en diez zonas más una zona número 11, que representa las áreas que tienen una temperatura media anual superior a 4,4 ºC y no sufren heladas. Consulta mapas detallados sobre los microclimas de tu zona de cultivo. Uno de los mapas climáticos más detallados puede hallarse en el volumen *Western Garden Book*, de Sunset Publishing. El mapa detalla 26 zonas climáticas en 13 estados occidentales de EE.UU., así como en la Columbia Británica y Alberta, Canadá. Éste es el mejor mapa climático disponible para la zona.

Europa y otros lugares disponen de abundante información climática a través de internet. Puedes consultar los gráficos relativos a precipitaciones, temperatura y humedad para la práctica totalidad de las grandes ciudades del mundo y la mayoría de las regiones geográficas. Visita www.weather.com para obtener información específica sobre la meteorología en tu localidad.

La temperatura, las precipitaciones y la luz solar varían ampliamente por todo el planeta, proporcionando entornos de cultivo únicos e incontables microclimas. Busca información específica acerca del clima en los viveros locales y en libros y revistas de jardinería de tu región; o a través del Ministerio de Agricultura (agencias comarcales) en tu área. A continuación, se incluye un breve repaso sobre las cualidades de los distintos climas.

Los climas costeros, como los que se encuentran en el noroeste de EE.UU., la Columbia Británica, en Canadá, la costas del continente europeo y del Reino Unido, etc., son frescas y lluviosas. Las precipitaciones anuales superan con frecuencia 100 litros por m² y pueden alcanzar 250 litros por m². El invierno comienza pronto en estas áreas, trayendo una lluvia heladora y bajos niveles de luz. Cuanto más al norte vayamos, más cortos serán los días, y el tiempo frío y húmedo llegará igualmente antes que a las zonas más sureñas. Cultivar al aire libre en estos lugares supone todo un desafío porque la temperatura rara vez desciende lo bastante como para que hiele, lo cual contribuye a que haya mayores poblaciones de insectos. Algunos de estos fríos bosques costeros están llenos de un follaje exuberante, aunque también invasivo, y presentan un gran desarrollo de los hongos a causa del frío y la humedad.

La tierra arcillosa con un pH bajo es común en las zonas húmedas costeras. Véase «Tierra arcillosa» en la página siguiente.

## Esquejes y plantones de interior para empezar

Consigue sacar el máximo partido de la temporada cultivando clones y plántulas bajo luces en interior. Traslada las pequeñas plantas en contenedores hasta invernaderos con calefacción para que empiecen a aclimatarse. Trasplántalas a un jardín trasero o a un emplazamiento seguro de guerrilla una vez que estén aclimatadas y sean más resistentes al estrés ambiental.

Supera el frío; comienza con los plantones y esquejes en interior y pásalos a un invernadero con calefacción en marzo o abril. Una lámpara de sodio AP de 400 vatios con un temporizador puede aumentar la luz natural, menos intensa a principios de primavera. Las plántulas y esquejes necesitarán al menos 14 horas de luz artificial y natural al día hasta que se trasplanten al aire libre.

Los climas alpinos de montaña son fríos la mayor parte del año. Las temperaturas gélidas, la tierra ácida de alto contenido mineral, y el viento llenan la lista de preocupaciones del cultivador.

A 600 m de altitud, la temperatura veraniega en las montañas pueden bajar a -1 ºC o incluso menos. Las temperaturas inferiores a 10 ºC detienen el crecimiento prácticamente y, si descienden por debajo de 5 ºC, pueden causar daños en el tejido vegetal de muchas variedades. Las temperaturas bajas provocan estrés en las plantas y una reducción del peso de la cosecha. En cambio, las plantas en zonas altas de clima alpino tienden a producir más resina y un 10-20% más de THC que las que se encuentran en jardines a menor altitud.

La mayoría de las tierras alpinas carecen de humus, y los fuertes vientos secan las plantas. Para obtener los mejores resultados, busca emplazamientos donde crezca la hierba para pastos.

Puedes ayudar a que tus plantas combatan el estrés de la montaña rellenando los agujeros de plantación con una mezcla de turba, tierra, cristales de polímeros y capas de fertilizante orgánico, de acción lenta.

El viento frío provoca la pérdida de humedad, y las plantas se secan rápidamente. Esto causa un estrés que puede debilitar las plantas y dejarlas expuestas a los ataques de los insectos y diversas enfermedades.

*En los cultivos de guerrilla, los cogollos soportan muchos días de viento, lluvia, sol ardiente y noches frescas. Estas condiciones estresantes suelen aumentar la producción de resina.*

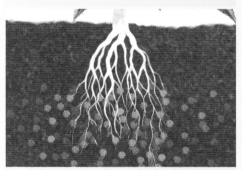

*Mezclados con la tierra, los cristales de polímeros absorben agua y van liberándola con el paso del tiempo.*

Los ambientes frescos de montaña, como los que se encuentran en Suiza, los Pirineos o las Montañas Rocosas de Norteamérica, suelen tener la primera helada durante el mes de septiembre y la última suele ser en mayo.

Los meses de primavera y otoño son lluviosos, con un periodo seco en julio y agosto. Las lluvias frías de otoño pueden provocar moho. Plantar variedades de maduración temprana ayuda a evitar problemas con el tiempo.

# MARIHUANA: horticultura del cannabis

*La lluvia y el viento, junto con el peso de los cogollos, quebraron esta planta. Tras ser atada con cuerda de nailon, los cogollos recibieron suficientes fluidos para producir una cosecha sana.*

Los climas tropicales son, generalmente, húmedos y entre templados y calurosos. La estación seca y la estación lluviosa varían según el lugar. En la mayoría de los climas tropicales y de la jungla llueve diariamente. Proteger de la lluvia las plantas hembra en floración con un invernadero ayudará a evitar que aparezca moho en los cogollos y otros problemas. Cuanto más cerca del ecuador, menor será la variación entre la duración de los días y las noches. Resulta necesario añadir al día horas extra con luz artificial para mantener las plantas en fase de crecimiento vegetativo. Las variedades *sativa* tropicales suelen estar favorecidas en estas regiones porque están aclimatadas y requieren pocos cuidados especiales.

Las temperaturas nocturnas y la humedad son altas a menudo. En efecto, si las temperaturas nocturnas se mantienen por encima de 28 °C, las plantas dejarán de crecer. Podría resultar necesario refrescar el ambiente por la noche para que las plantas sigan creciendo bien.

## Tierra

Hay tres tipos principales de tierra y, entre ellos, todos los tonos de gris y marrón. La tierra es el producto de millones de años de geología.

La tierra arcillosa, también conocida como «tierra pesada» o adobe, es común en áreas costeras y está muy extendida en zonas del interior. Resulta difícil trabajar con ella.

Las tierras arcillosas retienen bien el agua y aportan un drenaje lento y uniforme. Tardan en calentarse durante la primavera, pero mantienen bien el calor al entrar el otoño, cuando la luz solar empieza a escasear. La densidad de la arcilla no permite una circulación adecuada del aire, y la formación de raíces se ve frenada. Consulta el capítulo décimo, «Tierra», para ampliar la información sobre la tierra arcillosa.

Prepara la tierra arcillosa un mes antes de plantar por lo menos; añádele gran cantidad de compost y estiércol. Las tierras arcillosas pueden retener el agua demasiado bien, lo cual podría acabar con las raíces. Añadir materia orgánica aligerará la tierra pesada, creando hueco para el aire, mejorando el drenaje y estimulando el crecimiento de las raíces.

El mes previo al uso proporciona al estiércol un plazo de seguridad para que se *enfríe*, de forma que no queme las plantas.

Utiliza estiércol bajo en sodio, que contenga pocas sales. Las vacas son alimentadas con nitrato de sodio para que ganen peso, pero cuando esta sal llega a su estiércol puede bloquear los nutrientes disponibles para las plantas, frenando su crecimiento.

No te dejes engañar si alguien te recomienda añadir arena para abrir la tierra arcillosa. La tierra y la arcilla producen cemento; ¡añádela directamente si lo que quieres es hacer ladrillos!

Un jardinero hizo que excavaran una zanja de 3 m² y 60 cm de profundidad, construyó un muro de contención en su interior y la llenó de marga de río (mezcla de arcilla, arena y humus). Esta cara y laboriosa transformación de la tierra fue recompensada con cosechas excepcionales, una tras otra, a lo largo de los años.

Una opción a largo plazo consiste en añadir compost, estiércol y otras enmiendas orgánicas anualmente.

Los lechos elevados (tratados a continuación) son una opción excelente para la tierra arcillosa. Acondiciona la arcilla cuando esté ligeramente húmeda y pueda trabajarse, y añade el estiércol y el compost a montones; planta directamente en los montículos.

Apila el subsuelo en forma de anillo alrededor de la planta, haciendo una poza para capturar el agua de lluvia.

La tierra arenosa se encuentra cerca de grandes masas de agua, en los desiertos y en muchas zonas del interior. Se compone de partículas pequeñas, medianas y grandes, y es fácil de manejar hasta cuando está mojada. Las plantas pueden conseguir una excelente capacidad de penetración de las raíces. La tierra arenosa se reconoce al tacto y por su aspecto.

La arena es fácil de trabajar y se calienta rápidamente durante la primavera, pero no retiene bien los fertilizantes; especialmente, cuando está muy mojada, los nutrientes son lavados. El compost ayuda a unir las partículas grandes, proporcionando alimento y circulación del aire; pero en climas calurosos, la materia orgánica se descompone rápidamente, siendo consumida por las bacterias y otros organismos de la tierra.

Para conseguir los mejores resultados, mantén fresca la tierra arenosa, haz que retenga la humedad con materiales de acolchado y mejórala frecuentemente, añadiendo compost. Los cultivos de invierno harán que se retenga la humedad y prevendrán que se eche a perder, manteniendo la vida del suelo.

La tierra margosa tiene todas las ventajas de la arcilla y la arena; retiene la humedad y el agua como la arcilla pero se calienta con rapidez y tiene un buen drenaje, así como una estructura manejable gracias a la arena. Es el medio de cultivo perfecto.

La mayoría de las tierras tienen una combinación de arena y arcilla. La marga sedimentada está entre medio y se siente al tacto casi grasienta, aunque es menos resbaladiza que la arcilla. La mejor tierra para cultivar plantas es la marga que se encuentra en los remansos antiguos de los ríos y en los lechos de los lagos, donde se acumula la tierra sedimentaria. Es oscura, fértil y se deshace fácilmente en las manos.

Las tierras de los bosques varían mucho en cuanto a pH y fertilidad. Las agujas y las hojas caídas de los árboles suelen hacer que la tierra sea ácida.

La mayoría de los bosques que quedan en Norteamérica y Europa están en las laderas de las colinas. La tierra llana se emplea en granjas, zonas de recreo y extensiones urbanas.

Los pinos de agujas largas crecen en tierras pobres como las que se encuentran en regiones montañosas y tropicales.

*Una vez que has preparado la tierra, de manera que presente una buena retención de agua y nutrientes al tiempo que sigue drenando bien, puedes tomártelo con calma.*

Disponen de raíces profundas para buscar todos los elementos que haya en la tierra. Cuando se desarrolla una capa de humus, las coníferas de agujas cortas son las predominantes. Las raíces de estos árboles se extienden por la superficie para buscar las sustancias necesarias y se entierran para anclarlos al sitio. Las junglas son, por lo general, de crecimiento lento, calurosas, húmedas y densas. La tierra es poco profunda y tiene mucha vida. El clima caluroso hace que todo el follaje que cae al suelo se descomponga rápidamente. A menudo, los nutrientes están disponibles para las plantas, pero la tierra no tiene oportunidad de aumentar su densidad. Las capas de tierra tropicales pueden ser muy finas. No obstante, a través de gran parte de Méjico y América Central, las erupciones volcánicas han sacado a la superficie gran cantidad de rocas y minerales. Los valles montañosos y las tierras bajas están llenas de planicies aluviales, las cuales están repletas de tierra rica en nutrientes.

Los prados suelen tener una tierra estupenda que recicla los nutrientes. La exposición solar suele ser buena, pero la facilidad de detección puede ser un problema en los espacios abiertos. Planta en áreas que estén protegidas del viento y de las miradas de los curiosos.

Las tierras de las montañas suelen ser muy ricas en minerales pero carecen de humus. Los valles alpinos contienen la mejor tierra aluvial, que es el producto de la erosión de roca volcánica. Las laderas de las colinas son menos fértiles en general, y la tierra debe ser abonada para conseguir una buena cosecha.

Las tierras de los pantanos son húmedas y esponjosas. Los pantanos están llenos de vegetación y, con frecuencia, tienen una tierra muy rica. Proporcionan un lugar perfecto para cultivar plantas individuales. Corta una plancha de terreno húmedo de un metro cuadrado, dale la vuelta y planta. El suelo del humedal proporciona agua suficiente por sí solo. Añade un poco de fertilizante de liberación lenta al

*Da la vuelta a la capa superior de césped para poder plantar en tierras húmedas.*

un punto, consulta con los granjeros locales, en viveros o agencias de agricultura para que te aconsejen acerca de la aplicación de caliza.

La aplicación de caliza difiere en función del tipo de tierra. A modo de orientación:

16 kg para 250 m² de tierra muy arenosa.

trasplantar, y otro puñado de abono para floración durante una visita a primeros de agosto.

Con frecuencia, lo más fácil es enmendar o mejorar una tierra que sólo da para cultivar plantas escuálidas. Puedes cultivar en contenedores, de forma que controles todos los factores, pero recuerda que las macetas requieren más mantenimiento. Consulta la sección «Cultivo en terrazas» para más información.

Las enmiendas mejoran la tierra y su capacidad de retener agua, la penetración de las raíces, etc. Véase el capítulo décimo, «Tierra», para una revisión completa sobre las enmiendas.

Mantén una pila de compostaje. Ver «Compost» en el capítulo décimo para más información.

Las lombrices hacen maravillas con la tierra. Cultiva tus propias lombrices en un cubo. Las lombrices crecen y se reproducen entre capas de restos de comida, tierra y estiércol. Los excrementos que producen son un excelente abono o enmienda orgánica, y se pueden usar como ingrediente de un té de compost. Para más información acerca de las lombrices, consulta una obra clásica, *Worms Eat My Garbage: How to Set Up & Maintain a Worm composting system*, por Mary Appelhof, editado por Flower Press.

Los niveles de pH tanto de la tierra como del agua son excepcionalmente importantes. El cannabis da lo mejor de sí con el pH de la tierra a 6,5. El pH de la tierra es fácil de alterar. Consulta el capítulo décimo, donde encontrarás toda la información acerca del pH.

Las enmiendas a base de caliza elevan el pH, rebajando la acidez, pero demasiada caliza puede quemar las raíces y hacer que los nutrientes no estén disponibles. Si necesitas un ajuste del pH de más de

23 kg para 250 m² de tierra arenosa.

32 kg para 250 m² de marga.

36 kg para 250 m² de tierra muy arcillosa.

*1 m³ = 100 cm³.

*Regla general: añade entre 0,5 y 1 kg de caliza dolomita por cada 30 cm³ de tierra.

Aumentar el nivel de alcalinidad es relativamente más sencillo que elevar el nivel de acidez. Si tu tierra es demasiado alcalina, algo menos de 40 gr de sulfuro de roca bien repartidos por cada metro cuadrado de tierra arenosa reducirán el pH alrededor de un punto. Otros tipos de tierra requerirán 100 gr por metro cuadrado. Las virutas de madera bastante descompuestas, las hojas compostadas y el musgo de turba también ayudan a acidificar la tierra y bajar el pH.

## Caliche

El caliche es una condición que se da bajo la superficie, donde una capa de tierra se ha vuelto dura e impermeable tanto para el agua como para las raíces. El caliche es común en el suroeste de EE.UU. Consiste en una capa de carbonato de calcio (caliza) localizado bajo el suelo. La textura del caliche varía de granular a rocoso, como cemento sólido, y puede tener de unos pocos centímetros a varios metros de grosor.

Para plantar en cualquier zona de caliche, debes cavar para permitir el drenaje. Una barrena o taladro servirá para abrir un agujero, pero un pico y una pala también son prácticos. El resto de las técnicas para plantar son iguales. Retira la capa de caliche del agujero y sustitúyelo con compost o tierra para jardín de alta calidad.

## Prepara la tierra

Ayuda a reducir el estrés mediante el cultivo de los plantones en contenedores altos (8 cm de lado por 15 cm de alto), lo cual producirá un fuerte sistema radicular y una planta que tiene más probabilidades de sobrevivir en condiciones adversas. Añadir polímeros -que retienen la humedad- al sustrato de plantación, también aportará una defensa excelente contra la desecación. Los cristales se expanden hasta 15 veces al regar, haciendo que haya humedad disponible para las raíces durante periodos más largos de tiempo. Los cristales, de liberación lenta, permitirán un mayor espaciado entre los riegos. Esto resulta muy útil si tu emplazamiento está en un lugar remoto que no puedas visitar con frecuencia.

Las zonas montañosas pueden tener una tierra pobre; si es así, necesitarán ser mejoradas antes de plantar para obtener buenos resultados. Excava agujeros que, como mínimo, midan 50 cm de lado y 50 cm de profundidad para cada planta. Echa un puñado de harina de sangre (consulta el «Cuadro de nutrientes orgánicos» en el capítulo undécimo) en el fondo y 8-10 cm de tierra encima antes de trasplantar los esquejes o los plantones, y riega a fondo. Un poco de esfuerzo al preparar los agujeros de plantación darán como resultado plantas más sanas y una cosecha más abundante.

En terrenos inclinados, los boquetes de plantación deben ser hechos en terrazas y ser lo suficientemente grandes para captar el agua que pueda discurrir ladera abajo. Cava hondonadas adicionales para canalizar el agua hacia las plantas, y prepara una *poza* alrededor de las plantas para que retenga el agua.

Las plantas se quedan más pequeñas en terrenos rocosos pero, a menudo, pasan desapercibidas porque se cultivan donde nadie espera verlas.

La arcilla forma un excelente contenedor subterráneo para plantar. Después de una lluvia copiosa, excava grandes hoyos de plantación. Llena los agujeros con gran cantidad de tierra buena y compost. Rellena en capas; por ejemplo, llena un boquete de un metro de profundidad con una capa de 20 cm de harina de huesos vaporizada (consulta las precauciones que aparecen en el capítulo undécimo) y tierra. El balance se obtiene con una fina capa de tierra mezclada con una mezcla rica de compost, estiércol y paja, fosfato de roca y harina de algas. Amontona el compost y la tierra alrededor de 30 cm por encima del nivel del suelo; se asentará durante la temporada de cultivo. Ver «Abonos orgánicos» en el capítulo undécimo para más información.

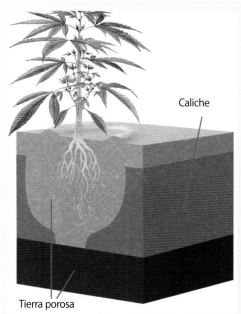

Caliche

Tierra porosa

*Excava la capa de caliche, de forma que el agua pueda drenar.*

## Excavación del hoyo y plantación

Prepara la plantación excavando un gran agujero y colocando tablas en el fondo para detener el flujo de agua hacia abajo. Añade compost, musgo de turba, fibra de coco, tierra de calidad, nutrientes orgánicos, polímeros y caliza dolomita: todos contribuirán a que la tierra retenga el agua. A continuación, termina con una poza cóncava de tierra que atrape la lluvia y el agua de riego.

## Lechos elevados

Los lechos elevados son fantásticos para cultivar en el jardín trasero. La preparación y el control de las malas hierbas resultan más sencillos, y también es más fácil mantener la calidad de la tierra.

Construye un lecho elevado encima de las tierras arcillosas. Plantar en una cama elevada entre 15 y 20 cm elimina la necesidad de excavar en la arcilla al tiempo que proporciona el calentamiento rápido y el buen drenaje de los cuales carece la arcilla. Las plantas pueden pasarse a tierra entre dos semanas y un mes antes, permitiendo una cosecha temprana de primavera incluso.

Un amigo planta en la misma pila de compostaje. Trasplanta seis clones de 30 cm de altura en una capa superior (8-10 cm) de buena tierra, que

*Excava boquetes de plantación grandes y profundos y rellénalos con tierra mejorada.*

*Coloca un tablero en el fondo cuando se trate de tierras de drenaje rápido para retener mejor el agua.*

90 cm

*Prepara lechos elevados de algo menos de un metro de altura. Las capas inferiores, a base de restos de plantas, liberan calor como subproducto de la descomposición.*

está sobre un montón de compost con una altura de 60 a 90 cm. Cuando las raíces penetran en el compost, éste se ha enfriado lo suficiente como para que las raíces estén a salvo de posibles quemaduras. El cultivador sitúa un invernadero portátil sobre las plantas. El compost mantiene cálidas las plantas, mientras que la estructura protege el follaje. Este procedimiento funciona excepcionalmente bien para afrontar una cosecha de primavera.

Otro cultivador prepara un jardín para hortalizas formando un lecho elevado con algo menos de tres metros cúbicos de compost terminado y estiércol, y añade una dosis de caliza dolomita. A continuación, labra con una motoazada y planta. Cuando comprueba que el jardín está creciendo bien, trasplanta clones ya aclimatados, mezclándolos entre las hortalizas.

## Acolchado

El acolchado atrae y retiene humedad para la tierra, y limita el desarrollo de las malas hierbas. El acolchado consiste en una capa de follaje en descomposición, paja, césped cortado, hierbas, etc., y/o papel, piedras, plástico, etc., depositados alrededor de las plantas.

El follaje del lugar es un excelente material de acolchado, aunque mi favorito es el césped cortado y seco, que resulta gratuito. Antes de cada viaje al cultivo, llena un cesto para llevar a la espalda con ligeros recortes de césped. Apila siempre tanto acolchado como puedas (15-30 cm o más), ya que se biodegrada con el tiempo.

El plástico biodegradable se rompe en tiras que se enrollan solas, y que se agitan con el viento tras una exposición al sol continuada. Úsalas durante un año, y retíralas antes de que parezcan desagradables trozos alargados de plástico.

Las rocas o el polvo de roca sirve de manera excelente como acolchado. Emplea los acolchados a base de roca donde estén disponibles. Los días soleados pueden resultar calientes al tacto, pero siguen protegiendo la tierra de la pérdida de humedad por evaporación.

El papel de periódico o de estraza también sirve de manera eficaz para acolchar la superficie de cultivo. El papel humedecido ligeramente es fácil de trabajar y resulta menos probable que se vuele. Las capas de papel de periódico -un material barato y fácilmente disponible- deberían tener seis páginas de grosor como mínimo (preferiblemente, una docena o más); luego, se deben cubrir con tierra u otro material de acolchado para que se mantengan en su sitio.

*30 cm*

*Plantar en una gruesa capa de acolchado es una buena manera de conservar la humedad.*

Las barreras tejidas contra las malas hierbas o las tiras de alfombrilla dejan que el agua drene pero no permiten que los hierbajos crezcan a través de ellas. Cubre estas barreras con rocas o trozos de corteza.

Cubre todo el lecho del jardín con plástico negro y abre agujeros para poder plantar los plantones. Puede colocarse una manguera de riego por goteo bajo el plástico para irrigar. Asegúrate de hacer agujeros lo suficientemente amplios, de forma que los tallos de la planta no toquen el plástico. El plástico negro se calienta mucho durante el día pero, en realidad, calienta la tierra muy poco. Cuando el tallo tierno de una planta joven está en contacto con el plástico caliente, se cuece literalmente a ras del suelo.

## Fertilizantes

Las plantas pueden fertilizarse lo suficiente para que respondan y crezcan en un rango de temperaturas de 15-32 °C, con una humedad razonable, luz solar adecuada y viento moderado.

Se prudente con el fertilizante durante el primer mes después de trasplantar. Dependiendo del fertilizante, su aplicación podría ser tan frecuente como cada riego o tan escasa como una vez cada una o dos semanas.

Si se fertiliza cada vez que se riega, puede que necesites diluir el abono a mitad de concentración o menos hasta que encuentres la dosis apropiada.

Fertiliza con una solución suave para floración durante la germinación y el crecimiento de las plántulas. Cambia a una fórmula rica en nitrógeno durante el estadio vegetativo y vuelve a la otra para una floración exuberante cuando las noches largas provoquen el florecimiento.

Emplea fertilizantes concentrados en gránulos o abonos orgánicos que sean ligeros y cómodos de transportar y almacenar.

Prepara las tierras orgánicas con sustancias naturales diferentes. Utiliza siempre las formas más fácilmente disponibles de los distintos elementos. Consulta el capítulo undécimo, «Agua y nutrientes», para obtener una información completa sobre los fertilizantes.

Para mayor información acerca de la tierra, véase *Soil Science Simplified*, por Helmut Kohnke y D. P. Franzmeier, Waveland Press, cuarta edición.

## Agua

El agua limpia de lluvia es la mejor para regar. Para asegurarte de que no sea demasiado ácida (lluvia ácida) y dañina para las plantas, toma lecturas del pH y de las partes por millón (ppm) en el agua de lluvia recogida antes de utilizarla.

El agua con alto contenido en sodio hace que este elemento se acumule en la tierra, causando un crecimiento lento y plantas más bajas con hojas más pequeñas de lo normal. A niveles bajos, el sodio parece beneficiar las plantas y puede incluso ocultar una deficiencia de potasio, pero si los niveles aumentan, se produce *estrés sódico*. Las raíces pierden su habilidad para absorber agua y otros nutrientes y se secarán aunque se mantengan regadas. Es muy importante que analices tu agua de riego para conocer el contenido de sodio y otros sólidos disueltos, y que tomes las medidas oportunas si la lectura supera 50 ppm. El sodio es más problemático cuando se cultiva en contenedores que cuando se cultiva en tierra bien drenada.

Consulta el capítulo undécimo para más información acerca del sodio y la calidad del agua.

Los granjeros locales o el Ministerio de Agricultura tienen información sobre los sólidos del agua en tu área, y muchos lugares disponen de laboratorios con certificación oficial que, con un coste bajo, realizarán un análisis de tu agua.

A menudo, si el contenido en sodio es inferior a 300

*El riego por goteo es una forma muy eficiente de irrigar.*

*Riega las plantas pequeñas a mano hasta que se hayan establecido.*

ppm, un buen lavado al mes evitará que el sodio y otras sales se acumulen hasta alcanzar niveles tóxicos.

Hay varias maneras fáciles y baratas de mejorar la calidad del agua.

Riega los plantones, los esquejes y las plantas madre con agua de lluvia (o mezclada con agua del grifo a partes iguales) para diluir los sólidos disueltos.

Lava la tierra de las macetas con tres litros de agua por cada litro de tierra.

Riega primero con agua corriente y, a continuación, siempre con agua a la que se haya añadido sulfato de amonio.

Limpia el agua del grifo mediante el llenado de barriles, colocándolos a una distancia del suelo entre 60 y 90 cm. Añade sulfato de amonio para que asiente el sodio, y riega a modo de sifón desde la parte de arriba del barril, rellenándolo después de cada riego para permitir que el cloro se evapore. El cloro, como el sodio, es beneficioso en pequeñas cantidades. Resulta esencial para la utilización del oxígeno durante la fotosíntesis y es necesario para la división celular de las raíces y las hojas. Pero demasiado cloro causa quemaduras en las puntas y los márgenes de las hojas, y hace que éstas se tornen de color bronceado.

Vacía el barril periódicamente, y friégalo para eliminar los residuos y sedimentos. El agua de lluvia limpia es una elección excelente para

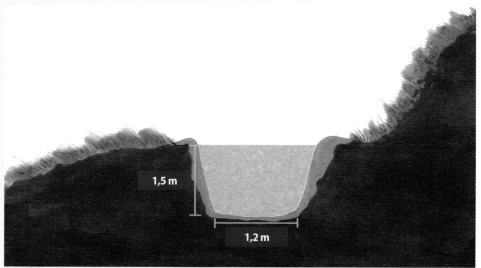

1,5 m

1,2 m

*Habilita un depósito excavando un agujero y forrándolo con plástico grueso y resistente. Mantenlo cubierto para limitar la evaporación y para evitar que puedan acceder animales.*

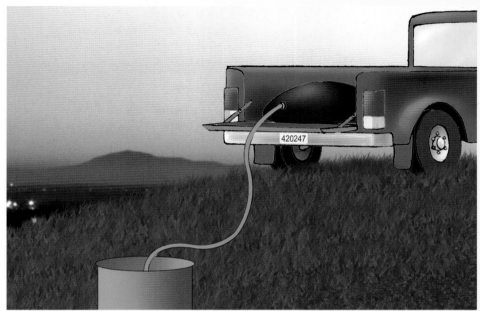

*Vierte mediante sifón el agua que has cargado en un recipiente situado cuesta abajo. Planea siempre los viajes con cuidado para evitar problemas.*

irrigar. Recoge el agua que cae arrastrada colocando un barril bajo una canaleta. Mezcla el agua de lluvia con agua corriente para diluir los sólidos disueltos. Los tejados y terrazas pueden acumular basuras, las cuales contaminarán lo que de otra forma sería agua de lluvia limpia. Mantener cubierto tu barril de recogida de agua prevendrá la evaporación y evitará que entren contaminantes.

Además del sodio y el calcio, el magnesio también puede ser dañino en la tierra. El exceso de calcio, por

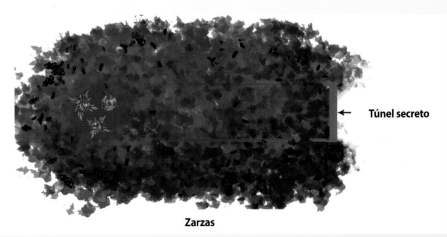

← **Túnel secreto**

**Zarzas**

*Plantar dentro de un zarzal o entre otros arbustos con espinas detendrá a muchos paseantes curiosos y otros animales.*

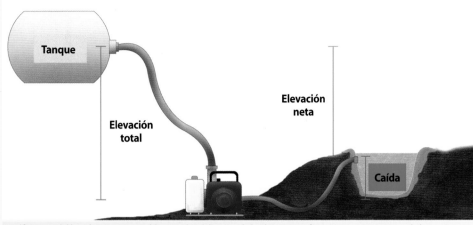

La eficiencia del bombeo es remarcable cuando se dispone de la elevación suficiente, y constituye una de las mejores opciones para el cultivo de guerrilla.

*Debajo: las bombas hidráulicas son uno de los métodos originales para elevar agua con la fuerza de la gravedad.*

*Derecha: bomba accionada por un taladro con batería recargable. Conecta una bomba al extremo del taladro. Retira el cable y hazlo funcionar a batería.*

*Arriba: el Grobot es un invento magnífico. Esta bomba a pilas proporciona agua para tres plantas de manera silenciosa y eficiente.*

ejemplo, hace que el nivel de pH sea muy alto y bloquee la absorción de varios nutrientes, como el hierro y el potasio. Un fertilizante con hierro quelatado contrarrestará este problema. Demasiado magnesio provoca una utilización rápida de los microelementos, pero no suele causar un problema.

El fertilizante se presenta en líquido o en forma de cristales solubles, y puede utilizarse para aliviar los problemas causados en la tierra por el agua de mala calidad. Están disponibles varias fórmulas comerciales de fertilizantes hidropónicos para agua dura, y funcionan muy bien.

Si es posible, visita el jardín a diario y riega cuando la tierra esté seca a 3 cm por debajo de la superficie. Riega los contenedores hasta que el 10-20% del agua salga por los agujeros de drenaje. En suelo, riega las plantas hasta que la tierra esté completamente mojada.

Existen muchos tipo de receptáculos y depósitos para almacenar el agua de riego. Utiliza la mayor unidad de almacenamiento que puedas manejar; siempre necesitarás agua. Una buena opción para almacenar gran cantidad de agua consiste en cavar una buena zanja y forrarla con un material plástico resistente. Para encontrar todo tipo de recipientes para almacenar agua, visita www.realgoods.com.

## Bombas

Las bombas llevan agua a grandes distancias y cuesta arriba. Pueden ser manuales, funcionar con baterías, a base de gasolina, por la fuerza de la gravedad o con la presión del agua en movimiento. Las bombas que funcionan con gasolina son fiables y pueden llevar, rápidamente, mucha agua cuesta arriba, pero son ruidosas. Puedes adquirir una bomba que ya venga conectada a un motor, o puedes conectarla tú mismo y montarlo todo sobre un tablón. Consulta las *Páginas Amarillas* para encontrar un buen proveedor.

El ruido es un factor de peso a la hora de arrancar un pequeño motor de gasolina en medio de una zona montañosa en silencio. Una pantalla que actúe a modo de silenciador reducirá la mayor parte del sonido que emita el motor.

Monta la bomba de forma que la entrada sea capaz de tomar agua fácilmente. Construye un pequeño dique sólo si resulta discreto.

Las bombas hidráulicas bombean agua desde un caudal que está por encima de la bomba. La fuerza de la gravedad produce toda la energía necesaria.

*Las bombas de gasolina mueven mucha agua cuesta arriba, pero son ruidosas.*

*Construye una pantalla alrededor de los motores de gasolina para amortiguar el ruido.*

Las bombas de este tipo son sólidas y seguras, pero también ruidosas. www.rampumps.com.

La bomba de agua con depósito elevado funciona con la energía del agua y funciona, incluso, con un caudal escaso. El diseño único emplea la presión hidráulica y se inicia y regula de forma automática. Si cesa la entrada de agua, la bomba se detiene; la bomba arranca de nuevo tan pronto como se reanuda el flujo de agua. www.realgoods.com.

Las bombas que se accionan manualmente requieren mucha energía física para funcionar y no son nada prácticas para mover un gran volumen de agua cuesta arriba.

La energía solar es una forma excepcionalmente buena de mover agua. En un día soleado, un panel solar de 75 vatios produce energía suficiente para que una bomba lleve casi 300 litros de agua a 120 metros

*Las plantas a las que les ha afectado el frío desarrollan pocos cálices pero siguen escarchándose a base de resina.*

*Las bajas temperaturas hicieron que esta planta se volviera de color morado y que se rizaran algunas hojas.*

del depósito, salvando un desnivel de más de 10 metros. www.otherpower.com.

Resulta sencillo mover mucha agua descargándola pendiente abajo con una manguera. La clave está en hallar una fuente de agua que esté más elevada que el jardín.

La manguera poco pesada no estropeará el follaje. Si puedes encontrarla de color negro, se notará menos. La mayoría de las mangueras de jardín son de color verde brillante.

## Temperatura

La mejor manera de controlar la temperatura en el exterior es plantar en el lugar adecuado. Normalmente, las temperaturas calurosas son comunes a pleno sol durante el mediodía. El cannabis prácticamente deja de crecer a 29 ºC. Si cultivas en un clima caluroso, asegúrate de que las plantas reciben la luz solar filtrada durante las horas centrales del día. Además, plántalas donde corra el aire de forma natural, así la brisa las refrescará durante el rato que más aprieta el calor.

Puedes sombrear tu cultivo doblando y atando ramas de los árboles de alrededor.

Las temperaturas frías pueden ser evitadas si se planta en el momento apropiado; es decir, bastante después de la última helada. Cosecha antes de que llegue la primera helada.

Consulta el capítulo decimotercero, «Aire», para consultar información más específica acerca de la temperatura.

Una estructura de sombreo, cubierta con tela para sombrear (un material sintético que bloquea la luz solar) o con listones de madera delgados y estrechos, es un recurso fantástico para proteger las plantas. Las casetas de listones de madera pueden proveer de un 25% o más de sombra, dependiendo de cómo estén dispuestos los listones. La malla de sombreo está disponible en diferentes medidas, que filtran el 10%, el 20%, el 30%, etc., de la luz solar. Además, las casetas de madera o de malla de sombreo son un lugar estupendo para pasar los días de verano.

## Viento

Al aire libre, el viento es una de las mayores fuerzas. Un viento persistente absorberá la humedad de las plantas. El viento causa que las plantas dirijan la humedad desde las raíces hasta las hojas como mecanismo defensivo para regular la temperatura y la química interna. Y crea un problema si la cantidad de agua disponible es limitada.

Por ejemplo, el sur de España y otras regiones áridas están sujetas a fuertes vientos procedentes del desierto, que transportan arena abrasiva y otras partículas. En España, se le llama «calima» porque la arenisca está mezclada con aire salino del Mediterráneo. Estos vientos pueden destruir las cosechas. Si la climatología de tu zona está condicionada por estos vientos abrasivos, protege tus plantas con cortavientos. Lava el follaje con agua abundante para eliminar las partículas después de una tormenta de viento.

Los vientos moderados de manera sostenida pueden secar en pocas horas los cultivos plantados en macetas o en el suelo. Los cultivos en contenedores son los que más sufren. Por ejemplo, las plantas cultivadas en macetas de 20 L que están situadas en terrazas a pleno sol y soportan vientos moderados de forma constante utilizan más de 7,5 L de agua al día. Dentro de casa, en un cultivo de interior, la misma planta usaría el 75% menos de agua.

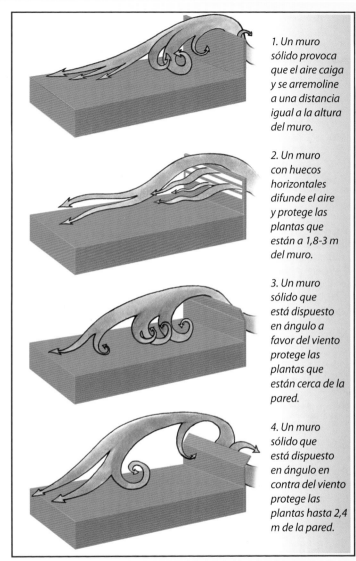

1. Un muro sólido provoca que el aire caiga y se arremoline a una distancia igual a la altura del muro.

2. Un muro con huecos horizontales difunde el aire y protege las plantas que están a 1,8-3 m del muro.

3. Un muro sólido que está dispuesto en ángulo a favor del viento protege las plantas que están cerca de la pared.

4. Un muro sólido que está dispuesto en ángulo en contra del viento protege las plantas hasta 2,4 m de la pared.

Planta en zonas protegidas, así el jardín sufrirá poco el efecto de los vientos fuertes.

## Plagas y depredadores

Una vez que tus plantas están en el suelo, bien alimentadas y regadas, revísalas semanalmente (si es posible) en busca de plagas y daños causados por hongos. Inspecciona el ápice y las hojas de la base para comprobar si hay indicios (puntos pequeños) de ácaros o daños provocados por insectos masticadores, babosas y caracoles. Primero, identifica la plaga y, entonces, determina la forma de actuar.

El cannabis cultivado adecuadamente al aire libre tiene pocos problemas de plagas. Consulta el capítulo diez, «Tierra» para más información acerca de una amplia gama de enfermedades y plagas que atacan al cannabis.

Los remedios poco sofisticados y naturales contra las plagas funcionan bien. Algunas plagas de gran tamaño, como las orugas y los caracoles pueden ser retirados del follaje a mano. Las poblaciones de orugas pueden ser reducidas desde el origen mediante la instalación de alojamientos para los murciélagos. Los murciélagos residentes se comerán las pequeñas mariposas nocturnas y decrecerá el número de orugas masticadoras. Los pájaros también comen orugas, así como pulgones y otros insectos. Atrae los pájaros con cebos, nidos, bebederos y comederos; pero cubre los brotes y esquejes tiernos con malla metálica o de nailon para protegerlos de los pájaros. Las mariquitas y las mantis religiosas son buenas opciones para controlar los insectos y pueden adquirirse en los viveros y tiendas de cultivo.

Las lechuzas comen ratones y otros pequeños roedores, pero son difíciles de ver en la ciudad. Si tienes la suerte de tenerlas cerca, saca provecho de su habilidad para acabar con algunos de los animales que amenazan las plantas. Por el contrario, algunos roedores, como los topos y las musarañas, ayudan en tu jardín al comer babosas, insectos y larvas.

Las variedades cultivadas de clavelón correspondientes a las especies *Tapetes erecta* y *T. Patula* repelen los nematodos del suelo durante dos o tres años si son plantados en un área infestada y luego se labra la tierra para que queden debajo. Con simplemente plantarlos no se consigue nada. Numerosas pruebas indican que no tienen ningún efecto sobre los insectos que están sobre el suelo.

## Ranas y sapos

Las ranas y los sapos comen insectos y babosas. Las ranas necesitan una fuente de agua, mientras que los sapos son más terrestres. Las serpientes grandes del jardín se comerán  las taltuzas, las ardillas y los ratones, pero también los topos y las musarañas. Las serpientes pueden darte un buen susto si te encuentras con una de ellas de forma inesperada. Además, las serpientes querrán comerse tus ranas. Piensa detenidamente lo que vas a hacer antes de acometer cualquier solución basada en pequeños depredadores para acabar con las plagas.

## Pájaros

Aunque la mayor parte de los pájaros son bienvenidos en la mayoría de los jardines, hay algunos que pueden acabar rápidamente con los plantones tiernos o los clones recién enraizados.

La manera más efectiva de mantener apartados los pájaros de las semillas plantadas y los trasplantes recién hechos consiste en cubrir las plantas con una malla o red de plástico. Cuando instales la red, asegúrate de que esté fijada con firmeza alrededor del perímetro de las plantas, de forma que los pájaros hambrientos no puedan acceder debajo.

## Ciervos y alces

A los venados y a los alces les encanta los brotes frescos de las plantas de cannabis. Además, pueden destruir las cosechas al pisotearlas. Los alces son algo  menos peligrosos, pero los ciervos son un problema.

El mejor remedio es colocar una jaula alrededor de las plantas. Pero recuerda que el alambre puede resaltar si no es de un color discreto. A los ciervos les repele el olor de la sangre y del cabello humano.

Envuelve puñados de harina de sangre seca en trozos de tela y sumérgelos en agua para activar el olor. Cuelga los sacos en un árbol para evitar que se los coman los perros y otros depredadores.

Los mechones de cabello humano pueden meterse en sacos de tela, que se cuelgan en vallas y en las ramas de los árboles a modo de elementos disuasorios. No uses tu propio pelo; podría servir de prueba a la policía. Los jabones aromatizados han repelido a los ciervos de algunos jardines. Pero si los venados están muy hambrientos, ni el olor de la harina de sangre, ni el del cabello humano o del jabón aromático podrán disuadirlos.

Procura orinar en varios lugares a lo largo del perímetro del jardín, así los animales se tomarán tu presencia en serio. Algunos cultivadores guardan su orina durante una semana y la van dispersando durante las visitas regulares al cultivo.

Los ciervos saltan fácilmente vallas de más de dos metros. Una buena valla para ciervos mide 2,5 m de alto y tiene los últimos 30 cm haciendo un ángulo de 45º hacia fuera del jardín. Las vallas electrificadas y los perros de gran tamaño también son excelentes elementos disuasorios.

## Topillos

Los topillos son pequeños roedores que excavan galerías, comiéndose las raíces y el follaje de las plantas. Estos herbívoros adoran las raíces carnosas y, ocasionalmente, atacan las plantas de

*Trampa para topillos.*

cannabis. Si una familia de topillos se instala en tu zona, deshazte de ellos tan pronto como sea posible. Las hembras pueden tener hasta cinco camadas de entre cuatro y ocho descendientes al año. Una familia de topillos puede acabar con un jardín de gran tamaño en cuestión de semanas.

La única manera segura de deshacerse de estos mamíferos es mediante trampas. Hay varios modelos disponibles de trampas, incluyendo unas que los capturan vivos. Necesitarás desarrollar cierta habilidad para poder cazar estos animales con trampas. Debes evitar que el olor humano quede impregnado en cualquier parte de las trampas. Si los topillos detectan el olor de los seres humanos, simplemente echarán tierra sobre la trampa para que ésta salte, quedando desactivada. Las trampas se sitúan en los caminos de los topillos, por lo que no hay que ponerles cebo.

Puede evitarse que los topillos accedan al cultivo rodeándolo con una valla hecha de malla metálica, como la de los gallineros o más tupida; la malla se entierra a 30 cm de profundidad y se deja que sobresalga del suelo unos 90 cm (120 cm de altura total). Coloca la malla de gallinero alrededor de los boquetes de plantación antes de llenarlos con tierra. Hundir planchas de metal alrededor de los hoyos de plantación también prevendrá el daño que pudieran provocar los topillos.

### Ratones y ratas de agua

Los ratones y ratas de agua pueden roer la corteza alrededor de la base de las plantas de cannabis (incisión circular). Si esto se convierte en un problema, mantén el acolchado a 30 cm de las plantas, e instala una malla metálica alrededor de los tallos. Estos roedores anidan en grandes montones de acolchado, y son atraídos por el agua almacenada. Cubre todos los depósitos para evitarlo, pero ten en cuenta que podrían roer la pared del contenedor si el agua es muy escasa.

El mejor remedio contra los ratones es un gato que se tome en serio la caza. Las trampas para ratones también sirven en caso de poblaciones pequeñas. Eliminar un gran número de ratones con trampas puede resultar tedioso y desagradable.

NO USES VENENO. Los animales carroñeros pueden comerse los roedores muertos y envenenarse también.

### Topos

Los topos son una plaga menor. Son principalmente insectívoros, y comen larvas y gusanos que pueden dañar las plantas; pero sus túneles también pueden estropear las raíces de las plantas de cannabis.

El ricino (*Euphorbia lathyris*) es una planta que repele a los topos. Las hojas de las bayas del ricino y el aceite de ricino, así como la aplicación de tabaco y pimienta roja, repelerá a los topos si se coloca en sus lugares de paso.

Mezcla dos cucharadas (3 cl) de aceite de ricino con tres cucharadas de lavavajillas concentrado y diez cucharadas (18 cl) de agua. Mézclalo todo con una batidora y úsalo como un concentrado en una proporción de 4 ml por litro de agua. Empapa la tierra directamente sobre los agujeros de los topos.

Las trampas de barril, de tijera o de guillotina son efectivas y acaban con los topos de manera fulminante.

### Conejos

Los conejos se comen casi cualquier cosa que sea verde, ¡y se reproducen como conejos! Ahuyéntalos con una ligera capa polvorienta de fosfato de roca sobre las hojas jóvenes o con sangre seca espolvoreada alrededor de la base de las plantas. El té de compost, pulverizado sobre las hojas y la tierra, puede evitar que se coman tus plantas. A los conejos les parecen repulsivas las plantas espolvoreadas con pimienta o pulverizadas con una emulsión de pescado diluida y harina de huesos. También hay diversos repelentes comerciales para conejos, pero ten cuidado al usarlos cerca de productos que van a consumirse.

Un perro ayudará a mantener a raya los conejos, pero la única manera segura de preservar el jardín radica en vallarlo con alambrada de gallinero de 3 cm. Esta alambrada debería enterrarse en el suelo 15 cm por lo menos para evitar que los conejos excaven galerías por debajo, y tendría que elevarse 60-90 cm por encima del suelo. Rodea los tallos principales con una malla de alambre o papel de aluminio para impedir que los conejos masquen la corteza durante el invierno o a principios de la primavera.

### Polen incontrolado

El polen incontrolado de los cultivos comerciales de cáñamo y de los machos silvestres o cultivados puede suponer una amenaza para el cannabis *sinsemilla* que se cultiva al aire libre o en invernaderos. El polen indeseado puede viajar en el aire desde unos pocos metros hasta cientos de kilómetros hasta polinizar las plantas hembra en floración y causar que produzcan semillas.

Grandes nubes de polen atraviesan el mar Mediterráneo desde las montañas del Riff, en Marruecos, dejando caer el polen en España y Portugal. De hecho, los informes meteorológicos locales siempre incluyen las estadísticas referentes al polen de cannabis. Los informes están dirigidos a personas que sufren alergias, pero también son utilizados por los cultivadores de marihuana.

Realiza consultas sobre la calidad del aire, incluyendo el polen de cannabis. Algunos cultivadores desarrollan *alergias* para obtener la máxima información de los organismos oficiales. Investigar la dirección del viento en relación a tu cultivo y las plantas de cáñamo más cercanas te ayudará a seleccionar los sitios con menor probabilidad de contaminación.

Los lugares al abrigo del viento (grandes cortes en las laderas) protegen las plantas del viento y de todo lo que éste lleve consigo.

Si el polen incontrolado supone un problema, planta cultivos tempranos o tardíos que florezcan antes o después que las plantas macho. En general, junio y julio son los peores meses en cuanto al polen, pero podrían extenderse hasta agosto.

Puede que seas capaz de cultivar en interior hasta que el cáñamo industrial haya terminado de florecer y los machos ya no liberen más polen, o planta de forma resguardada del viento. Si la cantidad de polen es elevada, mantén las plantas dentro de un invernadero. Cubre la abertura de entrada con una toalla mojada: la humedad hace que el polen sea inviable. Deja una de las puntas de la toalla en un cubo con agua para que haga de mecha. Mojar el invernadero por fuera también ayudará a inutilizar el polen silvestre.

## Cultivo en jardines traseros

Los afortunados cultivadores que viven en países que toleran el cannabis pueden plantar de forma segura en su jardín o patio trasero, y darle a su cultivo todo el cariño y el cuidado que merece. De esta manera, puedes prestar una mayor atención a la tierra, el agua y las necesidades nutricionales de tus plantas. Cultivar cannabis en tu jardín de flores y hortalizas es ideal porque puedes cuidar de todas tus plantas al mismo tiempo.

Prepara la tierra en otoño; elimina las malas hierbas y cava los

*Un jardín en la parte trasera de la casa no siempre supone un riesgo para la seguridad.*

*Retira la base del contenedor y planta directamente en el jardín para evitar el choque del trasplante.*

*Las pequeñas plantas de AK-47 son fáciles de trasladar para que reciban un fotoperiodo de 12 horas diarias durante el verano.*

agujeros de plantación o los cuadros del jardín. Voltéala y asegúrate de que contenga suficientes enmiendas (véase el capítulo décimo). Añade siempre una buena capa de acolchado a cualquier tierra en la que vaya a plantarse. Una capa de más de 30 cm de acolchado hará que los elementos de la tierra se mantengan intactos, y atraerá la humedad. La tierra desnuda pierde la mayor parte de su valiosa capa superior debido a la erosión durante los meses de invierno.

En primavera, la tierra, abonada y acolchada, debería estar completamente mezclada y lista para plantar. Puedes trasplantar los plantones o los esquejes de cannabis en el jardín como harías con las tomateras. Si la tierra es pobre, o no empezaste a prepararla en otoño, abre grandes agujeros, de un metro de diámetro por un metro de profundidad, y llénalos con tu mejor compost, tierra para macetas o mezcla de plantación. Aparte de esto, labra los 15-20 cm superiores del terreno en un radio de dos metros con el fin de que las raíces tengan espacio para ramificar.

Coloca los contenedores en un cuadro del jardín de forma que no se peguen demasiado a la tierra. Así, podrán ser fácilmente trasladados al interior por la noche o a otro lugar.

## Cultivo en terrazas

Cultivar en una terraza, en un balcón o en un tejado empleando contenedores compensa mucho. Un pequeño lugar soleado, buena genética, macetas y tierra de calidad completan las necesidades básicas.

Tus técnicas de jardinería dependerán del emplazamiento del cultivo. Las azoteas de los edificios urbanos, las terrazas y los balcones tienden a ser azotados por el viento. Cuanto más elevado esté el jardín, más viento hará. El viento seca las plantas con rapidez. Consulta la sección «Viento» en este capítulo.

Los jardines en patios suelen estar más protegidos de los vientos fuertes y de los rayos de sol más duros.

Instalar un sistema de riego automático suele ser una buena idea en estos jardines para asegurar que reciben la cantidad adecuada de agua; especialmente, si vas a ausentarte durante unos días.

Las macetas, además, necesitan sombrearse. Al incidir con toda su fuerza sobre las macetas, el calor del sol cuece las raíces de las plantas. Consulta el capítulo sexto, «Cuartos de cultivo», y el décimo, «Tierra», para más información.

*Coloca las macetas dentro de otro contenedor para evitar que las raíces se cuezan con el calor del sol.*

*Plantas de excelente calidad protegidas en una terraza española.*

Los contenedores con ruedas son mucho más fáciles de mover, especialmente si los estás trasladando una y otra vez del interior al exterior.

Aunque se disponga de la seguridad adecuada, sigue siendo necesario cuidar el resto de los aspectos comunes: agua, tierra y fertilizantes. Para terminar con éxito una cosecha, el mantenimiento diario es esencial mientras el tiempo es caluroso y hace viento.

El viento puede llevar polen masculino incontrolado o polen de cáñamo industrial, creando problemas a los cultivadores de terraza. Planea tu cultivo con antelación. Revisa la sección anterior sobre «Polen incontrolado».

Esta planta de cannabis está siendo cultivada en una terraza entre una antigua iglesia y un edificio con muchos pisos de oficinas.

Evita plantar demasiado temprano en el año o el crecimiento de la parte inferior será alargado y débil.

Este cultivo de poca altura fue plantado y cosechado en sólo tres meses y medio.

Los contenedores grandes requieren un mantenimiento menor y permiten cultivar plantas grandes.

Unos cultivadores vascos plantaron este cultivo en un claro del bosque a principios de verano.

Este cultivo de terraza no deja ver la puerta.

Esta es una imagen del mismo jardín (arriba) un par de meses después.

*Los vientos costeros tienden a soplar hacia el interior durante el día, creando zonas frescas (señaladas con líneas azules).*

*Las brisas costeras generalmente llevan aire del interior hacia el mar durante la noche. En los valles y las laderas que están expuestos, sopla más viento.*

## Cultivo de guerrilla

### Ubicación

El cultivo de guerrilla, término acuñado durante los primeros años de la década de 1970, requiere estrategia, tiempo y, muy a menudo, destreza. Dependiendo de tu situación y las leyes locales, el cultivo clandestino de guerrilla en lugares remotos podría ser tu única opción.

La ubicación del cultivo y su seguridad son las principales preocupaciones del cultivador de guerrilla. Elige un emplazamiento que tenga el acceso restringido al público. Comprueba la reglamentación sobre caza y usos recreativos, y piensa en quién podría acceder a la zona: cazadores, buscadores de setas, otros cultivadores de marihuana, senderistas, ciclistas de montaña, *boy scouts*, etc. Selecciona un sitio remoto, que no sea visitado casualmente.

Busca un lugar con abundante vegetación y arboleda. La marihuana es una planta vigorosa con un gran sistema de raíces, y las plantas hembra quedarán expuestas si toda la vegetación que la rodea se seca antes de la cosecha. Los macizos de arbustos espinosos, como las zarzas, o de helechos, así como las hierbas de las praderas son buenas opciones a la hora de elegir el lugar.

Puedes empezar a preparar el terreno para la marihuana hasta seis meses antes de plantar. Para un jardín de primavera, elimina la vegetación durante el otoño. Despeja la zona circundante para permitir que llegue suficiente luz solar, arranca las raíces de las plantas competidoras y excava agujeros de plantación de 60-90 cm². Si es posible, deja que la tierra abonada se asiente durante un mes o más antes de plantar. Los emplazamientos remotos son difíciles de visitar de manera regular, así que es importante planificarlo y prepararlo todo de manera apropiada. Si el jardín de tu casa y el de guerrilla son aledaños, puedes plantar un cultivo indicador, como tomates, para que disimule la presencia de tus plantas ocultas.

La disponibilidad de agua es un factor importante para que selecciones el sitio de cultivo. Si no puedes contar con el agua de lluvia, ubica tu jardín cerca de una fuente de agua que no se seque en verano; de esta forma, regar será más sencillo y disminuirá la probabilidad de ser descubierto mientras se transporta agua. Si el acceso al lugar debe realizarse a través del agua, en bote, se reducirá aún más el riesgo de ser descubierto, pero asegúrate de que

*El aire fresco tiende a asentarse tanto en los valles naturales como en los creados por el hombre, y suelen tener una temperatura unos grados más fresca.*

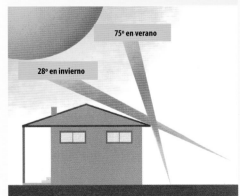

75º en verano

28º en invierno

*El ángulo del sol asciende durante el verano, y también es más brillante.*

*Plantar en un campo de maíz ofrece una gran cobertura.*

*El cannabis se mezcla fácilmente con el resto del follaje cuando se planta de manera apropiada.*

tus plantas no puedan verse desde el bote. Mucha gente usa los cauces fluviales y explora las orillas de los ríos.

Las plantas necesitan un mínimo de cinco o seis horas de sol al día. Explora el terreno durante el invierno e intenta visualizar cómo proyectarán sombra los árboles durante los meses de verano. Recuerda que la trayectoria del sol es más alta en primavera y verano. Para un crecimiento aceptable, son esenciales cinco horas diarias de sol directo a mediodía. Más es mejor. El terreno rocoso, las terrazas en laderas y los prados reciben una buena cantidad de luz solar.

Las corrientes de aire afectarán a tu jardín e influyen al decidir dónde se ubicarán las plantas. Haz tus deberes. Investiga la dirección media del viento y su fuerza. Los cortavientos protegen las plantas del calor y de la pérdida de agua.

## Seguridad

Hallar un emplazamiento seguro es la principal preocupación para la mayoría de los cultivadores de guerrilla. Los cultivadores de interior pueden alquilar un apartamento, una casa o un almacén a nombre de otra persona para evitar ser descubiertos. Los jardines de guerrilla, plantados en suelo público, tienen el riesgo de ser detectados por senderistas, pescadores u otros entusiastas del aire libre. Recuerda que están interesados en deportes y actividades recreativas concretas. No se saldrán de su camino para descubrir tu terreno a menos que los lleves hacia él.

*Planta en un lugar seguro, que no esté al alcance de la vista. Un invernadero o un campo de cannabis es vulnerable tanto a los ladrones como a las fuerzas de la ley.*

Elige un sitio que no haga de tus plantas el punto de enfoque del jardín. Haz que todo se mezcle con el entorno, de forma que no quede prácticamente ningún rastro de la operación de cultivo. Esconde el cannabis entre otras plantas que tengan un tamaño y un follaje similares. Las ortigas camuflan bien el cannabis aunque, si tienes la mala suerte de rozarlas, parece que te hubieran picado, dejando una sensación de quemazón que dura 20 minutos más o menos.

Aparca tu vehículo en un lugar discreto y alejado de donde comienza el camino hacia tu cultivo de guerrilla.

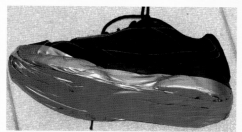

*Cubre las suelas de tus zapatos con cinta para conductos y así camuflar el dibujo de las suelas.*

*Puede apreciarse cómo destaca el cannabis cuando el follaje a su alrededor se seca en verano.*

*Pinta los contenedores de negro, verde oscuro o camuflaje. También están disponibles pliegos de camuflaje para cubrir las macetas.*

*Incluye en tu jardín plantas similares a la marihuana para despistar a los posibles observadores y hacerles creer que no se trata de un cultivo de cannabis.*

*Un perro grande mantendrá a raya a los bandidos.*

*Instala repisas en los árboles para que las plantas que cultives en ellas sean más difíciles de detectar.*

Ten preparada una historia creíble para explicar tu presencia en la zona. Algunas ideas posibles incluyen observar las aves, pescar, fotografiar flores silvestres, etc. Asegúrate de tener algunos objetos a propósito para corroborar tu historia: caña de pescar, cámara, libro para identificar aves, etc. Mantente alerta; ¡éste es un negocio arriesgado!

Algunos cultivadores prefieren visitar su cultivo por la tarde, cuando es más probable que la mayoría de los visitantes esté en el bosque. Ahora dispondrás de tiempo suficiente para completar las tareas y, cuando el sol se ponga, podrás volver bajo el manto seguro del crepúsculo.

Si prefieres visitar tu cultivo de madrugada, cuando aún es de noche, una linterna con un filtro rojo o verde ayudarán a que tus ojos se adapten.

Lleva siempre contigo un teléfono móvil para pedir ayuda o para comunicarte con un socio mientras estés en el cultivo. ¡Mantenlo sin sonido!

Evita hacer un sendero fácil de distinguir tomando una ruta distinta en cada visita. Camina sobre troncos caídos, rocas y por los lechos de los riachuelos para prevenir ser detectado. El rápido crecimiento de las plantas autóctonas borrará cualquier rastro evidente.

Puedes fertilizarlas para ayudarlas en este trabajo, pero ten cuidado con la aplicación ya que las plantas silvestres se sobrefertilizan con facilidad. Recuerda que a finales de verano y principios de otoño la mayoría de las plantas autóctonas de clima seco no volverán a crecer.

Lleva los suministros de cultivo al emplazamiento poco a poco, acumulándolos a lo largo del tiempo -tubo de PVC, bombas de agua que funcionan con gasolina, tanques de agua, tierra, ladrillos de fibra de coco, compost, etc.- y escóndelos discretamente. Puedes transportar unas pocas cosas cada vez. Lleva la cuenta de los viajes; planifícalos con antelación.

Impide que el estilo, el tamaño y el dibujo de la suela de tus zapatos vayan dejando huellas que pudieran llevar a los ladrones y a los agentes de la ley hasta tu cultivo. La huella de tu calzado podría utilizarse como prueba en caso de que tu cultivo sea aprehendido.

Puedes camuflar las plantas doblándolas, podándolas o dividiendo el tallo por la mitad. Lo menos traumático es doblar las ramas, y tiene unos efectos más sutiles sobre las hormonas, el flujo de líquido y la forma de la planta. Consulta «Poda y doblado» en el capítulo tercero. También puedes dividir el tallo central (y la planta) por la mitad y estirar las dos mitades horizontalmente para crear una espaldera. Podar produce el efecto más fuerte porque elimina las altas concentraciones hormonales de los brotes terminales y estimula el crecimiento lateral. Podar varios tallos principales puede hacer que las plantas no salten tanto a la vista, pero no aumenta la cosecha. Piensa cuidadosamente en el resultado que deseas antes de cortar.

Cultiva entre arbustos pegajosos y otra vegetación desagradable como cardos, espinos y ortigas, para desanimar a los intrusos. Busca arbustos que sean lo suficientemente densos y altos como para evitar que se vea el cultivo. Con ello, se consigue evitar que los animales grandes o la gente se adentren en el lugar. Protégete de estas plantas con un traje de agua y guantes. Lávalo todo después de cada visita para eliminar las espinas y los aceites tóxicos e irritantes.

Algunos cultivadores plantan donde hay muchos mosquitos o avispas y, al menos un cultivador que conozco, planta cerca de la madriguera de una mofeta. El penetrante olor mantiene alejados tanto a los animales como a la gente.

Algunos cultivadores trepan 10 metros o más por

los árboles para plantar sobre repisas que se ocultan entre las copas, o usan cornamentas de ciervos y alces a modo de plataformas de cultivo.

Monta un sistema de polea para elevar los contenedores grandes y la tierra a la plataforma. Instala una manguera de irrigación desde la base del árbol hasta la zona de plantación y distribúyela por las macetas; de esta forma, podrás llevar a cabo el riego semanalmente mediante una bomba a pilas, en vez de tener que trepar al árbol. Encuentra un socio que se quede vigilando mientras trabajes en la copa de los árboles, y asegúrate de usar cuerdas de seguridad. No te extiendas demasiado. Solía trepar a los árboles como medio de vida, y mi regla básica era no pasar más de cuatro horas al día trepando. Cuando estás cansado, ocurren accidentes. Si te lesionas, no podrás cuidar de tus plantas.

## Cultivo de secano

Si no tienes acceso a una fuente de agua, es posible llevar a cabo cultivos de secano siempre que llueva copiosamente, al menos, una vez cada 1-4 semanas.

En general, las variedades *sativa* tienen un sistema radicular más extenso que las variedades *indica* y son más resistentes a la sequía.

Las plantas obtienen agua y nutrientes de la tierra. Una tierra aceptable retiene 3 cm de agua por cada 30 cm$^2$ de área, y puede dar lugar a una planta de 2,1 a 2,4 m de altura con raíces de 1,5 m a los lados y 1,8 m de profundidad. Una cantidad insuficiente de agua dará como resultado cogollos pequeños. Una planta de 1,5 m puede producir sólo de 30 a 180 gr de cogollo fumable. Como contraste, una planta que crezca en buena tierra y con suficiente agua será más robusta y rendirá de dos a diez veces más que aquellas que estén en tierra pobre, haciendo que la calidad de la tierra y el agua sea esencial.

Una manera fácil y barata de alimentar y regar tus plantas consiste en cortar un agujero de 5 mm en la base de un cubo de 19 L y llenarlo con agua y fertilizante soluble en agua. Coloca un cubo por cada planta con el agujero orientado al tallo. Los cubos deberían tener que rellenarse cada diez días durante la época más calurosa. De esta forma, serás capaz de pasar el verano con tan sólo de cuatro a seis cubos de agua. Resulta muy

Constrúyete una mochila para que sea fácil transportar una gran cantidad de esquejes.

Elimina las hojas inferiores de los plantones estirados y plántalos a mayor profundidad.

Esta plántula desarrollará raíces a lo largo del tallo subterráneo en unas pocas semanas.

*Elimina las plantas macho tan pronto como puedan distinguirse.*

*Esta hermosa cosecha de exterior está secándose en una remota estación de bombeo hecha de cemento.*

*La cosecha se acerca en este jardín de guerrilla español.*

poco costoso y el agua y los nutrientes extra te recompensarán con creces cuando llegue el momento de la cosecha.

## Plantación y mantenimiento

Enraíza los esquejes en lana de roca, Jiffy™ o cubos de sustrato inorgánico durante tres semanas, y luego trasplántalos a macetas de 10 cm con una mezcla orgánica de tierra. Riega profusamente los trasplantes para estimular el crecimiento de las raíces. Cultívalos bajo una lámpara DAI o FC durante dos semanas. Aclimátalos antes de trasladarlos afuera, al jardín o al cultivo secreto.

Un cultivador que conozco mantiene un flujo continuo de plantas desde su jardín de interior al de exterior. Planta la primera tanda de clones en macetas de 11 L, en invernadero, y los aclimata antes de pasarlos a su ubicación final. La segunda tanda se traslada al invernadero cuando la primera es sacada fuera. Este cultivador repite el proceso tres o cuatro veces durante la temporada.

La mayoría de los cultivadores de guerrilla tienen como meta realizar un montaje completo que requiera poco mantenimiento. Labra la tierra, abónala y añade un puñado de polímeros para que retengan la humedad. A principios de temporada, una gruesa capa de acolchado atraerá el agua, mantendrá fresca la tierra y evitará la evaporación. Entierra los clones profundamente para que desarrollen un sistema de raíces profundo, el cual no requerirá demasiada agua adicional.

Algunos cultivadores trasplantan los esquejes de 30 cm con sistemas de raíces más pequeños de la siguiente forma: eliminan los primeros grupos de hojas y entierran el cepellón a más profundidad de la normal, dejando sólo 15 cm de follaje por encima del suelo. Las raíces crecerán a lo largo del tallo subterráneo en unas pocas semanas. Las raíces profundas dan lugar a plantas más autosuficientes. Esto es de particular importancia en áreas extremadamente remotas, de difícil acceso; y en zonas montañosas, donde las lluvias pueden ser muy esporádicas.

La prevención contra las plagas es crucial para los cultivos de guerrilla, ya que es demasiado difícil mantener el lugar cada día o cada semana. Resulta más fácil evitar que las plagas empiecen a atacar las plantas que intentar controlar los daños después.

Riega y fertiliza a medida que sea necesario. Consulta los capítulos que tratan las necesidades específicas al aire libre.

## La cosecha

Cosecha antes de que se asiente el clima otoñal, frío y húmedo. Este tiempo hace que se propaguen diversos hongos, como la botritis (enmohecimiento de los cogollos) y el mildiu. Muchas plantas pueden aguantar una helada corta y suave (-1-0 ºC). Pero, si la temperatura se mantiene por debajo de 0 ºC más de unas pocas horas, podría matar las plantas. Presta mucha atención a las previsiones meteorológicas y aplica la información al microclima donde se desarrollan tus plantas. Está preparado para cosechar rápidamente si el tiempo lo requiere.

Las autoridades también pueden forzar una cosecha. Cosecha de noche para limitar las posibilidades de ser descubierto por cazadores, senderistas y policías. Entérate de cuándo están en la zona los agentes de la ley y haz tus planes para estar allí en otro momento. Un escáner como los que emplea la policía puede ser muy útil para detectar su posición.

Lleva contigo un cuchillo afilado de bolsillo y una mochila en la que poder cargar tu cosecha de incógnito. Si tienes que cosechar más de una variedad, guárdalas en bolsas diferentes o envuélvelas en papel de periódico antes de meterlas en la mochila.

Ten lista una historia creíble que explique tu presencia en la zona, teniendo en cuenta la proximidad del jardín, que podría ser descubierto. No ofrezcas nada, explícate poco y se simple para evitar resbalar. Recuerda siempre las palabras de Bart Simpson: «Yo no lo hice. Nadie me vio. ¡No podéis probar nada!»

Repasa los capítulos quinto y sexto para más información sobre la floración y el momento de la cosecha.

## Alargando la temporada

Existen muchos productos que protegen las plantas del tiempo frío y los vientos fuertes, permitiendo a los cultivadores cultivar antes y después de lo que sería posible, normalmente, a lo largo del año.

La aproximación más sencilla y efectiva de alargar la temporada de cultivo consiste en localizar y aprovechar los microclimas que hacen que algunas zonas se calienten antes o que retengan el calor más tiempo. La orientación según el sol, los cortavientos y los muros de ladrillo, de mortero o de piedra - que retienen el calor y pueden, incluso, amortiguar

*Advierte el pequeño bolígrafo blanco que está junto al tronco de esta planta tailandesa de 8 meses, lista para la cosecha.*

*Puedes emplear cualquier contenedor transparente para proteger las plantas del frío. Asegúrate siempre de que tengan algo de ventilación.*

*Para hacer una campana, corta la base de una garrafa de plástico y retira el tapón para que haya ventilación.*

*Un Wall O' Water mantendrá cálidas las plantas cuando lleguen las heladas.*

encerado de gran resistencia. Son simples de usar y se apilan con facilidad para guardarlos.

El Wall O' Water es un salvavidas para plantas. Es una especie de tienda de campaña cónica que se llena de agua y emplea las propiedades termo difusoras del agua para proteger las plantas del calor excesivo y mantenerlas templadas cuando hace frío. Tiene capacidad para casi 12 L de agua y se ajusta alrededor de la planta. Durante el día, el agua absorbe el calor del sol, moderando la temperatura dentro del tipi. Por la noche, al caer la temperatura del aire, el agua libera su calor, manteniendo la planta en un ambiente confortable. El Wall O' Water resulta especialmente útil en primavera, cuando aún existe la posibilidad de que haya alguna helada. Al helarse, el agua desprende más calor dentro del tipi y puede proteger las plantas hasta llegar a -7 ºC.

los efectos de los ciclos de deshielo-, todos juegan un papel importante al evaluar los microclimas.

Las rocas oscuras pueden moderar la temperatura en una zona muy pequeña, ya que acumulan el calor del día y van liberándolo lentamente al refrescar durante el atardecer.

Tanto la tierra como los muros oscuros absorben y retienen más calor que aquellos de color claro. O utiliza un acolchado de plástico, que sombrea las malas hierbas, evita la pérdida de humedad y eleva la temperatura de la tierra entre 3 y 8 ºC durante los días soleados. A medida que crecen las plantas, las hojas darán sombra al plástico y se detendrá el efecto calentador.

Los lagos, embalses y riachuelos también harán que se modere la temperatura del aire, manteniéndola más templada en invierno y más fresca en verano.

Las campanas son cubiertas protectoras individuales que mantienen un entorno cálido para las plantas por la noche. Una campana simple podría ser una garrafa de agua a la que se ha cortado la base y retirado el tapón. Al colocarse sobre una planta, el plástico captura y retiene el calor al tiempo que se permite la ventilación a través de la abertura superior. Puedes hacer campanas con papel de cera, vidrio y envases; o comprarlas ya hechas. Las unidades comerciales están fabricadas con plástico transparente o papel

Las cubiertas protegen las plantas tempranas y pueden ayudar a producir una cosecha de primavera. La cubierta menos complicada consiste en una tela o una colcha que se extiende sobre las plantas y se fija al suelo con piedras o tierra. Una bombilla de pocos vatios situada cuidadosamente debajo de la cubierta puede elevar la temperatura entre 5,5 y 8 ºC por encima del resto del jardín. Ten mucho cuidado de que la bombilla no roce con ninguna parte del cobertor o puede iniciar un fuego. Los productos como Agronet™ y Reemay™ están hechos con fibras trenzadas que protegen del sol y pueden ser utilizadas como cobertores en lugar de las telas y los mantos.

Los túneles en hilera pueden hacerse con fibra de vidrio clara y corrugada, la cual se dobla en forma de arco y se fija sobre el jardín. Las cubiertas comerciales en hilera vienen en distintos tamaños, desde lo bastante grandes para albergar árboles frutales enanos hasta unidades pequeñas para plantas de pimientos y rosales. Los cobertores que están fabricados con polipropileno protegen las plantas hasta -5 ºC.

*Inspecciona las plantas cada día de manera cuidadosa.*

# Caso práctico – La eficiencia energética de un *mar verde* orgánico Nigel & Terry

**Estadísticas de cultivo**

**Rendimiento 1:** 3,8 kg en diez semanas; el cultivo de interior inicial ocupó la mitad de espacio que los otros cultivos.

**Rendimiento 2:** 12,5 kg en nueve semanas para el segundo cultivo.

**Rendimiento 3:** 13,7 kg en nueve semanas para el tercer cultivo.

**Coste: Primera cosecha /** Instalación inicial + energía: 4.500 euros – 1.184 euros por kg

**Segunda cosecha /** Mejoras + energía: 6.550 euros – 524 euros por kg

**Tercera cosecha /** Recoge los frutos: 1.500 euros – 106 euros por kg

**Espacio: Primer cultivo:** 5 x 2,4 m, **Segundo cultivo y tercer cultivo:** 10 x 2,4 m

**Vatios:** Primer cultivo – 6.000 vatios, segundo cultivo y tercer cultivo – 8.400 vatios.

**Clonación:** 100 clones (primera cosecha) y 400 clones (segunda cosecha y tercera cosecha), adquiridos a una fuente externa y listos para plantar. Los esquejes fueron adquiridos a 2,50 euros por unidad. La variedad proporcionada fue Power Plant.

**Vegetativo:** Primera cosecha – Se plantaron 100 esquejes directamente en la sala de floración, donde se cultivaron con 18 horas de luz diarias durante un periodo de 14 días. Para las cosechas segunda y tercera, se emplearon 400 clones. Debido a que se duplicó el número de esquejes por metro cuadrado, sólo se necesitaron siete días de crecimiento vegetativo antes de pasar a floración.

**Floración:** Las plantas jóvenes, una vez aclimatadas a su nuevo entorno y en pleno desarrollo, fueron sometidas a un ciclo lumínico de 12 horas diarias durante ocho semanas.

**Cosecha:** Las plantas maduras alcanzaron una altura media de 60 cm con múltiples ramas.

# Nigel y Terry

## La primera cosecha

Nigel y Terry vivían juntos en el centro de Londres y trabajaban para la misma empresa, una gran compañía británica. Cuando a ambos se les ofreció la posibilidad de pasar a una nueva firma en Holanda, aprovecharon la oportunidad. La nueva empresa se encontraba al oeste del país, cerca de la costa y rodeada de distritos rurales pintorescos. Alquilaron una casa en el campo, donde podrían disfrutar de la soledad y reducir el estrés asociado a la vida corporativa.

La casa que alquilaron estaba en una gran extensión de terreno, fuera de la vista de los vecinos. Cerca de la casa, había un gran cobertizo que había sido utilizado para guardar el equipamiento de servicio de la granja. Disponía de luz, agua y un lavabo y una ducha en funcionamiento. ¿Interesante?

Tras asentarse en el trabajo y hacer de la casa un lugar confortable, Nigel y Terry se pusieron a pensar. «Ese cobertizo, ahí vacío y sin ningún uso… ¿No sería perfecto para un cultivo hidro?» Por añadidura, la propiedad que tenían alquilada pertenecía a una mujer mayor que vivía en Bélgica. Pagaban el alquiler a un agente inmobiliario del pueblo y ni un sólo vecino les había dirigido la palabra en las seis semanas que habían pasado desde que se mudaron allí, por lo que se figuraron que el sitio era bastante seguro. Después de varias noches sentándose a discutir sus perspectivas, los chavales decidieron confiar en su buena suerte y se liaron la manta a la cabeza.

Al fondo del hangar había una zona de almacén que había sido separada del resto. Ocupaba todo el ancho de la construcción, alrededor de 10 m, y tenía 3 m de ancho. Parecía el lugar ideal para llevar a cabo el nuevo proyecto, pero empezaron a surgir las cuestiones. ¿Cómo de grande iban a hacer el cultivo exactamente? ¿Cuánto dinero estaban dispuestos a invertir? ¿Cuáles serían las consecuencias de tener éxito o de fracasar? O, aún peor, ¿qué pasaría si eran descubiertos? Al ser de mentalidad corporativa, decidieron tomar una decisión ejecutiva: buscar el asesoramiento de un profesional.

Holanda es famosa mundialmente por su producción de hierba de interior; como consecuencia, las tiendas de cultivo son abundantes. Nigel y Terry se encontraron con que el personal de su tienda de cultivo más cercana era abierto y profesional, y estaban bien equipados para responder a sus necesidades específicas. Tras una charla aclaratoria, los chicos decidieron jugar a lo seguro y utilizar sólo la mitad del almacén, 5 x 3 m. Decidieron que el cultivo sería orgánico y que el método más simple (tierra y macetas) sería lo mejor para empezar.

Compraron suficiente madera y otros materiales para construir dos bancos de 5 x 1,2 m. También compraron 100 macetas de plástico de 5 L, diez sacos de 50 L de tierra orgánica premezclada y suficientes paneles blancos, de madera laminada, para cubrir las paredes (aproximadamente 30 m$^2$). La idea era construir la base del cuarto, llenar las macetas con tierra y colocarlas sobre los bancos para ver si el diseño era lo bastante sólido antes de seguir adelante. Todo fue bien, y el gasto total ascendía a 620 euros.

A continuación, adquirieron diez equipos completos de iluminación de sodio AP de 600 vatios (lámpara, balasto y reflector), un tablero de control eléctrico Hagar con múltiples salidas y temporizadores incorporados, un extractor Torin de 3200 m$^3$/h, un filtro de carbono, dos ventiladores de pie, algunos nutrientes orgánicos y 100 clones. Gasto total: 3.500 euros.

El sistema fue relativamente fácil de montar. El extractor estaba montado en la parte de arriba de la pared trasera. Su trabajo consistía en expulsar el aire caliente del cuarto de cultivo y crear suficiente corriente como para hacer que entrara aire fresco a través de la abertura (un hueco grande) entre la pared opuesta y el suelo del cuarto de cultivo. Llegado el momento, si el olor se convertía en un problema, el filtro de carbono podría conectarse al Torin e incrementar su velocidad para mantener un flujo de aire constante sin olor. Los dos ventiladores de pie serían incorporados para aumentar el movimiento del aire, pero no hasta que todo lo demás estuviera instalado. Las lámparas fueron dispuestas de forma que cubrieran un área aproximada de 1 x 1,2 m cada una. Los reflectores incluidos con los equipos de iluminación eran de los más baratos, horizontales de aluminio en forma de medio octógono. No obstante, eran ligeros y parecían muy brillantes cuando se encendieron las luces.

Los esquejes fueron plantados y colocados en los bancos (diez bajo cada lámpara). Durante los primeros cinco o seis días, las luces se mantuvieron alrededor de un metro por encima de las plantas y, entonces, se fueron bajando gradualmente hasta la mitad de esa distancia más o menos a medida que el crecimiento se hacía fuerte y vigoroso. El riego se hacía a mano y, como la tierra era una mezcla orgánica prefertilizada, no se añadió abono durante la primera semana.

Nigel y Terry permanecieron atentos a su primera cosecha como padres responsables. Se ajustaron a un horario diario de riego, controlando el pH e inspeccionando las hojas en busca de cualquier síntoma que pudiera indicar la presencia de insectos o de un desequilibrio nutricional. Como resultado, las plantas se desarrollaron rápidamente y estaban listas para empezar a florecer al final de la segunda semana. Para inducir la floración, las luces fueron ajustadas para funcionar 12 horas al día en vez de 18. A partir de este momento, comenzaron a añadir suplementos nutricionales orgánicos al riego diario. A medida que las plantas seguían desarrollándose, se volvieron cada vez más sedientas; todas las macetas se regaban hasta que las bandejas individuales casi rebosaban.

El filtro de carbono se conectó alrededor de la sexta semana en un intento de impedir que el olor saliera del cobertizo. Esta táctica funcionó bien, pero redujo el flujo de aire. Según crecían las plantas en tamaño y densidad, se iba haciendo cada vez más difícil mantener la temperatura por debajo de 30 ºC. En un par de ocasiones, la temperatura superó los 33 ºC, y el desarrollo del cogollo se vio afectado definitivamente. Nuestros amigos recuerdan una vez que las plantas dejaron de crecer durante tres o cuatro días después de que la habitación se recalentara.

A medida que el cultivo se acercaba a la madurez, Nigel y Terry notaron que estaba sucediendo algo extraño. La mayoría de las plantas estaban acabando de manera satisfactoria, pero algunas (las más grandes en general) no parecían madurar correctamente. Los cogollos de las plantas que se encontraban justo debajo de las lámparas eran grandes pero no parecían tan sólidos y resinosos como los de las demás plantas. Esta situación se hizo cada vez más notoria con el paso del tiempo. Al llegar a la marca de la octava semana, las plantas más grandes empezaron a amarillear y a

deshacerse de las hojas. Había llegado el momento de prepararse para la cosecha.

El cultivo fue recolectado unos días más tarde, y se colgó para que se secara. En general, las plantas más pequeñas produjeron cogollos de mejor calidad que las plantas grandes. El rendimiento ascendió a 3,8 kg de hierba muy gustosa; y con eso a la vista, ¿quién iba a quejarse?

En realidad, los chicos estaban muy contentos con su primer resultado, ya que todo había ido bastante bien. Tuvieron algunos problemas con el calor, pero habían aprendido mucho y consiguieron la confianza (y el dinero) para aprovechar el cuarto de cultivo con todo su potencial, 10 x 3 m.

## El segundo cultivo

Llegó la hora de introducir cambios y serias mejoras. Durante los tres meses anteriores, Nigel y Terry habían visitado muchas veces el almacén local de cultivo, y habían trabado amistad con uno de los propietarios que trabajaba allí. Les había dado gran cantidad de consejos útiles, así que los muchachos se daban cuenta de que, sin su ayuda, el primer cultivo podría haberse ido al traste fácilmente.

El dueño de la tienda (llamémosle Bob) se ofreció a ayudarles en el diseño de su nueva sala de cultivo doble, dado que -por supuesto- iban a adquirir todo el nuevo equipamiento en su establecimiento. Bob insistió en que el sistema que Nigel y Terry tenían en marcha gastaba demasiada energía, generaba demasiado calor y suponía demasiado trabajo para que, duplicando su tamaño, pudiera ser llevado a buen término por dos personas que ya trabajaban a jornada completa.

Como de costumbre, Bob hacía gala de su sentido común, así que Nigel y Terry asumieron que jugar a la manera de Bob significaba apostar a lo seguro y pusieron en sus manos el dinero necesario. El coste total de las mejoras propuestas por Bob se elevaba a 6.000 euros. A 2.200 euros por kilo, el primer cultivo ya se había pagado por sí mismo, y se había cubierto más de la mitad de los gastos derivados de la expansión y de las mejoras propuestas. ¡Bien!

El plan de Bob era: 1) Doblar el largo de los dos bancos existentes y forrar las paredes de la otra mitad de la zona de almacén con madera blanca laminada. 2) Instalar un sistema de riego automático con grandes depósitos para reducir las labores manuales. 3) Plantar el doble de esquejes por zona para reducir el tiempo de crecimiento vegetativo a una semana. 4) Para conseguir un flujo de aire adecuado, instalar un nuevo extractor de 5.000 m$^3$/h, y utilizar el de 3.200 m$^3$/h como intractor. 5) Hacer uso de los últimos avances en tecnología de reflexión para reducir el número de luces necesarias -de 20 a 14- y, consecuentemente, lograr que disminuyera el consumo eléctrico y el calor generado en la misma proporción. 6) Bob también sugirió cambiar la idea de las macetas a favor de planchas (*slabs*) de fibra de coco. «Simplemente, proporcionar a las plantas nutrientes orgánicos de máxima calidad, de forma que el jardín esté a la última al tiempo que sigue siendo orgánico».

La sala fue dispuesta de manera bastante ajustada a como Bob la había planeado. Sobre cada banco, de 10 m de largo, se colocaron cinco bandejas danesas de plástico, de 2 x 1 m, cargadas con planchas de coco. Cada bandeja fue instalada con 3 grados de inclinación para facilitar el drenaje. Se construyó un elaborado sistema de goteros y tubos de drenaje y cada uno de los dos bancos funcionaba de forma independiente, con su propio depósito de 400 litros y una bomba de 6.000 L/h. Ambas bombas estaban controladas con temporizadores para funcionar un número de veces al día y un tiempo determinado, y el sobrante de la solución nutriente se bombeaba fuera de la sala de cultivo por el desagüe de la ducha.

El extractor de 5.000 m$^3$/h fue instalado arriba, en un extremo de la sala, y el Torin de 3.200 m$^3$/h fue montado al otro lado, en la parte baja. El primero eliminaba el aire a través del respiradero que había en la parte central del techo de la sala. El escape tenía forma de caja y estaba permanentemente conectado al filtro de carbono. Cuando no se requería la función del filtro, se abría una tapa en la parte de abajo de la caja y el aire se expulsaba fuera a través de la abertura. El Torin de 3.200 m$^3$/h forzaba el aire fresco a través de conductos que se extendían por el suelo a lo largo de cada banco. Este aire entraba en la sala por cuatro sitios debajo de cada banco, espaciados uniformemente en los 10 m de longitud. Se utilizaron cuatro ventiladores de pie para mezclar el aire y empujarlo en dirección al respiradero de salida.

La sala se iluminó con catorce lámparas de 600 vatios, cada una de las cuales cubría un área de 1,43 x 1,2 m. Esto se consiguió mediante el empleo de reflectores parabólicos dobles de última generación (Adjust-a-Wings). Estas *alas* flexibles son altamente reflectoras y pueden repartir la luz de manera amplia y uniforme a distintas alturas por encima de las plantas. Se ajustaron para cubrir áreas de 1,5 x 1,2 m o mayores con lámparas de 600 vatios, así que el área de 1,43 x 1,2 m estaba dentro de los límites aconsejados. En conjunción con las alas, se usó otro producto de iluminación conocido como superdifusor. Se ajusta debajo de la lámpara y esparce el exceso de luz y de calor que hay alrededor de la fuente de luz. De esta forma, las lámparas pueden situarse cerca de las plantas para que produzcan un crecimiento rápido pero manteniendo uniforme el ritmo de crecimiento y el tamaño de las plantas.

En comparación con el primer cultivo, éste casi parecía funcionar por sí mismo. Sólo el sistema de irrigación (tamaño del depósito, la reserva para tantos días, la dosificación de los nutrientes, el flujo coco-bandeja-desagüe) ahorraba a Nigel y Terry alrededor de dos horas de trabajo al día.

El diseño de la ventilación combinaba bien con la estrategia de iluminación, simple y efectiva. El aire se introducía en la sala y se empujaba hacia arriba, refrescando las plantas en su camino. El aire caliente ascendería naturalmente, quedaría atrapado en el techo y sería absorbido a través del filtro/caja de ventilación y expulsado fuera de la sala. Con algunos ajustes, la temperatura del aire pudo mantenerse entre 27 y 28 °C incluso cuando las plantas formaban una masa densa por toda la sala.

Los reflectores alados pudieron ajustarse para proporcionar una iluminación homogénea cuando estaban cerca de las plantas (fases de crecimiento y floración) y cuando tenían que mantenerse alejados (al principio de la fase vegetativa y al final de la maduración). Cuando los reflectores estuvieron colgados muy cerca de las plantas, los difusores neutralizaron los puntos calientes y aseguraron una iluminación uniforme.

El segundo cultivo de Nigel y Terry se desarrolló de manera vigorosa y pareja hasta alcanzar la madurez. Al principio, tuvieron un pequeño problema de araña roja. Al parecer, los clones que compraron llevaban algunos ácaros, que fueron tratados de forma orgánica y efectiva. Bob había sugerido a los muchachos que usaran los nutrientes orgánicos Ecolizer y que siguieran su programa con exactitud. El plan de cultivo aconsejaba rociar los esquejes regularmente con su abono foliar «Bugs Away». Esta solución contiene nutrientes y aceites esenciales que cubren los huevos de los ácaros y los sofocan. Sin productos químicos y, aún así, ¡funcionó!

Tras un total de nueve semanas de cultivo, la sala estaba llena de plantas, que formaban una capa densa de cogollos homogéneamente desarrollados, gruesos y pegajosos. La sala parecía un *mar verde* más que una colección de plantas de formas y tamaños variados. Al cosechar, Nigel y Terry bromearon acerca de que era como si estuvieran recolectando una masa de mazorcas de maíz verdes y pringosas. Cortar, colgar, secar y, particularmente, manicurar toda esa hierba supuso un infierno de trabajo, y les llevó un mes terminar. El producto final fueron 12,5 kilos y, la calidad, sobresaliente.

Llegados a este punto, los chicos habían cubierto todos los gastos, estaban a medio camino en su tercer cultivo (que crecía fuerte) y ya tenían 10 kilos libres.

Había sido un proyecto ambicioso. Nigel y Terry no consiguieron el éxito sin un riesgo significativo y un montón de trabajo duro. Adivina quién estaba planeando unas merecidas vacaciones al sol.

## Estadística comparativas:

Primer cultivo, 3,8 kg / 6.000 vatios = 0,63 gr / vatio
$$3,8 \text{ kg} / 12 \text{ m}^2 = 316 \text{ gr} / \text{m}^2$$

Segundo cultivo, 12,5 kg / 8.400 vatios = 1,49 gr / vatio
$$12,5 \text{ kg} / 24 \text{ m}^2 = 521 \text{ gr} / \text{m}^2$$

- El consejo de Bob ayudó a que los muchachos incrementaran la eficiencia energética (gr / vatio) de su cultivo el 137 por ciento.

- El consejo de Bob ayudó a que los muchachos aumentaran la eficiencia de su espacio de cultivo (gr / $\text{m}^2$) el 65 por ciento.

- ¡Bob era la persona que necesitaban!

*Nigel y Terry realizaron todo su tercer cultivo con un gasto de sólo 106 euros por kilo.*

# Calendario y lista de tareas

Un calendario ayuda a los cultivadores a saber qué hacer y cuándo prepararse para llevarlo a cabo. La lista de tareas añade la rutina necesaria al proceso. El calendario traza, a lo largo de tres meses, el ciclo vital medio de los clones. Señala los puntos de mayor interés durante cada fase del desarrollo. La lista semanal de tareas consiste en una serie de quehaceres que deben realizarse cada semana para asegurar un cultivo de provecho.

Los cultivadores con vista leerán y tendrán en cuenta cada uno de los puntos que se incluyen en el calendario por semanas, y tacharán cada punto sólo cuando hayan acabado con él.

Para tener un jardín productivo, los cultivadores deberían dedicar 10 minutos diarios por lámpara como mínimo. Este tiempo es suficiente para completar todas las actividades semanales del calendario. Gran parte de la jardinería consiste en, simplemente, mirar y prestar atención; pero lleva tiempo tener un jardín decente y productivo. Si se emplean sistemas de enriquecimiento de $CO_2$ o de hidroponía, cuenta con 20 minutos al día para mantener el jardín.

Habrá que dedicar mucho más tiempo a la instalación del cuarto de cultivo y a cosechar. Estos ratos no están incluidos en los 10-20 minutos diarios.

## Calendario

El calendario empieza el día 1 de enero y sólo dura tres meses. Dos semanas para que enraícen los esquejes, otras dos semanas de crecimiento vegetativo y ocho semanas de floración. Este calendario de interior puede comenzar cualquier otro día del año, sin importar en qué dirección sople el viento ni lo que diga el hombre del tiempo.

Si el jardín está lleno de clones cultivados en sistemas hidropónicos o con $CO_2$ añadido, el calendario podría adelantarse una semana, dependiendo de lo rápido que crezca el jardín. Recuerda que la intensidad de la luz disminuye sustancialmente a partir de 1,2 m de la bombilla.

---

# Lista semanal de tareas

**Comprueba lo siguiente para ver si marcha adecuadamente:**

Ventilación del aire

Circulación del aire

Humedad: 40-50%

Temperatura: 21-24 °C por el día; 13-16 °C por la noche

Humedad de la tierra (embolsamientos secos): regar según sea necesario

Cuidar la superficie de la tierra

Controlar el pH

Rotar (girar) las plantas

Vigilar la presencia de araña roja en el envés de las hojas

Vigilar la aparición de hongos

Comprobar los síntomas de deficiencias de nutrientes

Aplicar el plan de fertilización

Revisar el sistema de iluminación DAI para detectar excesos de temperatura en el enchufe, el temporizador, el balasto y cerca del techo

¡Limpieza!

¡Limpieza!

¡Limpieza!

Revisar las paredes y el techo en busca de moho

Ajustar la altura de la lámpara, manteniéndola a una distancia entre 30 y 90 cm por encima de las plantas

*Examina tus plantas detenidamente con una lupa para ver si están listas para la cosecha.*

## Primer mes

### Primera semana, 1 de enero

Cortar y enraizar los esquejes. Enraízan entre 1 y 4 semanas.

Sembrar las semillas. Asegurarse de que estén cálidas para que germinen rápidamente.

Mezclar la tierra con caliza dolomita antes de plantar.

Preparar el cuarto de cultivo. Consultar «Montaje del cuarto de cultivo paso a paso» e «Instalación del sistema DAI paso a paso».

Ajustar el temporizador para que encienda las luces 18 horas al día y las apague durante las 6 horas restantes.

### Tercera semana, 15 de enero

Asegurarse de que el cuarto de crecimiento vegetativo esté en perfectas condiciones antes de introducir los clones.

Trasladar los clones enraizados o las semillas brotadas, situándolos a una distancia de la lámpara DAI entre 60 y 90 cm. Mantener húmeda la superficie de la tierra.

Fertilizar los plantones y esquejes. Emplear un fertilizante genérico. Comenzar un programa regular de fertilización.

Debe tenerse un cuidado especial con la tierra. La pudrición por exceso de humedad o los embolsamientos de tierra seca podrían detener el crecimiento de las plantas.

*Cultiva los esquejes enraizados bajo luz de halogenuro metálico.*

*Saca los esquejes de plantas madre fuertes.*

*Cuando las plantas vegetativas sean lo suficientemente grandes, indúcelas a florecer.*

## Segundo mes

### Quinta semana, 1 de febrero

Las plantas en crecimiento vegetativo deberían medir de 15 a 30 cm de altura, con hojas verdes, anchas y firmes.

Continuar con el programa regular de fertilización suplementaria.

Situar la lámpara DAI entre 30 y 90 cm por encima de los plantones y esquejes de un mes de edad.

Sanear y trasplantar los plantones a macetas más grandes.

Regar tanto como sea necesario.

### Séptima semana, 15 de febrero

Trasladar los esquejes vegetativos al cuarto de floración, con un fotoperiodo de 12 horas.

*Mantente alerta ante la posible aparición de enfermedades y plagas.*

Cambiar de fertilizante, pasando a usar uno específico para floración.

Las plantas deberían medir entre 30 y 60 cm de altura.

Las hojas no deberían amarillear. Si esto ocurriera, debe revisarse la lista de tareas semanales.

A veces, el exceso de riego es un problema llegados a este punto. Comprobar la tierra con un medidor de humedad.

*Las plantas necesitan una gran cantidad de luz para florecer correctamente.*

Aumentar la circulación del aire y la ventilación resulta esencial.

Rociar el jardín con agua para lavar las hojas.

Las deficiencias de hierro, magnesio y nitrógeno podrían aparecer ahora.

Debería aplicarse una mezcla suplementaria de microelementos.

*Continúa regando y fertilizando tu jardín.*

## Tercer mes

### Novena semana, 1 de marzo

Las plantas ya tienen dos meses de edad y miden entre 45 y 90 cm.

Las plantas hembra deberían mostrar pistilos blancos que parecen pelos.

Se desarrollan los sacos de polen masculino. Eliminar las plantas macho o guardarlas para los proyectos de crianza.

Sacar esquejes para el siguiente cultivo.

Si hay hojas que amarillean y se secan, debe revisarse la lista de tareas semanales.

En estos momentos, la ventilación y circulación del aire, así como la humedad relativa, son muy importantes.

Lixiviar la tierra para eliminar cualquier exceso de fertilizante y los residuos de sales.

Los plantones, de sólo dos meses de edad, deberían tener otro mes de crecimiento antes de ser inducidos a florecer.

Puede iniciarse el proceso de sexado mediante clonación.

A estas alturas, la tierra se secará rápidamente; vigilar la aparición de porciones de tierra seca.

Doblar y atar las plantas para que el jardín tenga un perfil uniforme.

Podar las plantas que estén dando sombra a otros individuos (opcional).

Los cuartos que alberguen gran cantidad de plantas deberían estar listos para una segunda lámpara. Añadir otra lámpara incrementará el rendimiento de la cosecha.

Este es el momento de máxima producción de THC. Durante las siguientes semanas, los cogollos doblarán su tamaño y potencia.

Las hojas más bajas puede que amarilleen. Si son muchas las hojas que amarillean, debe revisarse la lista de tareas semanales.

Tras repasar la lista de tareas, eliminar la hojas que amarillean sólo si puede apreciarse claramente que van a morir.

*Al florecer, las plantas hembra dejan ver pistilos blancos y sedosos.*

*Las plantas crecen en altura a medida que se estiran hacia la luz.*

Puede que el jardín aún requiera bastante agua; comprobar diariamente si fuera necesario.

Ésta es la última oportunidad para pulverizar y fertilizar si se planea cosechar en un par de semanas. Si existen desórdenes que tienen que ver con los nutrientes, los hongos o los insectos, ésta es la última ocasión de emplear pulverizaciones para combatirlos.

### Undécima semana, 15 de marzo

Las puntas se alargan, haciendo que la altura del jardín sea de 15 a 30 cm más alta que dos semanas antes.

Continuar abonando con fertilizante para floración.

Puede que las hojas más viejas empiecen a caerse un poco más rápido, debido al poco nitrógeno que incorpora el fertilizante de floración o a que sólo se utilice una lámpara de sodio AP.

Inspeccionar en busca de moho (gris) en los cogollos.

Comprobar todos los factores incluidos en la lista semanal de tareas.

A estas alturas, los cogollos deberían estar rebosantes de resina.

Es normal que algunas hojas sombradas amarilleen.

En este momento, los cogollos de plantas *indica* y otras de maduración temprana están alcanzando su punto óptimo de madurez. Cosechar si están listos.

Regar tanto como haga falta.

¡No usar insecticidas ni fungicidas!

¡No fertilizar!

Vigilar la aparición de cogollos estropeados o con moho.

# Cuarto mes

## Duodécima semana, 1 de abril

El único cambio apreciable será el desarrollo de cálices cada vez más grandes en los cogollos de flores.

Continuar regando a discreción.

El enmohecimiento (gris) de los cogollos podría llegar a ser un problema. Se impone un escrutinio constante, ya que aparece de un día para otro. ¡Mucha atención!

Ya todo debería estar listo para la cosecha. Si no es así, debería considerarse la posibilidad de cultivar una variedad de cannabis que termine de madurar antes.

Cosechar ahora o en menos de dos semanas.

El contenido de THC comienza a caer en picado cuando las glándulas se tornan de color ámbar.

En cultivos para obtener semillas, continuar hasta que éstas estén grandes y sanas antes de cosechar.

Cosechar y limpiar.

Trasladar nuevos esquejes enraizados para el siguiente cultivo.

*Esta Big Kahuna estará lista pronto.*

*Enormes cogollos adornan este jardín a una semana de la cosecha.*

*Una S.A.G.E. de lo más apetitoso.*

*Con una simple manivela se pueden subir y bajar todas las luces de una sala de cultivo.*

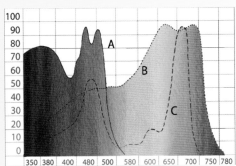

Este gráfico muestra los niveles exactos en los que tienen lugar la respuesta fototrópica (A), la respuesta fotosintética (B) y la síntesis de clorofila (C).

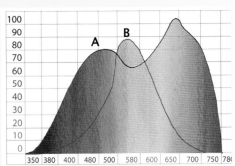

La línea con una sóla curva en el centro del gráfico (B) representa el espectro de la luz que es visible para el ojo humano. La línea con doble curva (A) representa el espectro que necesita el cannabis para crecer.

## Luz, espectro y fotoperiodo

La marihuana necesita luz para crecer. La luz debe tener la intensidad y el espectro adecuados para asegurar un crecimiento rápido. La luz consiste en bandas separadas de color. Cada color del espectro envía una señal por separado a la planta. Cada color del espectro estimula un tipo diferente de crecimiento.

### RFA y espectro de la luz

Las plantas necesitan y emplean sólo ciertas partes del espectro lumínico. Los colores más importantes del espectro para obtener la máxima producción de clorofila y respuesta fotosintética se encuentran en las franjas correspondientes al azul y al rojo. La porción principal de luz que usan las plantas se encuentra entre 400 y 700 nanometros (nm)*. Esta región se denomina zona de Radiación Fotosintéticamente Activa (RFA)**.

Los vatios RFA (o PAR, *Photosynthetically Active Radiation*) constituyen la medida de la cantidad real de fotones específicos que necesita una planta para crecer. Los fotones son una medida de energía luminosa. La energía luminosa es irradiada y asimilada en fotones. Las plantas necesitan la fotosíntesis para crecer, y ésta se activa mediante la asimilación de los fotones. Los fotones azules tienen mayor valor que los fotones rojos en los vatios RFA, pero los científicos encuentran dificultades para medir la diferencia exacta.

Cada color de luz activa diferentes funciones de la planta. El tropismo positivo, la habilidad de las plantas para orientar las hojas hacia la luz, está controlado por el espectro.

## Escala Kelvin

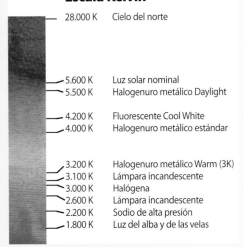

| | |
|---|---|
| 28.000 K | Cielo del norte |
| 5.600 K | Luz solar nominal |
| 5.500 K | Halogenuro metálico Daylight |
| 4.200 K | Fluorescente Cool White |
| 4.000 K | Halogenuro metálico estándar |
| 3.200 K | Halogenuro metálico Warm (3K) |
| 3.100 K | Lámpara incandescente |
| 3.000 K | Halógena |
| 2.600 K | Lámpara incandescente |
| 2.200 K | Sodio de alta presión |
| 1.800 K | Luz del alba y de las velas |

| Clase de bombilla | Clasificación TCC en Kelvin |
|---|---|
| Cálida | 3.000 |
| Neutra | 4.000 |
| Fría | 6.000 |

| Bombilla | Temperatura Kelvin | IRC |
|---|---|---|
| Cool White | 4.150 K | 62 |
| Lite White | 4.150 K | 62 |
| Warm White | 3.000 K | 52 |
| Deluxe Daylight | 8.500 K | 84 |
| Vitalight | 5.500 K | 96 |
| Luz solar al mediodía | 5.300 K | 100 |

Las bombillas sólo entregan una parte de la luz que necesita la marihuana para crecer. No obstante, dan la suficiente. La mayoría de las necesidades lumínicas de la marihuana pueden cubrirse por medios artificiales.

\* Un nanometro (nm) = una mil millonésima $(10^{-9})$ parte de un metro. La luz se mide en longitudes de onda; las longitudes de onda se miden en nanometros.

\*\* Algunos científicos aún no se han puesto de acuerdo respecto a cuál es exactamente la zona RFA, y hacen sus cálculos basándose en la franja entre 350 y 750 nanometros. Los vatios RFA, según esta escala, son un poco más altos.

## Medición de la luz

Prácticamente, toda la luz se mide en candelas por metro cuadrado o lúmenes por metro cuadrado -también llamados lux-. Las candelas y los lúmenes por metro cuadrado miden la luz que es visible al ojo humano. El ojo humano ve una parte mucho menor del espectro lumínico de lo que pueden *ver* las plantas. El ojo es más sensible a la luz entre 525 y 625 nanometros. La importancia de las porciones roja y azul del espectro resulta disminuida en gran

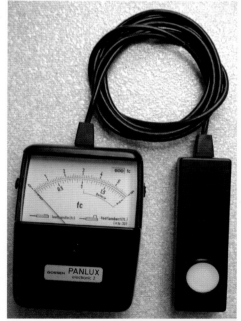

*Aunque este sencillo fotómetro mide la luz en candelas en vez de en RFA, puede dar una idea precisa de la distribución de la luz.*

medida cuando la luz se mide en candelas o en lúmenes por metro cuadrado. La candela por metro cuadrado es una unidad de iluminación que equivale a la intensidad de una vela a un metro de distancia. La escala de los lux es similar a la de las candelas; una candela por metro cuadrado equivale a 10,76 lux.

Los humanos vemos la luz de forma diferente a las plantas. Compara los gráficos de la página anterior para poder apreciar cómo la luz que ves difiere de la luz que utilizan las plantas para crecer. Las plantas usan la zona RFA del espectro. Los humanos percibimos la porción central del espectro, mientras que las plantas son capaces de aprovechar grandes zonas del espectro que no registran los fotómetros fabricados para medir las candelas o los lúmenes.

La luz también se mide dentro del espectro con la temperatura Kelvin, que expresa el color exacto que emiten las bombillas. Las bombillas o lámparas con una temperatura Kelvin de 3.000 a 6.500 son las mejores para cultivar marihuana. La sección anterior sobre RFA explica que las plantas usan porciones específicas del espectro: un completo rango de azules y rojos. Las lámparas con un espectro similar a las bombillas clasificadas según la RFA pueden emplear la temperatura Kelvin de una bombilla para verificar la asignación RFA aproximada de la lámpara. El espectro de color resulta de una mezcla específica de diferentes colores. Las bombillas de descarga de alta intensidad son de espectro muy similar. Realizando estas comprobaciones, puede extrapolarse un valor RFA aproximado a partir de un valor Kelvin de temperatura.

La Temperatura de Color Corregida (TCC) de una bombilla es el pico de temperatura Kelvin hasta el cual los colores se mantienen estables en la bombilla. Podemos clasificar fácilmente las bombillas según sus valores de TCC, lo que nos indica la coloración de la luz emitida. Pero no nos dirá la concentración de la combinación de colores emitida. Los fabricantes utilizan el Índice de Rendimiento de Color (IRC). Cuanto más alto sea el valor de IRC, mejor es la bombilla para el cultivo.

## Fotómetros

La mayoría de los fotómetros comerciales miden la luz en candelas por metro cuadrado o en lúmenes. Ambas escalas miden la luz a la que el ojo humano responde mediante la vista. No miden la respuesta fotosintética a la luz en vatios RFA.

Las medidas que aparecen en este libro están reflejadas en candelas y lúmenes

# MARIHUANA: horticultura del cannabis

| Bombilla | Modelo | Mfrg | HM/SAP | Vatios | Lúmenes iniciales | Color K |
|----------|--------|------|--------|--------|-------------------|---------|
| Sunmaster | Warm Deluxe | V | HM | 1.100 | 133.000 | 385 RFA |
| AgroSun | AgroSun | V | HM | 1.000 | 117.000 | 3.250 |
| Multivapor | HO | GE | HM | 1.000 | 115.000 | 3.800 |
| Multimetal | Super | I | HM | 1.000 | 115.000 | 4.200 |
| Metal Halide | Metal Halide | Ph | HM | 1.000 | 110.000 | 3.700 |
| Solarmax | Veg | V | HM | 1.000 | 85.000 | 7.200 |
| Super Metalarc | Super | O | HM | 1.000 | 115.000 | 3.600 |
| Sunmaster | Warm Deluxe | V | HM | 1.000 | 117.000 | 315 RFA |
| Sunmaster | Natural Deluxe | V | HM | 1.000 | 117.000 | 315 RFA |
| Sunmaster | Cool Deluxe | V | HM | 1.000 | 80.000 | 315 RFA |
| Solarmax | Veg / Conversión | V | HM | 600 | 55.000 | 7.200 |
| Solarmax | Veg | V | HM | 400 | 32.000 | 7.200 |
| Sunmaster | Warm Deluxe | V | HM | 400 | 40.000 | 110 RFA |
| Sunmaster | Natural Deluxe | V | HM | 400 | 40.000 | 110 RFA |
| Sunmaster | Cool Deluxe | V | HM | 400 | 32.500 | 110 RFA |
| Super Metalarc | Super | O | HM | 400 | 40.000 | 4.200 |
| Super Metal Halide | Super | Ph | HM | 400 | 40.000 | 4.300 |
| AgroSun | AgroSun | V | HM | 400 | 40.000 | 3.250 |
| Multivapor | HO | GE | HM | 400 | 40.000 | 4.200 |
| Sunmaster | Warm Deluxe | V | HM | 250 | 22.000 | 85 RFA |
| Sunmaster | Natural Deluxe | V | HM | 250 | 23.000 | 85 RFA |
| Sunmaster | Cool Deluxe | V | HM | 250 | 21.500 | 85 RFA |
| Super Metalarc | Super | O | HM | 250 | 23.000 | 4.200 |
| Super Metal Halide | Super | Ph | HM | 250 | 23.000 | 4.300 |
| Multivapor | HO | GE | HM | 250 | 23.000 | 4.200 |
| Hortilux | Super | I | SAP | 1.000 | 145.000 | 2.100 |
| Solarmax | Super HPS | V | SAP | 1.000 | 147.000 | 2.100 |
| Lucalox | HPS | GE | SAP | 1.000 | 140.000 | 2.100 |
| Sunlux | HPS | I | SAP | 1.000 | 140.000 | 2.100 |
| Lumalux | HPS | O | SAP | 1.000 | 140.000 | 2.100 |
| Ceramalux | HPS | Ph | SAP | 1.000 | 140.000 | 2.100 |
| Solarmax | Super HPS | V | SAP | 600 | 95.000 | 2.100 |
| Sunmaster | Super HPS Deluxe | V | SAP | 600 | 85.000 | 358 RFA |
| Lumalux | Super | O | SAP | 600 | 90.000 | 2.200 |
| SonAgro | Plus | Ph | SAP | 600 | 90.000 | 2.100 |
| Hortilux | Super | I | SAP | 430 | 58.500 | 2.100 |
| Hortilux | Super | I | SAP | 400 | 55.000 | 2.100 |
| Solarmax | Super HPS | V | SAP | 400 | 55.000 | 2.100 |
| Lucalox | HPS | GE | SAP | 400 | 41.000 | 4.000 |
| Sunlux | HPS | I | SAP | 400 | 50.000 | 2.100 |
| Lumalux | HPS | O | SAP | 400 | 50.000 | 2.100 |
| Ceramalux | HPS | Ph | SAP | 400 | 50.000 | 2.100 |
| Hortilux | Super | I | SAP | 250 | 32.000 | 2.100 |
| Lucalox | HPS | GE | SAP | 250 | 32.000 | 2.100 |
| Sunlux | HPS | I | SAP | 250 | 29.000 | 2.100 |
| Lumalux | HPS | O | SAP | 250 | 29.000 | 2.100 |
| Ceramalux | HPS | Ph | SAP | 250 | 28.500 | 2.100 |

por metro cuadrado. Esta información sigue siendo valiosa, porque registra la cantidad de luz que ilumina una superficie en concreto. La información, entonces, puede compararse con el valor de RFA de distintas bombillas. Independientemente de la lámpara de que se trate, la cantidad de luz emitida es constante. Para cultivar el mejor jardín, sólo tiene sentido utilizar una pantalla reflectora adecuada con una bombilla de elevada RFA.

Tras debatir largo y tendido sobre los vatios RFA, los oficiales de industria son incapaces de acordar una escala común de medición. Por esta razón, hemos decidido confiar en la temperatura de color Kelvin para medir el espectro de las lámparas.

## Fotoperiodo

El fotoperiodo es la relación entre la duración del periodo de luz y el de oscuridad. La mayoría de las variedades de marihuana permanecerán en fase de crecimiento vegetativo mientras se mantengan entre 18 y 24 horas de luz y un periodo de oscuridad de 6 a 0 horas diarias. No obstante, hay excepciones. Para sostener el crecimiento vegetativo, basta con 18 horas de luz al día.

La floración se induce de la forma más eficiente cuando se proporcionan 12 horas de oscuridad ininterrumpida cada 24 horas. Cuando las plantas tienen dos meses de edad por lo menos -una vez que han desarrollado características sexuales-, reducir el fotoperiodo a 12 horas de manera uniforme inducirá signos visibles de floración de una a tres semanas después. Las plantas de más edad tienden a mostrar signos de florecimiento más rápidamente. Las variedades que provienen de los trópicos suelen madurar más tarde. El fotoperiodo de 12 horas representa el clásico equinoccio y constituye la relación óptima entre día y noche para la floración del cannabis.

Las investigaciones han demostrado que menos de 12 horas de luz no induce la floración con mayor celeridad, y reduce la formación de flores y el rendimiento. A menudo, más de 12 horas de luz prolonga la floración. Algunos cultivadores han conseguido aumentar su producción mediante la inducción del florecimiento mediante un fotoperiodo de 12 horas, pasando a 13 ó 14 horas de luz después de dos a cuatro semanas. Sin embargo, la floración suele prolongarse. He hablado con cultivadores que aumentan el periodo diurno en una hora dos o tres semanas después de empezar a provocar la floración.

*Este cruce de* C. rudelaris *está floreciendo a mitad de verano. El fotoperiodo no induce la floración en esta planta.*

Dicen que el rendimiento se incrementa alrededor del 10%. La floración lleva una semana más, y las distintas variedades responden de manera diferente.

Existe una relación entre genética y respuesta al fotoperiodo. Podemos generalizar acerca de esta relación, ya que hay pocas evidencias científicas que documenten hasta qué punto una variedad específica de cannabis se ve afectada por el fotoperiodo. Por ejemplo, las plantas con dominancia del *C. sativa* que se originan en los trópicos responden a los días largos mejor que las plantas con dominancia *indica*. En el ecuador, los días y las noches tienen casi la misma duración durante todo el año. Las plantas tienden a florecer cuando están preparadas cronológicamente, tras completar la fase de crecimiento vegetativo. Sin embargo, la mayoría de los cultivadores están familiarizados con la variedad *sativa* pura conocida como Haze, que florece lentamente a lo largo de tres meses o más aunque se le proporcione un fotoperiodo de 12 horas. Puedes empezar a cultivar una Haze con un fotoperiodo de 12 horas y, después de atravesar los estadios de plantón y crecimiento vegetativo, pasará sus tres meses o más de

Puedes dejar las plantas totalmente a oscuras durante 36 horas justo antes de inducir la floración con el fotoperiodo de 12 horas diarias. Esta gran dosis de oscuridad envía a las plantas una señal inequívoca para que florezcan antes. Diversos cultivadores que emplean esta técnica informan de que, generalmente, las plantas muestran signos de florecimiento, como puede ser la formación de pistilos, en dos semanas y desarrollan pistilos tras una semana de floración.

Los cultivadores han probado a dar hasta 48 horas de oscuridad total a las plantas para acelerar el inicio de la floración, y han comprobado que 36 horas -tres noches de 12 horas consecutivas- es lo más efectivo.

La mitad de esta Haze recibía luz de una farola, por lo que se mantuvo en fase de crecimiento vegetativo. La otra mitad de la planta tenía oscuridad total durante la noche, así que floreció.

Enciende una bombilla verde si tienes que trabajar por la noche en el cultivo de interior. La luz verde no afectará al fotoperiodo de las plantas en floración.

floración. Las plantas crecen más despacio cuando el periodo diurno es de 12 horas en vez de 18, y conseguir inducir la floración lleva más tiempo.

Las variedades con dominancia *indica*, originarias de latitudes más norteñas, tienden a florecer antes y responden con mayor presteza a un fotoperiodo de 12 horas. Muchas variedades de C. *indica* florecen con un fotoperiodo de 13 ó 14 horas diarias. De nuevo, las horas de luz necesarias para inducir la floración en plantas donde predomina el C. *indica* dependen de la genética de la variedad. Si se proporcionan más horas de luz durante la floración, algunas variedades pueden reaccionar produciendo plantas más grandes con un tiempo menor de floración; pero algunos cultivadores han informado de que han obtenido cogollos menos densos y con mayor proporción de hojas como resultado.

Sea cual sea la variedad de cannabis, si se le dan menos de 12 horas de oscuridad ininterrumpida, no se conseguirá que las plantas florezcan más rápido. En vez de ello, la planta tardará más en madurar, sus cogollos serán más pequeños y el conjunto de la cosecha se verá reducido.

Las variedades inestables genéticamente podrían expresar tendencias hermafroditas si el fotoperiodo aumenta y disminuye varias veces. En caso de que tengas pensado dar a las plantas un fotoperiodo de 13 horas de luz por cada 11 de oscuridad, cíñete a ello. No decidas de pronto que quieres cambiar a un fotoperiodo de 15 horas de luz diarias. Tal variación estresaría las plantas y podría producir hermafroditas.

Algunos cultivadores experimentan con una disminución gradual del periodo diurno al tiempo que se incrementa el nocturno. Hacen esto para simular el fotoperiodo natural del exterior. Esta práctica prolonga la floración y no aumenta el rendimiento.

El fotoperiodo indica a las plantas que empiecen a florecer; también puede señalarles que permanezcan en (o vuelvan a) crecimiento vegetativo. La marihuana debe tener 12 horas de oscuridad total e *ininterrumpida* para florecer correctamente. La luz tenue durante el periodo nocturno en los estadios de prefloración y floración impiden que la marihuana florezca. Cuando las 12 horas del periodo de oscuridad se ven interrumpidas por la luz, las plantas se confunden. La luz parece decirle a las plantas: «Es de día; empieza el crecimiento vegetativo». A la señal de la luz, las plantas comienzan con el crecimiento vegetativo, y la floración se ve retrasada o detenida.

La marihuana no dejará de florecer si las luces se dejan encendidas durante unos minutos en una o dos ocasiones durante el ciclo de floración. Si se enciende una luz por unos minutos -lo suficiente para interrumpir el periodo de oscuridad- dos o tres noches consecutivas, las plantas empezarán a retomar el crecimiento vegetativo. Con mucho menos de media candela de luz por metro cuadrado, se impide que el cannabis florezca. Es decir, poco más que el reflejo de la luna llena en una noche despejada es suficiente. Las plantas con dominancia *indica* bien criadas, revegetarán en tres días. Las plantas con predominancia *sativa* tardan cuatro o cinco días en revertir a crecimiento vegetativo. Una vez que comienzan a revegetar, ¡inducir la floración lleva de cuatro a seis semanas adicionales!

Cuando la luz brilla en un objeto verde, el pigmento verde del objeto absorbe todo los colores del espectro menos el verde, y la luz verde es reflejada. Por eso vemos el color verde.

La forma inteligente de visitar un cuarto de cultivo durante el periodo de oscuridad consiste en iluminarlo con una luz verde. La marihuana no responde a la zona verde del espectro luminoso, por lo que puede utilizarse una bombilla verde en el cuarto de cultivo sin efectos adversos.

Algunos cultivadores dejan la lámpara encendida las 24 horas del día. La marihuana puede procesar eficientemente de 16 a 18 horas de luz al día, tras las cuales se alcanza un punto a partir del cual disminuye, y la electricidad se desperdicia. (Consulta el capítulo decimosexto, «Crianza»).

He hablado con cultivadores holandeses y canadienses que aseguran que sus plantas florecen

*Puedes poner diariamente las plantas de exterior en un armario o alacena para inducir la floración con 12 horas de oscuridad ininterrumpida.*

con 6 horas de oscuridad seguidas por 12 horas de luz. Se supone que este régimen para agilizar la floración, basado en días completos de 18 horas, funciona; pero no estoy del todo seguro. Los cultivadores afirman que la cosecha no disminuye, y que obtienen el 25% más de marihuana en el mismo tiempo. No he podido visitar sus cuartos de cultivo para verificar dichas afirmaciones. No se ahorra electricidad por adoptar este régimen.

## Intensidad

Las lámparas de descarga de alta intensidad son brillantes, muy brillantes. Los cultivadores que manejan de manera apropiada este intenso brillo cosechan más hierba por vatio. La intensidad es la magnitud de la energía lumínica por unidad

## Ley de la inversa del cuadrado: $E = 1 / d^2$

0.5m      0.5m

$40 lm/m^2$      $10 lm/m^2$

*La Ley de la inversa del cuadrado regula la intensidad de la luz en relación a la distancia.*

de superficie. Es máxima cerca de la bombilla y disminuye rápidamente a medida que nos alejamos de la fuente.

Por ejemplo, las plantas que están a 60 cm de una lámpara reciben una cuarta parte de la luz que reciben las plantas a 30 cm. Una lámpara DAI que emite 100.000 lúmenes produce unos escasos 25.000 lúmenes a 60 cm. Una lámpara DAI de 1.000 vatios que emite 100.000 lúmenes iniciales rinde 11.111 lúmenes a 90 cm de distancia. Súmale a esta

*Ata un cordel de 30 a 90 cm de largo al reflector de la lámpara DAI. Usa la cuerda para medir la distancia entre la bombilla y el ápice de las plantas.*

*Las hojas se elevan hacia la luz. Las plantas fuertes y bien iluminadas orientan el follaje para captar la máxima cantidad de luz posible.*

*Este racimo floral de Chronic recibía gran cantidad de brillantes vatios RFA. Desarrolló cogollos de gran diámetro, densos y pesados.*

*Los cogollos poco compactos como éste son el resultado de no recibir luz suficiente.*

merma un reflector mal diseñado y los hermosos cogollos tendrán asegurada una existencia penosa. Cuanto más cerca esté la marihuana a una fuente de luz, más vatios RFA recibe y mejor crece, siempre que no sea tan cerca que el calor de la lámpara queme la materia vegetal.

## Ley de la inversa del cuadrado

La relación entre la luz emitida por una fuente (bombilla) y la distancia viene definida por la ley de la inversa del cuadrado. Esta ley afirma que la intensidad de la luz cambia en proporción inversa al cuadrado de la distancia.

$I = L/D^2$

Intensidad = luz inicial/distancia$^2$

Por ejemplo:

100.000 = 100.000/1

25.000= 100.000/4

11.111= 100.000/9

6.250 = 100.000/16

Aquí tienes el enlace al mejor manual sobre iluminación en Internet: www.intl-light.com/handbook.html.

Una lámpara estándar de 1.000 vatios de halogenuro metálico emite de 80.000 a 110.000 lúmenes iniciales, y entre 65.000 y 88.000 (efectivos) lúmenes de media. Un lumen es igual a la cantidad de luz emitida por una vela que recibe un metro cuadrado de superficie a un metro de la vela. Las lámparas de halogenuro súper (*super halides*) emiten 115.000 lúmenes iniciales y 92.000 lúmenes efectivos. Una lámpara de sodio AP de 1.000 vatios emite 140.000 lúmenes iniciales, y una de 600 vatios emite 90.000; vatio a vatio, esto representa el 7% más de lúmenes que la lámpara de sodio AP de 1.000 vatios. Los lúmenes emitidos son sólo una parte de la ecuación. Los lúmenes recibidos por la planta son mucho más importantes.

Los lúmenes recibidos se miden en vatios por metro cuadrado o candelas por metro cuadrado. Una candela por metro cuadrado es igual a la cantidad de luz que llega a un metro cuadrado de superficie que está situado a un metro de una vela.

Los vatios por metro cuadrado son fáciles de calcular, pero es una manera errónea de determinar la luz que puede utilizar un jardín. Miden cuántos vatios están disponibles en un área desde una fuente de luz. Por ejemplo, una bombilla incandescente de 400 vatios

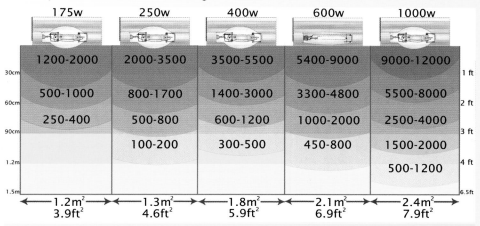

| 175w | 250w | 400w | 600w | 1000w | |
|---|---|---|---|---|---|
| 1200-2000 | 2000-3500 | 3500-5500 | 5400-9000 | 9000-12000 | 1 ft |
| 500-1000 | 800-1700 | 1400-3000 | 3300-4800 | 5500-8000 | 2 ft |
| 250-400 | 500-800 | 600-1200 | 1000-2000 | 2500-4000 | 3 ft |
| | 100-200 | 300-500 | 450-800 | 1500-2000 | 4 ft |
| | | | | 500-1200 | |

1.2m²  1.3m²  1.8m²  2.1m²  2.4m²
3.9ft²  4.6ft²  5.9ft²  6.9ft²  7.9ft²

- Una lámpara DAI de 175 vatios rinde suficiente luz para cultivar correctamente un jardín de 60x60 cm. Observa lo rápido que disminuye la intensidad de luz a más de 30 cm de la bombilla.
- Un lámpara DAI de 250 vatios ilumina hasta un área de 90 x 90 cm. Mantén la bombilla entre 30 y 45 cm por encima de las plantas.
- Una lámpara DAI de 400 vatios proporciona luz bastante para iluminar bien un área de 1,20 x 1,20 m. Cuelga la lámpara de 30 a 60 cm por encima de la canopia del jardín.
- Una lámpara DAI de 600 vatios proporciona luz suficiente para iluminar bien un área de 1,20 x 1,20 m. Cuelga la lámpara entre 45 y 60 cm por encima de las plantas.
- Una lámpara DAI de 1.000 vatios aporta luz suficiente para iluminar correctamente un área de 1,80 x 1,80 m. Algunas pantallas reflectoras están diseñadas para distribuir la luz en un área rectangular. Las grandes lámparas DAI de 1.000 vatios pueden quemar las plantas si se acercan a menos de 60 cm. Ajusta las lámparas DAI más cerca si se mueven por raíles.

*Las plantas están espaciadas de manera uniforme en esta cama de medio de cultivo contiguo.*

*Cada cogollo en este jardín suizo crece de un esqueje con un espaciado de 30 cm.*

*Esta pantalla Adjust-A-Wings dispersa la luz de forma homogénea y las plantas pueden situarse muy cerca de la bombilla sin quemarse.*

emite los mismos vatios por metro cuadrado que una de 400 vatios de halogenuro metálico. Los vatios por metro cuadrado no tienen en cuenta la altura a la que está montada la luz; la lámpara podría estar instalada a cualquier altura entre 1,20 y 2,40 m. Ni se tiene en consideración los vatios RFA o la eficiencia de la bombilla.

**Los beneficios de utilizar bombillas de vataje inferior incluyen:**
Más puntos de luz
Distribución más uniforme de la luz
Posibilidad de situar las bombillas más cerca del jardín

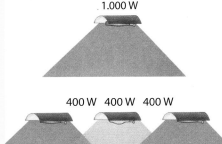

*Tres bombillas de 400 vatios pueden cubrir realmente entre un 30 y un 40% más de área de cultivo que una sóla lámpara de 1.000 vatios. Además, las de 400 vatios*

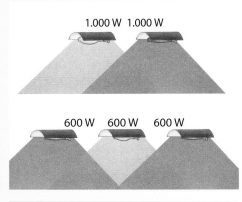

*En realidad, tres lámparas DAI de 600 vatios dan más luz a las plantas que dos de 1.000 vatios. Las lámparas DAI más pequeñas suponen tres puntos de luz y pueden situarse más cerca de las plantas.*

Calcular las candelas por metro cuadrado o los lux (lúmenes por metro cuadrado) es una manera más ajustada para estimar la cantidad de luz que reciben las plantas, pero todavía carece de la precisión necesaria para medir cuánta luz emplean las plantas. Si partes de una bombilla que se presenta en vatios RFA, utilizar un luxómetro o un medidor de candelas será suficiente.

Para demostrar cómo la luz de baja intensidad retrasa el desarrollo de las plantas, fíjate en los huertos de exterior. ¿Has plantado alguna vez un brócoli que ha tardado en madurar 100 días en vez de los 65 días previstos? La mayoría de los cultivadores han sufrido esta suerte. ¿Estuvieron las plantas a pleno sol durante todo el día? El vendedor de semillas supone que las semillas fueron plantadas en condiciones perfectas, a pleno sol y dentro de unos límites ideales de temperatura. Las plantas que recibieron menos luz RFA maduraron más despacio y produjeron menos que las plantas a las que les daba el sol todo el día. Lo mismo ocurre en un jardín de interior de marihuana; las plantas que reciben menos luz no crecen igual de bien.

## Espaciado entre lámparas

La intensidad de la luz prácticamente se dobla a cada 15 cm que se acerca una lámpara DAI a la canopia de un jardín. Cuando la intensidad de la luz es baja, las plantas se estiran hacia la luz. La intensidad reducida de la luz

---

1.000 vatios: Lúmenes por vatio = 140

| | |
|---|---|
| A 30 cm de distancia | 140.000 lúmenes |
| A 60 cm de distancia | 35.000 lúmenes |
| A 90 cm de distancia | 15.555 lúmenes |
| A 120 cm de distancia | 9.999 lúmenes |

Lámpara de sodio AP de 1.000 vatios a 1,20 m = 10.000 lúmenes
$1,20 \times 1,20 = 1,44$ m$^2$, 1.000 vatios / 1,44 m$^2$ = 694 vatios por m$^2$
1.000 vatios / m$^2$ = 10 vatios por cm$^2$

---

1.000 vatios: Lúmenes por vatio = 115

| | |
|---|---|
| A 30 cm de distancia | 115.000 lúmenes |
| A 60 cm de distancia | 28.750 lúmenes |
| A 90 cm de distancia | 12.777 lúmenes |
| A 120 cm de distancia | 8.214 lúmenes |

Lámpara de halogenuro metálico de 1.000 vatios a 99 cm = 10.000 lúmenes
$0,99 \times 0,99 = 0,98$ m$^2$, 1.000 vatios / 0,98 m$^2$ = 1.020 vatios por m$^2$
1.000 vatios / m$^2$ = 10 vatios por cm$^2$

---

600 vatios: Lúmenes por vatio = 150

| | |
|---|---|
| A 30 cm de distancia | 90.000 lúmenes |
| A 60 cm de distancia | 22.500 lúmenes |
| A 90 cm de distancia | 9.999 lúmenes |
| A 120 cm de distancia | 6.428 lúmenes |

Lámpara de sodio AP de 600 vatios a 90 cm = 10.000 lúmenes
$0,90 \times 0,90 = 0,81$ m$^2$, 600 vatios / 0,81 m$^2$ = 740 vatios por m$^2$
600 vatios / m$^2$ = 6 vatios por cm$^2$

---

400 vatios: Lúmenes por vatio = 125

| | |
|---|---|
| A 30 cm de distancia | 50.000 lúmenes |
| A 60 cm de distancia | 12.500 lúmenes |
| A 90 cm de distancia | 5.555 lúmenes |
| A 120 cm de distancia | 3.571 lúmenes |

Lámpara de sodio AP de 400 vatios a 68,5 cm = 10.000 lúmenes
$0,685 \times 0,685 = 0,45$ m$^2$, 400 vatios / 0,45 m$^2$ = 888 vatios por m$^2$
400 vatios / m$^2$ = 4 vatios por cm$^2$

---

400 vatios: Lúmenes por vatio = 100

| | |
|---|---|
| A 30 cm de distancia | 40.000 lúmenes |
| A 60 cm de distancia | 10.000 lúmenes |
| A 90 cm de distancia | 4.444 lúmenes |
| A 120 cm de distancia | 2.857 lúmenes |

Lámpara de halogenuro metálico de 400 vatios a 68,5 cm = 10.000 lúmenes
$0,685 \times 0,685 = 0,45$ m$^2$, 400 vatios / 0,45 m$^2$ = 888 vatios por m$^2$
400 vatios / m$^2$ = 4 vatios por cm$^2$

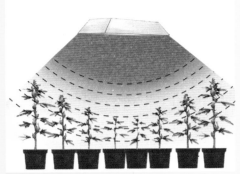

*La luz brilla con su intensidad máxima justo debajo de la bombilla. Para favorecer un crecimiento uniforme, ordena las plantas bajo las lámparas de manera que reciban la misma intensidad de luz.*

*El jardinero puede rotar y mover las plantas del jardín que están en camas. Las ruedas de las estructuras hacen que sea fácil rotar o retirar camas enteras.*

*Una cama grande con ruedas resulta fácil de mantener.*

suele deberse a que la lámpara está demasiado alejada de las plantas. La luz tenue provoca un follaje disperso y ramas largas y delgadas que se apartan del tallo.

Para aumentar el rendimiento, procura que el área de cultivo tenga una distribución uniforme de la luz. Una distribución irregular de la luz provoca que las puntas fuertes de las ramas crezcan hacia la luz más intensa. El follaje que está iluminado débilmente queda, entonces, sombreado si la distribución de la luz no es homogénea.

Las pantallas reflectoras son las que, en última instancia, dictan la distancia entre las lámparas y la parte superior de las plantas. Casi todas las lámparas estáticas tienen puntos brillantes (calientes) hacia los cuales dirigen las plantas su crecimiento.

Los cultivadores prefieren las lámparas de vataje elevado (400, 600, 1.000 y 1.100 vatios) porque ofrecen más lúmenes por vatio y sus valores de RFA son más elevados que los de las bombillas más pequeñas. Las plantas reciben más luz cuando la lámpara está cerca del jardín. Aunque una lámpara de 400 vatios produce menos lúmenes por vatio que una de 1.000 vatios, en realidad proporciona más luz utilizable a las plantas cuando se instala apropiadamente. Las bombillas de 600 vatios son las que tienen más lúmenes por vatio (150 lm/W) y pueden colocarse más cerca de la canopia del jardín que las bombillas de 1.000 ó 1.100 vatios. Cuando la bombilla de 600 vatios está más cerca de las plantas, éstas reciben más luz.

Una lámpara DAI de 1.000 vatios emite mucha luz. También irradia mucho calor. La bombilla debe situarse más lejos de las plantas para evitar que se quemen. En muchos casos, resulta más efectivo utilizar bombillas de menor vataje. Por ejemplo, dos bombillas de 400 vatios pueden estar más cerca de las plantas que una bombilla de 1.000 vatios, y las bombillas de 400 vatios emiten la luz desde dos puntos. La desventaja es que dos sistemas de 400 vatios cuestan más que un sistema de 1.000 vatios.

Fíjate en los diagramas que muestran las diferencias en cuanto a luz utilizable en áreas de cultivo de distinto tamaño. Los cultivadores que utilicen estos datos pueden afinar su área con un fotómetro de mano.

Observa los siguientes ejemplos matemáticos simples para ver lo eficientes que son las lámparas de 400 y 600 vatios respecto a las lámparas de 1.000 vatios.

Por ejemplo, una lámpara de 1.000 vatios que produce 100.000 lúmenes en la fuente, proporciona los siguientes resultados:

El objetivo es que las plantas reciban 10.000 lúmenes.

Si utilizas tres lámparas de sodio AP de 600 vatios, dispones de un total de 270.000 lúmenes con un coste de 0,18 € por hora (para un coste del kWh = 0,10 €). Si empleas dos lámparas de sodio AP de 1.000 vatios, obtienes un total de 280.000 lúmenes con un coste de 0,20 € a la hora.

Aprovecha los ejemplos anteriores para advertir que la lámpara de sodio AP de 1.000 vatios ofrece más vatios por metro cuadrado para alcanzar los 10.000 lúmenes que se pretendían. Sin embargo, la bombilla también produce un punto caliente cerca del centro del área iluminada. Las plantas tienden a crecer dentro del punto caliente y a hacer sombra a las demás plantas.

Aunque las lámparas de 400 vatios tienen una relación más baja de lúmenes por vatio, cuando se utilizan adecuadamente pueden ser más eficientes que las bombillas con más vatios. Una lámpara de halogenuro de 1.000 vatios produce 115.000 lúmenes iniciales y una de 400 vatios, sólo 40.000. Esto significa que cada lámpara de 400 vatios debe situarse más cerca de la canopia del jardín para proporcionar una cantidad similar de luz. También significa que varios puntos de origen diferentes mantienen una distribución de la luz más intensa y uniforme.

*Resulta fácil cultivar cogollos alargados en contenedores pequeños.*

## Iluminación lateral

Generalmente, la iluminación lateral no es tan eficiente como la iluminación desde arriba. Las lámparas orientadas verticalmente sin reflectores son eficientes, pero requieren que las plantas sean orientadas alrededor de la bombilla. Para estimular el crecimiento, la luz debe penetrar en el denso follaje del jardín. Las lámparas se montan donde la intensidad de la luz sea marginal -a lo largo de las paredes- para proporcionar luz lateral.

Las lámparas fluorescentes compactas no son una buena elección cuando se utilizan lámparas DAI. (Ver «Lámparas fluorescentes compactas» más adelante para más información.)

*Algunos clones crecen tan deprisa que la cosecha llega antes de que las plantas se den sombra unas a otras.*

## Rotación de las plantas

Rotar las plantas ayudará a asegurar una distribución homogénea de la luz. Rota las plantas cada uno o dos días dándoles entre uno y dos cuartos de vuelta. La rotación promueve un crecimiento uniforme y un follaje completamente desarrollado.

Mueve las plantas alrededor del espacio que está bajo la lámpara para que reciban el máximo posible de luz. Pasa las plantas

*Realmente, un jardín puede llenarse de plantas si todas reciben una gran cantidad de luz brillante.*

más pequeñas al centro, y lleva las plantas más altas hacia los bordes del jardín. Coloca las plantas chicas en un estante para hacer uniforme el perfil del jardín. Alinea las plantas para crear una forma cóncava (tipo estadio) bajo la lámpara, de forma que todas las plantas reciban la misma cantidad de luz. Los contenedores con ruedas son fáciles de mover.

Aprovecha los diferentes niveles de luz bajo la lámpara DAI. Sitúa los plantones y esquejes en el perímetro, ya que no requieren una intensidad de luz elevada; y reserva el espacio debajo de las brillantes bombillas para las plantas en floración, que necesitan niveles de luz más altos.

## Espaciado entre plantas

Cuando la luz brilla sobre el jardín, las hojas cercanas al ápice de las plantas obtienen una luz más intensa que las hojas de la base. Las hojas superiores sombrean las hojas de abajo, absorbiendo la energía de la luz y haciendo que quede menos energía luminosa para la hojas más bajas. Si las hojas inferiores no reciben luz suficiente, amarillearán y acabarán por morirse. Las plantas de 1,8 m de altura tardan más en crecer y tienen un rendimiento más elevado en general que las plantas de 1,2 m, pero la producción de cogollos de primera es casi la misma. Debido a la falta de luz, las plantas más altas tienen grandes racimos florales a lo largo de los 90-120 cm superiores y cogollos poco sustanciosos, débiles, cerca de la base. Las plantas altas tienden a desarrollar puntas florales cuyo peso no puede sostener el tallo. Estas plantas necesitan ser atadas. Las plantas bajas soportan mejor el peso de las puntas cogolladas y tienen mucho más peso en flores que en hojas.

Bajo una sola lámpara DAI de 400 vatios, pueden llegar a juntarse por lo menos 99 plantones o esquejes de dos semanas. Las plantas jóvenes irán necesitando espacio a medida que crezcan. Si se apiñan demasiado, las plantas sentirán la falta de espacio y no crecerán con su potencial máximo.

Las hojas de una planta dan sombra a las de otra y ralentizan el crecimiento general de la planta. Es muy importante espaciar las plantas jóvenes lo suficiente para que sus hojas no se toquen o apenas se rocen. Con ello, se consigue mantener el sombreado al mínimo y el crecimiento, al máximo. Revisa y altera el espaciado entre las plantas cada pocos días. Entre ocho y dieciséis plantas hembra maduras con tres o cuatro meses de edad llenarán por completo el espacio que puede cubrir una lámpara DAI de 1.000 vatios.

Las plantas pueden absorber la luz sólo si cae sobre sus hojas. Las plantas deben ser espaciadas de forma que sus hojas no se solapen demasiado. El rendimiento se incrementa muy poco cuando están apiñadas. Además, las plantas se estiran hacia la luz, lo cual provoca que se aproveche menos la intensidad de la luz.

El mejor número de plantas por metro cuadrado suele ser cuestión de experimentar hasta hallar el número mágico para tu jardín. En general, cada metro cuadrado de espacio acogerá entre 16 y 32 plantas.

## Pantallas reflectoras

Algunas pantallas reflectoras reflejan la luz más homogéneamente que otras. Los reflectores que distribuyen la luz con uniformidad -sin puntos calientes- pueden situarse más cerca de las plantas sin quemarlas. Estas pantallas son más eficientes, ya que la lámpara está más cerca y la luz es más intensa. Cuanto más lejos del jardín esté la lámpara, menos luz recibirán las plantas. Por ejemplo, una lámpara de 1.000 vatios con un reflector que tenga puntos calientes deberá colocarse 90 cm por encima del jardín. Una lámpara de 600 vatios con una pantalla que distribuya la luz uniformemente puede situarse a sólo 45 cm del cultivo. Cuando la lámpara de 600 vatios

### Requerimientos máximos de luz para las plantas

| Fase de desarrollo | Lúmenes por m$^2$ | Horas de luz |
|---|---|---|
| Plántula | 4.000 | 16-24 |
| Esqueje | 4.000 | 18-24 |
| Vegetativo | 27.000 | 18 |
| Floración | 107.500 | 12 |

*Siguiendo estas directrices, se proporcionará toda la luz que necesitan las plantas para formar cogollos densos. A menudo, una cantidad inferior de luz propiciará la formación de cogollos sueltos, menos compactos.*

La caja del balasto y el reflector están ensamblados en esta luminaria fija de invernadero.

El reflector Wide, también de Hortilux, fue una de las primeras pantallas europeas en incluir un deflector debajo de la bombilla.

Esta luminaria doble para invernadero tiene los balastos entre las bombillas.

Este tubo ventilado con aire es muy poco eficiente y concentra la luz justo debajo.

Sitúa la luminaria de 1.000 vatios de Hortilux a 1,2 m por encima del jardín.

Puedes situar el reflector Super Wide muy cerca de las plantas.

Esta luminaria está diseñada para ser montada junto a una pared. Refleja la luz hacia abajo y lejos de la pared.

El Ecotechnics Diamond es un reflector español muy eficiente.

Hortilux marca el estándar con su línea de reflectores. El modelo Deep está diseñado para ser montado a mucha altura en los invernaderos.

El Adjust-A-Wings es uno de mis reflectores favoritos porque es el que proporciona más luz. El deflector bajo la bombilla permite acercarlo muchísimo a las plantas.

Los reflectores en forma de cúpula parabólica orientan la bombilla verticalmente. Aunque son menos eficientes, estas pantallas funcionan bien para cultivar plantas vegetativas.

Gavita inventó una lámpara con el reflector dentro de la bombilla. El reflector es el más eficiente que he visto.

El reflector Medium de Hortilux es uno de los favoritos en Europa.

El reflector Hydrofarm es una de las mejores opciones disponibles en Norteamérica. Refleja mucha luz y respira bien.

El reflector en forma de cono es el menos eficiente que está disponible. Se malgasta gran parte de la luz.

El reflector y el deflector de la luminaria Butterfly forman uno de los diseños más interesantes que he podido ver, pero no tengo idea acerca de su eficiencia.

El reflector Hortilux Midi dispersa bien la luz.

El interior especular y amartillado de esta luminaria con lámpara y balasto dispersa bien la luz.

Este reflector vertical está cubierto de plástico. La bombilla cuelga entre las plantas.

Este reflector de Easy Green tiene aberturas para la ventilación con aire forzado, y puede mantenerse cerca de las plantas.

se sitúa más cerca, brilla con tanta fuerza sobre el jardín como la bombilla de 1.000 vatios.

Con la pantalla reflectora adecuada sobre la lámpara y paredes reflectantes puede llegar a duplicarse el área de cultivo. Los cultivadores que emplean los reflectores más eficientes cosechan hasta el doble que aquellos que no explotan al máximo esta tecnología.

Las plántulas, los esquejes y las plantas en fase de crecimiento vegetativo necesitan menos luz que las plantas en floración, porque sus requerimientos de cultivo son diferentes. Durante las primeras semanas de vida, los plantones y esquejes pueden sobrevivir cómodamente bajo luces fluorescentes. El crecimiento vegetativo requiere un poco más de luz, como la que proporcionan las lámparas de halogenuro metálico o los fluorescentes compactos en la proporción que se apunta en la tabla anterior.

Las pantallas reflectoras están hechas de plancha de acero, aluminio, e incluso acero inoxidable. El acero puede enrollarse en frío o pregalvanizarse antes de que se aplique una capa reflectora. El acero pregalvanizado es más resistente al óxido que el acero enrollado en frío. Este metal puede ser pulido, dársele una textura o pintarse, siendo el blanco el color de pintura más común. Los mejores fabricantes de pantallas aplican la pintura blanca en un proceso de pulverizado de capas. Nota: hay diferentes tonos de blanco, y unos son más blancos que otros. El blanco titanio mate es el color más reflectante y el que mejor dispersa la luz. La pintura blanca satinada es fácil de limpiar, pero tiende a crear puntos calientes de luz. Las pantallas hechas con planchas de metal son menos caras que las de aluminio del mismo tamaño, ya que el coste del material es más reducido.

Las superficies granuladas y las amartilladas ofrecen una buena difusión de la luz y una superficie mayor para reflejarla. Los puntos calientes son muy comunes en las superficies muy pulidas, tipo espejo. Además, las pantallas pulidas se rallan fácilmente, provocando una iluminación desigual.

## Pantallas reflectoras horizontales

Los reflectores horizontales son los más eficientes para los sistemas DAI, y son los más valorados por los cultivadores. Una lámpara horizontal rinde hasta el 40% más de luz que una lámpara encendida en posición vertical. La luz se emite desde el tubo de descarga. Cuando está en posición horizontal, la mitad de esta luz se dirige hacia abajo, donde están las plantas, así que sólo es necesario reflejar la mitad de la luz. Los reflectores horizontales son más eficientes que las lámparas y reflectores verticales intrínsecamente, porque la mitad de la luz es directa y sólo la mitad de la luz tiene que ser reflejada.

Las pantallas reflectoras horizontales están disponibles en muchos tamaños y formas. Cuanto más cerca esté el reflector del tubo de descarga, menor será la distancia que tiene que recorrer la luz antes de ser reflejada. Menos distancia recorrida significa que más luz es reflejada.

Las pantallas reflectoras horizontales tienden a tener un punto caliente directamente bajo la bombilla. Para disipar este punto caliente de luz y reducir el calor que genera, algunos fabricantes instalan un deflector de luz debajo de la bombilla. El deflector disemina la luz y el calor directamente debajo de la bombilla. Al no haber puntos calientes, las pantallas reflectoras con deflectores pueden situarse más cerca de las plantas.

Las lámparas de sodio AP montadas horizontalmente utilizan una pequeña pantalla para el cultivo en invernadero. La pantalla se encuentra unos centímetros por encima de la bombilla de sodio AP horizontal. Toda la luz es reflejada hacia las plantas, y la pequeña pantalla crea una sombra mínima.

## Pantallas reflectoras verticales

Los reflectores con lámparas verticales son menos eficientes que los horizontales. Como las bombillas horizontales, las bombillas montadas en vertical emiten la luz a los lados del tubo de descarga. Esta luz debe chocar con el lado de

*Las pantallas verticales en forma de cúpula parabólica distribuyen la luz con uniformidad en un área amplia, y son perfectas para crecimiento vegetativo.*

la pantalla antes de ser reflejada hacia las plantas. La luz reflejada es siempre menos intensa que la luz original. La luz tiene que atravesar una distancia mayor antes de ser reflejada por las pantallas reflectoras parabólicas o en forma de cono. La luz directa es más intensa y más eficiente.

Entre los reflectores verticales, las pantallas en forma de cúpula parabólica son las que ofrecen los mejores resultados. Reflejan la luz de forma relativamente homogénea, aunque no en tanta cantidad como los reflectores horizontales. Las pantallas reflectoras parabólicas de gran tamaño distribuyen la luz de manera uniforme y reflejan luz suficiente para sostener el crecimiento vegetativo. La luz se esparce bajo la pantalla y es reflejada hacia las plantas que están debajo. Las pantallas parabólicas más populares se fabrican con costes bajos y proporcionan una cantidad de luz adecuada por poco dinero. Las pantallas parabólicas de 1,2 m suelen estar fabricadas con nueve piezas. Un menor tamaño facilita el envío y manejo. El cliente ensambla la pantalla con pequeños tornillos y tuercas.

Las pantallas cónicas de 1,2 m suelen estar hechas de cuatro partes. Al entregarse desmontadas, el traslado y manipulación resulta más sencillo, y es el cliente quien se encarga de montar las piezas con tuercas y tornillos pequeños. Los reflectores con forma cónica que montan una bombilla vertical desperdician la luz y son muy ineficientes. Los cultivadores que adquieren reflectores cónicos para intentar ahorrar dinero acaban pagando más a causa de la poca eficacia de estas pantallas.

Por ejemplo, digamos que has comprado un reflector cónico por 20 € en vez de un buen reflector horizontal, que cuesta 40 €. Primero, comprobemos la eficacia. La pantalla cónica produce una reflexión del 60% mientras que el reflector horizontal tiene el 100% de eficacia; es decir, un 40% más. A 0,10 € el kilovatio hora (kWh) y funcionando 12 horas al día, cada lámpara tiene un coste de 36 € al mes. Si el 100% = 0,10 € por kWh, el 60% de eficacia = 0,06 €; es decir, existe una pérdida de 0,04 € por cada kWh. Con esta información, podemos deducir que 36 € divididos entre 0,04 € son igual a 900 horas. En 900 horas (75 días de 12 horas), el reflector horizontal ha amortizado los 20 € que costaba de más. ¡El cono vertical no sólo produce el 40% menos de luz, sino que también gasta un 40% más de electricidad!.

*Las lámparas refrigeradas por aire requieren extractores para dirigir el calor generado por la bombilla hacia los conductos.*

Cuando llegue el día 75 de uso, te quedarás con una pantalla reflectora ineficiente que gasta más para dar menos lúmenes durante cada segundo que la lámpara esté en funcionamiento.

Las pantallas reflectoras de poco peso con los extremos abiertos disipan el calor rápidamente. El aire extra puede pasar directamente a través de la pantalla y alrededor de la bombilla en las luminarias abiertas, y así refrigerar todo el conjunto. El aluminio disipa el calor con más rapidez que el acero. Dirige un ventilador hacia las pantallas reflectoras para acelerar la pérdida de calor.

La luz artificial se desvanece a medida que se aleja de su fuente (la bombilla). Cuanto más cerca coloques el reflector de la bombilla, más intensa será la luz que se refleje.

Las pantallas cerradas, con una plancha de vidrio protegiendo la bombilla, operan a temperaturas más altas. La plancha de vidrio es una barrera entre las plantas y la bombilla caliente. Las pantallas cerradas han de tener suficientes respiraderos; de otra forma, el calor acumulado en la luminaria provocaría que las bombillas se quemen prematuramente. Muchas de estas luminarias cerradas tienen un extractor especial para evacuar el aire caliente.

## Lámparas refrigeradas por aire

Hay varias luces disponibles que incorporan refrigeración por aire. Unas incorporan una pantalla reflectora con una cara protectora de vidrio y dos extractores para mover el aire a través de la cavidad sellada de la pantalla reflectora. El aire es forzado a pasar de una esquina a otra, lo cual requiere una corriente a mayor velocidad. En otros reflectores refrigerados por aire, la corriente no tiene que girar, por lo que el aire se evacua rápida y eficazmente.

*En este sistema experimental, las lámparas DAI sin reflector suben y bajan en vertical entre las hileras de plantas hembra en floración. Los cultivadores prueban cualquier idea para cultivar más en menos espacio y conseguir el mayor rendimiento por vatio.*

## Lámparas refrigeradas por agua

Las lámparas refrigeradas por agua o por aire son bastante populares en climas cálidos. Estas lámparas funcionan a temperaturas más bajas y pueden mantenerse más cerca de las plantas. Las bombillas refrigeradas por agua son difíciles de detectar mediante dispositivos de visión térmica. El funcionamiento de las luminarias refrigeradas por aire resulta barato, y su instalación es sencilla. Mantén limpia la camisa de protección externa y evita que se raye.

Los cultivadores reducen el calor que produce la bombilla hasta en un 80% gracias al empleo de bombillas refrigeradas por agua. El agua y la cubierta externa producen una pérdida lumínica del 10%. Los cultivadores compensan esta pérdida acercando más las bombillas a las plantas. De media, una bombilla de 1.000 vatios utiliza alrededor de 380 litros de agua diarios para mantenerse fresca; esto, en caso de que el agua se deseche. Recircular el agua requiere un depósito realmente grande. El agua del depósito que sirve como sistema de recirculación refrigerante también tiene que ser enfriada. Los enfriadores para depósitos pueden costar fácilmente 1.000 €.

## Lámparas sin reflector

Existe la opción de retirar la pantalla reflectora. Al no haber pantalla, la lámpara funciona a menor temperatura y sólo emite luz directa.

## Estudio sobre las pantallas reflectoras

Construí un cuarto oscuro, completamente negro por dentro, para medir la cantidad de luz reflejada que

*The Cage, de la empresa de Vancouver THC BC,S, es uno de los sistemas de cultivo más productivos por m².*

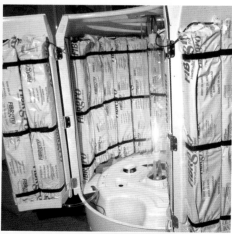

*En este jardín con recirculación, las plantas crecen en planchas verticales de lana de roca y son irrigadas desde arriba.*

producían las pantallas. El cuarto medía 3 m². El suelo estaba cubierto de tela asfáltica. Las superficies negras podrían reflejar menos del 3% de la luz, y no había ninguna luz extra. Las mediciones fueron tomadas cada 30 cm en una matriz marcada en el suelo. Las paredes tenían marcados sus correspondientes incrementos de 30 cm.

Analicé cinco lámparas diferentes: una de 1.000 vatios de halogenuro metálico, una de 1.000 vatios de sodio AP, una de 600 vatios de sodio AP, una de 400 vatios de halogenuro metálico y una de 400 vatios de sodio AP. Posicioné la bombilla exactamente a 90 cm del suelo. Cada lámpara fue calentada durante 15 minutos antes de hacer las mediciones.

Las lecturas, en candelas por pie cuadrado, fueron tomadas en el suelo cada 30 cm, y los resultados se pasaron a un programa de hoja de cálculo. Utilicé un programa simple de gráficos basados en hojas de cálculo para presentar los resultados de manera gráfica.

Los estudios muestran una diferencia enorme entre las distintas pantallas reflectoras. Algunas empresas no examinan sus pantallas antes de sacarlas al mercado. Lleva a cabo pruebas como las que yo hice para proteger tus plantas y a ti mismo; así podrás darte cuenta de cuál es el reflector que se adapta mejor a tus necesidades.

Cuando un reflector distribuye la luz de manera uniforme, la lámpara puede situarse más cerca de las plantas.

En general, cuanto mayor sea el vataje de la bombilla, más eficiente será.

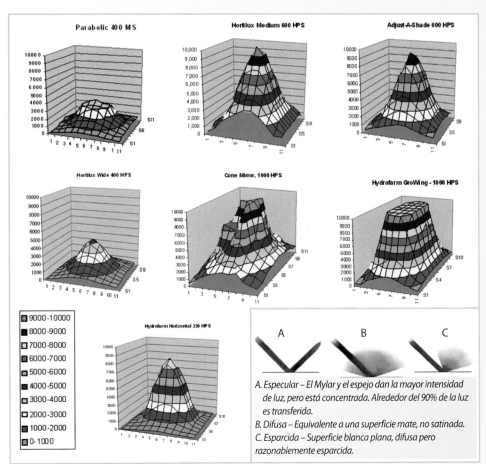

A. Especular – El Mylar y el espejo dan la mayor intensidad de luz, pero está concentrada. Alrededor del 90% de la luz es transferida.

B. Difusa – Equivalente a una superficie mate, no satinada.

C. Esparcida – Superficie blanca plana, difusa pero razonablemente esparcida.

## Comparativa de reflexión

| Material | Porcentaje reflejado |
|---|---|
| Foylon | 94-95 |
| Mylar reflectante | 90-95 |
| Pintura blanca mate | 85-93 |
| Blanco semisatinado | 75-80 |
| Amarillo mate | 70-80 |
| Papel de aluminio | 70-75 |
| Negro | menos de 10 |

## Cómo aumentar la luz sin usar más electricidad

*La luz que no se utiliza está desperdiciándose. Hay varias maneras de obtener el máximo de tu luz sin tener que añadir más vatios:*

Sírvete de varias lámparas de 400 ó 600 vatios en vez de emplear luminarias de 1.000.

Rota las plantas a mano regularmente.

Añade una estantería.

Instala lechos o camas rodantes.

Organiza tu cultivo en base a una cosecha perpetua.

Utiliza un motor para la luz.

*Traslada las plantas pequeñas a estanterías situadas en el perímetro del cuarto de cultivo. Recuerda que las plantas crecerán allá donde brille la luz.*

Como la intensidad de la luz disminuye tan deprisa, las bombillas deben estar cerca de las plantas. Consecuentemente, se necesitan más lámparas o puntos de luz para una distribución uniforme de luz brillante.

Los costes operativos de tres lámparas de 600 vatios de sodio AP son menores que los de dos lámparas de 1.000 vatios del mismo tipo. Las lámparas de 600 vatios producen más lúmenes por la misma cantidad de dinero, y pueden colocarse más cerca de las plantas. Además, hay tres puntos de luz, lo cual hace que su distribución sea más homogénea.

Un respiradero de salida para el aire caliente que hay alrededor de la bombilla ayuda a disipar el calor en la atmósfera. Un calor excesivo alrededor de la bombilla provoca que se queme antes de tiempo.

Hay estudios que muestran la distribución de la luz que producen varios tipos de reflectores. Las gráficas muestran claramente que los reflectores horizontales reparten muchos más lúmenes que los montajes en vertical.

Consulta *Light Measurement Handbook* (Manual de la medición de la luz), disponible gratuitamente en internet. Este libro técnico de 64 páginas responde incontables cuestiones acerca de la luz. Descarga el libro en unos minutos, con fotografías y más en: www.intl-light.com/handbook/.

## Luz reflejada

El blanco mate contiene poco o nada de pigmentos que absorban la luz, así que casi no absorbe la luz y refleja casi toda la que le llega. No utilices blanco satinado. Contiene barnices que inhiben la reflexión de la luz. Una textura mate proporciona más superficie reflectora.

El Foylon es un material reflector que refleja la luz y el calor de una manera uniformemente dispersa. Es duradero y refleja alrededor del 95% de la luz que le llega. El material está forrado con fibra antidesgarro y es lo bastante grueso como para servir de aislante. Además, es resistente al calor y al fuego. Para más información sobre el Foylon, visita www.greenair.com.

Como reflector, el Mylar proporciona una de las superficies más reflectantes. El Mylar parece una especie de espejo muy fino. A diferencia de la pintura, que absorbe la luz, el Mylar reflectante refleja casi toda la luz. Para instalarlo, simplemente clávalo o pégalo con cinta a la pared. Para evitar desgarros o arrugas, pega un trozo de cinta sobre la zona donde se vaya a insertar la grapa o el clavo. Aunque es caro, el Mylar es el material preferido por muchos cultivadores. El truco consiste en dejarlo plano sobre la pared. Cuando se fija de manera suelta a las superficies, la luz se refleja pobremente. Para incrementar su efectividad, mantén el Mylar limpio.

El papel de aluminio es una de las peores superficies reflectantes. El papel siempre se arruga y refleja la luz en la dirección incorrecta, desperdiciando la luz en realidad. También, refleja más los rayos ultravioleta que otras superficies, lo cual resulta dañino para los cloroplastos de las hojas.

Los espejos también reflejan la luz, pero mucho menos que el Mylar. La luz debe pasar a través del vidrio del espejo primero, antes de ser reflejada de vuelta a través del mismo vidrio. La luz se pierde cuando pasa a través del vidrio.

## Más luz gratis para cultivar

Aunque la proporción de lúmenes por vatio sea menor en las bombillas de 400 vatios que en las de 1.000 vatios, colgar diez lámparas de 400 vatios en la misma área que pueden cubrir cuatro lámparas de 1.000 vatios proporciona una distribución más regular de la luz y minimiza el efecto de sombreo. En lugar de dos lámparas de sodio AP de 1.000 vatios, que proporcionan 280.000 lúmenes, tres lámparas de 600 vatios producen 270.000 lúmenes desde tres puntos de luz; se reduce la producción total de luz en 10.000 lúmenes, pero se incrementa el número de fuentes luminosas. Y las lámparas pueden situarse más cerca de las plantas, aumentando la eficiencia aún más.

Rotar las plantas de forma manual ayuda a que llenen mejor el espacio, propiciándose un desarrollo más uniforme. Cuanto más tiempo estén las plantas en el estadio de desarrollo de floración, mayor será la cantidad de luz que necesiten. Durante las primeras tres o cuatro semanas de floración, las plantas procesan un poco menos de luz que en las últimas tres o cuatro semanas. Las plantas en floración que entran en las últimas tres o cuatro semanas del ciclo, se ponen directamente bajo la bombilla, donde la luz tiene el máximo de brillo. Las plantas que apenas acaban de entrar en el cuarto de floración pueden permanecer en el perímetro hasta que las plantas más maduras sean sacadas. Este truco tan simple puede incrementar las cosechas en un 5-10% fácilmente.

Cuando las plantas se hacen grandes, puede resultar laborioso girarlas y cambiarlas de posición. Las tareas dificultosas suelen no llevarse a cabo. Evita el esfuerzo y utiliza un motor para mover la luz, o monta los contenedores sobre ruedas.

Añade un estante en el perímetro del jardín para aprovechar la luz que da en las paredes. Esta luz lateral suele ser muy brillante, y tiende a desperdiciarse. Utiliza alcayatas para fijar un estante de 10 a 15 cm de ancho alrededor del perímetro del cultivo. El estante se puede forrar con plástico y darle una ligera inclinación para que el agua discurra. Coloca plantas pequeñas, en macetas de 15 cm de lado a lo largo del estante. Rótalas para que se desarrollen de forma homogénea. Estas plantas pueden florecerse en el estante o cuando sean trasladadas bajo la luz.

Utilizar lechos o camas rodantes nos dejará tan sólo un pasillo para todo el jardín. Los cultivadores de invernadero aprendieron hace mucho a ahorrar espacio. Podemos usar la misma información para aumentar el espacio de cultivo útil en un cuarto de cultivo. Los jardines con camas de cultivo elevadas suelen desaprovechar la luz en los pasillos. Para habilitar un área de cultivo mayor, coloca dos tubos o clavijas de madera de 5 cm debajo del lecho

*Los seguros motores de movimiento lineal para lámparas tienen un valor excepcional para los cultivadores de interior. Cuando se emplea esta tecnología, la intensidad de la luz se incrementa exponencialmente al poder situar las bombillas más cerca del jardín.*

*Un sólo dispositivo mueve todas las lámparas de 1.000 vatios que hay en este jardín en floración, donde las plantas hembra se cultivan en lana de roca.*

de cultivo. El tubo permite que los lechos puedan moverse adelante y atrás, de forma que sólo queda un pasillo abierto cada vez. Por lo general, este simple truco incrementa el espacio de cultivo alrededor del 25%.

Cultivar en cosecha perpetua, haciendo florecer sólo una parte del jardín, permite tener más plantas en

un área más pequeña, y el rendimiento total es más elevado. Hay más plantas recibiendo luz intensa, así que el aprovechamiento de ésta es máximo.

## Lámparas móviles

Reproduce el movimiento del sol a través del cielo con un dispositivo motorizado para la luz. Se trata de un equipo que mueve las lámparas adelante y atrás o haciendo círculos por el techo del cuarto de cultivo. A lo largo del trayecto lineal o circular, se distribuye la luz de forma homogénea. Utiliza este sistema para poder acercar más la luz a las plantas. Como mínimo, mantén las plantas a 30 cm de las luces que se desplacen a motor. Cuanto más cerca esté una lámpara de las plantas sin llegar a quemarlas, más luz obtendrán éstas.

Los dispositivos para mover las lámparas hacen que la luz brillante se distribuya con más homogeneidad. La distribución uniforme de la luz permite que el cannabis crezca de forma regular. Las ramas en flor tienden a crecer hacia las lámparas DAI estáticas, y alrededor de ellas. Estas puntas de cogollos, más altas que las demás, dan sombra al resto del follaje. Son más las plantas que reciben una luz de mayor intensidad cuando lo que hay encima es una lámpara en movimiento. Esto no sustituye

## Beneficios de las lámparas móviles:

Las bombillas pueden situarse más cerca de la canopia del jardín.

Aumenta el número de plantas a las que llega luz brillante.

La luz se entrega desde diversos ángulos, proporcionando una iluminación uniforme.

Se incrementa en un 25% o más la zona que se cubre con luz de gran intensidad.

La luz está más cerca de las plantas.

Uso económico de la luz.

## Está atento a lo siguiente:

Plantas estiradas o desgarbadas.

Plantas débiles o amarillentas.

Follaje quemado justo bajo la bombilla.

Iluminación irregular.

El sistema motorizado se está doblando o queda colgando.

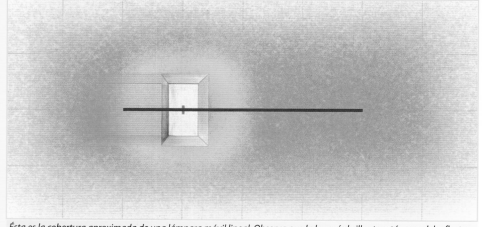

*Ésta es la cobertura aproximada de una lámpara móvil lineal. Observa que la luz más brillante está cerca del reflector.*

en lúmenes a una lámpara adicional; es una manera más eficiente de utilizar cada lámpara DAI, especialmente si son de 1.000 vatios. Una lámpara que pasa directamente por encima ilumina de manera más directa e intensa un número mayor de plantas.

Los equipos que mueven las lámparas despacio son, en general, más seguros. Los dispositivos más rápidos pueden causar que se balanceen o que se inclinen a un lado.

La luz de una bombilla que está en una posición fija siempre brilla con la misma intensidad en el mismo punto. Si el follaje de la zona superior sombrea las hojas más bajas, el crecimiento se ralentiza y es irregular. La luz, al ser recibida por las plantas desde varias direcciones, brilla más intensamente en más partes del follaje. La energía de la luz es procesada por más follaje y se estimula un crecimiento uniforme. En la naturaleza, a medida que el sol realiza su recorrido diario, toda la planta se beneficia de la luz. La mayoría de las variedades de cannabis crecen adoptando la forma clásica del árbol de Navidad. Ésta es la configuración más eficiente para el crecimiento de la planta. La luz alcanza el centro de la planta al tiempo que todas las partes exteriores.

Los equipos de lámparas móviles comerciales proporcionan una luz más intensa a un mayor número de plantas por menos dinero. Los cultivadores informan de que el uso de lámparas móviles hace posible obtener el mismo rendimiento con menos lámparas. Con estos sistemas se incrementa la zona cubierta con luz intensa en un 25-35%. Según algunos cultivadores, tres lámparas móviles a motor hacen el trabajo de cuatro lámparas.

Las lámparas motorizadas mantienen el jardín con un perfil uniforme. La lámpara DAI consume alrededor de 9,2 amperios (A). Si esta lámpara está en un circuito de 15 ó 20 amperios, puedes añadir fácilmente un motor al circuito, ya que sólo consume un amperio más y no supone un riesgo de sobrecarga.

Los sistemas lineales tienen un movimiento en línea recta, simulando la trayectoria del sol en el cielo. Un sistema lineal aumenta la luz intensa que llega a las plantas en un óvalo lineal. El área cubierta por un dispositivo de movimiento depende de la longitud del recorrido y del número de lámparas. Estos sistemas incluyen una guía que se fija al techo. La lámpara se mueve adelante y atrás, guiada a lo largo del recorrido. La lámpara se sujeta al dispositivo con una cadena ajustable o mediante cuerdas. Estas unidades varían tanto en longitud como en la velocidad a la que se desplaza la lámpara. Unas están diseñadas para una lámpara, mientras que otras son capaces de mover seis lámparas con eficacia. Un sistema lineal de

## Instalación paso a paso de un transportador de luces

**Primero:** Elige el lugar adecuado.

**Segundo:** Fija un tablero al techo. Monta el rail en el tablero. Ancla las unidades Sun Twist al tablero, que estará atornillado a las vigas del techo.

**Tercero:** Conecta el cable de la corriente eléctrica al motor del dispositivo pasándolo por un temporizador.

**Cuarto:** Une los cables eléctricos de soporte con bridas o átalos a lo largo del recorrido. Puede que quieras instalar ganchos a lo largo del rail.

**Quinto:** Reduce las vibraciones añadiendo un material que las absorba entre el tablero de montaje y el techo.

*Fija un tablero sólido al techo. Monta el sistema para mover las luces en el tablero, donde haya una viga debajo. Instala el cable eléctrico del motor a través de un temporizador.*

movimiento de la luz de 1,8 m de largo aumenta la cobertura óptima de la luz de 3,3 a 6,5 m$^2$.

Los esquejes jóvenes y las plántulas podrían estirarse y volverse desgarbadas si la lámpara se desplaza demasiado lejos. Comienza a mover las lámparas cuando las plantas alcancen una altura de 30 cm y tengan varios grupos de hojas.

Los arriates y los contenedores sobre ruedas ofrecen una buena alternativa a las lámparas en movimiento. En tal caso, los contenedores deben rotarse a diario; las ruedas hacen que esta tarea sea pan comido. La luz alcanza todos los rincones del jardín sin necesidad de mover la lámpara. Este método tiene un efecto similar al de mover la lámpara por encima. Pero es más trabajoso porque, en vez de una o dos lámparas, hay que mover todas las plantas.

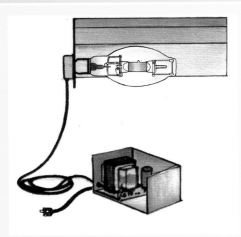

*El corte transversal de una lámpara de halogenuro metálico permite ver el transformador y el cebador en una caja protectora de metal. La bombilla y el reflector están unidos al balasto mediante cable 14/3 y una regleta para la conexión.*

## Luces de descarga de alta intensidad (DAI)

Los cultivadores usan las lámparas DAI para sustituir la luz natural en ambientes de interior, y así poder cultivar cannabis de alta calidad. Las lámparas de descarga de alta intensidad superan al resto de las lámparas en la proporción de lúmenes por vatio, el balance de su espectro y el brillo. El espectro y brillantez de las lámparas DAI ayudan a los cultivadores a imitar las respuestas de crecimiento que induce la luz natural en el cannabis. Compara las tablas de emisión espectral de las DAI con la gráfica sobre respuesta fotosintética, síntesis de clorofila y tropismo positivo.

La familia de las lámparas DAI incluye las de vapor de mercurio, las de halogenuro metálico, las de sodio de alta presión (AP) y las bombillas de conversión. El halogenuro metálico, el vapor de sodio y las lámparas de conversión tienen un espectro similar al de la luz solar, y pueden utilizarse para cultivar marihuana. Las lámparas de vapor de mercurio fueron las primeras DAI que aparecieron en el mercado, y han quedado obsoletas por su ineficiencia eléctrica y porque producen un espectro pobre para el cultivo de plantas. En la actualidad, la mayoría de las lámparas de vapor de mercurio han sido modificadas con otras descargas de alta intensidad más eficientes.

Los investigadores han creado bombillas mejores, con valores RFA más elevados, pero no hay una nueva tecnología a la vista. Los últimos avances en

la cubierta de vidrio de las bombillas han mejorado ligeramente su capacidad para dejar pasar la luz, pero lo cierto es que ha habido muy pocos avances técnicos importantes en estas bombillas durante los últimos 20 años.

Los vatajes de luz DAI más usuales son 150, 175, 250, 400, 430, 600, 1.000 y 1.100. Está disponible un halogenuro metálico de 1.500 vatios, pero no es práctico para cultivar. Esta lámpara de 1.500 vatios está diseñada para iluminación de estadios y genera demasiado calor y luz para que pueda utilizarse eficazmente en cultivos de interior. Las bombillas más pequeñas, de 150 a 250 vatios, son populares en jardines pequeños, de hasta 90 cm². Las lámparas más brillantes, de 400 a 1.100 vatios, son las favoritas para plantaciones más grandes. Las bombillas de 400 y 600 vatios son las más populares entre los cultivadores europeos. Los cultivadores norteamericanos prefieren las bombillas de 600 vatios y las de 1.000. Las lámparas de halogenuro metálico de 1.100 vatios, extremadamente eficientes, fueron introducidas en el año 2000.

Las bombillas incandescentes son las menos eficientes; las lámparas de 600 vatios de sodio AP son las más eficientes. Las bombillas más brillantes, medido en lúmenes por vatio, son las de halogenuro metálico y las de sodio AP.

Desarrolladas originalmente en la década de 1970, las bombillas de halogenuro metálico y de sodio AP se caracterizaban por una limitación técnica primordial: cuanto mayor era la bombilla, mejor era la proporción de lúmenes por vatio. Por ejemplo, vatio a vatio, una lámpara de sodio AP de 1.000 vatios produce el 12% más de luz que una de 400 vatios, y alrededor del 25% más que una de 150 vatios. Los científicos superaron esta barrera al desarrollar las lámparas de sodio AP de 600 vatios. Vatio a vatio, una lámpara de vapor de sodio de 600 vatios produce el 7% más de luz que su homóloga de 1.000 vatios. Los halogenuros metálicos de arranque por pulsación también son más brillantes y mucho más eficaces que sus predecesores.

Las lámparas de descarga de alta intensidad producen luz mediante el paso de la electricidad a través de un gas vaporizado que está encerrado a una presión muy elevada en un tubo claro de cerámica. El espectro de color que se produce está determinado por la dosis o la combinación de los elementos químicos sellados en el interior del tubo. La mezcla de elementos químicos en el tubo ahorquillado permite que las lámparas de halogenuro metálico rindan el espectro luminoso más amplio y diverso. El espectro de las lámparas de sodio AP es algo más limitado debido al menor número de elementos químicos que se emplean para llenar el tubo de descarga. El tubo de descarga se encuentra dentro de una bombilla de vidrio más grande. La mayor parte de los rayos ultravioleta (UV) que se producen en el tubo de descarga son filtrados por la bombilla externa. No mires nunca al tubo de descarga si el cristal exterior se rompe. Apaga la lámpara de inmediato. Algunos modelos tienen una capa de fósforo en el interior de la bombilla. Este recubrimiento hace que produzcan un espectro ligeramente distinto y menos lúmenes.

General Electric, Iwasaki, Lumenarc, Osram/Silvana, Philips y Venture (SunMaster) fabrican bombillas DAI. Estas empresas producen muchas bombillas con las mismas características técnicas exactamente. Según algunos jardineros, ciertas marcas de bombillas son mejores que otras en función de dónde se fabrican. En general, llegaron a esta conclusión después de adquirir dos bombillas (de 1.000 vatios) que provenían de dos fabricantes diferentes y haber tenido más suerte usando una de ellas. Lo que estos jardineros no saben es que muchos de los fabricantes compran y utilizan los mismos componentes, a menudo manufacturados por sus competidores.

Las lámparas de halogenuro metálico de arranque por pulsación son de 240 voltios comúnmente y alojan el arrancador en la caja del balasto, no en el tubo de descarga. Estos sistemas emplean reactancias de menor tamaño, que mantienen el voltaje original de línea en el 10% del voltaje que hay en el tubo de descarga.

Las paredes reflectantes incrementan el nivel de luz en el área de cultivo. La luz menos intensa que hay en el perímetro del jardín se desperdicia a menos que sea reflejada sobre el follaje. Hasta el 95% de esta luz puede reflejarse de vuelta hacia las plantas. Por ejemplo, si se pierden 500 candelas por m² fuera del jardín y se logra reflejar el 50%, entonces habrá 250 candelas por m² disponibles en el borde exterior del cultivo.

Las paredes reflectantes deberían estar a 30 cm o menos de las plantas para una reflexión óptima. Idealmente, ajusta las paredes a las plantas. La manera más fácil de instalar paredes móviles consiste en colgar la lámpara cerca de la esquina de una habitación. Sírvete de las dos paredes de la esquina y mueve las otras dos paredes para acercarlas a las plantas y, así, poder reflejar mejor la luz. Construye las paredes móviles con tablero de contrachapado, Styrofoam o con plástico blanco grueso, tipo Visqueen.

Utilizar plástico tipo Visqueen para *blanquear* un cuarto es rápido y no causa daños en la habitación. Este plástico grueso es barato y se puede retirar y reutilizar. Puede emplearse para fabricar paredes y particiones de espacios. Al ser impermeable, el Visqueen también protege las paredes y el suelo de un posible deterioro por la acción del agua. Y, debido a su ligereza, es fácil de cortar con unas tijeras o con un cuchillo, y puede fijarse mediante grapas, clavos o cinta adhesiva.

Para hacer que las paredes blancas sean opacas, cuelga Visqueen negro por la parte de fuera. El espacio de aire entre las dos capas de plástico también aumenta el aislamiento.

Las únicas desventajas del plástico Visqueen blanco son una menor capacidad reflectante respecto a la pintura blanca mate, la posibilidad de que se vuelva quebradizo tras unos años de uso bajo una lámpara DAI, y que puede resultar difícil de encontrar en los grandes almacenes.

Utilizar pintura blanca mate es una de las maneras más simples, económicas y eficientes de crear una reflexión óptima. La pintura blanca de titanio para uso artístico es más cara, pero también más reflectante. Al tiempo que fácil de limpiar, el blanco satinado es menos reflectante que el blanco mate. Con independencia del tipo de blanco que se vaya a aplicar, debería añadirse un agente no tóxico que inhiba la proliferación de hongos al mezclar la pintura. Cuatro litros de pintura blanca mate de calidad cuestan menos de 25 euros. Una cantidad entre cuatro y ocho litros de pintura deberían ser suficientes para blanquear un cuarto de cultivo medio. Pero no pintes el suelo de blanco; la reflexión va en detrimento de los tiernos enveses de las hojas. Aplica una primera capa para prevenir que, más tarde, se hagan visibles los colores oscuros o las manchas, o en caso de que las paredes estén en basto y sin pintar. Instala los extractores antes de pintar. Los vapores son desagradables y pueden provocar problemas de salud. Pintar es una labor pesada y engorrosa, pero merece la pena.

## Acerca de los balastos

Un balasto regula los requerimientos específicos de arranque y el voltaje en línea para lámparas DAI específicas. Los vatajes de 150 a 1.100 usan balastos anticuados tipo transformador de bobina. Los vatajes inferiores a 100 utilizan balastos electrónicos de mayor eficiencia energética. Los balastos electrónicos funcionan sin generar apenas calor ni ruido. Los científicos continúan desarrollando balastos electrónicos para las lámparas DAI de mayor vataje, pero todavía hoy presentan muchos fallos. Es muy importante que compres el balasto adecuado para tu lámpara DAI. Los cultivadores listos compran el sistema DAI completo -balasto, lámpara, casquillo, cable de conexión y temporizador- de una vez a un suministrador reputado para asegurar que el balasto y la lámpara van juntos.

Ten cuidado cuando adquieras balastos fabricados en China o que provengan de Asia en general. Muchos de estos balastos están mal fabricados y no cumplen los estándares de seguridad locales. No llegues a conclusiones erróneas por engañosas frases comerciales como «componentes aprobados UL o CSA». Por supuesto, cada uno de los componentes podría tener la aprobación UL o CSA, pero cuando estos componentes se utilizan juntos para hacer funcionar una lámpara, no disponen de tal aprobación. Todo lo contrario, lo más probable es que si los componentes están aprobados, no lo estén para la aplicación específica. Los transformadores baratos, así como los cebadores y los arrancadores, son baratos porque son de inferior calidad.

No intentes mezclar y probar balastos y lámparas. El mero hecho de que una lámpara encaje en un casquillo conectado a un balasto no quiere decir que vaya a funcionar adecuadamente. Si no eliges el balasto, el cebador o el arrancador adecuado para la lámpara, ésta no producirá la cantidad de luz prevista y se fundirá antes. La lámpara equivocada conectada al balasto incorrecto desembocan en un fundido.

El núcleo o transformador consiste en placas de metal unidas con resina y enrolladas con cable de cobre. La lata del cebador está a la derecha, bajo los cables de conexión.

Los equipos de arranque más económicos contienen el núcleo transformador, el cebador (en los destinados a sodio AP y algunos para halogenuro metálico), el arrancador, la caja que los contiene y, a veces, el cableado. Puedes adquirir los componentes por separado en una tienda de suministros eléctricos, pero es mayor la molestia que otra cosa. Si no estás familiarizado con el montaje de componentes eléctricos y la lectura de diagramas de circuitos, adquiere el balasto ya ensamblado en un sólo paquete, que contenga la lámpara y el reflector, a uno de los muchos distribuidores de lámparas DAI.

No compres partes usadas provenientes de un desguace ni intentes usar un balasto si no estás seguro de su capacidad. El simple hecho de que una bombilla pueda enroscarse en un casquillo que está conectado a un balasto no significa que se trate de un sistema de luces apropiado. Uno de los jardines más miserables que he visto jamás estaba iluminado a base de lámparas de alumbrado público de vapor de mercurio con pantallas reflectoras improvisadas. El cultivador estaba corto de dinero, así que rateó de la calle todas las lámparas y balastos; y todo, delante de su casa.

Aunque las lámparas DAI tienen requerimientos específicos en cuanto a los balastos, éstos tienen algo en común. Las características más típicas de los balastos son el ruido y el calor. Este ruido podría llevar a algunas personas a alcanzar altos niveles de paranoia. Los balastos operan a 32-60 ºC. Pasa una

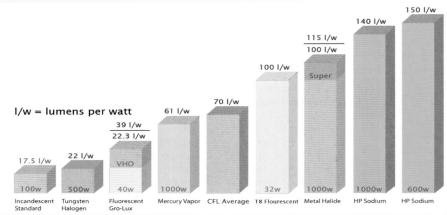

El gráfico de barras muestra la conversión a lúmenes por vatio de distintas lámparas. Observa que, excepto en las lámparas de sodio AP de 600 vatios, el factor de conversión a lúmenes por vatio se incrementa cuanto mayor es el vataje de la bombilla. La fórmula de los lúmenes por vatio se utiliza para medir la eficiencia de la lámpara: la cantidad de lúmenes producidos por la cantidad de vatios (electricidad) consumida.

cerilla, de las que se encienden sobre cualquier superficie, por un lado del balasto para comprobar si está demasiado caliente. Si la cerilla se enciende, el balasto está demasiado caliente y deberías llevarlo a la tienda para una revisión. Un balasto que funciona a temperaturas demasiado elevadas es ruidoso y podría causar problemas o quemarse. El calor es el principal destructor de balastos. Muchos balastos vienen de fábrica con una caja protectora de metal. Esta cubierta externa contiene el transformador, el cebador (arrancador) y el cableado de forma segura. Si construyes otra caja para meter el conjunto y amortiguar el ruido, asegúrate de que el aire pueda circular libremente. Si el balasto funciona a demasiada temperatura, será menos eficiente, se quemará prematuramente y podría llegar a iniciar un incendio. Los balastos más caros están equipados con ventiladores para mantener una temperatura de funcionamiento adecuada. Las salidas de aire facilitan que los balastos funcionen más frescos. Las aberturas deben proteger las partes internas y evitar que el agua pueda salpicarlas.

Algunos balastos industriales están sellados con fibra de vidrio o un material similar para hacerlos impermeables. Estos balastos no son recomendables. Están diseñados para su uso al aire libre, donde la acumulación de calor no constituye un problema. En espacio de interior, la protección que brinda la unidad sellada es innecesaria y crea un calor excesivo y una operatividad ineficaz.

El balasto será más fácil de trasladar si dispone de un asa. Un balasto pequeño de 400 vatios

*El plástico Visqueen es fácil de limpiar y cubre por completo las paredes.*

*Las paredes reflectantes son fáciles de montar.*

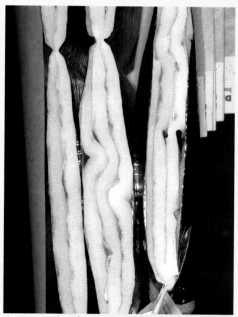

*A la hora del mantenimiento, resulta sencillo retirar las paredes reflectantes; y estos paneles proporcionan la máxima reflexión.*

*Las mantas de aislamiento para invernaderos también pueden servir muy bien para hacer particiones en los cuartos de cultivo.*

*Los actuales diseños de los balastos son más simples que nunca. Arriba, pueden verse dos nuevos diseños de balastos europeos.*

*El balasto está unido a la bombilla y a la pantalla reflectora en esta luminaria de invernadero.*

*Fija los balastos a la pared sobre un tablero; de esta forma, podrás inspeccionarlos y resolver cualquier problema con facilidad.*

*Coloca los balastos sobre estanterías, de manera que no estorben y estén alejados de posibles salpicaduras.*

para halogenuro pesa unos 14 kilos y un balasto grande de 1.000 vatios para sodio AP ronda los 25 kilos. Esta caja, pequeña y pesada, resulta difícil de mover sin un asa.

La mayoría de los balastos que se venden en los comercios sólo tienen una derivación, y se montan para funcionar con una corriente de 120 voltios, el estándar en América del Norte; o a 240 voltios, que es la corriente que se usa en Europa, Australia y Nueva Zelanda. Los balastos norteamericanos funcionan a 60 ciclos por minuto, mientras que los modelos europeos, australianos o neozelandeses trabajan a 50 ciclos por minuto. Un balasto de Europa, Australia o Nueva Zelanda no funcionará correctamente a 60 ciclos por minuto. Algunos balastos son multiderivación, y están preparados para dar servicio a 120 ó 240 voltios. Los balastos con una derivación sólo están pensados para un voltaje, que suele ser 120. Los balastos multiderivación dan cabida a cualquiera de los dos voltajes, 120 ó 240.

En general, lo más sencillo es usar los sistemas normales de 120 voltios, porque sus salidas son más comunes. Los sistemas de 240 voltios se utilizan normalmente en Europa, Australia y Nueva Zelanda, o en Norteamérica cuando hay ya varias lámparas ocupando espacio en otros circuitos de 120 voltios. Cambiar de 120 a 240 voltios un balasto con derivación múltiple es tan fácil como cambiar el cable de conexión de uno a otro voltaje. Los balastos con una sola derivación no pueden alterarse para operar con un voltaje distinto al establecido. Consulta el diagrama de cableado que se haya en cada transformador para obtener instrucciones específicas. No hay diferencia en el consumo de electricidad al usar sistemas de 120 ó de 240 voltios. Un sistema de 120 voltios funciona a unos 9,6 amperios, y una lámpara DAI conectada a una corriente de 240 voltios funciona a unos 4,3 amperios. Ambos usan la misma cantidad de electricidad. Compruébalo por ti mismo mediante la ley que aparece en la página 190.

El balasto tiene una gran cantidad de electricidad fluyendo a través de él. No toques el balasto cuando esté funcionando. No lo dejes directamente en un suelo húmedo o que pueda mojarse y conducir la electricidad. Colócalo siempre a cierta distancia del suelo, y protégelo de la posible humedad. El balasto debería quedar suspendido en el aire o sobre una estantería que esté fijada a la pared. No tiene porque estar muy alto, sólo lo suficientemente alejado del suelo para que se mantenga seco.

Sitúa el balasto sobre una base de corcho o una alfombrilla que absorba las vibraciones y reduzca el nivel de decibelios emitido. Si el ruido proviene de las vibraciones de algunos componentes sueltos dentro del balasto, éstos pueden fijarse bien para reducirlo. Dirige un ventilador hacia los balastos para mantenerlos frescos. Los balastos que se calientan menos son más eficientes, y las bombillas alumbran de forma más brillante.

Los balastos pueden estar fijados a la luminaria o ser remotos. Los balastos remotos ofrecen mayor versatilidad y constituyen la mejor opción para la mayoría de las operaciones de cultivo de interior. Un balasto remoto es fácil de mover de sitio. Ayuda a controlar el calor situándolo en el suelo o cerca de él para que irradie el calor en la parte más fresca del cuarto de cultivo, o saca el balasto del jardín para refrescar la habitación. Los balastos fijos están acoplados a la pantalla; requieren más espacio por encima de la cabeza, pesan mucho y tienden a generar más calor alrededor de la lámpara.

Los balastos pueden venir de fábrica con un temporizador incorporado. Estas unidades son muy convenientes, pero el temporizador debería estar construido a base de materiales duros y resistentes al calor. Si está hecho de plástico ligero, podría derretirse fácilmente con el calor del balasto.

Los balastos con interruptor permiten que los cultivadores utilicen el mismo balasto con dos equipos de luces diferentes. Este maravilloso invento es perfecto para hacer funcionar dos cuartos de floración. Las luces están encendidas durante 12 horas en un cuarto de cultivo, mientras se mantienen apagadas en la segunda habitación. Cuando las luces se apagan en el primer cultivo, los mismos balastos, conectados a un segundo grupo de lámparas, hacen que se ilumine el otro cuarto de floración. Este tipo de instalaciones es muy popular en Canadá.

También hay balastos que sirven para hacer funcionar tanto sistemas de halogenuro metálico como de sodio AP. Estos balastos de doble uso no son una buena idea. Funcionan, pero suelen sobrecargar la bombilla de halogenuro metálico haciendo que se funda de forma prematura tras una pérdida acelerada de lúmenes. No recomiendo este tipo de balastos. Si tu presupuesto es limitado y sólo puedes permitirte un transformador, utiliza bombillas de conversión para cambiar el espectro. (Ver «Bombillas de conversión»).

*El dueño de este equipo perdió la cosecha, ¡y casi perdió su propia vida! Presta atención a las conexiones eléctricas, a los amperios que puede soportar el cableado y a los interruptores y conectores.*

*Los fumetas tienen la habilidad de complicar las cosas sencillas.*

## Acerca de las bombillas DAI

En los últimos años, han sido desarrolladas muchas bombillas DAI nuevas. Las más notables son las de 430 vatios de sodio AP, las de halogenuro metálico de arranque por pulsación, las AgroSun, las bombillas SunMaster RFA y las de 1.100 vatios de halogenuro metálico. Estas bombillas DAI también están disponibles en diversas formas y tamaños, de forma que puedan tener cabida en pantallas reflectoras con espacios más reducidos.

Las bombillas de descarga de alta intensidad están clasificadas según el vataje y el tamaño de la cubierta externa o bombilla.

Las bombillas de descarga de alta intensidad tienen distintas formas y tamaños. En la parte de abajo de cada bombilla, figuran los números que utiliza la industria para definir la forma y el tamaño.

En general, las bombillas DAI están diseñadas para ser resistentes y duraderas. Las bombillas nuevas son más duras que las bombillas usadas. Una vez que la bombilla ha sido usada unas horas, el tubo de descarga se ennegrece y las partículas internas se vuelven un poco brillantes. Después de que una bombilla haya sido usada cientos de horas, un buen golpe acortará su vida útil sustancialmente y hará que decrezca su luminosidad.

Nunca retires una lámpara en caliente. El calor expande la rosca de metal que hay en el casquillo. Una bombilla caliente es más difícil de retirar, y debe forzarse para ello. En caso de que sea necesario lubricar el casquillo, está disponible una grasa especial para electricidad (la vaselina también sirve). Aplica una capa ligera en la base de la rosca para que el casquillo sea fácil de enroscar y desenroscar.

La parte externa de la bombilla contiene prácticamente toda la luz ultravioleta que se produce en el interior del tubo de descarga. Si una lámpara DAI se rompiera cuando está siendo enroscada o desenroscada, desenchufa el balasto inmediatamente y evita el contacto con las partes metálicas para prevenir una descarga eléctrica.

Mantén siempre limpia la bombilla. Espera a que se enfríe antes de quitarle el polvo con un paño limpio, repitiendo esta operación una o dos veces al mes. La suciedad reduce la entrega de lúmenes de forma sustancial. Las bombillas se ensucian con las pulverizaciones insecticidas y con los residuos salinos de vapor de agua. La suciedad reduce el brillo de la lámpara como las nubes bloquean la luz natural.

¡Las manos fuera de las bombillas! Tocarlas hace que quede en ellas el residuo aceitoso de las manos. Este residuo debilita la bombilla cuando se recalienta sobre su superficie. La mayoría de los cultivadores limpian las bombillas con alcohol y utilizan un trapo limpio para eliminar la suciedad, pero Hortilux Lighting aconseja limpiar las bombillas sólo con un trapo limpio.

La entrega de lúmenes disminuye con el paso del tiempo. A medida que la bombilla pierde brillo, genera menos calor y puede situarse más cerca del jardín. Esto no es una excusa para utilizar bombillas viejas; siempre es mejor usar bombillas nuevas. No obstante, es una manera de aprovechar algunos meses más una bombilla que, en caso contrario, sería inservible.

Apunta la fecha (día, mes y año) en la que comienzan a usarse las bombillas, de forma que puedas calcular mejor cuándo cambiarlas para obtener los mejores resultados. Sustituye las de halogenuro metálico tras 12 meses de uso y, las de sodio HP, cada 18 meses. Muchos cultivadores las reemplazan antes. Ten siempre disponible una bombilla de repuesto en su embalaje original para sustituir las bombillas viejas. Puedes quedarte ciego de mirar una bombilla gastada, intentando decidir el momento para cambiarla. Recuerda que tus pupilas se dilatan y contraen para compensar los niveles diferentes de luz. Una manera de determinar cuándo sustituir una bombilla consiste en examinar el tubo de descarga. Cuando el tubo de descarga está muy borroso o muy ennegrecido, es el mejor momento para cambiar la bombilla.

## Retirada de la bombilla

1. Mete la bombilla en un contenedor seco y, entonces, tíralo a la basura.
2. Las lámparas contienen materiales que son perjudiciales para la piel. Evita el contacto y usa ropa de protección.
3. No tires la bombilla al fuego.

## Sistemas de halogenuro metálico

Hasta la fecha, las lámparas de halogenuro metálico son la fuente de luz blanca artificial más eficiente que tienen a su disposición los cultivadores. Se encuentran en formato de 175, 250, 400, 1.000, 1.100 y 1.500 vatios. Pueden ser transparentes o llevar una capa de fósforo, y todas ellas requieren un balasto especial. Las lámparas pequeñas de halogenuro, de 175 ó 250 vatios, son muy populares entre la mayoría de los cultivadores de interior. Por el contrario, se evitan las lámparas de halogenuro de 1.500 vatios debido a su vida útil relativamente corta (de 2.000 a 3.000 horas), y a la increíble cantidad de calor que generan. Los cultivadores norteamericanos

---

## Ley de Ohm

### Voltios x Amperios = Watios

115 voltios x 9 amperios = 1.035 vatios

240 voltios x 4 amperios = 960 vatios

suelen preferir las lámparas grandes, de 1.000 vatios, y los europeos emplean casi exclusivamente las lámparas de halogenuro metálico de 400 vatios.

Entre los principales fabricantes de halogenuro metálico, se encuentran General Electric (Multivapor), Osram/Silvana (Metalarc) y Westinghouse (Metal Halide), Iwasaki (Eye), Venture (SunMaster) y Philips (Son Agro). Cada fabricante ofrece un halogenuro súper que es compatible con los balastos y luminarias normales. Las lámparas súper de halogenuro metálico producen alrededor del 15% más de lúmenes que las lámparas estándar de halogenuro. Las súper cuestan algunos euros más que las estándar, pero el gasto añadido compensa.

SunMaster, una división de Venture Lighting, ha desarrollado unas bombillas nuevas de halogenuro metálico para horticultura. Las nuevas bombillas son más brillantes y proporcionan un espectro más adaptado al crecimiento de las plantas. Las preferidas de los cultivadores son las bombillas Warm Deluxe. Echa un vistazo a su sitio web: www.sunmastergrowlamps.com.

Las lámparas transparentes de halogenuro son las más utilizadas por los cultivadores de interior. Las lámparas transparentes de halogenuro metálico súper suministran brillantes lúmenes para el crecimiento de las plantas. Las que no son súper - pero sí transparentes- van bien para el crecimiento de los plantones y para el desarrollo vegetativo y en floración.

Las lámparas de halogenuro de 1.000 vatios con recubrimiento de fósforo dan una luz más difusa y no son tan agresivas para la vista al emitir menos luz ultravioleta que las bombillas transparentes. Producen el mismo número inicial de lúmenes, pero alrededor de 4.000 lúmenes menos que el halogenuro estándar y un espectro de color ligeramente distinto. Las lámparas de halogenuro con recubrimiento de fósforo tienen más luz amarilla y menos luz azul y ultravioleta. Las bombillas recubiertas con fósforo solían ser populares entre los cultivadores, pero esta tendencia ha decaído durante los últimos diez años porque no son tan brillantes como las bombillas transparentes.

Las lámparas transparentes de halogenuro súper son las más comunes entre los cultivadores que utilizan halogenuro metálico en Norteamérica. Compara las tablas de distribución de energía y la producción de lúmenes de todas las lámparas para decidir cuál es la que ofrece más luz para tu jardín. En EE.UU., lo típico es que los cultivadores privados comiencen con una lámpara de halogenuro súper.

*Unos cultivadores de la Columbia Británica hacen funcionar los cuartos de floración durante las 24 horas del día con la mitad de balastos. Esta caja esta hecha para dar cabida a tres transformadores, cebadores y arrancadores, los cuales dan energía a seis lámparas de sodio AP de 1.000 vatios. Tres lámparas funcionan 12 horas; las otras tres lámparas funcionan durante las doce horas siguientes.*

*La caja de interruptores, en la parte superior de esta imagen de los Blues Brothers, hace funcionar doce lámparas de 600 vatios en zigzag. Un ventilador está dirigido hacia los balastos y la caja de interruptores para mantenerlos frescos.*

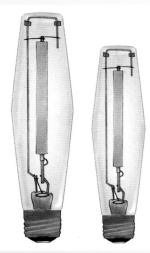

*Bombillas de sodio de alta presión.*

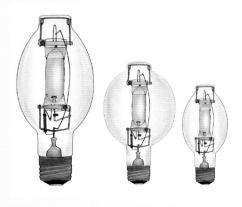

*Bombillas de halogenuro metálico.*

## Construcción y funcionamiento

Las lámparas de halogenuro metálico producen luz al paso de la electricidad por los gases vaporizados de argón, mercurio o yoduro de torio, sodio o escandio en el interior del tubo de descarga, que está hecho de cuarzo. Una vez que todos estos gases están en las proporciones adecuadas dentro del tubo, se emite la característica luz blanca y brillante. Este proceso lleva de tres a cinco minutos. El sistema de arco del halogenuro metálico es muy complejo y requiere un rodaje de 100 horas en funcionamiento antes de que todos sus componentes se estabilicen. Si hay una subida de tensión repentina y la lámpara se apaga o desconecta, los gases necesitarán de cinco a quince minutos para enfriarse dentro del tubo de descarga antes de volver a funcionar con normalidad.

La cubierta de vidrio de la bombilla funciona como una campana protectora que contiene el tubo de descarga y el mecanismo de arranque, manteniéndolos en un entorno constante al tiempo que absorbe la radiación ultravioleta. Si pasas mucho tiempo en el cuarto de cultivo, o tiendes a quedarte mirando hacia la luz DAI, sería una buena idea usar gafas de protección que filtren los rayos ultravioleta.

Al encenderse la lámpara, se necesita un voltaje elevadísimo para que tenga lugar el proceso inicial de ionización. Encender y apagar la lámpara más de una vez al día causa un estrés innecesario en el sistema DAI y acorta su vida útil. Lo mejor es que la lámpara se arranque una vez al día solamente, y utilizar siempre un temporizador.

Las lámparas de halogenuro metálico operan con más eficiencia en una posición ligeramente vertical, con unos 15 grados de inclinación (ver diagrama en la página 194). Cuando se hacen funcionar en una posición que no esté comprendida entre ± 15 grados de la vertical, se ven reducidos tanto el vataje como la cantidad de lúmenes producidos y la vida útil de la lámpara; el arco de luz se dobla y crea un calentamiento irregular de la pared del tubo de descarga, lo que resulta en un funcionamiento menos eficiente y una vida útil más corta. Existen lámparas especiales para funcionar en posición horizontal o en cualquier otra que no esté incluida entre ± 15 grados de la vertical. Estas bombillas tienen la indicación «HOR» estampada en la base o cerca de la rosca para señalar que pueden funcionar en posición horizontal.

## Mantenimiento de los lúmenes y vida útil

La vida media de una bombilla de halogenuro es de unas 12.000 horas, casi dos años seguidos funcionando 18 horas diarias. Muchas de estas bombillas duran aún más. La lámpara finaliza su vida útil cuando no arranca o no alcanza su máximo brillo. Esto suele deberse al deterioro de los electrodos de la lámpara con el paso del tiempo, a la pérdida de la capacidad de transmisión por parte del tubo de descarga a causa de su oscurecimiento, o a cambios en el equilibrio de los metales dentro del tubo de descarga. No esperes a que la bombilla se queme para cambiarla. Una bombilla vieja es ineficiente y costosa. Reemplaza las bombillas cada 10-12 meses o cada 5.000 horas. El mayor deterioro de los electrodos se produce durante el arranque. Las bombillas no son caras; enrosca una nueva y verás qué bien sienta.

El halogenuro puede producir efectos estroboscópicos (destellos). La luz aparece brillante, luego se desvanece, brilla, se desvanece, etc. Estos destellos son el resultado de que el arco se extingue 120 veces por segundo. La iluminación suele permanecer constante, pero puede sufrir ligeras alteraciones. Esto es normal y no hay que preocuparse por ello.

## Balastos para halogenuro metálico

Consulta la sección «Acerca de los balastos». El balasto de 1.000 vatios para halogenuro opera con las bombillas estándar de halogenuro metálico, ya sean transparentes o recubiertas de fósforo, y con las bombillas de halogenuro súper, transparentes o con revestimiento de fósforo; y funciona con una corriente de 120 ó 240 voltios. Cada vataje de lámpara requiere un balasto diferente: 150, 250, 400, 1.000, 1.100 y 1.500. El balasto de un determinado vataje sirve para todos los tipos de halogenuro (súper o estándar, transparente o con recubrimiento de fósforo) del mismo vataje. Cada balasto debe estar diseñado específicamente para el halogenuro de 150, 250, 400, 1.000, 1.100 ó 1.500 vatios porque sus requerimientos de arranque y funcionamiento son únicos.

## Bombillas de halogenuro metálico

Las bombillas universales de halogenuro metálico, diseñadas para funcionar en cualquier posición -horizontal o vertical-, proporcionan un 10% menos de luz y suelen tener menos vida útil.

Las lámparas de cultivo SunMaster Warm Deluxe emiten una luz equilibrada, similar a una fuente de 3.000 Kelvin. Las mejoras de la componente rojo-naranja favorecen la floración, la elongación del tallo y la germinación, mientras que un alto contenido de azul asegura un crecimiento vegetativo saludable.

Venture fabrica la AgroSun para Hydrofarm. Se trata de una bombilla mejorada de halogenuro metálico, con más amarillo-naranja en su espectro. Si quieres saber más sobre esta lámpara, visita www.growlights.com.

## Sistemas de sodio de alta presión

El hecho más destacable de las lámparas de sodio de alta presión de 600 vatios es que producen 90.000 lúmenes iniciales. El sodio AP es también de las lámparas DAI más eficientes que están disponibles. Se encuentran en 35, 50, 70, 100, 150, 200, 250, 310, 400, 600 y 1.000 vatios. Casi todas las bombillas de sodio AP

que se usan en espacios de cultivo son transparentes. Todas las lámparas de vapor de sodio AP tienen su propio balasto. Las lámparas de sodio de alta presión están fabricadas por: GE (Lucalox), Silvana (Lumalux), Westinghouse (Ceramalux), Philips (Son Agro), Iwasaki (Eye) y Venture (High Pressure Sodium). Los cultivadores americanos utilizan las lámparas de sodio AP de 1.000 y 600 vatios, mientras que los cultivadores europeos se decantan por las lámparas de 400 ó 600 vatios.

Las lámparas de sodio de alta presión emiten un brillo anaranjado que podría compararse con el sol de la cosecha. El espectro de color está concentrado en la franja del amarillo, el naranja y el rojo. Durante muchos años, los científicos creían que este espectro estimulaba la producción floral. Sin embargo, la nueva tecnología RFA ha hecho que los científicos revisen las viejas teorías. Al florecer, las necesidades lumínicas de la marihuana cambian; ya no necesita producir tantas células vegetativas. El crecimiento vegetativo se ralentiza y acaba por detenerse durante el florecimiento. Toda la energía y la atención de la planta se enfoca a la producción de flores para poder completar su ciclo anual. La luz de la zona roja del espectro estimula las hormonas florales en el interior de la planta, provocando la producción de flor. Según algunos cultivadores, el volumen y el peso floral se incrementa cuando se emplean luces de sodio AP. Otras evidencias demuestran que las lámparas de halogenuro SunMaster son superiores. Los cultivadores con jardines de 3 m² suelen dejar el halogenuro de 1.000 vatios y añaden una lámpara de sodio AP durante la floración. Las plantas en floración necesitan más luz para producir cogollos plenos y apretados. Al añadir la lámpara de sodio no sólo se duplica la cantidad de luz disponible, también incrementa la franja roja del espectro. Esta proporción 1:1 (1 lámpara de halogenuro y 1 de sodio AP) es una combinación popular durante los estadios florales.

## Construcción y funcionamiento

Las lámparas de sodio de alta presión producen luz al pasar la electricidad por el sodio y el mercurio que hay dentro del tubo de descarga. La lámpara de sodio AP es totalmente distinta a la de halogenuro en sus características físicas, eléctricas y de espectro de color. Un arrancador electrónico funciona con el componente magnético del balasto para proporcionar una pulsación corta de alto voltaje. Este impulso eléctrico

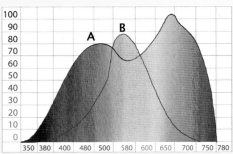

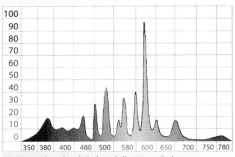

La curva A representa el espectro de luz que necesita el cannabis para crecer. La curva B representa el espectro de luz que ve el ojo humano.

Espectro de color de la bombilla Warm Deluxe

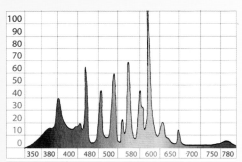

Espectro de color de la bombilla Neutral Deluxe

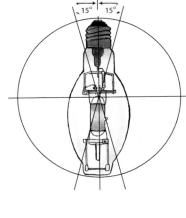

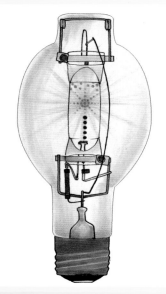

Bombilla de halogenuro metálico en reacción.

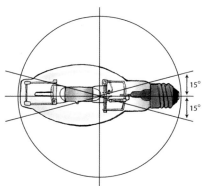

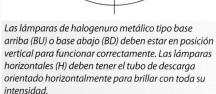

Las lámparas de halogenuro metálico tipo base arriba (BU) o base abajo (BD) deben estar en posición vertical para funcionar correctamente. Las lámparas horizontales (H) deben tener el tubo de descarga orientado horizontalmente para brillar con toda su intensidad.

vaporiza el gas xenón e inicia el proceso de arranque, el cual lleva de tres a cuatro minutos. La electricidad pasa, o arquea, entre los dos electrodos principales. Cuando se desconecta la lámpara, o si tiene lugar un aumento repentino de la corriente y la lámpara se apaga, los gases del tubo suelen necesitar de tres a quince minutos para enfriarse antes de que sea posible encenderlos de nuevo.

De forma similar al halogenuro metálico, el sodio AP está construido como bombilla doble, con una bombilla exterior de protección y un tubo interno de descarga. La bombilla exterior de vidrio protege el tubo de descarga ante cualquier daño y reduce la pérdida de calor en el tubo de descarga al estar cerrada al vacío. El sodio, el mercurio y el xenón están contenidos dentro del tubo de descarga, y tienen una temperatura constante de funcionamiento. Estas lámparas pueden funcionar en cualquier posición (360 grados). No obstante, lo habitual es colgar las lámparas para que funcionen en posición horizontal.

## Vida útil y mantenimiento de los lúmenes

De todas las lámparas DAI, las de sodio de alta presión son las que tienen la vida útil más larga y, también, las que mejor mantienen su producción de lúmenes. Al final, el sodio se derrama por fuera del tubo de descarga. Tras un largo periodo de uso diario, la proporción de sodio y mercurio cambia, provocando que se eleve el voltaje en el arco eléctrico. Por último, el voltaje de funcionamiento en el tubo de descarga será mayor de lo que puede aguantar el balasto. Llegados a este punto, la lámpara empezará a arrancar, se calentará hasta alcanzar toda su intensidad y, a continuación, se apagará. Esta secuencia, repetida una y otra vez, señala el final de la vida útil de la lámpara. La vida media de una lámpara de 1.000 vatios de sodio AP es alrededor de 24.000 horas, o cinco años funcionando 12 horas al día. Reemplaza las bombillas de sodio AP cuando pasen entre 18 y 24 meses de uso para mantener la luminosidad del jardín.

## Balastos de sodio

Repasa la sección «Acerca de los balastos». Se requiere un balasto específico para cada vataje de lámpara de sodio AP. Cada vataje de lámpara opera con unas corrientes y unos voltajes únicos durante su arranque y funcionamiento. Estos voltajes y corrientes no se corresponden con los de otros vatajes similares de lámparas DAI. Los balastos para sodio contienen un transformador de mayor tamaño que los diseñados para halogenuro metálico, un cebador y un arrancador.

Es mejor adquirir los sistemas DAI completos que a base de componentes sueltos.

## Bombillas de sodio AP

Las bombillas de sodio de alta presión se utilizan para el alumbrado industrial, residencial y en horticultura. Son bombillas baratas y se encuentran fácilmente. Los almacenes de material para construcción suelen tener disponibles lámparas de 250 y 400 vatios. Todas las lámparas de sodio AP sirven para cultivar cannabis. No obstante, aunque sean muy brillantes, su espectro de color contiene poco azul y más cantidad de amarillo y naranja. La descompensación del color hace que las plantas se estiren más entre los nudos, pero no reduce el total de la cosecha necesariamente.

Philips diseñó específicamente la Son Agro de 430 vatios para aumentar la similitud con la luz solar y cultivar plantas. Esta bombilla produce una luz cuyo espectro tiene algo más de azul. Añadir ese toque más de luz azul ayuda a prevenir, para la mayoría de las plantas, que se vuelvan espigadas. Otra lámpara de sodio AP con un funcionamiento mejorado es la Hortilux, de Eye (Iwasaki).

La bombilla de sodio AP de 600 vatios incrementó un 7% la eficiencia en lúmenes por vatio (lm/W) de las bombillas de alta intensidad. La lámpara de 600 vatios de sodio AP es la más eficiente del mercado. Las bombillas de sodio AP Son Agro de 430 vatios tienen un espectro con más azul y funcionan a un poco más de temperatura que sus homólogas de 400 vatios. Las bombillas Son Agro son las preferidas de los cultivadores europeos.

## Bombillas de conversión

Las bombillas de conversión, o de actualización, aumentan la flexibilidad. Hay un tipo de bombillas de conversión que te permite utilizar un sistema de halogenuro metálico (o de vapor de mercurio) con una bombilla que emite una luz similar a la de una bombilla de sodio AP. La bombilla parece una mezcla entre una de halogenuro y otra de sodio. Mientras que la bombilla externa es similar a una de halogenuro metálico, el tubo interno de descarga es parecido a los de sodio AP. En la base de la bombilla, se encuentra un pequeño arrancador. Otras bombillas de conversión actualizan los sistemas de sodio AP para convertirlos, prácticamente, en sistemas de halogenuro metálico.

Pueden encontrarse bombillas de conversión de 150, 215, 360, 400, 880, 940 y 1.000 vatios. No precisan adaptador ni ningún equipo adicional. Simplemente, enrosca la bombilla para conectarla a un balasto compatible de vataje similar.

*Lámpara de sodio AP en reacción.*

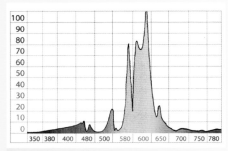

*Espectro de sodio AP súper.*

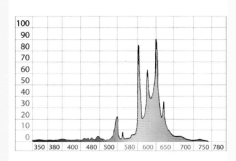

*Espectro de color de una bombilla Son Agro.*

Las lámparas de conversión funcionan con un número inferior de vatios y no son tan brillantes como las bombillas de sodio AP. A pesar de que las bombillas de conversión tienen un espectro menos azulado, son hasta un 25% más brillantes que los sistemas de halogenuro metálico y su proporción de lúmenes por vatio supera la del halogenuro metálico súper. La bombilla de conversión de 940 vatios produce 138 lúmenes por vatio. Las bombillas de conversión tienen una vida útil similar a las lámparas de sodio AP, hasta 24.000 horas. A diferencia de la mayoría de las lámparas de sodio de alta presión, que parpadean al final de su vida útil, las bombillas de conversión se apagan y permanecen así.

Aunque las bombillas de conversión no son baratas, sí que resultan menos caras que todo un sistema de sodio AP. Las bombillas de conversión ofrecen una buena alternativa para los cultivadores que ya tengan un sistema de halogenuro metálico o para aquellos que estiman que el halogenuro metálico es la inversión más adecuada para sus necesidades de iluminación. En Estados Unidos, CEW Lighting distribuye los productos de iluminación Iwasaki. Busca sus lámparas Sunlux Super Ace y Sunlux Ultra Ace.

Venture, Iwasaki y Sunlight Suply fabrican bombillas de conversión en la dirección opuesta, de sodio de alta presión a halogenuro metálico. La White-Lux, de Venture, y la White Ace, de Iwasaki, son lámparas de halogenuro metálico que funcionan en sistemas de sodio AP. Las bombillas de conversión de 250, 400 y 1.000 vatios pueden usarse en sistemas de sodio AP sin ningún tipo de alteración ni equipo adicional. Si ya dispones de un sistema de sodio de alta presión, pero necesitas la luz azul añadida que producen las bombillas de halogenuro metálico, estas bombillas de conversión cubrirán tus necesidades.

Muchos jardineros tienen gran éxito con las bombillas de conversión. Si tienes un sistema de halogenuro metálico pero quieres la luz extra amarilla y roja de las lámparas de sodio AP para favorecer la floración, simplemente compra una bombilla de conversión. En lugar de invertir en ambos sistemas de iluminación, uno de halogenuro metálico y otro de sodio AP, puedes confiar en un sistema de halogenuro metálico y usar bombillas de conversión cuando sea necesario, o viceversa.

## Sodio AP en sistemas de halogenuro metálico

La bombillas Sunlux Super Ace y Ultra Ace (Iwasaki)

y la Retrolux (Philips) reproducen el espectro de las lámparas de sodio AP en sistemas de halogenuro metálico. Estas bombillas hacen que sea posible utilizar un balasto para halogenuro metálico y obtener el mismo espectro que con lámparas de sodio. A cambio de esta ventaja, las bombillas de conversión son menos eficientes en términos de lúmenes por vatio. Una bombilla de sodio AP de 1.000 vatios produce 140.000 lúmenes iniciales. Una bombilla de conversión de halogenuro a sodio produce 130.000 lúmenes iniciales. Si sólo necesitas una lámpara, las bombillas de conversión son una elección adecuada.

## Halogenuro metálico en sistemas de sodio AP

Las bombillas de conversión White Ace (Iwasaki) y White Lux (Venture) tienen un espectro de halogenuro metálico y se usan en sistemas de sodio de alta presión. La bombilla convierte de sodio a halogenuro y produce 110.000 lúmenes iniciales de halogenuro metálico.

## Lámparas de vapor de mercurio

La lámpara de vapor de mercurio es el miembro más antiguo y mejor conocido de la familia DAI. Los principios de la luz DAI comenzaron a aplicarse en la lámpara de vapor de mercurio a comienzos del siglo XX, pero no fue hasta mediados de la década de 1930 cuando esta lámpara comenzó a ser empleada comercialmente.

Las lámparas de vapor de mercurio sólo producen 60 lúmenes por vatio. Comparando la distribución espectral de la energía del vapor de mercurio y el gráfico de respuesta fotosintética, se deduce que ésta es una lámpara poco aconsejable para la horticultura. Su funcionamiento resulta caro y, además, el espectro que produce tiene un índice bajo de RFA.

Las lámparas están disponibles en tamaños que van desde 40 hasta 1.000 vatios. Estas bombillas tienen un buen mantenimiento de la emisión de lúmenes y una vida útil relativamente larga. La mayor parte de los vatajes duran hasta tres años funcionando 18 horas diarias.

Aunque estas bombillas suelen requerir un balasto aparte, hay algunas bombillas de poco vataje con el balasto incorporado. En ocasiones, hay cultivadores desinformados que intentan hacerse con balastos de vapor de mercurio procedentes de desguaces para usarlos en lugar del balasto apropiado, de halogenuro metálico o de sodio AP. El intento de modificar esos viejos balastos para usarlos con otras lámparas DAI causará problemas.

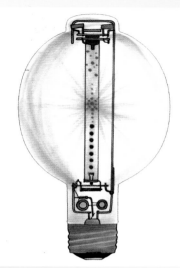

*Las bombillas de conversión hacen posible que esté disponible tanto el espectro del halogenuro metálico como el del sodio AP a costa de la eficiencia eléctrica.*

## Lámparas fluorescentes

Las lámparas fluorescentes han pasado por grandes cambios en los últimos años. Los nuevos tubos producen más luz. La mayoría de los cultivadores usan fluorescentes para cultivar clones y plantas pequeñas en estado vegetativo, y también para mantener plantas madre. Algunos cultivadores incluso los utilizan para florecer un cultivo. Los fluorescentes están disponibles con muchos espectros diferentes, algunos de los cuales son prácticamente idénticos a la luz natural del sol.

Las lámparas fluorescentes son tubos de vidrio que se encuentran en una amplia variedad de largos, desde 30 hasta 365 cm. Los tubos de 60 y 120 cm son los más manejables y, también, los más fáciles de encontrar. Dos tubos fluorescentes de 120 cm en una tienda de iluminación básica cuestan entre 20 y 30 €.

Las lámparas fluorescentes funcionan muy bien a la hora de enraizar esquejes. Proporcionan una luz fresca y difusa con el espectro de color apropiado para fomentar el desarrollo de las raíces. Puedes usar cualquier lámpara fluorescente con espectro «luz del día» (daylight) para enraizar esquejes. Los fluorescentes producen mucha menos luz que las lámparas DAI, y deben mantenerse muy cerca (de 5 a 10 cm) de las plantas para obtener los mejores resultados.

La utilización de fluorescentes junto a lámparas DAI resulta incómodo y problemático.

Cuando se usan en conjunción con las lámparas DAI, los fluorescentes deben estar muy cerca de las plantas para proporcionar una luz lo suficientemente intensa para que sirva de algo. Debido a ello, las luminarias pueden hacer sombra a las plantas y, en general, los tubos están siempre en medio.

Las plantas pueden florecer bajo lámparas fluorescentes. Los cogollos serán pequeños y ligeros pero, con bastante luz fluorescente, puedes conseguir una cosecha madura. El cultivo tendrá que estar, literalmente, forrado de tubos fluorescentes.

Los tubos fluorescentes están disponibles en tantos vatajes o niveles de salida que resulta difícil seguirles la pista. Todos los fluorescentes requieren balastos específicos. Los viejos tubos estándar (T12) utilizan alrededor de 30 vatios por metro lineal. Un tubo de 60 cm emplea unos 20 vatios; 120 cm: 40 vatios, etc. Las lámparas que se usan más comúnmente para cultivar van desde los 38 cm de largo hasta los 120 cm. Las lámparas están disponibles desde vatajes muy reducidos hasta más de 50 vatios. También están disponibles los tubos fluorescentes circulares, pero los usan pocos cultivadores.

Las lámparas de tubo en espiral, o Power Twist®, ofrecen lúmenes adicionales en la misma cantidad de espacio lineal. Los surcos, amplios y profundos, dan una superficie de vidrio de mayor extensión y más cantidad de luz. Diversas empresas ofrecen diferentes variaciones de fluorescentes moldeados.

Las lámparas fluorescentes de luz negra emiten rayos ultravioleta (UV) a través de una bombilla de vidrio con un filtro oscuro, pero no se usan para cultivar cannabis. Se supone que la luz ultravioleta fomenta más formación de resina en los cogollos. Sin embargo, todos los experimentos conocidos en los cuales se ha añadido luz UV artificial dentro de un entorno controlado demuestran que no se produce ninguna diferencia.

La mayoría de los principales fabricantes de iluminación -GE, Osram /Sylvania y Philips- hacen lámparas fluorescentes en una gama de espectros. Los más comunes son Warm White, White, Cool White, Full Spectrum y Daylight. Consulta el gráfico sobre las temperaturas Kelvin. Silvana tiene los tubos GroLux y Wide Spectrum GroLux. El GroLux estándar se emplea en el enraizamiento de esquejes o para el arranque de nuevas plantas de semilla. Está diseñado para ser la única fuente de luz, con todo el espectro necesario para la fotosíntesis y la

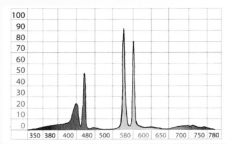

*Espectro luminoso del vapor de mercurio.*

## ¿Espectro completo?

El término espectro completo (*full spectrum*) fue acuñado en la década de 1960 por el Dr. John Ott, fotobiólogo, para describir las fuentes de luz eléctrica que simulan el espectro visible y UV de la luz natural. Hoy en día, hay muchas lámparas fluorescentes que se anuncian como «de espectro completo». Todos los tubos fluorescentes que se ofrecen como luces de cultivo «de espectro completo» tienen un recubrimiento trifosforado. Hasta que el fotobiólogo John Ott empezó a producir y vender los primeros tubos de «color corregido», todas las lámparas fluorescentes eran halofosforadas o mezclas *deluxe* de halofósforo, que no rinden bien los rojos. Las lámparas trifósforo emiten una zona del espectro visible de la luz que va de 2.700 K a 6.400 K. Simulan los colores mediante la mezcla de los tres colores que se asocian con los tres tipos de conos del ojo humano, y están «especialmente formuladas para replicar todas las longitudes de onda del espectro visible».

El término espectro completo ha tenido éxito a la hora de ayudar a vender luces con un precio excesivo. Ahora, el mercado pasa por una fase de promoción desenfrenada en cuanto a la iluminación. Los comerciantes adquieren tubos trifósforo a los fabricantes y los ofrecen como «luces de cultivo». Los grandes fabricantes de lámparas no venden sus luces con recubrimiento trifosforado como lámparas «de espectro completo».

producción de clorofila. El tubo Wide Spectrum GroLux está diseñado como suplemento de la luz natural, y cubre desde el azul hasta el extremo rojo del espectro. Westinghouse tiene los AgroLight, que producen un espectro muy similar al del sol. Cuando se utilizan juntos, los tubos Warm White y Cool White son excelentes para enraizar esquejes.

| Tipo/modelo | Temperatura Kelvin |
|---|---|
| Warm White | 2.700 K |
| White | 3.000 K |
| Neutral | 3.500 K |
| Cool White | 4.100 K |
| Full Spectrum | 5.000 K |
| Daylight | 6.500 K |

Los tubos fluorescentes también se clasifican según su diámetro, y están los tamaños T12 (5 cm), T8 (3 cm), T5 (1,5 cm) y LFC (véase la sección «Lámparas fluorescentes compactas» a continuación). Los tubos T12 emplean los anticuados balastos magnéticos. Los T8 y T5 (que, técnicamente, son lámparas fluorescentes compactas) utilizan balastos electrónicos. Los cultivadores prefieren los tubos T8 y T5, más delgados y con balastos electrónicos, porque funcionan a menor temperatura, la electricidad fluye más rápido y las luces no parpadean.

La media de lúmenes de salida de un T12 de 40 vatios es 2.800, alrededor de 68 lúmenes por vatio.

Un tubo T8 de 32 vatios rinde 100 lúmenes por vatio y los mantiene durante su funcionamiento.

Un T5 de 54 vatios entrega 5.000 lúmenes de media, lo cual significa que produce 92 lúmenes por vatio.

## Construcción y funcionamiento

Las lámparas fluorescentes crean luz al pasar electricidad a través de vapor gaseoso a baja presión.

Como la familia de lámparas DAI, los fluorescentes requieren una luminaria apropiada, que contenga un pequeño balasto, para regular la electricidad y la corriente eléctrica doméstica. La luminaria suele estar integrada con la pantalla reflectora. Los tubos fluorescentes de uso más común para el cultivo se conectan a portalámparas con un conector de dos puntos. Al comprar tubos nuevos, asegúrate de que encajen en la luminaria. La luminaria puede alojar uno, dos o cuatro tubos.

Los balastos radian casi todo el calor que produce el sistema. El balasto suele estar situado tan lejos de los tubos fluorescentes que las plantas pueden tocar los tubos sin llegar a quemarse.

Por lo general, los balastos duran 10-12 años. Las luminarias fluorescentes usadas suelen tener un rendimiento aceptable. El final de la vida útil

de un balasto suele ir acompañado de humo y un miserable olor químico. Los balastos electrónicos, simplemente, dejan de funcionar. Cuando el balasto se queme, retíralo y compra uno nuevo para sustituirlo. Ten mucho cuidado si el balasto presenta una especie de barro marrón por encima o alrededor. Este sedimento podría contener sustancias carcinogénicas. Si el balasto tiene este barro, deshazte de él en un lugar aprobado para ello. La mayoría de los fluorescentes modernos arrancan automáticamente, pero los más antiguos requieren un arrancador especial. Este arrancador puede estar integrado en el cuerpo de la luminaria y oculto a la vista; o puede tratarse de un tubo pequeño de metal (de 3 cm de diámetro y 1 cm de largo), situado en un extremo de la luminaria por la parte de abajo. Los arrancadores más modernos pueden reemplazarse, mientras que los antiguos requieren una visita a la tienda de electricidad.

Si tu luminaria fluorescente no funciona, y no estás muy versado en resolver los problemas que presentan los fluorescentes, lleva tu lámpara a la tienda de electricidad más cercana y pide que te asesoren. Asegúrate de que comprueben cada componente y te digan porqué habría que sustituirlo. Podría resultar más barato comprar otra luminaria.

El tubo de vidrio está recubierto en su interior con fósforo. La mezcla de elementos químicos fosforescentes en el recubrimiento y los gases contenidos dentro determinan el espectro de color que emite la lámpara. La electricidad crea un arco entre los dos electrodos, situados en cada extremo del tubo, estimulando que el fósforo emita energía luminosa. La emisión de luz es más fuerte en la zona central del tubo, y ligeramente menor en los extremos. Si vas a enraizar sólo unos cuantos esquejes, agrúpalos debajo del centro de la luminaria para obtener los mejores resultados.

Una vez encendido, el fluorescente tarda unos segundos en calentarse antes de que se produzca el arco eléctrico a través del tubo. Los fluorescentes se ennegrecen con el tiempo, perdiendo intensidad. Cambia los tubos cuando alcancen el 70% de la vida útil que aparece en el embalaje o en la etiqueta. Si la luz parpadea es porque está a punto de fundirse, y debería reemplazarse. La expectativa de uso es a partir de 9.000 horas (15 meses funcionando 18 horas diarias).

## Lámparas fluorescentes compactas

Disponibles desde principios de la década de 1990, las lámparas fluorescentes compactas

Las lámparas fluorescentes son ideales para enraizar esquejes. Hay quien los utiliza, incluso, para todo el cultivo del cannabis. Los cogollos que florecen bajo fluorescentes carecen de peso y densidad.

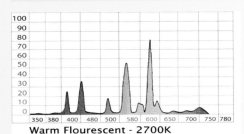

### Warm Flourescent - 2700K

Espectro luminoso de fluorescente Warm White (2.700 K).

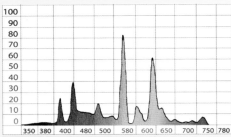

Espectro luminoso de tubo fluorescente Daylight (6.400 K).

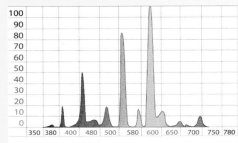

### Cool White - 4100k

Espectro luminoso de tubo fluorescente Cool White (4.100 K).

(LFC) están por fin a la venta en vatajes mayores. Los fluorescentes compactos de más vatios están teniendo un gran impacto en los cultivos pequeños de interior. Estas lámparas son similares a los fluorescentes de tubo largo, pero disponen de más potencia, ocupan menos tamaño e incorporan balastos electrónicos que aseguran una larga vida útil y un rendimiento preciso en cuanto al espectro de color. Aunque no son tan brillantes como las lámparas DAI, están disponibles con espectro de color Warm White y Cool White, y generan poco calor. Los fluorescentes compactos son perfectos para cultivadores con poco espacio y un presupuesto limitado. Funcionan a una temperatura mucho más baja que las lámparas DAI y requieren una ventilación mínima.

Cuando aparecieron los fluorescentes compactos, los vatajes eran demasiado reducidos y las lámparas no emitían luz suficiente para cultivar cannabis. Las nuevas lámparas, con más vatios, son mucho más brillantes que las pequeñas bombillas de poco vataje. Hace varios años, diversas empresas europeas empezaron a vender lámparas fluorescentes compactas de 55 vatios y Home Depot comenzó a vender un fluorescente compacto para alumbrado de 65 vatios a 30 €. Poco después, las lámparas fluorescentes compactas de 95, 125 y 200 vatios hechas en China estaban disponibles en Norteamérica y Europa. Estas nuevas lámparas cambiaron la forma de ver los fluorescentes compactos por parte de los cultivadores. Las nuevas LFC suministraban luz suficiente para cultivar cannabis desde la semilla hasta la cosecha.

Las lámparas fluorescentes compactas utilizadas para cultivar cannabis están disponibles en dos estilos y formas básicos. Las LFC modulares tienen bombillas y balastos independientes, que pueden reemplazarse por separado. La bombilla tiene la forma de una U alargada, con un conector de dos o cuatro pins (estas lámparas están designadas como 1U). Las bombillas 1U de 50 cm y con base de doble pin son comunes en Europa. Normalmente, se conectan dos lámparas de 55 vatios en una pantalla reflectora. Las bombillas más cortas en forma de U son comunes en Norteamérica, el Reino Unido, Europa, Australia y Nueva Zelanda.

El segundo tipo consiste en tubos fluorescentes en miniatura que se montan junto con un balasto (electrónico). Estas lámparas, de tamaño corto, consisten en varios tubos en forma de U (designadas como 4U, 5U, 6U, etc., según el número de tubos) que miden entre 20 y 30 cm, sin incluir los 5-10 cm del balasto y la base de rosca. Los vatajes inferiores se ajustan a los casquillos domésticos para bombillas

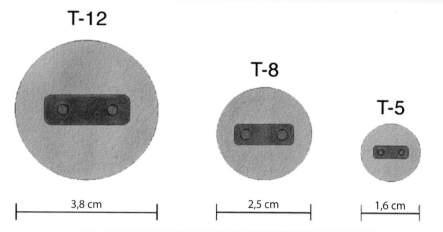

## T-12

## T-8

## T-5

| 3,8 cm | 2,5 cm | 1,6 cm |

*Esta vista, correspondiente a los extremos de tubos fluorescentes de distinto tamaño, muestra los diferentes diámetros.*

incandescentes. Las bombillas de mayor tamaño -95, 125, 150 y 200 vatios- precisan una base más voluminosa. Los vatajes de uso más común en el cultivo de cannabis son 55, 60, 65, 85, 95, 120, 125, 150 y 200.

En los comercios especializados y las tiendas de iluminación, pueden encontrarse lámparas FC a la venta, pero suelen tener precios más elevados que en los grandes almacenes de materiales. Echa un vistazo en internet; por ejemplo, www.lightsite. net es un sitio realmente bueno que incluye un localizador de comercios minoristas. Philips produce algunas de las lámparas de más vataje. Su bombilla PL-H es una lámpara 4U que está disponible en modelos de 60, 85 y 120 vatios, con valores Kelvin de 3000 a 4.100.

Ten cuidado con los sitios web de fabricantes y vendedores que hacen comentarios excesivos

*Las lámparas fluorescentes son excelentes para enraizar esquejes. Hay quien las utiliza para todo el ciclo de cultivo, pero los cogollos que florecen bajo fluorescentes carecen de peso y densidad.*

acerca del rendimiento de las LFC. El caso de exageración más común puede verse en el sitio Lights of America; en este caso, se refiere a la luz de seguridad Florex de 65 vatios. En el embalaje, se afirma que la lámpara produce 6.825 lúmenes pero un asterisco nos lleva a la base de la caja, donde se explica que se trata de «lúmenes de brillo» y no de «lúmenes fotométricos». Una visita al sitio web www. lightsofamerica.com nos aclara que la Florex de 65 vatios produce 4.550 lúmenes. Las hemos probado y estamos de acuerdo con esos 4.550 lúmenes.

| Vatios | Lúmenes iniciales |
|--------|-------------------|
| 26 | 1.800 |
| 55 | 3.500 |
| 60 | 4.000 |
| 65 | 4.500 |
| 85 | 6.000 |
| 95 | 7.600 |
| 120 | 9.000 |
| 125 | 9.500 |
| 150 | 12.000 |
| 200 | 15.000 |

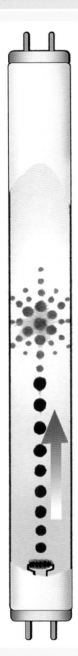

Por añadidura, los fabricantes suelen comparar la potencia de las LFC con la de las bombillas incandescentes. Pero esta comparación resulta desorientadora. Afirman que el fluorescente compacto de 65 vatios equivale a una bombilla incandescente de 500 vatios. Una LFC de 65 vatios produce el mismo número de lúmenes que una bombilla incandescente de 500 vatios. Debido a dicha información, mucha gente acaba creyendo que una lámpara de 65 vatios produce tanta luz como cualquier bombilla de 500 vatios, lo cual no es cierto.

Las LFC Cool White tienen una temperatura Kelvin (K) de 4100, con más azul en su espectro de color, lo cual reduce los espacios internodales de las plantas. Los fluorescentes compactos Cool White son perfectos para el desarrollo de plantones y plantas vegetativas bajas y robustas. Las LFC Warm White (2.700 K) tienen un espectro más rojizo y, aunque pueden usarse sólas, lo mejor es combinarlas con lámparas Cool White para evitar el estiramiento internodal durante la floración. Una lámpara de 95 a 120 vatios puede iluminar un espacio de 60 cm$^2$.

La luz de los fluorescentes compactos se debilita rápidamente, así que deben situarse cerca de las plantas. La bombilla produce muy poco calor y puede fijarse a 5 cm del follaje para alcanzar resultados inmejorables.

Las bombillas con forma corta de U son más eficaces cuando se orientan verticalmente. Si se colocan horizontalmente, bajo una pantalla reflectora, mucha luz rebota entre los tubos de la bombilla y el reflector, lo cual hace que disminuya la eficiencia de forma notable. Además, el calor del balasto tiende a acumularse. Ambas condiciones reducen la eficiencia.

Cambiar las bombillas incandescentes por fluorescentes compactos es una manera de ahorrar electricidad en las casas donde se cultiva. Los fluorescentes compactos utilizan alrededor del 75% menos de energía que las lámparas incandescentes, y emiten el 90% menos de calor, para dar la misma cantidad de luz. Al sustituir diez bombillas incandescentes de 100 vatios, se están ahorrando 750 vatios de electricidad.

## Construcción y funcionamiento

Las lámparas fluorescentes compactas crean luz por el paso de la electricidad a través de vapor gaseoso a baja presión. Las bombillas de los fluorescentes compactos están recubiertas en su cara interna con trifósforo, lo cual aumenta aún más la emisión de luz. Las LFC tienen que calentarse durante cinco minutos más o menos para que los compuestos químicos se estabilicen y alcancen su brillo máximo. Como todos los fluorescentes, las LFC requieren un equipo apropiado, que contenga un pequeño balasto electrónico para regular la electricidad y la corriente de la red eléctrica. Los balastos pueden estar incluidos en las lámparas (balasto incorporado) o pueden estar integrados en el reflector. Las lámparas más pequeñas, con balastos incorporados, se enroscan en los casquillos domésticos para bombillas incandescentes. Las bombillas más grandes se enroscan en un portalámparas de mayores dimensiones. Cada bombilla 1U se conecta al zócalo mediante conectores de dos pins.

Los fluorescentes compactos suelen durar entre 10.000 y 20.000 horas (18-36 meses con 18 horas de uso diario). La vida útil de un balasto FC es de 50.000 a 60.000 horas (entre siete y nueve años funcionando 18 horas

*En las lámparas fluorescentes, el arco eléctrico es muy amplio y emite luz a lo largo de toda su extensión.*

diarias). Las lámparas con balastos incorporados se funden de tres a seis veces más rápido que el balasto. Cuando se acaba la vida útil de la lámpara, se tira tanto la lámpara como el balasto, lo cual quiere decir que se está desperdiciando un balasto en perfectas condiciones. Me decanto por utilizar las LFC largas, que no llevan el balasto incorporado.

Las lámparas fluorescentes compactas también pueden aprovecharse para suplementar el espectro amarillo rojizo de las lámparas de sodio AP. No obstante, la carcasa que cubre el balasto incorporado es susceptible de deterioro debido a la luz UV. Cuando se utiliza en conjunción con otras lámparas DAI que producen rayos UV, la carcasa del balasto se deteriora más rápidamente. Los balastos incorporados no están diseñados para aplicaciones como cuartos de cultivo húmedos. Si se suma la poca resistencia a la humedad con un poco de luz UV, las bombillas se fundirán en un plazo de tiempo aún menor.

El final de la vida útil del balasto ha llegado en el momento en que deja de funcionar. Cuando el balasto se funde, retíralo y sustitúyelo.

Aunque las LFC no son consideradas como residuos peligrosos, siguen conteniendo mercurio, y deberían ser desechados apropiadamente para evitar la contaminación del entorno. Mete las lámparas en bolsas de plástico selladas y deshazte de ellas de la misma forma que tiras las baterías, la pintura con base de aceite, el aceite de motor, etc., en un punto de recogida selectiva de tu localidad.

## Otras lámparas

Otras variedades de lámparas merecen una mención aunque tengan un rendimiento pobre para el cultivo de marihuana. Las lámparas incandescentes son ineficientes, las halógenas de tungsteno son brillantes pero ineficaces y las de sodio de baja presión son eficientes pero tienen un espectro limitado.

## Lámparas incandescentes

Las lámparas incandescentes fueron inventadas por Thomas Edison. La luz se produce cuando la electricidad pasa a través del filamento, un cable superfino que hay dentro de la bombilla. El filamento resiste el flujo de electricidad y se calienta hasta la incandescencia, lo que provoca que brille y emita luz. Las bombillas incandescentes funcionan con la corriente doméstica ordinaria, así que no requieren balasto. Existe una gama amplia de modelos según el vataje y la forma.

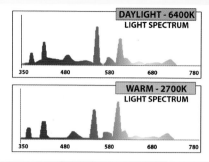

*El espectro luminoso de las LFC es perfecto para cultivar todo tipo de plantas, ¡incluso las de cannabis!*

La mayoría de las lámparas incandescentes tienen un espectro de color centrado en el rojo, aunque hay algunas lámparas de cultivo que disponen de un espectro mejorado en la zona azul. Su funcionamiento resulta caro, ya que producen pocos lúmenes por vatio. El uso más eficiente que puede darse a estas lámparas es el de calentar el medio donde enraízan los esquejes, los cuales se desarrollan bajo la luz fría de los fluorescentes.

## Lámparas halógenas de tungsteno

Las lámparas halógenas no producen una luz adecuada para cultivar. Originalmente, se llamaban lámparas de yodo cuarzo. El tubo externo está hecho de cuarzo, resistente al calor; y el gas principal que hay en el interior del tubo era yodo, uno de los cinco elementos halógenos. Hoy en día, se emplea con más frecuencia el bromo. De forma similar a las lámparas incandescentes, se utiliza un filamento de tungsteno y una bombilla sellada, y su funcionamiento resulta muy caro. Tienen muy poca potencia en cuanto a lúmenes por vatio. Funcionan con la corriente general, por lo que no es necesario un balasto. El funcionamiento de las bombillas halógenas es tan ineficiente como el de las lámparas incandescentes. Su espectro de color está situado en el extremo rojo, con sólo un 10-15% en la zona visible del espectro.

## Lámparas de sodio BP

Las lámparas de sodio de baja presión (BP) son monocromáticas. No las utilices para el cultivo de cannabis: producen luz en una porción muy estrecha del espectro, a 589 nanometros, y emiten un resplandor amarillo. Están disponibles en potencias que van desde 55 hasta 180 vatios. Su conversión a lúmenes por vatio es la más elevada de todas las lámparas que hay en el mercado actualmente. Tiene usos industriales principalmente, como luz de seguridad o para almacenes.

Estas lámparas precisan balastos y equipos específicos en función del vataje. La luminaria para una lámpara de 180 vatios es sólo un poco más grande que la que se emplea para dos tubos fluorescentes de 36 vatios y 120 cm.

Tras visitar cientos de cuartos de cultivo durante los últimos 20 años, sólo he visto una lámpara de sodio BP en uso.

## Acerca de la electricidad

Aunque no es necesario saber de electricidad para llevar a cabo cultivos de interior o en invernaderos, comprender lo básico te ahorrará dinero, tiempo y, posiblemente, el susto de tu vida.

Antes de que toques nada eléctrico, recuerda siempre que hay que trabajar hacia atrás cuando se instalan componentes eléctricos o cableados. Empieza por la bombilla, dirigiéndote hacia el enchufe. Lo último es, siempre, enchufar el cable.

**Amperio (A):** Es la medida de la electricidad en movimiento. La electricidad puede ser vista en términos absolutos de medición como puede serlo el agua. Un litro es una medida absoluta de una porción de agua; un culombio es una medida absoluta de una porción de electricidad. El agua en movimiento se mide en litros por segundo, y la electricidad en movimiento se mide en culombios por segundo. Cuando una corriente eléctrica fluye a un culombio por segundo, decimos que tiene un amperio.

### Tabla de sobrecarga

| Valor | Disponible | Sobrecarga |
|-------|-----------|-----------|
| 15 | 13 | 14 |
| 20 | 16 | 17 |
| 25 | 20 | 21 |
| 30 | 24 | 25 |
| 40 | 32 | 33 |

**Conecta sólo una lámpara DAI de 1.000 vatios por cada circuito de 120 voltios (Norteamérica) a 15, 20 ó 25 amperios.**

**Pueden conectarse dos lámparas DAI de 1.000 vatios por cada circuito de 240 voltios (Europa) a 15 amperios.**

**Interruptores cortacircuito:** Interruptor de seguridad que desconecta la electricidad cuando se sobrecarga el circuito. Encontrarás estos interruptores en el panel o cajetín de interruptores.

**Circuito:** Camino circular que recorre la electricidad. Si este recorrido se ve interrumpido, la energía se detiene; pero si se le da la oportunidad, ¡este circuito trazará una ruta circular a través de tu cuerpo!

**Conductor:** Cualquier cosa que pueda transmitir la electricidad fácilmente. El cobre, el acero, el agua y tu cuerpo son buenos conductores de la electricidad.

**Fusible:** Dispositivo eléctrico de seguridad que consiste en un metal fusible, el cual se derrite e interrumpe el circuito cuando éste se sobrecarga. Nunca sustituyas los fusibles por monedas o papel de aluminio. No se fundirán y, por lo tanto, no interrumpirán el circuito cuando esté sobrecargado. Lo que sí es probable es que se provoque un incendio.

**Tierra:** Quiere decir conectar la electricidad al suelo o tierra por seguridad. Si un circuito tiene toma a tierra y la electricidad va a parar donde no se supone que tiene que ir, será derivada al suelo (tierra) por el cable de toma a tierra y no producirá daños. La electricidad viajará por el camino de menor resistencia. Este recorrido debe pasar por el cable de toma a tierra.

La toma a tierra está formada por un cable (normalmente verde, marrón o de cobre desnudo) que corre paralelo al circuito y que está unido a una pieza de metal. Las tuberías y desagües de metal también son excelentes conductores a tierra. Las cañerías conducen la electricidad y están en contacto con la tierra. Todo el sistema, incluyendo las tuberías, el cableado de cobre y las piezas metálicas de contacto, conducen la electricidad sobrante hasta el suelo con seguridad.

El cable de toma a tierra es el tercero de los que se conectan a la toma de corriente. La toma a tierra va desde el balasto a la pantalla. Los sistemas de descarga de alta intensidad deben tener una toma que haga un

| Tipo / modelo | Temperatura Kelvin |
|--------------|-------------------|
| Warm White | 2.700 K |
| White | 3.000 K |
| Neutral | 3.500 K |
| Cool White | 4.100 K |
| Full Spectrum | 5.000 K |
| Daylight | 6.500 K |

recorrido constante pasando por el balasto, desde el enchufe hasta la caja principal de fusibles; y, de ahí, a la toma a tierra de la casa.

**IFT:** Los enchufes con interruptor de fallo a tierra son precisos cuando se utiliza agua en una casa o negocio. Instalar enchufes IFT en cuartos de cultivo permitirá una desconexión eléctrica instantánea y segura cuando sea necesario.

**Hercios:** Fluctuaciones irregulares, o ciclos en electricidad, en el interior de un (cable) conductor. En Estados Unidos, la electricidad funciona a 60 hercios (HZ), o ciclos, por segundo.

**Ley de Ohm:** Ley que expresa la fuerza de una corriente eléctrica: voltios x amperios = vatios.

**Cortocircuito:** Un circuito corto o sin intención que se forma al cruzarse (cables) conductores. Normalmente, un cortocircuito hará que salten los fusibles y que se apaguen los interruptores de corriente.

**Voltios:** La electricidad está bajo presión o potencial eléctrico. Esta presión se mide en voltios. La mayor parte del cableado doméstico está sometido a una presión aproximada de 120 ó 240 voltios.

**Vatios:** Medida de trabajo. Los vatios miden la cantidad de electricidad que fluye por un cable. Cuando los amperios (unidades de electricidad por segundo) se multiplican por los voltios (presión), obtenemos los vatios. 1.000 vatios = 1 kilovatio.

Una lámpara de halogenuro que consume 9,2 amperios x 120 voltios = 1.104 vatios. Recuerda la Ley de Ohm:

Cada una de estas bombillas de 50 cm emplea 55 vatios de electricidad.

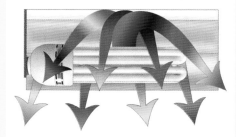
Con esta bombilla, el reflector horizontal no resulta tan eficiente como un funcionamiento vertical sin reflector.

Este fluorescente compacto tiene incorporado el balasto.

La caja de esta lámpara fluorescente compacta anuncia que los 65 vatios reales de la lámpara son comparables a 500 vatios de luz incandescente.

Las lámparas FC producen bastante luz con el espectro adecuado para hacer crecer y florecer un cultivo decente.

*El interior del balasto electrónico de una LFC es compacto y genera muy poco calor.*

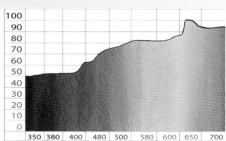

*El espectro luminoso de una lámpara incandescente hará que las plantas crezcan, pero estas bombillas están más indicadas para generar calor.*

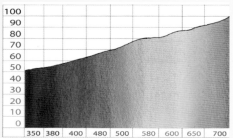

*Las bombillas halógenas de tungsteno realmente se concentran en el extremo rojo del espectro. Es una pena que sean tan ineficientes.*

*Las lámparas halógenas de tungsteno son una mala elección para el cultivo de cannabis.*

amperios x voltios = vatios. Es extraño; se supone que la respuesta debería ser 1.000 vatios. ¿Qué es lo que está mal? La electricidad fluye a través del balasto, que emplea energía para funcionar. La energía que consume el balasto debe ascender a 104 vatios.

**Vatios-hora:** Miden la cantidad de vatios que se utilizan durante una hora. Un vatio-hora es igual a un vatio que se usa durante una hora. Un kilovatio-hora (kWh) son 1.000 vatios-hora. Una lámpara DAI de 1.000 vatios empleará un kilovatio-hora aproximadamente, y el balasto utilizará alrededor de 100 vatios. Las facturas de la electricidad se pagan en kWh.

El cable eléctrico se encuentra en muchos grosores (calibres) diferentes, indicados de forma numérica. Las numeraciones más altas se usan para los cables más finos y viceversa. La mayoría de los circuitos domésticos están conectados con cable de calibre 14. El grosor del cable es importante por dos razones: el amperaje y la caída de voltaje. El amperaje es la cantidad de amperios que puede soportar un cable con seguridad. El flujo de electricidad a través del cableado genera calor. Cuanto más amperios estén pasando por el cable, más calor se creará. El calor es energía desaprovechada. Evita el malgasto de energía mediante la utilización de cables con buen aislamiento, un grosor adecuado (calibre 14 para aplicaciones a 120 voltios y calibre 18 para 240 voltios), y que incluyan toma a tierra.

El empleo de cables demasiado finos fuerza que pase demasiada energía (amperios) por el cable, lo cual provoca una caída del voltaje. El voltaje (la presión) se pierde en el cable. Por ejemplo, si hiciéramos que un cable de calibre 18 llevara 9,2 amperios a 120 voltios, no sólo se calentaría, sino que podría hacer saltar los fusibles, pero el voltaje en la toma de corriente sería de 120 voltios mientras que, a tres metros de distancia, podría haberse reducido a 108 voltios. Esto supone una pérdida de 12 voltios por los cuales se está pagando. El balasto y la lámpara funcionan menos eficientemente si el voltaje es menor de lo establecido. Cuanto más lejos tenga que desplazarse la electricidad, más calor se genera y mayor es la caída del voltaje.

Una lámpara diseñada para funcionar a 120 voltios y que sólo recibe 108 voltios (el 90% de la energía necesaria) produce el 70% de la luz que emitiría normalmente. Como mínimo, emplea cable de calibre 14 para cualquier extensión y, si ha de transportar la electricidad a más de 20 metros, utiliza cable de calibre 12.

## Al conectar un enchufe o casquillo:

El cable negro se conecta al tornillo dorado o de latón.

El cable neutro se conecta al tornillo plateado o de aluminio.

El cable de tierra siempre se conecta a la salida de toma a tierra.

Toma precauciones para que los cables no se crucen y provoquen un cortocircuito.

Los enchufes y las tomas de corriente deben tener conexiones sólidas. Si están sólo enganchados alrededor y se permite que la electricidad escape, ésta se perderá en forma de calor; las puntas de fijación podrían quemarse y provocar un incendio. Revisa periódicamente los enchufes y las tomas de corriente para asegurarte de que están bien conectados.

Si vas a instalar un circuito nuevo o una caja de interruptores, contrata a un electricista o sírvete de algún libro de electricidad. Instalar un circuito nuevo en una caja de interruptores es muy sencillo, pero instalar otro fusible en una caja de fusibles resulta

El agua y la electricidad no deben mezclarse. Trabaja siempre con un sistema que incluya toma de tierra, e impide que el agua almacenada entre en contacto con el suelo.

Evita escenas como ésta: nunca hagas funcionar las lámparas en un circuito sobrecargado.

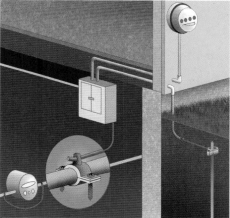

Toma de tierra.

Los interruptores automáticos llevan impreso el amperaje que resisten antes de saltar.

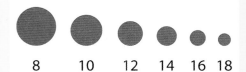

| 8 | 10 | 12 | 14 | 16 | 18 |

El diámetro del cable eléctrico es mayor a medida que disminuye el número del calibre. Observa lo grueso que es el cable de calibre 14 frente al de calibre 16.

*Las tomas de corriente con interruptor de fallo a tierra (IFT) incluyen un interruptor automático que, al activarse, desconecta la electricidad.*

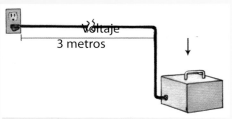

*El voltaje cae si la electricidad tiene que recorrer más de 3 m entre la toma de corriente y el balasto. Cuanto más larga sea la distancia, mayor será la caída de voltaje. Los balastos no disponen de energía suficiente cuando el voltaje es bajo, por lo que la bombilla emite menos luz.*

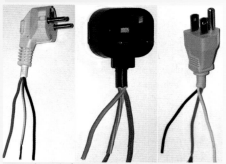

*Izquierda: enchufe europeo de 240 voltios con toma de tierra. Centro: enchufe del Reino Unido, de 240 voltios, con toma de tierra y fusible. Derecha: enchufe norteamericano con toma de tierra. Los cables verdes o con rayas verdes son los de tierra.*

más complicado. Antes de lanzarte a hacer algo así, lee sobre ello y consulta con varios profesionales.

## Acerca del consumo de electricidad

Utilizar la electricidad que ha sido adquirida legalmente no es un delito. Ningún juez como es debido concedería una orden de registro sobre la base de un consumo eléctrico sospechoso. Sin embargo, no todos los jueces son correctos, y las comunidades pequeñas con oficiales de policía que están aburridos o los agentes especiales antidroga suelen tomarse la libertad de investigar por sí mismos cualquier tipo de información que puedan sonsacar a los empleados de las compañías eléctricas. Las fuerzas de policía de mayor entidad no tienen ni ganas, ni tiempo ni dinero para buscar a los pequeños cultivadores de marihuana. Una vez fui a comprobar el consumo eléctrico de una casa que estaba pensando alquilar; fui a la compañía eléctrica y pregunté cuánta electricidad estaba usando el inquilino que ocupaba la vivienda. El empleado buscó la dirección en el ordenador y dirigió la pantalla hacia mí para que la examinara. No sólo podía consultar el consumo eléctrico de la casa durante los últimos años, sino que también podía ver la información personal del inquilino. Si esto es lo que yo pude hacer con una simple pregunta y una sonrisa, imagina lo que pueden conseguir los agentes de la ley con la intimidación.

Existen muchas maneras de equilibrar un incremento del consumo de electricidad. Un amigo se mudó a una casa que tenía calefacción eléctrica y chimenea. Instaló tres lámparas DAI, que también generaban mucho calor, en el sótano. El exceso de temperatura se dispersaba mediante un extractor que estaba conectado a un termostato/higrostato. Apagó la calefacción eléctrica, compró un hogar empotrable para el hueco de la chimenea y empezó a calentar la casa con leña. Incluso con tres lámparas encendidas, que consumen tres kilovatio por hora, la factura de la luz era menor que cuando sólo había calefacción eléctrica. Las facturas eléctricas se controlan a través de un sistema informático, que también se encarga de generarlas. El consumo mensual de energía suele mostrarse en un gráfico de barras que incluye los últimos 12 meses. Este gráfico facilita que podamos ver las fluctuaciones en el consumo de electricidad.

Una casa de una a tres habitaciones puede albergar dos o tres lámparas de 1.000 vatios y, si tiene cuatro o cinco habitaciones, podrían conectarse de tres a cinco lámparas sin levantar sospechas por el consumo de electricidad. Encender más lámparas suele requerir que se añadan más circuitos de entrada; de lo contrario, el uso de los circuitos existentes quedaría muy limitado.

La cantidad de electricidad consumida y el tamaño de la casa son proporcionales. A menudo, un aumento del consumo eléctrico es normal. Por ejemplo, la factura siempre aumenta cuando hay un bebé o más personas viviendo en la casa. Pasarse a la calefacción de gas o usar estufas de leña y cocinas y calentadores de gas hará que disminuya la factura eléctrica. Unos amigos compraron un calentador de agua nuevo y eficiente y se ahorraron 15 € al mes. Sólo por cambiar el calentador de agua, pudieron añadir otra lámpara de 600 vatios. Otro cultivador ajustó el calentador a 54 ºC en lugar de 77 ºC. Con este simple proceder, ahorró alrededor de 25 kWh al mes. Pero no bajes de 54 ºC la temperatura del calentador de agua; hay bacterias dañinas que pueden desarrollarse por debajo de este punto.

Puede que la compañía eléctrica te llame para preguntar si estás al corriente del aumento de tu consumo. No es nada para preocuparse. Sencillamente, responde que sí estás al tanto del gasto eléctrico. Si te gusta dar excusas, algunos aparatos que consumen mucha electricidad son un horno eléctrico de cerámica, un soldador de arco o un jacuzzi. Si la situación lo requiere, dúchate en casa de un amigo o en un gimnasio, lava la ropa en lavanderías y no utilices ningún electrodoméstico.

El empleado que hace la lectura del contador puede encontrar extraño que el contador gire a toda velocidad a mediodía, cuando no hay nadie en casa.

## Coste de la electricidad

| Euros kWh | 12 horas diarias | | 18 horas diarias | |
|---|---|---|---|---|
| | Día | Mes | Día | Mes |
| 0,02 | 0,24 | 7,20 | 0,36 | 10,80 |
| 0,03 | 0,36 | 10,80 | 0,54 | 16,20 |
| 0,04 | 0,48 | 14,40 | 0,72 | 21,60 |
| 0,05 | 0,60 | 18,00 | 0,90 | 27,00 |
| 0,06 | 0,72 | 21,60 | 1,08 | 32,40 |
| 0,07 | 0,84 | 25,20 | 1,26 | 37,80 |
| 0,08 | 0,96 | 28,80 | 1,44 | 43,20 |
| 0,09 | 1,08 | 32,40 | 1,62 | 48,60 |
| 0,10 | 1,20 | 36,00 | 1,80 | 54,00 |

**Un circuito con un fusible de 20 amperios contiene los siguientes objetos:**

Tostador de 1.400 vatios

Bombilla incandescente de 100 vatios

Radio de 20 vatios

1.520 vatios en total

1.520 / 120 voltios = 12,6 amperios en uso

1.520 / 240 voltios = 6,3 amperios en uso

Este ejemplo muestra que se requieren 12,6 amperios cuando todo está encendido. Al añadir al circuito los 9,2 amperios que precisa la lámpara DAI, la cuenta asciende a 21,8 amperios: un circuito sobrecargado.

**Hay tres soluciones:**

1. Retira uno o todos los aparatos que necesiten muchos amperios y conéctalos a otro circuito.

2. Utiliza otro circuito que tenga pocos amperios o ninguno a causa de otros electrodomésticos conectados.

3. Instala un circuito nuevo. Un circuito de 240 voltios hará que cada circuito disponga de más amperios.

*A pleno rendimiento, este generador produce 4.000 vatios.*

Cambia el fotoperiodo para que tenga lugar durante la noche, de forma que las lámparas estén apagadas cuando vayan a tomar la lectura del contador. Los cultivadores tienden a querer saber cuándo van a pasar para leer el contador. Hoy en día, los empleados de las compañías eléctricas utilizan telescopios de alta tecnología para tomar las lecturas y almacenarlas en un dispositivo digital de entradas que llevan integrados. Luego, la información se descarga en el ordenador de la oficina central. En casa de un amigo, la compañía eléctrica cambió el lector al detectar un gran cambio en el consumo de electricidad de la residencia; pensaron que podía deberse a un fallo del contador, así que cambiaron el equipo, pero no hubo ninguna diferencia. Los grandes consumidores de electricidad tendrían que utilizar un contador comercial de electricidad, más resistente.

Hay quien hace un puente al contador o se las ingenia de otra forma para no pagar la electricidad que utiliza. Mala idea: la compañía eléctrica puede descubrirlo. Robar electricidad es una manera excelente de llamar la atención sobre tu cultivo innecesariamente. Si robas electricidad, estás propiciando que alguien de la compañía investigue sobre ti. Por supuesto, hay gente que ha estado robando electricidad durante años y no los han cogido, y puede ser que nunca les pase nada. Irónicamente, una de las principales razones por las que se roba electricidad es la seguridad. Si el consumo sospechoso de electricidad es un problema, un generador servirá de ayuda.

## Generadores

Los generadores pueden suministrar toda la electricidad necesaria para un cuarto de cultivo, así que permiten cultivar sin estar conectado a la red eléctrica. Cuando se piensa adquirir un generador, es importante considerar aspectos como la fiabilidad, el rendimiento en amperios y el ruido.

Si vas a agenciarte un generador, que sea nuevo. Debería estar refrigerado por agua y funcionar de manera totalmente automatizada. Enciéndelo y comprueba el nivel de ruido antes de comprarlo. Recuerda siempre que el generador sea lo bastante grande para el trabajo que tiene que hacer. Será necesario contar con un pequeño colchón de potencia extra para las subidas de tensión: si el generador falla, podría echarse a perder el cultivo. Calcula que el generador tiene que dar 1.300 vatios por cada lámpara de 1.000 vatios. El balasto consume unos vatios, al igual que el cableado, etc. Un generador Honda de 5.500 vatios será suficiente para cuatro de estas lámparas.

Los generadores Honda son

*Este generador sobre ruedas proporciona seguridad al margen de la red eléctrica. Entérate del consumo y el mantenimiento antes de adquirir uno. Algunos modelos requieren que se amortigüe el ruido que producen, ¡pero puedes aparcarlos en cualquier sitio!*

Si tienes que cablear tú mismo la electricidad de tu cultivo, asegúrate de planificarlo con tiempo. Conecta las cajas de empalme, los temporizadores, etc., a un tablero, y monta el tablero sobre la pared una vez que los dispositivos estén en su sitio.

Los controladores para cultivos hacen que resulte fácil mantener unos niveles exactos de temperatura y humedad.

El temporizador mecánico de la izquierda hace funcionar varias lámparas al mismo tiempo. El temporizador digital de la derecha controla una sóla lámpara DAI de 1.000 vatios.

El temporizador de la derecha controla todo el sistema de iluminación de una sala de cultivo.

Sitúa los balastos en estantes para tenerlos en alto y que no estorben.

El cableado de un cuarto de cultivo es relativamente sencillo. Este cultivador fijó un cajetín aparte para los interruptores y un temporizador, los cuales controlan cuatro lámparas.

*Fijar todas las conexiones y los aparatos eléctricos a un panel de control facilita las comprobaciones y los arreglos.*

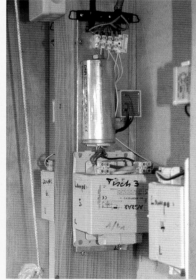

*Monta los balastos sobre la pared para que no estén por medio en el jardín.*

muy utilizados porque tienen un precio razonable, además de ser fiables y silenciosos. Pero no están diseñados para funcionar periodos largos. Conocí a un cultivador que enganchó un generador a un motor de gasolina de seis cilindros. Podía hacer funcionar cinco lámparas con facilidad, pero se *bebía* la gasolina. Los motores diesel tienen un funcionamiento más económico, pero son ruidosos y los gases tóxicos apestan. Asegúrate de que estén siempre bien ventilados tanto los generadores diesel como los de gasolina, ya que producen monóxido de carbono, que es tóxico para las personas y las plantas.

Los motores de gasolina de los generadores pueden convertirse para que funcionen con propano, cuya combustión es mucho más limpia, y pueden usarse como fuente de $CO_2$.

Los generadores diesel para refrigerar camiones y vagones de tren son bastante fáciles de adquirir y duran años. Una vez instalados, una sola de estas máquinas puede hacer funcionar muchas lámparas. Puedes encontrar estos generadores en los desguaces de camiones y furgonetas. Los generadores suelen trasladarse a un lugar bajo tierra y se cubren con una construcción. Con un buen sistema de escape para los gases y un buen silenciamiento del motor, el sonido se disipa rápidamente. Silenciar el tubo de escape y soltar los gases en el exterior puede ser un poco complicado, pero resulta muy efectivo. Los gases deben poder salir libremente a la atmósfera.

El mantenimiento de un generador que funciona 12 horas al día requiere mucho trabajo. El generador necesita combustible y hay que comprobar su funcionamiento regularmente. Si el generador se apaga antes de tiempo, las plantas dejan de crecer.

En cierta ocasión, entrevisté a un cultivador que había utilizado un generador durante seis años. Parecía saber mucho sobre la idiosincrasia de estas máquinas, y tenía la sensación de que el generador tendría un funcionamiento anómalo si él no estaba allí para hacer que todo marchara bien. Este tema subyacente dominó toda la entrevista. Durante todo el tiempo que estuvo cultivando en el campo con Big Bertha, que producía 20 kW de electricidad, lo único en lo que pensaba era en la marcha del generador: asegurarse de que tuviera aceite y gasolina, y de que fuera silencioso. Visita este sitio para más información: www.hardydiesel.com.

## Temporizadores

El temporizador es una inversión barata que enciende y apaga las luces y otros aparatos a intervalos regulares. El uso de un temporizador asegura que tu jardín reciba un periodo controlado de luz cada día, siempre con la misma duración.

Adquiere temporizadores de uso intensivo con toma de tierra, que tengan un amperaje y un valor de tungsteno que se ajusten a tus necesidades. Algunos temporizadores resisten un amperaje diferente - más bajo normalmente- para el interruptor. Los temporizadores que controlan varias lámparas son más caros, ya que toda la fuerza de electricidad tiene que pasar a través de ellos. Los comercios que venden lámparas DAI suelen disponer también de temporizadores preinstalados.

¿Cuántas lámparas (vatios totales) manejará el temporizador? Si tienes encendidos más de 2.000 ó 3.000 vatios, puedes conectar las lámparas a un relé, y controlar éste con un temporizador. La ventaja del relé es que permite el paso de más electricidad sin tener que cambiar el temporizador. En el mercado, existen multitud de temporizadores sofisticados para resolver cualquier necesidad que se te presente.

## Instalación del sistema DAI paso a paso

**Primero:** Antes de montar el sistema DAI, lee «Montaje del cuarto de cultivo» en el capítulo sexto para completar las instrucciones paso a paso.

**Segundo:** Tanto la lámpara como el balasto irradian bastante calor. Ten cuidado de no situarlos demasiado cerca de las plantas o de paredes y techos inflamables, ya que pueden convertirse en un peligro. Si el cuarto tiene un espacio reducido, con techo bajo, coloca un material no inflamable -como el metal- entre la lámpara y el techo para protegerlo del calor. Necesitarás un extractor para mantener fresco el espacio. Es más efectivo poner el balasto cerca del suelo para que no se caliente. Si la temperatura es muy alta, sitúalo fuera del cuarto de cultivo. Cuando cuelgues la lámpara de la cadena o del sistema de polea, asegúrate de que los cables no se obstaculicen ni estén demasiado cerca de una fuente de calor.

**Tercero:** Cómprate un buen temporizador y utilízalo para que el fotoperiodo sea consistente. Un temporizador decente cuesta entre 20 y 30 €, ¡y vale su peso en cogollos!

**Cuarto:** Habrá que encontrar la toma de corriente apropiada para la lámpara DAI. Una lámpara DAI de 1.000 vatios necesitará 9,5 amperios de electricidad si la corriente es de 120 voltios.

Cualquier casa tiene una caja de fusibles o de interruptores automáticos. Cada fusible o interruptor controla un circuito eléctrico de la casa, y tienen asignado el amperaje que pueden soportar: 15, 20, 25, 30 ó 40 amperios. Se considera que un circuito está sobrecargado cuando se utiliza el 80% del número máximo de amperios (véase la «Tabla de sobrecarga» de la página 204). El amperaje de los fusibles y de los interruptores aparece impreso sobre ellos, o en la caja de interruptores en el caso de estos últimos. Para saber cuáles son las tomas de corriente que controla un fusible o interruptor, retira el fusible o desconecta el interruptor. Comprueba cada una de las tomas de corriente de la casa para ver cuáles no funcionan. Todas las tomas de corriente que no funcionen están en el mismo circuito. Cuando encuentres un circuito que tenga pocas luces u otros aparatos (radios, televisores, equipos de música, etc.) conectados a él, mira el amperaje que soporta el circuito. Si está designado para 15 amperios, puedes enchufar una lámpara DAI de 1.000 vatios. De esta forma, hay un sobrante de 5,5 amperios para cubrir cualquier subida de tensión. Si el circuito está preparado para 20 ó más amperios, puede aprovecharse para una lámpara de 1.000 vatios y otros aparatos de poco amperaje. Para descubrir cuántos amperios gastan los diversos aparatos, suma el número de vatios totales que emplean y divídelo por 120.

Nunca sustituyas un fusible de la caja con otro que sea de mayor amperaje. El fusible ha de ser la parte más débil del circuito. Si se coloca un fusible de 20 A en un circuito de 15 A, el fusible es capaz de conducir más electricidad que el cableado. Esto provoca que se quemen los cables en vez del fusible. Un circuito sobrecargado podría dar lugar a un incendio en la casa.

Si el enchufe no llega a la toma de corriente elegida, los cables de extensión deben ser, como mínimo, de calibre 14. Es más difícil encontrar cable para alargador de un calibre tan grueso. Los calibres 16 y 18, más finos, no conducen la electricidad adecuada y se calientan, forzando todo el sistema.

**Quinto:** Utiliza siempre un enchufe de tres polos con toma de tierra. Si tu casa no está equipada con tomas de corriente que incluyan derivación a tierra, compra el enchufe de tres polos y un adaptador para la toma de corriente. Conecta el cabe de tierra a un objeto de metal ferroso que derive a tierra, como una tubería de metal o un cable grueso de cobre

*Una bombilla que cuelga torcida del reflector provoca que la luz se refleje de forma irregular, lo cual genera puntos calientes y puntos fríos de luz en el jardín.*

que esté insertado en el suelo, y atornilla la toma de tierra al enchufe. Vas a estar trabajando con agua debajo y alrededor del sistema DAI y el agua conduce la electricidad casi tan bien como el cuerpo humano.

**Sexto:** Una vez que se ha seleccionado el circuito apropiado, se ha montado el portalámparas y la pantalla cerca del techo, y el balasto se encuentra en su sitio (pero no enchufado a la corriente), enrosca con firmeza la bombilla DAI en el casquillo. Asegúrate de que la bombilla esté bien enroscada, pero no demasiado fuerte, y cerciórate de que hay una buena conexión. Cuando lo hayas comprobado, limpia cualquier resto de suciedad en la bombilla para aumentar su brillo.

**Séptimo:** Conecta el enchufe de tres polos al temporizador, que debe estar en la posición de apagado. Enchufa el temporizador a la toma de corriente con toma de tierra, asígnale el fotoperiodo deseado y enciéndelo. El balasto emitirá un zumbido; la lámpara parpadeará e irá calentándose poco a poco, alcanzando todo su resplandor en unos cinco minutos.

*Esta habitación llena de la variedad Sour Bubble, de BOG, dispone de un sofisticado sistema de iluminación refrigerado por aire con siete lámparas de 1.000 vatios de halogenuro metálico. Todo el sistema cuelga del techo mediante cordeles con yoyós fácilmente ajustables.*

# Capítulo DÉCIMO

# TIERRA Y CONTENEDORES

*Esta planta crece en tierra arenosa a diez metros por debajo del nivel del mar, en Ámsterdam.*

*Esta ilustración muestra cómo las raíces penetran en la tierra. Debe haber suficiente aire atrapado en la tierra para permitir la actividad biológica y la absorción de los nutrientes.*

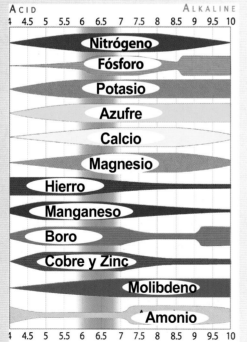

*Este gráfico de pH deja ver que la zona segura se halla entre 5,8 y 6,8.*

## Tierra

### Introducción

La tierra está formada por partículas minerales mezcladas con materia orgánica viva y muerta, la cual incorpora aire y agua. Tres factores básicos condicionan la capacidad de las raíces del cannabis para desarrollarse en un suelo: la textura, el pH y el contenido de nutrientes.

La textura de la tierra está determinada por el tamaño y la disposición física de las partículas minerales. La tierra ha de tener una textura apropiada para permitir que la penetración de las raíces, la retención de agua y oxígeno y el drenaje -así como otros muchos procesos químicos de carácter complejo- sean adecuados.

La tierra arcillosa o adobe está formada por partículas minerales muy pequeñas y planas; cuando se humedece, estas diminutas partículas se compactan, frenando o deteniendo tanto la penetración de las raíces como el drenaje del agua. Las raíces son incapaces de respirar porque el espacio que queda para el oxígeno es muy reducido o inexistente. El agua tiene grandes dificultades para penetrar estas tierras tan compactas y, una vez que lo consigue, el drenaje es lento.

Las tierras arenosas están formadas por partículas mucho más grandes. Permiten una buena aireación (aporte de oxígeno) y un drenaje adecuado, pero es necesario regar con frecuencia por la escasa retención de agua que proporcionan. La capacidad de la tierra para retener agua y aire, así como la penetración de las raíces, están en función de la textura.

La tierra marga es ideal para cultivar cannabis. Contiene una mezcla de arcilla, cieno y arena. Las partículas, de distintos tamaños, permiten una gran diversidad de espacios porosos, lo cual propicia un buen drenaje al tiempo que se retienen los nutrientes y la humedad.

Para comprobar la textura de la tierra, toma un puñado de tierra húmeda (no empapada) y apriétala con cuidado. La tierra debería permanecer apenas unida y reaccionar de forma parecida a una esponja cuando abras la mano lentamente para liberar la presión. Las tierras para cultivo de interior que no cumplan estos requerimientos deberían desecharse o ser enmendadas. Véase «Enmiendas para tierras» más adelante.

## pH

La escala del pH, de 1 a 14, mide el equilibrio entre ácido y alcalino. El 1 es lo más ácido, el 7 es neutro y el 14 representa el grado máximo de alcalinidad. Cada vez que el pH se altera en un punto completo, la acidez o la alcalinidad se multiplica por diez. Por ejemplo, un agua o una tierra con pH 5 es diez veces más ácida que si tuviera pH 6. El agua con un pH de 5 puntos es cien veces más ácida que si tuviera un pH de 7 puntos. Con una diferencia que se multiplica por diez entre cada punto de la escala, resulta esencial tanto una medición exacta como llevar un control para mantener un jardín fuerte y sano.

El cannabis crece mejor en tierra con un pH de 6,5 a 7,0. Dentro de este rango, la marihuana puede absorber y procesar correctamente los nutrientes disponibles de la manera más eficaz. Si el pH es demasiado bajo (ácido), las sales ácidas bloquean los nutrientes químicamente, y las raíces son incapaces de absorberlos. Un suelo alcalino, con un pH alto, provoca que los nutrientes no estén disponibles. Las sales tóxicas acumuladas, que limitan la entrada de agua a través de las raíces, también se convierten en un problema. Las soluciones hidropónicas funcionan mejor en un rango de pH un poco más bajo que para tierra. El margen ideal de pH para hidroponía está entre 5,8 y 6,8. Algunos cultivadores ajustan el pH a niveles más bajos y afirman que no hay problemas con la absorción de nutrientes. El pH de las mezclas orgánicas de tierra es muy importante porque determina la capacidad de aquellas bacterias que son especialmente sensibles al pH.

El pH puede medirse con un kit para muestras de tierra, con papel tornasol o con un medidor electrónico de pH; todos ellos se encuentran fácilmente en viveros y tiendas especializadas. Al medir el pH, toma dos o tres muestras y sigue las instrucciones del fabricante. Los kits para medir el pH de la tierra también miden el contenido general de nutrientes al mezclar la tierra con una solución química y comparar el color de la solución con una tabla de referencia. Para los jardineros principiantes, resulta difícil obtener mediciones ajustadas con cualquiera de los kits de este tipo que he visto o utilizado. Comparar el color de la mezcla tierra/reactivo y el color de la tabla suele resultar confuso. Si utilizas estos kits, asegúrate de comprar uno que incluya unas buenas instrucciones, fáciles de entender, y pregúntale al dependiente por las recomendaciones exactas de uso.

*Hay medidores electrónicos de pH que, además de económicos, son fáciles de usar.*

*Al plantar, añade unos 30 gramos de caliza dolomita fina por cada 4 litros de sustrato para estabilizar el pH y aportar calcio y magnesio.*

## Para un control efectivo del pH con un medidor electrónico:

- Limpia las sondas del medidor después de cada uso y retira toda señal de corrosión.
- Aprieta la tierra alrededor de las sondas.
- Riega la tierra con agua destilada o que tenga pH neutro antes de hacer la medición.

Si utilizas tiras de papel tornasol, recoge muestras de tierra que sean representativas. Coloca la muestra en un vaso limpio y humedécela con agua destilada. Introduce dos trozos de papel tornasol en el agua turbia. Tras diez segundos, saca una de las tiras, y espera un minuto antes de retirar la otra. Ambos trozos de papel tornasol deberían tener el mismo color. El envase del papel tornasol debe incluir una tabla de color del pH. Para tomar una lectura del pH, compara el color del papel tornasol con los colores de la tabla. El papel de tornasol medirá de forma ajustada la acidez de la sustancia dentro de un punto. Las lecturas no serán exactas si las altera un agua con el pH alto o bajo, y el papel tornasol podría dar lecturas falsas si los fertilizantes contienen agentes de color.

Los medidores electrónicos de pH son convenientes y económicos. Los más baratos son lo suficientemente precisos para un uso ocasional. Los modelos con un precio más elevado son bastante exactos. Presta una atención especial a la humedad de la tierra cuando midas el pH con medidores electrónicos. Estos aparatos miden la corriente eléctrica entre dos sondas y están diseñados para funcionar en tierra húmeda. Si la tierra está seca, las sondas no proporcionan una lectura certera. Yo prefiero los medidores electrónicos de pH al papel tornasol o a los kits de reactivos porque resultan convenientes, económicos y precisos. Una vez que te haces con un medidor electrónico, puedes evaluar el pH miles de veces, mientras que un kit químico puede dar para una docena de pruebas. También hay dispositivos que miden el pH continuamente, cuyo empleo más frecuente consiste en monitorizar las soluciones hidropónicas de nutrientes.

Comprueba el pH del agua de riego. En climas secos, como el del suroeste de Estados Unidos, España, Australia, etc., el agua de riego suele ser alcalina, con un pH superior a 6,0. En los climas lluviosos, como el del Reino Unido, los Países Bajos, el noroeste de América o la Europa costera del norte, el agua suele ser ácida, con un pH por debajo de 6,0. Además, en algunos países, el pH y la EC del agua que abastece a los municipios y las ciudades puede cambiar a lo largo del año. Después de un riego prolongado, el agua con un pH demasiado alto o bajo alterará el pH del medio de cultivo, especialmente en tierras con enmiendas orgánicas. El agua corriente con un pH por encima de 6,0 ayuda a evitar que las mezclas con fertilizante se vuelvan demasiado ácidas. Las condiciones climáticas también pueden afectar al pH del agua de riego. Por ejemplo, el pH puede acidificarse a finales de otoño, cuando se produce la caída y descomposición de las hojas. Los grandes municipios monitorizan y corrigen el pH cuidadosamente, y hay pocos problemas con la calidad del agua. Comprueba el pH del agua, al menos, una vez por semana.

El cannabis crece bien en casi cualquier tierra*, pero se desarrolla mejor cuando el pH está entre 6,5 y 7. La tierra comercial para macetas casi nunca tiene un pH superior a 7,5. Lo más común es que tenga un pH más bajo, hasta 5,5. Algunos de los sustratos que se adquieren en viveros tienen un pH equilibrado y cercano a 7, o neutro. No obstante, la mayoría de las tierras para macetas tienden a ser ácidas. La manera más fácil de estabilizar el pH de la tierra es mezclar una taza (25 cl) de caliza dolomita fina por cada 10 litros de sustrato. Mezcla bien la caliza dolomita con la tierra seca. Una vez regada, vuelve a remover la tierra en el contenedor.

La **caliza dolomita fina** ha sido durante años uno de los estabilizadores de pH preferidos por los jardineros. Es difícil pasarse con la cantidad si se mezcla bien con la tierra. La dolomita tiene un pH neutro, y nunca puede hacer que suba el pH por encima de 7,0. Estabiliza la mezcla de forma segura. Compensa la acidez de la tierra mezclando la tierra con dolomita antes de plantar. Ayudará a

---

*Es bien sabido que el cannabis es una planta acumuladora que absorbe metales pesados y aísla las toxinas en vacuolas impermeables. Aún así, los metales pesados siguen siendo tóxicos. Se plantó cannabis alrededor de Chernobil, el lugar de Rusia donde ocurrió el escape nuclear, para absorber los perniciosos metales

que el pH sea estable, y a mantener el pH correcto cuando se apliquen fertilizantes con cierta acidez. La dolomita, un compuesto de magnesio (Mg) y calcio (Ca), es popular entre los cultivadores de interior y de exterior que se encuentran en climas lluviosos con tierras ácidas. La dolomita no evita la acumulación de sales tóxicas provocada por las impurezas del agua y los residuos de los fertilizantes. Un régimen apropiado de fertilización y una lixiviación regular ayudan a deshacerse de las sales tóxicas. Al adquirir la dolomita, procura que sea harinosa, la más fina -como polvo- y de acción más rápida disponible. La dolomita más basta puede tardar un año o más en ser absorbible para las raíces. Mezcla a conciencia la harina de dolomita con el medio de cultivo antes de plantar. La dolomita que no está bien mezclada se estratifica, formando una capa que quema las raíces y repele el agua.

La **caliza hidratada** sólo contiene calcio, nada de magnesio. Como indica la palabra hidratada, es soluble. La caliza hidratada de acción rápida altera el pH rápidamente. Puedes aplicarla con cada riego, disolviéndola en agua templada, para obtener los resultados más rápidos. Muchos cultivadores usan una mezcla de un cuarto de taza de caliza hidratada y tres cuartos de caliza dolomita. La caliza hidratada está disponible de inmediato, mientras que la dolomita, de

*El pH de estas grandes plantas sativa de terraza se mantiene entre 6,5 y 6,8.*

acción más lenta, mantiene el pH a largo plazo. No añadas más de media taza (12 cl) de caliza hidratada por cada 30 litros de tierra. Al liberarse tan rápido, una cantidad mayor podría hacer que la tierra se volviera tóxica y provocar daños a las plantas o, incluso, matarlas. Lo bueno de la caliza hidratada es que desaparece de la tierra en dos semanas más o menos. Se puede eliminar más deprisa con cantidades copiosas de agua, haciendo que las macetas drenen. La caliza hidratada también se emplea como fungicida para el cuarto de cultivo. Espolvoréala sobre el suelo y los alrededores de la habitación. Mata los hongos por contacto.

No utilices **cal viva**; es tóxica para las plantas. La cal sólo contiene calcio y no es una buena elección. Ni tiene las cualidades reguladoras de la dolomita, ni contiene magnesio.

Para elevar el pH del medio de cultivo o del agua de riego, se añade alguna clase de compuesto alcalino, como el carbonato cálcico, el hidróxido de potasio o el hidróxido de sodio. Ambos hidróxidos son cáusticos y requieren un cuidado especial al manejarlos. Estos compuestos se usan normalmente para elevar el pH de las soluciones de nutrientes hidropónicos, pero pueden emplearse para tratar la acidez de las soluciones de nutrientes que se aplican en tierra. La manera más fácil y conveniente de aumentar y estabilizar el pH de la tierra consiste en añadir caliza dolomita fina y caliza hidratada antes de plantar. Para elevar el pH en un punto, añade 3 tazas de caliza dolomita por cada 30 litros de tierra. Una mezcla alternativa, de acción rápida, sería añadir 2,5 tazas (59 cl) de dolomita y 0,5 tazas (12 cl) de caliza hidratada por cada 30 litros de tierra.

Las cáscaras de huevo y las conchas de ostra o almeja pulverizadas, así como las cenizas de madera, tienen un pH alto y ayudan a elevar el pH de la tierra. Las cáscaras y las conchas tardan mucho tiempo en descomponerse, lo suficiente para alterar el pH; las cenizas de madera tienen un pH de 9,0 a 11,0 y es fácil añadir demasiada cantidad. A menudo, las cenizas se recogen de

En el exterior, la temperatura de la tierra puede dispararse cuando los rayos del sol calientan los contenedores.

La temperatura de la tierra debería estar entre 18 y 24 ºC para lograr los mejores resultados.

compruébalo, y mídelo cada día para asegurarte de que permanece estable.

La aspirina también baja el pH. No obstante, parece que la aspirina dispara ciertas reacciones hormonales. Algunos cultivadores han informado que aparecen más plantas hermafroditas cuando se usa aspirina para ajustar el pH.

## Quelato de humatos

Los ácidos húmicos y fúlvicos quelatan los iones metálicos, haciéndolos fácilmente transportables a través del agua. Esta capacidad depende del nivel del pH. El cobre, el hierro, el manganeso y el zinc son difíciles de disolver. Cuando se mezclan en forma de quelatos, se vuelven directamente asimilables.

## Temperatura de la tierra

Elevar la temperatura de la tierra acelera los procesos químicos y puede estimular la absorción de nutrientes. Para una actividad química óptima, la temperatura ideal de la tierra debería mantenerse ente 18 y 24 ºC. La tierra puede calentarse con cables calefactores o alfombrillas. Asegura los cables térmicos a un tablero o una mesa y coloca encima de éstos una superficie que transmita el calor para distribuir la temperatura uniformemente. Ordena los esquejes y los plantones en planchas bajas o bandejas de cultivo y sitúalas sobre la superficie termodifusora. El calor añadido acelera el desarrollo de las raíces cuando la temperatura ambiente está por debajo de 18 ºC.

Los cables para calentar la tierra cuestan mucho menos que las alfombrillas calefactoras, pero hay que instalarlos, mientras que las alfombrillas están listas para su uso. La mayoría de los viveros comerciales disponen de cables y las tiendas de hidroponía suelen tener las alfombrillas calefactoras. Al enraizar clones, estos cables y alfombrillas prácticamente aseguran el éxito y aceleran el crecimiento de las raíces.

Si la tierra está fría, se ralentiza la absorción de agua y nutrientes, y reprime el crecimiento. Los cultivadores suelen regar en exceso cuando

chimeneas o de hornos de leña que han estado quemando todo tipo de residuos, por lo que pueden ser peligrosos. No uses cenizas de madera en los jardines de interior a menos que sepas su origen, su pH y su contenido de nutrientes. Puedes añadir harina de algodón, cáscara de limón, restos de café o un fertilizante de acidez elevada para reducir el pH de la tierra por debajo de 7,0.

Las tierras comerciales para macetas y las mezclas inorgánicas suelen ser ácidas y el pH rara vez necesita ser corregido. Si el pH de una tierra nueva está por debajo de 6,0 ó por encima de 8,0, al final resulta más sencillo y menos caro cambiar de tierra que experimentar para cambiar el pH. Los fertilizantes son ácidos por naturaleza, y bajan el pH del medio de cultivo. Si fuera necesario, el azufre puede servir para bajar el pH, pero es complicado de usar. Yo recomiendo utilizar un ácido para alterar el pH. Añade vinagre blanco destilado a razón de una cucharadita por cada 3,7 litros de agua de riego, deja unos minutos para que el agua se asiente y, entonces, vuelve a comprobarla. El nivel de pH debería haber bajado un punto entero. Si no es así, añade más vinagre en incrementos pequeños. Cuando se emplea vinagre, el pH suele subir de un día para otro. Comprueba el pH al día siguiente. Los cultivadores hidropónicos usan ácido fosfórico y ácido nítrico para bajar el pH. También puede usarse nitrato cálcico, pero es menos común. Presta atención al pH y contrólalo de manera adecuada. Después de ajustar el pH, la tierra está demasiado fría o la habitación se enfría inesperadamente, lo cual ralentiza el crecimiento. Las macetas que están sobre suelos de cemento se mantienen tan frías como el cemento, que siempre está más frío que la temperatura ambiente. Aumenta la temperatura del sustrato elevando las macetas varios centímetros. Colócalas sobre un tablero aislante o un trozo de Styrofoam™.

Si la temperatura de la tierra supera los 39 °C, las raíces se deshidratan, y las temperaturas aún más altas realmente cuecen las raíces. Es relativamente fácil calentar la tierra de una maceta. Si la luz o cualquier otra fuente de calor está demasiado cerca de las macetas pequeñas, puede calentar fácilmente la capa externa de tierra, donde se localizan la mayoría de las raíces capilares. Una vez destruidas, las raíces necesitan una o dos semanas para volver a crecer. Dos semanas representan una cuarta parte del ciclo de floración.

Cuantas más *raíces capilares alimentadoras* haya para absorber agua y nutrientes, más rápidamente y con más fuerza crecerán las plantas. Una vez que las raíces pasan su zona confortable, envían señales de estrés al follaje y a los estomas mediante hormonas para que se cierren y conserven la humedad.

El oxígeno es esencial para los clones que están desarrollando raíces. A 21 °C, el agua retiene menos del uno por ciento de oxígeno disuelto. Aumenta la temperatura a 29 °C y la cifra se reducirá a la mitad.

Una temperatura inferior a 4 °C en el cepellón hace que el agua se expanda y cause daños a las células.

Las temperaturas por encima de 33 °C provocan una presión de vapor excesiva entre las raíces, lo que puede ser perjudicial. A temperaturas elevadas, las raíces envían señales de estrés para que las hojas se cierren antes de que se produzcan daños.

## Tierra para macetas

La tierra fresca para macetas, recién sacada del saco, suele satisfacer todos los requerimientos de un medio de cultivo: buena textura, que permite una buena penetración de las raíces; retención de agua y un buen drenaje; un pH estable, entre 6,0 y 7,0; y un mínimo de nutrientes.

Las tierras de mejor calidad, que drenan rápidamente y ofrecen una buena textura que no se estropea enseguida, son la mejor opción. Las tierras para macetas que se encuentran en los viveros suelen estar formuladas con un agente humectante y retienen el agua y el aire de manera uniforme, drenan bien y permiten que las raíces penetren fácilmente. Las tierras orgánicas para macetas son muy populares. Con frecuencia, estas tierras están fortalecidas con nutrientes orgánicos de fácil asimilación, incluyendo excrementos de lombrices, que son ricos en nitrógeno. Los sustratos para macetas pesan mucho, y los costes de transporte tienden a mantenerlos algo localizados. Hay muchas marcas buenas de tierra de alta calidad para macetas. Pide ayuda al personal de la tienda de jardinería a la hora de seleccionar una para hortalizas de crecimiento rápido.

*Tierra de calidad para macetas.*

*Tierra orgánica de calidad para macetas.*

*Compost para champiñones.*

Mantente alejado de las marcas baratas que venden tierra de baja calidad para macetas. Estas tierras pueden estar llenas de enfermedades y semillas de malas hierbas, retienen el agua de forma irregular y no drenan bien. Al final, ahorrarse unos céntimos en tierra acaba costando un montón de quebraderos de cabeza y un rendimiento bajo.

Muchas de las tierras para macetas proporcionan suficiente alimento (fertilizante) a los plantones y esquejes para un periodo entre dos y cuatro semanas de crecimiento a partir del trasplante. Transcurrido este tiempo, es necesaria una fertilización suplementaria para mantener el crecimiento rápido y robusto. Añade caliza dolomita de calidad fina para amortiguar y estabilizar el pH. Los microelementos de las tierras fortalecidas y de los sustratos inertes pueden lixiviarse, así que deberían ser repuestos con nutrientes quelatados si aparecen síntomas de deficiencias.

Los cultivadores orgánicos suelen añadir sus propias mezclas de oligoelementos con algas, guanos y estiércoles.

Aunque algunos cultivadores reutilizan su tierra para macetas, yo no recomiendo hacerlo. Si se usa para más de una cosecha, empiezan a crecer microorganismos indeseables, insectos y hongos; los nutrientes están agotados; la retención de agua y aire es muy pobre, lo cual provoca compactación y un mal drenaje. Algunos cultivadores mezclan su tierra de macetas vieja con sustrato nuevo para estirar la cantidad. Recortar gastos de esta manera suele costar más en producción de lo que se ahorra en tierra.

Las tierras para maceta o las mezclas inorgánicas que contengan más del 30% de perlita o piedra pómez pueden flotar y estratificarse cuando se saturan con agua antes de plantar. La tierra que está saturada de agua ha de mezclarse con las manos a conciencia, hasta que esté mezclada uniformemente, antes de plantar o trasplantar.

## Compost para champiñones

El compost para champiñones es una tierra para macetas y una enmienda que sale barata y está repleta de virtudes orgánicas. El compost para champiñones se esteriliza químicamente para proporcionar un medio higiénico para que puedan crecer los champiñones. Tras servir a este propósito como medio de cultivo, se desecha. Las leyes normalmente requieren que se mantenga en barbecho dos años o más para dejar que se eliminen todos los esterilizadores dañinos. Tras permanecer en barbecho durante varios años, el compost para champiñones es muy fértil y está lleno de microorganismos beneficiosos. Este compost de gran potencia también tiene propiedades antifúngicas y antibacterianas tanto en el follaje como debajo de tierra, lo cual ayuda a mantener alejadas las enfermedades. El compost para champiñones da cabida a una gran cantidad de bacterias beneficiosas, que estimulan la absorción de los nutrientes. La textura, la retención de agua y el drenaje de algunos de estos compost deben mejorarse con perlita para procurar un drenaje mejor. Infórmate en tu vivero o en el servicio de extensión para conseguir una buena fuente de compost para champiñones. Algunas de las cosechas más abundantes que he visto se cultivaron en este tipo de compost.

## Mezclas sin tierra

Las mezclas sin tierra son sustratos de cultivo muy populares, baratos, ligeros y estériles. Los cultivadores de invernaderos comerciales han estado usando estos sustratos desde hace décadas. Las mezclas contienen algunos o todos los elementos siguientes: piedra pómez, vermiculita, perlita, arena, musgo de turba y fibra de coco. Son incontables los cultivadores que prefieren las mezclas comerciales con elementos inorgánicos. Estos sustratos retienen la humedad y el aire al mismo tiempo que permiten una fuerte penetración de las raíces y un crecimiento uniforme. La concentración de fertilizante, el nivel de humedad y el pH son muy fáciles de controlar con precisión debido a los componentes inertes.

Estas mezclas son las favoritas de muchos cultivadores comerciales de plantones de hortalizas y verduras: tienen buena textura, retienen el agua y drenan bien. A menos que estén fortalecidos con abonos, estos sustratos no contienen nutrientes y su pH está entre 6,0 y 7,0. Las mezclas gruesas drenan bien y resulta sencillo hacer que las plantas crezcan más rápido con mucha fertilización. Los sustratos de drenaje rápido pueden lixiviarse eficazmente para que los nutrientes no tengan ocasión de acumularse hasta alcanzar niveles tóxicos. Busca sacos de sustrato que ya estén premezclados, como Terra Professional®, Light-Mix®, ATA Kilomix®, etc. Para mejorar el drenaje, añade del 10 al 30% de perlita gruesa antes de plantar. Las mezclas reforzadas disponen de nutrientes para un mes, pero sigue las instrucciones del envase.

Los componentes del sustrato pueden adquirirse por separado y mezclarse con la consistencia deseada. Los ingredientes siempre combinan mejor cuando se mezclan en seco y, luego, se mojan empleando un agente humectante para que el agua se impregne mejor. Una cantidad pequeña puede mezclarse directamente en el saco. Las cantidades mayores deberían mezclarse en una carretilla, un suelo de cemento o una hormigonera. Mezclar tu propia tierra o sustrato es una tarea sucia y polvorienta que requiere algo de espacio. Para reducir el polvo, rocía el montón de material con agua varias veces mientras mezclas. Siempre hay que llevar mascarilla para no inhalar polvo.

La textura de las mezclas sin tierra -para un crecimiento rápido del cannabis- debería ser gruesa, ligera y esponjosa. Dicha textura permite el drenaje con suficiente retención de aire y humedad, al tiempo que presenta buenas cualidades para la penetración de las raíces. Los sustratos sin tierra de textura fina retienen más humedad y van mejor para contenedores pequeños. Las mezclas que contienen más perlita y arena drenan más deprisa, haciendo que sean más fáciles de fertilizar a fondo sin que se acumulen las sales de los fertilizantes de forma excesiva. La vermiculita y la turba retienen el agua más tiempo y dan lo mejor de sí en macetas pequeñas que requieran más retención de agua.

En general, el pH es cercano a neutro, 7,0. Si se utiliza más de un 15% de turba, que es ácida, añade una cantidad apropiada de caliza dolomita o hidratada para corregir y estabilizar el pH. Comprueba el pH regularmente, cada semana. Las mezclas sin tierra se componen, en gran medida, de partículas minerales a las que no les afecta la descomposición orgánica, que altera el pH de la tierra. El pH se ve afectado por los fertilizantes ácidos o por el agua con un pH alto o bajo. Controla el pH del agua de drenaje de las plantas para asegurarte de que no sea demasiado ácido en el medio de cultivo.

## Cubos y mezclas para esquejes y plantones

Los cubos de lana de roca para enraizamiento, los tacos de turba y los bloques Oasis® son contenedores listos para hacer que enraizar esquejes, arraigar plantones y trasplantarlos resulte sencillo. Los cubos de enraizamiento y las macetas de turba también sirven para fomentar sistemas radiculares fuertes. Las macetas de turba son pequeños contenedores comprimidos

La perlita para horticultura pesa poco y está disponible en sacos grandes.

Esta mezcla sin tierra contiene un 50% de perlita, y el otro 50% es coco. El drenaje es rápido y hay suficiente retención de agua. Esta mezcla ha de regarse diariamente.

Esta mezcla sin tierra contiene un 10% de perlita y un 90% de turba. Retiene el agua muy bien, y la perlita aporta capacidad de drenaje.

Prepara los semilleros con tierra cribada finamente.

*Resulta sencillo sacar partido a las bandejas para semilleros.*

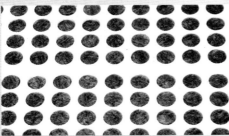

*Los tacos de lana de roca se plantan rápidamente y son fáciles de mantener.*

*Los tacos de lana de roca permiten el desarrollo de fuertes sistemas de raíces en unas dos semanas.*

*La perlita de grano grueso pesa poco.*

de turba recubierta con una malla de plástico expandible. Cuando se mojan, las pastillas de turba se hinchan y forman el taco de plantación.

Coloca una semilla o un esqueje en cada taco de turba húmedo o cubo de enraizamiento. Si el pequeño contenedor no tiene un agujero, practícaselo con un palillo, un clavo grande o algo similar. Introduce la semilla o el tallo del clon en el agujero. Cubre la semilla o, en el caso de los esquejes, rodea el tallo para que esté en contacto con el medio de cultivo. Entre una y tres semanas después, las raíces habrán crecido y empezarán a asomar por los lados del cubo. Corta la malla de nailon de los tacos de turba antes de que las raíces se enreden en ella. Para trasplantar, coloca el taco de turba o el cubo de enraizamiento en un agujero realizado en un bloque de lana de roca o en un contenedor más grande. Los clones y las plántulas sufren poco o ningún estrés cuando se trasplantan de forma apropiada.

Controla diariamente el nivel de humedad tanto en los tacos de turba como en los cubos de lana de roca. Mantenlos húmedos de manera uniforme, pero no anegados. Los cubos de enraizamiento y los tacos de turba no contienen nutrientes. Las plántulas no requieren nutrientes durante la fase inicial, que dura una o dos semanas. Abona las plántulas después de la primera semana y los clones, tan pronto como enraícen.

La arena gruesa, la vermiculita fina y la perlita son útiles para enraizar esquejes. La arena y la perlita drenan con rapidez, lo cual ayuda a evitar el marchitamiento de las plántulas. La vermiculita retiene más el agua y facilita la clonación. Una buena combinación consiste en mezclar un tercio de cada: arena, perlita fina y vermiculita fina. Las mezclas preparadas para semilleros, como Canna Seedmix® o Light Mix® son los medios de cultivo más fáciles y económicos donde enraizar esquejes y arrancar nuevas plántulas. Las mezclas con elementos inorgánicos también permiten un control de los nutrientes y de los aditivos con hormonas que estimulan el enraizamiento, esenciales para la propagación asexual.

## Correctores para tierra

Los acondicionadores para tierras incrementan la capacidad para retener agua, aire y nutrientes. Las enmiendas pueden ser de dos clases: minerales y orgánicas.

Las enmiendas minerales son prácticamente neutras en la escala del pH y contienen, si acaso, pocos nutrientes disponibles. Los acondicionadores minerales se descomponen con el tiempo y la erosión. Añade enmiendas de este tipo para aumentar la aireación y el drenaje. Tienen la ventaja de no generar una actividad bacterial que altere el contenido de nutrientes y el pH del medio de cultivo. Los correctores minerales secos, además, son muy ligeros y mucho más fáciles de meter y sacar de espacios incómodos.

La **Perlita** es arena o vidrio volcánico expandido con calor. Retiene agua y nutrientes gracias a su superficie irregular, y sirve especialmente para airear la tierra. Se trata de un buen medio para aumentar el drenaje durante el crecimiento vegetativo y la floración, y no propicia que se acumulen las sales de los fertilizantes. La versátil perlita está disponible en tres calidades: fina, media y gruesa. La mayoría de los cultivadores prefieren la textura gruesa para acondicionar la tierra. La perlita debería constituir un tercio o menos de la mezcla para evitar que flote y estratifique el sustrato.

La **piedra pómez**, roca volcánica, es muy ligera y retiene agua, nutrientes y aire en sus múltiples orificios que parecen catacumbas. Es una buena enmienda para airear la tierra y retener la humedad uniformemente. Pero, al igual que la perlita, la piedra pómez flota y debería constituir menos de la tercera parte de la mezcla para evitar problemas.

La **arlita** cada vez se emplea más en macetas como acondicionador. Las grandes bolas de arcilla expandida facilitan el drenaje y retienen aire en el interior del medio de cultivo. Consulta el capítulo undécimo, «Jardinería hidropónica», para más información.

La **vermiculita** es mica procesada y expandida con calor. Retiene agua, nutrientes y aire dentro de sus fibras y da cuerpo a las tierras con mucho drenaje. La vermiculita fina retiene demasiada agua para los esquejes, pero funciona bien cuando se mezcla con un medio de drenaje rápido. Este acondicionador retiene más agua que la perlita o la piedra pómez. Se emplea en sistemas hidropónicos de mecha, donde se requieren una retención elevada de la humedad. La vermiculita se encuentra en tres grosores: fino, medio y grueso. Utiliza la vermiculita fina como ingrediente de las mezclas para enraizar. Si no está disponible, pulveriza la vermiculita de grano medio o grueso frotándola entre las palmas de las manos. Para corregir la tierra, la gruesa es la mejor elección.

Las **enmiendas orgánicas** contienen carbono y se van

La piedra pómez es ligera.

La vermiculita pesa poco y es absorbente.

Algunos cultivadores usan tierra para macetas como enmienda.

Este saco de acondicionador contiene acolchado y estiércol de gallina bien descompuestos.

descomponiendo lentamente debido a la actividad de las bacterias, liberando humus a modo de producto final. El humus es un material suave y esponjoso que aglutina diminutas partículas de tierra, mejorando la textura del sustrato. Las nuevas enmiendas orgánicas para tierra de compostaje activo precisan nitrógeno para que tenga lugar la descomposición

El musgo de turba está disponible en sacos o en balas prensadas.

Los ladrillos de coco son ideales para los cultivadores de guerrilla. Cuando se mojan, pueden expandirse hasta alcanzar nueve veces su tamaño original.

La fibra de coco es cada vez más popular entre los cultivadores.

Puedes alquilar una hormigonera de cemento para mezclar grandes cantidades de tierra.

bacterial. Si no contienen, al menos, el 1,5% de nitrógeno, el corrector orgánico lo tomará de la tierra, robándoselo a las raíces. Al emplear enmiendas orgánicas, asegúrate de que estén completamente compostadas (un año como mínimo) y que aporten nitrógeno en vez de tomarlo de la tierra. Un color rico y oscuro es una buena señal de fertilidad.

La materia orgánica rica y que está bien compostada mejora la textura y proporciona nutrientes. El mantillo de hojas, el compost de jardín (siempre que tenga un año) y muchos tipos de estiércol completamente compostados suelen contener el nitrógeno necesario para su descomposición, y liberan nitrógeno en vez de usarlo. Adquiere enmiendas orgánicas de calidad en viveros y tiendas con buena reputación. Lee detenidamente la descripción que aparece en el saco para ver si el contenido está esterilizado y se garantiza que no contiene insectos dañinos: larvas, huevos y hongos o microorganismos nocivos. La tierra contaminada causa muchos problemas, los cuales podrían evitarse fácilmente empleando un sustrato limpio.

El **compost de jardín** y el mantillo de hojas suelen ser ricos en nutrientes orgánicos y en organismos beneficiosos que aceleran la absorción de nutrientes, pero también pueden estar llenos de plagas dañinas y enfermedades. Por ejemplo, las pilas de compostaje son uno de los lugares preferidos para la cría de lepidópteros y para las larvas de los escarabajos. La presencia de una sóla oruga en un contenedor puede suponer la muerte de la indefensa planta de marihuana. El compost de jardín es mejor utilizarlo en jardines de exterior, y no en cultivos de interior. Más adelante, se incluye información adicional sobre el compost de jardín.

El **estiércol** de corral es un gran fertilizante para jardines al aire libre, pero suele tener niveles tóxicos de sal y cantidades copiosas de semillas de malas hierbas y esporas de hongos, que trastornan la marcha de un cultivo de interior. Si utilizas estiércol, cómpralo en bolsas que garanticen su contenido. Hay muchas clases de estiércol: de vaca, de caballo, de conejo, de gallina, etc. Todos ayudan a retener agua y a mejorar la textura de la tierra cuando se emplean como enmiendas. Consulta el capítulo séptimo, donde se trata este tema de manera completa. Al mezclar el estiércol como mejorador de la tierra, no añadas más del 10-15% para evitar la acumulación de sales y el exceso de fertilizante. El contenido de nutrientes del estiércol varía según la dieta del animal y los factores de descomposición.

**Turba** es el término empleado para describir la vegetación que está descompuesta parcialmente. El deterioro de la materia se ralentiza por las condiciones frías y húmedas de las zonas donde se encuentran vastas turberas, como las regiones del norte de Europa y América. Los tipos más comunes de turba están formados por musgo de esfagno y de *hypnum*. Estas turbas se utilizan para mejorar los sustratos, aunque pueden usarse como medio de cultivo. A menos que lo compres húmedo, el musgo de turba es muy seco y difícil de mojar al principio. La turba húmeda pesa mucho y es incómoda de transportar. Al añadir musgo de turba como enmienda orgánica, puedes ahorrarte trabajo si mezclas todos los componentes en seco, antes de regar. Emplea un agente humectante. Otro truco para mezclar el musgo de turba consiste en golpear el saco unas cuantas veces antes de abrirlo para romper la bala de turba.

La turba tiende a degradarse y sólo debería usarse para un cultivo.

El **musgo de turba de esfagno** es de color marrón claro y es la turba que se encuentra habitualmente en los viveros. Esta turba voluminosa da cuerpo a la tierra y retiene bien la humedad, pudiendo absorber de 15 a 30 veces su peso en agua, y el pH varía entre 3,0 y 5,0. Tras descomponerse durante meses, el pH podría continuar bajando y volverse muy ácido. Cuenta con esta propensión a la acidez y estabiliza el pH añadiendo caliza dolomita fina a la mezcla.

El **musgo de turba** *hypnum* está más descompuesto y es de color más oscuro, con un pH entre 5,0 y 7,0. Este tipo de turba es menos común y contiene algunos nutrientes. Aunque no retiene tanta agua como el musgo de esfagno, la turba *hypnum* es una buena enmienda para tierras.

La **fibra de coco**, conocida también como turba de palmera o turba de coco, se extrae de la parte fibrosa que recubre la cáscara. En un proceso que se conoce como enriamiento, esta corteza se remoja en agua durante un periodo de hasta nueve meses para eliminar las sales, las resinas y las gomas naturales. A continuación, se golpea la fibra de coco para eliminar la corteza.

La fibra de coco es biodegradable y un buen medio de propagación para la floración y el desarrollo de los frutos. Retiene mucha agua al tiempo que mantiene la estructura. Es duradera, resiste la putrefacción y es,

además, un buen aislante. La fibra de coco resulta barata, sencilla de controlar y retiene gran cantidad de aire.

Los bloques o ladrillos de coco lavados y prensados son prácticamente inertes. Los ladrillos pesan entre 600 gr y un kilo. El pH está entre 5,5 y 6,8. Una de las mejores fibras de coco proviene del interior de Filipinas, donde el medio ambiente no está cargado de sales marinas. La fibra de coco de calidad está garantizada para que su contenido de sodio sea inferior a 50 ppm.

Los cultivadores usan la fibra de coco por separado o mezclándola al 50% con perlita o arcilla expandida para mejorar el drenaje de la mezcla. Algunos cultivadores esparcen fibra de coco sobre los bloques de lana de roca para evitar que se sequen.

Los ladrillos secos de coco pueden desmenuzarse a mano o sumergirse en un cubo con agua durante 15 minutos para que se humedezcan y expandan. Cada ladrillo se expandirá hasta tener un tamaño 9 veces superior al original. Cultivar en fibra de coco es parecido a cultivar en cualquier otro medio sin tierra. La fibra de coco puede quedar demasiado húmeda y requerir más ventilación y circulación del aire.

Visita el sitio virtual www.canna.com y encontrarás más información sobre la fibra de coco y el cultivo de marihuana.

## Mezclas de tierra

Las mezclas de tierra de exterior que incorporan tierra de jardín, compost, estiércol, turba de coco y rocas pulverizadas dan lugar a algunas de las mejores plantas del mundo. Las mezclas de tierra pueden prepararse unos meses antes y ser dejadas en el agujero para que se homogeneicen y maduren. Las mezclas orgánicas de tierra para exterior están vivas y controlar la vida del sustrato es cuestión de prestar atención a unos pocos detalles.

En condiciones de interior, las mezclas de exterior suelen crear más problemas que otra cosa. Con demasiada frecuencia, los principiantes mal aconsejados salen al jardín y recogen una tierra con buen aspecto que drena mal y que retiene el agua y el aire de forma irregular. Los problemas se reproducen al mezclar esta tierra con compost del jardín, que está lleno de enfermedades y microorganismos dañinos. Esta mezcla pobre de tierra produce hierba de mala calidad. Por ahorrar unos euros en sustrato, estos cultivadores crean problemas imprevistos y acaban pagando

Puedes solear la tierra usada para matar las plagas y las enfermedades.

Las pilas de compostaje deben medir al menos un metro cuadrado para que retengan más calor del que pueden liberar.

## Mezclas de tierra con compost:

0,5 compost
0,5 mezcla sin tierra

0,3 compost
0,3 mezcla sin tierra
0,3 fibra de coco

0,5 compost
0,5 fibra de coco

0,3 compost
0,3 mezcla sin tierra
0,16 humus de lombriz
0,16 perlita

caro su ahorro en forma de cosechas poco abultadas. Adquiere todos los componentes para evitar problemas con las mezclas de tierra. Usa tierra de jardín o compost sólo si son de máxima calidad y están desprovistas de plagas y enfermedades. Emplea sólo la tierra de jardín más rica y oscura, que ofrezca una textura adecuada. Acondiciona la tierra hasta en un 80% para mejorar la retención de agua y el drenaje. Incluso la tierra que drena bien en un jardín al aire libre necesita ser acondicionada para drenar apropiadamente en interior. Comprueba el pH de la tierra de jardín antes de ponerte a excavar para asegurarte de que esté ente 6,0 y 7,0. Añade dolomita fina para regular y estabilizar el pH. Después de hacer la mezcla, mide el pH varias veces para comprobar que sea estable.

Puedes solear la tierra de jardín exponiéndola al sol en una bolsa de plástico durante unas semanas. Da la vuelta a la bolsa de vez en cuando para calentarla por todos los lados. Asegúrate de que la bolsa recibe sol directo y que se calienta hasta alcanzar 60 ºC. Esto matará los elementos indeseables, dejando vivas las bacterias beneficiosas.

También, puedes esterilizar la tierra extendiéndola en una fuente de Pyrex™ y horneándola a 70 ºC durante 10 minutos, o dos minutos en el microondas a máxima potencia. Al final, es mucho más fácil y más productivo adquirir un buen sustrato en la tienda.

## Compost

El compost es digno de mención. En exterior, resuelve la mayoría de los problemas. El compost es una enmienda excelente para la tierra. Retiene nutrientes y humedad dentro de su fibra. Sin embargo, usar el compost del jardín en interior resulta complicado.

Algunos cultivadores no tienen problemas con el compost orgánico, pero otros tienen mala suerte y llegan a perder toda la cosecha cuando cultivan en compost del jardín. En revistas como *Sunset*, *Organic Gardening*, *National Gardening*, etc., hay buenas recetas de compost, al igual que pueden obtenerse de las empresas especializadas en diversos tipos de compost orgánico. A los cultivadores de exterior les encanta el compost. Es barato, abundante y hace maravillas al incrementar la retención de agua y el drenaje. También aumenta la absorción de nutrientes debido a la actividad biológica. En interior, el compost no es muy práctico de usar en contenedores. Podría tener plagas indeseadas. Si utilizas compost en cultivos de interior, asegúrate de que esté bien descompuesto y cribado. Una buena pila de compostaje incluye estiércol, mejor cuanto más viejo. El estiércol de las cuadras de caballos o de los establos de ganado está mezclado con paja y serrín. El serrín emplea el nitrógeno disponible y es muy ácido, por lo que no es recomendable. Busca el estiércol más viejo y descompuesto. Es menos probable que el estiércol bien descompuesto contenga plagas y semillas viables de malas hierbas. Los recortes frescos de césped, repletos de nitrógeno, son uno de mis elementos favoritos para la pila de compostaje. Mete tus manos en el interior de un montón de césped cortado: a 30 ó 50 cm de la superficie, la temperatura estará entre 49 y 82 ºC. El calor generado por la actividad química mata las plagas, degrada el follaje y libera los nutrientes.

Haz la pila de compost hasta una cierta altura y voltéalo regularmente. Las buenas recetas para pilas de compostaje incluyen la adición de microelementos orgánicos, enzimas y nutrientes primarios. La materia orgánica utilizada debería estar desmenuzada y consistir en hierba y hojas. No emplees ramas largas y leñosas, ya que podrían tardar años en descomponerse.

Antes de utilizar compost en interior, pásalo por un cedazo o malla con huecos de algo más de medio centímetro para desmoronar el humus antes de mezclarlo con el sustrato. Coloca el tamiz de trabajo sobre un cubo grande de basura o una carretilla para recoger el compost cribado. Devuelve al medio las lombrices de tierra que encuentres en el cedazo y mata los gusanos. Asegúrate de que el compost está bien descompuesto y se haya enfriado antes de mezclarlo con el sustrato de interior. Para más información sobre el compostaje, consulta la tercera edición del libro *Let it Rot!*, de Stu Campbell, Storey Press, Prowal, VT.

Algunos cultivadores mezclan hasta el 30% de perlita con tierra orgánica para macetas de alto contenido en humus de lombriz. Los pesados excrementos de las lombrices compactan el sustrato y dejan poco espacio para que el aire rodee las raíces. Al añadir perlita o enmiendas similares se airea el sustrato y se mejora el drenaje.

## Retirada del medio de cultivo

Deshacerse del sustrato usado puede ser tan problemático como encontrar la tierra adecuada. La mayoría de las mezclas comerciales contienen perlita, que deja un rastro blanco si se tira en cualquier parte. La tierra de cultivo también está llena de incriminadoras raíces de cannabis. Más de un jardín ha sido intervenido a causa de los residuos de tierra que se hallaban en el patio trasero.

La tierra seca es más fácil de trabajar y transportar. Criba el sustrato seco con una cedazo de 6-12 mm para retirar las raíces, los tallos y el follaje. El tamizado también elimina la forma del contenedor, dejando la tierra con una forma inocua. Una vez que las raíces están eliminadas, el sustrato usado y seco puede empaquetarse o compactarse. Coloca la tierra seca en un compactador de basura para que abulte menos y sea más manejable. No tires los restos del medio de cultivo al cubo de la basura. Recuerda que, en Norteamérica, no es delito que las fuerzas de la ley busquen en la basura. De hecho, husmear en la basura de los sospechosos de cultivo es una táctica que emplean las autoridades norteamericanas para asegurarse las órdenes de registro. Retira de tu propiedad la tierra utilizada. Llévala al vertedero o deshazte de ella en un lugar discreto. No tires los sacos con la tierra usada: reutilízalos.

Los medios de cultivo de interior usados son excelentes enmiendas para exterior cuando se mezclan con compost y tierra de jardín. No reutilices la tierra agotada en macetas de exterior. Muchos de los problemas que ocurren en interior se repetirán en las macetas al aire libre.

---

# Tierra usada

Dejar que la tierra se seque.

Cribar para separar las raíces, los tallos y el follaje del sustrato.

Empaquetar en bolsas de plástico.

Retirar la tierra de la propiedad.

Desechar discretamente.

## Problemas del medio de cultivo

Hay enfermedades que están causadas por problemas del medio de cultivo, pero se manifiestan como problemas nutricionales. La solución se encuentra en el medio de cultivo.

Cuando el agua es abundante en el medio de cultivo, las raíces la absorben fácilmente. Las raíces usan más energía para absorber el agua a medida que ésta escasea. Finalmente, se llega al punto en que el sustrato retiene más humedad de la que entrega, y las raíces dejan de recibir agua. Un buen medio de cultivo permite que se utilicen sus reservas de agua y nutrientes. Un medio pobre no deja pasar suficientes nutrientes a las raíces de las plantas. Cuanto más fácilmente absorba el cannabis los nutrientes, mayor será la cosecha.

La capacidad de intercambio de cationes (CIC) de un medio de cultivo es la capacidad para retener cationes que estén disponibles para ser absorbidos por las raíces. La CIC es el número de cargas de catión retenidas en 100 gr de tierra, y se mide en miliequivalente (mEq) o en centimoles/kg en una escala de 0 a 100. CIC 0 significa que el sustrato no retiene cationes disponibles para las raíces. CIC 100 quiere decir que el medio siempre retiene cationes que pueden absorber las raíces. Los medios de cultivo que llevan una carga eléctrica negativa son los mejores.

---

### Signos visibles de estrés en el medio de cultivo

Hojas secas, crujientes y quebradizas

Color de las hojas parcheado o inconsistente

Bordes de las hojas de color amarillo y que empeora

Bordes de las hojas quemados y crujientes

Clorosis: amarilleamiento entre los nervios mientras éstos permanecen verdes

Manchas irregulares en las hojas

Tallos y peciolos de color morado

Los bordes de las hojas se rizan hacia arriba o hacia abajo

Las puntas de las hojas se rizan hacia abajo

Hojas muy blandas y flexibles

Los extremos de las ramas dejan de crecer

Crecimiento alargado

---

### CIC de medios de cultivo populares medidos en mEq/100 gr

| | |
|---|---|
| Compost | 90 |
| Mezcla completa | 90 |
| Musgo de turba | 80 |
| Tierra de jardín | 70 |
| Arcilla expandida | 20 |
| Vermiculita | 20 |
| Perlita | 0 |
| Lana de roca | 0 |

Esta tabla muestra la capacidad de distintos medios de cultivo para retener cargas positivas, que están listas para ser absorbidas por las raíces. Observa el valor nulo de CIC de la perlita y la lana de roca. Las raíces tienen que estar bañadas en nutrientes constantemente. Otros medios no aportan un flujo constante de nutrientes y la CIC regula la capacidad para retener una carga positiva con el fin de hacer que los nutrientes puedan ser absorbidos por las raíces.

## Contenedores

La preferencia por un tipo de contenedores suele ser una cuestión de conveniencia, coste y disponibilidad. Pero el tamaño, la forma y el color del contenedor puede afectar al tamaño y a la salud de la planta, al igual que a la versatilidad del jardín. Hay contenedores con toda

*Los contenedores de cerámica son duraderos aunque pesan mucho.*

clase de formas y tamaños, y pueden estar hechos de casi cualquier cosa: la arcilla, el metal, el plástico y la madera son los materiales más comunes. El cannabis crece en cualquier contenedor limpio que no haya sido usado para productos del petróleo o químicos tóxicos. Los contenedores de barro y los de madera transpiran mejor que las macetas de plástico o de metal. Los pesados tiestos de barro son frágiles y absorben la humedad de la tierra que contienen, haciendo que el sustrato se seque rápidamente. Los contenedores de metal también son poco prácticos para los cuartos de cultivo porque se oxidan y pueden soltar elementos y compuestos dañinos. La madera, aunque resulta algo más cara, es uno de los mejores materiales para contenedores, especialmente para los lechos elevados y los semilleros sobre ruedas. Los contenedores de plástico son económicos, duraderos y ofrecen las mejores prestaciones para los cultivadores de interior.

Las macetas de plástico rígido son las más utilizadas en los cultivos de interior. Cultivar en contenedores baratos y que se encuentran con facilidad es fenomenal porque permiten cuidar de cada planta individualmente. Puedes controlar el régimen específico de agua y nutrientes de cada planta. Las plantas que están en macetas individuales, además, pueden moverse una a una. Gira las macetas cada pocos días, de manera que las plantas reciban una iluminación uniforme, y el follaje crecerá parejo. Agrupa todas las pequeñas plantas en contenedores bajo la zona más brillante de la lámpara DAI, y ve separándolas a medida que crezcan. Coloca las plantas más pequeñas sobre bloques para acercarlas a la luz DAI. Las plantas en macetas individuales son fácilmente puestas en cuarentena o

*Las bolsas de cultivo son económicas, ligeras y reutilizables.*

*Las macetas blancas reflejan la luz y el calor. Las macetas negras que se colocan dentro de macetas blancas mantienen las raíces en un entorno oscuro.*

*Los sacos de tierra para macetas también pueden usarse como contenedores.*

*Las macetas de fibra tejida de coco producidas por General Hydroponics transpiran bien, no se compactan, pueden usarse varias veces y son biodegradables.*

*Los contenedores sobre ruedas son fáciles de mover y se mantienen más cálidos al estar alejados del suelo.*

### Los contenedores deben:

Estar limpios.

Tener orificios adecuados para el drenaje.

Ser lo suficientemente grandes para acomodar las plantas.

sumergidas en una solución medicinal. Las plantas débiles, enfermas y con problemas son fáciles de entresacar del jardín.

Las bolsas de cultivo son unos de mis contenedores favoritos. Baratas y de larga duración, las bolsas de cultivo ocupan poco espacio y apenas pesan. Una caja de 100 bolsas de 12 litros pesa algo más de 2 kilos y mide menos de 30 cm². Cien bolsas de cultivo de 12 litros caben en dos de estas bolsas. Imagínate el espacio necesario para guardar 100 macetas rígidas.

Las bolsas de cultivo son muy fáciles de lavar y reutilizar. Vacíalas y sumérgelas en un contenedor grande con agua jabonosa. Al día siguiente, lávalas una a una y llénalas de sustrato. Me gustan mucho más que las macetas rígidas por lo prácticas que son.

Los sacos de sustrato para macetas pueden aprovecharse como contenedores. La tierra húmeda dentro de la bolsa conserva bien su forma y, como las bolsas se expanden y contraen con la tierra, se reduce la probabilidad de que se quemen las puntas de las raíces al crecer por los lados de las macetas.

Las macetas de fibra y de pulpa de papel son populares entre los cultivadores que trasladan sus plantas al exterior. Habitualmente, la base de las macetas se pudre. Pintar el interior de los contenedores de fibra evitará que la base se pudra durante varias cosechas.

Eleva las macetas grandes sobre bloques o ruedas para permitir que el aire circule por debajo. La tierra permanece más cálida y el mantenimiento resulta más sencillo. Los arriates deberían ser tan grandes como fuera posible, siempre que permitan un fácil acceso a las plantas. Las raíces tienen más espacio para crecer y

*Plantar directamente en el suelo de un sótano o de una construcción da a las raíces mucho espacio para expandirse.*

menos superficie del contenedor con la que puedan encontrarse las raíces, lo cual las lleva a crecer hacia abajo. En macetas grandes, las raíces son capaces de entrelazarse y crecen como locas.

Las camas o lechos de cultivo pueden instalarse directamente en el suelo de cemento de un garaje o de un sótano. Si el drenaje es malo, puede ponerse una capa de grava o instalar un pozo seco bajo el lecho de cultivo. Algunos cultivadores usan un martillo neumático para levantar el suelo de cemento del sótano y, así, conseguir un drenaje mejor. Una opción más sencilla consiste en hacer un agujero en el suelo del sótano e instalar un pozo seco. Abrir agujeros en el suelo de los sótanos podría provocar que, en lugares donde el nivel freático es alto, el agua se filtrara. Cuando llueve, el agua puede colarse debajo; el jardín apenas necesita riego, pero las plantas se mantienen demasiado húmedas.

Tras varias cosechas, puede construirse un lecho elevado con una gran masa de sustrato. Para acelerar la actividad orgánica dentro de la tierra, añade algas, estiércol y aditivos orgánicos. Cuando mezcles tierra o añadas enmiendas, utiliza los mejores componentes orgánicos que puedas conseguir y sigue los principios orgánicos. Debe haber un buen drenaje y la capa de sustrato debería ser lo más profunda posible, 30-60 cm.

En el Cannabis College de Ámsterdam, Holanda, cultivan en grandes lechos de tierra

*Esta plantación en un lecho elevado se encuentra en el cuarto de cultivo del Cannabis College, Ámsterdam.*

**Suelo**

**Cubo**

**Cemento**

**Rocas**

*Instala un pozo seco para evacuar el líquido sobrante.*

*Lava la tierra de los contenedores con el triple de su volumen en agua para expulsar el exceso de sales fertilizantes. Lixiviar los contenedores una vez al mes evita muchos problemas.*

*Lava el sustrato cada mes con una solución suave de nutrientes.*

sobre el suelo de cemento. Los lechos del sótano están por debajo del nivel del mar, llenos de excelente cannabis holandés. Estos bancales se llevan de forma similar a los de exterior pero, cuando se riegan a fondo, el agua se derrama por el suelo y hay que recogerla. También tienen problemas con la ventilación. El clima es húmedo por naturaleza, así que el agua añadida aumenta la humedad por encima del 90% en el gran sótano, tanto de día como de noche. Emplean un extractor de gran tamaño y un intractor relativamente pequeño. El aire es empujado por el largo y estrecho sótano de forma rápida y eficaz, evacuando la humedad y reduciendo sus niveles relativos. Incluso con toda esa cantidad de sustrato, tienen que lixiviar los lechos una vez como mínimo cada cuatro semanas para evitar la acumulación de nutrientes.

La descomposición de la materia orgánica puede generar mucho calor, lo cual ayuda a calentar el espacio de cultivo. La ventilación reduce el calor y la humedad, y ayuda a mantener la habitación libre de plagas y enfermedades. Tener un jardín orgánico puede sonar muy bien, pero reproducir las condiciones de exterior significa mucho trabajo. La mayoría de los cultivadores orgánicos optan por fertilizantes orgánicos líquidos y mezclas comerciales de sustrato orgánico.

Otro inconveniente de los lechos elevados es que el cultivo tarda algunos días más en madurar que si se lleva a cabo en contenedores. Pero esta espera tiene su recompensa con una cosecha mayor.

## Drenaje

Todos los contenedores necesitan alguna forma de drenaje. Los agujeros de drenaje permiten que el exceso de agua o de solución nutriente pueda fluir libremente por la base del contenedor. Los orificios deben dejar que el agua drene con facilidad, pero no ser tan grandes que el medio de cultivo se salga y caiga al suelo. Los contenedores deben tener, como mínimo, dos agujeros de 1,2 cm por cada 30 cm de diámetro. La mayoría de las macetas tienen el doble. Para reducir el drenaje y evitar que la tierra se salga con el agua, añade una capa de 3 cm de grava en la base de la maceta. La tensión superficial creada por la diferencia de tamaño entre las partículas de tierra y las de roca hará que el agua quede retenida en el fondo del contenedor. Forra las macetas con papel de periódico si el drenaje es demasiado rápido y si la tierra se sale por los agujeros al regar. Esto hace que el drenaje sea más lento, así que hay que tener cuidado.

Coloca bandejas debajo de los contenedores para recoger el exceso de agua. Dejar platos llenos de agua bajo las macetas provoca la pudrición de las raíces. Para evitar el encharcamiento de la tierra y las raíces, sitúa los contenedores a unos centímetros de las bandejas mediante bloques.

Las bandejas que se usan en los viveros para enraizar esquejes y cultivar plantones deben tener un buen drenaje por toda la base. Una vez que los clones y las plántulas están en la bandeja, ésta debería drenar libremente, sin que quede agua en el fondo.

## Forma, tamaño y mantenimiento de los contenedores

Las formas más comunes de los contenedores son la rectangular y la cilíndrica. Los cultivadores prefieren las macetas altas a las anchas porque el sistema de raíces del cannabis penetra profundamente. En todos los jardines que he visitado, las macetas bajas y anchas eran raras de ver. Los cultivadores a los que pregunté me dijeron que las macetas bajas y anchas pueden contener más tierra para su altura, pero no producen un sistema de raíces tan extenso.

El volumen de un contenedor puede determinar con facilidad el tamaño de la planta. El cannabis es anual; crece muy rápido y requiere mucho espacio para las raíces si pretendemos un desarrollo sostenido y vigoroso. Los contenedores deberían ser lo suficientemente grandes para dar cabida a un fuerte sistema de raíces, pero lo justo para contener el sistema de raíces hasta la cosecha. Si el contenedor es demasiado pequeño, las raíces están confinadas; el agua y la absorción de nutrientes quedan limitados; y el crecimiento se ralentiza hasta casi detenerse. Pero si el contenedor es demasiado grande, requiere demasiado medio de cultivo -lo cual resulta caro- y se hace pesado y difícil de mover.

Las raíces de la marihuana se desarrollan y elongan rápidamente, creciendo hacia abajo y hacia los lados, alejándose de la raíz principal. Por ejemplo, a mitad de verano, los viveros tienen tomateras sin vender que aún siguen en pequeñas macetas de 10 cm y en contenedores de 4 L. Las plantas, atrofiadas, tienen flores abiertas y frutos maduros. Pero pocas ramas se extienden más allá de los bordes del contenedor; las plantas son altas y estiradas, con hojas curvadas hacia abajo y una apariencia raquítica y enfermiza. Estas plantas tienen las raíces limitadas o restringidas.

Una vez que una planta se ha deteriorado a este nivel, suele ser más fácil y eficaz eliminarla y sustituirla con otra planta que esté sana.

En los contenedores altos y estrechos, las raíces alcanzan pronto los laterales y crecen hacia abajo formando una maraña en el fondo. El entorno antinatural del contenedor provoca a menudo que crezca un gruesa capa de raíces en las paredes y el fondo. Esta parte del cepellón es la más vulnerable a la humedad y al estrés del calor, y es la más expuesta.

*En las macetas grandes cabe mucha tierra, por lo que se requiere un riego menos frecuente.*

*Las macetas cuadradas y de gran tamaño son perfectas para este jardín hidropónico.*

*Este cuarto lleno de macetas de 12 L está tan ajustado que se puede andar sobre las macetas.*

Los contenedores cuadrados resultan fáciles de apiñar cuando las plantas son pequeñas.

| Edad de la planta | Tamaño del contenedor |
|---|---|
| 0 – 3 semanas | cubo de enraizamiento |
| 2 – 6 semanas | maceta de 10 cm |
| 6 – 8 semanas | maceta de 7,5 L |
| 2 – 3 meses | maceta de 12 L |
| 3 – 8 meses | maceta de 19 L |
| 6 – 18 meses | maceta de 38 L |

Calcula entre 4 y 6 litros de tierra o sustrato por cada mes que la planta tenga que pasar en el contenedor. Una maceta de 7,5 a 12 litros puede dar cabida a una planta hasta tres meses. Los contenedores de 12 a 24 litros son buenos para tres o cuatro meses de crecimiento rápido.

Los contenedores profundos son ideales para los plantones que serán trasplantados al aire libre.

La tierra encoje cuando se seca, haciendo que se forme un hueco junto a la pared del contenedor.

Las raíces crecen deprisa y rodean pronto el interior del contenedor.

*Rastrilla la capa superior del sustrato con un tenedor para desmenuzar la superficie apelmazada.*

Cuando la tierra de una maceta se seca, su volumen se reduce, contrayéndose y separándose del interior de la pared del contenedor. Esta condición es peor en las macetas de plástico fino. Cuando se forma este hueco, las frágiles raíces capilares localizadas en el hueco mueren con rapidez al quedar expuestas al aire que ocupa la grieta. El agua también se va directamente por esta hendidura y cae al suelo. Puede que creas que la maceta está regada, pero el cepellón continúa seco. Evita estas peligrosas grietas cultivando la capa superficial de la tierra y pasando tus dedos por el borde interior de las macetas. Remueve la capa superior del sustrato cada pocos días y mantenlo uniformemente húmedo para evitar que se sequen las raíces capilares que están cerca del perímetro.

No pongas los contenedores demasiado cerca de una fuente de calor. Si la temperatura del sustrato sobrepasa 24 ºC, puede dañar las raíces. Las macetas que están cerca del calor deberían sombrearse con un trozo de plástico o de cartón.

*Las raíces alimentadoras crecen cerca de la superficie del sustrato, justo debajo del acolchado de arcilla expandida.*

*Remueve ligeramente la superficie del sustrato para que el agua penetre de manera uniforme. Ten cuidado de no estropear las raíces.*

Una capa de 3-5 cm de acolchado a base de arcilla para hidroponía mantiene húmeda la superficie del sustrato. Las raíces son capaces de crecer por toda la superficie y no es necesario cultivar el sustrato. El acolchado también reduce la evaporación y ayuda a evitar que el agua salpique o dañe las raíces al regar.

## Raíces verdes

Los contenedores blancos reflejan la luz y mantienen la tierra más fresca. Utiliza siempre contenedores blancos y gruesos, de forma que la

*Las raíces se tornan de color verde y se desarrollan mal cuando reciben luz directa.*

luz no penetre y pueda ralentizar el desarrollo de las raíces. Si las raíces de alrededor del cepellón empiezan a volverse de color verde, es que están recibiendo luz directa. Remedia el problema pintando el interior del contenedor con una pintura de látex no tóxica.

*Estas plantas de exterior prosperan en Canadá.*

*Al aplicar el riego, una boquilla aireará el agua e incrementará su absorción.*

# Introducción

El agua proporciona un medio para el transporte de los nutrientes necesarios para la vida de las plantas y hace que éstos puedan ser absorbidos por las raíces. La calidad del agua es esencial para potenciar al máximo estos procesos. Las leyes de la física gobiernan la absorción de agua por parte de la planta. Aplicando estas leyes, el cultivador puede aportar componentes de forma precisa y equilibrada para conseguir una marihuana de interior extraordinaria.

Las raíces capilares microscópicas absorben agua y nutrientes gracias al oxígeno que está presente en el medio de cultivo, y los llevan hasta las hojas a través del tallo. Este flujo de agua desde la tierra a través de la planta se llama *corriente de transpiración*. Una fracción de esta agua se procesa y utiliza en la fotosíntesis. El agua sobrante se evapora en el aire, llevándose productos de desecho a través de los estomas que hay en las hojas. Este proceso se denomina *transpiración*. Una parte del agua también vuelve a las raíces, llevando azúcares y almidones elaborados.

Las raíces sostienen las plantas, absorben nutrientes y proporcionan la vía de acceso al sistema vascular. Una mirada más cercana a la raíz nos revela que el tejido vascular central, formado por el xilema y el floema, está envuelto por un tejido cortical, la capa que hay entre el tejido vascular interno y el tejido epidérmico externo. Las raíces capilares microscópicas están localizadas en las células del tejido epidérmico. Estas diminutas raíces son muy delicadas y deben estar siempre húmedas. Los pelos radiculares deben estar protegidos de la abrasión, la sequedad, las

fluctuaciones térmicas extremas y las concentraciones de productos químicos. La salud y el bienestar de la planta están ligados a unas raíces fuertes y sanas.

La absorción de los nutrientes se inicia en las raíces capilares, y su flujo tiene lugar a través de toda la planta por el sistema vascular. La absorción se mantiene por difusión. En el proceso de difusión, los iones de agua y de nutrientes se distribuyen uniformemente por la planta. Los espacios intercelulares -los apoplastos y el protoplasma que los conecta, el simplasto- constituyen las vías que permiten el paso de los iones y moléculas de agua y nutrientes a través de la epidermis y el córtex hasta llegar a los haces vasculares del xilema y el floema. El xilema canaliza la solución por la planta mientras que los tejidos del floema distribuyen el alimento elaborado por la planta. Una vez que los nutrientes son transferidos a las células de las plantas, cada célula acumula los nutrientes que requiere para llevar a cabo su función específica.

La solución que se transporta a través de los haces vasculares o venas de la planta tiene muchas funciones. Esta solución lleva nutrientes y arrastra los productos de desecho. Proporciona presión para ayudar a mantener la estructura de la planta. La solución también refresca la planta mediante la evaporación de agua por los estomas de las hojas.

## La calidad del agua

### Agua dura

La concentración de calcio (Ca) y magnesio (Mg) indican la *dureza* del agua. El agua que contiene entre 100 y 150 miligramos de calcio ($CaCO_3$) por litro es aceptable para cultivar marihuana. El agua *blanda* contiene menos de 50 miligramos de calcio por litro y debería suplementarse con calcio y magnesio.

*Observa un clon que está enraizando. Fíjate en las raíces finas y borrosas, donde pueden verse las diminutas raíces alimentadoras, parecidas a pelos.*

*Las raíces de este esqueje han alcanzado la pared del contenedor.*

## Cloruro de sodio y calidad de agua

El agua con niveles altos de cloruros suele contener niveles elevados de sodio frecuentemente, pero lo opuesto no sucede. El agua con altos niveles de sodio no necesariamente contiene niveles excesivos de cloruros (cloro).

A niveles bajos, el sodio parece aumentar el rendimiento, posiblemente al actuar como un sustituto parcial que compensa la deficiencia de potasio. Pero el exceso de sodio es tóxico y provoca deficiencias de otros nutrientes: potasio, calcio y magnesio principalmente.

El cloro resulta esencial para el uso del oxígeno durante la fotosíntesis, y es necesario para la división de las células de las raíces y las hojas. El cloro es vital para incrementar la presión osmótica, modificar la regulación de los estomas y aumentar el tejido de la planta y el contenido de humedad. Una

concentración inferior a 140 partes por millón (ppm) en la solución suele resultar segura para la marihuana, pero algunas variedades pueden mostrar sensibilidad a estos niveles, lo cual puede apreciarse en que el follaje adquiere un color verde pálido y se marchita. El exceso de cloro provoca que las puntas y los bordes de las hojas se quemen, y hace que las hojas se tornen de color bronceado.

Los filtros simples de agua no limpian los sólidos disueltos del agua. Estos filtros sólo retiran los residuos emulsionados (en suspensión) en el agua; liberar los sólidos disueltos de su unión química resulta más complejo. Una máquina de osmosis inversa emplea membranas semipermeables a base de pequeños polímeros que dejan pasar el agua pura y filtran los sólidos disueltos. Las máquinas de osmosis inversa constituyen la manera más sencilla y eficaz de limpiar el agua corriente.

*Comprueba el pH del agua de riego y ajústalo cuando sea necesario.*

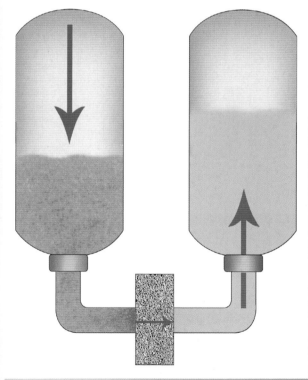

*La ilustración muestra como el agua pura, sin sales ni sólidos disueltos, pasa a la solución con más sólidos disueltos.*

## Osmosis

Las raíces trasladan la solución nutriente por la planta mediante el proceso de osmosis. La osmosis es la tendencia de los fluidos a atravesar una membrana semipermeable y mezclarse entre sí hasta alcanzar una misma concentración a ambos lados de la membrana. Las membranas semipermeables que se localizan en las raíces capilares permiten que nutrientes específicos

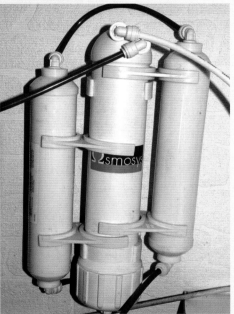

Esta máquina de osmosis inversa transforma el agua con muchas ppm, o con una EC elevada, en agua con menos de 10 ppm.

AGUA MINERAL NATURAL
DE MINERALIZACIÓN MUY DÉBIL
COMPOSICIÓN QUÍMICA
(en mg/l):
RESIDUO SECO: 26
Bicarbonatos: 18 • Cloruros: < 1
Calcio: 4 • Magnesio: 2
Sodio: 1 • Sílice: 11,4.
I.T.G.E. (Noviembre 1993).

Los sólidos disueltos en esta agua embotellada se miden en miligramos por litro (mg/L).

disueltos en el agua accedan a la planta, mientras que otros nutrientes e impurezas son excluidos. Como las sales y los azúcares se concentran en las raíces, la conductividad eléctrica (EC) dentro de las raíces es (casi) siempre más alta que fuera de las raíces. El transporte de los nutrientes mediante osmosis funciona porque depende de las concentraciones relativas de cada nutriente a cada lado de la membrana; no depende del total de sólidos disueltos (TDS) o de la EC de la solución. Para que los nutrientes sean absorbidos por las raíces mediante osmosis, la concentración de los elementos sueltos debe ser mayor que en el interior de las raíces.

Sin embargo, el transporte del agua (no de nutrientes) a través de la membrana semipermeable depende de la EC. Por ejemplo, si la EC es más alta en el exterior de las raíces que en el interior de éstas, la planta se deshidrata al provocarse que el agua salga por las raíces. En otras palabras, el agua salina con una EC elevada puede deshidratar las plantas.

Las máquinas de osmosis inversa se usan para separar los sólidos disueltos del agua. Estas máquinas hacen pasar el disolvente (agua) a través de la membrana semipermeable, pero el proceso es a la inversa. Se lleva de menor a mayor concentración. El proceso se realiza aplicando presión al agua *contaminada* para que sólo el agua *pura* sea forzada a pasar a través de la membrana. El agua no es totalmente *pura*, con EC 0, pero la mayoría de los sólidos disueltos son eliminados. La eficiencia de la osmosis inversa depende del tipo de membrana, el diferencial de presión entre ambos lados de la membrana y la composición química de los sólidos disueltos en el agua.

Por desgracia, el agua del grifo suele contener niveles altos de sodio (Na), calcio (Ca), sales alcalinas, azufre (S) y cloro (Cl). El pH también puede que esté fuera del rango aceptable, entre 6,5 y 7,0. El agua que contiene azufre se distingue fácilmente por el gusto y el olor. El agua salina es un poco más difícil de detectar. El agua en las zonas costeras suele estar llena de sal, que se filtra desde el mar. La regiones secas, con precipitaciones anuales inferiores a 500 mm, también padecen los problemas derivados de tierras alcalinas y aguas que suelen estar cargadas de sales alcalinas.

La sal de mesa, cloruro de sodio (NaCl), se añade a muchos sistemas domésticos de agua. Una pequeña cantidad de cloruro sódico, por debajo de 140 ppm, no afecta al desarrollo de la marihuana, pero unos niveles más altos provocan clorosis en el follaje y frenan el crecimiento. No utilices agua ablandada con sal. El agua salobre es perjudicial para el cannabis. Además, el cloro tiende a acidificar la tierra tras aplicaciones repetidas. La mejor manera de eliminar el cloro del agua consiste en dejarla durante uno o dos días en un contenedor destapado. El cloro se evapora (volatiliza) en forma de gas al contacto con el aire. Si el cloro altera el pH de la tierra, ajusta este último con un producto comercial para subir el pH o con caliza deshidratada.

El sistema métrico facilita la medición del «residuo seco por litro». Para medir el residuo seco, vierte un litro de agua en una bandeja y deja que se evapore. El residuo de sólidos disueltos que queda después de que toda el agua se haya evaporado es el «residuo seco por litro». El residuo se mide en gramos. Puedes probarlo en casa para descubrir la cantidad de impurezas que hay en el agua. Los fertilizantes tardan mucho en penetrar los tejidos de las raíces cuando tienen que competir con otros sólidos disueltos.

Es posible manejar el agua que está cargada con niveles elevados de sólidos disueltos (sales en solución), pero se requieren tácticas distintas. El agua altamente salina que contiene sodio bloquea la absorción de potasio, calcio y magnesio. El agua cargada de sales siempre crea problemas. Si el agua contiene 300 ppm o menos de sólidos disueltos, deja que drene fuera de los contenedores al menos el 25% del agua empleada en cada riego. *Si el agua corriente contiene más de 300 ppm de sólidos disueltos, emplea un aparato de osmosis inversa para purificar el agua.* Añadir nutrientes al agua pura es una manera de evitar muchos problemas relacionados con carencias.

Las sales disueltas procedentes del agua salina o de los fertilizantes se acumulan con rapidez hasta alcanzar niveles tóxicos en los jardines cultivados en contenedores. El exceso de sales inhibe la germinación de las semillas, quema las raíces capilares y las puntas o los filos de las hojas, y estanca el crecimiento de las plantas. Elimina las acumulaciones de sales en los medios de cultivo aplicando dos litros de agua por cada litro de medio de cultivo y repitiendo la lixiviación con una solución suave de fertilizante con el pH corregido. Lixivia el medio de cultivo en intervalos de dos a cuatro semanas si empleas agua blanda o agua salina. El agua dura y el agua de pozo suele ser alcalina en los climas secos, y contiene cantidades notables de calcio y magnesio frecuentemente. El cannabis aprovecha grandes cantidades de ambos nutrientes, pero el exceso de calcio y magnesio puede acumularse en el sustrato. En general, el agua que tiene buen sabor para las personas también será buena para el cannabis.

## Riego

Las plantas de gran tamaño usan más agua que las plantas pequeñas pero, además del tamaño, hay muchas otras variables que dictan el consumo de agua por parte de una planta. La edad de la planta, el tamaño del contenedor, la textura de la tierra, la temperatura, la humedad y la ventilación son factores que contribuyen a determinar las necesidades de agua. Si alguna de estas variables cambia, el consumo de agua también se verá alterado. Una buena ventilación resulta esencial para fomentar que los fluidos circulen libremente, así como una transpiración adecuada y un crecimiento rápido. Cuanto más sana está una planta, más rápido es el crecimiento y más agua necesita.

*Lixiviar las plantas con agua limpia arrastrará la mayor parte de las sales tóxicas acumuladas. Repite la aplicación con una solución nutriente diluida.*

*Las plantas que están en contenedores pequeños requieren riegos más frecuentes.*

*Cuando son pequeñas, las plantas en contenedores de tamaño mediano pueden regarse cada dos días.*

# MARIHUANA: horticultura del cannabis

*Un medidor de humedad acaba con las conjeturas a la hora de regar. Recuerda que los electrodos deben mantenerse limpios para obtener lecturas exactas.*

*Levanta el contenedor para saber si están cargados de agua. Riega las macetas que pesen poco.*

*Añade unas gotas de lavavajillas concentrado biodegradable al agua de irrigación. El detergente hace que el agua penetre en la tierra más eficazmente.*

Las plantas pequeñas, con sistemas radiculares poco extensos, que están en contenedores de tamaño reducido deben regarse a menudo. Riega frecuentemente, tan pronto como se seque la superficie de la tierra. Si están expuestas al viento, las plantas pequeñas se secarán muy rápidamente.

Hay que irrigar la tierra y las mezclas inorgánicas cuando se ha secado algo más de un centímetro por debajo de la superficie. Mientras el drenaje sea bueno, resulta difícil excederse con el riego del cannabis que está creciendo rápidamente. Los clones de cuatro semanas que florecen en macetas de 7,5 a 11 L necesitan ser irrigadas una o dos veces al día. De hecho, la mayoría de los cultivadores prefieren las macetas de menor tamaño porque son más fáciles de controlar.

Riega las plantas grandes tanto si están en fase vegetativa como floral cuando se haya secado algo más de un centímetro de tierra bajo la superficie. La marihuana en floración utiliza niveles altos de agua para llevar a cabo una rápida formación de flores. Reducir el aporte de agua frena la formación de inflorescencias.

Las plantas que están expuestas al viento se secan mucho más rápido. En un día caluroso y con viento, la cantidad de agua que consumen las plantas que están al aire libre, en terrazas y en patios puede multiplicarse por tres y hasta por cuatro veces. Mantener este ritmo de riego es dificultoso y requiere mucho tiempo. Utiliza un sistema de riego automático o emplea cortavientos para reducir el impacto del aire en las plantas. El acolchado también reduce la evaporación en el sustrato.

Utiliza agua abundante y deja que drene hasta el 10% cada vez que riegues. Este drenaje evitará que el fertilizante se acumule en la tierra. Riega al comienzo del día, de forma que el exceso de agua se evapore de las hojas y de la superficie del sustrato. Dejar la tierra y el follaje mojados durante la noche invita a un ataque fúngico.

Los medidores de humedad acaban con la mayor parte de las suposiciones acerca del riego. Pueden adquirirse por menos de 30 € y el gasto merece la pena. El medidor determina la cantidad exacta de agua que contiene el sustrato en cualquier punto o nivel. A menudo, la tierra no retiene el agua de manera uniforme, y se desarrollan embolsamientos secos. Comprobar la humedad con el dedo proporciona un resultado aproximado, pero puede dañar el sistema de raíces. Un medidor de humedad proporciona una lectura exacta de la humedad sin molestar a las raíces.

Cultiva la superficie del sustrato para propiciar que el agua penetre uniformemente y para que no se formen embolsamientos de tierra seca. De esta forma, también se evita que el agua se escurra a través de los agujeros de drenaje por la grieta que se forma entre la tierra y el interior del contenedor. Desmenuza y cultiva suavemente la capa superior del sustrato (algo más de un centímetro) con los dedos o con un tenedor. Ten cuidado con las raicillas superficiales.

Una vez que hayas desarrollado cierta habilidad para saber cuándo necesitan agua las plantas, podrás comprobarlo por el peso de la maceta, simplemente levantándolas. Cuando le hayas cogido el tranquillo, todo lo que tendrás que hacer es levantar cada contenedor por un lado.

De cara al cultivo y al riego, es más fácil mantener las macetas en hileras rectas de esta forma, resulta mucho más sencillo saber qué plantas han sido regadas.

El **exceso de riego** es un problema común, especialmente cuando se trata de plantas pequeñas. Demasiada agua ahoga las raíces al cortarles el suministro de oxígeno. Si observas síntomas de exceso de riego, cómprate un medidor de humedad: hará que tú y tu jardín respiréis tranquilos. A veces, algunas partes del sustrato están regadas en exceso y otros embolsamientos de tierra permanecen completamente secos. Cultivar o labrar la superficie de la tierra, permitiendo así una penetración uniforme del agua, y utilizar un medidor de humedad acabará con este problema. ¡Una de las causas principales del exceso de riego es la falta de ventilación! Las plantas necesitan transpirar agua al aire. Si este aire húmedo no puede ir a ninguna parte, acaban encerrados litros de agua en el aire del cuarto de cultivo. El aire en movimiento se lleva esta humedad y la sustituye por aire fresco y seco. Si utilizas bandejas para recoger el agua sobrante, emplea una esponja o una jeringa grande para retirarla de la bandeja. Las señales que indican un riego excesivo son: hojas amarillentas y enrolladas hacia abajo, tierra saturada de agua y empapada, crecimiento de hongos y desarrollo lento. Los síntomas del exceso de riego suelen ser sutiles, y puede que los jardineros inexpertos no perciban ningún indicio claro en mucho tiempo.

*Si las plantas se quedan sin agua demasiado pronto, coloca un plato debajo para retener el agua de riego.*

A la marihuana no le gusta el suelo empapado. Un sustrato que se mantiene demasiado húmedo ahoga las raíces, al no dejar sitio para el oxígeno. Esto provoca un desarrollo lento y un posible ataque fúngico. Muy a menudo, la causa de que la tierra se mantenga empapada es un drenaje pobre. Suele ir acompañado de mala ventilación y humedad elevada.

La **falta de riego** es un problema menor; sin embargo, resulta bastante común cuando se emplean macetas pequeñas (4-8 litros) y el cultivador no se da cuenta de las necesidades hídricas de las plantas que crecen rápidamente. Los contenedores pequeños se secan con rapidez y pueden requerir riegos diarios. En caso de olvido, las plantas, faltas de agua, se atrofian. Una vez que las tiernas raíces capilares se secan, mueren. La mayoría de los cultivadores reaccionan con pánico cuando ven sus magníficas plantas de marihuana marchitas en la tierra reseca. La tierra seca, aunque sea en embolsamientos, hace que los pelos radiculares se sequen y mueran. Parece que las plantas tardan una eternidad en desarrollar nuevas raíces capilares y retomar el crecimiento rápido.

*Las plantas en contenedores pequeños necesitan un riego más frecuente.*

Añade unas gotas (una gota por cada medio litro) de jabón líquido concentrado y biodegradable, como Mistol® o Fairy®, al agua. Actuará como agente humectante, ayudando a que el agua penetre en el sustrato de forma más eficiente, y evitará que se formen embolsamientos de tierra seca. La mayoría de los fertilizantes solubles contienen un agente humectante. Aplica entre la cuarta parte y la mitad del agua/fertilizante que puede necesitar la planta, y espera de 10 a 15 minutos para que se impregne por completo. Aplica más agua/fertilizante hasta que la tierra esté uniformemente húmeda. Si hay bandejas debajo de las macetas, deja que el agua sobrante permanezca en la bandeja unas horas o, incluso, durante toda la noche antes de retirarla con un paño absorbente.

Otra manera de humedecer las macetas por completo consiste en sumergir los contenedores en agua. Esto es fácil de hacer con las macetas pequeñas. Simplemente, llena un cubo de 19 L con 11 L de agua. Sumerge la maceta en el cubo durante un minuto o más, hasta que el medio de cultivo esté completamente saturado. Humedecer las plantas totalmente asegura que no se produzcan embolsamientos de tierra seca.

Disponer de una fuente de agua fácilmente accesible es muy conveniente, y ahorra tiempo y trabajo. Un jardín de 1,20 x 1,20 m que contiene 16 plantas sanas en macetas de 11 L necesita entre 40 y 100 L de

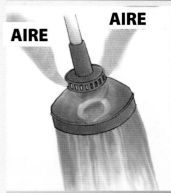

*Las lanzas de riego con alcachofa o difusor mezclan el aire con el agua de irrigación justo antes de su aplicación.*

*Las lanzas de riego con alcachofa de rociado oxigenan el agua y la separan en múltiples chorros.*

*¡Utiliza filtros en los sistemas de riego por goteo!*

*Los tubos tipo espagueti, o capilares, se anclan en el medio de cultivo con piquetas. El flujo de solución nutriente mana del tubo y va filtrándose a través del medio de cultivo.*

agua por semana. Cada litro de agua pesa un kilo. Son un montón de contenedores que hay que llenar y mover de un sitio a otro, con los consiguientes derrames. Llevar agua en contenedores desde el cuarto de baño hasta el jardín está bien cuando las plantas son pequeñas, pero cuando son grandes, se convierte en una carga de trabajo constante y que va mojándolo todo alrededor. Hacer llegar una manguera hasta el jardín ahorra mucho trabajo y contratiempos. Una manguera poco pesada, de algo más de un centímetro de grosor, resulta fácil de manejar y es menos probable que dañe las plantas. Si la toma de agua tiene agua caliente y agua fría en el mismo grifo, y dispone de rosca, conecta una manguera y riega con agua templada. Emplea una junta de lavavajillas si el grifo no dispone de rosca. La manguera debería tener una válvula para abrir y cerrar en la salida, de forma que el flujo de agua pueda controlarse mientras se riega. Una lanza de riego evitará que se dañe más de una rama al apoyar la manguera para regar en lugares de difícil acceso. Puedes encontrar lanzas de riego en los viveros, o puedes hacerte una con tubo de plástico PVC. No dejes el agua a presión en la manguera durante más de unos minutos. Las mangueras de jardín están diseñadas para transportar agua, no para retenerla a presión, por lo que pueden romperse.

Para construir un sifón, o sistema de riego por gravedad, sitúa un barril de 1,20 m de altura como mínimo en el espacio de cultivo. Asegúrate de que tenga una tapadera para reducir la evaporación y la humedad. Si el cuarto de cultivo es demasiado pequeño para el barril, colócalo en otra habitación. El ático es un buen lugar porque proporciona una buena presión. Incorpora una manguera de sifón en la parte superior del barril e instala una válvula de PVC para abrir y cerrar cerca de la base del barril. Es fácil despistarse y que el barril rebose. En la mayoría de las ferreterías disponen de dispositivos bastante baratos para medir la cantidad de litros de agua que se añaden al barril. También puedes instalar una válvula de flotación en el barril para medir la cantidad de agua y mantener un nivel constante.

Los sistemas de **riego por goteo** suministran la solución gota a gota, o con un volumen muy pequeño, mediante tuberías de plástico a baja presión y componentes que encajan por fricción. El agua fluye por la tubería y sale a través de los emisores gota a gota o a un ritmo muy lento. Los emisores que están conectados a la manguera principal son tubos finos, tipo espagueti, o goteros de boquilla que emiten directamente desde la manguera principal. Los kits de riego por goteo están disponibles en las tiendas de jardinería y en los almacenes de materiales para la construcción. También puedes construirte tu propio sistema de riego por goteo a base de componentes sueltos.

Los sistemas de riego por goteo tienen varias ventajas. Una vez instalados, los sistemas de riego reducen el trabajo. Los fertilizantes también pueden inyectarse en el sistema de irrigación (fertirrigación); naturalmente, esto facilita la fertilización, pero da la misma cantidad de agua y nutrientes a todas las plantas. Si instalas un sistema de riego por goteo, asegúrate de que el medio de cultivo drena con soltura para evitar que el sustrato quede empapado y que se acumulen las sales. Si cultivas esquejes que son de la misma edad y tienen un tamaño similar, los sistemas de riego por goteo funcionan muy bien. Por el contrario, si cultivas muchas variedades de plantas distintas, puede que necesiten diferentes regímenes de fertilización.

He entrevistado a varios cultivadores que están encantados con la comodidad y la capacidad de suministro constante de sus sistemas de riego por goteo. Todos estos cultivadores irrigaban (fertirrigaban) con soluciones suaves de nutrientes. Mezclaban la solución nutriente en un depósito y la bombeaban a través de mangueras de plástico. También cultivaban clones en contenedores más pequeños y mantenían un crecimiento mínimo de las raíces mediante el aporte constante de agua y nutrientes.

Un sistema de riego por goteo conectado a un temporizador suministra la solución nutriente a intervalos regulares. Si empleas este sistema, comprueba la tierra diariamente para ajustar el ritmo de aplicación. Controla varias macetas cada día para asegurarte de que estén regadas uniformemente y de que se humedece todo el sustrato. Los sistemas de riego por goteo son muy convenientes y resultan indispensables si tienes que ausentarte durante unos días. Sin embargo, no deben dejarse funcionando sin control más de cuatro días o podrías encontrarte con una sorpresa al volver.

El estrés producido por el calor hace que los cálices se estiren y crezcan hacia fuera en vez de formar un cogollo compacto.

Los sistemas de goteo no son muy caros pero, en cualquier caso, la consistencia que dan al jardín suele compensar con creces el gasto que puedan suponer. No obstante, ten cuidado. Estos sistemas automatizados pueden facilitar las negligencias. Recuerda que los jardines necesitan un cuidado diario. Aunque todo está automatizado, hay que controlar el cultivo. Todos los signos vitales: humedad de la tierra y relativa, pH, ventilación, etc., aún precisan ser comprobados y ajustados diariamente. Cuando se aplica adecuadamente, la automatización aporta consistencia, uniformidad y, por lo general, un mayor rendimiento.

Un cultivador de interior que conocí estaba fuera de casa cinco días seguidos cada semana. Regaba y fertilizaba sus plantas. Tenía las plantas en macetas sobre una bandeja con laterales de 6 cm de alto, y regaba por arriba hasta que la bandeja estaba llena de agua. Las plantas no necesitaban ser regadas durante los cinco días que el cultivador estaba ausente. Utilizaba tierra normal para macetas y añadía un 10% de perlita más o menos. Las plantas necesitaban algo de mantenimiento cuando volvía, pero se desarrollaban bastante bien.

Esta quemadura, provocada por la luz, apareció en una sóla hoja.

### Desórdenes mal diagnosticados

Muchos de los problemas de los cultivos de interior -y de exterior aunque en menor grado- se diagnostican erróneamente como falta de fertilizante. A menudo, son las enfermedades y los insectos los que causan tales problemas. Otras veces, los problemas están provocados por desequilibrios en el pH del medio de cultivo y del agua. Un pH entre 6,5 y 7,0 para tierra, y entre 5,8 y 6,5 para hidroponía permite que los nutrientes estén disponibles químicamente; por encima o por debajo de este rango, varios nutrientes se vuelven más difíciles de absorber. Por ejemplo, una alteración del pH en un punto entero representa un aumento de diez veces la alcalinidad o la acidez. Esto significa que un pH de 5,5 sería diez veces más ácido que un pH de 6,5. En tierra, un pH inferior a 6,5 puede ocasionar deficiencia de calcio, que hace que se quemen las puntas de las raíces y que las hojas sufran infecciones fúngicas, además de provocar puntos muertos en el follaje. Un pH por encima de 7,0 podría reducir la absorción de hierro por parte de la planta, dando como resultado hojas cloróticas con nervios amarillos.

La luz ha quemado este cogollo. Las quemaduras ocasionadas por la luz pueden confundirse con la sobrefertilización o los hongos. ¡El follaje muerto es un lugar perfecto para que el moho se desarrolle!

En los jardines con sustratos orgánicos, un pH incorrecto contribuye a crear los desórdenes nutricionales más serios. Se producen muchos procesos biológicos complejos entre los fertilizantes orgánicos y la tierra durante la toma de nutrientes. El pH es decisivo para el desarrollo de estas actividades. Cuando el pH fluctúa en un jardín hidropónico, los nutrientes siguen estando disponibles en la solución para ser absorbidos, y el nivel del pH no resulta tan crítico. En hidroponía, la conductividad eléctrica es el indicador más decisivo respecto a la salud de las plantas y a la absorción de los nutrientes.

Una vez que la planta muestra síntomas, ya ha padecido un severo estrés nutricional, y necesitará tiempo para retomar un crecimiento vigoroso. La identificación correcta de cada síntoma tan pronto como ocurra resulta esencial para ayudar a que las plantas retengan vigor. Los cultivos de marihuana de interior, de invernadero y algunos de exterior se cosechan tan pronto que no da tiempo a que se recuperen de un desequilibrio nutricional. Un pequeño desajuste podría costar una semana de desarrollo, lo cual representa hasta más del 10% de la vida de la planta.

*El estrés causado por el calor y la falta de agua hizo que nuestra pequeña Lolita se atrofiara. Las raíces se cocieron al sol, lo cual detuvo el desarrollo.*

*Aquí tenemos otro ejemplo claro de estrés provocado por el calor en combinación con sales acumuladas y carencia de Zn, Fe y Mn.*

*Bordes de las hojas levantados: los márgenes que apuntan hacia arriba quieren decir que la hoja está intentando disipar tanta humedad como sea posible, pero es incapaz de conseguir su objetivo. Esto podría deberse a una acumulación tóxica de sales, a una carencia de agua o al estrés causado por el calor.*

*Las grandes crestas entre los nervios junto a los bordes rizados de la hoja significan que la planta está estresada por la temperatura, al tiempo que existe una acumulación de sales.*

No hay que confundir las situaciones de deficiencia o toxicidad que derivan de los nutrientes con el daño provocado por los insectos y las enfermedades o por las prácticas de cultivo inapropiadas.

La temperatura en el interior de la hoja puede llegar a sobrepasar los 43 ºC. Esto ocurre con facilidad porque las hojas almacenan el calor que irradia la lámpara. A 43 ºC, la química interna de las hojas de la marihuana se interrumpe. Las proteínas manufacturadas se descomponen y se vuelven inaccesibles para la planta. Al subir la temperatura interna de la hoja, ésta se ve forzada a usar y evaporar más agua. Alrededor del 70% de la energía de la planta se utiliza en este proceso.

Los elementos básicos del entorno deben controlarse y mantenerse en unos niveles específicos para evitar problemas. Comprueba cada uno de ellos -aire, luz, sustrato, agua, temperatura, humedad, etc.- y ajusta con precisión el medio ambiente, la ventilación en especial, antes de decidir si las plantas presentan o no una carencia de nutrientes.

Las deficiencias de nutrientes son menos comunes cuando se recurre a tierra fresca para macetas reforzada con micronutrientes. Si el sustrato o el agua de riego son ácidos, añade caliza dolomita para regular el pH y mantenerlo en unos niveles aceptables. Evita problemas con los nutrientes mediante el empleo de sustrato de plantación sin usar, agua limpia y una solución de nutrientes completa. Mantén la EC y el pH dentro de unos niveles apropiados y lixivia el sistema con una solución suave de nutrientes cada cuatro semanas.

## Prácticas inapropiadas de cultivo

A continuación, se incluye una lista con algunos de los problemas más comunes debidos a prácticas inadecuadas. Algunos de ellos acaban provocando deficiencias de nutrientes.

1. Falta de ventilación: las hojas están sofocadas y son incapaces de funcionar, causando un desarrollo lento y un consumo reducido de agua y nutrientes.

2. Falta de luz: los nutrientes se utilizan de forma irregular, la fotosíntesis se ralentiza, los tallos se estiran y el crecimiento es débil.

3. Humedad: la humedad elevada provoca que las plantas utilicen menos agua y más nutrientes. El crecimiento es lento porque los estomas no pueden abrirse para incrementar la transpiración. Una humedad baja estresa las plantas porque las fuerza a usar demasiada agua.

4. Temperatura: tanto si es alta como si es baja, la temperatura puede ralentizar el desarrollo de las plantas. Las fluctuaciones acusadas de temperatura -más de 8 a 10 ºC- provocan un desarrollo lento y frena los procesos de las plantas.

5. Daños por pulverizaciones: las pulverizaciones que son fitotóxicas pueden quemar el follaje si la solución está demasiado concentrada o si se pulveriza durante las horas más calurosas del día.

6. Daños provocados por el ozono: consulta el capítulo decimotercero, «Aire», para más información acerca de los daños que puede causar el ozono.

7. Exceso de riego: un sustrato empapado puede provocar un amplio abanico de problemas. Corta el aporte de aire a las raíces, lo cual retarda la absorción de los nutrientes. Las defensas de las plantas se debilitan. Las raíces se pudren si el exceso de riego es severo.

8. Falta de riego: el transporte de los nutrientes es mucho más lento cuando la tierra está seca. Esto provoca deficiencias nutricionales y follaje enfermizo, y las raíces mueren.

9. Quemaduras por la luz: el follaje quemado es más susceptible a los ataques de las plagas y las enfermedades.

10. Contaminación del aire en espacios de interior: causa problemas en las plantas que son muy difíciles de resolver. Mantente siempre alerta ante la posibilidad de que se desprendan o se evaporen compuestos químicos de las planchas de aglomerado y otros materiales de construcción. Este tipo de contaminación provoca que el crecimiento de las plantas llegue casi a detenerse.

11. Sustrato caliente: si la tierra está a más de 32 ºC, se dañarán las raíces. A menudo, la tierra que llena los contenedores situados al aire libre se calienta por encima de 38 ºC.

12. Raíces que reciben luz: las raíces se vuelven de color verde si la luz brilla a través del contenedor o del sistema hidropónico. Las raíces requieren un entorno oscuro. Sus funciones se reducen sustancialmente cuando se tornan verdes.

## Nutrientes

Los nutrientes son los elementos que las plantas necesitan para vivir. El carbono, el hidrógeno y el oxígeno son absorbidos del aire y del agua. El resto de los elementos, llamados *nutrientes*, son absorbidos del medio de cultivo y de la solución nutriente. Los

### Tabla de nutrientes móviles e inmóviles

| | |
|---|---|
| Nitrógeno (N) | Móvil |
| Fósforo (P) | Móvil |
| Potasio (K) | Móvil |
| Magnesio (Mg) | Móvil |
| Zinc (Zn) | Móvil |
| Calcio (Ca) | Inmóvil |
| Boro (B) | Inmóvil |
| Cloro (Cl) | Inmóvil |
| Cobalto (Co) | Inmóvil |
| Cobre (Cu) | Inmóvil |
| Hierro (Fe) | Inmóvil |
| Manganeso (Mn) | Inmóvil |
| Molibdeno (Mo) | Inmóvil |
| Selenio (Se) | Inmóvil |
| Silicio (Si) | Inmóvil |
| Azufre (S) | Inmóvil |

Me gustaría agradecer a los científicos de CANNA Research en Breda, Holanda, la información sobre las deficiencias y toxicidades de los nutrientes en el cannabis. El equipo de investigación de Canna ha estado experimentando con el cannabis durante 20 años en su completo laboratorio científico. Mauk, el científico jefe, ha realizado numerosos descubrimientos acerca de las necesidades nutricionales de la planta del cannabis y los ha probado científicamente. Visita su sitio web en

### www.canna.com

nutrientes suplementarios que se aportan en forma de fertilizante permiten que la marihuana alcance su máximo potencial. Los nutrientes están agrupados en tres categorías: macronutrientes o nutrientes primarios, nutrientes secundarios y micronutrientes u oligoelementos. Cada uno de los nutrientes de estas categorías puede, a su vez, clasificarse como *móvil* o *inmóvil*.

Los nutrientes móviles -nitrógeno (N), fósforo (P), potasio (K), magnesio (Mg) y zinc (Zn)- son capaces de translocarse, moverse de una a otra parte de la planta según sea necesario. Por ejemplo, el nitrógeno acumulado en las hojas más viejas se recoloca en las hojas nuevas para cubrir una deficiencia. Como resultado, los síntomas de deficiencia aparecen primero en las hojas más bajas y viejas.

Los nutrientes inmóviles -calcio (Ca), boro (B), cloro (Cl), cobalto (Co), cobre (Cu), hierro (Fe), manganeso (Mn), molibdeno (Mo), silicio (Si) y azufre (S)- no pueden recolocarse en zonas de crecimiento nuevo si resultan necesarios. Se quedan en su lugar original, en las hojas más viejas. Ésta es la razón por la cual los síntomas de las deficiencias aparecen primero en las hojas nuevas de la parte superior de la planta.

Los nutrientes móviles se recolocan dentro de la planta. Se mueven a la parte específica de la planta donde hacen falta; esto provoca que las hojas más viejas sean las que primero muestran las deficiencias.

## Macronutrientes

### Nitrógeno (N) - móvil

**Información práctica.** A la marihuana le encanta el nitrógeno y precisa niveles altos de este elemento durante el crecimiento vegetativo, y niveles inferiores durante el resto de su vida. El nitrógeno es arrastrado fácilmente por el agua de riego y debe reponerse con regularidad, especialmente durante el desarrollo vegetativo. Los niveles excesivos de nitrógeno en las plantas ya cosechadas provocan que la marihuana seca tenga una mala combustión.

**Información técnica.** El nitrógeno regula la capacidad de las plantas de cannabis para fabricar proteínas que son esenciales para el nuevo protoplasma de las células. El nitrógeno con carga eléctrica permite a la planta ligar las proteínas, las hormonas, la clorofila, las vitaminas y las enzimas. El nitrógeno resulta esencial para la producción de aminoácidos, enzimas, ácidos nucleicos, clorofila y alcaloides. Este importante nutriente es el principal responsable del crecimiento de hojas y tallos, así como del tamaño y el vigor en general. El nitrógeno está más activo en los brotes jóvenes y en las hojas. El amonio ($NH_4^+$) es la forma de nitrógeno más fácilmente asimilable. Ten cuidado al usar grandes cantidades de esta forma de nitrógeno; puede quemar las plantas. El nitrato ($NO_3^-$) es una forma de nitrógeno mucho más lenta de asimilar que el amonio. Los fertilizantes hidropónicos incorporan este compuesto de nitrógeno, de acción más lenta, y lo mezclan con amonio.

**Deficiencia.** La deficiencia de nitrógeno es la más común. Los síntomas incluyen un desarrollo lento. Las hojas inferiores no pueden producir clorofila y la zona entre los nervios se vuelve amarilla, mientras que los nervios permanecen de color verde. El amarilleamiento se extiende por toda la hoja, que finalmente muere y cae. Los tallos y el envés de las hojas pueden tornarse de color morado rojizo, aunque este hecho también puede indicar una deficiencia de fósforo. El nitrógeno es muy móvil y se disipa en el medio ambiente con rapidez. Debe añadirse regularmente para el mantenimiento de los jardines de crecimiento rápido.

### Progresión de los síntomas de la deficiencia:

Las hojas más viejas amarillean ente los nervios (clorosis).

Las hojas más viejas de la base de la planta se vuelven completamente amarillas.

Más y más hojas amarillean. Las hojas afectadas severamente se desprenden.

Puede que las plantas desarrollen una coloración rojo purpúreo en los tallos y los nervios, y en el envés de las hojas.

Las hojas que desarrollan clorosis entre los nervios son progresivamente más jóvenes.

Todo el follaje amarillea y la caída de hojas es severa.

**Trata la deficiencia** fertilizando con nitrógeno o con un fertilizante completo N-P-K. Deberías poder apreciar los resultados después de cuatro o cinco días. Entre las fuentes orgánicas de nitrógeno de acción rápida, se encuentra el guano de aves marinas, la emulsión de pescado y la harina de sangre. Los cultivadores también informan de resultados excelentes al añadir fertilizantes biológicos (véase «Aditivos» más adelante) para estimular la absorción de nitrógeno.

**Toxicidad.** Una sobredosis de nitrógeno da lugar a un follaje excesivamente exuberante, por lo que se vuelve blando y susceptible de estrés, incluyendo el que causan los ataques de los insectos y los hongos. Los tallos se debilitan y pueden doblarse fácilmente. El tejido vascular de transporte se deteriora y la ingesta de agua se restringe. En casos severos, las hojas adquieren un color marrón cobre, se secan y caen. Las raíces se desarrollan despacio y tienden a oscurecerse y pudrirse. Las flores son más pequeñas y escasas. La toxicidad debida al amonio es la más común en suelos ácidos, mientras que la toxicidad a causa del nitrato prevalece en los sustratos alcalinos.

**Progresión de los síntomas de la toxicidad:**

Follaje excesivamente verde y exuberante.

Tallos débiles que se doblan.

Desarrollo lento de las raíces.

Escasez de flores.

Las hojas se vuelven marrones, se secan y caen.

**Trata la toxicidad** lixiviando el medio de cultivo de las plantas afectadas con una solución muy suave de fertilizante completo. Los casos más graves requieren que se use más agua para limpiar el medio de cultivo, llevándose los elementos tóxicos. Utiliza el triple de agua en relación al volumen del medio de crecimiento. No añadas más fertilizante que contenga nitrógeno en una semana, de forma que pueda usarse el exceso de

*Comienzo de la deficiencia de N.*

*Progresión de la deficiencia de N.*

*Fase avanzada de la deficiencia de N.*

*Fase inicial de la sobredosis de N.*

*Fase avanzada de la sobredosis de N.*

nitrógeno que hay en las hojas. Si las plantas siguen excesivamente verdes, reduce la dosis de nitrógeno.

## Fósforo (P) - móvil

**Información práctica.** La cantidad de fósforo empleado por las plantas de cannabis alcanza sus niveles más altos durante las fases de germinación, plantón, clonación y floración. Los fertilizantes concebidos para maximizar la floración contienen niveles elevados de fósforo.

**Información técnica.** El fósforo es necesario para la fotosíntesis y proporciona un mecanismo para la transferencia de energía dentro de la planta. El fósforo, uno de los componentes del ADN -que está formado en gran parte por enzimas y proteínas-, se asocia al vigor general y a la producción de la resina y las semillas. Las mayores concentraciones de fósforo se encuentran en las puntas de las raíces en crecimiento, en los brotes y en el tejido vascular.

*Fase inicial de la deficiencia de P.*

**Deficiencia.** La carencia de fósforo causa retrasos en el desarrollo y hojas más pequeñas; las hojas se tornan de color verde azulado y suelen presentar manchas. Tanto los tallos como los peciolos y los nervios principales de las hojas adquieren un color morado rojizo, empezando por el envés de la hoja. NOTA: El enrojecimiento de los tallos y los nervios no siempre es muy pronunciado. Las puntas de las hojas más viejas se oscurecen y se rizan hacia abajo. Las hojas severamente afectadas desarrollan grandes zonas necróticas (muertas) de color negro purpúreo. Luego, estas hojas adquieren un tono purpúreo bronceado, se secan, se arrugan y retuercen y, por último, caen. La floración suele verse retrasada, los

*Progresión de la deficiencia de P.*

*Fase avanzada de la deficiencia de P.*

cogollos son más pequeños de manera uniforme, la producción de semillas resulta pobre y las plantas se vuelven muy vulnerables ante los ataques de los insectos y los hongos. Las deficiencias de fósforo se ven agravadas por un sustrato arcilloso, ácido o que está empapado. El zinc también es necesario para una utilización apropiada del fósforo.

Las deficiencias son bastante comunes y, a menudo, son mal diagnosticadas. Las deficiencias son más frecuentes cuando el pH del medio de cultivo está por encima de 7,0 y el fósforo no puede ser absorbido adecuadamente; cuando el suelo es ácido (por debajo de 5,8) y/o hay un exceso de hierro y zinc; o si el sustrato queda fijado (bloqueado químicamente) con fosfatos.

### Progresión de los síntomas de la deficiencia:

Plantas como pasmadas y de crecimiento muy lento.

Hojas oscuras de color verde azulado, a menudo con manchas oscuras.

Plantas más pequeñas en general.

Cuando las manchas llegan al peciolo de la hoja, ésta adquiere un color purpúreo bronceado, se retuerce y cae.

**Trata la deficiencia** bajando el pH hasta dejarlo entre 5,5 y 6,2 en sistemas hidropónicos; de 6,0 a 7,0 para suelos arcillosos; y de 5,5 a 6,5 para sustratos de plantación. De esta forma, el fósforo pasará a estar disponible. Si la tierra es demasiado ácida y hay un exceso de hierro y zinc, el fósforo queda bloqueado. Si cultivas en tierra, mezcla un fertilizante completo que contenga fósforo con el resto del medio de cultivo antes de plantar. Riega con un fertilizante hidropónico, completo e inorgánico, que contenga fósforo. Mezcla los nutrientes orgánicos -guano de murciélago, harina de huesos, fosfatos naturales o estiércol de granja- para añadir fósforo a la tierra. Utiliza siempre componentes orgánicos que estén finamente molidos para que las plantas puedan disponer de ellos con rapidez.

**Toxicidad.** Los síntomas pueden tardar varias semanas en aparecer, especialmente si el exceso de fósforo es amortiguado por un pH estable. La marihuana emplea mucho fósforo a lo largo de su ciclo vital, y muchas variedades toleran niveles elevados. Una cantidad excesiva de fósforo interfiere la estabilidad y la absorción del calcio, el cobre, el hierro, el magnesio y el zinc. Los síntomas tóxicos del fósforo se manifiestan como carencias de zinc, hierro, magnesio, calcio y cobre; la de zinc es la más común.

**Trata la toxicidad** mediante el lavado del medio de cultivo de las plantas afectadas con una solución muy suave de fertilizante completo. Los problemas severos requieren que se haga pasar una cantidad mayor de agua a través del medio de cultivo. Emplea un volumen de agua que sea, como mínimo, el triple del volumen que ocupa el medio de cultivo.

## Potasio (K) - móvil

**Información práctica:** El potasio se usa en todas las fases del desarrollo. Los suelos con un nivel alto de potasio incrementan la resistencia de la planta frente a las bacterias y el moho.

**Información técnica:** El potasio ayuda a combinar azúcares, almidones y carbohidratos, lo cual resulta esencial para la producción y movilidad de estos compuestos. También es primordial para el crecimiento por división celular. Aumenta la clorofila en el follaje y ayuda a regular la apertura de los estomas, por lo que la planta hace un mejor uso de la luz y del aire. El potasio es crucial en la acumulación y translocalización de los carbohidratos. Resulta necesario para la elaboración de las proteínas que aumentan el contenido en aceites y mejoran el sabor en las plantas de cannabis. Además, provoca un fuerte desarrollo de las raíces y está asociado con la resistencia ante las enfermedades y la absorción de agua. La potasa es una forma de óxido de potasio ($K_2O$).

**Deficiencia.** Las plantas que carecen de potasio parecen sanas inicialmente. Las plantas deficientes son susceptibles a las enfermedades. Las hojas viejas (empezando por las puntas y los márgenes, y extendiéndose por toda la superficie) desarrollan moteado, adquieren un color amarillo oscuro y mueren. Con frecuencia, los tallos se vuelven débiles y quebradizos. El potasio suele estar presente en la tierra, pero queda bloqueado por una salinidad alta. Primero, arrastra las sales tóxicas fuera del sustrato y, entonces, aplica un fertilizante N-P-K completo. La deficiencia de potasio provoca que la temperatura interna del follaje se dispare, y que las proteínas de las células se quemen o degraden. Por lo general, la máxima evaporación se da en los bordes de las hojas, y es ahí donde las hojas se queman.

#### Progresión de los síntomas de la deficiencia:

Las plantas tienen aspecto saludable, con follaje verde oscuro.

Las hojas pierden su lustre.

Puede que la ramificación se incremente, pero las ramas son débiles y escuálidas.

Los márgenes de las hojas se tornan grises y progresan hasta un marrón oxidado, se rizan hacia arriba y mueren.

Manchas de color óxido acompañan el color amarillo de las hojas más viejas.

El follaje se riza hacia arriba, se inicia la putrefacción y las hojas más viejas caen.

La floración se retrasa y disminuye en gran medida.

*Fase inicial de la deficiencia de K.*

**Trata la deficiencia** de potasio abonando con un fertilizante N-P-K completo. En ocasiones, los cultivadores añaden potasio directamente a la solución nutriente. Los cultivadores orgánicos añaden potasio en forma de potasa soluble (cenizas de madera) mezclada con agua. Ten cuidado cuando utilices ceniza de madera: el pH suele estar por encima de 10,0. Emplea un compuesto para bajar el pH hasta 6,5 antes de su aplicación. No se recomienda la alimentación foliar para tratar la deficiencia de potasio.

*Progresión de la deficiencia de K.*

*Fase avanzada de la deficiencia de K.*

**Toxicidad.** Sucede ocasionalmente y es difícil de diagnosticar porque se mezcla con los síntomas de carencias de otros nutrientes. Demasiado potasio dificulta y ralentiza la absorción de magnesio, manganeso y, a veces, zinc y hierro. Cuando aparecen síntomas de deficiencia de estos minerales, hay que buscar las causas en una acumulación tóxica de potasio.

**Trata la toxicidad** mediante el lavado del medio de cultivo de las plantas afectadas con una solución muy suave de fertilizante completo. Los casos más graves precisan que se lixivie el medio de crecimiento con una cantidad mayor de agua. Emplea un volumen de agua que sea, como mínimo, el triple del volumen que ocupa el medio de cultivo.

## Nutrientes secundarios

Los nutrientes secundarios -magnesio, calcio y azufre- también son utilizados por las plantas en grandes cantidades. Los cultivos de marihuana en condiciones de interior, de crecimiento rápido, son capaces de procesar más nutrientes secundarios de lo que proporcionan la mayoría de los fertilizantes de uso general. Muchos cultivadores optan por usar fertilizantes hidropónicos de alta calidad, compuestos por dos o tres partes, para suministrar todos los nutrientes secundarios y los oligoelementos que hacen falta. Pero ten cuidado, ya que puede haber una gran cantidad de estos tres nutrientes en el agua corriente. Hay que tener en cuenta estos valores cuando se añaden suplementos de nutrientes. Si la mezcla de sustrato que empleas es completamente orgánica o incluye elementos inertes y tiene un pH inferior a 7,0, incorporar una taza de caliza dolomita fina (harina) por cada cuatro litros de medio de cultivo asegura un aporte adecuado de calcio y magnesio.

Los macronutrientes son los elementos que usan más las plantas. Por lo general, los fertilizantes indican los porcentajes de nitrógeno (N), fósforo (P) y potasio (K) con números grandes en el frontal del envase. Siempre aparecen en el mismo orden, N-P-K. Estos nutrientes deben estar siempre en una forma utilizable para que las plantas de marihuana dispongan de los *ladrillos* que necesitan para su crecimiento rápido.

### Magnesio (Mg) - móvil

**Información práctica.** La marihuana utiliza mucho magnesio, y las deficiencias son comunes, especialmente en suelos ácidos (pH inferior a 7,0). Añadir caliza dolomita a las tierras ácidas para macetas antes de plantar estabiliza el pH y aporta magnesio y calcio al sustrato. Si no se incorpora caliza al plantar, la carencia de magnesio puede corregirse añadiendo sales Epsom ® en cada riego. Emplea sales Epsom® que estén diseñadas específicamente para plantas en vez de las que pueden encontrarse en los supermercados.

**Información técnica.** El magnesio es el átomo central de la molécula de clorofila, y resulta esencial para la absorción de la energía luminosa. Ayuda a la utilización de los nutrientes y a que las enzimas fabriquen los carbohidratos y azúcares que, más tarde, se transformarán en flores. Además, el magnesio neutraliza los ácidos del sustrato y los compuestos tóxicos que produce la planta.

**Deficiencia.** La carencia de magnesio es común en los cultivos de interior. Las hojas bajas y, más adelante, las de la parte central de la planta desarrollan manchas amarillas entre los nervios, verdes y oscuros. A medida que la deficiencia progresa, aparecen puntos de color marrón óxido en los márgenes y en las puntas de las hojas, así como entre los nervios. Las puntas marrones de las hojas suelen rizarse hacia arriba antes de morir. Toda la planta puede perder color en pocas semanas y, si la deficiencia es severa, adquirir un tono amarillo blancuzco antes de volverse de color marrón y morir. Una carencia menor apenas causa problemas en el desarrollo. Sin embargo, las deficiencias menores aumentan a medida que la floración avanza y acaban haciendo que la cosecha disminuya. Muy a menudo, el magnesio se encuentra en el sustrato pero no está disponible para las plantas porque el entorno de las raíces está demasiado húmedo y frío o ácido y frío. El magnesio también queda bloqueado en la tierra si hay un exceso de potasio, amoniaco (nitrógeno) y calcio (carbonato).

Los sistemas radiculares pequeños, además, no son capaces de absorber magnesio suficiente para cubrir la gran demanda de este elemento. Una EC elevada ralentiza la evaporación de agua y también contribuirá a reducir la disponibilidad del magnesio.

*Fase inicial de la deficiencia de Mg.*

**Progresión de la deficiencia:**

Durante las tres o cuatro primeras semanas no se aprecian síntomas visibles.

Entre la cuarta y la sexta semana de crecimiento, aparecen los primeros síntomas de deficiencia. Surgen zonas amarillas entre los nervios y puntos de color marrón óxido en las hojas viejas y de mediana edad. Las hojas más jóvenes siguen sanas.

*Progresión de la deficiencia de Mg.*

Las puntas de las hojas van poniéndose marrones y se doblan hacia arriba al progresar la deficiencia.

*Fase avanzada de la deficiencia de Mg.*

Los puntos de color marrón óxido se multiplican y aumenta el amarilleamiento entre los nervios.

Los puntos marrón óxido progresan y las hojas amarillean desde la base de la planta, avanzando hasta el ápice.

Las hojas más jóvenes desarrollan un moteado de color óxido y amarillean entre los nervios.

Las hojas se secan y mueren en casos extremos.

**Trata la deficiencia** mediante riegos con media cucharadita de sales Epsom® (sulfato de magnesio) por cada litro de agua. Para obtener resultados más rápidos, pulveriza el follaje con una solución al 2% de sulfato de magnesio. Si la deficiencia progresa hasta el ápice de la planta, será ahí donde primero reverdezca. Entre cuatro y seis días, el verdor irá extendiéndose hacia abajo por la planta, haciendo que las hojas inferiores reverdezcan progresivamente. Continúa regando regularmente con sales Epsom® hasta que los síntomas desaparezcan por completo. Cuando el fertilizante empleado contiene magnesio fácilmente asimilable, no es necesario añadir sulfato de magnesio con regularidad. Sírvete de las pulverizaciones foliares a base de sulfato de magnesio para una cura rápida. Otra opción consiste en aplicar sulfato de magnesio monohidratado en vez de sales Epsom®. Añade caliza dolomita fina al sustrato para proporcionar un aporte consistente de calcio y magnesio a largo plazo. Emplea siempre la dolomita más fina que esté disponible.

Controla la temperatura ambiente y de las raíces, la humedad, y el pH y la EC de la solución nutriente. Mantén la zona de las raíces y la solución nutriente entre 21 y 24 ºC. La temperatura del aire no debe bajar de 21 ºC durante el día y de 18 ºC durante la noche. Usa un fertilizante completo con una cantidad adecuada de magnesio. Mantén el pH de la tierra por encima de 6,5, el pH hidropónico por encima de 5,5 y reduce la EC durante una semana si es elevada.

Generalmente, un exceso de magnesio en la tierra no llega a ser perjudicial, pero puede inhibir la absorción del calcio. A continuación, se describen los síntomas de una presencia excesiva de este elemento.

**Toxicidad.** La toxicidad a causa del magnesio es poco frecuente y resulta difícil de discernir a simple vista. Si llega a niveles tóxicos, el magnesio da lugar a conflictos con iones de otros nutrientes - normalmente de calcio- y, en especial, en soluciones de nutrientes hidropónicos. La acumulación tóxica de magnesio en sustratos que son aptos para el cultivo de marihuana resulta poco frecuente.

## Calcio (Ca) - inmóvil

**Información práctica.** El cannabis requiere casi tanta cantidad de calcio como de macronutrientes. Evita las deficiencias en la tierra y en la mayoría de las mezclas de sustrato mediante la incorporación de caliza dolomita fina o utilizando fertilizantes solubles hidropónicos que contengan el calcio necesario.

**Información técnica.** El calcio es fundamental para la producción y el crecimiento de las células. El calcio es necesario para preservar la permeabilidad de la membrana y la integridad de la célula, lo cual asegura un flujo apropiado de nitrógeno y azúcares. Estimula las enzimas que ayudan a producir paredes celulares fuertes, especialmente en las raíces. El cannabis debe disponer de algo de calcio en el extremo de cada raíz.

**Deficiencia.** Las carencias de calcio son poco comunes en interior, pero aparecen con más frecuencia en los cultivos de cáñamo de fibra. A menudo, las plantas pueden procesar más calcio del que hay disponible. Además, el agua con la que se pulverizan las hojas puede arrastrarlo. Los síntomas de la deficiencia pueden ser difíciles de detectar. Comienzan con tallos débiles, follaje verde oscuro y un crecimiento excepcionalmente lento. Las hojas jóvenes se ven afectadas y son las primeras en mostrar los síntomas. La deficiencia severa de calcio causa que los brotes nuevos de crecimiento desarrollen tonos amarillentos y morados, y que se desfiguren antes de arrugarse y morir; se inhibe el desarrollo de las inflorescencias, las plantas se atrofian y la cosecha se ve reducida. Las puntas de crecimiento pueden dar muestras de deficiencia de calcio si la humedad es máxima. Con la humedad al 100%, los estomas se cierran, lo cual detiene la transpiración para proteger la planta. Y el calcio que se transporta mediante la transpiración queda inmovilizado.

**Progresión de los síntomas de la deficiencia:**

Desarrollo lento y hojas jóvenes que se vuelven de color verde muy oscuro.

Los brotes nuevos de crecimiento pierden color.

Los brotes nuevos se contraen, se arrugan y mueren.

El desarrollo de los cogollos se ralentiza dramáticamente.

**Trata la deficiencia** disolviendo media cucharadita de caliza hidratada por cada cuatro litros de agua. Riega las plantas carentes de calcio con esta solución mientras persistan los síntomas. O aplica un fertilizante hidropónico completo que contenga la cantidad adecuada de calcio. Mantén estable el pH del medio de cultivo.

**Toxicidad.** Es difícil de ver en el follaje. Hace que la planta se marchite.

Los niveles tóxicos también exacerban las deficiencias de potasio, magnesio, manganeso y hierro. Aunque estén presentes, estos nutrientes no pueden absorberse. Si se añaden cantidades excesivas de calcio soluble al inicio de la vida de la planta, también puede frenarse el desarrollo. En los cultivos hidropónicos, el exceso de calcio se precipita con el azufre en la solución, lo cual provoca que la solución nutriente quede suspendida en el agua y que las partículas se agreguen formando una masa que hace que el agua se ponga turbia (se flocule). Una vez que el calcio y el azufre se combinan, forman un residuo (yeso, Ca $(SO_4)\cdot2(H_2O)$) que se asienta en la base del depósito.

## Azufre (S) - inmóvil

**Información práctica.** Muchos fertilizantes contienen alguna forma de azufre y, por ésta razón, rara vez se dan carencias de este elemento. Los cultivadores evitan el azufre elemental (puro) en favor de los compuestos de azufre como el sulfato de magnesio. Los nutrientes combinados con azufre se disuelven mejor en el agua.

**Información técnica.** El azufre es esencial para la fabricación de muchas hormonas y vitaminas, incluyendo la vitamina $B_1$. El azufre también es un elemento indispensable en las semillas y en muchas células de la planta. En forma de sulfato, el azufre regula el pH del agua. Prácticamente, todos los suelos, los ríos y los lagos contienen sulfato. El sulfato está involucrado en la síntesis de las proteínas, ya que forma parte de dos aminoácidos, la cistina y la tiamina, que son los ladrillos de las proteínas. El azufre resulta esencial en la formación de los aceites y los sabores, al igual que para la respiración y para la síntesis y descomposición de los ácidos grasos. Los fertilizantes hidropónicos separan el azufre del calcio en un contenedor «A» y un contenedor «B». Si se combinaran en forma de concentrado, el azufre y el calcio formarían yeso (sulfato de calcio) en crudo, insoluble, y se asentaría como residuo en el fondo del tanque.

**Deficiencia.** Las hojas jóvenes adquieren un color entre verde lima y amarillento. A medida que progresa la carencia, las hojas amarillean entre los nervios y pierden suculencia. Los nervios siguen verdes, y los peciolos se vuelven de color morado. Las puntas de las hojas pueden quemarse, oscurecerse y doblarse hacia abajo. Según la literatura disponible, las hojas más jóvenes deberían ser las primeras en amarillear. Pero Mauk, de Canna Coco, en los Países Bajos, que ha dirigido experimentos científicos detallados con nutrientes, afirma: «Hemos observado repetidamente que los síntomas eran más obvios en las hojas más viejas.» La deficiencia de azufre se parece a la deficiencia de nitrógeno. Una carencia severa de azufre hace que los tallos se alarguen y que su base se vuelva leñosa.

La deficiencia de azufre ocurre en interior cuando el pH es demasiado alto o si está presente y disponible una cantidad excesiva de calcio.

*Fase inicial de la deficiencia de S.*

**Progresión de los síntomas de la deficiencia:**

Similar a la deficiencia de nitrógeno, las hojas más viejas se vuelven de color verde pálido.

Los tallos de las hojas adquieren un color morado y más hojas van tornándose verde claro.

Las hojas enteras se vuelven de color amarillo pálido.

Se da clorosis entre los nervios.

Una deficiencia aguda causa que más y más hojas desarrollen tallos con tonos purpúreos y hojas amarillas.

*Progresión de la deficiencia de S.*

**Trata la deficiencia** con un abonado a base de fertilizante hidropónico que contenga azufre. Baja el pH hasta que esté entre 5,5 y 6,0. Añade azufre inorgánico a un fertilizante que incluya sulfato de magnesio. Las fuentes orgánicas de azufre incluyen el compost para champiñones y la mayoría del estiércol de procedencia animal. Asegúrate de que el estiércol que apliques esté bien descompuesto para evitar que se quemen las raíces.

*Fase avanzada de la deficiencia de S.*

**Toxicidad.** Un exceso de azufre en la tierra no causa problemas si la EC es relativamente baja. Con una EC elevada, las plantas tienden a asimilar una mayor cantidad del azufre disponible, lo cual bloquea la absorción de otros nutrientes. Los síntomas del exceso de azufre incluyen un desarrollo limitado de la planta en general y un follaje uniformemente más pequeño y de color verde oscuro. Las puntas y los bordes de las hojas pueden perder color y llegar a quemarse si la toxicidad es severa.

**Trata la toxicidad** mediante el lavado del medio

de cultivo de las plantas afectadas con una solución muy diluida de fertilizante completo. Comprueba el pH de la solución que sale por los agujeros de drenaje. Corrige el pH de entrada a 6,0. Los casos graves requieren que el medio de cultivo se lixivie con más agua. El volumen mínimo de agua que debe emplearse es el triple del volumen del medio de cultivo.

## Micronutrientes

Los micronutrientes, también llamados oligoelementos o microelementos, son esenciales para la formación de clorofila y deben estar presentes en cantidades muy pequeñas. Funcionan principalmente como catalizadores de los procesos de las plantas y de la utilización de otros elementos. Para conseguir los mejores resultados y asegurar la disponibilidad de una gama completa de microelementos, emplea fertilizantes diseñados para hidroponía. Los fertilizantes hidropónicos de alta calidad utilizan ingredientes alimenticios que son completamente solubles y no dejan residuos. Si se aprovecha un fertilizante barato que no incluye en la etiqueta un análisis específico de los microelementos que contiene, es buena idea añadir oligoelementos solubles en forma quelatada. Los micronutrientes suelen estar impregnados en tierras y mezclas comerciales para macetas. Comprueba los ingredientes que aparecen

### MICRONUTRIENTES

El zinc, el hierro y el manganeso son los tres microelementos cuya carencia es más común. Las deficiencias de estos tres oligoelementos están presentes en más cuartos de cultivo de lo que me hubiera podido imaginar. A menudo, se observa que concurren carencias de los tres elementos, especialmente si el pH de la tierra o del agua es superior a 6,5. Las deficiencias son más comunes en los climas áridos -España, el suroeste de Estados Unidos, Australia, etc.-, con aguas y suelos alcalinos. Las tres carencias tienen los mismos síntomas iniciales: clorosis entre los nervios de las hojas jóvenes. Suele resultar difícil distinguir cuál es el elemento deficiente -zinc, hierro o manganeso-, y podrían faltar los tres. Por ello, el tratamiento del problema debería incluir una dosis de los tres nutrientes en forma de quelatos.

en la etiqueta de la bolsa para asegurarte de que se han añadido oligoelementos a la mezcla. Los micronutrientes son necesarios en cantidades ínfimas, pero pueden alcanzar niveles tóxicos fácilmente. Sigue siempre las instrucciones del fabricante al pie de la letra cuando apliques micronutrientes, ya que

Un **quelato** (procedente del griego *garra*) es una molécula orgánica que forma una unión parecida a una garra con partículas de metal con carga eléctrica. Esta propiedad hace que los iones metálicos como el zinc, el hierro y el manganeso, etc., sean solubles en agua; y que se suprima la reacción del metal quelatado con otros materiales. Las raíces absorben los metales quelatados en una forma soluble y estable que se utiliza inmediatamente.

Los quelatos naturales, como el ácido húmico y el ácido cítrico, pueden añadirse a las mezclas orgánicas de tierra. Las raíces y las bacterias también exudan quelatos naturales para promover la absorción de los elementos metálicos. Los quelatos fabricados por el hombre están diseñados para ser usados en distintas situaciones. El tipo DPTA es más efectivo con un pH por debajo de 6,5; el EDDHA es efectivo hasta un pH de 8,0; y el quelato EDTA tarda en hacer que las hojas se quemen.

Los quelatos se descomponen rápidamente con niveles bajos de luz ultravioleta (UV), incluyendo la luz producida por las bombillas DAI y la luz solar. Mantén los quelatos alejados de la luz para evitar que se descompongan.

Quelato - combinando nutrientes en un anillo atómico que es fácil de absorber para las plantas.

Esta información ha sido condensada de Canna Products, www.canna.com.

## Zinc (Zn) - móvil

**Información práctica.** El zinc es el micronutriente cuya deficiencia resulta más común en climas áridos y suelos alcalinos.

**Información técnica.** El zinc fomenta las mismas funciones enzimáticas que el manganeso y el magnesio. El zinc coopera con otros elementos para asistir en la formación de la clorofila y evitar que se descomponga. Es esencial como catalizador de la mayoría de las enzimas y las auxinas de la planta, y es crucial para el crecimiento del tallo. El zinc juega un papel vital en la producción de azúcares y proteínas. Resulta bastante común encontrar cannabis con carencia de zinc. Las deficiencias son más frecuentes en sustratos con pH 7,0 ó superior.

**Deficiencia.** El zinc es el micronutriente que más suele faltar. Primero, las hojas más jóvenes exhiben clorosis entre los nervios, y las hojas y brotes nuevos desarrollan hojuelas pequeñas y finas que se retuercen y arrugan. Las puntas de las hojas y, más tarde, los bordes pierden color y se queman. Las partes quemadas de las hojas pueden extenderse progresivamente. Estos síntomas suelen confundirse con una carencia de magnesio o de hierro, pero cuando la deficiencia de zinc es severa, los foliolos de las hojas nuevas se contorsionan y se secan. Los cogollos de flores también adoptan formas extrañas, se vuelven quebradizos y, a menudo, están endurecidos. La carencia de zinc frena todo crecimiento nuevo, incluyendo el de los cogollos.

*Fase inicial de la deficiencia de Zn.*

*Progresión de la deficiencia de Zn.*

*Fase avanzada de la deficiencia de Zn.*

**Progresión de los síntomas de la deficiencia:**

Clorosis entre los nervios de las hojas jóvenes.

Las hojas nuevas son finas y escuálidas.

Las puntas de las hojas se decoloran, se oscurecen y mueren.

El crecimiento nuevo se retuerce horizontalmente.

El crecimiento nuevo de cogollos y hojas se detiene.

**Trata la deficiencia** de zinc mediante el lavado del medio de cultivo con una mezcla diluida a base de fertilizante completo, el cual debe contener oligoelementos en forma de quelatos, incluyendo zinc, hierro y manganeso. O añade una mezcla hidropónica de micronutrientes que contenga oligoelementos quelatados.

**Toxicidad.** El zinc es extremadamente tóxico en exceso. Las plantas muy afectadas mueren rápidamente. El exceso de zinc interfiere con la capacidad del hierro para funcionar adecuadamente y provoca que este elemento resulte deficiente.

## Manganeso (Mn) - inmóvil

**Información práctica.** La deficiencia de manganeso es relativamente común en interior.

**Información técnica.** El manganeso interviene en los procesos de oxidación-reducción, asociados con el transporte de electrones fotosintéticos. Este elemento activa muchas enzimas y juega un papel fundamental en el sistema de la membrana de los cloroplastos. Junto al hierro, el manganeso asiste en la utilización del nitrógeno para la producción de clorofila.

**Deficiencia.** Las hojas jóvenes son las primeras en mostrar síntomas. Amarillean entre los nervios (clorosis), mientras que éstos permanecen verdes. Los síntomas se extienden desde las hojas más jóvenes hasta las de mayor edad a medida que progresa la deficiencia. En las hojas afectadas con severidad, se desarrollan puntos necróticos (muertos); la hoja palidece y cae. El crecimiento general de la planta se ve frenado, y la maduración puede ser prolongada. La deficiencia severa parece una carencia acusada de magnesio.

**Progresión de los síntomas de la deficiencia:**

Clorosis entre los nervios de las hojas jóvenes.

Clorosis entre los nervios de hojas cada vez más viejas.

Se desarrollan puntos muertos en las hojas más afectadas.

**Trata la deficiencia** de manganeso reduciendo el pH, lixiviando la tierra y añadiendo una fórmula completa de micronutrientes quelatados.

**Toxicidad.** El crecimiento joven y más reciente desarrolla un moteado clorótico, entre naranja oscuro y marrón oscuro y oxidado, en las hojas. Los daños en los tejidos se dejan ver en las hojas jóvenes antes de extenderse a las más

*Fase inicial de la deficiencia de Mn.*

*Progresión de la deficiencia de Mn.*

*Fase avanzada de la deficiencia de Mn.*

viejas. El crecimiento es más lento y se pierde el vigor general. La toxicidad se acrecienta con una humedad baja. La transpiración adicional provoca que llegue aún más manganeso al follaje. El pH bajo puede causar una absorción tóxica de manganeso. El exceso de este elemento causa deficiencias de hierro y zinc.

## Hierro (Fe) - inmóvil

**Información práctica.** El hierro está disponible en forma de quelato soluble, que permite una absorción inmediata por parte de las raíces. En interior, la deficiencia de este elemento es común en sustratos alcalinos.

**Información técnica.** El hierro es fundamental para los sistemas enzimáticos y para el transporte de electrones durante la fotosíntesis, la respiración y la producción de clorofila. El hierro permite que las plantas utilicen la energía que aporta el azúcar.

Como catalizador de la producción de clorofila, el hierro es necesario para la reducción y asimilación de los nitratos y los sulfatos. El hierro da a la tierra un color entre marrón y rojo según la concentración. A las plantas les cuesta absorber el hierro. Los sustratos ácidos suelen contener hierro suficiente para el desarrollo del cannabis.

**Deficiencia.** Las deficiencias de hierro son comunes cuando el pH está por encima de 6,5 y es poco frecuente cuando el pH está por debajo de 6,5. Los síntomas pueden aparecer durante el crecimiento rápido o en momentos estresantes y desaparecer por sí mismos. Las hojas jóvenes son incapaces de tomar el hierro inmóvil de las hojas más viejas aunque esté presente en el sustrato. Los primeros síntomas aparecen en las hojas más pequeñas, cuyos nervios

permanecen verdes mientras amarillean los espacios entre ellos. La clorosis entre los nervios comienza en el extremo opuesto de la punta de la hoja: en el ápice de las hojas, donde se une el peciolo. Los filos de las hojas pueden volverse hacia arriba a medida que progresa la deficiencia. Las hojas se caen en los casos más severos. A veces, la deficiencia de hierro está causada por un exceso de cobre. Véase «Cobre».

**Progresión de los síntomas de la deficiencia:**

Las hojas más jóvenes y los brotes se vuelven de color verde pálido hasta amarillear entre los nervios, empezando desde el peciolo, pero los nervios siguen verdes.

Más y más hojas amarillean y desarrollan clorosis entre los nervios.

Las hojas más grandes también acaban amarilleando y desarrollan clorosis entre los nervios.

En casos graves, las hojas desarrollan necrosis y se desprenden.

**Trata la deficiencia** de hierro mediante la reducción del pH del sustrato hasta 6,5 ó menos. Evita los fertilizantes que contengan cantidades excesivas de manganeso, zinc y cobre, los cuales inhiben el aprovechamiento del hierro. Los niveles elevados de fósforo compiten con la absorción del hierro. Mejora el drenaje; el suelo excesivamente mojado retiene poco oxígeno para espolear la absorción del hierro. Aumenta la temperatura en la zona de las raíces. Aplica hierro quelatado en líquido a la zona de las raíces. La luz descompone los quelatos, así que deben mezclarse bien con el medio de cultivo

*Fase inicial de la deficiencia de Fe.*

*Progresión de la deficiencia de Fe.*

*Fase avanzada de la deficiencia de Fe.*

para que la aplicación resulte eficaz. Exponer la solución nutriente a la luz acaba con el hierro. Esterilizar la solución nutriente con luz UV hace que el hierro precipite. Las hojas deberían reverdecer en cuatro o cinco días. Los nutrientes hidropónicos completos y equilibrados contienen hierro, y las deficiencias rara vez son un problema. Las fuentes orgánicas de hierro, además de los quelatos, incluyen el estiércol de vaca, de caballo y de gallina. Emplea únicamente estiércol bien descompuesto para evitar que se quemen las plantas.

**Toxicidad.** El exceso de hierro es inusual. Los niveles elevados de hierro no dañan el cannabis, pero pueden interferir con la absorción del fósforo. Un exceso de hierro causa que las hojas se bronceen y que aparezcan en ellas pequeños puntos de color marrón oscuro. Si se aplica demasiado quelato de hierro, la planta morirá en pocos días.

**Trata la toxicidad** causada por el exceso de hierro lixiviando las plantas a fondo.

El siguiente grupo de microelementos rara vez presenta deficiencias. Evita las carencias mediante el uso de un fertilizante hidropónico de alta calidad que contenga micronutrientes quelatados.

## Boro (B) - inmóvil

**Información práctica.** No suele causar problemas, pero el boro debe estar disponible durante toda la vida de la planta.

**Información técnica.** Las deficiencias de boro no suelen darse en interior. El boro aún sigue constituyendo un misterio bioquímico. Sabemos que el boro ayuda a que el calcio sea absorbido y a otras muchas funciones de las plantas. Los científicos han reunido evidencias que sugieren que el boro ayuda a la síntesis de una base para la formación de ácido nucleico (ARN uracil). También hay pruebas sólidas del papel que desempeña el boro en la división, la diferenciación, la maduración y la respiración celular, así como de su función como enlace de la germinación del polen.

**Deficiencia.** Los extremos de los tallos y las raíces crecen anormalmente. Las puntas de las raíces suelen hincharse, se decoloran y dejan de alargarse. Los brotes en crecimiento parecen quemados, lo cual puede confundirse con las quemaduras que causan las luces DAI cuando están demasiado cerca. Primero, las hojas aumentan de grosor y se vuelven quebradizas; los brotes principales se retuercen y/o se oscurecen, lo cual va extendiéndose a yemas de crecimiento cada vez más bajas. Si la carencia es severa, las puntas de crecimiento mueren y los bordes de las hojas se decoloran y aparecen zonas muertas. Se desarrollan puntos necróticos entre los nervios

de las hojas. La estela (el interior) de las raíces suele ablandarse, convirtiéndose en un lugar perfecto para la pudrición y las enfermedades. Las hojas deficientes aumentan de grosor, distorsionadas y marchitas, y aparecen puntos cloróticos y necróticos.

**Trata la deficiencia** de boro con una cucharadita de ácido bórico por cada cuatro litros de agua. Puedes aplicar esta solución al sustrato como un remedio que puedan absorber las raíces, o aplicar micronutrientes hidropónicos que contengan boro. Los jardineros hidropónicos deberían mantener la dosis de boro por debajo de 20 partes por millón (ppm), ya que el boro pasa a ser tóxico rápidamente si la solución se concentra.

**Toxicidad.** Las puntas de las hojas amarillean primero y, a medida que progresa la condición tóxica, los bordes de las hojas se vuelven necróticos hacia el centro de la hoja. Después de amarillear, las hojas se caen. Evita el uso de cantidades excesivas de insecticidas con base de ácido bórico.

## Cloro (Cloruro) (Cl) - inmóvil

**Información práctica.** El cloro se encuentra en muchos de los sistemas municipales de agua. El cannabis tolera niveles bajos de cloro. No suele ser un componente de los fertilizantes y casi nunca resulta deficiente en los jardines de cannabis.

**Información técnica.** El cloro, en forma de cloruro, es fundamental para la fotosíntesis y la división de las células en las raíces y en el follaje. También incrementa la presión osmótica en las células, las cuales abren y cierran los estomas para regular el flujo de humedad en el interior del tejido vegetal.

**Deficiencia.** Es muy poco común. Las hojas jóvenes palidecen y se marchitan, y las raíces se vuelven rechonchas. A medida que avanza la deficiencia, las hojas desarrollan clorosis y un color bronceado característico. Las raíces desarrollan puntas gruesas y detienen su crecimiento. Tanto la deficiencia acusada como el exceso severo de cloruro tienen el mismo síntoma: hojas de color bronce.

**Trata la deficiencia** de cloro añadiendo agua clorada.

**Toxicidad.** Las puntas y los bordes de las hojas jóvenes se queman. Las plántulas y los clones muy jóvenes son los más susceptibles de sufrir daños. Más adelante, los síntomas progresan por toda la planta. Las hojas, de un color bronce amarillento característico, son más pequeñas y tardan más en desarrollarse.

**Trata la toxicidad** causada por el exceso de cloro dejando que el agua clorada se asiente de un día para otro, removiéndola de vez en cuando. El cloro se volatilizará y desaparecerá en la atmósfera. Emplea esta agua para mezclar la solución nutriente o para regar el jardín.

## Cobalto (Co) - inmóvil

**Información práctica.** Este nutriente apenas se considera necesario para el desarrollo de las plantas, y la mayoría de los fertilizantes no lo incluyen en el etiquetado. La deficiencia de cobalto no se presenta prácticamente nunca en los jardines de cannabis en interior.

**Información técnica.** El cobalto es necesario para el crecimiento y el desarrollo de incontables bacterias beneficiosas. También es vital para la absorción del nitrógeno. Hay evidencias científicas que sugieren que este elemento está enlazado con las enzimas que se necesitan para la formación de compuestos aromáticos.

**Deficiencia.** Cuando es deficiente, ocurren problemas relacionados con la disponibilidad del nitrógeno.

## Cobre (Cu) - inmóvil

**Información práctica.** El cobre se concentra en las raíces. También se usa como fungicida.

**Información técnica.** El cobre es un componente de numerosas enzimas y proteínas. Resulta necesario en cantidades muy pequeñas, y colabora en el metabolismo de los carbohidratos, en la fijación del nitrógeno y en el proceso de reducción del oxígeno. También ayuda a fabricar proteínas y azúcares.

**Deficiencia.** Las deficiencias de cobre no son raras. Las hojas jóvenes y los brotes se marchitan, las puntas y los bordes de las hojas desarrollan necrosis y adquieren un color gris cobre oscuro. En ocasiones, la planta con carencia de cobre se marchita entera, y tiene un aspecto caído aunque esté bien regada. El crecimiento es lento y la cosecha disminuye. Una deficiencia pequeña puede hacer que los brotes nuevos mueran.

**Trata la deficiencia** de cobre con la aplicación de un fungicida a base de cobre, como el sulfato de cobre. No lo apliques si la temperatura es superior a 24 ºC para evitar que se queme el follaje. Aplica un nutriente hidropónico que contenga cobre. Las plantas de cannabis desarrollan deficiencias de cobre en raras ocasiones.

**Toxicidad.** El cobre, aunque sea esencial, resulta extremadamente tóxico para las plantas incluso cuando se trata de excesos menores. Los niveles tóxicos ralentizan el desarrollo general de la planta. Al aumentar el nivel tóxico, los síntomas incluyen clorosis (deficiencia) férrica entre los nervios de las hojas y un crecimiento frenado. Crecen pocas ramas y las raíces se vuelven oscuras y gruesas además de crecer despacio. Las condiciones tóxicas se aceleran en los suelos ácidos. Los jardineros hidropónicos deben vigilar su solución cuidadosamente para evitar los excesos de cobre.

**Trata la toxicidad** mediante la lixiviación del medio de cultivo para ayudar a expulsar el exceso de cobre. No uses fungicidas a base de cobre.

## Molibdeno (Mb) - inmóvil

**Información práctica.** El molibdeno rara vez es deficiente.

**Información técnica.** El molibdeno es parte de dos sistemas enzimáticos mayores que convierten el nitrato en amonio. Este elemento esencial es usado por el cannabis en cantidades muy pequeñas. Es más activo en las raíces y en las semillas.

**Deficiencia.** Casi nunca se hallan deficiencias de este micronutriente en el cannabis. La deficiencia provoca carencia de nitrógeno. Al principio, las hojas más viejas y las de edad media amarillean, y algunas desarrollan clorosis entre los nervios. A medida que la deficiencia progresa, las hojas continúan amarilleando y los bordes se abarquillan o se enrollan. Los síntomas agudos hacen que las hojas se retuerzan, mueran y se desprendan. El desarrollo general se frena. La carencia se acentúa en los sustratos ácidos.

**Toxicidad.** El exceso de molibdeno es infrecuente en los jardines de marihuana. Un exceso de este microelemento provoca deficiencias de cobre y hierro.

## Silicio - (Si) inmóvil

**Información práctica.** El silicio está disponible fácilmente en la mayoría de los sustratos, en el agua y, por lo que sé, no causa complicaciones al cannabis por carencias o excesos.

**Información técnica.** El silicio es absorbido por las plantas como ácido silícico. El silicio ayuda a que los niveles de hierro y magnesio se mantengan de manera consistente. Se encuentra principalmente en las paredes de las células epidérmicas, donde se recoge en forma de sílice amorfo hidratado. También se acumula en las paredes de otras células. Una cantidad adecuada de silicio soluble garantiza paredes celulares fuertes que resisten los ataques de las plagas e incrementan la tolerancia al calor y a la sequía.

**Deficiencia.** Está probado que la carencia de silicio reduce las cosechas en algunas frutas y provoca que las hojas nuevas se deformen.

**Toxicidad.** No se tiene constancia de problemas.

**NOTA:** Las plagas y las enfermedades tienen dificultades para penetrar en las plantas que son rociadas con insecticidas o repelentes a base de silicio.

*Los fertilizantes muestran la proporción N-P-K con letras grandes en el frontal del envase.*

## Níquel - (Ni)

Las enzimas necesitan níquel para descomponer y utilizar el nitrógeno a partir de la urea. También resulta esencial para la absorción del hierro. Rara vez aparece una deficiencia de este elemento y suele estar mezclada con otras carencias nutricionales, comúnmente de nitrógeno.

## Sodio - (Na)

Éste es uno de los elementos problemáticos. Con un poquito es suficiente. El sodio es absorbido por las raíces con mucha rapidez y en cantidades pequeñas (50 ppm). Puede bloquear otros nutrientes, dando como resultado deficiencias severas. Cuando se mezcla con el cloro, se convierte en sal de mesa, que es la peor sal que puede darse a las plantas. Ten mucho cuidado al medir el agua que utilizas para asegurarte de que contenga menos de 50 ppm de sodio. Cuanto menos sodio haya en la solución, mejor.

## Flúor - (F)

Algunos sistemas de abastecimiento de agua disponen de flúor abundante. Si se concentra, el flúor puede volverse tóxico. Aún está por ver que la toxicidad o la deficiencia de este elemento cause problemas en espacios de cultivo en interior.

## Fertilizantes

El objetivo de la fertilización es proporcionar a las plantas las cantidades adecuadas de nutrientes para fomentar un crecimiento vigoroso, sin crear condiciones tóxicas de sobrefertilización. Un contenedor de 8 L lleno de tierra rica y fértil para macetas aporta todos los nutrientes necesarios para el primer mes de crecimiento, pero el desarrollo podría ser lento. Después de que las raíces hayan absorbido la mayor parte de los nutrientes disponibles, deben añadirse más para sostener un crecimiento vigoroso. A menos que estén enriquecidas, las mezclas inorgánicas requieren fertilización desde el principio. Me gusta empezar a fertilizar las mezclas inertes fortalecidas después de la primera o la segunda semana de crecimiento. La mayoría de las mezclas comerciales sin tierra están enriquecidas con oligoelementos.

El metabolismo del cannabis cambia a medida que crece, y lo mismo sucede con sus necesidades nutricionales. Durante la germinación y el desarrollo de la plántula, la ingesta de fósforo es alta. La fase de crecimiento vegetativo requiere mayores cantidades de nitrógeno para el desarrollo de hoja verde, y también se necesitan niveles sustanciales de fósforo y potasio. Durante este estadio vegetativo, utiliza un fertilizante de *uso general* o de *crecimiento*, con un nivel alto de nitrógeno. En la etapa de floración, el nitrógeno adopta un papel secundario frente al potasio, el fósforo y el calcio. Emplear un fertilizante de *superfloración* con menos nitrógeno y más potasio, fósforo y calcio favorece la formación de cogollos gruesos, pesados y densos. El cannabis necesita algo de nitrógeno durante la floración, pero muy poco. Sin nitrógeno, los cogollos no desarrollarán todo su potencial.

Ahora llegamos a la parte confusa sobre los *análisis garantizados* de las mezclas comerciales de fertilizante. Las leyes exigen que las concentraciones de los nutrientes aparezcan de forma prominente en los envases de los fertilizantes, aunque la exactitud de los valores resulte dudosa.

¿Piensas que los números N-P-K de la etiqueta corresponden a los porcentajes de nitrógeno, fósforo y potasio? Pues sí y no. Los nutrientes se miden según diferentes escalas. El nitrógeno aparece como *elemental total combinado*. El nitrógeno de la mayoría de los fertilizantes hidropónicos está dividido en nitrato de acción lenta ($NO_3$) y amonio ($NH_4$). El anhídrido fosfórico ($P_2O_5$) aparece bajo la forma del fósforo, pero esta cifra minimiza el contenido de fósforo en un 44%. ¡Y aún peor! El resto (56%) de la molécula de fósforo está compuesto por oxígeno. Un 20% de $P_2O_5$ supone un 8,8% real de fósforo. El potasio (K) aparece en forma de potasa u óxido de potasio ($K_2O$), en el que el 83% del valor declarado es potasio elemental en realidad.

El resto de los nutrientes minerales aparecen en su forma elemental, la cual representa el contenido real. La mayoría de las veces, los elementos minerales que se emplean en las fórmulas de los fertilizantes aparecen en el etiquetado como compuestos químicos. Lee las etiquetas de los fertilizantes para asegurarte de que los elementos, especialmente los oligoelementos, estén quelatados y sean fácilmente absorbibles por las raíces. Además, ten cuidado con la cantidad de sodio que hay en el agua o en la solución nutriente. El sodio bloquea el potasio y otros nutrientes, causando deficiencias y un crecimiento lento.

En Estados Unidos, los nutrientes se miden en partes por millón (ppm), aunque estén expresados en el etiquetado como porcentajes de concentración. La escala de las ppm es simple y casi finita. La base es sencilla: una parte por millón es una parte de 1.000.000, así que divide por un millón para hallar las partes por millón. Para convertir los porcentajes a ppm, multiplica por 10.000 y mueve el decimal cuatro (4) espacios a la derecha. Por ejemplo: 2% = 20.000 ppm. Para más información sobre las ppm y la conductividad eléctrica, consulta el capítulo siguiente, «Jadinería hidropónica».

Los fertilizantes pueden ser hidrosolubles o parcialmente solubles (de liberación gradual). Ambos tipos de fertilizante pueden ser, a su vez, orgánicos o químicos.

Las recomendaciones de fertilización a base de sales solubles que aparecen a continuación se aconsejan para el cultivo de cannabis en interior. Los valores están expresados en partes por millón.

## Abonos químicos

La diversidad de fertilizantes hidropónicos que hay disponibles resulta sorprendente. Los comerciantes saben cuáles funcionan mejor en función del clima y el agua locales. Los propietarios de las tiendas locales saben mucho sobre el agua del lugar y las necesidades de los cultivadores. Están en una posición perfecta para desarrollar su propia solución nutriente o adaptar una que funcione bien con su agua. Algunos fabricantes no hacen bien su trabajo y producen nutrientes de mala calidad. La mayoría de los fabricantes son conscientes y elaboran fertilizantes excelentes. Como siempre, lee toda la etiqueta del producto y sigue las instrucciones.

Los abonos químicos solubles son una gran elección para el cultivo de interior en contenedores. Los abonos solubles se disuelven en agua y son fáciles de controlar, además de que pueden añadirse fácilmente al medio de cultivo o ser arrastrados (por lixiviación) fuera del mismo. Gracias a los abonos solubles en agua, puede controlarse la cantidad exacta de nutrientes que está disponible para las plantas. El fertilizante soluble puede aplicarse al sustrato mediante una solución acuosa. En general, los abonos hidropónicos de alta calidad, que incorporan nutrientes alimentarios completamente solubles, son la mejor opción. Evita los abonos de baja calidad, que no incluyen todos los micronutrientes necesarios en la etiqueta.

Los abonos químicos granulados funcionan bien pero pueden aplicarse en exceso con facilidad, haciendo que el sustrato se vuelva tóxico. Son casi imposibles de lixiviar lo bastante rápido para salvar la planta.

Los fertilizantes químicos Osmocote™ o Nitrophoska™ se liberan con el tiempo y son utilizados en muchos viveros porque son fáciles de aplicar y sólo requieren una aplicación cada pocos meses. El empleo de este tipo de abonos puede ser conveniente, pero se pierde la posibilidad de un control exacto. Están mejor adaptados para su uso en plantas ornamentales en macetas, donde los costes laborales y un crecimiento uniforme son las preocupaciones principales.

## Abonos orgánicos

El cannabis que se cultiva orgánicamente tiene un gusto más dulce, pero implementar un jardín orgánico de interior

| Elemento | Límites | Media |
|---|---|---|
| Nitrógeno | 150 – 1000 | 250 |
| Calcio | 100 – 150 | 200 |
| Magnesio | 50 – 100 | 75 |
| Fósforo | 50 – 100 | 80 |
| Potasio | 100 – 400 | 300 |
| Azufre | 200 – 1000 | 400 |
| Cobre | 0.1 – 0.5 | 0.5 |
| Boro | 0.5 – 5.0 | 1.0 |
| Hierro | 2.0 – 10 | 5.0 |
| Manganeso | 0.5 – 5.0 | 2.0 |
| Molibdeno | 0.01 – 0.05 | 0.02 |
| Zinc | 0.5 – 1.0 | 0.5 |

Éstas son las sugerencias de fertilización a base de sales solubles que se recomiendan para el cultivo de cannabis en interior. Los valores están expresados en partes por millón.

requiere conocimientos de horticultura. Cuando se cultiva de manera orgánica, hay que tener en cuenta las limitaciones de tierra y espacio, así como las necesidades sanitarias. Al aire libre, la jardinería orgánica resulta sencilla porque todas las fuerzas de la naturaleza están ahí para ser aprovechadas. En interior, pocos fenómenos naturales son fáciles y gratuitos. Recuerda que tú eres la Madre Naturaleza y debes recrearlo todo. La naturaleza del cultivo de interior no conjuga con jardines orgánicos a largo plazo, pero se han aplicado algunas técnicas orgánicas con un éxito increíble.

La mayoría de los cultivos orgánicos de interior emplean tierra para macetas con un alto contenido en humus de lombriz, turba, arena, estiércol, mantillo, compost y caliza dolomita fina. En los contenedores hay poco espacio para poder hacer un suelo a base de mezclar todo tipo de compost y nutrientes orgánicos y dejar que se estabilicen. Aunque fuera posible producir suelo en un contenedor, llevaría meses de valioso tiempo de cultivo, y podría fomentar el desarrollo de insectos perjudiciales, hongos, etc. Es más fácil y seguro desechar el sustrato viejo y usado en el exterior e iniciar las plantas nuevas con tierra orgánica fresca.

Los nutrientes orgánicos, el estiércol, el humus de lombriz, la harina de sangre y de hueso, etc., funcionan muy bien a la hora de aumentar el contenido de nutrientes del sustrato, pero estos nutrientes se liberan y están disponibles a distintos ritmos. La disponibilidad de los nutrientes puede ser difícil de calcular, pero también resulta más difícil aplicar en exceso los abonos orgánicos. Los nutrientes orgánicos parecen estar disponibles de manera más consistente cuando se combinan unos con otros. Habitualmente, los cultivadores emplean una mezcla con alrededor del 20% de humus de lombriz con otros agentes orgánicos para obtener una fuerte base de nitrógeno que esté disponible fácilmente. Fertilizan con guano de murciélago, el superabono orgánico de floración, durante la etapa floral.

Los jardines de interior que utilizan camas o lechos elevados permiten aplicar métodos verdaderamente orgánicos. Los lechos elevados disponen de tierra suficiente para retener los nutrientes, promover la actividad orgánica y, si se manejan adecuadamente, asegurar un aporte constante de nutrientes. Los lechos elevados deben tener suficiente masa de tierra para producir calor y fomentar la actividad orgánica fundamental.

*Diversos abonos químicos comunes de la industria hidropónica.*

Los jardines orgánicos al aire libre son fáciles de implementar y mantener. El uso de tés de compost, diferentes tipos de estiércol, compost y otros productos que ocupan espacio y huelen fuerte resulta mucho más sencillo al aire libre.

## Tés orgánicos

Los tés orgánicos no sólo contienen nutrientes orgánicos solubles disueltos en agua, sino que constituyen un potente elixir que está cargado de microbios beneficiosos, los cuales combaten las plagas y enfermedades. Por ejemplo, un cuarto de cucharadita de té orgánico bien hecho contiene más de cien millones de bacterias y, como mínimo, cinco metros de hebras de hongos. Un buen té de compost también contiene miles de especies distintas de protozoos, nematodos y hongos micorriza.

Los organismos causantes de las enfermedades no pueden competir con las bacterias y los hongos beneficiosos. Las bacterias beneficiosas también trabajan para descomponer los residuos de las plantas y los materiales tóxicos, además de mejorar la estructura del suelo y su capacidad para retener agua.

Los mejores tés están hechos de compost bien descompuesto, porque contiene una compleja colección de microbios y nutrientes. Sólo tienes que cerciorarte de que la pila de compost se ha mantenido a 52 ºC durante un mínimo de tres días para asegurar que esté libre de la mayoría de las enfermedades. Normalmente, puedes comprar compost de calidad en los viveros locales. Si empleas estiércol, asegúrate de que esté descompuesto por completo.

Puedes preparar el té en un cubo de 19 L. Añade alrededor de 4 L de compost o estiércol descompuesto a 15 L de agua. Remueve bien y deja que la mezcla se asiente durante varios días. También puedes envolver el compost tamizado en una media de nailon y sumergir esta bolsa en el cubo. Para mezclar, simplemente remueve la media alrededor del cubo. Revuelve la mezcla suavemente varias veces al día para oxigenarla y eliminar los microbios del compost. Una cantidad adecuada de oxígeno mantiene fresco el preparado. Si empieza a oler mal, es que hay presencia de bacterias anaeróbicas. Añade agua fresca y remueve más a menudo. Las buenas bacterias aeróbicas se restablecerán tan pronto como dispongan del oxígeno suficiente.

## Tabla de nutrientes orgánicos

**Harina de alfalfa.** Tiene un 2,5% de nitrógeno, un 5% de fósforo y alrededor del 2% de potasa. Los cultivadores de exterior utilizan las balas de alfalfa para alimentar al ganado como abono de liberación lenta.

**Harina de sangre y de huesos.** Son magníficos abonos orgánicos, pero pueden transportar la enfermedad de las vacas locas y otras dolencias. No puedo recomendar estos productos de manera consistente.

**Sangre (seca o en harina).** Se recoge en los mataderos, se seca y se muele en polvo o harina. Está cargada de nitrógeno de acción rápida (12-15% al peso), y contiene alrededor de un 1,2% de fósforo y menos del 1% de potasa. Aplícala con cuidado porque resulta fácil quemar el follaje. Recomendamos evitar el uso de cualquier tipo de sangre seca o harina de sangre ya que podría llevar el mal de las vacas locas.

**Harina de huesos.** Es rico en fósforo y nitrógeno. La edad y el tipo de hueso determina el contenido nutricional de este producto pulverizado procedente de los mataderos. Los huesos más viejos tienen un mayor

*Una muestra de los numerosos fertilizantes que están disponibles para el cultivo de cannabis.*

contenido de fósforo que los huesos jóvenes. Emplea la harina de huesos junto a otros abonos orgánicos para obtener los mejores resultados. Su contenido en cal ayuda a reducir la acidez del suelo y actúa rápidamente en tierras bien aireadas. Recomendamos evitar el uso de cualquier harina de huesos que pudiera contener el mal de las vacas locas.

**Harina de huesos en crudo.** Contiene el 2-4% de nitrógeno y entre el 15 y el 25% de fósforo. Los ácidos grasos de la harina de huesos cruda retarda su descomposición. Recomendamos evitar el uso de cualquier harina de huesos que pudiera contener el mal de las vacas locas.

**Harina de huesos vaporizada o cocida.** Se elabora a partir de huesos frescos de animales, que se cuecen o vaporizan a presión para eliminar las grasas. El tratamiento a presión causa una ligera pérdida de nitrógeno y un incremento del fósforo. Los huesos vaporizados son fáciles de triturar para conseguir un polvo fino, y el proceso ayuda a que los nutrientes estén disponibles antes. Contiene hasta un 30% de fósforo y alrededor del 1,5% de nitrógeno. Cuanto más fina esté molida la harina de huesos, más rápidamente está disponible.

**Harina de semillas de algodón.** Es el subproducto de la extracción del aceite. Según el fabricante, prácticamente todos los residuos químicos de la producción comercial del algodón están disueltos en el aceite, y no se encuentran en la harina. Este fertilizante ácido contiene alrededor del 7% de nitrógeno, un 2,5% de fósforo y un 1,5% de potasa. Debería combinarse con harina de huesos vaporizada y algas para formar una mezcla equilibrada de abonos.

**Estiércol de pollo.** Rico en nitrógeno, fósforo, potasio y oligoelementos disponibles. Los cultivadores de interior prefieren adquirir el estiércol de pollo en bolsas, ya seco y compostado. Úsalo como abono de superficie o mézclalo con el sustrato antes de plantar. A menudo, el estiércol de pollo que se recoge de las granjas está lleno de plumas, las cuales contienen hasta un 17% de nitrógeno adicional. El contenido nutricional medio del estiércol fresco de pollo es: N – 1,5%, P – 1,5%, K – 0,5%; y ya seco: N – 4%, P – 4%, K – 1,5%. Ambos disponen de una gama amplia de microelementos.

**Posos de café.** Son ácidos y fomentan el desarrollo de bacterias acéticas en la tierra. Los posos de las cafeteras de goteo son los más ricos, y contienen un 2% de nitrógeno más o menos y restos de otros nutrientes. Añade los posos de café a la pila de compost o espárcelos sobre el sustrato y cultiva la superficie para incorporarlos. Pero úsalos con moderación ya que son muy ácidos.

**Té de compost.** Para muchos jardineros orgánicos, es su única fuente de fertilizantes. La consuelda está cargada de nutrientes, y muchos jardineros la cultivan sólo para hacer té de compost.

**Estiércol de vaca.** Se vende como estiércol de novillo pero suele recogerse del ganado de granja. Los jardineros han usado el estiércol de vaca durante siglos, esto ha llevado a la creencia de que es un buen fertilizante y una buena enmienda para la tierra. El estiércol de novillo es más valioso como acolchado y para mejorar la tierra. Retiene bien el agua y mantiene su fertilidad durante mucho tiempo. El valor nutricional es bajo, y no debería considerarse una fuente principal de nitrógeno. El contenido medio de nutrientes del estiércol de vaca es: N – 0,6%, P – 0,3%, K – 0,3% y un espectro completo de microelementos. Aplicar entre 12 y 15 kilos por metro cuadrado.

**Tierra diatomácea.** Los restos fosilizados de esqueletos de diátomos, tanto de agua dulce como de agua salada, contienen una gama completa de oligoelementos, y es un buen insecticida. Aplícalos a la tierra cuando labres o como abono de superficie.

**Caliza dolomita.** Ajusta el equilibrio del pH y hace que los fosfatos estén más disponibles. En general, se aplica para *dulcificar* o reducir la acidez del sustrato. Esta compuesta de calcio y magnesio, los cuales aparecen a veces como nutrientes primarios, aunque normalmente son mencionados como nutrientes secundarios.

**Plumas y harina de plumas.** Contienen entre el 12 y el 15% de nitrógeno de liberación lenta. Las plumas que se incluyen en el estiércol de pollo procedente de granjas o mataderos son excelentes para añadirlas a la pila de compost o como abono. Las plumas se vaporizan a presión, se secan y se muelen hasta conseguir harina de plumas en polvo. La harina de plumas contiene alrededor del 12,5% de nitrógeno de liberación lenta.

**Harina de pescado.** Se elabora a partir de pescado seco molido. Es rica en nitrógeno (alrededor del 8%) y contiene, más o menos, un 7% de ácido fosfórico y muchos oligoelementos. Tiene un olor desagradable, lo cual hace que los cultivadores de interior eviten su uso. Es un gran activador del compost. Aplícalo como abono de superficie de acción rápida. Para ayudar a controlar el olor, cultívalo para que se incorpore al sustrato o cúbrelo con una capa de acolchado después de extenderlo. Consérvalo siempre en un envase hermético para que no atraiga a gatos, perros o moscas. La harina de pescado y la emulsión de pescado pueden contener hasta el 10% de nitrógeno. Generalmente, el líquido contiene menos nitrógeno que la harina. Incluso cuando ha sido desodorizado, el líquido tiene un olor desagradable.

**Emulsión de pescado.** Es un líquido soluble que resulta barato. Tiene un alto contenido en nitrógeno orgánico, oligoelementos y algo de fósforo y potasio. Este fertilizante natural es difícil de aplicar en exceso, y está disponible de manera inmediata para las plantas. Aunque esté desodorizada, la emulsión de pescado huele a pescado muerto. La potasa inorgánica que añaden algunos fabricantes a la emulsión de pescado hace que el producto sea semiorgánico.

**Estiércol de cabra.** Es muy similar al estiércol de caballo, pero más potente. Composta este estiércol y úsalo como si se tratara de estiércol de caballo.

**Polvo o harina de granito.** Contiene hasta un 5% de potasa y varios microelementos. Al liberar los nutrientes con lentitud, a lo largo de varios años, el polvo de granito constituye una fuente económica de potasa y no afecta al pH de la tierra. No se recomienda en interior debido a su acción lenta.

**Arena de glaucomita.** Se trata de un silicato de hierro y potasio que tiñe de verde los minerales en los cuales se encuentra. Se extrae mediante minería en Nueva Jersey (EE.UU.), de antiguos depósitos de conchas y material orgánico rico en hierro, fósforo y potasa (entre el 5 y el 7 por ciento) procedentes de lechos marinos. Aunque también contiene numerosos oligoelementos, algunos cultivadores orgánicos no usan arena de glaucomita porque es un recurso limitado. Este abono libera lentamente sus tesoros en un periodo de cuatro años: demasiado tiempo para jardines de interior.

**Guano (murciélago).** Consiste en excrementos y restos de murciélagos. Es rico en nitrógeno soluble, fósforo y microelementos. La escasez de este

fertilizante, conocido como el superabono orgánico soluble para floración, lo encarece. Se extrae de cuevas protegidas, donde el guano se seca con una descomposición mínima. El guano de murciélago puede tener miles de años. Los depósitos más recientes contienen niveles altos de nitrógeno y pueden quemar el follaje si se aplica demasiado. Los depósitos más viejos tienen un alto contenido en fósforo y son excelentes como abono de floración. El guano de murciélago suele ser polvoriento y se utiliza durante todo el año como abono de superficie o diluido en un té. No respires el polvo cuando lo uses, ya que puede causar náuseas e irritación.

*El guano de murciélago se ha convertido en el superabono orgánico de floración.*

**Guano (aves marinas).** Es rico en nitrógeno y otros nutrientes. La Corriente de Humboldt, a lo largo de la costa de Perú y el norte de Chile, evita que llueva, y la descomposición del guano es mínima. El guano de Sudamérica es el mejor del mundo. Se raspa de las rocas en las áridas islas oceánicas. El guano también se recoge en muchas costas del mundo, así que su contenido nutricional varía.

**Yeso** (sulfato de calcio hidratado). Se emplea para bajar el pH de la tierra, y mejora el drenaje y la aireación. También se usa para retener o ralentizar la rápida descomposición del nitrógeno. Rara vez se utiliza en interior.

**Harina de cuerno y de pezuña.** Es una fuente excelente de nitrógeno de liberación lenta. La harina de cuerno, molida finamente, hace que el nitrógeno esté disponible antes y da pocos problemas con las larvas de mosca. Las bacterias del suelo tienen que descomponerla antes de que esté disponible para las raíces. Aplícala de dos a tres semanas antes de plantar. Permanece en el suelo durante seis meses o más. La harina de cuerno y de pezuña contiene del 6 al 15% de nitrógeno, y alrededor del 2% de ácido fosfórico. Recomendamos que se evite cualquier sangre o harina de huesos que pueda transmitir el mal de las vacas locas.

**Estiércol de caballo.** Se puede conseguir fácilmente de los establos e hipódromos. Utiliza estiércol que contenga paja o turba ya que las virutas de madera podrían ser una fuente de enfermedades para las plantas. Composta el estiércol de caballo durante dos meses o más antes de añadirlo al jardín. El proceso de compostaje mata las semillas de las malas hierbas y hace un mejor uso de los nutrientes. Los lechos de paja suelen utilizar gran parte del nitrógeno disponible. El contenido nutricional del estiércol de caballo es: N – 0,6%, P – 0,6%, K – 0,4%, y un amplio espectro de oligoelementos.

**Quelpo.** Es lo máximo en microelementos. El quelpo debe ser de color verde oscuro, estar fresco y oler a mar. Las algas contienen entre 60 y 70 minerales que ya están quelatados (en una forma soluble en agua y móvil dentro del suelo). Comprueba el etiquetado para asegurarte de que estén disponibles todos los elementos. Véase «Algas» más adelante.

**Conchas de ostras.** Se suelen moler para emplearlas como fuente de calcio en las granjas avícolas. Contienen hasta el 55% de calcio y restos de muchos otros nutrientes, que son liberados lentamente. Su uso no resulta práctico en interior porque tarda demasiado en descomponerse.

**Ceniza de papel.** Contienen alrededor de un 5% de fósforo y más del 2% de potasa. Es un excelente abono soluble en agua, pero no debe aplicarse en grandes dosis porque el pH es bastante alto. La ceniza de papel, además, puede estar llena de tintes tóxicos.

**Estiércol de paloma.** Tiene una concentración elevada de nitrógeno, pero es difícil de encontrar. Puede usarse de la misma forma que el estiércol de pollo.

**Estiércol de conejo.** También es un abono excelente, pero puede ser difícil encontrarlo en grandes cantidades. Utiliza el estiércol de conejo de la misma forma que el de pollo o el de paloma. Según John McPartland, los excrementos de conejo son los mejores. ¡Los conejos al poder!

**Roca de potasa.** Proporciona hasta un 8% de potasio y puede contener muchos oligoelementos. Se libera demasiado lento para resultar práctico en interior.

**Fosfato de roca** (duro). Se trata de una roca de fosfato con base de calcio o caliza que se muele finamente hasta alcanzar la consistencia del polvo de talco. El polvo de roca contiene más del 30% de fosfato y una gran variedad de oligoelementos, pero su disponibilidad es muy lenta.

**Fosfato coloidal** (en polvo o blando). Es un depósito de fosfato de arcilla natural que contiene más del 20% de fósforo ($P_2O_5$), calcio y muchos oligoelementos. Sólo produce un 2% de su peso en fosfato durante los primeros meses.

**Harina de algas** y/o harina de quelpo. Las algas se toman del océano o se recogen en las playas; se les lava el agua salada; y, luego, son secadas y molidas en forma de harina polvorienta. Esta harina está repleta de potasio (potasa), numerosos oligoelementos, vitaminas, aminoácidos y hormonas vegetales. El contenido de nutrientes varía en función del tipo de quelpo y sus condiciones de crecimiento. La harina de algas es asimilada fácilmente por las plantas, y contribuye a la vida del suelo, así como a su estructura y a la fijación del nitrógeno. Además, puede contribuir a la resistencia de la planta frente a muchas enfermedades y a que soporte heladas suaves. La harina de quelpo también reduce el estrés del trasplante.

**Algas** (en líquido). Contienen nitrógeno, fósforo, potasa y todos los oligoelementos necesarios en forma de quelatos, además de hormonas vegetales. Aplica una solución diluida al sustrato para remediar rápidamente las deficiencias de nutrientes. Las algas en líquido también son ideales para remojar las semillas y sumergir los esquejes y las raíces desnudas antes de plantar.

**Estiércol de oveja.** Es rico en nutrientes y sirve para hacer un té estupendo. El contenido medio es: N – 0,8%, P – 0,5%, K – 0,4% y una amplia gama de microelementos. El estiércol de oveja contiene poco agua y gran cantidad de aire. Se calienta con rapidez en la pila de compost. Los estiércoles de vaca y de cerdo son fríos porque retienen mucha agua, y pueden compactarse fácilmente, haciendo salir el aire.

**Restos de gambas y cangrejos.** Contienen niveles de fósforo relativamente altos.

**Sulfato de potasa.** Normalmente, se produce químicamente, tratando los polvos de roca con ácido sulfúrico, pero hay una empresa, Great Salt Lake Minerals and Chemicals Company, que produce una forma natural concentrada. El sulfato de potasa se extrae del Gran Lago Salado (Great Salt Lake), en Norteamérica.

**Estiércol de cerdo.** Tiene un alto contenido de nutrientes, pero su acción es más lenta y humectante (más anaeróbica) que el estiércol de vaca o el de caballo. El contenido medio de nutrientes del estiércol de cerdo es: N – 0,6%, P – 0,6%, K – 0,4% y una gama amplia de oligoelementos.

**Cenizas de madera** (árboles de hoja ancha). Aportan hasta un 10% de potasa, mientras que las cenizas de madera procedente de las coníferas contienen alrededor del 5%. La potasa se lixivia rápidamente. Recoge la ceniza poco después de que haya terminado de arder la madera y guárdala en un lugar seco. Aplícala mezclada con otros abonos en una proporción de un cuarto de taza por cada maceta de 11 litros. La potasa se arrastra con facilidad de la ceniza de madera, y puede hacer que la tierra se compacte y se adhiera. Evita el uso de cenizas de madera alcalinas en suelos con un pH superior a 6,5.

**Humus de lombriz.** Está compuesto por humus digerido y excretado, así como por otras materias orgánicas (en descomposición), que contienen diversas cantidades de nitrógeno además de muchos otros elementos. Se trata de una fuente excelente de nitrógeno soluble y no abrasivo, y también es una magnífica enmienda que fomenta la fertilidad y la estructura del suelo. Al mezclarlo con la tierra para macetas, se forma una mezcla rica y fértil. El humus de lombriz puro parece polvo grueso de grafito y es pesado y denso. No añadas más de un 20% de humus de lombriz a la mezcla; pesa tanto que el crecimiento de las raíces puede verse frenado. El humus de lombriz es muy popular y resulta fácil de conseguir en viveros comerciales.

Nota: Puede haber grandes variaciones en los nutrientes de los abonos orgánicos, dependiendo del origen, el envejecimiento, la erosión, el clima, etc. Para conocer el contenido nutricional exacto, consulta las especificaciones que proporciona el vendedor.

Diluye el té en agua empleando una proporción de 1 a 5. Añade más agua al mismo cubo, y continúa elaborando 3 ó 4 cargas de té antes de empezar con una mezcla nueva.

Mejora el té agitando suavemente la sopa para oxigenarla. Esto hará que el té se fortalezca, y aumentará el número de microbios entre 10 y 100 veces respecto al té de compost normal. En *The Compost Tea Brewing Manual*, el Dr. Elaine R. Ingham, de Soil Foodweb Inc., compara algunos

Llena una media de nailon con compost bien descompuesto y tamizado, y sumérgela en un cubo durante unos días para elaborar un potente abono y un elixir para plantas.

depósitos comerciales para preparar té, incluyendo un biomezclador disponible en tamaño de 19, 380 y 1.900 litros. El libro incluye recetas para elaborar té con un alto contenido en bacterias y hongos como los micorriza. Puedes echarle un vistazo a los depósitos para hacer té de compost de calidad superior en www.soilsoup.com.

## Cómo mezclar fertilizantes

Lee siempre todo el etiquetado y sigue las instrucciones. A la hora de mezclar, disuelve el polvo y los cristales en un poco de agua templada y asegúrate de que estén totalmente disueltos antes de añadir el resto del agua, procurando que no esté fría. Esto asegura que el fertilizante y el agua se mezclen uniformemente. Los abonos líquidos pueden mezclarse directamente con agua.

Los contenedores tienen muy poco medio de cultivo en el que retener los nutrientes, y la acumulación tóxica de sales puede llegar a ser un problema. Sigue las instrucciones de dosificación al pie de la letra. Añadir demasiado abono no hará que las plantas crezcan más rápido. Podría alterarse el equilibrio químico, lo cual llevaría a aportar demasiada cantidad de un nutriente o a bloquear otros nutrientes, haciendo que las plantas no puedan absorberlos.

## Aplicación de los fertilizantes

Algunas variedades pueden tomar grandes dosis de nutrientes, y otras razas crecen mejor con un mínimo de fertilización añadida. Consulta la tabla de

Para tener una idea de qué variedades necesitan poco o mucho abono, pregunté a Alan, de Sensi Seeds, y a Henk, de Dutch Passion, por sus pensamientos al respecto. Si quieres aprender exactamente la mejor manera de fertilizar variedades específicas, puede que necesites contactar con la empresa que te vendió las semillas.

Comienza con una EC de 1,6 y ve aumentándola según sea necesario. La máxima absoluta de EC es 2,3.

### Variedades que requieren dosis altas de fertilizantes:

Todas las plantas *indica*, con la posible excepción de Hindu Kush (una raza pura, con menos vigor que las plantas *indica* híbridas y no tan hambrienta de nutrientes). En este caso, más fertilizante quiere decir emplear la dosis más alta recomendada, no excederla.

Twilight, Green Spirit, Khola, Hollands Hope.

Passion #1 y Shaman dentro de un rango de EC entre 1,6 y 2,3.

### Variedades que requieren dosis medias de fertilizante:

Skunk #1, Trance, Voodoo, Sacra Frasca, Cal. Orange, Delta 9, Skunk Passion.

Blueberry, Durban Poison, Purple #1, Purple Star, Skunk #1, Super Haze, Ultra Skunk, Orange Bud, White Widow, Power Plant y Euforia dentro de un rango de EC entre 1,6 y 2,3.

### Variedades que requieren dosis bajas de fertilizante:

Todos los híbridos *sativa*, excepto Silver Pearl, Marley's Collie y Fruity Juice (híbridos *sativa* pero con un patrón pesado de floración, con dominancia *indica*). En este caso, menos fertilizante quiere decir usar la dosis más baja recomendada. Northern Lights #5 x Haze es de cogollos más abiertos en su patrón de crecimiento, pero tiene mucho volumen floral al peso, de forma que puede necesitar unos niveles de nutrientes entre normales y ligeramente elevados.

Isis, Flo, Dolce Vita, Dreamweaver.

Masterkush, Oasis, Skywalker y Hempstar dentro de un rango de EC entre 1,6 y 2,3. Mazar necesita una EC más alta entre las semanas tercera y quinta para prevenir que amarilleen prematuramente las hojas.

la izquierda, donde encontrarás recomendaciones para fertilizar algunas variedades. Muchos programas de abonado se aumentan con distintos aditivos que estimulan la absorción de los nutrientes.

Determina si las plantas necesitan ser abonadas mediante inspecciones visuales, realizando análisis N-P-K del sustrato o experimentando con plantas de prueba. Independientemente del método que utilices, recuerda que las plantas que están en contenedores pequeños usan los nutrientes disponibles en poco tiempo, y necesitan ser abonadas con frecuencia; mientras que las plantas que están en contenedores grandes disponen de más tierra, de mayores aportes de nutrientes, y pueden pasar más tiempo entre una y otra fertilización.

En cuanto a la inspección visual, si las plantas están creciendo bien y tienen hojas sanas de un verde profundo, es probable que dispongan de todos los nutrientes necesarios. En el momento que el crecimiento se ralentice o las hojas empiecen a

*Utiliza siempre un vaso medidor exacto.*

*Las hojas pálidas significan que esta planta dispone de poco nitrógeno y necesita ser alimentada con un fertilizante de uso general.*

## APPLICATION CHART FLORA-SERIES

### For all growing methods : hydroponics and soil
### In soil use 1/2 strength and apply every other watering

| Week | 18 hours of light | | | 12 hours of light | | | | | | | |
|---|---|---|---|---|---|---|---|---|---|---|---|
| | 1 | 2 | 3 | 4 | 5 | 6 | 7 | 8 | 9 | 10 | ... |
| | Cuttings | | Veg. | Flowering | | | | | | | |
| FloraGro* | 0,25 | 0,25 | 0,5 | 1,5 | 1,5 | 0,5 | 0,5 | 0,5 | 0,5 | | |
| FloraMicro* | 0,25 | 0,5 | 0,5 | 1 | 1 | 1 | 1 | 1 | 1 | | |
| FloraBloom* | 0,25 | 0,25 | 0,5 | 0,5 | 0,5 | 1,5 | 1,5 | 1,5 | 1,5 | | |
| Bio Roots | 2 ml / 10 l | | | Roots activator | | | | | | | |
| Bio Protect* | | 5 | | | 5 | | | 5 | | Immune system activator (Foliar spray, once a week) | |
| Bio Bloom | | | | | | 2 ml / 10 l | | | | Flowering activator | |
| Diamond Nectar* | | | | 2 | | Strengthens the root system Improves the plant's general health | | | | | |
| Mineral Magic | | | | Increases the resistance to insects and disease (dosage : see label) | | | | | | | |
| Ripen | | | | | | | 10 last days for faster flowering | | | 4 - 5 | |

*Dosage in ml/l    Note : week 10 and more : depends on the plant's variety
Adjust your water's pH level regularly.    You will find more details on your labels

*General Hydroponics da a los cultivadores instrucciones específicas para el uso de sus fertilizantes y aditivos.*

volverse de color verde pálido, ha llegado el momento de abonar. No confundir las hojas amarillas causadas por la falta de luz con las hojas amarillas provocadas por una carencia de nutrientes.

Realizar un análisis N-P-K del sustrato revela la cantidad exacta de cada nutriente principal que está disponible para la planta. Los kits de pruebas mezclan una muestra de tierra con un agente químico. Una vez que la tierra se ha asentado, se toma una lectura a partir del color del líquido, comparándolo con una tabla de colores. A continuación, se añade el porcentaje adecuado de fertilizante. Este método es exacto, pero también laborioso.

Experimentar con dos o tres plantas de prueba es la mejor forma de ganar experiencia y desarrollar habilidades horticultoras. Los clones son perfectos para este tipo de experimentos. Añade fertilizante a las plantas de prueba y observa si reverdecen y crecen más rápido. Deberías poder apreciar un cambio en tres o cuatro días. Si resulta bueno para una planta, debería ser bueno para todas.

Ya se ha determinado que las plantas necesitan abono. ¿Cuánto? La respuesta es sencilla. Mezcla el fertilizante según las instrucciones y riega como de costumbre, o diluye el fertilizante y aplícalo más

a menudo. Muchos abonos líquidos ya están muy diluidos. Considera la opción de emplear fertilizantes más concentrados siempre que sea posible. Recuerda que las plantas pequeñas aprovechan mucha menos cantidad de fertilizante que las grandes. Abona a primera hora de la mañana para que las plantas tengan todo el día para absorber y procesar el fertilizante.

Resulta difícil explicar en pocas palabras con qué frecuencia hay que aplicar todos los fertilizantes. Sabemos que las plantas crecidas usan más nutrientes que las plantas pequeñas. Cuanto más a menudo se aplica fertilizante, menos concentrado debería estar. La frecuencia de fertilización y la dosificación son dos de los temas que más desacuerdos suscitan entre los cultivadores. La marihuana de interior en macetas puede dar mucho de sí. Algunas variedades absorben cantidades asombrosas de fertilizante y crecen bien. Muchos cultivadores añaden hasta una cucharada sopera de abono 20-20-20 por cada cuatro litros de agua en cada riego. Esto funciona mejor en medios de cultivo que drenan con soltura y son fáciles de lixiviar. Otros cultivadores sólo emplean tierra orgánica y rica para macetas. No se aplica ningún fertilizante adicional hasta que se necesita una fórmula específica para la floración.

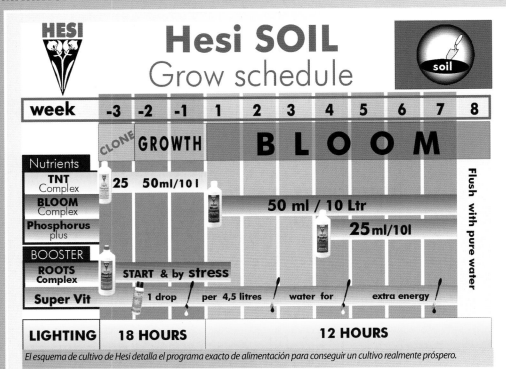

# Hesi SOIL
## Grow schedule

**soil**

| week | -3 | -2 | -1 | 1 | 2 | 3 | 4 | 5 | 6 | 7 | 8 |
|------|----|----|----|---|---|---|---|---|---|---|---|
| | CLONE | GROWTH | | | B L O O M | | | | | | |

**Nutrients**

| | | | | |
|---|---|---|---|---|
| **TNT** Complex | 25 | 50ml/10 l | | |
| **BLOOM** Complex | | | 50 ml / 10 Ltr | |
| **Phosphorus** plus | | | 25ml/10l | |

**BOOSTER**

| **ROOTS** Complex | START & by stress |
| **Super Vit** | 1 drop per 4,5 litres water for extra energy |

Flush with pure water

| **LIGHTING** | **18 HOURS** | **12 HOURS** |

*El esquema de cultivo de Hesi detalla el programa exacto de alimentación para conseguir un cultivo realmente próspero.*

*Esta planta Haze es hipersensible al fertilizante. Las hojas se curvan con una ligera sobredosis.*

Fertilizar plantas que están en suelo es mucho más sencillo que fertilizar plantas en macetas. En la tierra al aire libre, las raíces pueden hallar muchos nutrientes, y la fertilización no es tan crítica. Hay varias maneras de aplicar abonos químicos. Puedes hacer un abonado de superficie sobre el terreno aplicando el fertilizante de manera uniforme por toda el área. Puedes abonar

*Todas las hojas de esta imagen son de la misma planta. Todas las hojas muestran signos de sobrefertilización.*

aplicando el fertilizante alrededor de la base de las plantas. Puedes alimentar las plantas a través de las hojas, rociando una solución de fertilizante líquido sobre el follaje. El método que elijas dependerá del tipo de fertilizante, las necesidades de las plantas y la conveniencia de cada método.

Cuando se emplean fertilizantes sintéticos, es extremadamente importante leer la etiqueta con cuidado, y seguir las instrucciones. Las iniciales «WSN» y «WIN» (en inglés), que pueden verse en algún etiquetado, distinguen el nitrógeno soluble en agua (*water-soluble nitrogen*) del nitrógeno insoluble en agua (*water-insoluble nitrogen*). El WSN se disuelve enseguida, y está considerado como una fuente de nitrógeno de liberación rápida. El WIN no se disuelve fácilmente. Suele tratarse de una forma orgánica de nitrógeno, y se toma como fuente de nitrógeno de liberación lenta.

Utiliza un aplicador de sifón, disponible en la mayoría de los viveros, para mezclar los fertilizantes solubles con agua. El aplicador está simplemente conectado al grifo, con el sifón sumergido en la solución concentrada de fertilizante, y la manguera está conectada al otro extremo. A menudo, los aplicadores se ajustan a una proporción de 1 a 15. Esto quiere decir que cada unidad de fertilizante líquido concentrado se mezcla con 15 unidades de agua. Se necesita un flujo de agua suficiente para que la succión funcione adecuadamente. Las boquillas para rociar restringen este flujo. Cuando se abre el grifo del agua, el fertilizante se introduce en el sistema mediante el sifón y fluye por la manguera. El fertilizante suele aplicarse con cada riego, ya que sólo se añade un porcentaje pequeño de abono.

Un cubo de basura que dispone de un aplique de manguera de jardín en la base y se coloca a 90-120 cm del suelo actuará como fuente de flujo gravitatorio para la solución de fertilizante. El contenedor se llena con agua y abono.

En lo que respecta a la fertilización, la experiencia con variedades específicas y sistemas de cultivo enseña más a los cultivadores que cualquier otra cosa. Hay cientos de mezclas de N-P-K, ¡y todas funcionan! Cuando elijas un fertilizante, asegúrate de leer toda la etiqueta para saber qué se supone que hace ese fertilizante. No temas preguntar al dependiente o ponerte en contacto con el fabricante para exponerle tus dudas.

Una vez que tengas una idea acerca de con qué frecuencia abonar, establece un plan regular de alimentación para todo el jardín. Estos planes suelen funcionar muy bien, pero deben combinarse con una mirada atenta que vigile la aparición de indicios de sobrefertilización o de carencias de nutrientes.

*Rocía el follaje desde abajo para que la pulverización pueda penetrar en los estomas localizados en el envés de las hojas.*

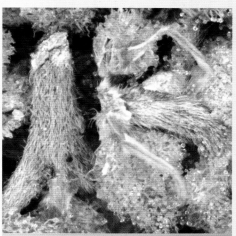

*Las hojas y los tallos tienen pelos cistolíticos y cerosos, que actúan como las plumas de los patos y expulsan el agua.*

**Los estomas se cierran cuando hay:**
Demasiado $CO_2$
Humedad baja
Un sistema de raíces seco

**Los estomas se abren cuando hay:**
Mucha luz
Poco $CO_2$
Humedad alta

*Agente humectante Earth Juice.*

Cada mes, lixivia la tierra con uno o dos litros de una solución suave de nutrientes por cada litro de sustrato. Ésta es la mejor forma de mantenimiento preventivo contra la acumulación tóxica de sales en el sustrato.

## Alimentación foliar

Abonar por vía foliar quiere decir rociar los nutrientes o los bioestimuladores sobre el follaje de forma que aumente la cantidad disponible de nutrientes, vitaminas, hormonas, etc. Elegir el momento adecuado es clave para conseguir la mejor cobertura y absorción.

La superficie cerosa (cutícula) que cubre el follaje del cannabis hace que su capacidad para absorber agua sea muy pobre. Esta barrera protege frente a los ataques de las plagas y enfermedades, pero también dificulta la penetración de las pulverizaciones.

Las hojas jóvenes son más permeables que las hojas más viejas. Los nutrientes y los aditivos penetran en las hojas inmaduras con más rapidez que en las hojas más viejas y endurecidas, y son más fáciles de dañar con las soluciones fuertes.

Alimenta por vía foliar las plantas de cannabis sólo cuando se manifiesten síntomas de una deficiencia específica. La alimentación foliar es sólo un remedio rápido, y resulta fácil pasarse. Los niveles altos de nutrientes en el follaje hacen que las raíces dejen de absorber; esto es confuso para la planta. Las pulverizaciones foliares pueden acumularse en el follaje. No rocíes las plantas más de una vez cada 10 días, y mantén la concentración de la solución por debajo de 500 ppm, o con una EC inferior a 1,0.

## Difusores y adhesivos

Los cultivadores listos usan sustancias (adyuvantes) de acción superficial que mejoran la efectividad de la fertilización foliar.

Los **difusores** (agentes humectantes) reducen la tensión superficial de la solución y, al pulverizar, evitan que ésta quede sobre la hoja y acabe resbalando. Las gotas grandes y redondeadas en las hojas quieren decir que necesitas emplear un agente difusor. Las gotas planas que se deslizan por el follaje indican que hay demasiado agente humectante. Existen difusores aniónicos, antiónicos y catiónicos. Los difusores aniónicos, que no ionizan el agua, son los más comunes y no reaccionan con los pesticidas. Los difusores antiónicos y catiónicos no suelen usarse.

Los **adhesivos** ayudan a que la solución se fije a la hoja una vez pulverizada, de forma que no sea arrastrada cuando llueva o se forme rocío. Los adhesivos no sólo aumentan la fijación, sino que también reducen la evaporación y aportan una cubierta impermeable. Algunos adhesivos son difusores al mismo tiempo. Los difusores adhesivos permiten que la solución penetre en los estomas.

Los **extensores** (agentes estabilizadores) protegen las soluciones pulverizadas contra la radiación UV y el calor, los cuales degradan los compuestos.

Los jabones y detergentes, líquidos o en polvo, también actúan como agentes humectantes. Sin embargo, no son tan efectivos como los que se emplean en la horticultura. Los agentes biodegradables son los que desaparecen antes. Los de silicona son, a su vez, insecticidas suaves que frenan las funciones vitales de las plagas.

La concentración de las pulverizaciones foliares es acumulativa. Los nutrientes aportados a través del follaje pueden causar, de forma similar a lo que sucede en el suelo, una acumulación de sales tanto en las hojas como alrededor de ellas.

La sobrefertilización puede llegar a ser uno de los mayores problemas para los cultivadores de interior. Un exceso de fertilizante provoca que los nutrientes (sales) se acumulen hasta alcanzar niveles tóxicos, alterándose la química del suelo. Cuando se sobrefertiliza, el crecimiento es rápido y lustroso hasta que se alcanzan niveles tóxicos. Llegados a este punto, las cosas se complican.

La posibilidad de sobrefertilización es mayor en cantidades pequeñas de sustrato, las cuales sólo pueden retener una pequeña cantidad de nutrientes. Una maceta o un arriate, si son de gran tamaño, pueden dar cabida a mucha más tierra y nutrientes, pero llevará más tiempo lixiviarlos en caso de sobrefertilización. Es muy fácil añadir demasiado abono en contenedores pequeños. Los contenedores grandes tienen una buena capacidad para retener nutrientes.

Para tratar las plantas sobrefertilizadas, lava la tierra con dos litros de solución nutriente diluida por cada litro de sustrato; de esta forma, se arrastrará el exceso de nutrientes. Las plantas deberían empezar a crecer de nuevo y a tener mejor aspecto en una semana. Si el problema es grave y las hojas están rizadas, puede que haya que lixiviar el sustrato varias veces. Una vez que las plantas hayan retomado el crecimiento normal, aplica la solución diluida de fertilizante.

## Aditivos

Durante los últimos años, han aparecido numerosos aditivos o suplementos de cultivo en el mercado. Por lo general, estos aditivos contienen un cóctel a base de los elementos que aparecen a continuación. La mayoría de los aditivos provienen de la industria de los invernaderos o han sido desarrollados para los cultivadores orgánicos. Muchos de estos aditivos cumplen con su cometido y funcionan rápidamente; sin embargo, al hacer un cultivo corto, de ocho a diez semanas, algunos de estos aditivos no tienen tiempo de realizar su función adecuadamente si se añaden cuando se acerca el fin del ciclo de floración.

La siguiente lista te dará una idea de cuáles son los aditivos específicos y de cómo se emplean.

### Ácido absícico (ABA)

El ácido absícico es una hormona natural que asiste a la planta en su adaptación a las circunstancias ambientales de estrés, como pueden ser la sequía o las temperaturas frías.

### Cómo obtener los mejores resultados al pulverizar

**1.** Rocía la base de las hojas. Pulveriza en forma de neblina para que no se formen gotas sobre las hojas. Esta neblina se ve atraída eléctricamente por el follaje. Incluso las plantas jóvenes de marihuana tienen pelos cerosos que frenan la penetración de los líquidos.

**2.** No pulverices sobre plantas que estén calientes o cuando la atmósfera esté demasiado seca. Rocía cuando haya poca luz, ya sea antes de que se apaguen las luces o justo antes de que se enciendan. Si hay que pulverizar en condiciones calurosas, empieza rociándolo todo con agua limpia hasta que baje la temperatura tanto de la habitación como del follaje. Entonces, aplica la solución. Pulverizar cuando el follaje de las plantas está caliente provoca que la solución se cristalice sobre la superficie, lo cual detiene la penetración. Pulverizar con agua 10 minutos después suele incrementar la penetración. Los nutrientes móviles se mueven libremente dentro de la planta. Los nutrientes inmóviles se desplazan con dificultad pero, una vez depositados, se quedan fijos.

**3.** Aplica los nutrientes móviles en cantidades escasas. Los nutrientes inmóviles -azufre, boro, cobre, hierro, manganeso, molibdeno y zinc- suelen requerir dos o tres aplicaciones. El calcio y el boro no son buenos candidatos para la alimentación foliar porque les cuesta translocalizarse. Por el contrario, el nitrógeno en forma de urea penetra casi al instante en las hojas cuando se aplica pulverizado en condiciones de humedad alta. Ten cuidado cuando rocíes fertilizantes con base de urea, y mantenlos diluidos. La urea también aporta otros nutrientes y funciona bien como base para la mezcla. La alimentación por vía foliar debería dejarse ver en la planta en menos de una semana. Puede que resulte necesario llevar a cabo una segunda aplicación al final de la semana para asegurar la eficacia del tratamiento.

**4.** El boro, el calcio y el hierro se mueven despacio durante la floración. Una dosis foliar suplementaria suele acelerar el crecimiento cuando éste se ralentiza. Una pulverización foliar de potasio también puede ayudar durante la floración, especialmente si las temperaturas caen por debajo de 10 °C o si superan los 25 °C.

**5.** Rocía siempre el crecimiento nuevo. La capa fina y cerosa, junto a la escasez de tricomas, permiten una buena penetración.

**6.** Mide el pH de la solución y mantenlo entre 7,0 y 8,5. El fosfato de potasio ($K_2HPO_4$) se vuelve fitotóxico cuando el pH es inferior a 4,0 ó superior a 8,5. Los estomas se cierran si el pH se encuentra en estos niveles.

**7.** Emplea un agente humectante con todas las pulverizaciones, y aplícalo conforme a las instrucciones del etiquetado.

**8.** Añade la cantidad justa de agente humectante para que no se formen gotas en las hojas. Una vez formadas, las gotas ruedan hasta caer del follaje, haciendo que la aplicación no sea efectiva.

**9.** Detén la aplicación antes de que se formen gotas en las hojas. Realiza una prueba sobre un espejo para asegurarte de que la rociada es uniforme y no da lugar a gotas que puedan deslizarse por el espejo.

**10.** Nebuliza la solución de manera tan fina como sea posible para minimizar el tamaño de las gotas.

*Emplea un agente difusor o adhesivo para evitar que las gotas pulverizadas reboten en el follaje.*

Durante el invierno, el ABA convierte las hojas en escamas duras que cubren el meristemo, protegiéndolo de los daños producidos por el frío o por la deshidratación. En caso de que se presente una primavera temprana, el ABA también prolonga el periodo de latencia, evitando brotes prematuros que podrían ser dañados por las heladas.

El uso de ABA en el jardín puede mejorar la resistencia de las plantas frente a la sequía y otras condiciones adversas, así como mejorar su comportamiento, su productividad y su fortaleza.

## Ácido ascórbico (Vitamina C)

Se piensa que la vitamina C hace que se desarrollen cogollos más duros y con un peso mayor, y que actúa como antioxidante. Suele combinarse con fructosa, melazas o azúcar, y se añade a la solución nutriente durante las dos últimas semanas antes de la cosecha. Sin embargo, algunos botánicos creen que aunque la vitamina C es muy importante para combatir los radicales libres que se crean como subproducto de la fotosíntesis, las plantas elaboran su propia vitamina C, así que no están dispuestos a reconocer ningún beneficio derivado de añadirla a la mezcla de nutrientes.

## Aspirina

El ácido salicílico es una hormona vegetal, asociada al sauce, que se produce naturalmente. Es efectiva en la prevención frente a elementos patógenos debido a que acelera la llamada *resistencia sistémica adquirida* (SAR), por lo que se reduce la necesidad de pesticidas. El ácido salicílico (AS) bloquea el ácido absícico (ABA), permitiendo que la planta vuelva a la normalidad tras un periodo de estrés; algo a tener en cuenta si se está usando ABA para fortalecer las plantas.

La aspirina puede utilizarse en pulverización, en remojo o añadiéndola al compost y a los compuestos de enraizamiento. Una solución de 1:10.000, empleada en pulverización, estimula la respuesta SAR, y sus efectos se prolongan durante semanas e incluso meses. El *agua de sauce* también es popular como baño para estimular el enraizamiento.

## Auxinas

Las auxinas representan un grupo de hormonas vegetales que regulan el crecimiento y el fototropismo. Están asociadas a la elongación de las células de las plantas que hacen que las ramas crezcan verticalmente, inhibiendo los brotes laterales. Podar las puntas de las ramas reducirá el nivel de auxinas y estimulará un crecimiento lateral y arbustivo, al tiempo que inducirá la formación de raíces nuevas.

Las auxinas sintéticas son más estables y se conservan durante más tiempo que las soluciones naturales. Pueden usarse como herbicida contra las malas hierbas de hoja ancha, como el diente de león, pero suelen emplearse principalmente para fomentar el crecimiento de las raíces y promover la floración.

## Bacterias

Las bacterias como los hongos micorriza y las rizobacterias son extremadamente beneficiosas en el cultivo orgánico. La presencia de estos organismos en el medio de cultivo produce plantas más fuertes y sanas, las cuales requieren menos intervención química.

El actino-hierro es un aditivo comercial para el sustrato que contiene microbios del tipo *Streptomyces lydicus*. Aplicado a la tierra, las bacterias crecen alrededor del sistema de raíces, protegiéndolo de patógenos dañinos y produciendo sustancias fungicidas. El actino-hierro también contiene ácido fúlvico y hierro, los cuales sirven de alimento a las plantas. En especies perennes, los efectos duran una temporada. Para las plantas anuales, están presentes durante todo el ciclo vital.

## Ácido fólico b-9

Existe poca literatura sobre los efectos del B-9 en las plantas. Parece servir para la transferencia de energía dentro de la planta, e inhibe la enzima que produce el ácido giberélico, dando como resultado una planta más baja y arbustiva sin recurrir a la poda.

El ácido fólico puede usarse en pulverización foliar o para empapar el sustrato.

## Celulasas

Las celulasas son un grupo de enzimas que actúan en la zona de las raíces para descomponer materiales orgánicos que podrían pudrirse y causar enfermedades. La materia muerta se convierte en glucosa y es devuelta al sustrato para ser absorbida por la planta.

Puede usarse en jardines acuáticos para limpiar los lodos orgánicos.

## Colchicina

La colchicina, un alcaloide, se prepara a partir de granos y semillas del *Colchicum autumnale*, la planta que también produce el azafrán. El polvo, de color amarillo pálido, es soluble en agua.

La colchicina es un compuesto *venenoso y muy peligroso* que puede utilizarse para inducir mutaciones poliploides en el cannabis. Los criadores clandestinos lograron producir variedades poliploides con colchicina, pero ninguna de ellas mostró ninguna característica destacable, y los niveles de cannabinoides no se vieron afectados.

Mejor que explicar cómo usar la colchicina, aconsejo no utilizarla. Es muy tóxica y no produce ningún cambio en la potencia. No conozco a ningún criador de semillas que la esté usando actualmente.

## Citoquininas

Las citoquininas son hormonas vegetales derivadas de la purina adenina, siendo la zeatina la más común de todas ellas. Se sintetizan en las raíces, promoviendo la división celular, el desarrollo de los cloroplastos y el desarrollo y senescencia de las hojas. Como aditivo, las citoquininas que se usan más frecuentemente derivan del alga *Ascophyllum nodosum*.

Añadidas a la tierra o pulverizadas sobre las plantas, las citoquininas ayudan a la planta para que haga un uso más eficiente de los nutrientes y el agua, incluso en situaciones de sequía. El resultado es una planta más saludable y un aumento de la cosecha. Debe tenerse cuidado al aplicar las citoquininas junto con otras hormonas vegetales. Muchas fórmulas comerciales contienen un cóctel que incluye hormonas como las auxinas y las citoquininas, que funcionan unas contra las otras.

## Enzimas

Las enzimas son catalizadores biológicos de las proteínas que fueron cristalizados y aislados por primera vez en 1926. Las enzimas aceleran el ritmo de las reacciones pero no cambian como resultado de esta acción. Las enzimas se añaden a los abonos y a los

*Si no se emplea un agente humectante y adhesivo al mismo tiempo, la soluciones pulverizadas suelen gotear y resbalar del follaje, lo cual hace que no sean efectivas.*

aditivos para acelerar la actividad biológica y la toma de nutrientes por parte de las raíces.

La mayoría de las reacciones enzimáticas tienen lugar dentro de un rango de temperatura entre 30 y 40 ºC, y la actividad de cada enzima tiene un rango óptimo de pH. La mayoría de las enzimas sólo reaccionan con un pequeño grupo de compuestos químicos que tienen una relación estrecha entre ellos.

Se han identificado más de 1.500 enzimas. Las enzimas están agrupadas en seis clases principales y existen muchas subclases.

## Gas etileno

El gas etileno es una hormona reguladora del crecimiento que activa el envejecimiento y la maduración de las flores, al tiempo que previene el desarrollo de los cogollos y retrasa el crecimiento de la planta. Es usado principalmente por cultivadores de verduras, los cuales fuerzan la maduración de cara al mercado. En jardinería, puede utilizarse para provocar la floración de las plantas.

## Flower Saver Plus

Flower Saver Plus es un producto comercial que contiene hongos micorriza, los cuales establecen una relación simbiótica con las plantas al adherirse al sistema de raíces. Los hilos de micorrizas se adentran en el tejido de las raíces y, a continuación, crecen en el sustrato, logrando llegar a más agua y nutrientes de lo que podría encontrar la planta por sí sóla. A cambio, los hongos micorriza reciben un entorno protegido y los azúcares que necesitan para crecer bien.

El uso de micorrizas mejora la profundización de las raíces, acelera la maduración y aumenta la resistencia frente a la sequía y las enfermedades. Un sistema de raíces de mayores dimensiones también mejora la estructura del sustrato, promoviendo un mejor movimiento del aire y el agua.

Flower Saber Plus debería utilizarse en el momento de plantar, ya sea en forma de baño para las raíces o mezclado con la capa superior (5-10 cm) del sustrato. Busca un producto que tenga, por lo menos, entre 500 y 1.000 esporas por metro cuadrado.

Solicita atención médica en caso de ingestión. Evita respirar el polvo o el líquido pulverizado, y mantenlo fuera del alcance de los niños.

## Ácido fúlvico

El ácido fúlvico es una sustancia orgánica que se produce naturalmente como resultado de la acción microbiana sobre las plantas en descomposición. Al absorberse dentro de la planta, el ácido fúlvico permanece en los tejidos y hace las funciones de un antioxidante potente, al tiempo que aporta nutrientes y actúa como bioestimulador. El ácido fúlvico es una fuente excelente de nutrición para los hongos micorriza.

Los cultivadores pueden producir ácido fúlvico mediante el compostaje, o adquirir el producto en tiendas. Está disponible en formas adecuadas para hidroponía o medios con tierra.

## Giberelinas

El ácido giberélico (AG) es una hormona de crecimiento vegetal que se da en la naturaleza y que actúa con las auxinas para acabar con el estado de latencia, estimular la germinación de la semilla y hacer que crezcan tallos largos.

El ácido giberélico puede adquirirse en un producto comercial, como Mega-Grow, y se utiliza para extender la temporada de cultivo y forzar floraciones más largas. Para un mejor efecto, emplea el AG en combinación con fertilizantes y mézclalo con el agua de riego. Los resultados pueden verse en pocas semanas.

Según la Hoja de Datos sobre Seguridad de los Materiales (*Material Safety Data Sheet*), el GA es muy peligroso para los seres humanos, y no aconsejo su utilización; sin embargo, los anuncios de las tiendas afirman que el producto es seguro.

## Ácido húmico

Los ácidos húmicos son carbonos que se forman por la descomposición de sustancias orgánicas, las cuales proceden de la vegetación principalmente. Aplicados al sustrato, fomentan el crecimiento de tejidos fuertes y ayuda al transporte de los nutrientes. Las plantas desarrollan un follaje más grueso y son más resistentes a la sequía y las enfermedades.

Las tierras pobres pueden mejorarse mediante el ácido húmico, que aumenta la capacidad para retener agua y la aireación en tierras arcillosas, y libera nutrientes bloqueados en la arcilla. Puede usarse como baño para las raíces o pulverizarse directamente sobre la tierra.

Los ácidos húmicos se extraen de sustancias húmicas que se hallan en la tierra. El color varía entre amarillo (ácido fúlvico) y negro (humina), pasando por marrón (ácido húmico).

El ácido fúlvico es la fracción de las sustancias húmicas que es soluble en agua con cualquier valor de pH. El ácido fúlvico permanece en solución después de que el ácido húmico se haya disipado debido a la acidificación.

La humina es la fracción de materia orgánica de la tierra que no se disuelve cuando el sustrato se trata con álcali diluido.

## Peróxido de hidrógeno

El peróxido de hidrógeno ($H_2O_2$) es similar al agua, pero lleva una molécula añadida e inestable de oxígeno, la cual puede descomponerse en un átomo reactivo y unirse a otro átomo de oxígeno o atacar una molécula orgánica.

Utilizado en horticultura, el peróxido de hidrógeno proporciona beneficios diversos al limpiar el agua de sustancias perjudiciales, como esporas, materia orgánica muerta y organismos causantes de enfermedades, al tiempo que previene el desarrollo de nuevas infecciones. Elimina el metano y los sulfatos orgánicos, que se encuentran a menudo en el agua de pozo, así como el cloro del agua del grifo.

El peróxido de hidrógeno resulta especialmente útil en hidroponía, donde el exceso de riego puede suponer un problema. Previene la escasez de oxígeno en el agua que rodea las raíces, provocando un mejor crecimiento de éstas. Puede utilizarse una solución de peróxido de hidrógeno para esterilizar las semillas, dando como resultado índices de germinación más altos.

El peróxido de hidrógeno es peligroso en concentraciones elevadas (35%), pudiendo dañar la piel, la ropa y casi todo lo que toque. Reduce la concentración hasta un nivel parecido al que puede encontrarse en las farmacias (3%), aunque aún habrá que diluirlo aún más antes de usarlo. No obstante, esta proporción no resulta tan tóxica para los jardineros.

## Ácido 3-indolbutírico (AIB)

El ácido 3-indolbutírico es una de las hormonas de crecimiento llamadas auxinas. Su uso más frecuente y efectivo es como hormona de enraizamiento. La aplicación de IBA ayuda a generar raíces, al desarrollo de una mayor masa de raíces y a mejorar el crecimiento y la producción de las plantas.

Hay muchas fórmulas comerciales que están disponibles en forma de sales hidrosolubles. Los esquejes pueden sumergirse antes de plantar. Las raíces pueden remojarse o rociarse, o la tierra puede bañarse, durante el trasplante. Una vez establecidas, las plantas deberían ser tratadas en intervalos de tres a cinco semanas durante la temporada de crecimiento. Tras la cosecha, el IBA puede emplearse para fomentar la regeneración de las flores.

El IBA es peligroso en humanos y animales. Puede ocasionar daños moderados en los ojos y es perjudicial si se inhala o se absorbe a través de la piel.

## Isopentil adenina (IPA)

La isopentil adenina es una citoquinina que se produce naturalmente, pero se produce de forma sintética como bencilaminopurina (BAP) para su uso en bioestimuladores comerciales como Rush Foliar Xcell Veg y Xcell Bloom.

El Xcell Veg actúa durante la fase de crecimiento de las plantas, mejorando el transporte de los nutrientes. La glicina betaína, en la solución, aporta una barrera frente al estrés ambiental. El producto se utiliza como parte de un programa establecido de nutrición. Puede ser rociado justo antes de que se apaguen las luces, o puede añadirse al medio de cultivo.

El Xcell Bloom también tiene propiedades antiestrés y mejora el transporte de los nutrientes. Estimula la floración, reduce el tiempo de crecimiento de las plantas e incrementa la división celular y el crecimiento lateral de las raíces. Las flores son más grandes y pesadas, y tienen un color más vivo.

Ambos productos pueden usarse en hidroponía y en tierra.

## Rhizobium

*Rizhobium* es el nombre que se ha dado a un grupo de bacterias que infectan las raíces de las leguminosas y crean nódulos que actúan en simbiosis con la planta. Los rizobios requieren plantas huésped específicas, y no funcionan en todos los cultivos. Con la planta huésped apropiada, sin embargo, los rizobios mejoran la fijación del nitrógeno, aportando una fuente adicional de nitrógeno simultáneamente.

El *rizhobium* es más efectivo cuando se añade al agua de riego, pero puede incorporarse en sistemas de goteo o directamente en la tierra. Los beneficios dependerán de la unión adecuada entre la especie cultivada y el *rizhobium*. Se recomienda inocular el cultivo en intervalos de tres a cinco años.

## Spray-N-Grow

Spray-N-Grow es el nombre comercial de una solución de vitaminas y nutrientes que incluye bario y zinc. Se pulveriza sobre las plantas para proporcionarles micronutrientes a través del follaje, técnica de la cual se dice que resulta más efectiva que la nutrición de las raíces. Las plantas crecen más deprisa, florecen antes y con más profusión, y tienen raíces más grandes y un contenido más elevado de vitaminas, minerales y azúcares.

Como se absorbe a través de las hojas, Spray-N-Grow actúa rápidamente, entre siete y treinta días. Las plantas tiernas obtendrán los beneficios antes que las plantas leñosas. Spray-N-Grow puede usarse en todo tipo de medios de cultivo como complemento del régimen alimenticio establecido. No contiene compuestos químicos y es seguro para las personas y los animales domésticos.

## Azúcar

Se dice que las melazas, la miel y demás azúcares incrementan la actividad microbiana, aumentan el crecimiento y hacen que las plantas usen el nitrógeno de manera más efectiva. Las melazas elevan el nivel de energía de la planta y tienen una acción suave como fungicida natural. La melaza es el *ingrediente secreto* de muchos abonos orgánicos.

## Trichoderma (002/003)

Los *Trichoderma* son hongos que colonizan la zona de las raíces, expulsando a los hongos y microorganismos perjudiciales al mismo tiempo que estimulan el desarrollo de las raíces y la resistencia al estrés ambiental. El resultado es una planta más fuerte y vibrante.

Canna fue la primera empresa de la industria del cultivo de interior que empezó a vender un producto comercial con hongos *Trichoderma* como estimulador del crecimiento. Estudios de la Universidad estatal de Colorado (EE.UU.) indican que Promot Plus, un producto que contiene *Trichoderma*, es efectivo en la supresión de hongos patógenos que causan la pudrición de semillas, raíces y tallos.

El producto puede aplicarse a las semillas, emplearse al trasplantar, mezclarse con abonos líquidos o a través de sistemas de riego por goteo y/o añadirse al agua de riego. El *Trichoderma* de Canna contiene organismos vivos que se reproducen tras su aplicación, de manera que una cantidad pequeña tendrá un efecto pronunciado. No es tóxico y resulta seguro para el medio ambiente.

## Zeatina

La zeatina es una de las hormonas de crecimiento conocidas como citoquininas. Durante la germinación, la zeatina se traslada del endosperma hasta la punta de la raíz, donde estimula la mitosis.

*La adición de azúcar durante las últimas 6 semanas aumentó el peso del cogollo de la derecha en un 20%.*

*Esta instalación hidropónica suiza es simple, eficiente y económica.*

## Introducción

La hidroponía es la ciencia de cultivar plantas sin tierra; lo más frecuente es usar una mezcla inorgánica. De hecho, muchos cultivadores ya cultivan de manera hidropónica. Cultivar clones en lana de roca, musgo de turba y fibra de coco es cultivar hidropónicamente. El cultivo de plantas adultas en sustratos con componentes inertes, como All Mix® o Canna Coco®, incluso cuando se riegan a mano, es jardinería hidropónica. En hidroponía, la absorción de los nutrientes y el contenido de oxígeno del medio de cultivo pueden controlarse fácilmente. Si manejas estos dos factores, junto a algún otro requisito, podrás conseguir cosechas excepcionales de cogollos en cada ocasión.

Los medios hidropónicos, inorgánicos e inertes, no contienen nutrientes esencialmente. Todos los nutrientes son suministrados a través de la solución nutriente: fertilizante disuelto en agua. Esta solución pasa por las raíces desde arriba o las inunda a intervalos regulares, drenando a continuación. El oxígeno adicional que queda atrapado en el medio inerte y alrededor de las raíces acelera la toma de nutrientes a través de las diminutas raíces capilares. El cannabis crece deprisa en sistemas hidropónicos porque es capaz de ingerir alimentos a la misma velocidad que los utiliza. En tierra, como en hidroponía, las raíces absorben agua y nutrientes. Incluso la mejor tierra dispone raramente de tanto oxígeno como el que hay en un medio hidropónico inorgánico.

En contra de lo que suele creerse, los jardines hidropónicos suelen requerir más cuidados que los jardines con tierra. Si cultivas hidropónicamente, prepárate para pasar más tiempo en el jardín. El mantenimiento adicional resulta necesario porque las plantas crecen más rápido, hay más cosas que comprobar y más que pueden ir mal. De hecho, a algunos cultivadores no les gusta la jardinería hidropónica porque requiere demasiados cuidados adicionales.

El cultivo hidropónico es productivo, pero exacto; no tan olvidadizo como el cultivo en tierra. La tierra amortigua los cambios en los nutrientes y los retiene durante más tiempo que los medios inertes de cultivo hidropónico. En efecto, los sistemas aeropónicos avanzados no emplean una mezcla inorgánica a modo de sustrato; ¡no usan nada de nada!

En hidroponía, la solución nutriente puede controlarse para que las plantas desarrollen menos hojas y cogollos florales más densos. El control minucioso de los nutrientes hace que las plantas florezcan más deprisa, y que puedan estar listas para la cosecha unos pocos días antes que el cannabis cultivado en tierra.

Las plantas pequeñas en floración crecen bien en contenedores hidropónicos pequeños y en tubos horizontales. Las plantas madre crecen más y se adaptan mejor a los sistemas basados en cubos grandes, los cuales disponen de espacio suficiente para el desarrollo de las raíces. El sistema de raíces de las plantas madre se aloja fácilmente en el cubo, y la planta es capaz de producir

*Estos espléndidos cogollos se cultivan en bolas de arcilla expandida, un medio inerte. Las plantas pueden tomar todos los nutrientes que necesitan.*

miles de clones durante su vida. Las plantas madre deben tener un sistema radicular enorme para poder absorber gran cantidad de nutrientes y, de esta forma, poder mantener el fuerte ritmo de crecimiento y de producción de clones.

La mayoría de los cuartos de cultivo tienen dos factores que los limitan: el número de plantas del jardín y el consumo eléctrico expresado en vatios. Por ejemplo, si cultivas 12 plantas de gran tamaño en un sistema hidropónico de 19 litros, necesitarás alrededor de diez clones y una planta madre. El cuarto de floración podría estar iluminado con dos lámparas de 600 vatios de sodio AP. Una luminaria de 40 vatios de luz fluorescente podría emplearse para enraizar los clones, y otra de 175 vatios de halogenuro metálico mantendría el crecimiento de la planta madre y del resto de las plantas en fase vegetativa. Esto supone un total de 1.415 vatios, que cuestan entre 35 y 60 euros al mes. Es decir, una ganga, teniendo en cuenta que el jardín rendirá un mínimo de 450 gramos de hermosos cogollos hidropónicos al mes.

Si la floración se induce cuando los clones miden de 15 a 20 cm, éstos alcanzarán una altura entre 60 y 80 cm al final de la floración. Puedes agrupar muy juntas las plantas de poca altura, ya sea en un *mar verde* (*sea of green*, *SOG*) o en una *malla verde* (*screen of green*, *SCROG*) para maximizar el rendimiento. Resulta sencillo

cultivar 60 cubos de lana de roca de 10 cm sobre una mesa de flujo y reflujo, o en bolsas de cultivo de 11 L llenas de sustrato inorgánico. Para obtener la máxima producción, se cosechan una o dos plantas cada uno o dos días. Cuando se cosecha una planta madura, dos clones pequeños ocupan su lugar. El clon más débil se desecha dos semanas después.

## Tipos de sistemas

Los sistemas hidropónicos se distinguen según la forma en que se aplica la solución nutriente. La primera distinción consiste en si la solución nutriente se aplica de manera *activa* o *pasiva*.

Los **sistemas pasivos** dependen de la acción capilar para transferir la solución nutriente desde el depósito hasta el medio de cultivo. La solución nutriente es absorbida pasivamente por una mecha o por el propio medio de cultivo, y es transportada hasta las raíces. Los medios de cultivo absorbentes, como la vermiculita, el serrín y el musgo de turba, etc., son ideales para los sistemas pasivos. El medio de cultivo puede permanecer muy húmedo en los sistemas pasivos, por lo que la selección del sustrato es importante. Los sustratos que se empapan retienen menos aire y privan a las raíces de una absorción rápida de los nutrientes. Aunque los jardines pasivos no están considerados como de *alto*

*Este jardín hidropónico de flujo, fertilizado con Bio-Green, emplea una mezcla inerte con una gran parte de fibra de coco. Todos los nutrientes son suministrados a través de la solución nutriente.*

*Los cultivos clásicos de mecha emplean mechas de tela para absorber la solución nutriente y transportarla hasta el medio de cultivo.*

*En este sistema pasivo de mecha, se utiliza una mezcla inerte con gran cantidad de fibra de coco para absorber la solución nutriente. A pesar de lo rudimentario de la técnica, estos jardines son muy productivos.*

rendimiento, los holandeses han perfeccionado estos sistemas y consiguen resultados asombrosos. Los sistemas de mecha no tienen partes móviles. Rara vez se rompe algo o funciona mal. El bajo coste inicial y un mantenimiento reducido aumentan la popularidad de los sistemas de mecha.

Los cultivadores holandeses forran el suelo de una habitación con plástico duro o lona para embalses. Llenan macetas de 11 L con una mezcla inorgánica absorbente que retenga gran cantidad de aire. Inundan el jardín con 6-9 cm de solución nutriente. Las raíces absorben la solución nutriente en un plazo de dos a cinco días. No se drena nada de líquido; toda la solución nutriente es absorbida por las plantas.

Un cultivador español usa la irrigación pasiva para regar su jardín. Conduce un camión de reparto, y está lejos de casa cinco días a la semana. Mantiene su jardín de interior bajo una lámpara de 400 vatios de sodio AP. Las plantas crecen en un sustrato rico de plantación, y las macetas están sobre una bandeja amplia con laterales de 12 cm. Cada lunes por la mañana, el cultivador llena la bandeja con una solución suave de nutrientes. El viernes, cuando vuelve, las plantas están fuertes y contentas.

Los **sistemas hidropónicos activos** mueven la solución nutriente de manera *activa*. Algunos ejemplos de sistemas activos son los de inundación y drenaje, y los de alimentación superior. El cannabis es una planta de crecimiento rápido y se adapta muy bien a los sistemas hidropónicos activos.

Los jardines hidropónicos activos están considerados como sistemas de *recuperación* si la solución nutriente se recupera y reutiliza tras la irrigación. Los sistemas de *no-recuperación* son aquellos en los cuales se aplica la solución nutriente una sóla vez, desechándose a continuación. La solución no se reutiliza. Los sistemas de no-recuperación tienen pocas complicaciones pero no resultan prácticos para la mayoría de los jardines hidropónicos de cannabis. Los sistemas comerciales de cultivo que desechan la solución una vez aplicada suelen evitarse, ya que contaminan el agua del subsuelo con niveles elevados de nitratos, fosfatos y otros elementos. Los cultivadores de interior rara vez utilizan sistemas de no-recuperación porque implican soltar una gran cantidad de solución nutriente en el sistema de alcantarillado local.

Los sistemas hidropónicos activos de recuperación, como los de inundación y drenaje (flujo y reflujo), los de alimentación superior y los que emplean la técnica de película nutriente (*nutrient film technique*, NFT) son los más populares y productivos que están disponibles actualmente. Los tres sistemas hacen circular la solución nutriente reutilizada hacia las raíces. Recuperar y reutilizar la solución nutriente hace que el manejo sea más complicado, pero con la solución nutriente adecuada, un plan de cultivo y algo de experiencia resulta fácil de controlar. Los sistemas activos de recuperación emplean medios de cultivo que drenen rápidamente y retengan gran cantidad de aire, como es el caso de la arcilla expandida, la gravilla, la piedra pómez, los trozos de ladrillo, la lana de roca y la fibra de coco.

## Jardines de flujo y reflujo

Los sistemas de flujo y reflujo (inundación y drenaje) son populares porque ha quedado patente que requieren poco mantenimiento y que son fáciles de usar. Los sistemas de flujo y reflujo son versátiles, de diseño simple y muy eficientes. Las plantas individuales en macetas o cubos de lana de roca se colocan en una mesa especial. La mesa es una cama de cultivo que puede retener de 3 a 10 cm de solución nutriente. La solución nutriente se bombea hacia la mesa o cama de cultivo. Los bloques de lana de roca o los contenedores se inundan desde la base, lo cual empuja fuera el aire pobre en oxígeno. Una vez que la solución nutriente alcanza un nivel determinado, el exceso se drena mediante una tubería conectada a un rebosadero y va a parar al depósito de nuevo. Cuando la bomba se detiene y el medio de cultivo drena, el aire nuevo y rico en oxígeno entra en contacto con las raíces. Un entramado de canalizaciones de drenaje en la base de la mesa dirigen la solución de vuelta al depósito o tanque de recogida. Este ciclo se repite varias veces al día. Los sistemas de flujo y reflujo son ideales para cultivar muchas plantas pequeñas con la técnica del *mar verde*.

*La solución nutriente es bombeada hacia la cama de cultivo mediante el accesorio corto de inundación de la izquierda. El rebosadero de la derecha garantiza que la solución nutriente no se derrame fuera de la mesa.*

*Una patas de altura regulable, similares a las que incorporan las lavadoras, soportan este lecho de cultivo de flujo y reflujo y aseguran que todas las plantas reciban una dosis nivelada de solución nutriente, así como que todo el líquido drene de vuelta al depósito que está debajo.*

*En un jardín de flujo y reflujo, la solución nutriente inunda el lecho de cultivo y drena de vuelta al depósito.*

*La solución nutriente puede aplicarse desde arriba, y la mesa sirve de drenaje.*

Inunda la mesa hasta alcanzar entre la mitad y las tres cuartas partes de la altura de los contenedores para asegurar una distribución uniforme de la solución nutriente. Evita los medios de poco peso, como la perlita, que pueden hacer que el contenedor flote y se caiga.

Se necesita un gran volumen de agua para llenar toda la mesa. Asegúrate de que el depósito disponga de suficiente solución para inundar la mesa y que aún quede un mínimo del 25% para cubrir la evaporación diaria. No dejes que la solución nutriente permanezca en la mesa durante más de media hora. Las raíces sumergidas se ahogarían en este entorno falto de oxígeno.

Inunda la mesa cuando el medio esté medio húmedo. Recuerda que la lana de roca retiene mucha humedad. El régimen de irrigación tendrá que variar sustancialmente cuando las temperaturas bajen y haya menos luz.

Las mesas o lechos de flujo y reflujo están diseñadas para hacer que el exceso de agua fluya libremente lejos del medio de cultivo y las raíces. Cuando se inunda con 3 cm ó más de solución nutriente, el medio de cultivo absorbe la solución dentro de un medio que está recién aireado.

## Mesa de aire

Las mesas de aire son sistemas hidropónicos simples y de uso sencillo. Tanto a los cultivadores ya hechos como a los inexpertos les encanta su simplicidad y bajo mantenimiento. El principio único de

*Esta sala de cultivo está forrada con Visqueen blanco. El cultivador se quita los zapatos para no dañar el plástico y mantener limpio el cultivo.*

*El cultivo resulta sencillo y eficiente en esta hermosa sala forrada de Visqueen.*

funcionamiento es simple, efectivo y casi a prueba de fallos. La solución nutriente es forzada a subir hasta la cama de cultivo por la presión de aire que genera una bomba de aire externa. La bomba puede funcionar con la corriente eléctrica normal de la casa o mediante un sistema de energía solar de 12 voltios. Una vez que está inundado el lecho de cultivo, la solución nutriente permanece durante unos minutos antes de drenar de vuelta al depósito. La presión constante de aire durante la inundación también airea el medio de cultivo. El depósito, al estar sellado herméticamente, limita la evaporación, lo cual previene que las algas se desarrollen y hace que la solución mantenga su frescura. La bomba externa reduce el coste total del sistema y ayuda a prevenir accidentes eléctricos. Puedes usar lana de roca, fibra de coco, turba o un medio compuesto de cultivo y obtener resultados excelentes. Echa un vistazo a la mesa de aire de Terraponic en www.fearlessgardener.com.

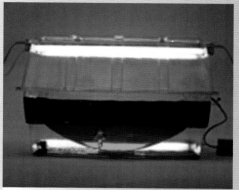

*El diseño simple de las mesas de aire las hace fáciles de mantener. Se bombea aire dentro de un depósito lleno de solución nutriente. La presión del aire fuerza la solución a subir hasta el lecho de cultivo.*

## Cultivo en agua (*Deep Water Culture*, DWC)

Cultivar en sistemas que emplean directamente el agua (DWC) es simple, fácil y productivo.

Si se cultiva al aire libre un jardín DWC, puede hacerse un agujero de drenaje en el lateral del depósito para evitar que el agua de lluvia llegue a rebosar.

Los plantones y los esquejes se sostienen en macetas de rejilla llenas de bolas de arcilla expandida, lana de roca o cualquier otro medio de cultivo. Las macetas de rejilla se alojan en los agujeros de la tapa que cubre el depósito. Las raíces de los plantones y de los esquejes se alargan hasta reposar en la solución nutriente. Una bomba sumergible eleva la solución nutriente hasta la parte superior de un tubo de descarga, el cual suelta la solución por un acceso en la tapadera. La solución nutriente cae en cascada, mojando las raíces y salpicando dentro del depósito contenedor, lo cual también incrementa la cantidad de oxígeno disuelto en la solución. Las raíces absorben fácilmente los nutrientes y el agua de la solución en este entorno oxigenado. Muchos jardineros, además, mantienen una piedra de aire burbujeando nuevo aire dentro del depósito para suministrar aún más oxígeno.

Estos jardines tienen un diseño simple y no precisan temporizador, ya que las bombas funcionan las 24 horas del día. Este tipo de jardines, de bajo mantenimiento, es perfecto tanto para los cultivadores casuales como para los entusiastas de la hidroponía.

*Este ingenioso jardín DWC emplea una bomba de aire para airear y agitar la solución nutriente.*

Piedra de aire

*Funcionamiento de un sistema de cultivo DWC.*

Existen diversos tipos de emisores para aplicar la solución nutriente. Cuando se cultiva en medios absorbentes, como la lana de roca o la fibra de coco, es común emplear un sólo punto de aplicación. La arcilla expandida funciona mejor cuando la solución nutriente se aplica mediante un emisor largo y redondo, a través de varios emisores sueltos o usando un emisor pulverizador.

*Utiliza siempre un filtro cuando uses emisores. El filtro eliminará los objetos extraños que obstruyen los emisores.*

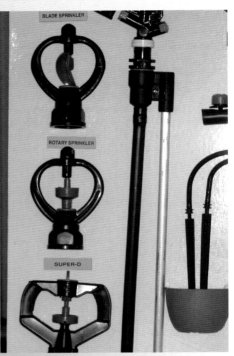

*Los emisores circulares aplican la solución nutriente alrededor de la planta, de forma que todas las raíces reciben la humedad adecuada.*

*Este emisor pulveriza la solución nutriente desde la parte superior del medio de cultivo para airearla y dispersarla de manera uniforme.*

*Los emisores de goteo regulados por presión controlan el flujo de la solución.*

*Los miniaspersores están disponibles en muchos tamaños y volúmenes de salida.*

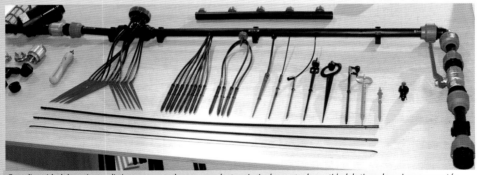

*Esta diversidad de emisores distintos, conectados a un conducto principal, muestra la cantidad de tipos de emisores que están disponibles para los jardineros hidropónicos. En la parte inferior, pueden verse tres diámetros diferentes de capilares, o tubos espagueti, los cuales dispensan tres volúmenes distintos de solución nutriente a las plantas.*

## Alimentación superior

Los sistemas hidropónicos de alimentación superior son muy productivos, sencillos de controlar, precisos, eficientes y fáciles de mantener. La solución nutriente es aportada en dosis específicas a través de tubos tipo espagueti o mediante un emisor individual situado en la base de cada planta. La solución nutriente aireada fluye por el medio de cultivo, donde es absorbida por las raíces, y es dirigida de vuelta al depósito a medida que va drenando. La lana de roca, la grava, la fibra de coco y la arcilla expandida son los medios de cultivo más comunes que se emplean en los sistemas de alimentación superior. Estos versátiles sistemas pueden incluir contenedores individuales o planchas (*slabs*), ya sea en lechos individuales o alineados en mesas.

Los sistemas de alimentación superior están disponibles con diversas configuraciones. Los sistemas con capacidad para muchos litros de medio de cultivo son los mejores para cultivar plantas grandes, las cuales pueden requerir un mayor soporte. Los contenedores pequeños son perfectos para plantas más pequeñas.

*Estos cubos de alimentación superior, llenos de arcilla expandida, están listos para plantar en ellos. Al trasplantar los clones, se añadirán más bolas de arcilla expandida.*

## Cubos de alimentación superior

Los cubos **autocontenedores** de alimentación superior consisten en un contenedor de cultivo alojado en un depósito que contiene una bomba. Los cubos individuales hacen que resulte rápido y sencillo entresacar y reemplazar plantas enfermas. Los sistemas a base de cubos autocontenedores de alimentación superior también son perfectos para cultivar plantas madre de gran tamaño. El contenedor puede moverse de sitio fácilmente. Algunos contenedores tienen una maceta de rejilla suspendida en la tapa de un cubo/depósito de 19 L. Las raíces cuelgan dentro del depósito. Una piedra de aire situada en la base del depósito airea la solución nutriente. Una bomba aparte hace circular la irrigación hacia el contenedor. Otros cubos autocontenedores de alimentación superior emplean un contenedor de cultivo de mayor tamaño, el cual se llena de bolas de arcilla expandida. Una bomba hace circular constantemente la solución nutriente dentro del sistema, aireando la solución e irrigando la planta. Las raíces crecen hacia abajo, dentro de la solución nutriente, hasta formar una masa en el fondo. La irrigación desde la parte superior hace circular la solución nutriente aireada, y arrastra la vieja solución pobre en oxígeno. Algunos sistemas contienen una tubería de 3 cm para insuflar aire directamente en la zona de las raíces. Hay muchas variaciones de este sistema, y todas funcionan.

*El cultivador planta tres esquejes bien enraizados en cada contenedor.*

## Cubos múltiples de alimentación superior

Otros sistemas de cubos de alimentación superior emplean múltiples cubos que están conectados a un depósito principal. Se conecta una manguera flexible de drenaje cerca de la base de cada cubo/depósito. Cada manguera está conectada a un conducto de drenaje, el cual envía la solución nutriente de vuelta al contenedor central.

En cada uno de los depósitos que hay bajo los contenedores de cultivo, quedan retenidos 3 ó 5 cm de agua. Es importante que la irrigación se produzca regularmente en estos jardines, de manera que no se estanque la solución que queda en el fondo de los cubos.

Los cubos de alimentación superior también pueden alinearse sobre una mesa de drenaje. Los contenedores cuadrados hacen un uso más eficiente del espacio. Las plantas son alimentadas con tubos de irrigación conectados a un conducto de distribución. Una vez suministrada, la solución nutriente fluye y se filtra a través del medio de cultivo. Las raíces absorben la solución nutriente aireada antes de que ésta drene en la bandeja y sea devuelta al depósito.

*Los contenedores se irrigan mediante tubos tipo espagueti que están unidos a una tubería de distribución que discurre entre las hileras. El exceso de solución nutriente drena fuera de la base y se dirige de vuelta al depósito mediante un tubo de drenaje.*

*Esta ilustración de un sistema de cubo de alimentación superior muestra cómo las raíces están colgando en un entorno con una humedad del 100% antes de crecer dentro de la solución nutriente. Acuérdate de colocar una rejilla en el drenaje del depósito para que las raíces no lo bloqueen.*

Los contenedores individuales de los sistemas de cubos de alimentación superior son fáciles de disponer para que encajen en un espacio dado del jardín. Además, las plantas pueden ser cuidadas, trasplantadas o retiradas de las macetas de manera individual.

## Planchas de alimentación superior

### Visión general

Los sistemas de alimentación superior a base de planchas o losas (*slabs*) son populares entre los cultivadores tanto grandes como pequeños de interior e invernadero. Las planchas de coco o de lana de roca cubiertas de plástico sirven como contenedores de cultivo. El suministro de la solución nutriente se lleva a cabo mediante tubos tipo espagueti desde la parte superior de la plancha. Un emisor, conectado a cada tubo, dosifica una cantidad específica de solución nutriente a cada planta. La solución nutriente se airea mientras se aplica, antes de que sea absorbida por el medio de cultivo y acabe drenando de vuelta al depósito.

Un sistema simple de distribución de la solución nutriente consiste en emisores conectados a tubos de entrega tipo espagueti. Estos tubos están unidos a una tubería corta de distribución que está abastecida por una bomba sumergida en un depósito.

Los emisores están diseñados para ser anclados en el medio de cultivo y emitir una dosis concreta de solución nutriente.

### Planchas en bandejas individuales

Algunos sistemas utilizan bandejas individuales para contener las planchas de cultivo. La solución nutriente se bombea desde el depósito y se suministra a las plantas a través de tubos tipo espagueti, los cuales están conectados a emisores. Las bandejas individuales son fáciles de configurar para jardines de distinto tamaño.

### Mesas de planchas

También puedes instalar una mesa de drenaje y poner en ella las planchas. La solución nutriente se bombea desde el depósito bajo la mesa y se proporciona a las plantas de manera individual mediante tubos tipo espagueti que están conectados a emisores. La solución fluye por el medio de cultivo, donde entra en contacto con las raíces. El exceso de solución nutriente drena fuera de las planchas, sobre la mesa, y es llevada de vuelta hasta el depósito. Asegúrate de que la mesa disponga de cierta inclinación, de forma que drene uniformemente. Los embolsamientos de agua estancada en la mesa contienen menos oxígeno y favorecen la podredumbre.

### Bloques individuales

En este sistema, los bloques individuales de lana de roca permiten que los jardineros tengan la posibilidad de retirar o cambiar plantas si fuera necesario. La solución nutriente se bombea a través de tubos capilares desde el depósito, que está debajo, y se distribuye mediante emisores situados en los cubos de lana de roca.

## Sistemas verticales de alimentación superior

Los jardines verticales pueden superar en más de diez veces el rendimiento total de un jardín plano. Las bolsas de sustrato, los tubos o las planchas se posicionan verticalmente alrededor de una lámpara DAI. Se colocan plantas pequeñas en el medio y se alimentan individualmente con un emisor de goteo. El sobrante drena a través del medio de cultivo y vuelve al depósito. La solución se recircula una vez que llega al depósito.

En este conjunto de Canna coco, la solución nutriente drena hasta una canalización por la cual retorna al depósito. La acumulación de sales procedentes de la solución es fácil de fregar gracias al diseño abierto de la canalización.

Estas planchas de alimentación superior, de lana de roca, encajan en contenedores individuales. Los tubos capilares irrigan las plantas desde arriba.

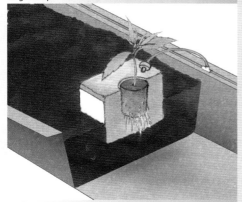

La ilustración muestra lo simple y sencillo que resulta el suministro de nutrientes con un sistema de alimentación superior. El emisor vierte la solución nutriente aireada sobre el bloque de cultivo. La solución aireada se filtra a través del medio. Las canalizaciones en la base de la bandeja aceleran el drenaje de vuelta al depósito.

Las mesas de flujo y reflujo retienen el sobrante de solución nutriente y lo dirigen de vuelta al depósito.

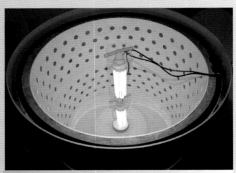

*Este novedoso jardín vertical emplea lana de roca como medio de cultivo y lámparas fluorescentes compactas.*

Utiliza lana de roca o coco mezclado con vermiculita ligera como medio de cultivo para reducir el peso cuando el sustrato esté mojado. Irriga las plantas constantemente con una solución bien aireada para mantener las raíces abastecidas de agua y nutrientes.

Los sistemas hidropónicos verticales ahorran espacio, pero requieren más mantenimiento. Estos sistemas también pueden resultar complicados de afinar para que alcancen su máxima capacidad operativa.

## NFT

Los sistemas hidropónicos basados en la técnica de película nutriente (*Nutrient Film Technique*, NFT) son jardines de alto rendimiento que funcionan bien cuando están bien ajustados. Esta forma de cultivo hidropónico, relativamente nueva, proporciona solución nutriente aireada a las raíces, las cuales se encuentran en canalones. Las plántulas y los esquejes que ya disponen de un sistema de raíces fuerte se colocan sobre una estera capilar que está en un canal cubierto. La estera capilar estabiliza el flujo de solución nutriente y mantiene las raíces en su sitio. La solución, constantemente aireada, fluye por la canalización, pasando por encima y alrededor de las raíces, y retorna al depósito. Lo más frecuente es que la irrigación sea constante, 24 horas al día. Las raíces reciben oxígeno en abundancia y son capaces de absorber un máximo de solución nutriente. La inclinación adecuada del canalón, así como un volumen y un flujo apropiados de solución nutriente son elementos clave en los jardines NFT.

Los canales están cubiertos para mantener alta la humedad en la zona de las raíces y para evitar que la luz incida sobre las raíces. Las raíces capilares, responsables de la mayor parte de la toma de agua y nutrientes, cubren los extremos de las raíces en

crecimiento. Estas raíces están sumergidas en una solución nutriente que fluye de manera turbulenta, y la zona superior queda suspendida en el aire húmedo intermitentemente. La solución nutriente se airea constantemente a medida que va fluyendo por la canalización inclinada. La pendiente de la canalización es la adecuada para evitar que el agua se estanque. A menudo, se necesita un filtro para evitar que los diversos restos bloqueen la canalización y la bomba.

A pesar de su alto rendimiento, los sistemas NFT no ofrecen prácticamente ninguna capacidad de amortiguación. Debido a la ausencia de un medio de cultivo, la solución nutriente debe mantener las raíces perfectamente húmedas todo el tiempo. Si una bomba falla, las raíces se secan y mueren. Si el sistema se seca durante un día o más, las pequeñas raíces alimentadoras morirán, dando lugar a graves consecuencias para el jardín. El sistema es muy fácil de limpiar y recoger después de cada cosecha. Sólo los cultivadores con varios años de experiencia deberían probar un sistema NFT si trabajan solos. Con ayuda, son más fáciles de controlar.

Las bases dobles reforzadas hacen que los canalones sean duraderos y se mantengan rígidos cuando han de soportar plantas de gran tamaño, sistemas de raíces y grandes volúmenes de solución nutriente. Algunas canalizaciones tienen debajo bandas de refuerzo para dar apoyo y evitar que se comben o se muevan. Estas bandas también funcionan como canales de drenaje y dirigen la solución nutriente de manera uniforme por la base del canalón.

Muchos sistemas NFT son híbridos. Por ejemplo, la solución nutriente en algunos sistemas NFT híbridos se suministra a cada planta mediante tubos tipo espagueti. El aumento de los sitios de irrigación ayuda a que cada planta reciba una irrigación adecuada. La solución nutriente fluye a través de una pequeña cesta de medio de cultivo antes de caer sobre las raíces, dentro de la canalización, y volver al depósito. Y todavía hay otro sistema NFT híbrido que emplea boquillas pulverizadoras dentro del canalón. Los aspersores pulverizan la solución nutriente por encima y alrededor de las raíces, haciendo que el entorno de la zona de las raíces se mantenga al 100% de humedad. La solución nutriente fluye por una tubería de PVC de vuelta al depósito.

Con demasiada frecuencia, estos sistemas híbridos están mal planeados y diseñados. Muchas veces están construidos con tubería blanca de PVC de 10 cm de diámetro. Las paredes blancas y delgadas de la tubería de PVC dejan pasar luz suficiente como para iluminar las raíces, las cuales adquieren un color verde o se pudren más fácilmente. También he visto sistemas con boquillas dentro de la tubería de PVC. Si la boquilla está insertada dentro de la tubería, no resulta fácil acceder a ella para su mantenimiento.

La solución nutriente se bombea desde el depósito hasta el interior de los canalones mediante una tubería de distribución y tubos en el extremo superior. La mesa se instala con una cierta inclinación para que la solución nutriente fluya rápidamente sobre las raíces y cree un entorno repleto de aire y nutrientes disponibles. Un drenaje de captación dirige la solución de vuelta hacia el depósito de nutrientes.

## Aeroponía

Los sistemas aeropónicos no emplean medio de cultivo y ofrecen el máximo rendimiento posible. Las raíces están suspendidas a oscuras en una cámara de crecimiento sin medio de cultivo, donde son rociadas con solución nutriente rica en oxígeno a intervalos regulares. La humedad en la cámara permanece al 100% o cerca de este valor durante las 24 horas del día. Las raíces disponen del potencial máximo para absorber nutrientes en presencia de aire.

*Las macetas pequeñas de rejilla son las preferidas para la mayoría de los sistemas NFT. Las macetas de rejilla más grandes también se usan en sistemas NFT, así como en diversos sistemas hidropónicos de alimentación superior.*

*En este sistema NFT híbrido, la solución nutriente se suelta dentro de los tubos principales de cultivo a través de unas boquillas que están conectadas a una tubería de PVC.*

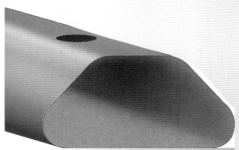

*Los canalones con esquinas redondeadas son muy populares en Australia. Los cultivadores que los utilizan dicen que la solución nutriente fluye con más suavidad.*

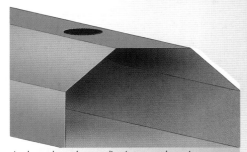

*Las bases de muchas canalizaciones son planas. La alfombrilla capilar se coloca en la base, bajo los cubos de cultivo. La estera capilar ancla las raíces y ayuda a dirigir la solución nutriente sobre las raíces de manera uniforme.*

*El estancamiento de la solución y la acumulación de sales ahogan el desarrollo de las raíces. En poco tiempo, las raíces se ponen oscuras y se pudren. Observa las hojas quemadas y descoloridas, que indican una acumulación de sales.*

Las raíces están fuertes y sanas en este sistema NFT. Este sistema produce abundantes cosechas de cogollos en plantas robustas.

En el sistema aeropónico Rain Forest, los esquejes desarrollan largos sistemas de raíces con rapidez.

Los clones enraizados y las plántulas que se cultivan en sistemas aeropónicos se desarrollan a una velocidad excepcional. Para cultivar clones, simplemente has de insertar los tallos en la cámara de crecimiento y encender el sistema. Las raíces crecerán en un ambiente perfecto para el desarrollo radicular.

El aire húmedo y la solución nutriente son los únicos que llenan la cámara de crecimiento. Las plantas suelen cultivarse en macetas de rejilla llenas de medio de cultivo, suspendidas desde la parte de arriba del sistema.

Los sistemas aeropónicos requieren que se preste una mayor atención a los detalles. No hay un medio de crecimiento que actúe a modo de banco de agua y nutrientes, lo cual hace que el sistema tenga un uso delicado y sensible. Si la bomba falla, las raíces se secan pronto, y las plantas sufren. Los sistemas que emplean boquillas pulverizadoras delicadas deben mantenerse libres de residuos. Los desequilibrios en la solución nutriente y en el pH también pueden causar problemas rápidamente. Por ello, es importante adquirir componentes de calidad, o un sistema listo para su uso, a través de un suministrador cualificado.

El RainForest (www.generalhydroponics.com) es muy popular. La solución nutriente se nebuliza en el aire, creando una humedad del 100%. La solución nutriente gotea en un plato giratorio. Al ser despedida desde el plato, la solución se atomiza, mezclándose con el aire. El plato giratorio está dispuesto por encima del agua, dentro del depósito.

## Medios de cultivo

Los medios de cultivo sin tierra proporcionan un soporte para el sistema de raíces, al tiempo que retienen y hacen que el oxígeno, el agua y los nutrientes estén disponibles. Hay tres factores que contribuyen a la capacidad de las raíces del cannabis para crecer en un sustrato: la textura, el pH y el contenido de nutrientes, que se mide con la EC o conductividad eléctrica.

La textura de cualquier sustrato está regida por el tamaño y estructura física de las partículas que lo constituyen. Una textura apropiada favorece que las raíces penetren con fuerza, además de fomentar la retención de oxígeno, la toma de nutrientes y el drenaje. Los medios de cultivo que están compuestos de partículas de gran tamaño permiten una buena aireación y un drenaje adecuado. Se necesita una frecuencia de irrigación más elevada para compensar la escasa retención de agua. Tanto la capacidad para retener agua y aire, como la penetración de las raíces son funciones de la textura. Cuanto más pequeñas sean las partículas, más juntas se agrupan, y más lento resulta el drenaje. Las partículas de mayor tamaño hacen que el drenaje sea más rápido y que se retenga más aire.

Los sustratos con formas irregulares, como la perlita y algunas arcillas expandidas, disponen de más superficie y retienen más agua que los medios inertes redondeados. Evita la grava machacada con bordes afilados, que podrían cortar las raíces si la planta se cae o se zarandea. La grava redondeada; la grava pulida; y la roca de lava son medios excelentes para el cultivo de marihuana en sistemas activos de recuperación. Lava concienzudamente los medios de cultivo a base de arcilla o de roca para eliminar todo el polvo que, de lo contrario, sedimentaría en tu sistema.

Los materiales fibrosos, como la vermiculita, el musgo de turba, la lana de roca y la fibra de coco, retienen grandes cantidades de humedad dentro de sus celdas. Estos sustratos son ideales para sistemas hidropónicos pasivos que operan mediante acción capilar.

Los medios minerales de cultivo son inertes y no reaccionan con los organismos vivos o con los compuestos químicos alterando la integridad de la solución nutriente. La fibra de coco y los musgos de turba también son inertes.

Los medios de cultivo no inertes ocasionan problemas imprevistos. Por ejemplo, la grava de una cantera de piedra caliza está llena de carbonato cálcico, y el cemento viejo está lleno de cal. Al mezclarse con agua, el carbonato cálcico eleva el pH, haciendo que resulte muy difícil bajarlo. Los medios de cultivo a base de cemento reconstituido liberan tanta cal que acaban con el jardín en poco tiempo.

Evita los sustratos que se encuentran a pocos kilómetros del mar o de grandes masas de agua salada. Lo más probable es que dichos medios estén repletos de sales tóxicas. Resulta más sencillo y económico hallar otra fuente de sustrato que lavar y arrastrar las sales del medio de cultivo.

**Aire.** Se trata de un gran medio cuando se encuentra al 100% de humedad las 24 horas del día.

**Fibra de coco.** Es un medio excelente para hidroponía. Consulta «Fibra de coco» dentro de los correctores para tierra. Visita el sitio www.canna.com para obtener una información detallada acerca del cultivo de marihuana en fibra de coco.

**Arcilla expandida.** También se conoce como hidrogránulos, y está producida por muchos fabricantes distintos. Las bolas de arcilla se cuecen en hornos a altas temperaturas hasta que se expanden. Dentro de cada bola, se forman muchos huecos, parecidos a catacumbas, que retienen aire y solución nutriente. Es un medio excelente para mezclarlo con turba ligera y cultivar plantas madre en contenedores grandes. Me gusta lo bien que drena, y logra contener la solución nutriente al tiempo que retiene una gran cantidad de oxígeno. Algunos ejemplos de arcilla expandida disponible comercialmente son Hydroton® y Grorox®.

El coco se comprime en planchas y se empaqueta en plástico. Añade agua para que el coco se expanda hasta alcanzar todo su tamaño.

La fibra de coco también está disponible en bolsas.

La arcilla expandida retiene humedad y nutrientes junto a una gran cantidad de oxígeno.

Algunos cultivadores usan planchas de espuma artificial. Hasta la fecha, este medio de cultivo sigue ganando popularidad.

La piedra pómez es un buen medio de cultivo. También puede usarse como acolchado o como corrector inerte para la tierra.

El musgo de turba, mezclado con perlita, es uno de los medios de cultivo preferidos. También es un excelente mejorador de la tierra.

La perlita es arena o vidrio volcánico expandido mediante calor. Consulta el capítulo décimo para más información.

Algunas bolas de arcilla flotan.

La arcilla expandida puede reutilizarse una y otra vez. Una vez usada, vierte las bolas de arcilla expandida en un contenedor y sumérgelas en una solución esterilizante compuesta por diez mililitros de peróxido de hidrógeno por cada cuatro litros de agua. Remójalas durante 20-30 minutos. Retira la arcilla expandida y espárcela sobre una malla cuadrada de ferretería. Lava y separa las bolas de arcilla de las raíces muertas y el polvo. Deja que se sequen y reutilízalas.

**Mica expandida.** Resulta similar a la arcilla expandida. Para acceder a gran cantidad de información sobre cómo y por qué este material funciona tan bien, visita www.hydroponics.com.

**Espuma.** Es popular hasta cierto punto. Dura mucho tiempo, se presta fácilmente a la esterilización y retiene mucha cantidad de agua y aire.

**Grava.** La grava es uno de los medios originales para hidroponía. Aunque pesa mucho, la grava es inerte, retiene aire en abundancia, drena bien y no es cara. Aún hoy, la grava es popular, y resulta difícil de regar en exceso. Retiene humedad, nutrientes y oxígeno en su superficie externa. Utiliza gravilla o grava lavada de río, con bordes redondeados, para que no pueda cortar las raíces cuando se zarandeen. La grava debería tener un diámetro de 3-10 mm, con más de la mitad del medio alrededor, unos 6 mm. La roca machacada puede estar cargada de sales. Remójala previamente y ajusta su pH antes de usarla. La grava tiene escasa capacidad tanto para retener agua como para amortiguar los cambios en el pH.

**Piedra pómez.** La piedra pómez es una roca volcánica, porosa y ligera, que se forma de manera natural y retiene la humedad y el aire en superficies parecidas a catacumbas. Debido a su peso escaso, resulta fácil de trabajar; alguna roca de lava es tan ligera que flota. Ten cuidado de que los bordes afilados de las rocas no dañen las raíces. La roca de lava sigue siendo un buen medio de cultivo y actúa de forma similar a la arcilla expandida. Véase «Piedra pómez» dentro de la sección «Correctores para tierra».

**Musgo de turba.** Está compuesto de vegetación descompuesta parcialmente. La descomposición se ralentiza en las turberas de las regiones norteñas donde se encuentra. Hay tres tipos comunes de musgo de turba: esfagno, *hypnum* y caña/junco. La turba de esfagno es fibra en un 75% aproximadamente, y su pH está entre 3,0 y 4,0. La turba de *hypnum* está compuesta por un 50% de fibra más o menos, y tiene un pH de 6,0 ó más. Para más información, consulta la sección «Correctores para tierra» en el capítulo décimo.

**Perlita.** Drena deprisa pero es muy ligera y tiende a flotar cuando se inunda con agua. La perlita no tiene capacidad para regular el pH y se emplea para airear las mezclas con o sin tierra. Véase «Correctores para tierra» en el capítulo décimo.

**Lana de roca.** Se trata de un medio excepcional de cultivo, y el favorito de muchos cultivadores. Es un medio de cultivo inerte, estéril, poroso y no degradable que proporciona un soporte firme a las raíces. La lana de roca tiene la habilidad de retener tanto agua como aire para las raíces. Las raíces son capaces de absorber la mayor parte del agua almacenada en la lana de roca, pero ésta no tiene capacidad de amortiguación y su pH es alto. Probablemente, la lana de roca es el medio de cultivo hidropónico más popular en todo el mundo. Hay marcas populares como Grodan®, General Hydro® y Toprock®.

**Arena.** Resulta pesada y no tiene capacidad de amortiguación. Algunas arenas tienen un pH elevado. Asegúrate de usar arena clara de río. No utilices arena salada de mar o de playa. La arena drena rápidamente, pero también retiene agua. El mejor uso que puede darse a la arena es como corrector para tierra en volúmenes inferiores al 10%.

**Serrín.** Este medio retiene demasiada agua para el cultivo de marihuana y suele ser demasiado ácido. Ten cuidado con las tierras que tienen demasiada materia procedente de la madera. Dichos medios de cultivo usan el nitrógeno disponible para descomponer la materia leñosa.

**Vermiculita.** Retiene gran cantidad de agua y se adapta mejor para enraizar esquejes cuando se mezcla con arena o perlita. Junto a sus excelentes cualidades para regular el pH, la vermiculita retiene mucha agua y tiene restos de magnesio (Mg), Fósforo (P), Aluminio (Al) y Silicio (Si). No utilices la vermiculita destinada a la construcción, que está tratada con compuestos químicos fitotóxicos. Consulta la sección «Correctores para tierra», en el capítulo décimo, para ampliar esta información.

**Agua.** El agua por sí sóla es un medio pobre porque no puede retener el oxígeno necesario para la vida de la planta. Cuando se airea, el agua se convierte en un buen medio de cultivo.

## pH

El pH de la solución nutriente controla la disponibilidad de los iones que el cannabis necesita asimilar. La marihuana crece bien hidropónicamente con un rango de pH entre 5,5 y 6,5, aunque lo ideal es que esté entre 5,8 y 6,0. En los jardines hidropónicos, el pH requiere algo de vigilancia. En hidroponía, los nutrientes se encuentran disueltos y están más disponibles que en la tierra. El pH de la solución puede fluctuar medio punto y no causar ningún problema.

Las raíces toman nutrientes a distintos ritmos, lo cual hace que la proporción de nutrientes en la solución altere el pH. Cuando el pH está por encima de 7,0 ó por debajo de 5,5, algunos nutrientes no se absorben tan deprisa como es posible.

*Los cubos de lana de roca retienen aire y solución nutriente en abundancia dentro de sus fibras; además, son limpios y fáciles de usar.*

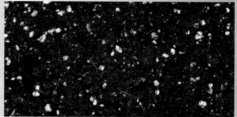

*Medio de cultivo sin tierra.*

*La vermiculita retiene gran cantidad de solución nutriente.*

**Esta tabla muestra la porosidad y el espacio disponible para el aire de diferentes sustratos.**

| Porosidad del sustrato | | Espacio para el aire |
| --- | --- | --- |
| Fibra de coco | 90% | 10% |
| Turba/Vermiculita | 88% | 9% |
| Turba/Perlita | 78% | 15% |
| Turba/Lana de roca | 88% | 14% |
| Musgo de turba | 90% | 15% |
| Perlita | 68% | 30% |
| Lana de roca | 90% | 20% |
| Arena | 38% | 3% |
| Vermiculita | 80% | 10% |

Compra productos específicos para subir y bajar el pH en vez de intentar hacértelos tú mismo a partir de ácidos concentrados. Las mezclas comerciales están estabilizadas y su empleo resulta seguro.

**Ajusta hacia arriba el nivel de pH de la solución nutriente con:**

## pH Up
**Hidróxido de potasio**
**No emplear hidróxido de sodio, peligroso y cáustico, para subir el pH.**

**Ajusta hacia abajo el nivel de pH de la solución nutriente con:**

## pH Down
**Ácido nítrico**
**Ácido fosfórico**
**Ácido cítrico**
**Vinagre**

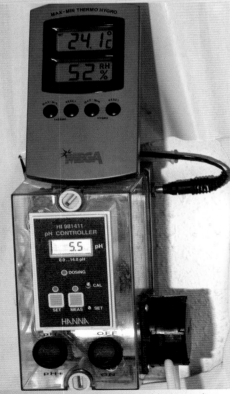

Este controlador monitoriza y controla el pH en el depósito mediante la adición de pH Up o pH Down. El termómetro/higrómetro que está aparte, encima del controlador en la imagen, monitoriza la temperatura ambiente y la humedad.

Comprueba el pH cada uno o dos días para estar seguro de que está al nivel idóneo o cerca de éste.

Las desviaciones en los niveles de pH suelen afectar a la solubilidad de los elementos. Los valores cambian ligeramente en función de la planta, el medio de cultivo y el sistema hidropónico. En general, los jardines hidropónicos requieren niveles de pH más bajos que los que están en tierra. El mejor rango de pH para jardines hidropónicos está entre 5,5 y 6,5. Los distintos medios responden mejor a niveles diferentes de pH. Sigue las directrices del fabricante en cuanto al nivel de pH, y corrige el pH utilizando los productos químicos que aconseje el fabricante, ya que reaccionarán mejor con sus fertilizantes.

El pH puede fluctuar fácilmente un punto arriba y abajo en sistemas hidropónicos y provocar poco o ningún problema con la toma de nutrientes.

Sigue las instrucciones que aparecen en los envases, y acuérdate de mezclar los correctores de pH lenta y completamente en el depósito. Los fertilizantes normalmente son ácidos y bajan el pH de la solución nutriente. Pero la solución nutriente aún es absorbida por las plantas, y el agua se transpira y evapora en el aire, lo cual provoca que el pH salte.

Estabiliza el pH del agua antes de añadir cualquier fertilizante.

Lleva a cabo una corrección si las lecturas varían ± medio punto.

## EC, TDS, DS, CF, PPM
## Medidores de EC

El agua destilada ofrece una resistencia muy alta, pero apenas conduce la corriente eléctrica. Cuando se añaden impurezas en forma de sales de fertilizante al agua destilada, ésta conduce la electricidad. Un análisis del agua te indicará las impurezas o sólidos disueltos que se encuentran en el agua del grifo. Estas impurezas conducen la electricidad.

Las concentraciones de nutriente (sal) se miden según su habilidad para conducir la electricidad a través de una solución. Las sales iónicas disueltas crean corriente eléctrica en la solución. El principal constituyente de las soluciones hidropónicas son las sales iónicas. Actualmente, se usan varias escalas para medir cuánta electricidad conducen los nutrientes, incluyendo: la conductividad eléctrica o electroconductividad (EC), el factor de conductividad (FC), las partes por millón (PPM), el total de sólidos disueltos (TSD) y los sólidos disueltos (SD). La mayoría de los cultivadores americanos usan las ppm para medir la concentración total de fertilizante. Los cultivadores europeos, australianos y neozelandeses emplean la EC, aunque todavía se usa el FC en algunas partes de Australia y Nueva Zelanda. Las partes por millón no es tan preciso ni consistente como la EC para medir la fortaleza de la solución nutriente.

La diferencia entre EC, FC, ppm, TSD y SD es más compleja de lo que podría parecer. Todos estos sistemas distintos de medida usan la misma base, pero interpretan la información de manera diferente. Empecemos con la EC, la escala más precisa y consistente.

La conductividad eléctrica se mide en mili-siemens por centímetro (mS/cm) o en micro-siemens por centímetro (µS/cm). 1 micro-siemen/cm = 1.000 mili-siemens/cm.

Los medidores de partes por millón en realidad miden la EC y la convierten a ppm. Por desgracia, las dos escalas (EC y ppm) no están relacionadas directamente. Cada nutriente o sal da una lectura electrónica distinta de la descarga. Para superar este obstáculo, se implementó un estándar arbitrario por el cual se asume que «una EC específica equivale a una cantidad específica de solución nutriente». Consecuentemente, la lectura en ppm no es precisa; es sólo una aproximación. Y todavía hay más. Los fabricantes de medidores de nutrientes emplean diferentes estándares para convertir la EC a una lectura en ppm.

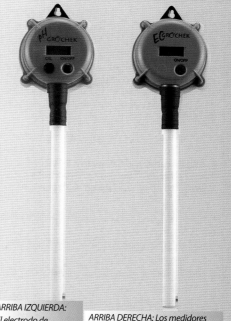

**ARRIBA IZQUIERDA:** El electrodo de este medidor está sumergido en la solución nutriente 24 horas al día para monitorizar el pH.

*ARRIBA DERECHA: Los medidores de EC/ppm de lectura constante y compensación de temperatura cuyo electrodo permanece sumergido en el tanque de nutrientes proporcionan un control constante.*

*DERECHA: Este Thruegeon de inmersión rápida mide la EC rápida y eficientemente. Fue uno de los primeros medidores precisos y económicos de EC que resultaba fácil de utilizar.*

En una solución con múltiples elementos, cada sal tiene un factor diferente de conductividad. El agua pura no conduce la corriente eléctrica, pero cuando se añaden sales/metales elementales, la conductividad eléctrica se incrementa proporcionalmente. Los medidores electrónicos simples miden este valor y lo interpretan como el total de sólidos disueltos (TSD). Las soluciones nutrientes que se emplean

| | |
|---|---|
| EC = Conductividad eléctrica | |
| FC = Factor de conductividad | |
| PPM = Partes por millón | |
| TSD = Total de sólidos disueltos | |
| SD = Sólidos disueltos | |

| 1. Hanna | 1 mS/cm = 500 ppm |
|---|---|
| 2. Eutech | 1 mS/cm = 640 ppm |
| 3. New Zealand Hydro. | 1 mS/cm = 700 ppm |

Las recomendaciones en partes por millón son imprecisas y confusas. Para ayudarte a salir de esta confusión, un amigo australiano ha recopilado la siguiente tabla de conversión, de referencia sencilla.

1 mS/cm = 10 FC ó 0,7 EC = 7 FC

**Escala de conversión de ppm a FC y EC.**

| EC mS/cm | Hanna 0,5 ppm | Eutech 0,64 ppm | Truncheon 0,70 ppm | CF 0 |
|---|---|---|---|---|
| 0,1 | 50 | 64 | 70 | 01 |
| 0,2 | 100 | 128 | 140 | 02 |
| 0,3 | 150 | 192 | 210 | 03 |
| 0,4 | 200 | 256 | 280 | 04 |
| 0,5 | 250 | 320 | 350 | 05 |
| 0,6 | 300 | 384 | 420 | 06 |
| 0,7 | 350 | 448 | 490 | 07 |
| 0,8 | 400 | 512 | 560 | 08 |
| 0,9 | 450 | 576 | 630 | 09 |
| 1,0 | 500 | 640 | 700 | 10 |
| 1,1 | 550 | 704 | 770 | 11 |
| 1,2 | 600 | 768 | 840 | 12 |
| 1,3 | 650 | 832 | 910 | 13 |
| 1,4 | 700 | 896 | 980 | 14 |
| 1,5 | 750 | 960 | 1.050 | 15 |
| 1,6 | 800 | 1.024 | 1.120 | 16 |
| 1,7 | 850 | 1.088 | 1.190 | 17 |
| 1,8 | 900 | 1.152 | 1.260 | 18 |
| 1,9 | 950 | 1.260 | 1.330 | 19 |
| 2,0 | 1.000 | 1.280 | 1.400 | 20 |
| 2,1 | 1.050 | 1.344 | 1.470 | 21 |
| 2,2 | 1.100 | 1.408 | 1.540 | 22 |
| 2,3 | 1.150 | 1.472 | 1.610 | 23 |
| 2,4 | 1.200 | 1.536 | 1.680 | 24 |
| 2,5 | 1.250 | 1.600 | 1.750 | 25 |
| 2,6 | 1.300 | 1.664 | 1.820 | 26 |
| 2,7 | 1.350 | 1.728 | 1.890 | 27 |
| 2,8 | 1.400 | 1.792 | 1.960 | 28 |
| 2,9 | 1.450 | 1.856 | 2.030 | 29 |
| 3,0 | 1.500 | 1.920 | 2.100 | 30 |
| 3,1 | 1.550 | 1.984 | 2.170 | 31 |
| 3,2 | 1.600 | 2.048 | 2.240 | 32 |

para cultivar marihuana suelen estar entre 500 y 2.000 ppm. Si la concentración de la solución es demasiado alta, los sistemas osmóticos internos pueden revertirse y, realmente, llegar a deshidratar la planta. En general, intenta mantener un valor moderado, aproximadamente entre 800 y 1.200 ppm.

Los niveles de concentración de la solución nutriente se ven afectados por la absorción de nutrientes que llevan a cabo las raíces, y por la evaporación de agua. La solución se debilita a medida que las plantas usan los nutrientes, pero el agua también se evapora de la solución, lo cual aumenta la concentración de nutrientes. Ajusta la concentración de la solución añadiendo fertilizante o diluyéndola con más agua.

Hay muchos factores que pueden alterar el balance de EC de una solución. Por ejemplo, si existe una falta de agua o se deja secar por completo, la lectura de la EC será más alta. De hecho, la EC puede multiplicarse por dos o por tres respecto a la solución de entrada cuando se aplica una cantidad insuficiente de agua a la lana de roca. Esto aumenta en las planchas de lana de roca, donde la EC provoca que algunos nutrientes se acumulen más rápido que otros. Cuando la EC se duplica, la cantidad de sodio puede aumentar entre cuatro y seis veces en relación a condiciones normales. No debería haber ninguna presencia de sodio en tu

Las partes por millón miden la cantidad total de sólidos disueltos o sales de fertilizante. Cada sal fertilizante conduce cantidades distintas de electricidad. Utiliza una solución de calibración, que imita al fertilizante en la solución nutriente, para calibrar los medidores de ppm o de EC. El uso de estas soluciones asegura que las lecturas del medidor sean lo más precisas posible. Por ejemplo, un 90% de nitrato de amonio disuelto en agua se mide, y la lectura indica un escaso 40% de magnesio. No emplees soluciones de calibración a base de sodio. Están pensadas para aplicaciones distintas a la jardinería. Adquiere la solución de calibración del fabricante o el vendedor al comprar el medidor. Pregunta por una solución de calibración estable que imite tu fertilizante. Calibra los medidores de EC y de ppm con regularidad. Un buen medidor combinado de ppm, EC y pH que incluya compensación de temperatura cuesta alrededor de 200 € y bien merece la pena. Además, las baterías duran mucho tiempo.

jardín, a menos que esté en el agua de abastecimiento, donde no debería exceder de 50 ppm.

Deja que el 10-20% de la solución nutriente drene fuera del medio de cultivo después de cada ciclo de irrigación para mantener la estabilidad de la EC. El sobrante arrastra cualquier exceso de sales fertilizantes acumuladas en el medio de cultivo.

Si el nivel de EC de una solución es demasiado alto, aumenta la cantidad de líquido sobrante que se crea con cada irrigación. En vez de un 10-20% de sobrante, irriga de forma que escurra un 20-30% de la solución. Para elevar la EC, añade más fertilizante a la solución, o cambia la solución nutriente.

Una medición de sólidos disueltos (SD) indica cuántas partes por millón (ppm) de sólidos disueltos existen en una solución. Una lectura de 1.800 ppm significa que hay 1.800 partes de nutrientes en un millón de partes de solución, ó 1.800/1.000.000.

Un medidor de EC calcula el volumen total de fortaleza que tienen los elementos en el agua o en la solución. La lectura o la EC de la corriente eléctrica que fluye entre los dos electrodos se muestra en una pantalla de cristal líquido. El agua de lluvia pura tiene una EC cercana a cero. Comprueba el pH y la EC del agua de lluvia para saber si es ácida (lluvia ácida) antes de usarla.

El agua destilada en botellas que puede encontrarse en las tiendas suele registrar una pequeña cantidad de resistencia eléctrica, porque no es perfectamente pura. El agua pura, sin resistencia, es muy difícil de obtener y no es necesaria para una solución nutriente hidropónica.

La medición de la conductividad eléctrica es sensible a la temperatura, y debe tenerse en cuenta a la hora de tomar una lectura para mantener la precisión. Los medidores de alta calidad tienen ajustes de temperatura tanto automáticos como manuales. Calibrar un medidor de EC es similar a calibrar un medidor de pH. Simplemente, sigue las instrucciones del fabricante. Para obtener una lectura exacta, asegúrate de que tu solución nutriente y la solución almacenada estén a la misma temperatura.

Los medidores baratos duran alrededor de un año, y los medidores caros pueden durar muchos años. Sin embargo, la vida útil de la mayoría de los medidores de EC, con independencia de su coste, depende de un mantenimiento regular. Los electrodos deben mantenerse húmedos y limpios todo el tiempo. Esto es lo más importante para mantener el medidor en buen estado. Lee las instrucciones de cuidado y mantenimiento. Vigila la acumulación de corrosión

en las sondas de tu medidor. Si los electrodos están corroídos, las lecturas no serán precisas.

Para comprobar la EC de la solución nutriente, recoge muestras tanto del depósito como del medio de cultivo. Ahorra tiempo y esfuerzo; recoge las muestras para medir el pH y la EC simultáneamente. Recoge las muestras con una jeringa dentro de la lana de roca o de la fibra de coco, a cinco centímetros de profundidad por lo menos. Toma muestras aparte del depósito. Vierte cada muestra en un vaso limpio. Utiliza el medidor calibrado de EC para evaluar las muestras. En condiciones normales, la EC debería ser un poco más alta en la plancha de lana de roca que en el depósito. Si la EC de la solución tomada del medio de cultivo es sustancialmente mayor que la del depósito, las sales se han acumulado en el sustrato. Corrige el desequilibrio enjuagando el sustrato completamente con una solución nutriente diluida, y cambia la solución por una nueva. Comprueba regularmente la EC del agua, del medio y el sobrante.

## Esterilización

Para reutilizar un medio de cultivo, debe esterilizarse para eliminar las destructivas plagas y enfermedades. La esterilización es menos cara y, con frecuencia, más sencilla que reemplazar el medio de cultivo. La esterilización funciona mejor con medios de cultivo rígidos, que no pierden su forma, como la grava, la arcilla expandida y la mica. Evita esterilizar y reutilizar sustratos que se compacten y pierdan su estructura, como la lana de roca, la fibra de coco, el musgo de turba, la perlita y la vermiculita. Evita los problemas causados por la compactación y las raíces muertas sustituyendo estos medios de cultivo cuando hayan sido usados. Una vez esterilizado, el medio está libre de microorganismos perjudiciales, incluyendo bacterias y hongos además de las plagas y sus huevos.

Elimina las raíces del medio de cultivo antes de esterilizar. Una planta de marihuana con tres o cuatro meses de edad tiene una masa de raíces del tamaño de un viejo teléfono de sobremesa. Separa el medio sacudiendo y tirando de las raíces. Haz que rebote el medio sobre una malla de rejilla para que las raíces salgan fuera. Recoge y retira las raíces a mano. Cuantas menos raíces en descomposición haya, menos problemas habrá con las plagas y las enfermedades, y se reducirán las incidencias debidas a tubos de alimentación atascados.

*Retira del medio de cultivo los cepellones de raíces de las plantas cosechadas, y elimina los tallos y las raíces.*

*Lava el sustrato con abundante agua fresca para eliminar las sales acumuladas y las raíces muertas.*

El sustrato también puede lavarse en un contenedor grande, como un barreño, o en una bañera. El lavado funciona mejor con los sustratos más ligeros, como la arcilla o la mica expandida. Las raíces flotan en la superficie y se pueden retirar fácilmente a mano o con una malla.

Una vez que hayas retirado las raíces, remoja el sustrato con un esterilizador, como una solución al 5% de lejía para la colada (hipoclorito de sodio o de calcio), durante una hora por lo menos. O mezcla ácido clorhídrico, del tipo que se usa para los jacuzzis y las piscinas. Vierte la solución de esterilización, deja que drene o bombéala fuera del contenedor, y enjuaga el medio con abundante agua fresca. Una bañera y una alcachofa de ducha conectada a una manguera resultan perfectas para lavar sustrato. Coloca el sustrato en la bañera, sitúa una malla sobre el drenaje y utiliza la alcachofa de la ducha o una manguera para lavar el medio. Puede que sea necesario llenar la bañera con agua limpia y drenarla un par de veces para enjuagar los residuos de esterilizador que pudieran quedar en el sustrato.

Si decides utilizar lana de roca o coco por segunda vez, puede que tengas problemas con plagas y enfermedades. En general, recomiendo que se reutilice un medio sólo si no se deteriora ni se compacta. Ejemplos: gravilla, arcilla expandida, roca de lava, arena, etc. Una vez usados en interior, reutiliza el coco biodegradable y la lana de roca en el jardín al aire libre.

Para esterilizar un jardín hidropónico, retira la solución nutriente del depósito. Bombea la solución en el jardín exterior. Evita desecharla a través del desagüe de la casa y, definitivamente, no te deshagas de la solución en una fosa séptica. ¡Los nutrientes interrumpen los procesos químicos!

Inunda el medio de cultivo con la solución esterilizadora durante, al menos, media hora; deja que drene y vuelve a cubrirla de nuevo. Bombea la solución de lejía fuera del sistema y llévala hasta el desagüe. No vacíes la solución esterilizadora al exterior; provocaría la defoliación de las plantas allá donde se vierta. Utiliza gran cantidad de agua fresca para lixiviar y enjuagar todo el sistema, incluyendo los lechos, las mangueras de conexión, los drenajes y el depósito. Asegúrate de que se eliminan todos los residuos enjuagando dos veces el sistema entero, durante media hora cada vez. Retira toda la solución del tanque y friega cualquier signo visible de acumulación de sales con una esponja grande y jabonosa. Ten a mano un cubo con agua limpia para enjuagar la esponja.

Un método alternativo de esterilización consiste en solear la lana de roca. En un lugar soleado, dispón las planchas secas de lana de roca sobre un pliego de plástico negro y cúbrelo con más plástico negro. Deja que el sol cueza la capa de planchas o de copos durante varios días. La temperatura de la lana de roca alcanzará 60 ºC o más, lo suficiente para esterilizar el material frente a la mayoría de enfermedades y plagas dañinas.

## Nutrientes hidropónicos

Las formulaciones hidropónicas de alta calidad son solubles, contienen todos los nutrientes necesarios y no dejan residuos de impurezas en el fondo del depósito. Utiliza siempre el mejor fertilizante hidropónico que puedas encontrar. Hay muchos fertilizantes hidropónicos comerciales que contienen todos los nutrientes de forma equilibrada para una marihuana excelente. Los fertilizantes hidropónicos de calidad que se presentan en fórmulas de uno, dos o tres partes disponen de todos los macro y micronutrientes necesarios para una asimilación de los nutrientes y un crecimiento rápido. Los fertilizantes baratos contienen componentes impuros, de baja calidad, que dejan residuos y sedimentos. Estas impurezas se acumulan en poco tiempo y provocan una mayor necesidad de mantenimiento. Si se aplican adecuadamente, los nutrientes solubles de alta calidad para hidroponía están disponibles para su absorción de manera inmediata. Resulta mucho más fácil tener un control exacto cuando se emplean nutrientes puros de gran calidad. Muchas empresas utilizan nutrientes de calidad alimentaria para elaborar sus formulaciones fertilizantes.

Los nutrientes son necesarios para que la marihuana crezca y se desarrolle. Con independencia de su origen, estos nutrientes deben descomponerse químicamente dentro de la planta. Los nutrientes podrían derivar de una base orgánica natural que no haya sido calentada ni procesada para cambiar su forma, o podrían ser elementos y compuestos químicos. En teoría, cada tipo de fertilizante, ya sea orgánico o químico, produce el mismo resultado cuando se aplica de manera correcta.

Para una información completa sobre los nutrientes y los fertilizantes, consulta el capítulo undécimo, «Agua y nutrientes». Muchos de los principios que se aplican a la tierra valen también para el medio hidropónico.

## Soluciones nutrientes

Para evitar problemas, cambia la solución nutriente del depósito cada semana. Cambia la solución nutriente cada dos semanas en sistemas que dispongan de un depósito de gran tamaño. Cambia la solución nutriente más a menudo cuando las plantas estén en las últimas etapas de la floración, ya que usan más nutrientes. Puedes esperar a cambiar la solución nutriente, pero los desequilibrios serán más comunes. Las plantas absorben los nutrientes con ritmos distintos, y algunos de los nutrientes se acaban antes que otros, lo cual puede causar problemas más complejos. La mejor forma de mantenimiento preventivo consiste en cambiar la solución frecuentemente. Ahorrar fertilizante puede provocar que el crecimiento se estanque. Los desequilibrios de nutrientes también hacen que el pH fluctúe, normalmente hacia abajo. Los nutrientes que se utilizan a distintos ritmos provocan que la formulación se desequilibre. Sortea estos problemas usando nutrientes puros y lavando por completo el medio de cultivo con agua limpia templada entre una y otra solución nutriente.

La hidroponía ofrece los medios para proporcionar la máxima cantidad de nutrientes que puedan necesitar las plantas, pero también

---

## Para eliminar las raíces y esterilizar el medio de cultivo:

**1.** Retira manualmente la masa de raíces que está enrollada cerca del fondo del lecho, y sacude los restos adheridos de medio de cultivo. Puede que resulte más sencillo añadir más medio que intentar retirarlo de entre las raíces.

**2.** Vierte los medios de cultivo como la arcilla expandida y la grava sobre una rejilla dispuesta sobre un cubo grande. La mayoría de las raíces se quedarán encima de la rejilla.

**3.** Extiende el medio de cultivo en el suelo y dirige un ventilador oscilante en esa dirección para secar las raíces restantes.

*Ésta es una de las muchas marcas populares de fertilizante hidropónico líquido.*

puede matarlas de hambre o sobrefertilizarlas rápidamente. Recuerda que los sistemas hidropónicos están diseñados para dar un rendimiento alto. Si una cosa funciona mal, digamos que se va la luz, la bomba se estropea, el drenaje se bloquea con raíces o hay una fluctuación rápida en el pH, podrían darse problemas mayores en el jardín. Un error podría acabar con las plantas o estancarlas hasta tal punto que no tengan tiempo de recuperarse antes de la cosecha.

## Mantenimiento de la solución

Las plantas utilizan tanta agua que las soluciones nutrientes necesitan reponerse con regularidad. El agua se usa a un ritmo mucho más rápido que los nutrientes. *Rellenar* el depósito con agua con el pH ajustado mantendrá la solución relativamente equilibrada durante una semana o dos. Algunos cultivadores rellenan la solución nutriente con otra solución de 500-700 ppm cada dos o tres días. No dejes nunca la misma solución durante más de cuatro semanas antes de drenarla y añadir una solución fresca. Los buenos cultivadores lixivian todo el sistema con una solución nutriente débil durante una hora o más antes de cambiar el depósito. Limpia todo el sistema con esta solución.

No enjuagues sólo con agua. En realidad, lavar con una solución suave (a un cuarto de concentración) de nutrientes elimina más excesos de fertilizante que el agua limpia.

Comprueba la EC en el depósito, en el medio de cultivo y en la solución nutriente drenada al mismo tiempo cada día.

Utiliza un medidor electrónico de EC tipo bolígrafo para monitorizar el nivel de sólidos disueltos en la solución. En ocasiones tendrás que añadir más

| ELEMENTO | Límites | Media |
|---|---|---|
| Nitrógeno | 150 – 1.000 | 250 |
| Calcio | 100 – 500 | 200 |
| Magnesio | 50 – 100 | 75 |
| Fósforo | 50 – 100 | 80 |
| Potasio | 100 – 400 | 300 |
| Azufre | 200 – 1.000 | 400 |
| Cobre | 0,1 – 0,5 | 0,2 |
| Boro | 0,5 – 5,0 | 1,0 |
| Hierro | 2,0 – 10 | 5,0 |
| Manganeso | 0,5 – 5,0 | 2,0 |
| Molibdeno | 0,01 – 0,050 | 0,02 |
| Zinc | 0,5 – 1,0 | 0,5 |

fertilizante concentrado para mantener el nivel de EC en el depósito durante los periodos de *relleno*. Mantén el depósito lleno todo el tiempo. Cuanto más pequeño sea el depósito, más rápidamente puede quedarse vacío y más decisivo es mantenerlo lleno. Los depósitos de menor tamaño deberían rellenarse diariamente.

## Composición de la solución nutriente

La tabla de la izquierda es una guía sobre los límites satisfactorios de los nutrientes, expresados en ppm. No te desvíes demasiado de estos niveles para evitar deficiencias y excesos de nutrientes.

## Hidroorgánico

Hidroorgánico es una manera de llamar al cultivo de cannabis en un medio inerte, sin tierra, y abonando con una solución nutriente orgánica y soluble. Los abonos orgánicos suelen estar definidos por contener sustancias con una molécula de carbono o una sustancia natural inalterada, como rocas molidas.

Los cultivadores con más dedicación se toman el tiempo y la molestia de cultivar hidroorgánicamente, porque los nutrientes naturales dan un sabor orgánico dulce a los cogollos. Los cultivos que se llevan acabo en menos de 90 días, ya sean de interior o de exterior, no tienen tiempo de esperar a que se descompongan los nutrientes orgánicos. Los nutrientes orgánicos deben ser solubles y estar disponibles fácilmente para que los rápidos cultivos de cannabis puedan beneficiarse.

Se puede conseguir un balance exacto de los nutrientes orgánicos a base de experimentación constante y de prestar atención a los detalles. Incluso cuando compres fertilizantes comerciales listos para su uso, como BioCanna o Earth Juice, necesitarás probar diferentes cantidades de abono y ritmos de aplicación para lograr la combinación exacta que permita la producción de cogollo de máxima calidad.

Tomar lecturas precisas de la EC o mezclar la cantidad exacta de un nutriente específico resulta muy difícil en hidroponía orgánica. Los abonos químicos son fáciles de medir y aplicar. Resulta sencillo dar a las plantas la cantidad concreta de fertilizante que necesitan en cada etapa del desarrollo.

Los nutrientes orgánicos tienen una estructura compleja, y medir el contenido es dificultoso. También son difíciles de mantener estables. Algunos fabricantes, como BioCanna, Earth Juice y Fox Farm han trabajado para estabilizar sus fertilizantes. Cuando adquieras nutrientes orgánicos, cómpralos siempre del mismo fabricante, e investiga tanto como sea posible acerca de la fuente de la cual derivan los fertilizantes.

Combina los abonos orgánicos solubles premezclados con otros ingredientes orgánicos para hacer tu propia mezcla. Los cultivadores experimentan para hallar la mezcla que case perfectamente con su sistema y con las variedades que estén cultivando. Añadir demasiado abono puede toxificar la tierra y bloquear los nutrientes, haciendo que no estén disponibles. El follaje y las raíces se queman cuando esta condición es severa.

Los fertilizantes orgánicos solubles son bastante fáciles de arrastrar fuera del medio de cultivo. Como los abonos químicos, los fertilizantes orgánicos se acumulan fácilmente hasta alcanzar niveles tóxicos. Busca los mismos síntomas que en tierra: puntas quemadas en las hojas, follaje descolorido y deformado, hojas quebradizas, etc. Los nutrientes orgánicos requieren un lavado aún con más agua. Enjuaga el medio con tres litros de agua por cada litro de medio. Algunos cultivadores irrigan sólo con agua durante las dos últimas semanas de floración para eliminar por completo el gusto a fertilizante de los cogollos.

Mezcla algas con macronutrientes y nutrientes secundarios para elaborar un fertilizante hidroorgánico. La cantidad de nutrientes primarios y secundarios no es tan importante como la variedad de oligoelementos que están presentes en las algas de forma disponible. Los nutrientes mayores pueden aplicarse mediante una emulsión soluble de pescado para el nitrógeno; el fósforo y el potasio son aportados por el guano de murciélago, la harina de huesos y los diversos tipos de estiércol. Cada vez más cultivadores orgánicos están añadiendo estimuladores de crecimiento como ácido húmico, bacterias *Trichoderma* y hormonas.

## Depósitos

Los depósitos de solución nutriente deberían ser tan grandes como fuera posible, y tener una tapa para reducir la evaporación. Los jardines usan un 5-25% de la solución nutriente cada día. Un gran volumen de solución nutriente minimizará los desequilibrios nutricionales. Cuando se consume agua, aumenta la concentración de los elementos en el agua restante; hay menos agua en la solución y casi la misma cantidad de nutrientes. Añade agua tan pronto como baje el nivel de la solución. Para compensar el uso diario y la evaporación, el depósito debería contener, por lo menos, el 25% más de solución nutriente que se necesita para llenar los lechos de cultivo. Cuanto mayor sea el volumen de solución nutriente, más errores perdona el sistema y más sencillo resulta controlarlo. Olvidarse de reponer la cantidad de agua y/o de solución nutriente podría resultar en el fracaso del cultivo.

Comprueba el nivel del depósito diariamente, y rellénalo si fuera necesario. Un depósito que pierde más del 20% de su volumen a diario puede rellenarse con agua pura o de baja EC (500 ppm). Los sistemas sofisticados tienen una válvula de flotación que controla el nivel de agua en el depósito.

Si tu depósito no dispone de marcas de medida graduadas para denotar el volumen de líquido, usa un rotulador indeleble para trazar una línea de llenado en el interior del tanque, incluyendo el número de litros contenidos hasta ese punto. Emplea esta medida de volumen al mezclar los nutrientes.

---

### Niveles de sales solubles

Conductividad eléctrica (EC) en miliSiemens (mS) y total de sólidos disueltos (TSD) en partes por millón (ppm)

| Nivel deseado | Nivel permisible | Probables daños por sales |
|---|---|---|
| (pero potencialmente peligroso) | | |
| EC en mS | | |
| 0,75 a 2,0 | 2,0 a 3,0 | 3,0 y más TSD en ppm |
| 500 a 1.300 | 1.300 a 2.000 | 2.000 y más |

Para determinar las soluciones de nutrientes, un mS (miliSiemen) o un mMho/cm$^2$ equivale aproximadamente a 650 ppm de sólidos disueltos totales.

Este innovador depósito está hecho forrando una tubería galvanizada de gran tamaño con plástico de alta resistencia.

Una válvula de flotación abre el paso de agua para llenar el contenedor cuando el nivel baja.

La solución en dos partes se mezcla antes de aplicarla. Cada depósito contiene una parte de la solución.

Cubre los depósitos para evitar la evaporación añadida, y para prevenir la contaminación y el crecimiento de algas.

La solución nutriente se airea cuando cae de vuelta al depósito.

Conecta una tubería de recirculación con una válvula para abrir y cerrar la tubería de salida de la bomba. Éste es un método conveniente y de control sencillo para airear la solución nutriente.

La bomba debería estar instalada de forma que pueda sacar la solución del depósito. Sitúa los depósitos a la altura suficiente para que la solución nutriente usada pueda fluir hasta el drenaje o al jardín de exterior gracias a la fuerza de la gravedad.

## Temperatura del depósito

La temperatura de la solución nutriente debería permanecer entre 15 y 24 ºC. No obstante, la solución nutriente retiene mucho más oxígeno a 15 ºC que a 24 ºC. No permitas nunca que la temperatura de la solución nutriente supere los 29 ºC. Por encima de 29 ºC, la solución retiene poco oxígeno. Las temperaturas superiores a 29 ºC dañan las raíces fácilmente. Las raíces dañadas por el calor son muy susceptibles de pudrición, marchitez y ataques de hongos.

Las bombas no sumergibles de gran tamaño mueven rápida y eficazmente volúmenes considerables de solución nutriente.

Para ahorrar energía y dinero, calienta la solución nutriente en vez del aire que hay en la habitación. Calienta la solución nutriente con un calefactor sumergible para acuarios o con cables calefactores para propagación con toma a tierra. Los calefactores pueden tardar un día o más en elevar la temperatura si el volumen de solución es grande. No dejes los calefactores en un depósito vacío. Pronto se sobrecalentarán y se quemarán. Los calefactores de acuario rara vez tienen cable de toma a tierra, un descuido aparentemente obvio. Pero nunca he sabido de ningún caso de electrocución debido a un calefactor de acuario. Evita los calefactores sumergibles que dejan residuos perjudiciales.

Un filtro recambiable de espuma en la toma de entrada de esta bomba sumergible retira partículas que podrían taponar el mecanismo y los tubos de alimentación.

Cuando el aire está más fresco que el agua, la humedad se evapora en el aire rápidamente; cuanto mayor sea el diferencial de temperatura, más alta será la humedad relativa. Mantener la temperatura de la solución nutriente alrededor de 15 ºC ayudará a controlar la transpiración y la humedad. También fomentará la absorción de nutrientes.

Una bomba de aire sumergida en el depósito no sólo airea la solución, sino que también ayuda a nivelar el diferencial de temperatura entre el aire del entorno y el depósito.

El asa y la base de esta bomba hacen que sea fácil de trasladar y de montar en una posición fija.

## Irrigación

La irrigación es una ciencia en sí misma. Los ciclos de irrigación dependen del tamaño de la planta, las condiciones climáticas y el tipo de medio utilizado. Las partículas de sustrato que son grandes, redondas y suaves drenan rápidamente y necesitan ser irrigadas con más frecuencia: entre cuatro y doce veces diarias durante ciclos de cinco a treinta minutos. Los medios fibrosos con superficies irregulares, como la vermiculita, drenan despacio y requieren un riego menos frecuente, a menudo sólo una vez al día. El agua llega hasta 1,5 cm de la superficie de la grava y debería drenar completamente del medio después de cada riego.

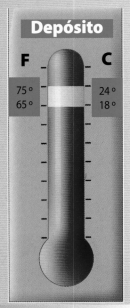

**Depósito**

F     C

75°     24°

65°     18°

*Rango de temperatura del depósito.*

*Utiliza un calentador de acuario para templar los depósitos fríos. No dejes que el depósito se seque cuando el calentador está encendido o éste se quemará.*

Los sistemas de alimentación superior funcionan con intervalos de cinco minutos o más, y deberían irrigarse tres veces al día por lo menos. A menudo, los cultivadores hacen que la solución nutriente circule las 24 horas del día, especialmente cuando se cultiva en arcilla expandida, de drenaje rápido, o en medios similares.

En medios que drenan rápidamente, la irrigación es continua. La irrigación por goteo en la fibra de coco se produce cuatro o cinco veces diarias. Los ciclos de inundación y drenaje se dan entre cinco y diez veces diarias.

Durante la irrigación y poco después, el contenido nutricional del lecho de cultivo y del depósito tienen la misma concentración. A medida que pasa el tiempo entre una y otra irrigación, la EC y el pH cambian gradualmente. Si pasa suficiente tiempo entre irrigaciones, la concentración de nutrientes puede alterarse tanto que la planta no sea capaz de absorberla.

Existen muchas variaciones sobre la frecuencia de riego. La experimentación te aclarará más que cualquier otra cosa.

## Desórdenes nutricionales

Cuando el jardín hidropónico tiene un plan de mantenimiento regular, y el cultivador conoce bien el cultivo, los problemas nutricionales suelen prevenirse. Si la deficiencia o el exceso de nutrientes afecta a más de unas pocas plantas, comprueba los accesorios de irrigación para asegurarte de que las plantas afectadas estén recibiendo una dosis completa de solución nutriente. A continuación, comprueba el sustrato alrededor de las plantas afectadas para cerciorarte de que la solución nutriente esté penetrando por todo el medio y de que todas las raíces estén mojadas. Verifica la zona de las raíces para asegurar que las raíces no hayan obstruido los conductos de drenaje y que no estén en una solución estancada.

Cambia la solución nutriente si hay un buen flujo de solución nutriente por toda la zona de las raíces, pero las plantas siguen teniendo un aspecto enfermizo. Asegúrate de que el pH del agua esté dentro de los límites aceptables, entre 5,5 y 6,5, antes de añadir nuevos nutrientes.

Si cambiar la solución no resuelve el problema, cambiar a una nueva marca de fertilizantes puede ser la clave. Observa los dibujos a color sobre deficiencias y excesos de nutrientes específicos en el capítulo undécimo para determinar el problema exacto, y añade un 10-20% más del nutriente que falta en forma quelatada hasta que el desorden haya desaparecido. Lixivia el medio de cultivo con una solución nutriente diluida para resolver los problemas simples de sobredosis de nutrientes.

Los jardines hidropónicos no tienen tierra que regule la absorción de los nutrientes. Esto provoca que los desórdenes nutricionales se manifiesten como follaje descolorido, desarrollo lento, manchas, etc., a un ritmo rápido. Los jardineros inexpertos deben aprender a reconocer los problemas nutricionales en sus etapas iniciales para evitar problemas serios, que cuesta un valioso tiempo para que se recuperen las plantas. El tratamiento de una deficiencia o un exceso nutricional debe ser rápido y certero. Pero, una vez tratadas, las plantas tardan varios días en responder al remedio. Para aplicar una cura rápida, alimenta las plantas por vía foliar. Véase «Alimentación foliar» en el capítulo undécimo.

El diagnóstico de la deficiencia o el exceso de nutrientes se vuelve dificultoso cuando dos o más elementos presentan carencias o excesos al mismo tiempo. Los síntomas podrían no apuntar directamente a la causa. Resuelve los rompecabezas de los síndromes por deficiencias desconocidas de nutrientes mediante un cambio de la solución nutriente. Las plantas no siempre necesitan un diagnóstico exacto cuando se cambia la solución nutriente.

La sobrefertilización, una vez diagnosticada, es fácil de remediar. Drena la solución nutriente. Enjuaga el sistema dos veces por lo menos con una solución fresca y diluida (5-10%) para eliminar cualquier sedimento persistente o acumulación de sales en el depósito. Reemplázala con una solución mezclada apropiadamente.

Lo más frecuente es que los desórdenes nutricionales afecten a una variedad al mismo tiempo cuando recibe la misma solución nutriente. Las variedades distintas suelen reaccionar de manera diferente a la misma solución nutriente. No confundir otros problemas -quemaduras producidas por el viento, falta de luz, estrés debido a la temperatura, daños provocados por hongos y plagas- con deficiencias nutricionales. Tales problemas suelen aparecer en plantas individuales, que son las más afectadas. Por ejemplo, el follaje cercano a un calefactor podría mostrar signos de quemaduras, mientras que el resto del jardín tiene un aspecto saludable. O una planta en el borde del jardín podría ser pequeña y estirada debido a que recibe menos luz.

*Los filtros deben revisarse y limpiarse a menudo para que no obstruyan el flujo de la solución nutriente.*

## Aquí van algunas directrices:

1. Riega cuando las plantas estén medio secas; pesa las macetas para comprobarlo.

2. Riega los jardines en tierra cuando el sustrato esté seco 1,5 cm por debajo de la superficie.

3. Riega los jardines en tierra con una solución suave de nutrientes y deja que el 10-20% drene en cada riego.

4. No dejes que la tierra se seque hasta el punto de que las plantas se marchiten.

*Cubos de alimentación superior.*

*Las mesas de flujo y reflujo pueden tener la longitud del invernadero. Las mesas largas tardan mucho tiempo en inundarse y requieren un depósito enorme de solución nutriente.*

*Estos cogollos grandes y hermosos se van haciendo cada vez más densos sobre las mesas.*

Un filtro de carbono y una caja de intercambio con ozono dominan la vista de este cuarto holandés de cultivo.

## Introducción

El aire fresco es esencial en todos los jardines. En interior, puede significar la diferencia entre éxito y fracaso. Al aire libre, el aire es abundante y está repleto de dióxido de carbono ($CO_2$), necesario para la vida de la planta. Por ejemplo, durante un día tranquilo, el nivel de $CO_2$ en el aire que hay sobre un campo de cannabis en crecimiento rápido puede ser sólo un tercio del nivel normal. El viento hace que sople un aire rico en $CO_2$. La lluvia limpia el aire y las plantas de polvo y contaminantes. El entorno en el exterior suele ser duro e impredecible, pero siempre hay aire fresco. Los jardines de interior deben controlarse meticulosamente para reproducir la atmósfera exterior.

El dióxido de carbono y el oxígeno son básicos para la vida de las plantas. El oxígeno se usa en la respiración, quemando hidratos de carbono y otros alimentos para proporcionar energía. El dióxido de carbono debe estar presente durante la fotosíntesis. Sin $CO_2$, las plantas morirían. El dióxido de carbono combina la energía de la luz con agua para producir azúcares. Estos azúcares sirven como combustible para el crecimiento y el metabolismo de la planta. Si los niveles de $CO_2$ son reducidos, el desarrollo apenas avanza. Exceptuando cuando están a oscuras, las plantas liberan más oxígeno del que usan, y usan mucho más dióxido de carbono del que liberan.

Las raíces también utilizan el aire. El oxígeno debe estar presente junto con el agua y los nutrientes para que las raíces sean capaces de absorber nutrientes. La tierra saturada de agua y compactada deja poco o ningún aire para las raíces, y la toma de nutrientes se detiene.

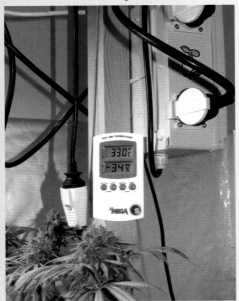

*Monitoriza la temperatura y la humedad regularmente. Estas condiciones -33 °C y 34% de humedad relativa- hacen que las plantas utilicen más agua y menos fertilizante. Ajusta el programa de riego a las necesidades.*

## Movimiento del aire

La ventilación y la circulación del aire son esenciales para una cosecha saludable de interior. Dentro de casa, el aire fresco es uno de los factores que más

*El humo se succiona inmediatamente fuera de la habitación cuando se emplea este extractor en línea. La demostración tuvo lugar en Alemania durante la feria de muestras CannaBusiness de 2000.*

*El mínimo necesario para un cuarto de cultivo es un buen ventilador de circulación y un extractor. En este cuarto de cultivo, el extractor está conectado a un filtro de carbón.*

contribuye a que el jardín esté sano y produzca una cosecha abundante y, al mismo tiempo, es uno de los que más se descuidan. El aire fresco es el más barato de los componentes esenciales que se requieren para producir una buena cosecha. Los cultivadores experimentados comprenden la importancia del aire fresco y se toman tiempo para instalar un sistema adecuado de ventilación. Hay tres factores que afectan al movimiento del aire: los estomas, la ventilación y la circulación.

## Estomas

Los estomas son poros microscópicos que están en el envés de las hojas, y pueden compararse con los hocicos de los animales. Los animales regulan la cantidad de oxígeno inhalado y de dióxido de carbono y otros elementos exhalados a través del hocico y por medio de los pulmones. En el cannabis, el flujo de oxígeno y dióxido de carbono está regulado por los estomas. Cuanto más grande es la planta, más estomas tiene para absorber dióxido de carbono y liberar oxígeno. Cuanto mayor es el volumen de plantas, más cantidad de aire fresco y rico en $CO_2$ necesitarán para crecer rápidamente. Los estomas sucios y atascados no funcionan adecuadamente y restringen el flujo de aire. Los estomas se taponan fácilmente debido a la suciedad del aire contaminado y a los pulverizadores que dejan una película de residuos. Mantén limpio el follaje. Para evitar que se taponen los estomas, pulveriza el follaje con agua templada un día o dos después de pulverizar con pesticidas, fungicidas o solución nutriente.

## Circulación

Las plantas emplean todo el $CO_2$ que hay alrededor de la hoja en pocos minutos. Cuando no hay aire nuevo y rico en $CO_2$ que sustituya el aire usado y desprovisto de $CO_2$, se forma una zona de aire muerto alrededor de la hoja. Esto ahoga los estomas y prácticamente detiene el crecimiento. Si no se mueve activamente, el aire se estratifica alrededor de las hojas. El aire cálido se queda cerca del techo y el aire fresco se asienta cerca

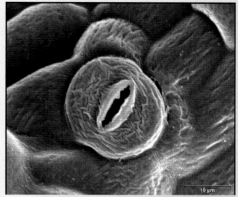

*Esta fotografía de un estoma medio abierto, con una abertura parecida a una boca en el envés de la hoja, está ampliada 2.500 veces.*

del suelo. La circulación del aire rompe estas masas de aire, mezclándolas. Para evitar la posibilidad de que surjan problemas, abre una puerta o una ventana y/o instala un ventilador oscilante. La circulación del aire también ayuda a prevenir los ataques de plagas y hongos dañinos. Las omnipresentes esporas de moho no se posan ni se desarrollan tan fácilmente cuando se remueve el aire con un ventilador. Los insectos y las arañas rojas encuentran difícil vivir en un entorno que está bombardeado constantemente con corrientes de aire.

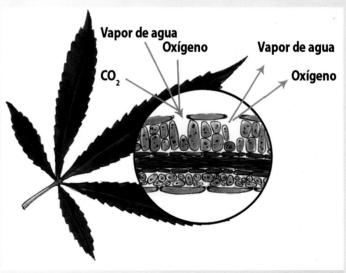

Vapor de agua
Oxígeno
Vapor de agua
$CO_2$
Oxígeno

*Los estomas microscópicos, localizados en el envés de las hojas, deben permanecer limpios y sin que los ahogue la humedad para promover un crecimiento rápido.*

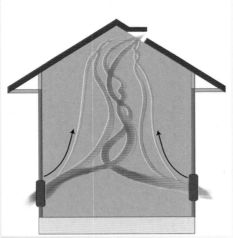

*El aire caliente fluye hacia arriba por naturaleza. Diseña siempre los cuartos de cultivo y los invernaderos para sacar provecho de este principio.*

*Este jardín dispone de varios ventiladores de circulación para mover el aire entre los cogollos densos y resinosos.*

*Los ventiladores oscilantes de pie remueven el aire en esta habitación las 24 horas del día.*

*El $CO_2$ que hay alrededor de las hojas se utiliza rápidamente y debe reemplazarse cada pocos minutos.*

*Sitúa los ventiladores de circulación lo suficientemente lejos de las plantas para evitar que haya demasiada corriente de aire en una sóla parte del jardín.*

*Este extractor de uso intensivo es un ejemplo de los que se utilizan en las salas de cultivo holandesas.*

En la caja gris hay un intractor que empuja el aire hacia abajo, por el conducto, hasta la parte inferior del jardín.

Los balastos se mantienen en la caja, donde se contiene el calor añadido. Un conducto aparte deja escapar el aire caliente.

Este extractor está al final del conducto de entrada de aire. El intractor principal está en el otro extremo.

Evita los conductos largos e innecesarios, como el que se muestra arriba. Mantén el conducto tan corto como sea posible.

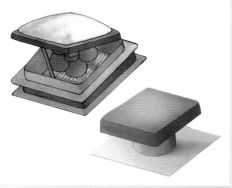

Los ventiladores de tejado y los respiraderos hacen que la ventilación del espacio de cultivo resulte sencilla y que no levante sospechas.

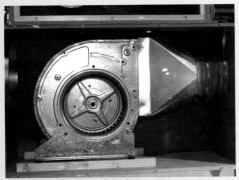

*Los extractores centrífugos mueven gran cantidad de aire, pero son ruidosos. Este extractor ha sido estrechado para forzar más aire a través del conducto.*

*Este aparato de ventilación está suspendido con bandas de goma para absorber las vibraciones ruidosas. Mantén siempre tus extractores bien lubricados para que funcionen suave y silenciosamente.*

## Ventilación

El aire fresco es fácil de obtener y barato de mantener; tan sencillo como enganchar y montar un extractor de tamaño adecuado en el lugar más eficiente. Puede hacer falta una entrada de ventilación para crear un flujo de aire fresco en la habitación.

Un jardín de un metro cuadrado utiliza entre 38 y 190 ó más litros de agua cada semana. Las plantas transpiran (similar a la evaporación) la mayoría de esta agua en el aire. Día y noche, las plantas que crecen rápidamente transpiran más humedad en el aire. Si esta humedad se deja en el cuarto de cultivo, la humedad ambiental aumentará hasta alcanzar el 100%, lo cual ahoga los estomas y provoca que el crecimiento quede en suspenso. También deja la puerta abierta a los ataques de diversas enfermedades y plagas. Sustituye el aire húmedo con aire fresco y seco, y la transpiración aumentará, los estomas funcionarán correctamente

y se reanudará el crecimiento. Un dispositivo de ventilación que extraiga el aire del cuarto de cultivo es la solución perfecta para eliminar este aire húmedo y viciado. El aire fresco fluye hacia el interior a través de un respiradero de entrada o con la ayuda de un intractor.

La ventilación es tan importante como el agua, la luz, el calor y los fertilizantes. En muchos casos, el aire fresco es aún más importante. Los invernaderos precisan grandes aparatos de ventilación. Los cultivos de interior son muy similares a los invernaderos y deberían seguir su ejemplo. La mayoría de las habitaciones de cultivo tienen una abertura fácil de usar -como una ventana- en la cual puede montarse un extractor, pero la seguridad o la situación del cuarto pueden hacer que sea inservible. Si no está disponible una salida de ventilación, habrá que crearla.

Todos los cuartos de cultivo requieren ventilación. El sistema podría ser tan simple como una puerta abierta o una ventana que proporcione aire fresco y lo haga circular por todo el espacio, pero las puertas y ventanas abiertas pueden resultar inconvenientes y problemáticas. La mayoría de los cultivadores

*Los extractores en línea se cuentan entre los favoritos de los cultivadores para los jardines de interior. Estos extractores son silenciosos y mueven eficientemente grandes volúmenes de aire.*

deciden montar un extractor de ventilación. Algunos cultivadores necesitan instalar un sistema completo de ventilación, incluyendo conductos y varios extractores.

Un extractor *tira* del aire de una habitación cuatro veces mejor de lo que es capaz de empujarlo un ventilador. Los extractores se clasifican según la cantidad de aire, medida en pies cúbicos por minuto (cfm) o en metros cúbicos por hora (m³/h), que pueden mover. El extractor debería ser capaz de renovar el volumen de aire (largo x ancho x alto = volumen total en metros cúbicos) del cuarto de cultivo en menos de 5 minutos. Una vez evacuado, el aire nuevo accede de inmediato a través de la entrada de ventilación o con la ayuda de un intractor. (Cubrir la entrada de ventilación con una malla fina ayudará a dejar fuera las plagas.) Puede que haga falta un intractor para proporcionar rápidamente un volumen adecuado de aire fresco a la habitación. Algunos cuartos de cultivo tienen tantas grietas o aberturas pequeñas por las cuales pasa el aire, que no precisan un intractor.

No esperes que un ventilador de circulación ventile el área expulsando el aire a través de un respiradero que esté alejado. El ventilador debe ser muy grande si se pretende aumentar la presión del aire adecuadamente y expulsar tanto aire por el respiradero como para crear un intercambio de aire. Por el contrario, un extractor es capaz de cambiar la presión e intercambiar el aire rápida y eficientemente.

Los extractores centrífugos son eficientes a la hora de mover el aire, pero también son muy ruidosos. Los extractores que cuentan con un rodamiento equilibrado y bien engrasado funcionan de manera más silenciosa. Si se añaden unos topes de goma o de fieltro debajo de cada pie del ventilador, el ruido causado por las vibraciones disminuirá. Haz que el motor funcione a pocas revoluciones por minuto (rpm) para reducir el ruido.

Los extractores en línea están diseñados para encajar en un conducto de ventilación. Los propulsores están montados para incrementar el flujo de aire rápidamente, sin esfuerzo y lo más silenciosamente posible. Los extractores tubulares están disponibles en modelos silenciosos y de alta calidad, que funcionan suavemente.

Los propulsores o circuladores de aire con grandes aspas expelen el aire a través de una abertura de gran tamaño, y son más eficientes y silenciosos cuando operan a pocas rpm. Un circulador que se mueve lentamente en el techo de un cuarto de cultivo mueve el aire de forma silenciosa y eficiente.

El aire caliente se eleva. Los cultivadores expertos sitúan salidas de aire en la parte más alta y caliente de la habitación para obtener una ventilación pasiva y silenciosa. Cuanto mayor sea el diámetro del conducto de salida, más aire podrá evacuarse

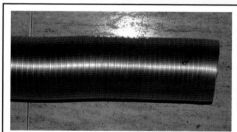

El máximo de eficiencia se consigue cuando el conducto está totalmente recto.

Una curvatura de treinta grados reduce la transmisión de aire hasta en un 20 por ciento.

Una curvatura de cuarenta y cinco grados reduce la transmisión de aire hasta en un 40 por ciento.

Una curvatura de noventa grados reduce la transmisión de aire hasta en un 60 por ciento.

*El conducto de entrada de aire está provisto de agujeros que han sido cubiertos con cinta para conductos. El flujo de aire se dirige retirando trozos de cinta.*

*En este cuarto de cultivo, el aire fresco se canaliza directamente donde lo necesitan las plantas.*

*Cuelga el termostato cerca de la canopia del jardín para controlar la temperatura del aire.*

a través de estas salidas. Mediante la instalación de un extractor grande y que se mueva despacio en estos respiraderos, el aire caliente y viciado se evacua de forma silenciosa y eficiente. Un extractor que funciona a 50 rpm es más silencioso que si estuviera rotando a 200 rpm. Los cultivadores listos instalan conductosa de 30 cm y extractores en línea.

Muy a menudo, el extractor se conecta a conductos que dirigen el aire fuera del cuarto de cultivo. El conducto flexible es más fácil de usar que el rígido. A la hora de instalarlo, procura que el conducto recorra la distancia más corta posible, y que las curvas sean las mínimas. Cuando se doblan más de 30º, gran parte del aire que entra en el conducto no sale por el otro extremo. Mantén los conductos rectos y cortos.

## Aire de entrada

Muchos cuartos de cultivo disponen de bastante aire fresco, que entra por grietas y agujeros. Pero otros cuartos de cultivo están bien sellados y requieren que el aire fresco se introduzca con la ayuda de un intractor. Un intractor es lo mismo que un extractor, sólo que insufla aire fresco en la habitación. La proporción de 1 a 4 (100 m³/h de entrada y 400 m³/h de salida) debería dar a la habitación un poco de presión negativa. Suministrar aire fresco a las plantas asegura que tengan una cantidad adecuada de $CO_2$ para continuar su crecimiento rápido. Una de las mejores formas de proporcionar directamente aire fresco a las plantas es guiarlo mediante conductos flexibles. Hay cultivadores ingeniosos que hacen agujeros en el conducto de entrada para dirigir el aire donde hace falta. El aire se dispersa homogéneamente por toda la habitación.

Asegúrate siempre de que el aire fresco no esté ni muy caliente ni muy frío. Por ejemplo, un amigo que vive en un lugar de clima árido y caluroso obtiene aire fresco de debajo de la casa, donde el aire está a unos grados menos que el aire del ambiente.

## Seguridad

Cuando se instala un aparato de ventilación, los precauciones de seguridad dictan que no haya escapes de luz o de olor a través del respiradero exterior al mismo tiempo que debe permitirse liberar gran cantidad de aire. Esto puede conseguirse de varias maneras. Regula o gira la luz alrededor de una esquina para restringir el brillo. Muchas chimeneas en la Columbia Británica, Canadá, proyectan la luz como linternas contra la cubierta de nubes bajas. En las ciudades, puedes pasear por calles donde la mitad de las chimeneas del barrio parecen faros de luz brillante. Un conducto flexible de secadora de 102 mm logra atenuar la luz en los cuartos pequeños de cultivo. Los conductos de ventilación de mayor diámetro (20, 25, 30 cm) son ideales para mover volúmenes mayores de aire.

Coloca un extremo del conducto en el exterior. Debería estar bastante alto, a más de cuatro metros preferiblemente, así el olor se dispersa por encima de las cabezas de la mayoría de la gente. Una de las mejores aberturas de ventilación es la chimenea. La salida puede camuflarse mediante el uso de un tubo de salida de secadora conectado a un extractor. El extractor se sitúa cerca del techo, de forma que ventile el aire húmedo y caliente. Comprueba si hay fugas de luz o de aire. Instala el extractor y sal afuera cuando haya oscurecido para inspeccionar en busca de fugas de luz. Véase a continuación «Montaje de la ventilación paso a paso» y «Olor».

Los ventiladores para invernaderos están equipados con rejillas (solapas o bafles) para prevenir el efecto de retorno. Cuando el tiempo es frío o caluroso, el aire que revoca podría alterar el clima que hay en el espacio cerrado, guiando a una miríada de plagas y enfermedades. Instalar un extractor con rejillas elimina el aire revocado, pero puede poner en riesgo la seguridad si atrae la atención de las personas equivocadas.

## Temperatura

Un termómetro preciso es esencial para medir la temperatura en *todos* los cuartos de cultivo. Los termómetros de mercurio o líquidos suelen ser más exactos que los de tipo muelle o disco, pero no son seguros desde el punto de vista ecológico. Un termómetro barato proporciona información básica, pero el termómetro ideal es del tipo diurno-nocturno o máxima-mínima, que mide las caídas de temperatura por la noche y las máximas alcanzadas durante el día. Las temperaturas máximas y mínimas en el cuarto de cultivo son importantes por las razones que se explican a continuación.

En condiciones normales, el rango ideal de temperatura para el crecimiento en interior está entre 22 y 24 °C . Por la noche, la temperatura puede bajar de 2 a 5 °C con un efecto poco notable en el ritmo de crecimiento. La temperatura no debería bajar más de 8 °C , o la humedad excesiva y el moho podrían convertirse en un problema. Las temperaturas diurnas que superan los 29 °C o están por debajo de 15 °C ralentizan el crecimiento. Mantener la

Comprueba la temperatura y la humedad en varios lugares del cuarto de cultivo. Las luces realmente calientan una habitación.

Termómetro higrómetro.

Un termómetro que mida en grados Fahrenheit y en grados Celsius resulta muy útil.

Esta combinación de termómetro e higrómetro es bastante exacta y fácil de montar.

Conocer la equivalencia entre grados Celsius y Fahrenheit hace que los cálculos para el cuarto de cultivo sean más precisos.

*Llena de agua algunos barriles y deja que el sol los caliente durante varios días. El agua se mantiene cálida toda la noche, calentando el invernadero.*

*Este sencillo controlador con higrostato/termostato es sólo uno de los muchos controladores/temporizadores que se encuentran en www.greenair.com. Es muy fácil de usar y está hecho a prueba de fallos.*

temperatura adecuada de forma constante en el cuarto de cultivo fomenta un crecimiento fuerte, saludable y homogéneo. Asegúrate de que las plantas no estén demasiado cerca de fuentes de calor, como son los balastos o las salidas de aire caliente: podrían llegar a secarse o, incluso, chamuscarse. Las entradas de aire frío también frenan el crecimiento de las plantas.

El cannabis regula su toma de oxígeno en relación a la temperatura del aire más que en función de la cantidad disponible de oxígeno. Las plantas usan mucho oxígeno; de hecho, una célula vegetal emplea tanto oxígeno como una célula humana. El aire debe contener al menos un 20% de oxígeno para que las plantas prosperen. Por la noche, las hojas no son capaces de fabricar oxígeno, pero las raíces siguen

necesitando oxígeno para crecer. El ritmo respiratorio de las plantas se duplica aproximadamente cada 10 ºC. La respiración radicular se incrementa a medida que las raíces se calientan, lo cual explica la importancia del aire fresco tanto de día como de noche.

Las temperaturas por encima de 29 ºC no son recomendables aunque haya enriquecimiento con $CO_2$. Bajo las condiciones adecuadas, que tienen una gran demanda de mantenimiento, las temperaturas elevadas aceleran la actividad metabólica y el crecimiento. Cuanto más calor hace, mayor es la cantidad de agua que puede retener el aire. El aire húmedo suele restringir las funciones de las plantas, y desacelera el crecimiento más que estimularlo. Cuando la temperatura desciende por la noche, surgen otros problemas y complicaciones como resultado del exceso de humedad y de la condensación.

El calor que se acumula cuando el tiempo es caluroso puede coger desprevenido a los cultivadores, causando problemas serios. Los cuartos ideales de cultivo están situados bajo tierra, en los sótanos, aprovechando las cualidades aislantes de la tierra madre. Una habitación puede calentarse rápidamente cuando se suma el calor añadido de las lámparas DAI a un clima caluroso y húmedo en el exterior. Más de un cultivador estadounidense ha perdido su cosecha debido a un golpe de calor durante el fin de semana del Cuatro de Julio, ya que constituye la primera gran festividad del verano y todo el mundo en la ciudad quiere marcharse fuera para disfrutarla. Siempre hay algunos jardineros que se olvidan o están demasiado paranoicos para mantener una buena ventilación en el cuarto de cultivo mientras están fuera. La temperatura puede sobrepasar fácilmente los 38 ºC en cultivos con poco aislamiento y mala ventilación. Cuanto más calor hace, más ventilación y agua se necesita.

El frío invernal es el otro extremo de la temperatura. En Montreal, Québec, Canadá, los cultivadores aún recuerdan el año de la gran tormenta de hielo. La electricidad se fue en toda la ciudad y en las zonas de alrededor. Las tuberías se congelaron y los sistemas de calefacción dejaron de funcionar. Los residentes tuvieron que dejar sus hogares hasta que se restableció la electricidad, varios días después. Al volver, muchos cultivadores se encontraron marchitos sus hermosos jardines, de ese color verde tan desagradable que sólo produce la congelación. Tuberías rotas, hielo por todas partes. Es difícil combatir las acciones de Dios pero, si es posible, mantén siempre la temperatura en el cuarto de cultivo por encima de 5 ºC; y, definitivamente, por encima del punto de congelación, 0 ºC. Si la temperatura cae por debajo de esta marca, la congelación romperá las células de la planta, y el follaje empezará a morir o, como mínimo, a crecer lentamente. El crecimiento se ralentiza cuando la temperatura baja de 10 °C . No es recomendable estresar las plantas mediante condiciones climáticas frías; puede que produzca un contenido proporcionalmente más alto de THC, pero reducirá la productividad total de las plantas.

Los termostatos miden la temperatura y la controlan encendiendo o apagando un dispositivo que regula la calefacción o la refrigeración, manteniendo la temperatura dentro de unos márgenes predeterminados. Puede conectarse un termostato a un calefactor eléctrico o de combustión. De hecho, muchos hogares ya tienen instalada la calefacción eléctrica y disponen de un termostato en cada habitación.

Se puede usar un termostato para controlar los extractores de ventilación en todos los cuartos de cultivo, a excepción de los más fríos. Cuando hace demasiado calor en el cuarto, el termostato enciende el extractor, el cual evacua el aire caliente viciado. El extractor sigue funcionando hasta que se alcanza la temperatura deseada, momento en que el termostato detiene el dispositivo. Muchos cuartos de cultivo pueden mantener una temperatura y un control de la humedad adecuados gracias a un extractor controlado mediante un termostato. Si el calor y la humedad son un problema de índole mayor, puede instalarse un aparato de aire acondicionado. Pero recuerda que el aire acondicionado gasta mucha electricidad. Si el problema es el calor excesivo, pero la humedad no es preocupante, utiliza un refrigerador con agua. El funcionamiento de estos ventiladores con evaporación resulta económico y mantienen frescas las habitaciones en climas áridos.

Los termostatos comunes pueden ser de una fase o de dos. Los termostatos de una sóla fase controlan un aparato que mantiene la misma temperatura de día y de noche. Un termostato de dos fases resulta más caro, pero puede ajustarse para que mantenga una temperatura diurna distinta de la nocturna. Esta comodidad puede ahorrar dinero en calefacción, ya que la temperatura de la habitación puede descender de 2 a 5 °C por la noche sin apenas afectar al crecimiento.

En los últimos diez años, se han desarrollado muchos controladores nuevos para cuartos de cultivo. Estos controladores pueden hacer funcionar e integrar todos los dispositivos del cuarto de cultivo. Los controladores más sofisticados integran el funcionamiento del equipo de $CO_2$ y

Este aire acondicionado reduce la temperatura y la humedad en el cuarto de cultivo. El radiador caliente está fuera, a tres metros de distancia.

Puede que sea necesario un calefactor eléctrico para calentar la habitación después de que se apaguen las luces.

los ventiladores de extracción e intracción. También están disponibles los controladores informatizados, que son relativamente baratos. Si la regulación de la temperatura y la humedad causan problemas de cultivo en el jardín, considera la adquisición de un controlador.

Los cuartos de cultivo sin aislamiento o que experimentan fluctuaciones significativas de temperatura requieren un cuidado y una consideración especiales. Antes de cultivar en tales condiciones, comprueba que sea la única opción. Si te ves forzado a utilizar un ático que se cuece con el sol y que se enfría por la noche, asegúrate de que haya el máximo aislamiento para ayudar a equilibrar la inestabilidad de la temperatura. Cierra la habitación para poder controlar la calefacción y la refrigeración.

Cuando el nivel de $CO_2$ se enriquece al 0,12-0,15% (1.200-1.500 ppm), una temperatura de 29 °C favorece un intercambio más rápido de los gases. La fotosíntesis y la síntesis de clorofila se desarrollan a un ritmo más rápido, haciendo que las plantas crezcan a mayor velocidad. Recuerda que esta temperatura más alta incrementa el consumo de agua, nutrientes y espacio, así que prepárate. Aunque se enriquezcan con dióxido de carbono, las plantas siguen necesitando ventilación para que se elimine el aire viciado y húmedo, favoreciendo su salud.

La temperatura en el cuarto de cultivo tiende a permanecer igual, de arriba abajo, cuando el aire se hace circular con uno o varios ventiladores oscilantes. En un cuarto de cultivo cerrado, las lámparas DAI y los balastos mantienen cálido el espacio. Un balasto remoto, situado cerca del suelo sobre una estantería o un soporte, también ayuda a romper la estratificación del aire al irradiar el calor hacia arriba. Las habitaciones de cultivo en climas fríos permanecen templadas durante el día, cuando se alcanza la temperatura máxima en el exterior, pero suelen enfriarse demasiado por la noche, cuando la temperatura desciende. Para compensar, los cultivadores encienden la lámpara de noche para calentar la habitación, y la dejan apagada durante el día.

A veces, hace demasiado frío para que la lámpara y el balasto mantengan una temperatura satisfactoria en la habitación. Los cuartos de cultivo montados en domicilios particulares suelen estar equipados con calefacción central y/o aire acondicionado. La ventilación suele estar controlada por un termostato central, que regula la temperatura de la casa. Ajustando el termostato a 22 °C y abriendo la puerta de la habitación de cultivo, ésta puede mantenerse en unos acogedores 22 °C . No obstante, usar tanta energía resulta caro, y podría ocasionar dudas referentes a la seguridad. Ajustar el termostato entre 15 y 18 °C , junto al calor producido por el sistema DAI, debería ser suficiente para sostener una temperatura de 24 °C . Otras fuentes suplementarias de calor, como las ineficientes bombillas incandescentes o los calefactores eléctricos son caros y consumen electricidad adicional, pero proporcionan un calor al instante que es fácil de regular. Los calefactores de propano y de gas natural aumentan la temperatura

y queman el oxígeno del aire, creando $CO_2$ y vapor de agua como subproductos. Esta doble ventaja hace que usar un generador de $CO_2$ sea económico y práctico a la vez.

Las estufas de queroseno también funcionan generando calor y $CO_2$. Busca un calefactor que queme el combustible de manera completa y eficiente, sin dejar un rastro de olor a combustible en la habitación. No uses estufas viejas de queroseno o de fuel oil si la combustión del carburante es ineficaz. Una llama azul indica que el combustible tiene una combustión limpia. Una llama roja revela que sólo una parte del combustible está siendo quemado. No soy muy aficionado a las estufas de queroseno y no recomiendo su uso. La habitación debe ventilarse regularmente para evitar una acumulación tóxica de monóxido de carbono, que también es un subproducto de la combustión.

El gasóleo es una fuente común de calefacción en interior. Muchos hornos emplean este combustible sucio y contaminante. El calor de la leña tampoco es el más limpio, pero funciona bien como fuente de calor. El uso de un extractor es extremadamente importante para expulsar el aire contaminado y hacer que entre aire fresco dentro de una habitación que se calienta mediante un horno de gasóleo o una estufa de leña.

A las poblaciones de insectos y hongos también les afecta la temperatura. En general, cuanto más fresca sea, más tardan los insectos y hongos en reproducirse y desarrollarse. El control de la temperatura está integrado de forma efectiva en muchos programas de control de insectos y hongos. Consulta las recomendaciones en el capítulo decimocuarto, «Plagas, hongos y enfermedades».

## Humedad

La humedad es relativa; es decir, el aire retiene una cantidad distinta de agua a diferentes temperaturas. La humedad relativa es la proporción entre la cantidad de humedad en el aire y la mayor cantidad de agua que el aire podría contener a la misma temperatura. En otras palabras, cuanto más calor hace, más humedad puede retener el aire; cuanto más frío hace, menos humedad puede contener el aire. Cuando la temperatura desciende en un cuarto de cultivo, la humedad aumenta y se condensa. Por ejemplo, un cuarto de cultivo de 20 $m^3$ contiene alrededor de 385 ml de agua cuando la temperatura es de 21 ºC y la humedad relativa está al 100%. Cuando la temperatura aumenta hasta 38 ºC , la misma habitación retendrá 1.534 ml de humedad al 100% de humedad relativa. ¡Cuatro veces más humedad! ¿Dónde va esta agua cuando la temperatura desciende? Se condensa sobre la superficie de las plantas y en las paredes del cuarto de cultivo, igual que el rocío se condensa en el exterior.

La humedad relativa aumenta cuando la temperatura baja por la noche. Cuanto mayor sea la variación de temperatura, más acusada será la variación de la humedad relativa. A menudo, se necesita calor suplementaria o ventilación añadida por la noche si la temperatura fluctúa más de 8 ºC .

Los plantones y las plantas vegetativas crecen mejor cuando la humedad relativa está entre el 65 y el 70%. Las plantas en floración se desarrollan mejor en un rango de humedad relativa situado entre el 55 y el 60%. La humedad baja debilita las enfermedades y las plagas. Como sucede con la temperatura, una humedad consistente fomenta un crecimiento uniforme y saludable. Los niveles de humedad relativa afectan al ritmo de transpiración de los estomas. Cuando la humedad es elevada, el agua se evapora despacio. Los estomas se cierran, la transpiración se ralentiza, y lo mismo ocurre con el crecimiento de la planta. El agua se evapora rápidamente en el aire más seco, haciendo que los estomas se abran y que aumenten la transpiración, el flujo de fluidos y el crecimiento. La transpiración en condiciones áridas será rápida sólo si hay bastante agua disponible para que las raíces la absorban. Si la cantidad de agua es inadecuada, los estomas se cerrarán para proteger la planta de la deshidratación, provocando que el crecimiento se ralentice.

Si la humedad relativa supera el 70%, la presión es demasiado alta fuera de la hoja y, dentro de la hoja, es demasiado baja. Esto causa el cierre de los estomas, lo cual hace que el crecimiento sea lento. Por ejemplo, una planta de un metro de altura puede transpirar fácilmente cuatro litros al día cuando la humedad es inferior al 50%. Sin embargo, la misma planta transpirará alrededor de medio litro en un día fresco y húmedo.

| Un cuarto de cultivo de 20 m³ puede retener: | |
| --- | --- |
| 109 ml de agua a | 0 ºC |
| 192 ml de agua a | 10 ºC |
| 385 ml de agua a | 21 ºC |
| 494 ml de agua a | 26 ºC |
| 770 ml de agua a | 32 ºC |
| 1.534 ml de agua a | 38 ºC |

La capacidad del aire para retener humedad se duplica cada vez que la temperatura aumenta 10 ºC .

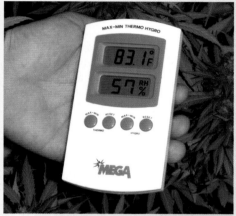

Un higrómetro digital con máximas y mínimas registra las altas y las bajas de humedad así como la humedad actual.

## Humedad

80-95%  60-70%  40-60%

**Clones**   **Vegetativo**   **Floración**

Estos son los márgenes ideales de humedad relativa para los esquejes y para las plantas en estado vegetativo y en floración.

*Los aparatos de aire acondicionado enfrían y deshumidifican los cuartos de cultivo. Los cultivadores tienen que sopesar los beneficios frente al gasto de electricidad añadido.*

## Cómo medir la humedad relativa

El control de la humedad relativa es una parte integral de la prevención y el control de insectos y hongos. La humedad superior al 80% desalienta a la araña roja pero fomenta los hongos así como la pudrición de las raíces y los tallos. Los niveles de humedad por debajo del 60% reducen la posibilidad de que aparezcan hongos y podredumbre.

Mide la humedad relativa con un higrómetro. Este instrumento, de extremada importancia, te ahorrará tanto a ti como a tu jardín muchas frustraciones y hongos. Sabiendo el contenido exacto de humedad en el aire, se puede ajustar a un nivel seguro, entre 55 y 60%, que favorezca la transpiración y dificulte el desarrollo de los hongos.

Hay dos tipos básicos de higrómetros. El de muelle tiene una precisión del 5-10%. Este tipo de higrómetro es barato y resulta adecuado para la mayoría de los cultivadores aficionados cuya principal preocupación es mantener la humedad cerca del 55 ó el 60% de humedad. El segundo tipo, el sicrómetro, es más caro pero muy preciso. Un sicrómetro que mida la humedad con un foco húmedo y seco supone una manera excelente de mantener vigilada la humedad relativa. Hoy en día, hay muchos dispositivos de alta tecnología, excepcionalmente precisos; y, además, están equipados con memoria.

Un higrostato es similar a un termostato, pero regula la humedad en vez de la temperatura. Los higrostatos son estupendos y hacen que controlar el entorno sea muy fácil. Los higrostatos cuestan menos de 100 € y valen su peso en glándulas de resina. Un higrostato y un termostato pueden conectarse *en línea* para controlar un extractor. Cada uno puede hacer funcionar el extractor de forma independiente. Tan pronto como la humedad (o la temperatura) exceda el límite aceptable, el extractor se encenderá para expulsar el aire húmedo (o caliente) al exterior.

La lámpara y el balasto del sistema DAI irradian calor, lo cual reduce la humedad. El calor del sistema DAI y un extractor controlado por un termostato/higrostato son todo lo que hace falta para controlar la humedad en la mayoría de los cuartos de cultivo. Otras fuentes de calor seco, como el aire caliente que llega desde un horno o una estufa de leña, secan el aire y reducen la humedad. Ten cuidado. No dejes que el aire cálido y seco que se conduce hasta el jardín sople directamente sobre el follaje: deshidrataría rápidamente las plantas.

Aumenta la humedad pulverizando el aire con agua o dejando un cubo lleno de agua para que ésta se evapore en el aire. Un humidificador resulta práctico y relativamente barato. Los humidificadores evaporan agua en el aire para aumentar la humedad. Simplemente, ajusta un nivel específico de humedad, ¡y listo! La humedad alcanza el nivel deseado tan pronto como el humidificador es capaz de evaporar el agua suficiente en el aire. No se necesita un humidificador a menos que haya un problema extremo con la desecación en el cuarto de cultivo. Rara vez se presentan problemas que haya que remediar con un humidificador. Con demasiada frecuencia, hay una humedad excesiva en el aire como consecuencia de la irrigación y la transpiración. Si el sistema de ventilación es incapaz de eliminar el aire suficiente como para reducir la humedad, lo ideal sería recurrir a un deshumidificador.

Un deshumidificador elimina la humedad de una habitación al condensarlo del aire. Una vez que el agua se separa del aire, es capturado en un contenedor extraíble. Este contenedor debe vaciarse diariamente. Es fácil eliminar y recoger 275 ml de agua en una habitación de 20 m³ cuando la temperatura baja sólo 5 ºC .

Se puede usar un deshumidificador en cualquier momento para ayudar a prevenir la aparición de hongos. Simplemente, ajusta el nivel deseado de humedad y listo, humedad perfecta. Los deshumidificadores son más complejos y gastan más electricidad que los humidificadores, y también cuestan más;

pero el gasto adicional merece la pena a los cultivadores con graves problemas de humedad que no han podido solucionar mediante un extractor. Los mejores precios en deshumidificadores suelen encontrarse en los grandes almacenes. Si sólo lo necesitas durante poco tiempo, busca en las Páginas Amarillas empresas que alquilen deshumidificadores de gran tamaño. Los aparatos de aire acondicionado también funcionan como deshumidificadores pero gastan mucha electricidad. El agua que recoge el deshumidificador o el aire acondicionado tiene una EC muy baja y puede usarse para regar las plantas.

**Nota:** Los aparatos de aire acondicionado absorben la humedad del aire, reduciendo su nivel. La humedad se condensa en agua que es recogida en un contenedor o expulsada al exterior a través de un tubo. El agua condensada lleva la fragancia del cannabis. Los perros adiestrados pueden oler fácilmente la fragancia del cannabis en el agua *teñida* que se vierte al exterior.

Los clones que están enraizando progresan cuando la humedad está entre el 70 y el 100%. En condiciones áridas, el sistema de raíces sin desarrollar no es capaz de suministrar agua a la suficiente velocidad para mantener vivos los clones. Véase «Clonación» para una información más específica sobre los niveles de humedad durante las distintas fases de la clonación.

## Enriquecimiento del $CO_2$

El dióxido de carbono ($CO_2$) es un gas incoloro, inodoro y no inflamable que siempre está a nuestro alrededor. El aire que respiramos contiene un 0,03-0,04% de $CO_2$. El cannabis, al crecer rápidamente, puede usar en pocas horas todo el $CO_2$ disponible en un cuarto cerrado de cultivo. La fotosíntesis y el crecimiento apenas se desarrollan cuando los niveles de $CO_2$ caen por debajo del 0,02%.

El enriquecimiento del $CO_2$ ha sido empleado en invernaderos comerciales durante más de 35 años. Añadir más $CO_2$ al aire del cuarto de cultivo estimula el crecimiento. El cultivo de cannabis en interior es similar a las condiciones que se dan en un invernadero, y los cultivadores de interior aplican los mismos principios. El cannabis puede aprovechar más $CO_2$ del 0,03-0,04% (300-400 ppm) que existe naturalmente en el aire. Al incrementar la cantidad de $CO_2$ hasta el 0,12-0,15% (1.200-1.500 ppm) -la

cantidad óptima ampliamente aceptada entre los cultivadores profesionales- las plantas pueden crecer hasta un 30% más rápido, dando por hecho que no haya limitaciones de luz, agua o nutrientes. El enriquecimiento de los niveles de dióxido de carbono tiene poco o ningún efecto en las plantas que se cultivan bajo luces fluorescentes. Los tubos fluorescentes no proporcionan luz suficiente para que la planta procese el $CO_2$ adicional disponible.

*El dióxido de carbono puede hacer que las personas se mareen cuando supera las 5.000 ppm, y puede llegar a ser tóxico a niveles más altos. Cuando el $CO_2$ alcanza estos niveles, ¡siempre hay falta de oxígeno!

El enriquecimiento del $CO_2$ no hace que las plantas produzcan más potencia de THC; provoca que el follaje crezca en menos tiempo. Cuanto mayor sea el volumen de cannabis rico en THC, más grande será el volumen de THC producido.

El cannabis enriquecido con dióxido de carbono demanda un nivel de mantenimiento mayor que el de las plantas normales. Las plantas enriquecidas con dióxido de carbono usan los nutrientes, el agua y el espacio a más velocidad que las plantas no enriquecidas. Una temperatura más elevada, entre 24 y 26 °C , ayudará a estimular un metabolismo más rápido en las plantas que se benefician del $CO_2$ adicional. Cuando la temperatura supera los 29 °C , el enriquecimiento del $CO_2$ deja de ser efectivo; y, a 32 °C , el crecimiento se detiene.

Las plantas enriquecidas con dióxido de carbono emplean más agua. El agua asciende desde las raíces de la planta y se libera en el aire por los mismos estomas que la planta usa para absorber $CO_2$ durante la transpiración. El enriquecimiento del dióxido de carbono afecta a la transpiración, haciendo que los estomas de las plantas se cierren parcialmente. Esto reduce la pérdida de vapor de agua en el aire. El follaje de las plantas enriquecidas con $CO_2$ es visiblemente más grueso y turgente, y tarda más en marchitarse que las hojas de las plantas no enriquecidas.

El dióxido de carbono afecta a la morfología de la planta. En un entorno de cultivo enriquecido, los tallos y las ramas crecen más deprisa, y las células de estas partes de la planta están agrupadas de manera más densa. Los tallos florales aguantan más peso sin doblarse. Debido al ritmo más rápido de ramificación,

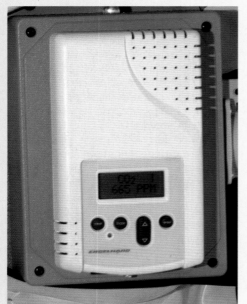

*El abaratamiento de los componentes electrónicos ha hecho posible que los fabricantes bajen el precio de los monitores de $CO_2$.*

el cannabis dispone de más sitios para dar lugar a inflorescencias. Las plantas que a veces no inician la producción al aparecer la primera flor, son más proclives a desarrollar flores antes si se enriquece el nivel de $CO_2$.

Las plantas que disponen de aire enriquecido con $CO_2$ pero carecen del apoyo de los demás elementos decisivos para la vida no sacarán ningún provecho, y el $CO_2$ se estará desperdiciando. La planta puede estar limitada por uno sólo de los factores críticos. Por ejemplo, las plantas utilizan el agua y los nutrientes a mucha más velocidad, y si éstos no se suministran, las plantas no crecerán. Podrían incluso verse frenadas.

Para que sea más efectivo, el nivel de $CO_2$ debe mantenerse entre 1.000 y 1.500 ppm en cualquier parte del cuarto de cultivo. Para conseguirlo, la habitación debe estar completamente cerrada. Las grietas de las paredes deben sellarse para prevenir que el $CO_2$ escape. Cerrar la habitación hace que sea más fácil controlar el contenido de $CO_2$ en el aire del interior. El cuarto de cultivo debe tener también un extractor con compuertas antiretorno. El extractor eliminará el aire viciado, el cual será sustituido por aire

enriquecido con $CO_2$. Las solapas o el bafle ayudarán a contener el $CO_2$ en el cuarto cerrado de cultivo. Los requisitos de ventilación cambian según el tipo de sistema de enriquecimiento con $CO_2$, los cuales se tratan a continuación.

## Cómo medir el $CO_2$

Medir y monitorizar los niveles de $CO_2$ en el aire resulta bastante caro, y suele ser innecesario para los pequeños cultivadores. Monitorizar los niveles de $CO_2$ en las salas con diez o más luces realmente ayuda a mantener constantes los niveles.

Los kits desechables para medir el $CO_2$ mediante colorimetría comparativa son fáciles de usar, precisos y baratos. Los kits de pruebas contienen una jeringa y tubos para las pruebas, y su precio está en torno a 30 €. Para utilizar el kit, rompe cada extremo de uno de los tubos e inserta un extremo en la jeringa cerrada. Tira de la jeringa hasta llegar a 100 centímetros cúbicos, y observa cómo cambia el color azul en el cilindro al reaccionar los ingredientes activos con el $CO_2$ del aire que se ha introducido. Estos kits son fiables con un margen de 40 ppm.

Los sistemas de sensores electroquímicos miden la conductividad eléctrica de una muestra de aire en una solución alcalina o en agua destilada o desionizada. Estos sistemas son relativamente baratos, pero tienen inconvenientes: baja fiabilidad y sensibilidad a la temperatura y a los contaminantes del aire.

Los sistemas de monitorización por infrarrojos son más precisos y versátiles. Miden el $CO_2$ correctamente y pueden sincronizarse con controladores que manejan el calor, la ventilación y los generadores de $CO_2$. Aunque el coste inicial del monitor es elevado, puede acabar con muchos de los problemas relativos al $CO_2$ antes de que ocurran, y puede asegurar unas condiciones óptimas de cultivo. Las tiendas que están especializadas en la jardinería de interior venden los monitores por menos de 1.000 €.

Los cultivadores que no quieran gastar el tiempo y la energía que requiere monitorizar el $CO_2$, pueden utilizar un juego de escalas y operaciones matemáticas sencillas para determinar la cantidad aproximada de $CO_2$ en el aire; pero estos cálculos no tienen en cuenta ni la ventilación ni las fugas de aire, y tampoco otros factores que podrían alterar la medición. Es más fácil medir la cantidad producida de $CO_2$ que la cantidad de $CO_2$ en la atmósfera de la habitación de cultivo.

Para medir la cantidad utilizada de combustible, simplemente pesa el tanque antes de ponerlo en marcha; déjalo funcionando una hora y pésalo de nuevo. La diferencia de peso es igual a la cantidad utilizada de gas o combustible. Consulta los cálculos que aparecen más adelante para determinar la cantidad de $CO_2$ en la habitación.

## Producción de $CO_2$

Hay muchas maneras de elevar el contenido de $CO_2$ en un cuarto de cultivo que está cerrado. Las dos formas más populares son dispersarlo desde un tanque o quemar combustible para producirlo. El dióxido de carbono es uno de los subproductos de la combustión. Los cultivadores pueden quemar cualquier combustible fósil (con base de carbono) para producir $CO_2$, excepto aquellos que contengan dióxido de azufre y etileno, ya que son perjudiciales para las plantas. El gas de dióxido de carbono es un subproducto de la fermentación y la descomposición orgánica. El nivel de $CO_2$ que hay cerca del suelo en una selva tropical, donde la superficie está cubierta de materia orgánica en descomposición, puede ser dos o tres veces más alto de lo normal, pero llevar una pila de compost adentro para que fermente no resulta práctico. El hielo seco está hecho de $CO_2$ congelado. El $CO_2$ se libera cuando el hielo seco entra en contacto con la atmósfera. Puede acabar siendo caro y trabajoso mantener un aporte constante de $CO_2$ en una habitación grande mediante hielo seco. Es complicado calcular cuánto $CO_2$ se libera en el aire como resultado de la fermentación, la descomposición o el hielo seco sin adquirir un equipo caro.

## Sistemas de emisión de $CO_2$

Los sistemas de $CO_2$ comprimido están libres de riesgo prácticamente, ya que no producen gases tóxicos, calor ni agua. Además, estos sistemas son precisos, y distribuyen una cantidad exacta de $CO_2$ en la habitación. El dióxido de carbono se emite desde un cilindro de gas comprimido con un regulador, un medidor de flujo, una válvula solenoide y un temporizador para periodos cortos. Los dos tipos de sistemas que hay son: de flujo continuo y por periodos cortos. Los cilindros de metal de dióxido de carbono que mantienen el gas a una presión entre 70 y 155 kilos por centímetro cuadrado (dependiendo de la temperatura) pueden adquirirse en tiendas de soldadura o de suministros para la hostelería.

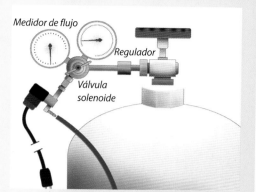

*Medidor de flujo*

*Regulador*

*Válvula solenoide*

Cuando está abierta, la válvula roja situada en la parte superior suministra $CO_2$ comprimido a través del regulador y el medidor de flujo. Una válvula electromagnética controla los periodos de emisión de gas de $CO_2$.

Los cilindros también suelen estar disponibles en las tiendas de hidroponía. En Norteamérica, hay tres tamaños de cilindro: 9, 16 y 23 kg), y cuestan entre 100 y 200 € de media (con un coste de alrededor de 30 € por cada carga). Los tanques deben inspeccionarse anualmente y han de estar registrados en una agencia de seguridad de ámbito nacional. Los suministradores tanto de equipos de soldadura como de bebidas suelen requerir alguna identificación, como un carné de conducir. La mayoría de los suministradores cambian los tanques y los rellenan. Las empresas de extintores y las de suministros para bebidas normalmente llenan los tanques de $CO_2$ al momento. Si adquieres un tanque de aluminio, más ligero y resistente, asegúrate de solicitar que te lo cambien por otro tanque de aluminio. Recuerda que el tanque que compres no tiene por qué ser el que conservas. Para probar antes de adquirir un equipo, alquila un tanque de 23 kg. Los cilindros de 23 kg pesan más, pero te ahorran el tiempo al no tener que volver a la tienda tan a menudo para que lo rellenen. Cuando está lleno, un tanque de acero de 23 kg pesa 77 kg. Un tanque de acero de 9 kg lleno pesa 32 kg y podría ser demasiado pesado para llevarlo arriba y abajo por las escaleras. Un tanque de aluminio de 9 kg lleno pesa alrededor de 23 kg, y uno de 16 kg pesa 34 kg cuando está lleno. Asegúrate de que los tanques de $CO_2$ tengan una funda protectora en la parte superior para salvaguardar la válvula. Si la válvula se desprende por una caída accidental, hay la

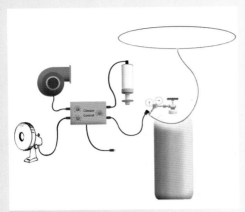

*El equipo consiste en un tanque de gas de $CO_2$, un regulador, una válvula solenoide y un medidor de flujo.*

suficiente presión para hacer saltar la parte de arriba (regulador, medidor de flujo, válvula, etc.) y que ésta atraviese un coche que esté aparcado cerca.

Comprar un sistema completo de emisión de $CO_2$ en una tienda de hidroponía es la mejor opción para la mayoría de los horticultores que cultivan en armarios. Estos sistemas ofrecen buenas prestaciones para los pequeños cultivadores de interior. Puedes hacerte tu propio sistema como se describe más adelante, pero estos sistemas suelen costar más que los modelos prefabricados.

Los suministradores de equipos de soldadura también disponen de reguladores y medidores de flujo. Los medidores de flujo reducen y controlan los metros cúbicos por hora ($m^3/h$). El regulador controla los kilos por centímetro cuadrado. Los modelos de menor caudal de flujo, entre 0,28 y 1,69 $m^3/h$, son preferibles para la jardinería. Compra todos los componentes al mismo tiempo, y asegúrate de que sean compatibles.

El dióxido de carbono está muy frío cuando se suelta desde una bombona donde ha estado a presión. Incluso una breve exposición puede dañar la piel o los ojos. Si el caudal del flujo es superior a 0,56 $m^3/h$, el regulador podría estar helado.

Un regulador y una válvula de flujo son esenciales, pero la válvula solenoide (electromagnética) y el temporizador son opcionales. No obstante, los cultivadores que no usan una válvula solenoide y un temporizador desaprovechan $CO_2$. La válvula solenoide y el temporizador regulan el flujo de $CO_2$. El funcionamiento de una válvula solenoide está controlado eléctricamente, y se emplea para iniciar

y detener el flujo de gas desde el regulador y el medidor de flujo. Los temporizadores más baratos son de plástico y comúnmente se usan para los sistemas automáticos de aspersión; pero también están disponibles sistemas de 240, 115, 24 y 12 voltios. Cuestan lo mismo más o menos, pero los voltajes más reducidos ofrecen mayor seguridad contra las descargas eléctricas.

Para automatizar el sistema, necesitas un temporizador digital de *corto alcance*, el cual abrirá la válvula solenoide durante periodos breves varias veces al día.

Controla la cantidad exacta de $CO_2$ que se libera en el jardín alterando el flujo y la duración de la emisión de $CO_2$. Para determinar cuánto tiempo debe estar abierta la válvula, divide el número de metros cúbicos de gas que se necesitan por el caudal del flujo. Si el medidor de flujo se ajusta a 0,28 $m^3/h$ y necesitamos, por ejemplo, 0,012 $m^3$ de $CO_2$, la válvula tendrá que estar abierta durante 0,04 horas (0,012 dividido por 0,28) ó 2,5 minutos (0,04 x 60 minutos) para que el cuarto alcance 1.500 ppm. Recuerda que el $CO_2$ se escapa del cuarto de cultivo. De media, el nivel de $CO_2$ en la habitación vuelve a situarse en 300 ppm pasadas unas tres horas debido al consumo de las plantas y a las fugas de la habitación. Para mantener un nivel constante de $CO_2$, divide la cantidad de $CO_2$ que se libera cada hora en dos o cuatro partes que se dispersen con más frecuencia.

Distribuye el $CO_2$ del tanque en el cuarto de cultivo usando un tubo o un ventilador. Suspende del techo tubos ligeros de plástico para dispersar el $CO_2$. El tubo lleva el $CO_2$ desde el tanque de abastecimiento hasta el centro del cuarto de cultivo. La línea principal de suministro se conecta a varias ramificaciones más pequeñas que se extienden por todo el jardín. El $CO_2$ pesa más y está más frío que el aire, así que cae en cascada sobre las plantas, que están debajo.

Para asegurarte de que el $CO_2$ se disperse desde los tubos de manera uniforme, sumerge el tubo ligero de plástico en agua y perfora los agujeros de emisión bajo el agua mientras se hace pasar el $CO_2$ por la línea de dispersión. De esta forma, sabrás el diámetro apropiado de los agujeros que hay que perforar y dónde hacerlos para crear un flujo ideal de $CO_2$ sobre el jardín.

Los ventiladores de techo ayudan a distribuir el $CO_2$ de forma regular por toda la habitación. El $CO_2$ se libera justo debajo del ventilador, en medio de su corriente. Esto mezcla totalmente el $CO_2$ con el aire y hace que siga circulando entre las plantas.

El $CO_2$ comprimido resulta caro, especialmente en las grandes salas de cultivo. A más de un euro por kilo, el gas comprimido es mucho más caro que los combustibles que utilizan los generadores. El coste del equipamiento y del combustible hacen que los sistemas de $CO_2$ comprimido sean menos económicos que los generadores.

## Generadores de $CO_2$

Los generadores de $CO_2$ son utilizados por los cultivadores comerciales de flores, verduras y marihuana. Green Air Products ha introducido una línea completa de generadores de $CO_2$ a precios razonables, los cuales queman gas natural o propano para producir $CO_2$. Sin embargo, el calor y el agua son subproductos del proceso de combustión. Los generadores emplean un piloto luminoso con un medidor de flujo y un quemador. El interior del generador es similar al quemador de una cocina de gas, con un piloto incorporado en una cápsula protectora. El generador debe tener una cubierta sobre la llama desnuda. Los generadores pueden hacerse funcionar manualmente o sincronizarlos con un temporizador para que operen con otros equipos del cuarto de cultivo, como los ventiladores.

Los generadores de $CO_2$ producen dióxido de carbono quemando gas natural o propano. También generan calor y agua como subproductos de la combustión.

Los generadores de $CO_2$ producen gases que son expulsados calientes ($CO_2$ y $H_2O$). Aunque el $CO_2$ sea más pesado que el aire, está más caliente y, por lo tanto, es menos denso y se eleva dentro de la habitación de cultivo. Tienes que disponer de una buena circulación de aire para lograr una distribución uniforme del $CO_2$.

Los generadores de dióxido de carbono pueden quemar cualquier combustible fósil: queroseno, propano o gas natural. El queroseno de peor calidad puede tener un contenido de azufre entre el 0,01 y el 1%, lo suficiente para provocar una contaminación con dióxido de azufre. Utiliza únicamente queroseno de alta calidad aunque sea caro. Usa siempre queroseno de grado «1-K». Los costes de mantenimiento de los generadores de queroseno son elevados, ya que utilizan electrodos, bombas y filtros de combustible. Para la mayoría de los cuartos de cultivo, los quemadores de propano y de gas natural constituyen la mejor opción.

Cuando llenes un tanque nuevo de propano, vacía primero el gas inerte que se usa para protegerlo de la oxidación. Nunca llenes por completo un tanque de propano. El propano se expande y se contrae con los cambios de temperatura, y podría liberar gas

Rocía con agua jabonosa alrededor de todas las conexiones por donde pase el gas propano para comprobar si aparecen burbujas (fugas).

inflamable por la válvula de presión si está demasiado lleno.

Los generadores queman propano o gas natural, pero deben instalarse para funcionar con uno u otro. Son baratos de mantener y no emplean filtros ni bombas. Los generadores de $CO_2$ «Hobby» cuestan entre 300 y 500 €, dependiendo del tamaño. El coste inicial de un generador es ligeramente mayor que el de un sistema de emisión de $CO_2$ que funcione con cilindros pequeños de gas comprimido. Sin embargo, los cultivadores prefieren los generadores de propano y de gas natural porque son unas cuatro veces más baratos de operar que los generadores de $CO_2$ embotellado. Cuatro litros de propano, que cuestan unos 2 €, contienen un metro cúbico de gas y tres metros cúbicos de $CO_2$. Por ejemplo, si un jardín necesita cuatro litros de propano al día, el coste sería

0,33 kg de combustible producen 1 kg de $CO_2$.
1 kg de $CO_2$ ocupa aproximadamente 0,5 $m^3$.

Divide la cantidad total de $CO_2$ que hace falta por 0,5 y multiplica por 0,33 para determinar la cantidad necesaria de combustible. En nuestro ejemplo de la página 340, necesitamos 0,012 metros cúbicos de $CO_2$ para un jardín de 10 $m^3$

L x A x H = volumen de la habitación ($m^3$)
2 x 2 x 2,5 = 10 $m^3$

El nivel deseado de $CO_2$ es 1.200 ppm (0,0012 $m^3$)
Multiplica el volumen de la habitación por 0,0012 = nivel deseado de $CO_2$
10 $m^3$ x 0,0012 = 0,012 $m^3$ de $CO_2$

1 kg de combustible quemado = 3 kg de gas de $CO_2$
0,33 kg de combustible quemado = 1 kg de gas de $CO_2$

0,012 / 0,5 x 0,33 = 0,00792 kg de combustible que sería necesario quemar para aumentar el nivel de $CO_2$ a 1.200 ppm.

Tres veces esta cantidad (0,00792 x 3 = 0,0237 kg) de combustible generarán suficiente $CO_2$ para la habitación durante 12-18 horas.

Convierte esto en gramos multiplicando por 1.000 (1.000 gr = 1 kg). 0,00792 x 1.000 = 7,92 gramos de combustible son necesarios para cada inyección.

**Visita www.onlineconversion.com para convertir desde el sistema métrico al anglosajón.**

alrededor de 60 € al mes. En contraste, el $CO_2$ embotellado para esa misma habitación costaría más de 200 € al mes.

Los generadores de $CO_2$ son menos caros de mantener y menos engorrosos, pero también tienen algunas desventajas. 450 gr de combustible producen 675 gr de agua y 21.800 BTU (*British Termal Unit* o unidad térmica británica, equivalente a 251.997 calorías) de calor. Esto hace que los generadores no puedan utilizarse en cuartos de cultivo de menos de 12 metros cúbicos. Incluso en salas de cultivo más grandes, el calor y la humedad añadidos deben ser monitorizados y controlados cuidadosamente para que no afecten a las plantas. En climas cálidos, los cultivadores no emplean generadores porque producen demasiado calor y humedad.

Si el combustible no se quema completamente o de manera limpia, los generadores de $CO_2$ pueden liberar gases tóxicos -incluyendo monóxido de carbono- dentro de la sala de cultivo. El óxido nitroso, otro subproducto de la combustión del propano, puede alcanzar niveles tóxicos también. Los generadores de $CO_2$ bien construidos tienen un piloto y un temporizador. Si se detectan fugas o problemas, el piloto y el temporizador se apagarán.

Necesitarás un monitor de $CO_2$ si eres sensible a los niveles altos de gas. Las unidades digitales de alarma o las placas que cambian de color (usadas en aviación) son una alternativa económica. El monóxido de carbono es un gas mortal y puede ser detectado con una alarma de monóxido de carbono, disponible en la mayoría de las ferreterías y tiendas de suministros para la construcción.

Comprueba los generadores caseros frecuentemente, incluyendo las estufas de queroseno o de gas. El propano y el gas natural producen una llama azul cuando tienen una combustión eficiente. Una llama amarilla significa que hay gas que no se está quemando (lo cual crea monóxido de carbono) y necesita más oxígeno para quemar de forma limpia. Pueden detectarse las fugas en un sistema aplicando en todas las conexiones una solución de agua y lavavajillas a partes iguales. Si aparecen burbujas, el gas se está escapando. Nunca utilices un sistema con fugas.

El oxígeno también se quema. A medida que va siendo deficiente en la habitación, la mezcla de oxígeno y combustible cambia. La llama se aviva demasiado y se vuelve amarilla. Por este motivo, el aire fresco es esencial.

Apaga los generadores de $CO_2$ por la noche. Crean un exceso de calor y de humedad en el cuarto de cultivo, y necesitan oxígeno para funcionar. De noche, las raíces necesitan el oxígeno que haya en la habitación para crecer de forma continuada.

Si estás utilizando $CO_2$ y el rendimiento no se incrementa, comprueba que todo el cuarto de cultivo funcione adecuadamente y que las plantas tengan los niveles apropiados de luz y de nutrientes, así como la temperatura, la humedad -tanto ambiental como en el medio de cultivo- y el pH correctos. Asegúrate de que las raíces reciban suficiente oxígeno ya sea de día o de noche.

## Otras maneras de generar $CO_2$

Hay muchas formas de producir $CO_2$. Puedes enriquecer áreas pequeñas mediante la combustión de alcohol etílico o metílico en una lámpara de queroseno. Los noruegos están estudiando las posibilidades de las estufas de carbón como fuente de $CO_2$. Cuando esté refinado, el sistema combinará las ventajas de los generadores y del gas comprimido. El carbón es mucho más barato que el $CO_2$ embotellado y menos peligroso que los generadores en cuanto a subproductos tóxicos. Otros están estudiando el uso de nuevas tecnologías para extraer o filtrar el $CO_2$ del aire.

Están disponibles unos discos cilíndricos, pequeños y baratos, que se llaman Excellofizz (www.fearlessgardener.com) y que liberan $CO_2$ en la atmósfera. Su uso es sencillo; simplemente añade un poco de agua, y la reacción química que tiene lugar en uno o dos cilindros dispersará suficiente $CO_2$ para aumentar su nivel hasta unas 1.000 ppm en una habitación de 9 m² durante todo el día. También liberan una fragancia a eucalipto que ayuda a enmascarar los olores. Asegúrate de contener la efervescencia y, si usas un generador de ozono, mantén limpia la lámpara.

Los discos cilíndricos *Excellofizz* son un producto de bajo coste que libera $CO_2$ cuando se bañan en agua.

## Compost y medios orgánicos de cultivo

Los materiales orgánicos en descomposición, como las virutas de madera, el heno, las hojas y los distintos tipos de estiércol emiten grandes cantidades de $CO_2$. Aunque puede capturarse el $CO_2$ que se produce durante esta descomposición, lo más frecuente es que resulte impracticable para los cultivadores de interior. Canalizar hasta el interior el $CO_2$ y los vapores de una pila de compost resulta demasiado complicado, caro y trabajoso para que el esfuerzo merezca la pena.

## Fermentación

Los cultivadores a pequeña escala emplean la fermentación para producir $CO_2$. Combina agua, azúcar y levadura para producir $CO_2$. La levadura consume el azúcar y libera $CO_2$ y alcohol a modo de subproductos. Los cultivadores que elaboran cerveza en casa pueden utilizar un sistema a pequeña escala para incrementar los niveles de $CO_2$ en una habitación. Los no cerveceros pueden mezclar una taza de azúcar, un paquete de levadura de cerveza y tres litros de agua templada en una garrafa de cuatro o cinco litros para producir $CO_2$. Tendrás que experimentar un poco con la temperatura del agua para que salga bien. El agua caliente mata la levadura, y el agua fría no la activa. Una vez que la levadura se activa, el $CO_2$ se libera a borbotones en el aire. Perfora un agujero pequeño en el tapón de la garrafa, y colócala en un lugar cálido (entre 26 y 34 ºC ) del cuarto de cultivo. Muchos jardineros compran un cierre para fermentación (disponible por menos de 10 €

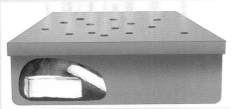

*Pon el hielo seco en un contenedor de plástico con agujeros para ralentizar la evaporación del $CO_2$ en gas.*

en tiendas que suministren material para la elaboración de cerveza). Dichos cierres evitan la entrada de contaminantes en la garrafa, y hacen que el $CO_2$ burbujee a través del agua, de manera que puede observarse el ritmo de producción. La pega es que hay que cambiar la mezcla hasta tres veces al día. Vierte la mitad de la solución, y añade algo menos de un litro y medio de agua y otra taza (24 cl) de azúcar. Mientras la levadura continúe creciendo y burbujeando, la mezcla puede durar indefinidamente. Cuando la levadura empiece a decaer, añade otro paquete. Esta fórmula básica puede adaptarse para hacer fermentadores a mayor o menor escala. Varias garrafas repartidas por el espacio de cultivo tienen un impacto significativo sobre los niveles de $CO_2$.

La fermentación es una alternativa barata para producir $CO_2$. No genera calor, gases tóxicos o agua, y tampoco se necesita electricidad. Pero debido a su hedor, resulta improbable que un cultivador pueda tolerar un proceso de fermentación a gran escala. Además, es difícil medir la producción de $CO_2$ de este sistema, haciendo que sea dificultoso mantener unos niveles uniformes a lo largo del día.

## Hielo seco

El hielo seco llega a ser muy caro cuando se usa de forma prolongada. Un kilo de hielo seco eleva el nivel de $CO_2$ en un cuarto de cultivo de 3 m² hasta 2.000 ppm durante un periodo de 24 horas. Un cultivador agobiado remarcaba: «No me puedo creer que este material se derrita tan rápido».

Durante años, los cultivadores han recurrido a grandes tanques aislados llenos de hielo seco para añadir $CO_2$. El hielo seco es dióxido de carbono que ha sido congelado y comprimido. A medida que se derrite, cambia de sólido a gas. El $CO_2$ gaseoso puede mezclarse con el aire mediante ventiladores que lo hagan circular entre las plantas. El hielo seco funciona bien a pequeña escala sin recurrir a un tanque y

un convertidor. Es fácil de encontrar (busca en las Páginas Amarillas) y barato. Como el $CO_2$ no pasa por un estado líquido, la transformación de sólido a gas a medida que el hielo se derrite resulta limpia y discreta. También es fácil aproximarse a la cantidad de $CO_2$ que se está liberando. Un kilo de hielo seco es igual a un kilo de $CO_2$ líquido. Determinar el tiempo que tarda en descongelarse una cantidad específica de hielo seco te permitirá calcular cuánto $CO_2$ se emite durante un periodo concreto de tiempo. Para prolongar el proceso de deshielo, pon el hielo en contenedores aislados, como pueden ser las neveras portátiles de corcho, y abre agujeros en la tapa y a los lados para que salga el $CO_2$. El tamaño y el número de agujeros te permite controlar el ritmo de descongelación del bloque y la emisión de $CO_2$.

El hielo seco es económico y está libre de riesgos; no produce gases tóxicos, calor o agua. Aunque el hielo seco es más fácil de manejar que los tanques de $CO_2$ comprimido, resulta difícil de almacenar. El proceso de descongelación puede ralentizarse mediante el aislamiento, pero no puede detenerse. Al ser extremadamente frío, el hielo seco también puede causar daños en los tejidos o quemar la piel tras un contacto prolongado.

## Bicarbonato y vinagre

En cuartos pequeños de cultivo, existe la posibilidad de utilizar vinagre y bicarbonato para producir $CO_2$. Este método elimina el exceso de calor y la producción de vapor de agua, y sólo se necesitan objetos de uso doméstico. Crea un sistema que haga gotear vinagre (ácido acético) sobre una base de bicarbonato. El principal inconveniente de este sistema son los niveles erráticos de $CO_2$ producido. Se tarda bastante tiempo en que se acumule el $CO_2$ hasta alcanzar un nivel que sirva de ayuda para las plantas. Sin embargo, una vez alcanzado el nivel óptimo, puede continuar elevándose hasta llegar a niveles perjudiciales para las plantas. Si tienes tiempo para experimentar, es posible instalar un sistema de goteo operado por una válvula solenoide y un temporizador de periodos cortos. Con este tipo de sistema, el $CO_2$ podría liberarse periódicamente en cantidades pequeñas, y estar coordinado con la ventilación.

**Nota:** Algunas recetas sustituyen el vinagre por ácido muriático (hidroclórico). Recomiendo utilizar vinagre, ya que el ácido hidroclórico es muy peligroso. Puede quemar la carne, los ojos y el sistema respiratorio; incluso puede quemar el cemento, llegando a atravesarlo.

## Olor

Un buen extractor con salida al exterior es el primer paso para controlar el olor del cannabis, y también es la manera más sencilla de evitar que la casa *cante* a marihuana fresca. Si el olor es fuerte y la ventilación supone un problema, un generador de iones negativos (desionizador); un desodorizador en líquido, gel, discos o para pulverizar; un generador de ozono; un filtro de carbón activado; o una combinación de dos o más de estas soluciones resolverán los problemas de olor.

## Desodorizadores

Elimina los olores alterando su estructura a nivel molecular. Los productos como Odor Killer™, Ona™, VaporTek™ y Ozium™ están elaborados a base de aceites esenciales que acaban con los olores creando una atmósfera neutra a nivel atómico. Dichos productos suelen estar disponibles en gel, en aerosol y en discos impregnados. Muchos cultivadores prefieren usar el gel a largo plazo, y reservan el aerosol para situaciones de emergencia, como cuando se presentan visitas inesperadas durante la cosecha.

Los desodorizadores pueden instalarse en la habitación, por toda la casa y cerca de los pasillos. Varias empresas ofrecen productos que se adhieren a la pared. Un cultivador ingenioso que entrevisté pegó uno de estos discos desodorizadores por dentro de la puerta de entrada, justo debajo de la ranura del correo, para mantener fresca la casa. Otros productos están diseñados para conectarse a los conductos del sistema de ventilación. A menudo, estos productos se usan no sólo para alterar el olor de la marihuana, también para alterar el reconocible olor que producen los generadores de ozono. Otras empresas ofrecen envases de aerosoles con un dosificador automático, el cual emite periódicamente una dosis pulverizada.

## Generadores de iones negativos

Los generadores de iones negativos son pequeños y resultan bastante eficientes en el control de los olores, el humo, el polen suspendido en el aire, el moho, el polvo y la electricidad estática. Bombean iones negativos a la atmósfera. Los iones negativos son atraídos por los iones positivos que contienen los olores y otros contaminantes en suspensión. Los

*Aunque sea un poco complicado hacerlo funcionar todo el tiempo, verter vinagre sobre bicarbonato constituye una buena fuente de $CO_2$.*

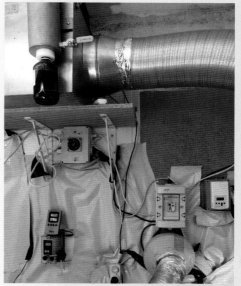

*Algunos jardineros prefieren utilizar aceites esenciales para solapar la fragancia. Estos productos están disponibles en formato líquido, en gel y en aerosol.*

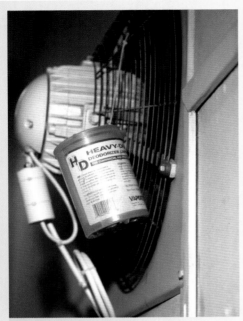

*Ventilador con desodorizador.*

*Este cultivador trata el aire con ozono y vuelve a desodorizar el aire justo antes de que se expulse fuera.*

iones negativos se adhieren a los iones positivos, y el olor se neutraliza. Las partículas caen al suelo y crean una capa fina de polvo sobre el piso, las paredes y los objetos que haya en la habitación. Estos dispositivos funcionan bastante bien en los cuartos de cultivo de poco tamaño y cuyos problemas de olor son mínimos. El generador gasta muy poca electricidad y se conecta a la corriente normal de 220 voltios. Comprueba visualmente el filtro cada unos pocos días, y asegúrate de mantenerlo limpio.

## Generadores de ozono

El ozono tiene muchas aplicaciones, incluyendo la esterilización de alimentos y agua, y la eliminación de los olores a nivel molecular. Algunos cultivadores incluso emplean niveles altos de ozono para exterminar plagas en los cuartos de cultivo.

Los generadores de ozono neutralizan los olores convirtiendo el oxígeno ($O_2$) en ozono ($O_3$) mediante la exposición del aire hediondo a la luz ultravioleta (UV). La molécula adicional siempre es un ion con carga positiva, el cual está predispuesto a adherirse a un ion con carga negativa (catión). Los olores son cationes cargados negativamente. Cuando el ion extra del oxígeno se adhiere al catión, se neutralizan el uno al otro, y el olor también queda neutralizado. Una vez que la molécula extra se descarga, el $O_3$ se convierte de nuevo en $O_2$. La reacción química tarda un minuto o más en tener lugar, así que el aire tratado debe mantenerse en una cámara para que pueda transformarse eficazmente.

El ozono tiene un olor inusual, similar al del aire después de una buena lluvia. Cualquiera que

*Los generadores de ozono se clasifican según el número de metros cúbicos que son capaces de tratar.*

haya olido alguna vez el aire de una habitación tratada recientemente con ozono jamás olvida el olor. Asegúrate de no producir demasiado ozono, y deja que pase suficiente tiempo para que se mezcle con el aire y se neutralicen los olores. El olor distintivo del exceso de ozono saliendo de un edificio puede atraer a los agentes de narcóticos y a los ladrones. Por ésta razón, muchos cultivadores también utilizan un filtro de carbón para limpiar el aire aún más.

Hay muchos generadores de ozono disponibles. Cuando vayas a comprar un generador de ozono, busca uno que lleve varios años establecido en el mercado y que haya tenido una buena trayectoria. Asegúrate de que cuente con características importantes, como que sea autolimpiable (o que sea fácil de limpiar) o que la sustitución de la bombilla resulte sencillo y seguro. Cuando la luz UV se encuentra con la humedad del aire, se produce ácido nítrico como subproducto. El ácido nítrico, blanco y polvoriento, se deposita alrededor de las lámparas, en los puntos de conexión. Se trata de un ácido desagradable y muy corrosivo que provoca quemaduras severas en la piel y en los ojos. Verifica que el generador de ozono incorpora las medidas de seguridad adecuadas, como un interruptor que apague la lámpara para su mantenimiento, haciendo que sea imposible mirar hacia los rayos UV, lo cual causaría quemaduras en la retina. El límite legal de exposición para los seres humanos es de 0,1 ppm durante un máximo de 8 horas. La mayoría de los generadores de ozono para cuartos de cultivo producen alrededor de 0,05 ppm a intervalos regulares. Consulta la página siguiente para conocer los síntomas de sobredosis de ozono en las plantas.

La luz UV es muy peligrosa. En un instante, la intensa luz UV puede quemar la piel y las retinas de los ojos sin solución. Nunca, bajo ninguna circunstancia, mires hacia la lámpara UV de un generador de ozono. Echar un vistazo a la lámpara de un generador de ozono le ha costado la vista a más de un aspirante a cultivador. El ozono también puede quemar los pulmones. A niveles bajos, no hay daños pero, a niveles altos, el peligro es inminente. ¡Nunca jamás uses demasiado!

El Air Tiger™, fabricado por Rambridge, www.rambridge.com, supone una opción excelente para los cultivadores. Es uno de los más seguros que están disponibles y resulta fácil de mantener. Un interruptor de seguridad hace que sea imposible el contacto

El Air Tiger es un generador de ozono muy popular, y está diseñado para encajar dentro de los conductos.

Mezclar el aire tratado con ozono durante un minuto o más permite que el $O_3$ pierda una molécula y pase a ser $O_2$.

directo entre los ojos y el tubo de luz UV de 25 cm. El ozono, altamente corrosivo, permanece alejado del cableado interno, y muy poca humedad es capaz de penetrar la capa exterior para combinarse con $O_3$ y formar ácido nítrico en polvo.

Los generadores de ozono se clasifican según el número de metros cúbicos que pueden tratar. (Para calcular el volumen de la habitación en metros cúbicos, multiplica largo x ancho x alto.) Algunos cultivadores instalan el generador de ozono en el cuarto de cultivo y dejan que trate todo el aire de la habitación. Añaden un temporizador para que el generador de ozono disperse ozono en la habitación de forma intermitente y mantenga un nivel relativamente constante. Esta práctica puede hacer que disminuya la fragancia de los cogollos. Los cultivadores ingeniosos instalan el generador de ozono en un armario vacío o construyen una cámara para el intercambio de ozono y dirigen el aire fragante del cuarto de cultivo

Cada tubo se conecta a un conducto de ventilación, y el agente de limpieza del aire se aplica antes de que el aire sea evacuado.

Los generadores de ozono se sitúan dentro de los conductos. El aire de la sala de cultivo se mezcla con ozono en el interior del conducto y de una gran caja de metal. El aire huele fresco y limpio una vez que se ha tratado adecuadamente con ozono.

a través del espacio cerrado para tratarlo con ozono antes de que sea evacuado al exterior. Otros cultivadores montan el generador de ozono en el conducto de ventilación para tratar el aire antes de que éste salga. Una vez generado, el ozono tiene una vida útil de unos 30 minutos. Se tarda un minuto o dos en que las moléculas de $O_3$ se combinen con el oxígeno para neutralizar los olores.

## Daños por ozono

Para obtener los mejores resultados, mantén el generador de ozono en una habitación aparte o aislado de las plantas que se están cultivando. El ozono causa manchas cloróticas en las hojas. Al principio, las manchas moteadas parecen indicar una deficiencia de Mg, y van aumentando de tamaño y volviéndose oscuras durante el proceso. Con mucha frecuencia, los síntomas se encuentran en el follaje cercano al generador. Las hojas se marchitan y caen, y el crecimiento general de la planta se ralentiza hasta casi detenerse.

## Filtros de carbón activado

Los filtros de carbón activado son fantásticos, ¡y funcionan! El carbón se *activa* con oxígeno, que abre millones de poros en el carbón. El carbón activado absorbe las moléculas de olor y otros contaminantes del aire. La mecánica es simple, y hay tres cosas importantes que deben recordarse cuando se utiliza un filtro de carbón. Primero, mantén la humedad de la habitación por debajo del 55%. Con una humedad relativa del 65-70%, el carbón absorbe la humedad y se obstruye. Con una humedad del 80%, deja de eliminar olores. Segundo, el aire debe moverse lentamente a través de los filtros de carbón para que se extraigan los olores. En las unidades profesionales, el ventilador sólo deja pasar el aire suficiente a través del filtro para que los olores descansen el tiempo suficiente para ser absorbidos por

El ozono puede dañar severamente el follaje. Esto es lo que hace en las hojas.

*Los filtros de carbón eliminan la fragancia y el polen del aire. El modelo que se muestra arriba tiene un filtro exterior de más de un centímetro e incorpora un conducto poroso rodeado de carbón activado. Estos filtros son eficientes hasta que la humedad supera el 60%, momento en que el carbón, cargado de humedad, deja de absorber.*

el filtro de carbón. Tercero, utiliza un prefiltro. El prefiltro captura la mayor parte del polvo y de los contaminantes en suspensión, evitando que ensucien el filtro de carbón. Cambia el prefiltro regularmente, cada 60 días, o más a menudo si la habitación es polvorienta. El carbón dura alrededor de un año. Muchos cultivadores prefieren el carbón activado hecho a partir de coco. No utilices carbón activado que esté *machacado*, ya que es menos eficiente que los trozos de carbón.

Instala una malla de entrada que filtre las partículas grandes de polvo para prolongar la vida del filtro de carbón activado. Emplea un filtro en la entrada de aire, ya sea pasiva o forzada por un extractor, para minimizar la presencia de contaminantes en el cuarto de cultivo.

Comprueba las especificaciones de ventilación para tu espacio de cultivo con los fabricantes de filtros o con los vendedores. Será necesario un extractor más potente para absorber el volumen apropiado de aire a través del filtro de carbón activado. Un flujo de aire adecuado es imprescindible para mantener alto el contenido de $CO_2$ en el aire del cuarto de cultivo.

## Montaje de la ventilación paso a paso

**Primero:** Calcula el volumen total del cuarto de cultivo. Longitud x anchura x altura = volumen total. Por ejemplo, una habitación de cultivo que mide 3 x 3 x 2,5 metros tiene un volumen total de 22,5 m³ (3 x 3 x 2,5 = 22,5 m³). Una habitación que mide 4 x 5 x 2 metros tiene un volumen total de 40 metros cúbicos.

**Segundo:** Utiliza un extractor que elimine el volumen total de aire de la habitación en menos de cinco minutos. Compra un extractor que pueda montarse fácilmente en la pared o *en línea*, en un tubo de conducto. Los extractores tubulares de calidad mueven mucho aire y hacen muy poco ruido. Merece la pena gastar el dinero de más que cuestan estos extractores. Los cuartos pequeños pueden emplear un extractor conectado a un tubo flexible de 10 cm. Muchas tiendas venden conductos especiales para conectar los extractores centrífugos de alta velocidad con diámetros de 102, 127, 152 mm, etc.

**Tercero:** Coloca el extractor en la pared o cerca del techo del cuarto de cultivo para que expulse el aire caliente y húmedo.

*Un filtro de carbón activado está conectado a un extractor. El aire se limpia antes de abandonar el cuarto de cultivo.*

**Cuarto:** Si es posible, abre un agujero en la pared, y fija el extractor en el hueco. La mayoría de los cuartos requieren una instalación especial. Consulta los pasos siguientes.

**Quinto:** Para montar un extractor en una ventana, corta un trozo de tablero contrachapado de 1,5 cm de grosor que encaje en el marco de la ventana. Cubre la ventana con pintura de color oscuro o similar para evitar que pase la luz. Monta el extractor en la parte superior del tablero para que expulse el aire fuera del cuarto de cultivo. Fija el tablero y el extractor al marco de la ventana con tornillos. Abre la ventana desde abajo.

**Sexto:** Otra opción para hacer una salida de ventilación que no deje pasar la luz consiste en usar conducto flexible de secadora de 10 cm. Lleva el tubo hasta el exterior y conecta un extractor centrífugo pequeño al otro extremo del conducto. Asegúrate de que haya una conexión hermética entre el extractor y el tubo mediante una abrazadera o cinta para conductos. Estira el conducto flexible para que el interior quede lo más plano posible. Las superficies irregulares en el interior causan turbulencias de aire y disminuyen seriamente la corriente de aire.

**Séptimo:** Otra opción es extraer el aire

*Can dispone de filtros de carbón en muchos tamaños y es una marca popular.*

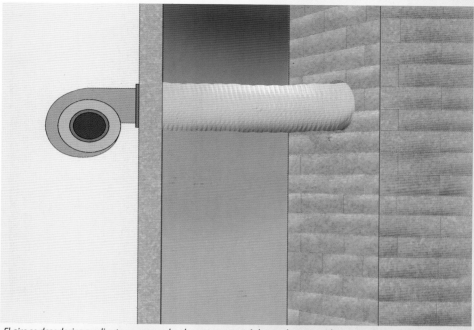

*El aire se desodoriza mediante un generador de ozono que está dentro de este conducto.*

por la chimenea o hacia el ático, donde las fugas de luz y el olor rara vez son un problema. Si utilizas la chimenea para la ventilación, limpia primero el exceso de cenizas y de creosota. Ata una cadena a una cuerda. Baja la cadena por la chimenea, golpeando y arrastrando hacia abajo todos los restos del interior. Debería haber una compuerta en la base para poder

*La corriente y el volumen de aire disminuyen cuando se encuentran con esquinas.*

retirar los restos de suciedad. Esta puerta también se utiliza como salida de aire.

**Octavo:** Conecta el extractor a un termostato/higrostato o a otro dispositivo que monitorice y controle la temperatura y/o la humedad para expulsar el aire caliente y húmedo al exterior. Ajusta la temperatura a 24 ºC y la humedad al 55% si el cultivo está en floración, y entre el 60 y el 65% si el cultivo está en fase vegetativa. La mayoría de los dispositivos de control incluyen instrucciones de conexión. Los controladores más sofisticados tienen tomas de corriente incorporadas, y los aparatos simplemente se enchufan en ellos.

**Noveno:** También se puede conectar el extractor a un temporizador y hacer que funcione durante una cantidad específica de tiempo. Éste es el método que se emplea con el enriquecimiento a base de $CO_2$. Programa el extractor para que se encienda y ventile el aire usado y falto de $CO_2$ justo antes de que se inyecte aire nuevo y rico en $CO_2$.

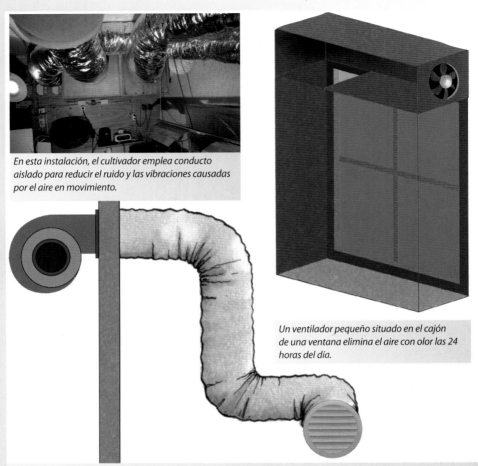

En esta instalación, el cultivador emplea conducto aislado para reducir el ruido y las vibraciones causadas por el aire en movimiento.

Un ventilador pequeño situado en el cajón de una ventana elimina el aire con olor las 24 horas del día.

Hacer que el aire gire en ángulo evita que los paseantes puedan ver la luz del cuarto de cultivo.

Aquí tenemos un filtro de carbón sin el filtro exterior antipolvo. El extractor en línea añade succión extra para empujar el aire a través del conducto flexible antes de que éste llegue al extractor de salida que hay al final del tubo.

Este hermoso cultivo de invernadero fue destruido por la botritis.

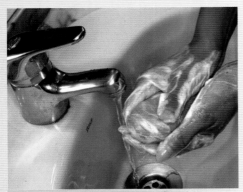

*La higiene más simple mantiene a raya las plagas y enfermedades en el cuarto de cultivo.*

*Los cuartos de cultivo sucios contribuyen a provocar problemas de plagas y enfermedades.*

*Barre el suelo del cuarto de cultivo cada pocos días para evitar problemas con plagas y enfermedades.*

## Introducción

Los insectos, los ácaros y los gusanos se deslizan en los cuartos de cultivo para comer, reproducirse y echar a perder la yerba. Al aire libre, viven donde pueden. En interior, se instalan en cualquier sitio que les dejes. Los hongos siempre están presentes en el aire. Pueden introducirse con una planta infectada o a través del aire, que contiene sus esporas. Los hongos se asientan y crecen si las condiciones climáticas son las adecuadas. Las plagas, los hongos y las enfermedades pueden prevenirse, pero si se permite que se desarrollen de forma incontrolada, suelen ser necesarias medidas extremas de control para erradicarlos.

## Prevención

La limpieza es la clave para la prevención contra los insectos y los hongos. El cuarto de cultivo debería estar totalmente cerrado para poder controlar fácilmente el entorno. Mantén limpio el suelo. Aparta todos los residuos de la superficie de la tierra. No utilices acolchado. A los insectos y los hongos les gusta hacer sus guaridas en los rincones sucios y húmedos, y debajo de las hojas muertas en descomposición o del acolchado que se está pudriendo. Los cultivadores y las herramientas suelen transportar muchas plagas microscópicas, hongos y enfermedades que podrían destruir el jardín en último extremo. Esto no significa que los cultivadores y sus herramientas tengan que esterilizarse cada vez que se accede al cuarto de cultivo, como si se tratara de un hospital; aunque no estaría nada mal que se hiciera así. Lo que significa es que deben tomarse las precauciones sanitarias normales de manera regular. Los cultivadores que usan ropa y herramientas limpias reducen considerablemente la presencia de problemas. Es fácil mantener limpio un juego de herramientas aparte para interior. Habitualmente, las plagas, las enfermedades y los hongos pasan de una planta a otra a través de herramientas sucias. Desinfecta las herramientas sumergiéndolas en alcohol o fregándolas con jabón y agua caliente después de utilizarlas con cada una de las plantas enfermas. Otra manera rápida de esterilizar las tijeras de poda es con un soplete de mano. Una pasada rápida con el soplete esteriliza de inmediato las herramientas de metal.

La higiene personal es fundamental para prevenir las plagas y enfermedades. Lávate las manos antes de tocar el follaje y después de manejar plantas enfermas. Los buenos cultivadores no se pasean por el jardín de exterior, que está lleno de bichos, y luego visitan el cultivo de interior. Lo hacen al revés. Piensa antes de entrar al jardín de interior si existe la posibilidad de contaminarlo. ¿Has pisado un césped lleno de hongos o acariciado al perro, que acaba de entrar del jardín exterior? ¿Acabas de toquetear el filodendro del salón, que está infestado de araña roja? Evita tales problemas lavándote las manos y cambiándote de camisa, pantalones y zapatos antes de entrar a un jardín de interior.

Una vez que se ha llevado a cabo un cultivo en tierra para macetas o en mezcla inorgánica, desecha el medio de cultivo. Algunos cultivadores se jactan de utilizar la misma tierra una y otra vez, sin saber que este ahorro se ve recompensado con una cosecha disminuida. La tierra usada puede albergar plagas y enfermedades dañinas que han desarrollado inmunidad frente a las pulverizaciones. Comenzar un nuevo cultivo con tierra nueva tiene un coste mayor, pero elimina muchos problemas en potencia. La tierra usada es excelente para el jardín al aire libre.

Ten cuidado al deshacerte de la tierra vieja. Unos cultivadores de Eugene, Oregon (EE.UU.) dejaron la tierra de exterior en el patio trasero durante muchos años. La tierra tenía un 50% de perlita, de color blanco y fácilmente distinguible. Este descuido llevó al arresto de estos cultivadores.

Una vez que el sustrato de plantación ha sido usado, pierde gran parte de su textura mullida, y la compactación se convierte en un problema. Las raíces penetran despacio en la tierra compacta, y hay poco espacio para el oxígeno, lo cual restringe la absorción de los nutrientes. El sustrato usado tiene agotados los nutrientes. Una planta con un arranque lento es un objetivo perfecto para las enfermedades, ¡y lo peor de todo es que rendirá menos!

Las plantaciones asociadas a la marihuana evitan que los insectos causen tantas dificultades en exterior. Las plagas no tienen donde ir en interior, así que asociar cultivos no es viable en los cuartos de cultivo.

Planta variedades de marihuana que sean resistentes a los insectos y los hongos. Si compras semillas de una de las muchas empresas de semillas, comprueba siempre la resistencia que tienen frente a las enfermedades. En general, el *Cannabis indica* es el más resistente a las plagas, y el *C. sativa* es más resistente a los ataques de los hongos. Elige aquellas plantas madre que sepas que son resistentes a las plagas y las enfermedades.

Mantén sanas las plantas y haz que crezcan todo el tiempo. Las plagas atacan primero a las plantas enfermizas. Las plantas fuertes tienden a crecer más deprisa de lo que pueden extenderse las plagas y las enfermedades.

La circulación forzada del aire hace que la vida sea miserable para las plagas y las enfermedades. Las plagas odian el viento porque les resulta difícil sujetarse a las plantas, y las trayectorias de los vuelos se ven dificultadas. Las esporas de los hongos tienen poco tiempo para asentarse en medio de la brisa y les cuesta desarrollarse sobre la tierra, los tallos y las hojas que están secas debido al viento.

La ventilación altera la humedad rápidamente en una habitación. De hecho, un extractor conectado a un higrostato suele ser la forma más efectiva de controlar la humedad. El moho suponía un gran problema

*Las plantas sanas son fáciles de mantener fuertes, y son capaces de combatir las plagas y las enfermedades.*

en uno de los cuartos de cultivo que he visitado. La habitación no disponía de extractor. Al entrar en la habitación cerrada, el aire húmedo resultaba sofocante. ¡Era terrible! El ambiente era tan húmedo que las raíces crecían en los tallos de las plantas. El cultivador instaló un extractor para absorber el aire viciado y húmedo. La humedad cayó desde casi el 100% hasta alrededor del 50%. El problema del moho desapareció, y aumentó el volumen de la cosecha.

Los horticultores de interior que ponen en práctica todas las medidas preventivas tienen pocos problemas con las plagas y las enfermedades. Es mucho más fácil prevenir el inicio de una enfermedad que erradicar una infestación. Si las plagas y las enfermedades se dejan sin vigilar, pueden devastar el jardín en unas pocas semanas.

## Control

A veces, aunque se tomen todas las medidas preventivas, las plagas y las enfermedades consiguen colarse y se instalan en el cuarto de cultivo. Primero, establecen una base en una planta débil y susceptible. Una vez que están instaladas, lanzan un asalto generalizado sobre el resto del jardín. Se mueven en todas direcciones desde la base infestada, tomando más y más espacio, hasta que conquistan el jardín entero. Una infestación puede suceder en cuestión de días. La mayoría de los insectos depositan miles de huevos en periodos cortos de tiempo. Estos huevos eclosionan y dan lugar a adultos maduros en unas semanas. Por ejemplo, si 100 masticadores microscópicos pusieran 1.000 huevos durante sus dos semanas de vida y estos huevos llegaran a ser adultos, dos semanas después habría 100.000 adultos jóvenes, los cuales pondrían 1.000 huevos cada uno. A final de mes, habría 100.000.000 de bichos atacando

## Progresión lógica en el control de insectos

1. Prevención
   a. Limpieza
   b. Usar tierra nueva
   c. Un juego de herramientas de interior
   d. Plantas resistentes a las enfermedades
   e. Plantas sanas
   f. Control del clima
   g. Nada de animales
   h. Cultivos asociados

2. Eliminación manual
   a. Dedos
   b. Esponja

3. Pulverizaciones orgánicas

4. Depredadores naturales

5. Productos químicos

*Elimina a mano las poblaciones pequeñas de insectos, aplastando entre los dedos tanto adultos como huevos. Asegúrate de lavarte las manos después.*

*Un microscopio a pilas de 30 aumentos hace que resulte fácil identificar insectos y enfermedades.*

el jardín infestado. Imagínate cuántos habría en otras dos semanas…

Las pulverizaciones suelen matar únicamente a los adultos. En general, las pulverizaciones insecticidas deberían aplicarse pronto, una vez que han eclosionado los huevos, para coger a los adultos jóvenes en su fase vital más débil. Las pulverizaciones a base de aceite ligero (de baja viscosidad) para horticultura, ya incluyan este producto de forma aislada o como aditivo, funcionan bien para ayudar a matar las larvas y los huevos.

La disponibilidad de algunos insecticidas para pulverización puede ser estacional, especialmente en las zonas rurales. La sección de jardinería de las grandes superficies comerciales se cambia de cara al invierno pero, a veces, suele conservarse parte de las provisiones en el almacén. Busca entre las ofertas de final de temporada. Hoy en día, hay muchas tiendas dedicadas al cultivo de interior que disponen de productos para el control de las plagas y las enfermedades durante todo el año.

### Control de insectos

Los cultivadores de interior tienen muchas opciones para controlar los insectos y los hongos. La prevención y la limpieza encabezan la lista de control. En la tabla que aparece en esta página, se muestra una progresión lógica en el control de las plagas y las enfermedades. (Observa que se inicia con la limpieza.)

La retirada manual es justo lo que implica su nombre: aplastar entre el pulgar y el índice, o entre dos esponjas, todos los bichos y los huevos que haya a la vista.

Me gusta pulverizar con productos naturales y orgánicos, como las piretrinas y el neem, y recurrir a los productos químicos abrasivos sólo como último recurso. Cualquier pulverización insecticida, por muy benigna que sea, siempre tiende a retrasar un poco el crecimiento de las plantas. Cuando se pulveriza sobre el follaje, los estomas quedan bloqueados al cubrirse con una película residual. Los estomas permanecen

*Las trampas pegajosas amarillas se usan para monitorizar las poblaciones de insectos nocivos, así como para controlar los pequeños insectos voladores.*

## Productos químicos comunes con sus nombres comerciales y los insectos que controlan:

**Nota:** No aplicar estas sustancias sobre plantas comestibles

| Nombre genérico | Uso | Entrada en el sistema |
|---|---|---|
| Griseofulvin | fungicida | sistémico |
| Estreptomicina | bactericida | sistémico |
| Carbaryl | fungicida | sistémico |
| Tetraciclina | bactericida | semisintético (Terramicina®) |
| Nitratos | fertilizantes foliares | sistémicos |
| Abamectina | insecticida | no del todo sistémico, translaminar realmente |
| Pentac | acaricida | sistémico |
| Temik | insecticida | sistémico |
| Neem | insecticida | sistémico |
| Funginex | fungicida | sistémico |
| Vitavax | fungicida | sistémico |
| Acefato | insecticida | sistémico |

**Nota:** Esta lista no es completa. La regla básica consiste en no usar productos sistémicos.

taponados hasta que el producto deja de hacer efecto o se elimina con agua. Las pulverizaciones más fuertes suelen ser más fitotóxicas, y queman el follaje. Rocía las plantas lo menos posible y evita pulverizar durante las dos semanas anteriores a la cosecha. Lee todas las etiquetas hasta el final antes de usar los productos.

Utiliza únicamente insecticidas de contacto que estén aprobados para plantas comestibles. Evita pulverizar los plantones y los esquejes tiernos sin enraizar. Espera hasta que los esquejes hayan enraizado y a que los plantones tengan un mes de edad por lo menos antes de rociarlos.

## Pulverizaciones y trampas Fungicidas, insecticidas y acaricidas químicos

No recomiendo usar fungicidas, insecticidas o acaricidas químicos en plantas que están destinadas al consumo humano. La mayoría de los productos de contacto, que no entran en el sistema de la planta, están aprobados para ser usados en frutas y verduras comestibles. No obstante, existen numerosas formas de controlar los hongos, las enfermedades y los insectos nocivos sin tener que recurrir a

## Clasificación EPA* de toxicidad aguda de los pesticidas:

| Clase | LD50 para matar una rata Vía oral (mg kg-1) | LD50 para matar una rata Vía dérmica (mg kg-1) | LD50 para matar una rata Vía inhalada (mg kg-1) | Efectos sobre los ojos | Efectos sobre la piel |
|---|---|---|---|---|---|
| I | ≤50 | ≤200 | ≤0,2 | corrosivo, opacidad irreversible | corrosivo |
| II | 50-500 | 2.000-20.000 | 2,0-20 | opacidad de la córnea reversible en 7 días, la irritación persiste 7 días | irritación severa en 72 horas |
| III | 500-5.000 | 2000-20.000 | 2.0-20 | sin opacidad de la córnea, irritación reversible en 7 días | irritación moderada en 72 horas |
| IV | > 5.000 | > 20.000 | > 20 | sin irritación | irritación ligera |

*Environmental Protection Agency. Agencia norteamericana para la protección del medio ambiente.*

## Tabla de remedios naturales

| Nombre genérico<br><br>Ingrediente activo | Forma | Nombre comercial | Precauciones de toxicidad Clase EPA |
|---|---|---|---|
| Especies de bacilos | G, P, PM | Bt, DiPel, M-Trak, Mattch, Javelin, etc. | IV |
| Sulfato de cobre | P, PM | Brsicop | III |
| Sulfato de cobre/caliza | P, PM | Mezcla de Burdeos | III |
| Tierra diatomácea | P | Celite | IV |
| Neem | A, LE | Neem, Bioneem | IV |
| Sulfato de nicotina | L, P | Black Leaf 40 | II |
| Aceite de horticultura | A | Sunspray | IV |
| Piretrinas | Ar, L, PM | Muchos nombres de marca | III, IV |
| Cuasia | PM | Bitterwood | IV |
| Rotenona | P, PM, LE | Derris, Cubé | II, III |
| Riania | P, PM | Dyan 50 | IV |
| Cebadilla | P | Red Devil | IV |
| Jabón insecticida | L | M-Pede, Bio-Leat | IV |
| Bicarbonato sódico | P | Bicarbonato | IV |
| Hipoclorito sódico | L | Lejía | II, III |
| Azufre | P, PM | Cosan | IV |

**Leyenda**

| | | | |
|---|---|---|---|
| Ar - Aerosol | L - Líquido | PM - Polvo mojable | |
| P - Polvo | A - Aceite | LE - Líquido emulsionable | |
| | G - Granulado | EL - Emulsifiable Liquid | G - Glandular |

productos químicos. En esta página, se incluye una tabla con productos comunes, sus nombres comerciales y los insectos que controlan.

### Difusores adhesivos para pesticidas

Los difusores adhesivos mejoran y facilitan el mojado, e incrementan la adhesión y la absorción a través del follaje. Los productos difusores adhesivos aumentan la efectividad de los fertilizantes, fungicidas, insecticidas, etc. Su utilización resulta especialmente importante cuando las plantas desarrollan una capa cerosa de resina. Los difusores adhesivos también dificultan los mecanismos de respiración de los insectos, y funcionan como pesticidas. Uno de mis favoritos es Coco-Wet, de Spray-N-Grow.

### Abamectina

**Ingredientes:** Los derivados de la abamectina incluyen la emamectina y la milbemectina. No es bioacumulable. Se usa comúnmente para el lúpulo; la abamectina no es realmente sistémica. Se absorbe desde el exterior del follaje hasta determinados lugares, especialmente hacia las hojas jóvenes, en el proceso de actividad translaminar.

**Controles:** Ácaros y araña roja, hormigas de fuego, minador de hojas y nematodos.

**Mezcla:** Diluir en agua. Mezcla un cuarto de cucharadita (1,25 ml) por cada cuatro litros. Añade un agente humectante.

**Aplicación:** Pulverización. Funciona mejor cuando la temperatura está por encima de 21 ºC . Repite la aplicación cada 7-10 días.

**Persistencia:** Un día.

**Formato:** Líquido.

**Toxicidad:** En concentraciones elevadas, es tóxico para mamíferos, peces y abejas. Normalmente, los insectos chupadores son objeto de control mientras que los beneficiosos no resultan afectados.

**Seguridad:** Usa guantes, mascarilla y gafas protectoras.

### Bacillus thuringiensis (Bt) y otras especies de bacilos

**Ingredientes:** El *Bacillus thuringiensis* (*Bt*) es el más conocido de diversas bacterias que son fatales para orugas, larvas y gusanos.

Las orugas, las larvas y los gusanos ingieren la bacteria *Bt*, la cual puede aplicarse en pulverización, en polvo o en gránulos. Inyecta *Bt* líquido en los tallos para acabar con los insectos perforadores. Poco después de ingerirlo, su apetito desaparece y dejan de comer. En pocos días, se arrugan y mueren; los gusanos minadores y los del repollo, las tijeretas del maíz, las gardamas, las larvas de las polillas y otros gusanos también son controlados. Los productos comerciales a base de *Bt* no se reproducen dentro de los organismos de los insectos, así que pueden ser necesarias varias aplicaciones para controlar la infestación. Las bacterias microbiales de *Bt* no son tóxicas para los animales (humanos), los insectos beneficiosos ni las plantas; no obstante, algunas personas desarrollan una reacción alérgica. Los productos comerciales de *Bt* no contienen bacterias vivas de *Bt*, pero la toxina *Bt* es extremadamente perecedera. Mantén el producto dentro de los márgenes prescritos de temperatura, y aplícalo según se indica en las instrucciones. Es más efectivo en las orugas jóvenes, las larvas y los gusanos, por lo que debe aplicarse tan pronto como se descubren.

Sácale el máximo provecho a las aplicaciones de *Bt* añadiendo un inhibidor de UV, un agente difusor adhesivo y un estimulador del apetito como Entice®, Konsume® o Pheast®. El *Bt* se descompone completamente debido a la luz UV en dos o tres días.

El *B. thuringiensis* var. *kurstaki* (*Btk*), introducido en el mercado a principios de la década de 1960, es el *Bt* más popular. Resulta tóxico para muchas larvas de oruga y de polilla, incluyendo la mayoría de las especies que se alimentan de flores y verduras. El *Btk* se comercializa con muchos nombres (DiPel®, BioBit®, Javelin®, etc.), y también está disponible en formato de microcápsulas (M-Trak®, Mattch®, etc.) El proceso de encapsulación extiende la vida útil sobre las hojas hasta más de una semana.

El *B. thuringiensis* var. *aizawai* (*Bta*) es efectivo contra lombrices, insectos perforadores y gardamas difíciles de matar, y también contra cualquier insecto nocivo que haya desarrollado resistencia al *Btk*.

El *B. thuringiensis* var. *israelensis* (*Bti*) es efectivo contra las larvas de mosquito, mosca negra y las mosquitas de los hongos. Busca productos como Gnatrol®, Vectobac® y Bactimos®. Todos ellos son letales para las larvas. Los adultos no se alimentan de las plantas y no se ven afectados. Las mosquitas de los hongos pueden causar problemas en las raíces, incluyendo su pudrición. Utiliza el *Bti* para librarte de ellas tan pronto como puedas identificarlas.

El *B. thuringiensis* var. *morrisoni* es una nueva variedad de *Bt* que está en desarrollo para las larvas de los insectos con un pH alto en sus aparatos digestivos.

El *B. thuringiensis* var. *san diego* (*Btsd*) ataca las larvas del escarabajo de la patata y los barrenillos adultos del olmo, así como otros escarabajos de hoja.

El *B. thuringiensis* var. *tenebrionis* (*Btt*) es letal para las larvas del escarabajo de la patata.

El *B. cereus* ayuda a controlar el mal del vivero (*damping-off*) y los hongos que atacan a las raíces. Florece en medios saturados de agua y favorece la aparición de hongos beneficiosos que combaten las enfermedades.

El *B. subtilis* es una bacteria que habita en la tierra y que controla los hongos *Fusarium*, *Pythium* y *Rhizoctonia*, los cuales provocan el mal del vivero o *damping-off*. Está disponible comercialmente con los nombres Epic®, Kodiac®, Rhizo-Plus®, Serenade®, etc. Sumerge las semillas y aplícalo empapando el sustrato.

El *B. popilliae* coloniza los cuerpos de las larvas que lo consumen, haciendo que se vuelvan de color blanco lechoso antes de morir. A veces, se le llama la enfermedad de la *espora lechosa*. Es más efectivo contra las larvas del escarabajo japonés.

## Bicarbonato sódico

**Ingredientes:** Bicarbonato sódico.

**Controles:** Mildiu.

**Aviso:** El bicarbonato mata los hongos alterando el pH en la superficie del follaje. Actúa como fungistático y no como un fungicida que erradica los organismos.

**Mezcla:** Satúralo de agua.

**Aplicación:** Pulveriza o espolvorea sobre las hojas.

**Persistencia:** De uno a tres días.

**Formato:** Polvo.

**Toxicidad:** No es tóxico para mamíferos, peces u organismos beneficiosos.

**Seguridad:** Utiliza una mascarilla para evitar la inhalación de polvo.

## Lejía para lavandería

**Ingredientes:** Hipoclorito de sodio.

**Controles:** Numerosas bacterias y hongos.

**Aviso:** Evita el contacto con la piel y la inhalación. El concentrado quema la piel y mancha la ropa.

**Mezcla:** Diluye entre un 5 y un 10% en una solución con agua.

**Aplicación:** Úsala como desinfectante para contenedores, paredes, herramientas, etc.

**Persistencia:** Se evapora en un par de días y deja pocos residuos.

**Formato:** Líquido.

**Toxicidad:** Tóxica para los peces, los organismos beneficiosos y los humanos si se ingiere o entra en contacto con los ojos.

**Seguridad:** Usa mascarilla y guantes cuando manejes el concentrado. Evita la inhalación y el contacto con la piel.

## Mezcla de Burdeos

**Ingredientes:** Agua, azufre, cobre (sulfato de

cobre) y cal (hidróxido de calcio).

**Controles:** Se utiliza a menudo como fungicida foliar. Además, controla las bacterias y ahuyenta diversos insectos.

**Aviso:** Es fitotóxico cuando se aplica en plantones tiernos o sobre follaje en condiciones frías y húmedas.

**Mezcla:** Aplica el producto inmediatamente después de prepararlo.

**Aplicación:** Agita la mezcla con frecuencia mientras pulverizas para que los ingredientes no se depositen en el fondo.

**Persistencia:** Hasta que se enjuaga el follaje.

**Formato:** Polvo y líquido.

**Toxicidad:** No tóxico para los humanos ni para los animales, pero sí es algo tóxico para las abejas, y muy tóxico para los peces.

**Seguridad:** Utiliza mascarilla, guantes y ropa de manga larga.

## Ácido bórico

**Ingredientes:** Disponible en forma de jabón de bórax para las manos y en polvo.

**Controles:** Es letal por contacto o como veneno estomacal. Acaba con las tijeretas, las cucarachas, los grillos y las hormigas.

**Aviso:** Fitotóxico cuando se aplica sobre el follaje.

**Mezcla:** Combina el jabón de bórax con azúcar en polvo a partes iguales para crear un cebo tóxico.

**Aplicación:** Pon el cebo sobre la tierra, cerca de la base de las plantas.

**Persistencia:** Evita que el cebo se moje, ya que se dispersa rápidamente.

**Formato:** Polvo.

**Toxicidad:** No tóxico para las abejas y los pájaros.

**Seguridad:** Evita respirar el polvo.

## Bombas para insectos

**Ingredientes:** Las bombas para insectos suelen estar cargadas de insecticidas y acaricidas muy fuertes, incluyendo piretrinas sintéticas que exterminan todos los insectos nocivos que haya en el cuarto de cultivo. Fueron desarrolladas para acabar con las pulgas, las cucarachas y sus huevos, que se esconden en los muebles y en las alfombras.

**Controles:** Según la mayoría de las etiquetas de bombas para insectos, acaban con todo lo que haya en la habitación.

**Aviso:** Utilízalas sólo como último recurso y sigue las instrucciones de la etiqueta al pie de la letra.

**Mezcla:** Ninguna.

**Aplicación:** Coloca la bomba para insectos en una habitación vacía. Actívala y sal de la habitación.

**Persistencia:** Deja pocos residuos. La persistencia se limita a un día o dos.

**Formato:** Aerosol.

**Toxicidad:** Consulta la etiqueta para obtener más información.

**Seguridad:** Usa mascarilla y guantes, y cubre las partes expuestas de la piel y el cabello.

## Cobre

**Ingredientes:** Los compuestos -sulfato de cobre, cloróxido de cobre, hidróxido de cobre y óxido de cobre- son la forma común de fijar el cobre para su uso como fungicida, y son menos fitotóxicos que el cobre sin fijar (puro).

**Controles:** Moho gris, hongos foliares, antracnosis, mildiu y numerosas enfermedades producidas por bacterias.

**Aviso:** Resulta fácil aplicarlo en exceso y quemar el follaje, o crear un exceso de cobre en las plantas.

**Mezcla:** Aplícalo inmediatamente después de su preparación.

**Aplicación:** Agita la mezcla con frecuencia mientras pulverizas, de manera que los ingredientes no puedan asentarse. El margen de temperatura preferido para la aplicación es de 18 a 29 ºC .

**Persistencia:** Dura dos semanas o más en interior si no se lava.

**Formato:** Polvo y líquido.

**Toxicidad:** Tóxico para los peces. No tóxico para pájaros, abejas y mamíferos.

**Seguridad:** Usa mascarilla y guantes, y cubre las zonas de piel y cabello que estén expuestas.

## Tierra diatomácea (TD)

**Ingredientes:** La TD se encuentra en la naturaleza y se compone del sílice procedente de caparazones fosilizados, restos de las diminutas criaturas unicelulares o coloniales denominadas diatomos. También contiene 14 minerales traza en forma quelatada (disponible).

**Controles:** Aunque no está registrado como pesticida ni como fungicida, la TD erosiona la capa cerosa de los caparazones y la piel de los insectos nocivos, incluyendo pulgones y babosas, provocando el derrame de los fluidos corporales. Una vez ingerida, las partículas afiladas de la TD abren agujeros diminutos en el aparato digestivo de las plagas, causándoles la muerte.

**Aviso:** No utilizar tierra diatomácea para piscinas.

Al estar tratada químicamente y haber sido calentada, contiene sílice cristalino, que es muy peligroso si se inhala. El cuerpo es incapaz de disolver la forma cristalina del sílice, la cual provoca irritación crónica.

**Mezcla:** No es preciso mezclarla cuando se utiliza en polvo. La mezcla resulta necesaria cuando se usa para pulverizar. Espolvoréala o rodea las plantas dañadas por las babosas, usándola como barrera.

**Aplicación:** Aplícala en pulverización para combatir las infestaciones causadas por los insectos perjudiciales.

**Persistencia:** Permanece en el follaje durante unos días o hasta que se enjuaga.

**Formato:** Polvo.

**Toxicidad:** Las lombrices, los animales, los humanos y los pájaros pueden digerir la tierra diatomácea sin efectos perjudiciales. Evita el contacto con la piel y los ojos.

**Seguridad:** Usa mascarilla y gafas protectoras cuando manipules este polvo fino para protegerte de irritaciones respiratorias y oculares.

## Remedios caseros contra las plagas y las enfermedades

**Ingredientes:** Un sabor fuerte y picante, un olor desagradable y un polvo o líquido secante son los ingredientes principales de las pociones pesticidas y fungicidas que se elaboran en casa. Véanse a continuación.

**Controles:** Los remedios caseros para pulverizar frenan y controlan los insectos nocivos, incluyendo pulgones, trips, ácaros, cochinillas y muchos otros.

**Aviso:** Ten cuidado cuando pruebes un remedio nuevo. Aplícalo a una sóla planta y espera unos días para ver el resultado antes de aplicarlo a las demás plantas.

**Mezcla:** Prepara concentrados para pulverizar mezclando sustancias repelentes con un poco de agua en una batidora. Cuela el concentrado resultante a través de una media de nailon o de un paño fino antes de diluirlo en agua para su aplicación.

**Aplicación:** Rocía el follaje por ambos lados de las hojas hasta que gotee.

**Persistencia:** Unos días.

**Formato:** Líquido.

**Toxicidad:** No suelen ser tóxicos para los humanos en dosis letales para las plagas.

**Seguridad:** Usa mascarilla y guantes, y cubre la piel y el cabello. Evita el contacto con los ojos, la nariz, los labios y los oídos.

## Neem

**Ingredientes:** Aunque es relativamente nuevo en occidente, el neem se ha usado en medicina y control de plagas durante más de cuatro siglos en India y el sudeste de Asia. El neem se extrae del árbol indio del neem, *Azadirachta indica*, o del cinamomo, *Melia azedarach,* y es un antialimentador que interrumpe los ciclos vitales de los insectos. Los árboles son conocidos como las farmacias de las aldeas, ya que proporcionan curas para las personas y los animales,

*Puede prepararse un remedio casero para rociar las plantas mezclando agua, limón, aceite vegetal y ajo.*

al tiempo que controlan de forma segura incontables hongos e insectos perjudiciales. El polvo de neem se hace a partir de las hojas. El ingrediente activo, azadiractina, confunde las hormonas de crecimiento, de modo que las plagas nunca llegan a convertirse en adultos y no se reproducen. Es más efectivo contra los insectos jóvenes y está disponible en diversas concentraciones. También contiene N-P-K y microelementos.

**Controles:** Es más efectivo contra las orugas y otros insectos inmaduros, incluyendo las larvas de mosca blanca, las mosquitas de los hongos, las cochinillas y las moscas minadoras.

**Aviso:** El neem no es tan efectivo contra la araña roja como el aceite de neem.

**Mezcla:** A veces, se encuentra mezclado con aceite vegetal (canola). Prepara la mezcla con agua, ajustando el pH a 7,0 justo antes de usarla, y añade un agente humectante y adhesivo. Agita la mezcla constantemente mientras la aplicas para que se mantenga emulsionada, y deshecha lo que sobre.

**Aplicación:** Utilízalo para remojar la tierra o para añadirlo a la solución nutriente. Esto permite que el neem entre en el tejido de la planta y actúe de manera sistémica. Usado en

## Recetas y métodos de control

### Ingredientes:

**Alcohol:** Usa alcohol isopropílico. Añádelo al pulverizador para desecar las plagas.

**Lejía:** Emplea una solución al 5% como desinfectante general.

**Canela:** Diluye en agua aceite de canela. Usa unas pocas gotas por cada medio litro como pesticida.

**Cítricos:** Los aceites cítricos son un ingrediente idóneo para acabar con los insectos.

**Ajo:** Utiliza un prensador de ajos para exprimirles el jugo y añade esto último a la mezcla. Emplea la cantidad que desees.

**Rábanos picantes:** ¡Más olores fuertes! Utilízalo como harías con el ajo. Lo mejor es usar las raíces frescas.

**Pimiento picante:** Diluye en agua salsa Tabasco® o cualquier otro concentrado comercial.

**Cal hidratada:** Satúrala de agua para preparar un fungicida.

**Menta:** El aceite de menta ahuyenta los insectos. Dilúyelo en agua a razón de varias gotas por cada medio litro.

**Aceite:** El aceite vegetal se compone principalmente de ácidos grasos y glicéridos. Mézclalo con alcohol para que se emulsione en el agua. ¡Es fantástico!

**Orégano:** Tritura la hierba fresca y úsala como repelente. Mézclala con agua.

**Jabón:** Me gusta el jabón Ivory® y el Castille®. Empléalo como insecticida y como agente humectante. Mézclalo con agua.

**Tabaco:** Mezcla tabaco con agua caliente para extraer el alcaloide venenoso. No dejes que hierva. Diluye este concentrado en agua.

### Precauciones:

Cocer o calentar las preparaciones puede destruir los ingredientes activos. Para extraer las propiedades de los ingredientes, tritura la planta y sumérgela en aceite mineral durante un par de días. Añade este aceite al agua, incluyendo un poco de detergente o jabón para emulsionar las gotas de aceite en el agua. Los detergentes y jabones biodegradables son buenos agentes humectantes y adhesivos para estas preparaciones. El jabón se disuelve mejor si también se añade una cucharadita (0,5 cl) de alcohol por cada litro de mezcla.

Las flores de crisantemo, caléndula y capuchina; el poleo; el ajo; los cebollinos; las cebollas; el pimiento picante; el jugo de insectos (los insectos mezclados en una batidora); el rábano picante; la menta; el orégano; el tomate; y los residuos de tabaco: todos repelen multitud de insectos, como pulgones, orugas, ácaros y moscas blancas.

Los remedios para pulverizar que se elaboran a base de insectos nocivos triturados en una batidora y emulsionados en agua repelen de manera efectiva las plagas relacionadas. Es mejor si se utiliza contra poblaciones grandes. Las cualidades insecticidas de los bichos muertos se degradan rápidamente si se combinan con otros elementos; no añadas nada que no sea agua a la mezcla con insectos que prepares en la batidora. Las mezclas que incluyen tabaco pueden acabar con estas plagas si son lo suficientemente fuertes. Estas mezclas pueden variar de proporciones, pero fíltralas siempre antes de mezclarlas con agua para la pulverización final. Colarlas evitará que las boquillas y las tuberías se bloqueen.

**Receta 1.** Mezcla tres cucharadas (4,5 cl) de alcohol isopropílico, zumo de limón, zumo de ajo, zumo de rábano picante, jabón líquido, y unas gotas de Tabasco®, menta y aceite de canela. Une todos los ingredientes en un bol pequeño hasta que se forme una pasta. Diluye la pasta a razón de dos cucharaditas por litro de agua y mezcla en una batidora. ¡Una mezcla potente!

**Receta 2.** Echa una cucharadita (0,5 cl) de pimiento picante o salsa de Tabasco® y cuatro dientes de ajo en una batidora; añade medio litro de agua y licua la mezcla. A continuación, cuélala con una media de nailon o un paño fino antes de usarla en el pulverizador.

**Receta 3.** Una mezcla de entre un octavo y un cuarto de taza (3-6 cl) de cal hidratada, combinada con un litro de agua produce un remedio efectivo para pulverizar contra los insectos y los ácaros. Mezcla un jabón que no contenga detergente con la cal. El jabón

actúa a la vez como agente adhesivo e insecticida. A dosis elevadas, la cal puede ser fitotóxica para las plantas. Prueba siempre la pulverización con una planta de control y espera unos días para comprobar que la plantaA no muestre efectos adversos antes de aplicarla a plantas similares.

**Receta 4.** La lejía líquida para la colada -hipoclorito sódico- es un buen fungicida para superficies ajenas a las plantas. Mézclala en una solución al 5% o al 10%. Es irritante para la piel y los ojos, así que usa guantes y gafas protectoras cuando la estés usando. Mezcla una parte de lejía por nueve de agua para obtener una solución al 5%. Mezcla una parte de lejía por cuatro de agua para preparar una solución al 10%. Utiliza esta solución como desinfectante general para el equipamiento de interior, las herramientas y las heridas de las plantas. La solución de lejía se descompone rápidamente y tiene poco o ningún efecto residual.

pulverización, el neem sirve de insecticida de contacto, y como antialimentador cuando lo ingieren los insectos. Funciona mejor en habitaciones con más de un 60% de humedad.

**Persistencia:** El neem de contacto puede permanecer sobre el follaje durante un mes, o hasta que es lavado. Permanece en el sistema de la planta hasta un mes cuando es absorbido a través de las raíces.

**Formato:** Concentrado emulsionable.

**Toxicidad:** No tóxico para abejas, peces y lombrices de tierra. Tampoco es tóxico para los insectos beneficiosos en las concentraciones normales que se usan para acabar con los insectos perseguidos.

**Seguridad:** Irrita los ojos; usa mascarilla y guantes.

## Aceite de neem

**Ingredientes:** Extracto purificado de semillas de neem. Compra únicamente aceite extraído en frío, que es más fuerte y contiene todos los ingredientes naturales. No uses aceite de neem procesado en caliente. El aceite prensado en frío también contiene azadiractina, el ingrediente activo del neem. Existen multitud de marcas comerciales, como Plagron o Naturgarden, que ofrecen aceite de neem. NOTA: Einstein Oil® es el producto que mejor funciona de todas las marcas probadas.

*Einstein Oil.*

*Aceite de neem.*

**Controles:** Efectivo contra las arañas rojas, las mosquitas de los hongos y los pulgones. También es un fungistático contra el mildiu y la roya.

**Aviso:** El aceite de neem es muy efectivo contra la araña roja.

**Mezcla:** Prepara la mezcla justo antes de usarla, empleando agua con un pH inferior a 7,0, y añade un agente difusor adhesivo. Agita la mezcla constantemente mientras la usas para mantenerla emulsionada. Si sobra, desecha el resto.

**Aplicación:** Pulveriza sobre el follaje, especialmente debajo de las hojas, donde viven los ácaros. Aplica cada pocos días para que las larvas en eclosión lo ingieran inmediatamente. Rocía a fondo para que los ácaros no tengan más remedio que comérselo. Evita pulverizar durante los últimos días antes de la cosecha. Algunos cultivadores informan de que se nota un mal sabor cuando se aplica justo antes de la cosecha.

**Persistencia:** Por contacto, el neem permanece en el follaje hasta un mes, o hasta que es lavado. Cuando es absorbido a través de las raíces, permanece en el sistema de la planta hasta un mes.

**Formato:** Concentrado emulsionable.

**Toxicidad:** Existen informes de que resulta tóxico para los insectos beneficiosos. No tóxico para los seres humanos.

**Seguridad:** Irrita los ojos; usa mascarilla y guantes.

Los productos de neem tienen muchas otras aplicaciones. Para más información, visita la web de la Fundación del Neem, www.neemfoundation.org, y la web de la Asociación del Neem, www.hometown.aol.com/neemassoc, y www.einsteinoil.com; o consulta el libro *Neem: India's Miraculous Healing Plant*, por Ellen Norten, ISBN: 0-89281-837-9.

## Pulverizaciones de nicotina y tabaco

**Ingredientes:** La nicotina es un pesticida no persistente derivado del tabaco, *Nicotiana tabacum*. Es un veneno para el estómago, un veneno de contacto y un veneno para el sistema respiratorio. Este compuesto, altamente venenoso, afecta al sistema neuromuscular, haciendo que los insectos perjudiciales tengan convulsiones y mueran. El sulfato de nicotina es la forma más común.

**Aviso:** No ingieras este asqueroso veneno, y evita el contacto con la piel. No lo utilices cerca de la familia de la belladona -berenjenas, tomates, pimientos y patatas- porque pueden contraer el virus del grabado del tabaco por estar expuestas a sustancias basadas en el tabaco.

**Controles:** Insectos chupadores y masticadores.

**Mezcla:** Emplea un agente difusor y adhesivo.

**Aplicación:** No suele resultar fitotóxico cuando se usa según las indicaciones. Combínalo con jabón insecticida para aumentar la capacidad letal.

**Persistencia:** Entre una semana y diez días.

**Formato:** Líquido.

**Toxicidad:** Aunque se trate de un derivado natural, la nicotina es muy tóxica para la mayoría de los insectos (incluyendo los benignos), las abejas, los peces y los seres humanos. Si se ingiere o se acumula el concentrado a lo largo de los años, las personas pueden desarrollar cáncer de pulmón y otros tipos de cáncer.

**Seguridad:** Usa mascarilla y guantes; evita el contacto con la piel y los ojos.

## Aceite para horticultura

**Ingredientes:** A menudo se subestima y se ignora como insecticida y acaricida, pero el aceite para horticultura es muy popular en los invernaderos, y está recuperando su popularidad entre los cultivadores de interior. Similares al aceite mineral medicinal, los aceites para horticultura se elaboran a partir de aceites animales (pescados), aceites de semillas de plantas y aceites de petróleo, los cuales se refinan quitándoles la mayor parte de lo que resulta tóxico para las plantas. El aceite más ligero (viscosidad 60-70) es el menos fitotóxico. El aceite vegetal también es aceite para horticultura.

**Controles:** Prácticamente invisible, el aceite para horticultura acaba tanto con los insectos chupadores de movimiento lento como con los inmóviles; mata las arañas rojas y sus huevos asfixiándolos al tiempo que afecta a su ciclo vital.

**Aviso:** ¡No utilices aceite lubricante tipo «3 en 1» o aceite de motor!

**Mezda:** Mezcla ¾ de cucharadita (0,35 cl) de aceite -no más de una solución al 1%- por cada litro de agua. Añadir más de unas gotas podría quemar los brotes tiernos de crecimiento.

**Aplicación:** Pulveriza el follaje por completo, incluyendo el envés de las hojas. Aplica el aceite en pulverización hasta dos semanas antes de la cosecha. Repite la aplicación según sea necesario. Normalmente tres aplicaciones, con un plazo de cinco a diez días entre cada pulverización, serán suficientes para tener controlados a los insectos y los ácaros. Los residuos del aceite ligero se evaporan pronto en el aire.

**Persistencia:** En condiciones normales de cultivo, desaparece entre uno y tres días después de su aplicación.

**Formato:** Líquido.

**Toxicidad:** Insecticida seguro, no venenoso y no contaminante. Puede llegar a ser fitotóxico si tiene demasiada viscosidad, en caso de una aplicación excesiva o cuando la temperatura está por debajo de 21 ºC o hay demasiada humedad; esto retrasa la evaporación, lo cual aumenta la fitotoxicidad.

**Seguridad:** Utiliza mascarilla y guantes.

## Aceite vegetal

**Ingredientes:** Ácidos grasos y glicéridos.

**Controles:** El aceite ligero acaba tanto con los insectos chupadores de movimiento lento como con los inmóviles; mata las arañas rojas y sus huevos asfixiándolos al tiempo que interrumpe sus ciclos vitales.

**Aviso:** El aceite vegetal no es tan efectivo como el aceite para horticultura.

**Mezda:** Dos gotas de aceite -una solución que no supere el 1% de concentración- por litro de agua.

**Aplicación:** Rocía todo el follaje, incluyendo el envés de las hojas. Deja de pulverizar dos semanas antes de la cosecha.

**Persistencia:** Varios días.

**Formato:** Líquido.

**Toxicidad:** No tóxico para mamíferos y peces.

**Seguridad:** Utiliza mascarilla y guantes.

## Pelitre

**Ingredientes:** El pelitre, el pesticida botánico más conocido, se extrae de las flores del crisantemo pelitre, *Chrysanthemum coccineum* y *C. cinerariaefolium*. Las piretrinas -piretrinas, cinerinas y jasmolinas- son los ingredientes activos del pelitre natural, y matan los insectos por contacto. El pelitre suele combinarse con rotenona o con riania para asegurar su efectividad. La presentación en aerosol contiene sinergistas. (Véase «Aplicación» más abajo.)

*Pelitre y rotenona.*

**Controles:** Al ser un pesticida de contacto de amplio espectro, el pelitre acaba con el pulgón, la mosca blanca, la araña roja y otros insectos, incluyendo los beneficiosos. Es muy efectivo en el control de los insectos voladores, pero éstos tienen que recibir una dosis lo bastante fuerte o pueden revivir y reemprender el vuelo.

**Aviso:** No lo mezcles con azufre, cal, cobre o jabón. El pH elevado de estas sustancias neutralizarían su efectividad. Elimina estas sustancias del follaje lavándolas con agua limpia (pH inferior a 7,0) antes de aplicar pelitre.

**Mezda:** En agua con un pH inferior a 7,0, y añade un agente difusor adhesivo.

**Aplicación:** Rocía las plantas infestadas. Las pulverizaciones en aerosol son más efectivas, especialmente contra la araña roja. Esto puede quemar el follaje -el producto está helado cuando sale por la boquilla- si se aplica desde menos de 30 cm. Los pulverizadores en aerosol contienen un sinergista, butóxido de piperonilo o MGK 264. Ambos son tóxicos para las personas. El pelitre se disipa en pocas horas por la acción del aire, la luz DAI y la luz solar. Supera esta limitación aplicándolo justo antes de que se apaguen las luces para el periodo nocturno, y desconecta los ventiladores y extractores. Un fabricante, Whidmere®, ofrece pelitre encapsulado con una presentación en aerosol llamada Exclude®. A medida que el producto se nebuliza a través de la boquilla, se forma una burbuja alrededor de cada gota minúscula de pelitre. La capa externa mantiene intacto el pelitre y alarga su vida hasta varios días. Cuando un insecto nocivo se topa con una burbuja, ésta estalla, liberando el pelitre. El pelitre líquido y el mojable, que se aplican mediante un pulverizador, son difíciles de hacer llegar debajo del follaje, donde viven las arañas rojas.

**Persistencia:** Resulta efectivo durante varias horas tras su aplicación si las luces están encendidas; dura más tiempo si se aplica después de que las luces se hayan apagado y con la ventilación desconectada.

**Formato:** Polvo mojable, polvo, líquido, cebo granulado y aerosol.

**Toxicidad:** No tóxico para los animales y los seres humanos si se ingiere, pero llega a ser tóxico para las personas cuando se inhala. Es tóxico para los peces y los insectos beneficiosos.

**Seguridad:** Utiliza mascarilla y ropa de protección cuando apliques pulverizaciones o puedas respirar cualquier forma de pelitre, especialmente en aerosol. Los aerosoles contienen butóxido de piperonilo y MGK 464 -posibles carcinógenos-, los cuales se inhalan fácilmente.

## Piretroides sintéticos

**Ingredientes:** Los piretroides sintéticos, como la permetrina y la cipermetrina, actúan por contacto como insecticidas y acaricidas no selectivos de amplio espectro. Hay más de 30 piretroides sintéticos disponibles en distintas formulaciones. La deltametrina está disponible en forma de pintura pegajosa, la cual se emplea a modo de trampa cuando se aplica a los tallos y a objetos coloreados. Otros piretroides son: aletrina, ciflutrina, fenpropatina, fenotrina, sumitrina, resmiterina y teflutrina.

**Controles:** Pulgones, moscas blancas, trips, escarabajos, cucarachas, orugas y arañas rojas.

NOTA: Muchos insectos y ácaros son resistentes a los piretroides.

**Aviso:** Los piretroides no selectivos matan todos los insectos y ácaros, incluyendo los beneficiosos y las abejas.

**Mezcla:** Sigue las instrucciones del envase.

**Aplicación:** Sigue las instrucciones del envase. (Véase «Aplicación» para el «Pelitre» más arriba.)

**Persistencia:** Se descompone entre uno y tres días después de su aplicación. Los piretroides más recientes, como la permetrina, siguen activos más tiempo.

**Formato:** Polvo, líquido, aerosol.

**Toxicidad:** Tóxico para todos los insectos. Resulta algo tóxico para los mamíferos.

**Seguridad:** Usa mascarilla y ropa de protección cuando apliques pulverizaciones o puedas respirar cualquier forma de pelitre, especialmente en aerosol. Los aerosoles contienen butóxido de piperonilo y MGK 464 -posibles carcinógenos-, los cuales se inhalan fácilmente.

## Cuasia

**Ingredientes:** Se elabora a partir de un árbol subtropical sudamericano, *Quassia amara*, y del árbol del cielo, *Ailanthus altissima*.

**Controles:** Insectos de cuerpo blando, como pulgones, minador de hojas y algunas orugas.

**Mezcla:** Disponible en formato de corteza, tiras y virutas de madera. Remoja una taza de cortezas en cinco litros de agua durante 24 horas. A continuación, hierve la mezcla durante dos horas. Añade jabón potásico para aumentar la efectividad. Cuélala y deja que se enfríe antes de pulverizar.

**Aplicación:** Rocía el follaje hasta que esté saturado.

**Persistencia:** De dos a cinco días sobre la superficie de las plantas.

**Formato:** Corteza, tiras y virutas de madera.

**Toxicidad:** Segura para los mamíferos y (posiblemente) para los organismos beneficiosos.

**Seguridad:** Utiliza mascarilla y guantes.

## Rotenona

**Ingredientes:** La rotenona es un extracto de raíces procedentes de varias plantas, incluyendo las especies de *Derris*, *Lonchocarpus* y *Tephrosia*. Este veneno es un insecticida no selectivo de contacto, un veneno estomacal y un veneno de acción lenta sobre el sistema nervioso.

**Controles:** Control no selectivo de los escarabajos, las orugas, los mosquitos, los trips, los gusanos de la col y los insectos beneficiosos, pero la muerte es lenta. Según *Hemp Diseases and Pests*, los insectos con los cuales se quiere acabar pueden consumir hasta 30 veces su dosis letal antes de morir.

**Aviso:** Mata los insectos beneficiosos. Evidencias recientes indican que la rotenona puede ser tóxica para las personas y puede provocar la enfermedad de Parkinson. ¡Utilízala sólo en último extremo!

**Mezcla:** Sigue las instrucciones del envase.

**Aplicación:** Sigue las instrucciones del envase.

**Persistencia:** Se descompone entre tres y diez días.

**Formato:** Polvo, polvo mojable y líquido.

**Toxicidad:** El efecto en los mamíferos está sin determinar. La exposición crónica puede causar Parkinson. Es tóxica para las aves, los peces y los insectos beneficiosos.

**Seguridad:** Utiliza mascarilla y guantes; cubre la piel y el cabello expuestos. Evita el contacto con la piel.

## Riania

**Ingredientes:** Este alcaloide de contacto y veneno estomacal se elabora a partir de los tallos y las raíces del arbusto tropical *Ryania speciosa*.

**Controles:** Tóxica para los pulgones, trips, perforadores europeos del maíz, perforadores del cáñamo, escarabajos pulga, enrolladores y muchos tipos de orugas. Una vez que las plagas consumen riania, dejan de alimentarse inmediatamente y mueren en 24 horas.

**Aviso:** Es algo tóxico para los insectos beneficiosos y para los mamíferos.

**Mezcla:** Sigue las instrucciones del envase.

**Aplicación:** Sigue las instrucciones del envase. Se aplica espolvoreándola.

**Persistencia:** Dos semanas o más.

**Formato:** Polvo, polvo mojable.

**Toxicidad:** Tóxico para los mamíferos, las aves, los peces y los organismos beneficiosos.

**Seguridad:** Utiliza mascarilla, guantes y gafas de protección, y cubre la piel y el cabello expuestos. Evita el contacto con la piel.

## Cebadilla

**Ingredientes:** Este pesticida alcaloide se hace con las semillas de una liana tropical, *Schoenocaulon oficinalle*, nativa de América Central y del Sur, y de un eléboro europeo, *Veratrum album*.

**Controles:** Como veneno de contacto y estomacal, este pesticida con siglos de antigüedad controla pulgones, escarabajos, gusanos de la col, saltamontes y chinches de la calabaza.

**Aviso:** Muy tóxica para las abejas y moderadamente tóxica para los mamíferos.

**Mezcla:** Sigue las instrucciones del envase.

**Aplicación:** Resulta más potente cuando se aplica a 24-26 ºC . Sigue las instrucciones que aparecen en el envase.

**Persistencia:** Dos o tres días.

**Formato:** Polvo, líquido.

**Toxicidad:** Algo tóxica para los mamíferos, tóxica para las abejas.

**Seguridad:** Utiliza mascarilla, guantes y gafas de seguridad, y cubre la piel y el cabello expuestos. Evita el contacto con la piel, los ojos, los oídos y la nariz. Irrita los ojos y la nariz.

## Algas

**Ingredientes:** Numerosos elementos, incluyendo nutrientes, bacterias y hormonas.

**Controles:** Las partículas suspendidas en las algas frenan, e incluso matan, los insectos y los ácaros al causarles lesiones. Las partículas cortan y penetran los cuerpos blandos de los insectos nocivos y los ácaros, provocando derrames de los fluidos corporales.

**Mezcla:** Dilúyelas según las instrucciones para su aplicación en tierra.

**Aplicación:** Rocía el follaje, especialmente debajo de las hojas, donde habitan los ácaros.

**Persistencia:** Hasta dos semanas cuando se emplea un agente difusor y adhesivo.

**Formato:** Polvo y líquido.

**Toxicidad:** No tóxica para los mamíferos, las aves y los peces. No es selectiva: mata los insectos beneficiosos.

**Seguridad:** Usa mascarilla y guantes.

## Jabón insecticida

**Ingredientes:** Insecticidas suaves de contacto elaborados a partir de ácidos grasos procedentes de animales y plantas. Están disponibles una gran variedad de concentrados líquidos a base de sales de potasio. Los jabones suaves, como algunos lavavajillas, son biodegradables y acaban con los insectos de manera similar a los jabones insecticidas comerciales, pero no son tan potentes ni tan efectivos.

**Controles:** Actúa sobre los insectos de cuerpo blando, como pulgones y cochinillas algodonosas, arañas rojas, trips y moscas blancas, penetrando y taponando las membranas corporales.

*Jabón potásico insecticida.*

**Aviso:** No utilices jabones detergentes porque pueden ser cáusticos.

**Mezcla:** Añade algunos tapones de jabón a un litro de agua para pulverizar. El jabón también puede usarse como agente difusor y adhesivo para mezclarlo con otros remedios aplicables mediante pulverización. Los jabones ayudan a que el producto se adhiera mejor al follaje.

**Aplicación:** Pulveriza apenas detectes la aparición de insectos nocivos. Sigue las instrucciones de los preparados comerciales. Rocía las mezclas caseras cada cuatro o cinco días.

**Persistencia:** Los jabones suaves sólo tardan alrededor de un día en disiparse.

**Formato:** Líquido.

**Toxicidad:** Estos jabones son seguros para las abejas, los animales y los seres humanos.

**Seguridad:** Utiliza mascarilla y guantes.

## Azufre

**Ingredientes:** Azufre. Mezclado con cal, el azufre se vuelve más tóxico para los insectos, pero también más fitotóxico para las plantas.

**Controles:** Este fungicida centenario es efectivo contra la roya y el mildiu.

**Aviso:** No lo apliques si la temperatura es superior a 32 ºC y la humedad es inferior al 50%, ya que quemaría el follaje.

**Mezcla:** Sigue las instrucciones del envase.

**Aplicación:** Aplícalo poco concentrado. Es fitotóxico cuando el tiempo es caluroso -más de 32 ºC - y árido.

**Persistencia:** Permanece en el follaje hasta que es lavado.

**Formato:** Polvo.

**Toxicidad:** No tóxico para las abejas, las aves y los peces.

*Fungicida de azufre.*

*Tanglefoot.*

**Seguridad:** Utiliza mascarilla, guantes y gafas de seguridad; cubre la piel y el cabello expuestos. Evita el contacto con los ojos, los oídos y la nariz. Irrita los ojos, los pulmones y la piel.

## Trampas

**Ingredientes:** Las trampas pegajosas consisten en planchas atrayentes, amarillas o azules, impregnadas de resinas tipo Tanglefoot™, con las cuales se pretende imitar el efecto de la fruta madura. Cuando las plagas se posan en esta fruta, quedan pegadas para siempre.

**Controles:** Ayudan a contener las arañas rojas y los insectos no voladores dentro de los límites de las barreras. Monitorizan las poblaciones de mosquitas de los hongos y ayudan a controlar los trips. Otros insectos al azar también quedan adheridos a la sustancia pegajosa.

Las trampas de luz negra atrapan polillas en desove y otros insectos voladores, la mayoría de los cuales no son nocivos para las plantas por sí mismos. La trampas de luz y con ventiladores atraen muchos tipos de insectos, incluyendo los beneficiosos, y su uso puede resultar más perjudicial que favorable.

Las trampas de atracción sexual producen feromonas (pistas sexuales) específicas de los insectos hembra que están en fase de apareamiento. Estas trampas son más efectivas para monitorizar las poblaciones de insectos en grandes plantaciones.

**Aviso:** No toques la sustancia pegajosa; es difícil de quitar.

**Mezcla:** Sigue las instrucciones del envase. Unta el producto sobre los objetos elegidos.

**Aplicación:** Unta la resina pegajosa por los bordes de las macetas, en la base de los tallos y en los extremos de las cuerdas de secado para formar una trampa-barrera impenetrable contra los ácaros y los insectos. Esta medida sencilla de precaución mantiene aislados los ácaros. No obstante, las recurrentes arañas rojas pueden tejer una tela de araña por encima de la barrera. Los merodeadores ácaros también pueden saltar de planta en planta con la ayuda de las corrientes de aire creadas por los ventiladores.

**Persistencia:** Mantiene su actividad hasta que se limpia o queda cubierta por los cadáveres de insectos.

**Formato:** Pintura espesa y pegajosa.

**Toxicidad:** No tóxica para mamíferos e insectos. Los insectos y los ácaros atrapados mueren de inanición.

**Seguridad:** Usa guantes.

## Agua

**Ingredientes:** Un chorro de agua fría -preferiblemente con un pH entre 6,0 y 7,0- expulsa de las hojas a los insectos, las arañas rojas y los huevos que depositan, y también suele acabar con ellos. El vapor del agua caliente también funciona como esterilizador.

**Controles:** Un chorro de agua fría es un excelente tratamiento de choque contra arañas rojas, pulgones y otros insectos chupadores. El vapor controla la araña roja, los insectos y las enfermedades en macetas, medio de cultivo y otras superficies del cuarto de cultivo.

**Aviso:** Evita pulverizar con agua los cogollos cuando ya estén completamente formados. El agua estancada en el interior de los cogollos o sobre ellos fomenta el moho gris. No apliques vapor caliente sobre el follaje.

**Mezcla:** Ninguna.

**Aplicación:** Rocía el envés de las hojas con un chorro de agua fría para noquear arañas rojas y pulgones. Aplica el agua en forma de nebulización o pulverización cuando estén presentes insectos depredadores. La condiciones extraordinarias de humedad frenan los ciclos vitales de los ácaros nocivos y favorecen la salud de los ácaros depredadores. Alquila un vaporizador de los que se usan para el papel de las paredes. Ponlo en marcha y dirige el chorro de vapor hacia todas las grietas y superficies del cuarto de cultivo.

**Persistencia:** Ninguna.

**Formato:** Líquido, vapor.

**Toxicidad:** No tóxico para mamíferos, peces y organismos beneficiosos.

**Seguridad:** No dirijas chorros fuertes de agua hacia los ojos, la nariz u otros orificios corporales.

## Controles biológicos
## Depredadores y parásitos

La disponibilidad y el suministro de depredadores y parásitos ha cambiado sustancialmente a lo largo de los últimos diez años. Hoy en día, los cultivadores privados tienen a su alcance más depredadores y parásitos que nunca antes. El envío, el cuidado, el coste y la aplicación de cada depredador o parásito es muy específico y el suministrador debe proporcionar todos los detalles. Asegúrate de que el proveedor responde a las siguientes preguntas:

1) Nombre en latín del depredador para que no haya posibilidad de confusión acerca de su identidad.

2) Plagas específicas a las que ataca.

3) Ciclo vital.

4) Clima preferido, incluyendo los márgenes de temperatura y de humedad.

5) Ritmo de aplicación y modo de aplicación.

Para más información sobre los depredadores, visita las siguientes páginas web:

www.biobest.be
www.koppert.nl/s005.shtml
www.agrobio.es/productos/agrocontrol/presentacion.htm
www.entomology.wisc.edu/mbcn/mbcn/.html

Por definición, un depredador debe comerse más de una víctima antes de alcanzar la edad adulta. Los depredadores, como las mariquitas y las mantis religiosas, tienen partes masticadoras en la boca. Otros depredadores, como las larvas de las crisopas, tienen partes de la boca que perforan y succionan.

*Las arañas son depredadoras y comen otros insectos. Si ves una araña en el jardín, deja que te ayude.*

*En esta fotografía, pueden verse arañas rojas jóvenes y adultas, así como huevos.*

Los depredadores masticadores se comen el cuerpo entero de su presa. Los de tipo perforador succionan los fluidos del cuerpo de su presa.

Los parásitos consumen un único individuo anfitrión antes de alcanzar la edad adulta. Los parasitoides adultos suelen poner un sólo huevo en muchos anfitriones. El huevo eclosiona, dando lugar a una larva que se come al insecto anfitrión de dentro hacia fuera. ¡Reservan los órganos vitales para el postre! Muy a menudo, la larva se convierte en pupa en el interior del cuerpo del anfitrión y emerge como adulto.

Los parásitos, a diferencia de los depredadores, cazan hasta casi acabar con las presas. Los depredadores eligen rodearse de presas. Cuando la población de presas empieza a disminuir ligeramente, los depredadores se trasladan en busca de una buena infestación. Nunca llegan a erradicar las plagas completamente. Por ello, los depredadores funcionan mejor como control preventivo; y son lentos a la hora de detener una infestación.

El ritmo al que los depredadores y los parásitos mantienen las infestaciones bajo control es directamente proporcional a la cantidad de depredadores. Cuanto más depredadores y parásitos haya, antes controlarán las infestaciones. Los depredadores y los parásitos erradican a sus víctimas al reproducirse más rápidamente que las plagas.

Uno de los mejores sitios para adquirir insectos depredadores o parasitoides es BioBest Biological Systems. Visita su página web, muy informativa, en www.biobest.be. Este proveedor ofrece consejos y proporciona instrucciones específicas acerca del cuidado y la puesta en libertad de sus depredadores y parásitos. BioBest dispone de un buen aprovisionamiento y puede realizar envíos durante todo el año. Los depredadores y los parásitos se envían por correo especial y pueden llegar después de la entrega diaria de correos. Asegúrate de recogerlos tan pronto como lleguen. No dejes que los depredadores se queden en un buzón de correos a pleno sol. ¡La temperatura podría subir fácilmente a 50 ºC o más!

Cuando los depredadores y los parásitos se introducen en un jardín, han de tomarse precauciones especiales para asegurar su bienestar. Deja de pulverizar productos químicos tóxicos al menos dos semanas antes de introducir los depredadores. El pelitre y los jabones insecticidas pueden aplicarse hasta unos pocos días antes, dando por hecho que cualquier residuo se enjuague con agua fresca. No pulverices una vez que han sido soltados los depredadores y los parásitos.

Los depredadores y los parásitos sobreviven mejor en jardines que no se esterilizan entre cultivo y cultivo. Los jardines en cosecha perpetua son ideales para los depredadores.

La mayoría de los depredadores y los parásitos que funcionan bien en jardines de interior con luz DAI no pueden volar. Los insectos que vuelan suelen dirigirse directamente hacia la lámpara. Las mariquitas son el mejor ejemplo. Si se sueltan 500 mariquitas un lunes, sólo quedarán unas pocas supervivientes cuando llegue el viernes. El resto se habrá chamuscado en la lámpara. Si recurres a depredadores o parásitos voladores, suéltalos cuando esté oscuro. Vivirán más.

Lo más frecuente es que los depredadores sean muy pequeños y que deban depositarse en cada planta por separado. Introducir depredadores en un jardín y en las plantas requiere un poco de tiempo y de paciencia. Además, los depredadores tienen requerimientos climáticos muy específicos. Presta atención a las necesidades de los depredadores y mantenlas cubiertas para lograr los mejores resultados.

## Ácaros e insectos

Éste es uno de los mejores sitios web que he encontrado en cuanto a descripciones de insectos. Dispone de excelentes fotografías de todas las plagas y los depredadores que atacan a la marihuana:

http://vegipm.tamu.edu/imageindex.html

### Araña roja y ácaros

**Identificación:** La araña roja es la plaga más común que se encuentra en las plantas de interior, y causa la mayoría de los problemas. Los individuos tienen ocho patas y se clasifican como arañas más que como insectos, los cuales tienen seis patas. Encontrarás estos microscópicos ácaros en el envés de las hojas, succionando fluidos vitales. A simple vista, la mirada inexperta tiene dificultades para localizarlos. Las arañas rojas aparecen como manchas diminutas en el envés de las hojas; sin embargo, los rastros que dejan al alimentarse -un punteado de color blanco amarillento- es fácil de ver en la parte superior de las hojas. Una inspección cuidadosa revela las diminutas telarañas -fácilmente visibles cuando se rocían con agua- en los tallos y debajo de las hojas a medida que la infestación avanza. Con la ayuda de una lupa o de un microscopio de poca potencia (10-30 aumentos), pueden identificarse los ácaros, ya sean de color amarillo blancuzco o con dos manchas marrones o rojas, y sus huevos translúcidos. En interior, el tipo más común es la araña roja de dos manchas. Después de un sólo apareamiento,

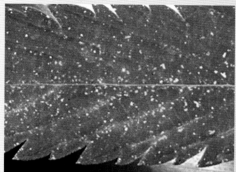

*Los ácaros causan un punteado a base de pequeñas marcas redondeadas sobre las hojas.*

*¡Ésta es la peor infestación de araña roja que he visto!*

0%        10%        20%        50%

*Retira las hojas que estén dañadas en un 50% o más.*

los ácaros hembra son fecundados y dan lugar a una proporción aproximada de un 75% de huevos hembra y un 25% de huevos macho. Los ácaros hembra ponen alrededor de 100 huevos.

**Daños:** Los ácaros succionan la savia vital de las plantas, causando estancamiento y una pérdida general del vigor. Las hojas se llenan de marcas de succión y amarillean al fallar la producción de clorofila. Pierden su función parcial o completamente, se vuelven amarillas y caen. Una vez que la planta ha sido invadida por arañas rojas, la infestación progresa rápidamente. Los casos severos provocan la muerte de la planta.

**Controles:** ¡Limpieza! Éste es el primer paso y el más importante para controlar la araña roja. Mantén desinfectados y sin manchas el cuarto de cultivo y los utensilios. Las plantas madre suelen tener ácaros. Rocía las plantas madre regularmente con acaricidas, incluyendo una aplicación tres días antes de sacar esquejes. Una vez que la infestación de ácaros está fuera de control y los acaricidas tienen poco efecto, todo el cuarto de cultivo tiene que limpiarse y desinfectarse con un pesticida y una solución de lejía al 5%. También es posible desinfectar con vapor, pero resulta demasiado dificultoso en la mayoría de las situaciones.

**Control cultural y físico:** Las arañas rojas se desarrollan con un clima seco a 21-27 ºC , y se reproducen cada cinco días si la temperatura supera los 27 ºC . Crea un entorno hostil reduciendo la temperatura a 16 ºC y pulveriza el follaje, especialmente debajo de las hojas, con un chorro de agua fría. La pulverización los expulsa literalmente de las hojas, al tiempo que aumenta la humedad. Su ciclo reproductivo se verá ralentizado, y tendrás oportunidad de acabar con ellos antes de que provoquen muchos daños. La eliminación manual funciona con poblaciones pequeñas. Aplasta entre los dedos índice y pulgar todos los ácaros que estén a la vista, o limpia las hojas individualmente entre dos esponjas mojadas. Evita que se infecten otras plantas debido a manos o esponjas contaminadas.

Retira las hojas con más del 50% afectado y tíralas, asegurándote de que los insectos y los huevos no vuelvan a entrar en el jardín. Si los ácaros sólo han atacado una o dos plantas, aísla las plantas infectadas y trátalas por separado. Ten cuidado al eliminar el follaje para que los ácaros no pasen a otras plantas. Las plantas severamente dañadas deberían retirarse cuidadosamente del jardín y ser destruidas.

Unta una capa de Tanglefoot™ alrededor del borde de las macetas y en la base de los tallos para crear barreras que las arañas rojas no puedan cruzar. Esto ayudará a aislar los ácaros en plantas específicas. Nota: unta una capa de Tanglefoot™ en cada extremo de las cuerdas de secado cuando cuelgues cogollos que contengan arañas rojas. Una vez que el follaje esté muerto, los ácaros intentarán migrar por las cuerdas de secado en busca de follaje vivo y savia fresca.

**Control biológico:** *Neoseiulus* (*Amblyseius*) *californicus* y *Mesoseiulus* (*phytoseiulus*) *longipes* son los dos depredadores más comunes y efectivos. También están disponibles comercialmente los

**50%
Humedad**

*Mantén la humedad relativa por encima del 50% para dificultar el desarrollo de las arañas rojas.*

*Si las plantas están infestadas con ácaros, reduce la temperatura hasta 10-21 ºC . Este margen de temperatura hará que se reproduzcan más despacio.*

---

## Medidas progresivas de control para la araña roja

**Limpieza** - Limpia el cuarto de cultivo diariamente, desinfecta los utensilios, no introduzcas nuevas plagas en el jardín a través de la ropa, no permitas visitas de animales, etc.

**Crea un entorno hostil** – Humedad y temperatura; pulveriza agua.

**Crea barreras** - Unta Tanglefoot™ alrededor del borde de las macetas y de las cuerdas de secado.

**Baña los esquejes y las plantas vegetativas** - Sumerge las plantas pequeñas en pelitre, aceite para horticultura, aceite de neem.

**Retira el follaje dañado** - Elimina las hojas que estén dañadas en más de un 50%.

**Introduce ácaros depredadores** - Suelta depredadores antes de que las infestaciones se vayan de la mano.

**Pulveriza** - Aplica pelitre o aceite de neem; utiliza acaricidas fuertes sólo si es necesario. Alterna las distintas soluciones para que los ácaros no desarrollen inmunidad.

depredadores *Phytoseiulus persimilis, Neoseiulus* (*Amblyseius*) *fallacius, Galendromus* (*Metaseiulus*) *occidentalis* y *Galendromus* (*Typhlodromus*) *pyri*.

Cuando se aplican y se crían apropiadamente, los ácaros depredadores funcionan muy bien. Hay muchos aspectos a considerar cuando se emplean depredadores. Primero, los depredadores sólo pueden comer una cantidad limitada de ácaros al día; de media, un depredador puede comerse 20 huevos ó 5 adultos diariamente. Tan pronto como se acabe la fuente de comida del depredador, algunos ácaros mueren de inanición mientras que otros sobreviven a base de otros insectos o del polen. Consulta con los proveedores las instrucciones de suelta para cada especie concreta. Una dosis general de 20 depredadores por planta constituye un buen punto de partida. Los ácaros depredadores tienen dificultades para trasladarse de planta en planta, así que distribúyelos en cada planta si fuera necesario. Los niveles de temperatura y humedad deben estar dentro de los márgenes adecuados para dar a los depredadores las máximas oportunidades para que se desarrollen. Cuando las arañas rojas han infestado un jardín, los ácaros depredadores no pueden comérselas con la rapidez necesaria para que se solucione el problema. Los ácaros depredadores funcionan mejor cuando sólo hay unos pocos ácaros nocivos. Introduce los depredadores tan pronto como veas ácaros durante el crecimiento vegetativo, y realiza una suelta cada mes a partir de entonces. Esto hace que los depredadores tengan más opciones para controlar los ácaros. Antes de soltar depredadores, enjuaga por completo todas las plantas para asegurarte de que no quede ningún residuo tóxico procedente de los insecticidas y los fungicidas.

El hongo *Hirsutella thompsonii*, que puede encontrarse con el nombre Mycar™, mata los ácaros.

**Pulverizaciones:** Los remedios caseros suelen carecer de la fuerza necesaria para acabar con las infestaciones, pero sirven de freno, repeliendo los ácaros. Las mezclas caseras populares incluyen combinaciones de jabón, ajo, pimiento picante, aceite cítrico y algas líquidas. Si estas pulverizaciones no frenan los ácaros después de cuatro o cinco aplicaciones, cambia a una solución más fuerte: aceite de neem, pelitre, aceite para horticultura o sulfato de nicotina, cinamaldeido.

El jabón insecticida hace un buen trabajo de control con los ácaros. En general, son suficientes dos o tres aplicaciones con intervalos de cinco a diez días.

El aceite horticultural sofoca los huevos y puede mezclarse con pelitre y pulverizadores caseros para mejorar la exterminación.

El pelitre (aerosol) es el mejor acaricida natural. Aplícalo dos o tres veces en intervalos de cinco a diez días. El pelitre es el mejor método de control para la araña roja. Los ácaros deberían desaparecer después de dos o tres aplicaciones con intervalos de cinco a diez días, siempre y cuando se mantengan las condiciones sanitarias preventivas. Los huevos tardan en eclosionar entre cinco y diez días. La segunda pulverización matará los huevos recién eclosionados y los adultos restantes. La tercera aplicación y las siguientes acabarán con cualquier nueva araña roja, pero los ácaros desarrollan rápidamente resistencia al pelitre sintético.

¡El aceite de neem funciona de maravilla!

También están disponibles potentes acaricidas químicos, pero no se recomiendan para plantas destinadas al consumo humano. Si recurres a cualquier acaricida químico, asegúrate de que sea un veneno de contacto y no sistémico. Utiliza StirrupM®, descrito a continuación, para mejorar la tasa de muerte de los ácaros. El cinamaldehido, que se extrae del *Cinnamomum zeylanicum* mata los ácaros. La hormona sintética que se vende con el nombre *StirrupM®* atrae las arañas rojas, y se ha usado con mucho éxito para aumentar la eficacia de los acaricidas.

## Insecticidas y acaricidas químicos

| Producto químico | Nombre comercial* | Notas |
|---|---|---|
| *Abamectina* | Avid® | Producido por hongos de las especies Streptomyces |
| *Dienocloro* | Pentac® | Acción lenta pero selectiva contra los ácaros |
| *Aldicarbo* | Temik® | Acaricida sistémico, NO USAR |
| *Metomil* | Subdue® | Insecticida sistémico, NO USAR |
| *Dicofol* | Kelthane® | Acaricida selectivo, relacionado con el DDT, NO USAR |
| *Acefato* | Orthene® | Acaricida insecticida sistémico, NO USAR |

*Marcas norteamericanas. Comprueba el nombre químico en los insecticidas y acaricidas.

*Las hormigas hacen de granjeros con los pulgones. Trasladan los pulgones a las plantas no afectadas.*

## Pulgones

**Identificación:** Los pulgones son del tamaño de una cabeza de alfiler aproximadamente. Son fáciles de reconocer a simple vista, pero utiliza una lupa de 10 aumentos para una identificación positiva. Los pulgones se encuentran en todos los climas. Normalmente de color entre grisáceo y negro, los pulgones pueden ser desde verdes hasta rosas; sea cual sea su color, los pulgones atacan las plantas. La mayoría de los pulgones no tienen alas, pero las de aquellos que sí tienen son cuatro veces el tamaño del cuerpo. Sin tener que aparearse, los pulgones dan lugar a larvas hembra principalmente, y pueden soltar de 3 a 100 larvas hambrientas cada día. Cada hembra se reproduce dando lugar a entre 40 y 400 crías, las cuales empiezan a reproducirse poco después de nacer. Los pulgones son más comunes en interior cuando su presencia es abundante en el exterior. Coloca trampas pegajosas amarillas en la base de varias plantas y cerca de las puntas de otras plantas para monitorizar las invasiones de pulgones alados, que suelen ser los primeros en entrar al jardín. A medida que se alimentan, los pulgones exudan una melaza pegajosa que atrae las hormigas, las cuales se alimentan de ella. A las hormigas les gusta tanto que mantienen a los pulgones produciendo esta sustancia para ellas. Busca filas de hormigas marchando alrededor de las plantas, y encontrarás pulgones.

**Daños:** Los pulgones succionan la savia vital del follaje, haciendo que las hojas se marchiten y amarilleen. Cuando la infestación aumenta, puede observarse la melaza pringosa que excretan los pulgones. Prefieren atacar las plantas débiles y estresadas. Algunas especies prefieren los brotes tiernos y suculentos, y a otros pulgones les gusta el follaje más viejo e incluso los cogollos florales. Búscalos debajo de las hojas, apiñados alrededor de los nudos de las ramas y en los brotes de crecimiento. Esta plaga transporta (sirve de vector) bacterias, hongos y virus. Los pulgones son vectores de más virus que ninguna otra fuente. El destructivo moho negruzco también crece sobre la melaza. El control de los pulgones pasa también por controlar las hormigas si están presentes.

**Controles:** Elimina las cantidades pequeñas a mano. Rocía de manera localizada las infestaciones pequeñas, y controla las hormigas. Si el problema es persistente, introduce depredadores.

**Control cultural y físico:** La eliminación manual es sencilla y funciona bien para matarlos. Cuando están fijados al follaje -succionando fluidos- los pulgones son incapaces de moverse, así que resulta fácil aplastarlos con los dedos o mediante esponjas empapadas en solución insecticida.

**Control biológico:** Las especies de *Chrysoperla* o crisopas son los depredadores más efectivos y accesibles para los pulgones. Suelta de una a veinte crisopas por planta, dependiendo del nivel de la infestación, tan pronto como aparezcan los pulgones. Repite cada mes. Los huevos tardan unos días en eclosionar en forma de larvas que exterminan los pulgones. El *Aphidoletes aphidimyz* y la avispa parasitaria *Aphidius matricaria* están disponibles con distintos nombres comerciales, como Aphidend o Aphidpar.

Las mariquitas también sirven para exterminar los pulgones. Los adultos se obtienen fácilmente en muchos viveros durante los meses de verano. El único inconveniente de las mariquitas es su atracción por la lámpara DAI: suelta alrededor de 50 mariquitas por planta y la mitad saldrán volando directamente hacia la lámpara DAI, chocando con la bombilla caliente hasta morir achicharradas. En una o dos semanas, todas las mariquitas caerán víctimas de la lámpara, por lo que se requieren sueltas frecuentes.

El hongo *Verticillium lecanii* es muy efectivo y específico contra los pulgones.

Controla las hormigas mezclando jabón de manos a base de bórax o polvo de bórax y azúcar en polvo. Las hormigas se comen esta mezcla dulce y el bórax las mata. Excretan la mezcla dulce de bórax en el nido, donde otras hormigas comen las heces y mueren.

**Pulverizaciones:** Los remedios caseros y el jabón insecticida son muy efectivos. Aplícalos dos o tres veces con intervalos de cinco a diez días. El pelitre (aerosol) se aplica dos o tres veces con intervalos de cinco a diez días.

**Identificación:** Las abejas y las avispas que pican suelen tener de 1,5 a 3 cm de largo. La mayoría tienen rayas amarillas alrededor del cuerpo, aunque otras no tienen ninguna. Los jardines de interior las atraen especialmente cuando el tiempo refresca fuera; se van directas hacia dentro.

**Daños:** No causan daños a las plantas, pero pueden llegar a ser una molestia en los cuartos de cultivo y su picadura duele a rabiar.

**Controles:** Al ser un problema ocasional en interior, la manera más eficiente de controlar las abejas y las avispas es mediante pulverizaciones insecticidas.

*Trampa para avispas.*

**Control cultural y físico:** Entran en los cuartos de cultivo a través de la ventilación y las grietas, atraídas por las plantas en crecimiento, una comodidad valiosa en pleno invierno. Coloca mallas en todas las entradas a la habitación. Instala más ventiladores de circulación para dificultarles el vuelo. Las trampas para avispas, el papel dulce para moscas y las resinas tipo Tanglefoot™ frenan estas plagas. Las abejas y las avispas también son atraídas hacia la lámpara DAI y mueren.

**Control biológico:** Innecesario.

**Pulverizaciones:** Se recomienda el pelitre. Coloca los nidos pequeños en un bote de boca ancha (hazlo de noche, cuando las avispas están tranquilas), y deja el bote en el congelador durante unas horas. Recurre al *Carbaril* sólo si hay un problema con un nido de avispas.

## Escarabajos perforadores

**Identificación:** Las larvas de varios escarabajos perforadores hacen túneles dentro de los tallos y las raíces. Busca el agujero de entrada y materia vegetal muerta a lo largo del tallo principal; la zona de la entrada suele estar descolorida y va acompañada de serrín. Los perforadores son más comunes al aire libre que en interior.

**Daños:** Los túneles dentro de los tallos y las raíces cortan el flujo de los líquidos, haciendo que se marchiten distintas partes de la planta. Si el perforador daña el tallo central de forma severa, podría cortarse el flujo de los fluidos de toda la planta, causándole la muerte.

**Controles:** Rara vez suponen un problema en interior. Los perforadores suelen provocar tantos daños en un tallo en particular, que hay que retirarlo y destruirlo.

**Control cultural y físico:** Captura a mano todas las larvas de escarabajo.

**Control biológico:** Diversas mezclas de nematodos beneficiosos controlan estos perforadores en la tierra.

**Pulverizaciones:** El *Bacillus popilliae* es específico para los escarabajos; o la rotenona, inyectada individualmente en los tallos.

## Orugas y gusanos

Las orugas y las lombrices dejan gran cantidad de excrementos en las plantas. Los excrementos se acumulan entre

*Este capullo está adherido al envés de una hoja.*

*Escarabajo perforador.*

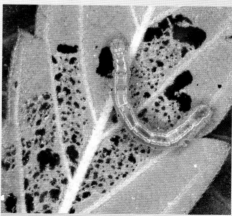

*Las orugas pueden causar daños mayores en el follaje.*

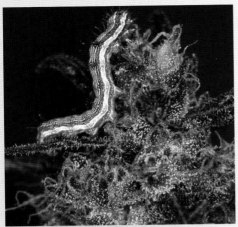

Esta oruga anida dentro de los cogollos, dejando un rastro de excrementos. Tanto los daños como las heces atraen más enfermedades.

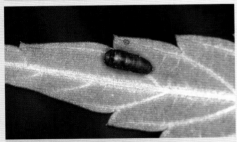

Capullo de pupa adherido a una hoja.

Los gusanos arquean su cuerpo hacia arriba para moverse hacia delante.

los cogollos. Los excrementos caen cuando se cuelgan los cogollos para secarlos; inspecciona debajo de los cogollos colgados para hallar sus deposiciones.

**Identificación:** Con un tamaño entre 1,5 y 10 cm, las orugas y los gusanos son cilíndricos y tienen patas; suelen ser verdes, pero pueden ser prácticamente de cualquier color entre el blanco y el negro. Las orugas tienen pares de patas a lo largo de todo el cuerpo,

mientras que los gusanos tienen dos pares de patas en cada extremo del cuerpo. Los gusanos echan adelante sus patas delanteras, arquean el cuerpo hacia arriba por la mitad y tiran de sus patas traseras hacia delante. Algunos tienen rayas, manchas y otros diseños para camuflarse. Las orugas y los gusanos no suelen dar problemas en interior, y están en una fase del ciclo vital -entre el estado de larva y el de mariposa o polilla voladora- que prevalece al aire libre, donde resultan más comunes. Una manera de comprobar la presencia de orugas y gusanos consiste en rociar una planta con pelitre en aerosol, y sacudir la planta a continuación. La pulverización tiene un rápido efecto que aturde a las orugas, y la mayoría se caerán de la planta.

**Daños:** Estas criaturas masticadoras mascan e ingieren trozos de follaje y dejan rastros de sus mordeduras en las hojas. Algunas orugas se enrollan en las hojas. Una infestación de orugas o gusanos daña el follaje, afecta al crecimiento y puede acabar por defoliar y matar la planta.

**Control cultural y físico:** Retirada manual.

**Control biológico:** Avispas *Trichogramma* y *Podisus maculiventris*.

**Pulverizaciones:** Repelentes e insecticidas caseros, pimiento picante y ajo. *Bt*, pelitre y rotenona.

## Saltahojas

**Identificación:** Los saltahojas (*leafhoppers*) incluyen muchos insectos pequeños, de 3 mm de longitud, con forma de cuña, que suelen ser de color verde, blanco o amarillo. Muchas especies tienen rayas muy finas en las alas y en el cuerpo. Sus alas forman un pico cuando no están en uso. Los saltahojas chupan la savia de la planta para alimentarse, y exudan una sustancia pegajosa como subproducto. Las larvas de espumadora y de saltahojas se envuelven en el follaje y se encierran en un líquido parecido a la saliva procedente de la savia de la planta.

**Daños:** Punteado (manchas) similar al que causan los ácaros y los trips en el follaje. Las hojas y la planta pierden vigor y, en casos graves, podría morir.

**Control cultural y físico:** ¡Limpieza! Las trampas de luz negra atraen al escarabajo de la patata.

**Control biológico:** El hongo *Metarhizium anisopliae* está disponible comercialmente con nombres como *Metaquino®*.

**Pulverizaciones:** Pelitre, rotenona, cebadilla.

## Minador de hojas

**Identificación:** Las moscas minadoras adultas depositan huevos que eclosionan dando lugar a gusanos larvarios (verdes o negros) de 0,25 mm de longitud. Casi no podrás reconocer las larvas antes de ver el daño que provocan en las hojas al crear túneles a través del tejido vegetal. Los minadores de hojas son más comunes en invernaderos y al aire libre que en interior.

**Daños:** Las diminutas larvas se instalan entre las superficies de la hoja, dejando un contorno blancuzco a modo de rastro. El daño suele ocurrir sobre el crecimiento joven o en su interior. Rara vez es fatal, a menos que se deje sin control. El daño causa que el crecimiento de la planta avance más despacio y, si no se controla, la floración se ve prolongada y los cogollos quedan pequeños. Raras veces, los daños resultan fatales. Las heridas favorecen la aparición de enfermedades.

**Controles:** Estas plagas provocan pocos problemas en los cultivos de interior. El método de control más eficiente y efectivo consiste en retirar y eliminar el follaje dañado, lo cual incluye los gusanos incontrolados; o poner en práctica los medios de control culturales y físicos que se tratan a continuación.

**Control cultural y físico:** Aplasta el pequeño gusano larvario, atrapado dentro de la hoja, con los dedos. Si la infestación es severa, aplasta todas las larvas posibles y retira las hojas más afectadas. Composta o quema las hojas infestadas. Coloca trampas pegajosas amarillas para capturar los adultos.

**Control biológico:** Distintas avispas (*Dacnusa sibirica*, *Diglyphus isaea*), incluyendo la avispa parasitaria *Opius pallipes*.

**Pulverizaciones:** Emplea aceite de neem y pelitre como repelentes. Los gusanos están protegidos dentro de los túneles, y las pulverizaciones no suelen ser efectivas. En *Hemp Diseases and Pests*, se sugiere regar las plantas con una solución de neem al 0,5%. Esta solución funciona rápidamente y permanece en las plantas durante cuatro semanas tras su aplicación.

## Mosquita de los hongos

**Identificación:** Los gusanos larvarios crecen hasta alcanzar 4-5 mm de longitud y tienen cuerpos translúcidos con cabezas negras. Las mosquitas aladas adultas son entre grises y negras, miden 2-4 mm y tienen patas largas. Búscalas alrededor de la base de las plantas en los jardines en tierra o en sustratos inertes. Les encantan los ambientes húmedos y encharcados en lana de roca y el entorno creado en los jardines hidropónicos NFT. Las hembras adultas ponen 200 huevos aproximadamente en un plazo de una semana a diez días.

**Daños:** Infestan el medio de cultivo y las raíces cerca de la superficie. Se comen las finas raíces capilares y dañan las raíces más grandes, haciendo que las plantas pierdan vigor y que el follaje palidezca. Las heridas de las raíces son una invitación para los hongos del marchitamiento, como el *Fusarium* y el *Pythium*, especialmente si las plantas tienen estrés nutricional y crecen en un sustrato muy mojado. Los gusanos prefieren consumir la materia vegetal empapada, muerta o en descomposición; también ingieren las algas verdes

La larva de la mosca minadora habita en la hoja. Provocan pocos problemas en interior y son más comunes al aire libre en primavera y a principios de verano. Acaba con ellas aplastándolas entre los dedos.

Las microscópicas mosquitas de los hongos son difíciles de detectar a simple vista.

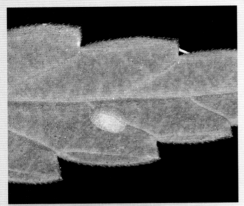

*Las lapas se fijan a los tallos y al follaje. Son un problema menor tanto en interior como al aire libre.*

*Este nematodo ha atacado el tallo. Muy a menudo, los nematodos atacan las raíces. Donde los nematodos causan daños, ya sea en los tallos o en las raíces, se desarrollan grandes nudos.*

que se desarrollan en condiciones de humedad. Los adultos y las larvas pueden quedar fuera de control en poco tiempo, especialmente en los sistemas hidropónicos con medios de cultivo muy húmedos. Las mosquitas adultas se pegan a los cogollos resinosos como al *atrapamoscas*. Las mosquitas son muy difíciles de limpiar de los cogollos.

**Controles:** La manera más fácil de controlar estas plagas es con productos que contengan *B. thuringiensis* var. *israelensis* (*Bti*). Se puede encontrar con nombres como Vectobac®, Gnatrol® y Bactimos®. Esta variedad de *Bt* controla los gusanos; por desgracia, sólo suele estar disponible en grandes envases, de casi 4 litros. Resulta difícil de encontrar en los centros de jardinería; prueba en las tiendas especializadas de cultivo.

**Control cultural y físico:** No riegues en exceso, y mantén baja la humedad ambiente. No dejes que el medio de cultivo permanezca empapado. Cubre el medio de cultivo para que no se desarrollen algas verdes. Las trampas pegajosas amarillas, situadas horizontalmente a 3-6 cm sobre el medio de cultivo, atrapan adultos.

**Control biológico:** El antes mencionado *Bti* es el que funciona mejor. Las alternativas incluyen el ácaro depredador para tierra *Hypoaspis geolaelapumites* y el nematodo *Steinernema feltiae*.

**Pulverizaciones:** Aplica neem o jabón insecticida para bañar la tierra.

## Cochinillas algodonosas y lapas
### Cochinillas algodonosas:

**Identificación:** No muy comunes en interior, estos insectos rectangulares de 2 a 7 mm y de color blanco ceroso, se mueven muy poco, maduran despacio y viven en colonias que suelen localizarse en las uniones de los tallos. Como los pulgones, las cochinillas algodonosas excretan una especie de melaza pegajosa.

### Lapas:

**Identificación:** Tan poco frecuentes en interior como las cochinillas, las lapas se parecen a éstas y actúan como ellas, pero suelen ser más redondeadas que rectangulares. Las lapas pueden ser blancas, marrones, grises o negras. Su caparazón protector mide 2-4 mm de ancho. Rara vez se mueven, si es que lo hacen. Búscalas alrededor de las uniones de los tallos, donde viven en colonias. En ocasiones, las lapas excretan una sustancia pegajosa.

**Daños:** Estas plagas chupan la savia de las plantas, lo cual provoca que el crecimiento se ralentice. También exudan una especie de melaza pringosa como subproducto de su dieta a base de savia que favorece la aparición del moho negruzco y atrae a las hormigas, las cuales se alimentan de esta sustancia pegajosa.

**Controles:** Estas plagas presentan pocos problemas a los cultivadores de interior. La forma de control más sencilla y eficiente se describe a continuación, en las formas culturales y físicas.

**Control cultural y físico:** La retirada manual es algo tediosa, pero muy efectiva. Humedece un bastoncillo para las orejas en alcohol y quita con él las cochinillas. También pueden ser necesarios un cuchillo pequeño, las uñas de los dedos o unas pinzas para raspar y desenganchar estos insectos después de humedecerlos con alcohol.

**Control biológico:** Hay numerosas especies de cochinillas y lapas. Cada una tiene sus depredadores naturales, incluyendo especies de mariquitas y avispas parasitarias. Hay tantas especies de cada una que sería desproporcionado listarlas todas aquí. Para una información más específica, consulta *Hemp Diseases and Pests*.

**Pulverizaciones:** Los remedios caseros que contienen alcohol, nicotina y jabones matan estos insectos nocivos. También son recomendables el jabón insecticida, el peltre y el aceite de neem.

## Nematodos

**Identificación:** De los cientos de miles de especies de nematodos microscópicos -a veces, los grandes se llaman gusanos anguila- unos pocos son destructivos para las plantas. Lo más frecuente es que los nematodos se encuentren en la tierra y ataquen las raíces; sin embargo, algunos nematodos atacan los tallos y el follaje. Los nematodos de las raíces suelen poder verse entre las raíces y alrededor de ellas con la ayuda de un microscopio de 30 aumentos. Los cultivadores suelen diagnosticar simplemente el daño causado por los nematodos destructivos sin llegar a verlos realmente.

**Daños:** Crecimiento lento, clorosis en las hojas, marchitamiento durante varias horas del día debido a la falta de fluido: los síntomas pueden ser difíciles de discernir de la deficiencia de nitrógeno. A menudo, el daño en las raíces suele ser grave cuando se examinan. Los nematodos de los nudos de las raíces son de los peores. Hacen que las raíces se hinchen con callosidades. Otros nematodos raspan y cortan las raíces, acompañados de ataques fúngicos. Las raíces se vuelven blandas y esponjosas.

**Control cultural y físico:** ¡Limpieza! Utiliza tierra o sustrato nuevos y esterilizados para cerrar el paso a los nematodos. Los nematodos raramente causan problemas en interior cuando los cuartos de cultivo están limpios.

**Control biológico:** La caléndula francesa, *Tapetes patula*, repele los nematodos de la tierra; como el hongo *Myrothecium verrucaria*, que puede encontrarse bajo nombres como DeTera ES®.

**Pulverizaciones:** Neem usado para bañar la tierra.

## Gusanos de las raíces

**Identificación:** Tanto el gusano del maíz como el de la col atacan las raíces del cannabis. El gusano del maíz mide de 5 a 6 cm de longitud. Se convierte en una mosca poco más pequeña que la mosca común. Los gusanos de la col miden 1 cm de largo, y la mosca adulta es más grande que la mosca común. Estas pestes pasan el invierno en la tierra, y viven en tierra sucia. En primavera, emergen como moscas adultas y, pronto, ponen huevos en la tierra alrededor de la base de plantas jóvenes. Las larvas, blanquecinas y retorcidas, eclosionan varios días después con un gran apetito.

**Daños:** Los gusanos de las raíces mascan y anidan dentro de los tallos y las raíces. El gusano del maíz ataca las raíces de los brotes y los plantones. Los gusanos de la col atacan las raíces, dejando canales ahuecados y agujeros en las raíces de mayor tamaño. Ambos gusanos destruyen las pequeñas raíces alimentadoras, parecidas a pelos. Las heridas hechas por los gusanos de las raíces también fomentan la pudrición y las enfermedades fúngicas.

**Control cultural y físico:** ¡Limpieza! Utiliza tierra fresca y nueva, comprada en tiendas, cuando plantes en contenedores. Cubre las plántulas con Agronet® para

*Los nematodos de los nudos de las raíces provocan que las raíces desarrollen bultos. El flujo deficiente de los fluidos desde las raíces frena el crecimiento.*

dejar fuera las moscas, y planta cuando la temporada esté avanzada para evitar la mayoría de moscas adultas. Coloca una barrera de 45 cm de espuma de colchonería en la base de las plantas para que las moscas no puedan llegar a ellas.

**Control biológico:** Actúa con nematodos parásitos, como *Steinernema feltiae* o *Heterorhabditis bacteriophora*.

**Pulverizaciones:** Mata los gusanos de las raíces con neem y aceite para horticultura, usándolos para bañar el suelo.

## Babosas y caracoles

**Identificación:** Las babosas y los caracoles son blandos y resbaladizos, de color blanco, oscuro o amarillo, y algunos tienen rayas. Miden 1-9 cm de largo. Los caracoles viven en un caparazón circular, y las babosas no. Se esconden de día y se alimentan de noche. Las babosas y los caracoles dejan un rastro plateado y resbaladizo de mucus al desplazarse. Ponen huevos translúcidos, que eclosionan en un mes aproximadamente. Se reproducen prolíficamente, y los jóvenes moluscos suelen comer relativamente más que los adultos.

**Daños:** Hacen agujeros en las hojas, a menudo con un aspecto parecido a las telarañas. Comen casi cualquier vegetación, raíces incluidas. Estas criaturas pasan el invierno en lugares cálidos y húmedos en la mayoría de los climas. A las babosas y los caracoles les gustan especialmente los plantones tiernos. Emigran a los jardines adyacentes en busca de comida.

**Control cultural y físico:** Un perímetro limpio y seco alrededor del jardín hará que les resulte difícil pasar. Captúralos a mano por la noche con la ayuda de una linterna. Una capa fina de cal, tierra diatomácea o arena salada de playa, con 6-15 cm de anchura alrededor de cada planta, de los bancales o del jardín entero, supondrá una barrera infranqueable. La cal no es tan gruesa como para alterar el pH y repele

*Los gusanos de las raíces se encuentran en tierra contaminada. Mascan las raíces capilares y agujerean las raíces de mayor tamaño.*

*Los caracoles y las babosas causan los daños más graves a los plantones de exterior. Busca rastros de baba y agujeros en las hojas para ayudarte a identificar estas plagas.*

*Los trips producen pequeñas abrasiones en la superficie de las hojas.*

o disuelve las plagas. Para hacer una trampa, coloca cerca de las plantas un trozo ancho de tablero, de 3 cm de grosor, y déjalo en el jardín. Las plagas buscarán refugio bajo la tabla. Levántala cada día o un día sí y otro no, y sacude y pisa las babosas.

Los cebos venenosos suelen tener como base metaldehído. Pon el cebo en un hotel para babosas. Recorta una abertura de 3 x 6 cm en un contenedor de plástico que esté a cubierto para construir un hotel para babosas y caracoles. Coloca el cebo para babosas y caracoles en el interior del hotel. El hotel debe mantener el cebo seco y alejado de la tierra. En un hotel para babosas, el cebo venenoso no toca la tierra y tampoco es accesible para los niños, las mascotas y los pájaros. Sitúa el hotel para caracoles y babosas fuera de los lugares de paso. Los cebos naturales incluyen una mezcla de mermelada y agua y cerveza. Si usas cerveza, el volumen debe ser lo bastante profundo para que se ahoguen los moluscos.

**Control biológico:** La babosa depredadora *Ruminia decollada*, disponible comercialmente, es una manera más de combatir los caracoles y babosas que comen plantas.

**Pulverizaciones:** Los caracoles y las babosas jóvenes no son atraídos por los cebos. Emplea una solución de agua y amoniaco al 50% para pulverizar por la noche o de madrugada y acabar con los individuos jóvenes.

## Trips

**Identificación:** Son más comunes en invernaderos que en interior. Estas criaturas diminutas, aladas y de movimientos rápidos, son difíciles de ver pero no de detectar. Con una longitud de 1-1,5 mm, los trips pueden ser de distintos colores, incluyendo el blanco, el gris y los colores oscuros, a menudo con rayas pequeñas. Búscalos debajo de las hojas sacudiendo diversas partes de las plantas. Si hay muchos trips presentes, prefieren saltar y correr a volar para ponerse a cubierto. Pero podrás verlos a menudo como una horda de partículas resonando a través del follaje. Las hembras hacen agujeros en los tejidos blandos de las plantas, donde depositan los huevos, que son prácticamente invisibles a simple vista. Los trips alados migran fácilmente desde las plantas infestadas hasta ocupar el jardín entero.

**Daños:** Los trips raspan el tejido de las hojas y los cogollos y, a continuación, succionan los jugos de la planta para alimentarse. Las señales -marcas blanquecinas y amarillentas- aparecen sobre el haz de las hojas; la producción de clorofila disminuye y las hojas se vuelven quebradizas. También verás puntos negros, que son las heces de los trips y trips pequeños. Es muy frecuente que los trips se alimenten en el interior de los cogollos florales y que hagan que las hojas se enrollen y distorsionen.

**Control cultural y físico:** ¡Limpieza! Las trampas pegajosas azules o rosas y rociar las plantas con agua frenan la dispersión de la plaga. La eliminación manual funciona sólo si hay pocos trips, pero son difíciles de capturar. Los trips pueden ser muy agobiantes de controlar una vez que se han establecido.

**Control biológico:** Ácaros depredadores (*Amblyseius cucumeris* y *Amblyseius barkeri*, *Neoseiulus cucumeris*, *Iphiseius degenerans*, *Neoseiulus barkeri*, *Euseius hibisci*), avispas parasitarias (*Thripobis semiluteus*, *Ceranisus menes*, *Goetheana shakespearei*), bichos pirata (distintas especies de *Orius*); el hongo *Verticillium lecani* también es efectivo.

**Pulverizaciones:** Remedios caseros a base de tabaco y nicotina; pelitre comercial, piretroides sintéticos y jabón insecticida. Aplicar entre dos y cuatro veces en intervalos de cinco a diez días.

## Mosca blanca

**Identificación:** La mejor manera de comprobar su presencia es agarrar una rama y sacudirla. Si hay alguna mosca blanca, saldrá volando de debajo de las hojas. La mosca blanca parece una pequeña polilla blanca, de 1 mm de longitud aproximadamente. Las moscas adultas tienen alas. Al principio, suelen aparecer cerca del ápice de la planta más débil. Se van extendiendo hacia abajo por la planta, o emprenden el vuelo para infestar otra planta. Los huevos también se hallan en el envés de la hoja, a la que están conectados con un pequeño gancho.

**Daños:** La mosca blanca, como los ácaros, pueden dejar marcas o puntos blancos en el haz de las hojas. La caída en la producción de clorofila y en el vigor de la planta aumenta a medida que progresa la infestación.

**Control cultural y físico:** Las moscas son difíciles de eliminar porque escapan volando. Los adultos son atraídos por el color amarillo. Para construir una trampa para la mosca blanca similar al papel atrapamoscas, cubre un objeto brillante y amarillo con una sustancia pegajosa, como las resinas Tanglefoot™. Sitúa las tiras en la parte de arriba de las macetas, entre las plantas. Las trampas funcionan muy bien. Deshazte de ellas cuando estén llenas de insectos.

**Control biológico:** La avispa *Encarsia formosa* es el parásito más efectivo para la mosca blanca. Las pequeñas avispas sólo atacan a la mosca blanca, ¡no pican a las personas! Hay que lavar todo resto de cualquier pulverización tóxica antes de introducir parásitos y depredadores. Como la *Encarsia formosa* es un parásito de menor tamaño que la mosca blanca (mide 3 mm de longitud), tarda mucho más en controlar o incluso mantener a raya la población de mosca blanca. La avispa parasitaria pone un huevo en la larva de mosca blanca que, más tarde, eclosiona y se come viva la larva de dentro hacia fuera; la muerte es lenta. Si recurres a estas avispas, suelta dos o más parásitos por planta tan pronto como se detecte la primera mosca blanca. Repite cada 2-4 semanas durante todo el ciclo vital de las plantas.

El hongo *Verticillium lecanii* o *Cephalosporium lecanii*, disponible comercialmente con nombres como Mycatal®, también resulta muy efectivo en el

*Las moscas blancas pueden verse entre los pulgones amarillentos. Las manchas negras son una especie de melaza que ha empezado a enmohecerse.*

control de la mosca blanca.

**Pulverizaciones:** Se erradican fácilmente con pulverizaciones de base natural. Antes de pulverizar, retira todas las hojas que estén dañadas en más de un 50% y desinfecta este follaje con calor o, directamente, quemándolo. Las pulverizaciones caseras, aplicadas a intervalos de cinco a diez días, funcionan bien. También puede aplicarse jabón insecticida o pelitre (aerosol) a intervalos de cinco a diez días.

## Hongos y enfermedades

Los hongos son plantas muy primitivas y no producen clorofila, la sustancia que da a las plantas superiores su color verde. Los hongos se reproducen mediante la propagación de esporas microscópicas en vez de semillas. Hay un sinfín de esporas de hongos presentes en el aire en todo momento. Cuando estas esporas microscópicas suspendidas en el aire encuentran las condiciones adecuadas, se asientan y empiezan a desarrollarse. Algunos hongos, como el moho gris que pudre los cogollos (*Botrytis*) son tan prolíficos que pueden esparcirse por todo un cultivo en cuestión de días. Por ejemplo, la presencia de esporas de *Botrytis* era constante en el ambiente de un cuarto de cultivo que estaba situado cerca de un pantano. Los cogollos y los tallos contrajeron el moho rápidamente y muchos de ellos fueron

*Un buen aparato de ventilación es esencial para controlar la humedad en interior.*

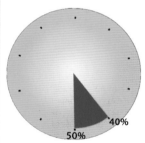

**A los hongos les cuesta desarrollarse con una humedad relativa del 40-50%**

40%

50%

*En general, la mayoría de los hongos no crecen o se desarrollan mal cuando la humedad relativa se mantiene entre el 40 y el 50%.*

reducidos a follaje polvoriento en poco tiempo. El cultivador perdió cuatro cosechas de forma consecutiva. Al final, se trasladó a pastizales más verdes y dejó de tener problemas con el moho. La tierra empapada y sin esterilizar, junto a un aire húmedo y estancado, proporciona el entorno que necesitan los hongos para desarrollarse. Aunque hay muchos tipos distintos de hongos, suelen prevenirse con métodos similares.

## Prevención

La prevención es el primer paso y la verdadera clave del control de hongos. La sección «Montaje del cuarto de cultivo paso a paso» instruye a los cultivadores acerca de la retirada de cualquier cosa -cortinas de tela, ropa y otros restos- que puedan

atraer, alojar y propagar hongos. Cubre la moqueta, si hay, con plástico blanco tipo Visqueen®. Si el moho pudiera aparecer en las paredes, rocíalas con fungicida. Friega las paredes con una solución de lejía al 5%, o con Pinesol® (elaborado con aceite natural de pino) y aplica pintura que contenga un agente inhibidor para los hongos. Las pinturas designadas especialmente para soportar condiciones de humedad contienen un fungicida y son atraídas por la humedad. Cuando se aplica a las paredes mojadas y agrietadas de un sótano, la pintura se absorbe dentro de la grieta húmeda. Retira todo el moho de las paredes fregándolas con una solución de lejía antes de pintar con pintura resistente a los hongos. La limpieza y el control del clima son las claves para prevenir la aparición de hongos. Pocos cuartos de cultivo limpios y bien ventilados tienen problemas con los hongos. Como contraste, todos los jardines de interior sombríos, sucios y húmedos que he visto tenían problemas de hongos, y producían una cosecha inferior a la media.

Instala uno o varios extractores lo bastante grandes para eliminar el aire húmedo rápidamente, y mantén la humedad al 50% o menos. Un extractor es el dispositivo de control de la humedad más sencillo y menos caro que hay disponible. Los generadores de $CO_2$ producen vapor de agua, que aumenta la humedad, como subproducto. Los deshumidificadores son relativamente baratos, se encuentran fácilmente en grandes almacenes y hacen un buen trabajo al mantener la humedad bajo control en los cuartos cerrados de cultivo. Los deshumidificadores aumentan el consumo de electricidad, y el agua condensada debe retirarse diariamente. Las estufas eléctricas, de leña o de carbón secan y deshumidifican el aire. La mayoría de los aparatos de aire acondicionado pueden ajustarse a un nivel específico de humedad. Si el cuarto de cultivo dispone de una salida de ventilación para la calefacción central o el aire acondicionado, ésta puede abrirse para controlar la temperatura y reducir la humedad.

## Control

Para prevenir la aparición de hongos, se deben controlar todos los factores que contribuyen a su desarrollo: eliminar los escondites, mantener limpia la habitación, bajar la humedad al 50% y mantener una buena circulación de aire. Si la prevención resulta inadecuada y los hongos hacen su aparición, serán necesarias medidas avanzadas de control. Retira y destruye cuidadosamente las hojas muertas. Lávate las manos después de tocar el follaje enfermo. Si el problema ataca una planta o sólo unas pocas, aísla los individuos afectados y trátalos por separado. Recuerda que los hongos pueden extenderse como el fuego si las condiciones son las adecuadas. Si consiguen establecerse a pesar de que se tomen todas las medidas preventivas, no dudes en recurrir a métodos extremos de control, incluyendo rociar el jardín entero con el fungicida apropiado.

## Progresión lógica en el control de hongos

Prevención

Limpieza

Humedad baja

Ventilación

Retirada

Pulverizaciones con cobre y sulfato de cal

Fungicida específico

### Moho gris (botritis) o moho de los cogollos

**Identificación:** El moho gris es el más común de los hongos que atacan las plantas de interior, y florece en los habituales climas templados y húmedos de los cuartos de cultivo. El daño producido por el hongo *Botrytis* aumenta en climas húmedos (por encima del 50%). Empieza dentro del cogollo y es difícil de ver al principio -de color entre blanquecino grisáceo y verde azulado-; la botritis aparece en forma similar a pelos o hilos en los climas húmedos. A medida que la enfermedad avanza, el follaje se vuelve algo reblandecido. En ambientes menos húmedos, el daño también puede aparecer en forma de manchas oscuras y marrones sobre los cogollos. La zona afectada por la botritis está seca al tacto y suele desmoronarse. El moho gris ataca muchos otros cultivos, y las esporas en suspensión están presentes prácticamente en todas partes. Aunque lo más común es que se encuentre atacando los cogollos florales densos e hinchados, también ataca tallos, hojas y semillas, provoca *damping-off* o mal del vivero y descompone los cogollos secos y almacenados. También se transmite a través de las semillas.

**Daños:** Busca hojas sueltas que parecen secarse misteriosamente en los cogollos. Podrían ser las señales de un ataque de botritis en el interior del cogollo. La observación constante, especialmente durante las últimas dos semanas antes de la cosecha, resulta necesaria para mantener el jardín a salvo de la enfermedad. Los cogollos florales son reducidos rápidamente a fango si las condiciones son frías y húmedas, o a polvo infumable en las habitaciones cálidas y secas. La botritis puede destruir un cultivo entero en un plazo de siete a diez días si se deja sin controlar. El daño en los tallos - la botritis comienza en los tallos y no en los cogollos- es menos común en interior. Primero, los tallos se ponen amarillos y desarrollan partes ulcerosas. El daño hace que se marchite el crecimiento por encima de la herida, y puede provocar que los tallos se doblen. Transportado por el aire y por las manos y herramientas contaminadas, el moho gris se extiende con mucha rapidez en los espacios de interior, infectando una habitación de cultivo entera en menos de una semana cuando las condiciones son propicias.

*La botritis, también conocida como moho gris, ataca tanto a los cogollos como a los tallos de las plantas.*

*En esta planta, la botritis avanza desde el cogollo hacia abajo por el tallo.*

*Este cogollo está cubierto de moho gris. Fue retirado del jardín y destruido.*

El azufre que se evapora en salas de cultivo o en invernaderos evita que el hongo Botrytis contamine las plantas.

El mal del vivero atacó este esqueje a ras de tierra, pudriendo el extremo enterrado del tallo.

**Control:** Minimiza la incidencia de los ataques de botritis con una humedad baja (50% o menos), bastante circulación de aire y buena ventilación. Cultiva variedades que no produzcan cogollos compactos y pesados, ya que éstos proporcionan un lugar perfecto para que florezca el hongo. Los climas frescos (por debajo de 21 ºC ) y húmedos (superior al 50%) son perfectos para un desarrollo galopante del moho gris. Elimina los tallos muertos de las hojas, los peciolos que quedan en las ramas cuando se retiran hojas dañadas; de esta forma, pueden evitarse los brotes de botritis que están propiciados por el follaje

muerto y en descomposición. Aumenta la ventilación y mantén la humedad por debajo del 60%, ¡y conserva limpia la habitación! Utiliza medio de cultivo fresco y esterilizado en cada cultivo.

**Control cultural y físico:** Tan pronto como aparezcan los primeros síntomas de botritis, usa tijeras de poda esterilizadas con alcohol para retirar los cogollos infectados de moho, al menos 3 cm por debajo de la zona infectada. Hay cultivadores que amputan de 5 a 10 cm por debajo de la zona dañada para asegurar la erradicación. No permitas que el cogollo o cualquier cosa que esté en contacto con el mismo contamine otros cogollos o el follaje. Retíralo del jardín y destrúyelo. Lávate las manos y friega los utensilios después de eliminar la materia vegetal infectada. Sube la temperatura a 26 ºC y reduce la humedad por debajo del 50%. Los niveles excesivos de nitrógeno y fósforo ablandan el follaje, de lo cual se aprovecha el hongo *Botrytis*. Asegúrate de que el pH esté alrededor de 6,0 para facilitar la absorción del calcio. Los niveles bajos de luz también producen un crecimiento débil, lo cual favorece los ataques de moho gris. Evita que las plantas estén demasiado apretadas y mantén alto el nivel de luz. El hongo *Botrytis* necesita luz UV para completar su ciclo vital; no puede vivir sin luz UV. Algunas variedades rara vez caen víctimas del moho gris. Muchos cruces son más resistentes al moho gris que las variedades *indica* puras. Cosecha cuando las glándulas de resina sean todavía translúcidas. Una vez que las glándulas se vuelven ambarinas, la amenaza de moho gris aumenta considerablemente.

**Control biológico:** Rocía las plantas con *Gliocladium roseum* y con especies de *Trichoderma*. Puedes prevenir el mal del vivero o *damping-off* aplicando *Gliocladium* y distintas especies de *Trichoderma* a la tierra. *Hemp Diseases and Pests* sugiere experimentar con las levaduras *Pichia guilliermondii* y *Candida oleophila*, y con la bacteria *Pseudomonas syringae*.

**Pulverizaciones:** Mientras esté presente en el follaje, la mezcla de Burdeos mantiene bajo control la botritis en sus fases iniciales. En zonas de alto riesgo, se recomienda la pulverización preventiva, pero no se recomienda rociar los cogollos cuando se acerca la cosecha. Las semillas pueden protegerse de la botritis con una capa de Captan®. Consulta en los viveros o tiendas de tu localidad para que te recomienden los productos adecuados.

## Mal del vivero o damping-off

**Identificación:** Esta condición fúngica, llamada a veces marchitamiento del *Pythium*, suele darse en tierra y en otros medios de cultivo. Impide que las semillas recién germinadas lleguen a brotar; ataca los plantones, haciendo que se pudran a ras de tierra; y provoca que amarillee el follaje de las plantas más viejas y que éstas se pudran a ras de suelo. En ocasiones, también ataca a ras de tierra los esquejes que están enraizando. Está causado por distintas especies de hongos, incluyendo *Botrytis*, *Pythium* y *Fusarium*. Una vez iniciado, el mal del vivero es fatal. Al principio del *damping-off*, el tallo pierde contorno a la altura de la superficie del suelo y se debilita; luego, se oscurece; y, finalmente, se corta la circulación de los fluidos, matando el plantón o el esqueje.

**Control:** El mal del vivero está causado por una combinación de los siguientes factores:

1) Los hongos ya están presentes en un medio de enraizamiento sin esterilizar.

2) Exceso de riego y mantenimiento de un medio de cultivo saturado de agua.

3) Humedad excesiva.

La enfermedad puede ser evitada mediante el control de la humedad del sustrato. El exceso de riego provoca la mayor parte de los casos de *damping-off*, y es la clave de la prevención. Cada día, escrutina cuidadosamente el sustrato para asegurarte de que las semillas o los esquejes dispongan de la cantidad apropiada de humedad. Brota las semillas y enraíza los esquejes en medios estériles y de drenaje rápido, como arena gruesa o cubos de lana de roca, Oasis™ o Jiffy™, los cuales son difíciles de regar en exceso. No coloques una cubierta para mantener la humedad sobre las plántulas recién brotadas: podría llevar a una humedad excesiva y al mal del vivero. Los esquejes son menos susceptibles al *damping-off* y les encantan las cúpulas para mantener la humedad, ya que éstas favorecen el enraizamiento. Mantén la temperatura de germinación entre 21 y 29 ºC. El mal del vivero es inhibido por la luz brillante; cultiva los plantones bajo luz DAI en vez de recurrir a tubos fluorescentes. Lleva la fertilización al mínimo durante el primer par de semanas de crecimiento. Germina las semillas entre servilletas de papel nuevas y limpias, y planta las semillas en tierra una vez que hayan brotado. No plantes las semillas a demasiada profundidad, y cubre con una capa de tierra del grosor de la semilla. Utiliza un medio de cultivo nuevo y esterilizado y limpia las macetas para evitar la presencia de hongos perjudiciales en el sustrato.

**Control biológico:** Aplica gránulos de *Pythium oligandrum* a la tierra y las semillas. Existen fungicidas que se aplican a la tierra, y distintas formas de la bacteria *Burkholderia cepacia* que se aplican a las semillas. Hay diversos productos, con multitud de nombres comerciales (Epic®, Kodiac®, Quantum 4000®, Rhizo Plus®, System 3®), que suprimen muchas de las causas del mal del vivero.

**Control químico:** Espolvorea las semillas con Captan®. Evita remojar la tierra con fungicida a base de benomilo, ya que mata los organismos beneficiosos.

## Mildiu de pelusa

**Identificación:** Llamado a veces *falso mildiu*, afecta a las plantas vegetativas y en floración. El follaje joven y suculento es uno de los lugares favoritos para empezar a desarrollarse. El mildiu polvoriento se desarrolla con temperaturas por debajo de 26 ºC.

*Una pequeña mancha blanca y principio de putrefacción a ras de tierra son los primeros signos visuales del mal del vivero.*

*La falta de oxígeno provocada por el exceso de riego frena el desarrollo de las raíces a lo largo del tallo, y contribuye al mal del vivero.*

*Las manchas blancas y difusas significan que el mildiu polvoriento ya se ha extendido por toda la planta. El control del clima previene esta enfermedad.*

*Las manchas foliares empezaron a aparecer en esta hoja después de que desarrollara una deficiencia severa de nitrógeno.*

Aparece en forma de manchas amarillo blancuzcas sobre las hojas, formando parches pálidos. El micelio grisáceo desarrollado se encuentra en el envés de las hojas, en el lado opuesto de las manchas pálidas. El mildiu de pelusa puede extenderse muy rápidamente, causando falta de vigor y que el crecimiento sea lento; las hojas amarillean, se secan y caen. La enfermedad está en el sistema de la planta y crece hacia fuera. Suele resultar fatal; se extiende con rapidez y puede acabar con un cultivo. Evita que las plantas estén apiñadas para que la enfermedad no se vea favorecida. Mantén la temperatura por encima de 26 ºC e impide que la humedad llegue al 50%.

**Control:** ¡Limpieza! Utiliza un medio de cultivo esterilizado. Retira y destruye las plantas afectadas, no sólo el follaje.

**Control biológico:** Aplica *Bacillus subtilis* (en productos como Serenade®). La mezcla de Burdeos también es algo efectiva.

## Tizones

**Identificación:** Tizón es un término general que describe muchas enfermedades de las plantas causadas por hongos, principalmente unas pocas semanas antes de la cosecha. Los indicios de tizón incluyen manchas oscuras e irregulares en el follaje, crecimiento lento, marchitamiento y muerte de la planta. La mayoría de los tizones se propagan rápidamente por grandes extensiones de plantas.

**Control:** ¡Limpieza! Utiliza un medio de cultivo fresco y esterilizado. Evita la fertilización con un exceso de nitrógeno. Evita los tizones manteniendo sanas las plantas mediante un equilibrio apropiado de nutrientes y un buen drenaje para evitar la acumulación de nutrientes.

**Control biológico:** Usa *Bacillus subtilis* contra el tizón marrón. Emplea *Trichoderma harzianum* o *Trichoderma virens*. También puedes recurrir a la mezcla de Burdeos para detener los tizones fúngicos. Resulta difícil frenar los tizones cuando están en fase avanzada; la mejor solución es retirar y destruir las plantas enfermas.

## Manchas foliares y hongos

**Identificación:** Los hongos de las hojas y los tallos, incluyendo las manchas foliares, atacan el follaje. Las manchas, de color marrón, gris, negro o entre amarillo y blanco, se desarrollan en las hojas y en los tallos. Las hojas y los tallos se decoloran y desarrollan manchas que frenan el flujo de los fluidos y otros procesos vitales de la planta. Las manchas se expanden sobre las hojas, haciendo que éstas amarilleen y se desprendan. El crecimiento se ralentiza, la cosecha se alarga y, en casos severos, sobreviene la muerte. Manchas foliares es el nombre sintomático que se usa para muchas enfermedades. Estas enfermedades pueden estar ocasionadas por bacterias, hongos y nematodos. Las manchas o lesiones causadas por los hongos suelen desarrollar distintos colores a medida que crecen los frutos. Las manchas foliares suelen estar causadas por el agua fría que se pulveriza sobre plantas que están bajo una lámpara DAI caliente. El estrés de la temperatura provoca las manchas que, frecuentemente, dan lugar a enfermedades.

**Control:** ¡Limpieza! Utiliza medio de cultivo fresco y esterilizado para cada cultivo. Aparta las lámparas DAI de las plantas media hora antes de rociarlas, así las plantas no estarán demasiado calientes. No pulverices durante las cuatro últimas horas antes de que se apaguen las luces, ya que el exceso de humedad se queda en el follaje y fomenta el desarrollo de los hongos. No mojes el follaje al regar, evita regar en exceso y reduce la humedad en el cuarto de cultivo al 50% o menos. Comprueba la humedad tanto de día como de noche. Emplea calor seco para elevar las temperaturas nocturnas hasta 3-6 ºC por debajo de los niveles diurnos, y mantén la humedad constante. Deja un espacio adecuado entre las plantas para permitir la circulación del aire. Retira el follaje dañado. Evita la aplicación de una cantidad excesiva de nitrógeno.

**Control biológico:** La mezcla de Burdeos puede ayudar a mantener bajo control las manchas foliares, pero suele ser fitotóxica cuando se aplica regularmente en interior.

**Pulverizaciones:** Mezcla de Burdeos.

## Fusariosis

**Identificación:** Los ataques de hongos *Fusarium* son más comunes en invernaderos y cuartos de cultivo que se mantienen cálidos. Las soluciones recirculantes de nutrientes que están a más de 24 ºC crean las condiciones perfectas para la fusariosis. El agua y la solución nutriente llevan consigo esta enfermedad cuando están contaminados. La fusariosis comienza como pequeñas manchas en las hojas más bajas y viejas. Rápidamente, aparece clorosis entre los nervios de las hojas. Puede que las puntas de las hojas se ricen antes de marchitarse y secarse súbitamente hasta crujir. Distintas partes de la planta -o la planta entera- se marchitan. Todo el proceso sucede tan deprisa que las hojas amarillas y muertas cuelgan lacias en las ramas. Esta enfermedad comienza en el xilema de las plantas, la base del sistema de transporte de los fluidos. Las plantas se marchitan cuando los hongos bloquean el flujo del fluido en el tejido vegetal. Corta uno o dos de los tallos principales, y busca el característico color marrón rojizo.

**Control:** ¡Limpieza! Utiliza medio de cultivo limpio y nuevo. Evita la sobrefertilización de nitrógeno.

La acción preventiva es necesaria. Mantén la solución nutriente por debajo de 24 ºC . La adición de peróxido de hidrógeno también contrarresta la acción de los hongos *Fusarium*. Siempre hay que retirar y destruir las plantas infestadas.

**Control biológico:** *Streptomyces griseoviridis* o *Burkholderia cepacia* y *Trichoderma*.

**Pulverizaciones:** Trata las semillas con fungicidas químicos para erradicar las infecciones desde el principio. Los fungicidas químicos no son efectivos sobre el follaje.

## Algas verdes

**Identificación:** Las resbaladizas algas verdes necesitan nutrientes, luz y una superficie húmeda en la que crecer. Estas algas se encuentran en la lana de roca húmeda y en otros medios de cultivo que están expuestos a la luz. Provocan pocos daños, pero atraen las mosquitas de los hongos y otras criaturas que dañan las raíces. Una vez que las raíces tienen lesiones y abrasiones, las enfermedades acceden fácilmente.

**Control:** Cubre la lana de roca y los medios de cultivo que estén mojados para que no estén expuestos a la luz. Incorpora un alguicida a la solución nutriente o empléalo en el agua de riego.

## Mildiu polvoriento

**Identificación:** La primera indicación de la infección son pequeñas manchas en la parte superior de las hojas. Llegados a este punto, la enfermedad lleva dentro de la planta una semana o más. Las manchas progresan hasta dar lugar a una capa polvorienta,

*La fusariosis provoca que el centro del tallo se vuelva de color marrón rojizo.*

fina y pálida, de color gris blanco, en los brotes de crecimiento, las hojas y los tallos. El mildiu polvoriento no siempre se limita a la parte superior del follaje. El crecimiento se ralentiza, la hojas amarillean y las plantas mueren a medida que avanza la enfermedad. En ocasiones es fatal en interior, esta enfermedad ataca con toda su fuerza cuando las raíces están secas y el follaje se mantiene húmedo. Las plantas llevan semanas infectadas antes de mostrar los primeros síntomas.

**Control:** ¡Limpieza! Impide el desarrollo de este mildiu evitando las condiciones de frío, encharcamiento, humedad y poca iluminación en el cuarto de cultivo, así como las fluctuaciones de temperatura y humedad. Los niveles bajos de luz y el aire viciado influyen en esta enfermedad. Aumenta la circulación del aire y la ventilación, y asegúrate de que la intensidad de la luz sea elevada. Espacia los contenedores lo suficiente para que el aire fluya libremente entre las plantas. Deja que el follaje se seque antes de que se apaguen las luces. Retira y destruye el follaje que esté infectado en más del 50%. Evita el exceso de nitrógeno. Las pulverizaciones a base de cobre y de azufre y cal son un buen profiláctico.

**Control biológico:** Aplica *Bacillus subtilis* (Serenade®) o pulveriza con una mezcla saturada de bicarbonato y agua.

**Pulverizaciones:** La mezcla de Burdeos puede mantener a raya este moho. Una rociada a base de bicarbonato deja sobre la hoja un polvo fino al secarse; el bicarbonato cambia el pH en la superficie de la hoja a 7,0, y el mildiu polvoriento no puede desarrollarse.

## Podredumbre de las raíces

**Identificación:** Los hongos de la podredumbre de las raíces provocan que las raíces pasen de un blanco saludable a un marrón claro. A medida que la podredumbre avanza, la coloración marrón de las raíces se vuelve cada vez más oscura. A la clorosis de las hojas le sigue el marchitamiento de las hojas viejas por toda la planta, y el crecimiento pasa a ser lento. En casos graves, la podredumbre progresa hasta la base de la planta, haciendo que se oscurezca. La podredumbre de las raíces es más común cuando las raíces son privadas de oxígeno y se mantienen en agua sin airear. Los insectos nocivos del suelo que cortan, chupan y mascan las raíces abren la puerta a las enfermedades relacionadas con la putrefacción. Inspecciona las raíces con una lupa de 10 aumentos para buscar rastros de daños producidos por plagas.

**Control:** ¡Limpieza! Usa medio de cultivo fresco y esterilizado. Asegúrate de que los niveles de calcio son adecuados, y no sobrefertilices con nitrógeno. Mantén el pH por encima de 6,5 en tierra y alrededor de 6,0 en medios hidropónicos para reducir la incidencia de la enfermedad. Controla cualquier insecto, hongo, bacteria, etc., que se alimente de las raíces.

**Control biológico:** Utiliza *Trichoderma harzianum* o *Trichoderma virens*.

Las raíces podridas han estado sumergidas en una solución nutriente estancada. El follaje crece muy despacio cuando las raíces están podridas.

**Pulverizaciones:** Las pulverizaciones no son efectivas.

**Marchitamiento/pudrición por *Pythium***
**Identificación:** Véase Mal del vivero más atrás.

## Moho negruzco
**Identificación:** El moho negruzco es un hongo superficial que crece en la sustancia pegajosa que excretan los pulgones, las cochinillas algodonosas, las lapas, las moscas blancas, etc. El moho negro sólo es un problema para las plantas de interior cuando esa especie de melaza está presente. El moho negruzco restringe el desarrollo de la planta, ralentiza el crecimiento y disminuye la cosecha.
**Control:** Elimina los insectos que excretan melaza. Una vez que se controla esta sustancia, el moho muere. Lava tanto la sustancia pegajosa como el moho con una solución jabonosa biodegradable. Enjuaga el agua jabonosa unas horas después de aplicarla.

## Verticilosis
**Identificación:** Las hojas bajas desarrollan amarilleamiento clorótico en los bordes y entre los nervios antes de volverse de color marrón apagado. Las plantas se marchitan durante el día y se recuperan cuando la luz se apaga. En poco tiempo, el marchitamiento se extiende por diversas partes de la planta o por toda ella. Corta el tallo en dos y busca el característico color marrón del tejido del

*Derecha: La verticilosis es menos común que la fusariosis, pero los síntomas son similares. Corta un tallo y busca el xilema descolorido.*

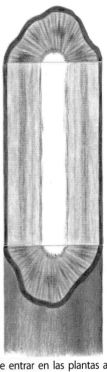

xilema. El hongo bloquea el flujo de los fluidos de la planta, causando el marchitamiento.
**Control:** ¡Limpieza! Utiliza tierra nueva y esterilizada. Asegúrate de que haya un buen drenaje. Emplea nitrógeno amoniacal como fuente de nitrógeno. No sobrefertilices.
**Control biológico:** Especies de *Trichoderma* y *Bacillus subtilis*.
**Pulverizaciones:** Ninguna pulverización química resulta efectiva.

## Virus
**Identificación:** Los virus siguen siendo un misterio. Actúan como organismos vivos en algunos casos, y como agentes químicos inertes en otros. Tienen que entrar en las plantas a través de las heridas. Una vez que un virus alcanza las células de una planta, es capaz de reproducirse. Los virus se propagan mediante vectores como los insectos, los ácaros, las plantas, los animales y el ser humano. El pulgón y la mosca blanca son los peores. Los utensilios infectados también transportan virus de una planta a otra. Los síntomas típicos de una infección viral son: crecimiento enfermizo, manchas en hojas y tallos, amarilleamiento y rendimientos pobres. Las enfermedades virales se dispersan en el sistema de distribución de fluidos de la planta y lo destruyen, lo cual suele provocar manchas foliares y moteado. Un virus puede acabar completamente con una planta en pocos días. Una vez que una planta coge un virus, hay poco que puedas hacer.
**Control:** ¡Limpieza! Usa siempre medio de cultivo nuevo y esterilizado. Desinfecta las herramientas antes de cortar materia vegetal de plantas diferentes. Destruye todas las plantas infectadas con el virus.
**Control biológico:** Ninguno.
**Pulverizaciones:** Ningún remedio químico resulta efectivo contra los virus.

## Resolución de problemas

Esta sencilla tabla para afrontar complicaciones acabará con el 90% de los problemas de cultivo que se encuentran al cultivar cannabis. Esta tabla empezó con un artículo en la revista *High Times*, y toma prestada las «Claves para la identificación de problemas» de *Hemp Diseases and Pests: Management and Biological Control*, por J. M. McPartland, R. C. Clarke y D. P. Watson. No dejes de consultar ese libro, donde se incluye mucha más información. Una palabra de aviso: esta tabla de resolución de problemas da por hecho que el cuarto de cultivo está limpio.

Los esquejes son relativamente fáciles de enraizar. El índice de éxito depende de una combinación apropiada de calor, humedad, luz, hormonas de enraizamiento y aireación del medio de cultivo. Cuanto más precisa sea la combinación, más rápido crecerán las raíces y más fuertes serán.

Los problemas comienzan a aparecer en la fase de crecimiento vegetativo. A menudo, estos problemas continúan a lo largo de la floración. Pon remedio a los problemas antes de que progresen. Si se deja que persistan durante la floración, el rendimiento disminuirá sustancialmente.

La floración es la última etapa del ciclo vital y sólo dura entre seis y diez semanas. Los problemas deben resolverse en las dos primeras semanas de floración (tres semanas a más tardar), o la producción se reducirá en relación a la gravedad de los problemas.

Nota: Mantén la zona de cultivo completamente limpia para ayudar a evitar problemas. Si observas hongos o insectos en el follaje, elimínalos y contrástalos con las fotos a color y las ilustraciones que encontrarás en este libro, así como con la tabla de resolución de problemas que sigue a continuación.

---

# Resolución de problemas

## Fase de crecimiento Causa Solución rápida

| | | |
|---|---|---|
| **Semillas y plántulas**<br>Las semillas no germinan | Mal del vivero<br>(damping-off)<br>Semillas malas<br>Gusanos de las raíces | Compra semillas nuevas,<br>vuelve a empezar<br>Haz que te devuelvan el dinero<br>Baña el sustrato con neem o con aceite<br>para horticultura |
| La semilla germina, la plántula muestra signos de plagas que mastican o chupan el follaje | Ácaros<br>(hojas con punteado)<br><br>Pulgones (exudan melaza) | Pulveriza con aceite de neem o con pelitre<br><br>Pulveriza con pelitre, jabón insecticida<br>o sulfato de nicotina |
| El tallo de la plántula está oscuro por la base o tiene un crecimiento enfermizo, se cae de repente o se marchita | Mal del vivero<br>(*damping-off*)<br>Mal del vivero o<br>marchitamiento<br>Falta o exceso de<br>humedad | Baña el sustrato con metalaxil o<br>compra semillas nuevas<br>Poco común<br>en esquejes<br>Corrige de forma<br>adecuada |
| Las hojas del plantón presentan manchas de color amarillo, gris, negro y/o verde oscuro (tipo hongo) | Tizón o antracnosis | Retira las plantas y el medio de cultivo |

*Continúa en la página siguiente:*

## Esquejes o clones

| | | |
|---|---|---|
| Se marchitan y mueren | Falta de humedad | Coloca un mini-invernadero, rocía 4-6 veces al día |
| Se marchitan y mueren | Medio demasiado húmedo | Drena el medio, no riegues ni dejes que el agua se estanque en la bandeja |
| No enraízan | Medio demasiado seco o demasiado húmedo | Ver «Se marchitan y mueren» Ver arriba |
| | Hormona de enraizamiento inconsistente | Cambia a una hormona de enraizamiento en formato líquido o gel |

## Estadio vegetativo

| | | |
|---|---|---|
| Plantas espigadas y débiles | Falta de luz | Añade una lámpara, cambia el reflector, acerca la lámpara a las plantas. |
| Plantas espigadas y débiles | Ventilación insuficiente Sustrato demasiado mojado Sustrato demasiado seco Acumulación tóxica de nutrientes | Añade un extractor Riega menos Riega más Lixivia el medio de cultivo* y cambia la solución nutriente |
| Plantas estancadas y achaparradas | Daño por insectos Raíces podridas Acumulación tóxica de nutrientes | Pulveriza con pelitre** Riega menos Lixivia el medio de cultivo* |
| Puntas quemadas en las hojas Tallos morados y puntos quemados en las hojas | Acumulación tóxica de nutrientes Podría tratarse de uno o más nutrientes | Lava el sustrato* cada semana Reduce la dosis de nutrientes y lixivia el medio* cada semana |
| Manchas en las hojas, bordes quemados, hojas descoloridas, hojas pálidas | Toxicidad de nutrientes | Lava el sustrato*, cambia la solución nutriente, cambia el fertilizante, consulta los problemas debidos a nutrientes específicos |
| Puntos pequeños y blancuzcos en las hojas | Daños por araña roja | Pulveriza con pelitre**, aceite de neem |
| Daños por insectos -hojas mascadas, huevos e insectos visibles en las plantas- revisa el envés de las hojas con una lupa de 20X | Mosca blanca, pulgones, lapas, orugas, larvas, etc. | Pulveriza con pelitre** o con aceite de neem |
| Hongos o moho en el follaje o en el sustrato | Humedad elevada (por encima del 60%) Temperatura elevada (por encima de 27 ºC) | Añade un extractor Añade un extractor Rocía el sustrato con una solución de lejía al 5% y lávala al día siguiente. Pulveriza sobre el follaje con una solución de bicarbonato al 10% |

| | | |
|---|---|---|
| Marchitamiento súbito y grave de la planta | Marchitamiento por fusariosis o verticilosis | Retira y destruye la planta y el medio de cultivo |
| | Falta de agua | Irriga la planta, sumerge las raíces en agua |

### Floración

| | | |
|---|---|---|
| Crecimiento lento y cogollos pequeños Raíces cocidas o putrefactas | Exceso de fertilización Estrés por falta de agua, luz o aire | Lixivia* el medio de cultivo Añade más extractores o aumenta su tamaño. Mantén uniformemente húmedo el medio de cultivo. Cuanto más cerca esté la cosecha, menos puede hacerse. Debe ponerse remedio de tres a seis semanas antes de la cosecha para obtener resultados. |
| Decoloración y muerte de las hojas viejas | Deficiencia de nitrógeno, potasio, fósforo o zinc | Ver nutrientes específicos para la solución |
| Decoloración y muerte de las hojas nuevas | Uno de los elementos secundarios o de los oligoelementos | Ver nutrientes específicos para la solución |
| Manchas grisáceas y necróticas en los cogollos | Moho gris (botritis) | Elimina el cogollo entero tres centímetros por debajo del daño. Reduce la humedad |
| Olores fuertes procedentes del cuarto de cultivo | Los cogollos maduros huelen mucho más que los cogollos tempranos | Instala un generador de ozono en las salas grandes. Para habitaciones pequeñas, usa soluciones antiolor como las de Vaportek™. |

*Lixivia o lava el medio de cultivo con una solución suave (al 25% de la concentración normal) de nutrientes. Emplea un volumen de solución nutriente que sea, como mínimo, tres veces el volumen del medio de cultivo.

**Aplica las pulverizaciones con intervalos de cinco días durante 15 días. Usa pelitre en aerosol, y rocía debajo de las hojas. Si el problema persiste, cambia a aceite de neem y altérnalo con pelitre.

### Secado y poscosecha

| | | |
|---|---|---|
| Cogollos de fumada áspera | Secado demasiado rápido | Traslada los cogollos a una habitación con un 80% de humedad |
| Cogollos llenos de moho | Falta de circulación del aire | Aumenta la circulación del aire |
| Ácaros en los cogollos y en las cuerdas de secado | Cultivo descuidado | Deja que los ácaros escapen hasta los extremos de las cuerdas y acaba con ellos a base de resinas pegajosas como Tanglefoot™ o Horiver™ |
| Cogollos que chisporrotean al fumarlos | Demasiado fertilizante al llegar la cosecha | ¡Demasiado tarde! La próxima vez, lava con agua las raíces de las plantas diez días antes de la cosecha |

# Acerca de las pulverizaciones

Emplea únicamente remedios de contacto que estén aprobados para frutas y verduras comestibles.

**Advertencia:** ¡No utilices QUÍMICOS TÓXICOS SISTÉMICOS! Lee la etiqueta entera de todos los pulverizadores. La vida tóxica o activa del producto aparece en la etiqueta. Espera el doble de lo que se recomienda en el etiquetado, y lava concienzudamente el follaje antes de ingerirlo. La vida tóxica es mucho más larga en interior porque la luz solar y otras fuerzas naturales no están presentes para descomponer los agentes químicos.

**Las pulverizaciones** son beneficiosas si no se abusa de ellas. Cada vez que se rocía una planta, los estomas se taponan y el crecimiento se ralentiza. Entre 24 y 48 horas después de pulverizar, enjuaga las hojas por ambos lados con agua limpia hasta que goteen. Evita el uso de productos que dejan residuos durante las semanas previas a la cosecha. Pulverizar aumenta las probabilidades de que aparezca el moho gris una vez que se han formado cogollos densos.

**La fitotoxicidad** son los daños que causan las pulverizaciones en las plantas. Los síntomas incluyen hojas quemadas, crecimiento lento o marchitamiento repentino. Rocía sobre una planta de prueba y espera unos días para ver si la pulverización es fitotóxica. Riega las plantas antes de pulverizar. La fitotoxicidad se ve disminuida cuando hay más líquido en el follaje.

**Las temperaturas** superiores a 20 ºC hacen que prácticamente todas las pulverizaciones resulten fitotóxicas y dañinas para el follaje, incluidas las orgánicas.

**La luz intensa** provoca que las hojas absorban los agentes químicos demasiado rápido, y suele producir daños en las hojas.

**Pulveriza temprano durante el día** para que los ingredientes se absorban y el follaje se seque. Pulverizar dos horas o menos antes de que las luces se apaguen puede hacer que surjan hongos foliares si el agua permanece sobre las hojas demasiado tiempo.

**No mezcles dos productos.** Podría alterar las características de ambos.

**Las temperaturas cálidas** implican pulverizar con el doble de frecuencia, ya que los bichos se reproducen el doble de rápido.

**Usa un vaso medidor o una cuchara que estén limpios y sean precisos.** Mide las cantidades con cuidado.

*Un pulverizador de presión previa equipado con una lanza de extensión te permite rociar debajo de las hojas, donde habitan la mayoría de los insectos perjudiciales.*

*Las hojas rizadas son el resultado de mezclar y aplicar pulverizaciones que son demasiado fuertes. El producto natural aplicado a esta planta se mezcló al doble de la concentración habitual.*

*Los fungicidas en polvo son fáciles de administrar con un aplicador que disperse el polvo uniformemente sobre el follaje.*

*Este cultivador no corre riesgos. Está vestido para evitar cualquier contacto con los productos pulverizados.*

*Sostén el follaje levantado para poder pulverizar debajo de las hojas, donde residen la mayoría de las plagas.*

*Una pulverización demasiado fuerte ocasionó quemaduras en forma de manchas marrones, y provocó que esta hoja se rizara hacia abajo.*

**Mezcla los pesticidas** y los fungicidas justo antes de usarlos, y deshecha de manera segura el producto sobrante. La mezcla de fertilizante puede usarse durante varias semanas.

**Mezcla los polvos** mojables y los cristales solubles en un poco de agua caliente para asegurarte de que estén disueltos antes de añadir el resto de agua tibia.

**Extrema el cuidado** cuando recurras a las pulverizaciones químicas, si es que tienes que hacerlo, en zonas cerradas; están más concentrados en interior que en exterior, al aire libre.

**Utiliza mascarilla cuando pulverices,** especialmente al usar un nebulizador de aerosol.

**Rocía las plantas enteras,** ambos lados de las hojas, tallos, sustrato y maceta. Ten cuidado con los brotes de crecimiento nuevos y tiernos; se queman fácilmente con las pulverizaciones fuertes.

**Un pulverizador de presión previa con capacidad para uno o dos litros y boquilla extraíble, fácil de limpiar, es ideal.** Ten a mano un palillo o un clip para retirar los restos que puedan taponar la boquilla.

**Un pulverizador de 4 a 8 litros cuesta menos de 50 € y funciona bien en jardines grandes.** Una lanza de aplicación con boquilla, conectada a una manguera flexible, facilita rociar debajo de las hojas, donde habitan los insectos. Es recomendable usar plástico: no se corroe ni se oxida.

**Los nebulizadores eléctricos** van bien para trabajos de envergadura. El producto se aplica a través de una boquilla a gran presión, lo cual crea una neblina fina y penetrante.

**Limpia y enjuaga bien el pulverizador y la boquilla después de cada uso.** No pasa nada por utilizar la misma botella para los fertilizantes y los insecticidas. No mezcles insecticidas con fungicidas o con cualquier otro producto. Mezclar productos químicos podría causar una reacción que disminuya su efectividad.

**Sube la lámpara DAI para alejarla y evitar que la neblina del pulverizador toque con la bombilla;** el estrés de temperatura, resultante del agua relativamente fría que entra en contacto con la bombilla caliente, puede hacer que estalle. Esto podría no sólo darte un susto de muerte, sino que también podría causar quemaduras en los ojos y en la piel. Si la bombilla se rompe, apaga y desconecta el sistema inmediatamente.

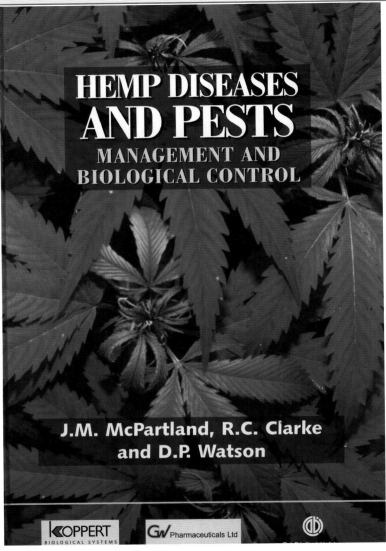

*Hemp Diseases and Pests* es una guía detallada (en inglés) que se centra en las enfermedades y las plagas del cannabis para resolver los problemas que acechan los cultivos de interior, de exterior y de invernadero. Las plagas y enfermedades pueden identificarse mediante descripciones escritas, síntomas clave en las plantas, dibujos detallados y fotografías. Se enfatizan los métodos orgánicos, con instrucciones explícitas referidas a técnicas biodinámicas y a métodos biológicos de control de plagas.

Formato: Sobredimensionado con tapa dura (A4 británico-papel), 251 pp.

Ilustrado profusamente: 111 fotografías y dibujos en blanco y negro, 86 fotografías a todo color, 36 tablas y diagramas.

Más información y pedidos en la web de Jorge: www.marijuanagrowing.com

Oxford University Press: www.oup-usa.com; en Europa: www.cabi-publishing.org/Bookshop

Ejemplares disponibles también en Ebay y Amazon.com

*Las glándulas de resina de esta pieza de hachís suizo fueron recogidas y prensadas poco después de la cosecha.*

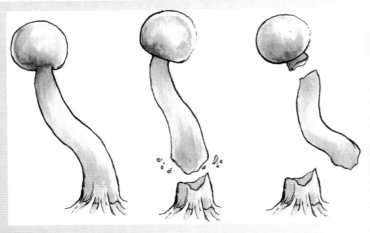

*Por lo general, las glándulas de resina se rompen cerca de la base del tallo y justo debajo de la cabeza redonda.*

## Introducción

El hachís es lo que fuman los entendidos. El hachís son las cabezas de resina de los tricomas glandulares, que se recogen, prensan y moldean. Cuanta más resina contenga la materia prima, mejor será el hachís. Aquí, mencionaremos los fundamentos de la fabricación de hachís utilizando métodos de extracción seguros. He omitido información detallada sobre métodos químicos de extracción, empleando butano, acetato, diferentes alcoholes, etc., debido a posibles riesgos para la salud por explosión, fuego o vapores. El uso prematuro del producto final, antes de que hayan sido eliminados todos los disolventes y residuos, puede resultar en lesiones de origen químico. Puedes encontrar información abundante sobre estos temas en www.solocannabis.com.

La resina puede ser recogida raspándola de las manos después de manipular plantas resinosas o cogollos. También, puede ser raspada de las herramientas utilizadas. La resina puede recogerse separándola del follaje y dejándola caer a través de un tamiz. O puede separarse del follaje sirviéndose de agua fría y mallas.

### Antes de hacer hachís

Asegúrate de que tus plantas estén tan limpias como sea posible. Cualquier residuo aceitoso en las hojas acabará en el hachís. Por ejemplo, si se extrae la resina con agua, puedes ver los residuos de impurezas como una capa brillante de aceite en la superficie del agua. Durante el mes previo a la cosecha, no apliques ningún producto químico perjudicial que deje residuos. Yo prefiero utilizar solamente productos orgánicos hidrosolubles con el fin de evitar riesgos potenciales para la salud del consumidor.

Lava las raíces de las plantas con agua entre 7 y 10 días antes de la cosecha para eliminar los

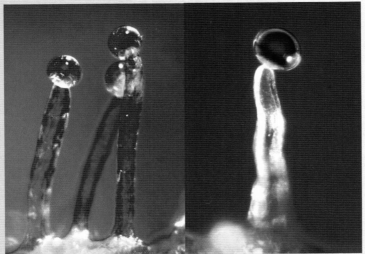

*Captura las glándulas de resina de cabeza pequeña con un tamiz de malla más fina. Cortesía de Greenhouse.*

**Polen** - En Europa y otras partes del mundo, el polvo tamizado de resina se conoce como polen. Este término se usa porque los dos tienen un aspecto similar, pero el polvo de resina no es polen. Cuando oyes a alguien hablar de polen, sabes que se refiere al polvo de resina.

*Las manos y herramientas son una gran fuente de finger hash. Raspa la resina de los utensilios y los guantes de manicura.*

fertilizantes acumulados en la tierra y el follaje. Esto ayudará a conseguir un hachís limpio y de sabor dulce.

Primero, congelar. Se obtiene más resina si se logra que el follaje y las glándulas de resina estén quebradizos. Cuando las frágiles cabezas de las glándulas de resina están frías, se desprenden y separan con facilidad. Una vez secos, congela inmediatamente los recortes vegetales a modo de preparación para fabricar el hachís. Deja las hojas en el congelador durante una hora o más. Luego, sácalas del congelador y utiliza uno o varios tamices -en seco o con agua- para separar las cabezas glandulares del follaje.

**Cuida la limpieza durante toda la operación.** Es la clave para que todo se mantenga separado adecuadamente y con una contaminación mínima.

### Rendimiento por gramos de hojas y cogollos pequeños

| Cantidad | Tamizado en seco | con agua | Extracción |
|---|---|---|---|
| 100 gr | 4-6 gr | 6-10 gr | |

El rendimiento de 200 gr de hojas y pequeños cogollos suele ser entre 6 y 20 gr, con una media de 10 gr. La cantidad de hachís que se produce depende, en gran medida, de la calidad del material original.

Retira todo resto de tallos, materia inerte, hojas grandes sin resina visible, y otros desechos de las hojas y cogollos antes de hacer hachís con ellos.

Las plantas macho contienen resina con THC, pero en una cantidad total muy inferior a las plantas hembra.

Las plantas al aire libre están sometidas al viento, la lluvia, el polvo, etc., lo cual puede impedir el desarrollo de la resina o causar que gran parte de ésta se estropee o caiga de la planta. Al vivir en un ambiente protegido, las plantas de interior son capaces de exudar tanta resina como les es posible. Estas plantas, con resina abundante, dan el mejor hachís. Se obtiene un hachís magnífico a partir de los recortes

*Esta pieza de hachís de extracción manual fue reuniéndose con las raspaduras de los dedos y de los útiles de manicura en un sólo día de trabajo.*

*Este hermoso ladrillo de hachís marroquí fue prensado un mes antes de que se tomara la fotografía. Los cristales de resina relucen al sol. Ahora, los aficionados europeos y norteamericanos están aprendiendo a hacer mejor hachís.*

más cercanos a los cogollos.

Las variedades con predominancia *sativa* tienen las cabezas de los tricomas más pequeñas que las variedades con dominancia *indica*. Los tamices de mallas más finas resultan eficaces para separar las cabezas de resina más pequeñas.

## Hachís extraído a mano

Extraer hachís a mano es simple y fácil, pero resulta horriblemente ineficiente y derrochador. Todo lo que necesitas para ello son un par de buenas manos, los cogollos adecuados de cannabis y ganas. Mucha de la resina cae al suelo, se pierde en el interior de los cogollos o acaba pegada al follaje. En general, el hachís frotado a mano es de menor calidad que el hachís tamizado o extraído con agua, y contiene más impurezas.

El frotado a mano es más habitual en las regiones de Nepal, India y Cachemira a los pies del Himalaya, donde el *charas* (palabra india para designar el hachís frotado a mano) es bastante común. La mayoría de los cultivadores comerciales y a pequeña escala van reuniendo, poco a poco, el hachís que se acumula en sus manos y utensilios durante la manicura de las plantas; esto es lo más cercano al hachís extraído a mano que experimentan la mayoría de los cultivadores.

Las plantas más adecuadas para el frotado a mano son aquellas con una resina pegajosa que se adhiere a las manos mucho más fácilmente que al resto del follaje. Al mismo tiempo, la resina debe ser relativamente fácil de enrollar para poder retirarla de las manos.

Lleva a cabo la extracción manual de resina en plantas maduras, fuertes y saludables, con hojas verdes. No obstante, puede que algunas hojas grandes hayan comenzado a volverse amarillas. Elimina el follaje muerto, crujiente y de color marrón antes de empezar a restregar. Recuerda que las plantas de cannabis son bastante duras en general, y que pueden soportar una fricción vigorosa pero no abusiva.

Una vez recogida en las manos, no debe permitirse que la resina incluya otras partículas o restos de follaje. Debería resultar fácil separar cualquier materia extraña que se haya adherido a las manos llenas de resina.

Recolecta la resina frotando firmemente entre las manos, una a una, las ramas florecidas. Con lentitud, mueve las manos desde el cogollo hacia arriba, frotando continuamente adelante y atrás. Restriega las palmas y los dedos entre los racimos florales cubiertos de resina para que entren en contacto con tanta resina como sea posible. Cada rama debería frotarse entre 20 y 30 segundos o más. Tras restregar unas pocas ramas, coges el ritmo hipnótico e intoxicante. Las fragancias aromáticas se liberan a medida que vas frotando cogollos.

Al principio, la resina se pega despacio a las manos pero, una vez que éstas se han cubierto con un ligero brillo de resina, el proceso de acumulación se acelera. Sacúdete de las manos los restos de follaje y demás partículas a medida que se adhieren para que la resina se mantenga razonablemente pura.

Para retirar la resina de las manos, frota las palmas de las manos una contra otra para que la resina se una en pequeñas bolas pegajosas. Al principio, la resina se apelotonará relativamente rápido. Amasa las bolas unas con otras para formar una sóla pieza. Usa esta pieza para restregar la resina que aún te quede en las manos y, así, ayudar a retirarla. Si las manos están húmedas o sudorosas, seca la humedad con una toalla de papel antes de retirar el hachís.

Una vez recogido, amasa el hachís en la mano hasta que alcance la consistencia deseada. El hachís extraído a mano se disfruta al máximo en las semanas siguientes a su recolección. Extraer hachís a mano lleva tiempo. Un recolector medio puede estar frotando todo el día para recoger entre cinco y diez gramos escasos.

# Tamices

## Introducción

La primera vez que vi resina tamizada de cannabis fue en 1983, en el Cannabis Castle, Holanda. Neville, el dueño del Seed Bank, tenía una gran malla de serigrafía estirada en un marco, el cual estaba situado sobre una mesa de gran tamaño con tapa de cristal. Echábamos uno o dos puñados de cogollos en la malla y los hacíamos botar durante unos segundos. Después de dos o tres rondas echando cogollos y haciéndolos rebotar, podía verse una fina capa de resina brillante sobre el vidrio, debajo de la malla de serigrafía. ¡Nunca en mi vida había fumado nada tan potente!

Las cabezas de resina tienen distintos tamaños. Con la ayuda de tamices, puedes aprovechar las diferencias de tamaño entre las cabezas de la resina para separarlas del resto de la materia vegetal. Por lo general, se emplea un mínimo de dos tamices para hacer hachís. La primera criba filtra la materia vegetal y los restos de mayor tamaño, dejando que las glándulas de resina y los residuos más pequeños pasen al segundo tamiz. El primer tamiz debe tener poros de 135-150 micras. El segundo tamiz deja pasar las glándulas pequeñas, al tiempo que retiene las glándulas maduras y de gran tamaño. Los poros del segundo tamiz deberían ser de 50-60 micras. Puedes encontrar mallas de serigrafía en tu tienda local de arte y manualidades. Las tiendas de suministros para imprentas también venden mallas enmarcadas.

Para su cribado, las plantas deben estar tan secas como sea posible, y frías (a 5 ºC aproximadamente), para que las glándulas de resina se desprendan con facilidad. Ten cuidado de no forzar la materia vegetal a través del tamiz. Al forzarla, se romperán más glándulas de resina, las cuales derramarán su contenido en el tamiz y en la materia vegetal. El contenido de estas glándulas roturadas no puede recuperarse.

Normalmente, las glándulas de resina más grandes y maduras caen primero. Van seguidas de glándulas menos maduras y residuos, incluyendo pelos de pistilos y restos de tejido vegetal. Si abusas de la criba y fuerzas mucho a través del tamiz, el hachís será verde y de baja calidad. Como mucho, el cribado sólo extrae la mitad de la resina rica en THC del cannabis.

La humedad atmosférica relativa puede llegar a detener el proceso de tamizado porque hace que se

---

**Las glándulas de resina tienen tres tamaños básicos:**

El diámetro de 60-70 micras incluye el cannabis marroquí y algunas sativas.

El margen de tamaño de 80-110 micras es el más común en muchas de las variedades de cannabis de calidad.

Los tamices de 135-150 micras son necesarios para capturar las glándulas maduras de resina de muchas de las variedades que están bien cultivadas y son muy resinosas.

Recuerda que hay varios tamaños de glándulas de resina. Utiliza el tamaño adecuado de malla para recoger la máxima cantidad de polvo de resina según las variedades que estés procesando.

---

taponen los poros del cedazo. La humedad elevada también rehidrata las plantas secas, dificultando que la resina caiga libremente.

Una micra es la millonésima parte de un metro (1/1.000.000 m) o la milésima parte de un milímetro (1/1.000 mm). Esta unidad de longitud también se llama micrómetro, y el símbolo que se usa para expresar las micras es «$\mu$».

| Micras ($\mu$) | Milímetros |
|---|---|
| 1. 220 $\mu$ | 0,22 |
| 2. 190 $\mu$ | 0,19 |
| 3. 160 $\mu$ | 0,16 |
| 4. 150 $\mu$ | 0,15 |
| 5. 120 $\mu$ | 0,12 |
| 6. 104 $\mu$ | 0,104 |
| 7. 73 $\mu$ | 0,073 |
| 8. 66 $\mu$ | 0,066 |
| 9. 45 $\mu$ | 0,045 |
| 10. 43 $\mu$ | 0,043 |
| 11. 25 $\mu$ | 0,025 |

Asegúrate de que los tamices lleven etiquetado el tamaño en micras. Los códigos de color ayudan, pero no hay nada como el tamaño de la malla en micras.

Cuando esté todo preparado, desmenuza los cogollos y el follaje sobre la criba, y golpea ligeramente el tamiz para hacer que las cabezas de resina pasen a través de los poros. También puedes frotar ligeramente las hojas sobre el tamiz, pero esto forzará el paso de más follaje verde. El polvo de resina

El Resin Heaven de Portland, Oregon, EE.UU., fue la primera bandeja de liar equipada con una malla para recoger la resina.

Cribar hoja de baja calidad casi no merece la pena. La hoja es infumable, pero todavía produce una pizca de resina.

Tamicé la hoja con la malla de 150 µ durante un minuto aproximadamente y recogí suficiente hachís para un toque.

Un ambicioso cultivador suizo se encargó de ir llenando esta caja de herramientas. Estuvo haciendo hachís de cada cultivo que había cosechado durante los dos años anteriores.

atravesará la malla. Cuanta más resina haya en la materia vegetal, más resina traspasará el tamiz. Usa una tarjeta de crédito para mover el cannabis adelante y atrás por todo el cedazo. Ejerce una presión mínima sobre el cannabis para conseguir que la resina de mayor calidad atraviese la malla. La primera capa de polvo de resina será la más pura. El hachís tamizado contiene más restos que la mayoría de los que se obtienen con otros métodos, pero el cribado es un método simple y barato para hacer hachís.

Recoge el polvo debajo del tamiz. Ahora, el polvo de resina está listo para ser prensado en una pieza de hachís. El prensado genera un poco de calor, lo cual también ayuda a que se unan las glándulas de resina y los restos de materia vegetal.

## El Pollinator

Mila es una buena amiga, y ha llevado la antorcha del hachís para incontables *connoisseurs*. Ha invertido gran parte de su vida aprendiendo y enseñando a extraer más resina a partir del cannabis. Ella inventó y popularizó el Pollinator, un tamiz motorizado con forma cilíndrica para separar el polvo de resina de las hojas y los cogollos. Mila tiene en marcha muchos experimentos con hachís y cannabis, uno de los cuales incluye la instrucción de médicos en

Este maletín contiene todos los tipos distintos de hachís que Mila elaboró en Kazajstán, Europa Central. Cada vez que hallaba cannabis silvestre con aspecto prometedor, lo cribaba para extraer el hachís. Mila empleó un sistema de posicionamiento global (GPS) para localizar exactamente los emplazamientos de las plantas de cara a viajes posteriores.

Kazajstán en el cultivo de cannabis medicinal.

El Pollinator consiste en un tambor que gira dentro de una caja. El cannabis seco y frío se pone dentro del tambor, que está hecho con una malla de 150 micras. Un motor hace girar el tambor, y las glándulas de resina caen a través de la malla de 150 micras a medida que el cannabis va dando vueltas en el interior. La resina se recoge debajo del tambor.

La resina de mayor calidad es la primera en atravesar la malla. Cuanto más tiempo gire el tambor, la calidad de la resina que traspase la malla será progresivamente menor. Cuando el Pollinator gira durante largos periodos de tiempo, cae más materia verde y otros adulterantes.

Primero, debes preparar el cannabis seco. Ponlo en una bolsa hermética y déjalo en el congelador durante dos horas. Esto provocará que el cannabis se endurezca y se vuelva quebradizo, lo cual hace que el proceso de tamizado sea más eficiente y productivo.

Deja que el tambor gire de dos a cinco minutos. Usa un reloj de cocina para periodos cortos con el fin de asegurarte de que el tambor no esté rotando demasiado tiempo. A medida que el tambor gira, la resina más pura cae primero a través de la malla. La resina rica en THC cae sobre la base de la caja, debajo del tambor.

*Retira la tapa magnética del tambor y añade hojas y cogollos pequeños. No pongas palitos u objetos afilados dentro del tambor, ya que podrían dañarlo.*

*Llena el tambor hasta la mitad aproximadamente con materia vegetal seca para que el cannabis tenga suficiente espacio para dar tumbos en el interior. Esta acción es importante para facilitar que las glándulas de resina se separen del follaje.*

*Abre la tapa del Pollinator y levanta el tambor de malla de serigrafía. Coge el tambor y sácalo de la caja que lo contiene.*

*Pon la tapadera al tambor y coloca éste de nuevo en el Pollinator. Cierra la tapa del Pollinator y enciéndelo para el primer periodo de giro.*

*Retira el tambor y raspa la resina que hay en el fondo de la caja. Recoge la resina seca y prénsala hasta conseguir hachís.*

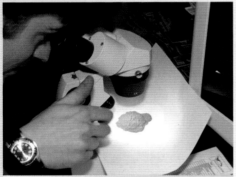

*Un microscopio económico permite una vista aumentada de la resina. Para clasificar la resina, haz varios lotes. La primera pasada debería girar entre dos y cinco minutos; la segunda pasada, de cinco a seis minutos; y la tercera, más de seis minutos. Inspecciona cada lote de resina con el microscopio. Verás cada vez más residuos en los lotes que estuvieron dando vueltas durante más tiempo.*

## Hachís extraído con agua
### Introducción

El hachís que se extrae usando agua fría es conocido como hachís al agua, hachís de Ice-O-Lator, hachís al hielo, cristal de THC, etc. Cuando es muy puro, el hachís burbujea al ser expuesto a una llama, liberando resinas volátiles; de ahí el nombre *bubble hash* (hachís de burbuja). Este efecto de ebullición hace que también se llame «hachís de fusión completa».

La extracción moderna de hachís con agua empezó con «El secreto de Sadu Sam», que fue publicado en *HASHISH!* por Robert Connell Clarke. El secreto de Sadu Sam es simple física: la resina tiene base oleosa, y el follaje del cannabis tiene base acuosa. Esta diferencia hace que resulte sencillo separarlos en una solución con agua. Las glándulas de resina, pesadas y liposolubles, no se disolverán en el agua; como son más pesadas que el agua, se hundirán. El material hidrosoluble se disuelve en el líquido, y el follaje es más ligero que el agua, lo cual hace que flote.

Un pasaje de *HASHISH!* afirma:

«El secreto de Sadu Sam implica remover unos gramos de flores pulverizadas o de polvo de resina recién cribado dentro de un contenedor alto lleno de agua fría, el cual ha de contener entre diez y veinte veces el volumen del polvo seco en agua. El agua fresca o fría es esencial porque el agua templada ablanda la resina, que tiende a adherirse, formando una masa imposible de manejar... La mezcla debe removerse vigorosamente durante varios minutos, hasta que se dispersen los grumos de polvo. Una vez que se deja de agitar, las distintas partículas que están en suspensión comienzan a separarse. Las partículas vegetales y otros restos poco pesados (como los *pelos* de las plantas) flotan en la superficie. Las glándulas de resina pequeñas e inmaduras también tienden a flotar. Las glándulas maduras de resina y cualquier residuo denso, como la arena y el polvo mineral, se hunden, asentándose en el fondo.»

Sadu Sam y Mila (Pollinator) son viejos amigos, y ambos viven en Ámsterdam, Holanda. Mila siguió jugando con el método de separación y lo refinó. En poco tiempo, combinó el proceso de tamizado en seco con el agua helada: el resultado fueron las bolsas Ice-O-Lator. Se trata de tres bolsas sumergibles de nailon con mallas de micraje progresivamente menor, las cuales están cosidas en la base de cada una de las bolsas. El cannabis limpio se desmenuza y se introduce en las bolsas sobre el agua helada. El agua se mezcla. Cuando la mixtura se asienta, las glándulas de resina pasan a través de las mallas, y el follaje y los residuos quedan retenidos en las bolsas. Se drena el agua, y lo que queda son unos buenos pedazos de hachís de alta calidad.

Bubble Man refinó el proceso añadiendo más bolsas equipadas con mallas de menor tamaño progresivamente. Ha estado añadiendo capas de filtración y, hasta la fecha de publicación de este libro, utiliza siete mallas diferentes. Se dio cuenta de que cada malla separa sedimentos únicos, algunos de los cuales contienen una pureza excepcional de THC. Este hachís es tan puro que burbujea cuando se calienta. Bubble Man popularizó la frase «Si no burbujea, no merece la pena».

Los terpenoides hidrosolubles que se encuentran en la resina del cannabis contribuyen a la fragancia y al gusto. La mayoría de estos terpenoides solubles son disueltos y lavados al extraer la resina con agua. El resultado suele ser un hachís con poco sabor y aroma.

Ahora, la elaboración de hachís es cada vez más popular. Muchos fabricantes se han subido al carro de las bolsas de extracción. El tiempo de que dispongas y tu presupuesto determinarán cuántas bolsas querrás utilizar para hacer hachís al agua.

Emplea tres bolsas y procesa la mezcla dos veces para extraer prácticamente toda la resina rica en THC. Conserva la materia vegetal húmeda de la primera extracción de hachís al agua. Congélala y procésala otra vez para sacar más resina. O puedes utilizar cinco o más bolsas en una sóla pasada y recoger distintas calidades, algunas de las cuales son muy puras.

El agua helada hace que los tricomas estén quebradizos, y la agitación desprende las cabezas. Remueve la mezcla a través de filtros para aumentar la pureza.

Emplea hojas que tengan resina visible. Usar la hoja grande y ancha o las hojas inmaduras dará como resultado un hachís decepcionante.

Utiliza un mezclador con palas. Si es posible, que las varillas de las palas sean largas para poder mezclar fácilmente y en profundidad dentro de un cubo de 20 litros. Al mezclar, puedes cubrir el cubo para evitar salpicaduras. No obstante, mover el mezclador alrededor

NO USES una batidora con cuchilla de corte para mezclar el cubo lleno de hoja, hielo y agua fría. Esta batidora cortará el follaje y estropeará las glándulas de resina.

### Resina extraída con agua

Las glándulas de resina son liposolubles y más pesadas que el agua.

Bañadas en agua fría, las glándulas de resina se separan fácilmente del follaje.

Agita la mezcla, y deja que las glándulas de resina se asienten a través de un tamiz.

Las glándulas de resina, al igual que otras pequeñas partículas pesadas, caerán traspasando la malla.

Lleva a cabo una serie de prácticas con recortes de hoja ancha antes de echar mano a tus mejores recortes.

del perímetro de la mixtura ayuda a que se mezcle bien cualquier parte seca o estancada.

## Las instrucciones del Ice-O-Lator

El Ice-O-Lator fue popularizado por Mila, la dueña de la empresa Pollinator, en Ámsterdam, Holanda. Este proceso de extracción con agua es un método simple y eficiente para extraer los cristales de resina, ricos en THC, de las plantas de cannabis. Utilizar el Ice-O-Lator es muy sencillo. A continuación, se incluye un breve repaso del proceso. Estas instrucciones han sido adaptadas de las que aparecen en el sitio web de Mila, www.pollinator.nl, donde hay mucha más información sobre la elaboración de hachís.

## Necesitarás:

- Juego de bolsas Ice-O-Lator
- Cubo de 20-25 litros con tapadera
- Mezclador de cocina - Usa uno que funcione con varillas o palas para mezclar. No utilices una batidora con cuchilla pequeña de corte
- Papel toalla
- Plato llano
- Tarjeta de plástico
- Cuchara larga para mezclar
- ± 2-5 kg de cubitos de hielo, suficiente para mantener la temperatura por debajo de 5 °C

Conserva la temperatura del agua justo por encima del punto de congelación, a 5 °C .

Añade los recortes de hoja más resinosos que tengas disponibles. Asegúrate de que el cannabis picado no contenga tallos u otras partes afiladas de la planta que pudieran dañar la malla de precisión. Prepara los cogollos abriéndolos o cortándolos en trocitos antes de introducirlos en la mezcla.

Llena el cubo con agua helada hasta 15 cm por debajo del borde. Coloca las bolsas dentro del cubo en el orden adecuado. Asegúrate de que no haya burbujas de aire atrapadas entre las bolsas o el cubo. Las bolsas se asentarán derechas hacia abajo, ajustadas una en el interior de la otra dentro del cubo. Dobla la parte superior de cada bolsa por el borde del cubo, aguántala hacia abajo y fíjala en su sitio con el cordón de ajuste y el pasador de cierre.

Ya está todo listo para echar dentro el cannabis congelado.

Puedes poner hasta 200 gr en el agua. No pongas demasiada materia vegetal en el agua porque necesita espacio para mezclarse y para que la resina se separe y caiga a través de las mallas que hay debajo. Cuando hay demasiada materia vegetal en el agua, muchas glándulas de resina se adhieren al follaje.

Añade más hielo encima de la materia vegetal. Esto ayuda a asegurar que las hojas se mojen.

Llena el cubo con más agua hasta llegar a 5 cm del borde del cubo. Deja la mezcla en remojo durante 15 minutos. Este tiempo es necesario para que la masa de follaje esté tan fría como el agua. La temperatura debería situarse alrededor de 5 ºC .

Corta dos agujeros en la tapa del cubo, un poco más grandes que las varillas del mezclador. Conecta las palas del mezclador a través de la tapadera. Coloca la tapadera sobre el cubo, y enciende el mezclador a baja velocidad. El mezclador removerá la amalgama. Mantén el mezclador en marcha y déjalo mezclando durante 15 minutos.

Retira la tapa. Utiliza una cuchara para mover hacia el centro la materia vegetal que está en el perímetro. El objetivo ahora consiste en asegurarse de que todo se mezcle uniformemente. Deja que la mezcla repose cinco minutos más. Vuelve a colocar la tapa y pon el mezclador en marcha otra vez.

Repite el proceso hasta que todas las hojas se hayan mezclado con el agua fría. A Mila le gusta mezclar durante una hora aproximadamente, de manera que toda la manicura y hojas mojadas estén flotando en la superficie del agua.

Apaga el mezclador y deja que la resina se asiente una vez más durante alrededor de 15 minutos. Retira la primera bolsa, que contiene toda la materia prima. Cierra la parte de arriba y cuélgala en un lugar donde pueda drenar fácilmente. Vacía la bolsa de los restos que haya dentro y vuélvela del revés. Deja correr el agua a través de la malla para enjuagar toda la resina que pueda haber quedado atrapada entre los poros.

¡La limpieza es de máxima importancia de principio a fin!

Todo lo que caiga en la segunda bolsa acabará en el producto final. Cuando limpies la primera bolsa, asegúrate de que los cristales no se peguen a la parte externa de la segunda bolsa. En este punto, es importante emplear agua en abundancia. Recuerda que se trata de una operación de enjuague y separación.

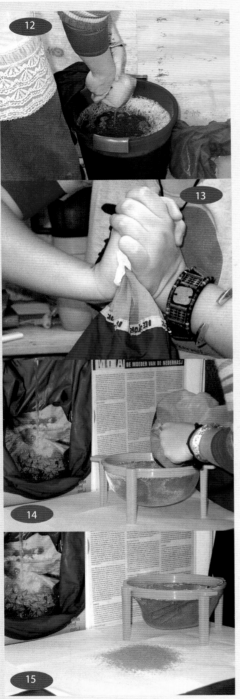

Retira la última bolsa, que tiene la malla más fina. El agua se escurrirá más despacio que de cualquier otra bolsa. Puede que tengas que sujetar la bolsa entre las manos y cernir el agua en el fondo del tamiz para terminar de evacuar el agua, ya que la pasta de hachís acumulada en el fondo tiende a bloquear la malla. ¡Esta parte es divertida! Puedes observar como la pasta de hachís va tomando forma a medida que el agua drena a través de la malla que hay en el fondo de la bolsa.

Una vez que se ha escurrido todo el agua, la cambiante mezcla semilíquida de hachís queda como flotando sobre la malla en el fondo de la bolsa. Si la pasta es verde y está llena de residuos contaminantes, enjuágala cuidadosamente con agua fría. El enjuague se llevará parte de la materia verde a través del tamiz.

Concentra el hachís mojado en el fondo del tamiz. Pliega el tamiz haciendo que se expulse más agua. Coloca un par de toallas de papel sobre el

fondo de la malla para absorber aún más humedad.

Baila por toda la habitación con los brazos en alto, sosteniendo el hachís en las manos por encima de la cabeza. ¡Acabas de hacer tu primer hachís de Ice-O-lator!

No desperdicies el agua fría; ¡comienza con otra carga! Puedes hacer hasta cinco pasadas con la misma agua fría.

Cuando hayas terminado con el agua, úsala para tus plantas. Les encantan los nutrientes.

Retira de la malla la resina medio seca y apelmazada. Ráspala con una tarjeta de plástico o con una cucharilla delgada.

Enjuaga bien todas las bolsas para eliminar la resina y otros restos. Limpia las mallas con alcohol puro al 96% para que no quede nada de resina liposoluble. Cuélgalas para que se sequen.

La humedad debe eliminarse rápidamente del polvo de resina para prevenir la aparición de moho. Rompe el hachís en trocitos pequeños y espárcelos sobre una malla o sobre una superficie dura. Me gusta la malla porque puedes empapar la humedad presionando con papel toalla por debajo de la malla.

Otra opción consiste en sacar toda la humedad mediante el prensado manual de la bola. Trabaja el polvo mojado hasta que se transforme en una bola adhesiva de hachís aceitoso.

O puedes prensar a mano hasta que tengas una bola sólida. Sigue exprimiendo y presionando, y el agua se hará visible en tus manos.

Elimina los últimos restos de humedad aplastando la bola e introduciéndola en el congelador. La congelación expande el volumen del agua, que aparecerá sobre la superficie del hachís. Simplemente, sacude la escarcha al sacar el hachís del congelador.

Cuando prensas el polvo, los cristales de resina se rompen, liberándose la sustancia oleosa. La mezcla se oscurecerá a medida que se oxida. Si las hojas están muy frescas, los cristales de resina presentarán una coloración blanca, lo cual indica una calidad muy alta.

Para más información, visita: www.pollinator.nl.

## Hachís al agua con 15 bolsas

Los chicos de T.H.Seeds, en Ámsterdam, Holanda, son expertos en hacer hachís. Ellos enseñaron e inspiraron a mi buen amigo Moño para que pusiera todo su empeño en elaborar el mejor hachís posible.

*Prepara todos tus útiles antes de empezar la extracción con agua. Una bañera y un cuarto de baño limpio conforman un entorno excelente para la elaboración de hachís al agua.*

Moño utiliza bolsas de varios fabricantes para separar más calidades distintas de hachís. ¡Moño emplea 15 bolsas diferentes y extrae más resina que nadie! El trabajo de Moño es tan impresionante que decidimos describir aquí su proceso de extracción.

Cuantos más cedazos haya en el agua, más calidades distintas de resina de cannabis se separan. Las cabezas de resina tienen tamaños desiguales, y acaban depositándose en un tamiz después de caer a través de poros de distinto tamaño. Puedes separar diversos tamaños de glándulas de resina con tamices secos o mojados de tamaño diferente.

Separa el hachís con tamices progresivamente más pequeños para que las mallas de menor tamaño no se atasquen con el hachís mojado.

Moño dispone de un juego completo de bolsas de separación producidas por varios fabricantes. Su laboratorio está instalado en el cuarto de baño, con la bañera como centro de atención. Mantiene limpio el *laboratorio* con un mango de ducha conectado a un tubo flexible. Aquí está la disposición de bolsas que utiliza para separar el hachís de la materia prima.

La *bolsa de trabajo* es la que contiene el grueso de la hoja sin resina, ya procesada. La bolsa de trabajo suele drenarse y dejarse aparte para que los restos que hay dentro puedan usarse o desecharse a voluntad.

A Moño le gustan las bolsas rígidas. Funcionan mejor porque su forma se mantiene dentro del cubo y resultan más fáciles de usar cuando una sóla persona hace el hachís.

El proceso se lleva a cabo en dos pasos. Primero, Moño lava y separa las glándulas de resina del follaje de marihuana utilizando seis mallas. Este proceso elimina prácticamente todo el follaje y los contaminantes.

El agua cargada de hachís que queda tras pasar por las seis bolsas se separa de nuevo, filtrándose a través de nueve bolsas más. El hachís resultante es muy limpio.

**Instrucciones para un kit de 15 bolsas.** El proceso básico es el mismo para cada bolsa. Puedes añadir más o usar menos bolsas. Asegúrate de tenerlo todo preparado antes de empezar. No tendrás tiempo para buscar aquello que necesites una vez iniciado este proceso.

## Necesitarás:

- Bolsas con mallas de serigrafía
- Cubo de 20-25 litros con tapadera
- Mezclador de cocina - Usa uno que funcione con varillas o palas para mezclar. No utilices una batidora con cuchilla pequeña de corte
- Papel toalla
- Plato llano
- Tarjeta de plástico
- Cuchara larga para mezclar
- ± 2-5 kg de cubitos de hielo, suficiente para mantener la temperatura por debajo de 5 ºC

Asegúrate de tener hielo en abundancia, y no añadas demasiada agua fría antes de añadir bastante hielo. Conserva el hielo mezclado con agua muy fría para hacer que dure más.

## Empieza la primera vuelta

Antes de comenzar, acuérdate de limpiar cada bolsa y enjuagarla con agua abundante. Este poco más de tiempo de limpieza impedirá que la resina acaramelada y los residuos atasquen los tamices, y evitará el laborioso fregado (con alcohol) posterior. Tiende las bolsas para que se sequen. Para evitar hongos, asegúrate de que las bolsas estén completamente secas antes de guardarlas.

## Termina la primera vuelta
## Empieza la segunda vuelta

### Mezcla y separa de nuevo

*Utiliza recortes de cogollo congelados frescos. Puedes usar hojas grandes, pero tienen poca resina.*

*Llena las bolsas hasta la mitad como mínimo, y por encima del nivel de las mallas. Las mallas deben estar cubiertas de agua antes de introducir la materia vegetal.*

*Vierte el agua fría con el hielo.*

Añade la materia vegetal.

El cannabis flotará, y tardará un poco en absorber el agua.

Añade hielo y un poco más de agua fría para que la temperatura baje a 5 ºC aproximadamente.

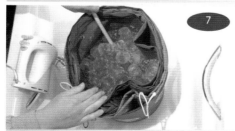

Utiliza una cuchara grande o una paleta para remover y hundir el cannabis hasta que esté mojado. Continúa removiendo la mezcla a mano hasta que esté completamente empapada de agua.

Frota entre las manos las hojas frías y mojadas para hacer que se desprendan las glándulas de resina en el

Bate con el mezclador durante 15-20 minutos. No permitas que el motor del mezclador o el cableado eléctrico toquen el agua. Podrían darte el susto de tu vida.

Enjuaga las varillas con agua fría de forma periódica.

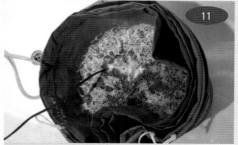

Deja que la mezcla repose durante 15-20 minutos para permitir que la resina se asiente a través de las mallas.

Si se forma espuma, rocía con agua para eliminarla y poder ver lo que estás haciendo, así como para evitar que la espuma deposite resina y restos sobre las bolsas.

Rocía la espuma con agua para deshacer las burbujas.

Saca la bolsa de trabajo con cuidado para evitar que la materia restante caiga en la siguiente bolsa.

Retira la primera bolsa; la llamamos bolsa de trabajo porque contiene el grueso de la materia vegetal. Puedes compostar su contenido o congelar el material para separarlo otra vez.

Conserva la hoja mojada. Guárdala en una bolsa y congélala. Si el material es bueno, puedes hacer otra extracción.

*Rocía y enjuaga la espuma y los residuos del hachís*

*Una vez drenada, coloca la malla sobre toallas de papel absorbente y bayetas antes de retirar el hachís mojado con una cuchara o con una tarjeta de plástico.*

Ha llegado el momento de la segunda vuelta. La segunda vuelta se hace igual que la primera, ¡excepto que no hay follaje con el que bregar!

Aquí están los resultados. Empezamos con 100 gramos de hoja bastante buena de una variedad de White Widow. Empleamos la extracción con agua y 15 bolsas para separar la resina y la materia vegetal. En las páginas siguientes, se encuentran las fotografías de la resina extraída en las bolsas de 150, 120, 104, 73, 66, 45, 43 y 25 μ, y la resina seca junto al peso en seco de cada una. Hallamos que todos los extractos eran fumables, aunque acordes a su calidad. Las bolsas con mallas de 45,

*Puede verse el agua verdosa llena de glándulas de resina de color dorado.*

*El agua del fondo del cubo está cargada de resina pura. La resina que hay en esta agua será separada en la segunda vuelta.*

# MARIHUANA: horticultura del cannabis

43 y 25 µ tenían una fumada buena, pero no la mejor. Los hachís que fueron separados con los tamices de 120, 104, 73 y 66 µ eran los mejores tanto en cantidad como en calidad.

**Primera vuelta**
1. 220 µ   Bolsa de trabajo
2. 220 µ   0,1 gr
3. 190 µ   0,1 gr
4. 190 µ   0,0 gr

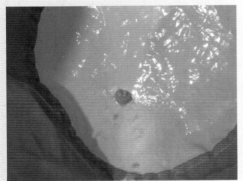

*Bolsa de 150 µ = 0,7 gm*

*Bolsa de 150 µ = 0,7 gm*

5. 160 µ   0,4 gr
6. 160 µ   0,1 gr

**Segunda vuelta**
7. 160 µ    0,4 gr
8. 150 µ    0,7 gr
9. 120 µ    1,9 gr
10. 104 µ   3,1 gr
11. 73 µ    1,9 gr
12. 66 µ    1,5 gr
13. 45 µ    0,3 gr
14. 43 µ    0,7 gr
15. 25 µ    0,4 gr
Total       11,6 gr

Deposita el hachís por separado en una malla de serigrafía. Presiónalo suavemente por encima mientras mantienes una toalla de papel debajo de la malla para que absorba el exceso de humedad.

Observa la línea del agua dentro del cubo. Verás una capa fina y brillante de aceite o contaminantes ahí o flotando en la superficie del agua si el follaje contiene residuos.

No exprimas el hachís mojado dentro de las bolsas. Es demasiado pronto.

*Bolsa de 120 µ = 1,9 gm*

*Bolsa de 120 µ = 1,9 gm*

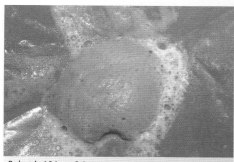

*Bolsa de 104 μ = 3,1 gm*

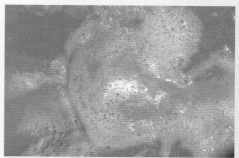

*Bolsa de 66 μ = 1,5 gm*

*Bolsa de 104 μ = 3,1 gm*

*Bolsa de 66 μ = 1,5 gm*

*Bolsa de 73 μ = 1,9 gm*

*Bolsa de 45 μ = 0,3 gm*

*Bolsa de 73 μ = 1,9 gm*

*Bolsa de 45 μ = 0,3 gm*

Bolsa de 43 μ = 0,7 gm

Bolsa de 43 μ = 0,7 gm

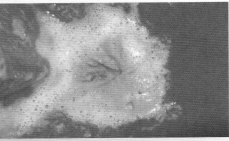

Bolsa de 25 μ = 0,4 gm

Bolsa de 25 μ = 0,4 gm

Espera hasta que el hachís esté seco antes de prensarlo, así las glándulas de resina no se estropearán ni se dañarán.

Esta sinopsis está adaptada de los mensajes de Bubble Man en www.overgrow.com.

1. Bolsa de 25 μ - llena de fusión completa *sativa* con mucha frecuencia y físicamente la bolsa más pequeña

2. Bolsa de 45 μ - buen hachís cerebral – consistente y de color entre amarillento y blanco muy a menudo

3. Bolsa de 73 μ - fusión completa a tope

4. Bolsa de 120 μ - buena burbuja

5. Bolsa de 160 μ - mejor para las glándulas *indica* de cabeza grande. Los residuos también pueden asentarse aquí

6. Bolsa de 190 μ - retiene la mayoría de los residuos grandes en el proceso de asentamiento

7. Bolsa de 220 μ - es el primer filtro, donde se queda el grueso del material

### Hachís de lavadora

En un reciente viaje a la región tropical de Colombia, pude registrar cómo unos amigos y cultivadores expertos elaboraban hachís en gran cantidad. Aprendieron esta tecnología de Mila. Esta información

El color del agua debería ser verde claro, lo cual significa que todo el hachís y las impurezas han sido retirados. El agua sucia contiene más contaminantes.

*Aquí están las distintas calidades de hachís que salieron de 14 bolsas en dos pasadas. El hachís etiquetado con letras negras es de la primera pasada. Los números rojos indican que provienen de la segunda pasada.*

*Guardamos el resultado de la primera pasada en viales separados; cada uno está etiquetado con el tamaño en micras (µ) que se usó para realizar la extracción con agua.*

Una vez prensado rápidamente a mano, el hachís está listo para ser fumado. Lo pusimos en un bong *sobre una rejilla de acero inoxidable.*

Veamos qué pasa con esta diminuta porción de hachís fresco cuando acercamos una llama.

¡Ahí está! Burbujea, lo que significa que es muy puro.

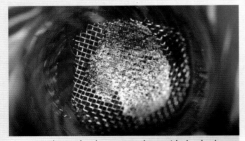

La segunda prueba de pureza es la cantidad y el color de la ceniza tras la combustión. Blanco limpio y puro.

es muy útil para procesar la manicura que queda tras la cosecha. Utilizar una lavadora diseñada para uso diario ahorrará horas de trabajo. Siguiendo todos los pasos de este sencillo proceso y prestando atención a la temperatura del agua, se extraerán todos los cannabinoides restantes de las hojas.

La mejor opción consiste en adquirir las bolsas apropiadas, que han sido probadas. Mila y otros fabricantes producen bolsas diferentes para cultivos de exterior y de interior. Las plantas que se cultivan al aire libre tienen cabezas de resina más pequeñas que las plantas cultivadas en interior, y requieren una bolsa con malla de menor tamaño para recoger la resina.

La lavadora, llena de agua fría, se utiliza para agitar la hoja y las glándulas, que se encuentran dentro de una bolsa Ice-O-Lator hecha de malla de serigrafía y con cremallera. Este procedimiento separa las glándulas de resina del material verde y hojoso. Una vez separadas,

Utiliza una lavadora diseñada para uso intensivo.

Llena de recortes la bolsa Ice-O-Lator con cremallera y colócala en la lavadora con agua fría y hielo.

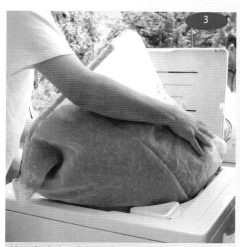

Meter las bolsas de hojas frías dentro de la lavadora requiere un poco de paciencia.

Asegúrate de incluir suficiente hielo para que la mezcla se mantenga por debajo de 5 ºC.

Pon en marcha la lavadora y deja que se agite durante 12 minutos para que suelte y separe las glándulas de resina del follaje.

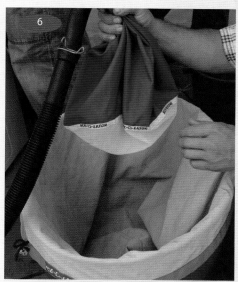

Drena el agua cargada de hachís y cuélala a través de la bolsa Ice-O-Lator.

Retira del contenedor la bolsa Ice-O-Lator grande.

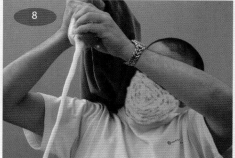

Exprime el exceso de agua de la bolsa Ice-O-Lator grande.

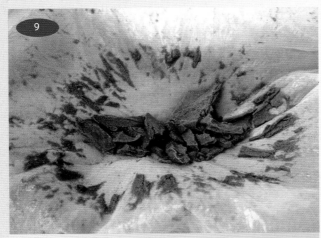

*Seca la resina húmeda.*

*La resina seca.*

*Una vez seca, los fabricantes colombianos de hachís enrollaron y prensaron la resina en una hermosa bola.*

las glándulas de resina traspasan el tamiz y caen en el agua de la lavadora. La materia vegetal permanece dentro de la bolsa. El agua cargada de hachís se evacua de la lavadora mediante la manguera de desagüe, y la resina se separa del agua en un proceso de filtración simple.

La máquina se llena de hielo y agua muy fría. El agua fría se usa para mantener intactas las glándulas de resina y para facilitar su separación de la hoja. El principio es simple. La resina tiene una base oleosa y la hoja tiene una base acuosa.

Primero, los colombianos introducen dos bolsas de papel con 500 gramos de hoja en el congelador y las dejan durante una hora y media. La baja temperatura hace que las hojas estén quebradizas, lo cual permite que se separen fácilmente de las glándulas de resina.

A continuación, las dos bolsas, con medio kilo de hojas frías cada una, se descargan en sendas bolsas Ice-O-Lator con cremallera. El tambor de la lavadora se llena con agua muy fría. Se añaden al agua trozos de hielo del tamaño de un puño hasta que se alcanza la temperatura deseada de 5 ºC.

Las dos bolsas Ice-O-Lator con cremallera se introducen en el tambor y se pone en marcha la lavadora para que agite el contenido durante 10-12 minutos. Se emplean dos bolsas para mantener equilibrada la máquina. A medida que la máquina agita las bolsas, las glándulas de resina se deslizan en el agua a través de la malla de las bolsas.

El siguiente paso es evacuar

el agua cargada de resina por el desagüe. El agua de drenaje se criba mediante una bolsa Ice-O-Lator para eliminar cualquier resto de hojas. El agua se recoge en una bolsa de mayor tamaño, la cual está colocada en un contenedor grande. Una vez que se ha evacuado todo el agua, levantan la bolsa grande del contenedor. El agua *limpia* fluye fuera del tamiz que hay en el fondo de la bolsa grande, y la resina húmeda se queda dentro de la bolsa grande. Exprimen a mano los restos de agua de la bolsa Ice-O-Lator grande y el hachís resultante se pone a secar sin prensarlo. Cada kilo de hojas rinde 30-40 gramos de resina seca. En una sóla jornada de 14 horas, pueden procesar 100 kilos de hoja, transformándolos en tres kilos de resina de calidad que, más tarde, se prensa en forma de hachís.

### Extracción de resina para cocinar

La mantequilla y el aceite de cannabis son sencillos de preparar. Se tarda un poco en su elaboración, pero pueden procesarse grandes lotes y conservarlos en el frigorífico o en el congelador.

Los cannabinoides psicoactivos se disuelven en mantequilla, aceite de cocina o alcohol (véase «Tinturas» a continuación). Disolver la resina en mantequilla, aceite o alcohol hace que el organismo pueda absorberla. La mantequilla de cannabis contiene alrededor del 80% de los cannabinoides que había en el follaje original que se utilizó para elaborarla.

Calienta 1,5 litros de agua en una olla grande en el fuego de la cocina. Añade 112 gramos de hojas de marihuana, medio kilo de mantequilla (o margarina), y remueve.

Lleva el líquido a ebullición. Pon la tapadera sobre la cacerola y deja que cueza durante dos horas a fuego lento, removiendo de vez en cuando.

Cuela la mezcla con un escurridor, recogiendo el líquido debajo. Presiona el follaje empapado para aprovechar todo el líquido.

Vierte 0,5 litros de agua hirviendo sobre la hoja húmeda para extraer la mantequilla restante. Prensa las hojas para que salga todo el líquido posible.

Deja que la mezcla repose y se enfríe. En una o dos horas, la mezcla se separará -el agua se irá al fondo y la mantequilla de cannabis quedará arriba-. Puedes acelerar el proceso si pones la mezcla caliente en el frigorífico.

Vierte el agua y deshazte de ella mientras retienes la mantequilla de cannabis.

Emplea la mantequilla en cualquier receta que requiera mantequilla. Utiliza porciones pequeñas hasta que te familiarices con la dosificación y sus efectos. Ten cuidado al consumirla; ¡la mantequilla es bastante potente!

El aceite vegetal de cannabis se elabora de forma muy parecida a la mantequilla de cannabis.

Primero, sustituye la mantequilla por un litro de aceite vegetal.

Calienta 1,5 litros de agua en una cacerola grande sobre el fuego de la cocina. Añade 112 gramos de hoja de marihuana, un litro de aceite vegetal, y remuévelo todo.

Lleva el líquido a ebullición. Pon la tapadera sobre la cacerola y deja que cueza durante dos horas a fuego lento, removiendo de vez en cuando.

Cuela la mezcla con un escurridor, recogiendo el líquido debajo. Presiona el follaje empapado para aprovechar todo el líquido.

Vierte 0,5 litros de agua hirviendo sobre la hoja húmeda para extraer el aceite restante. Prensa las hojas para que salga todo el líquido posible.

Deja que la mezcla repose y se enfríe. En una o dos horas, la mezcla se separará. Una vez que esté completamente separada, pon la mezcla en el congelador. El agua se congelará en 4-6 horas. Vierte el aceite de cannabis. Si estás usando aceite de oliva o de cacahuete, se coagulará en el congelador y no podrá verterse. Utiliza una espátula para raspar el aceite del agua.

El aceite se licuará a temperatura ambiente. Se conserva alrededor de un mes a temperatura ambiente. Guárdalo en el congelador para poder conservarlo durante más tiempo.

Emplea el aceite de cannabis en la recetas como harías con cualquier aceite vegetal.

### Tinturas de cannabis

Utiliza licor como solvente para disolver las glándulas de resina en una potente poción de cannabis. Puedes usar cualquier licor, pero cuanto mayor sea el porcentaje de alcohol, o graduación, más rápido y eficiente será el proceso. Puedes dejar que los vapores etílicos se esfumen para que la tintura no contenga alcohol prácticamente.

*El aceite de cannabis bien hecho es extremadamente potente, registrando a menudo más del 70% de THC.*

Si prefieres una bebida alcohólica con sabor, emplea Kahlua, Cointreau, Galliano, etc. Sólo recuerda que los licores contienen un porcentaje menor de alcohol, así que el proceso de extracción tardará más.

Enjuaga 112 gramos de hoja limpia de cannabis en dos litros más o menos de agua templada (32 ºC ). Remueve el agua con las hojas para que se mezclen bien y que la hoja se empape. Conservar las hojas enteras hace que resulte más fácil trabajar con ellas. Cuela las hojas en un escurridor, dejando que el agua verdosa drene en un recipiente. Este paso eliminará gran parte de la clorofila.

Pon el follaje húmedo en un bol y cúbrelo con un litro de alcohol de 80º a tu elección. Remueve el combinado hasta que el alcohol y el follaje estén bien mezclados. Asegúrate de que el alcohol cubra todo el follaje. Pon una tapadera sobre el bol para que el alcohol no pueda evaporarse, y deja que la mezcla macere durante 48 horas.

Retira la tapadera del bol, y deja que la mezcla repose descubierta durante 12 horas más, hasta que se haya evaporado la mitad del alcohol aproximadamente.

Remueve la mezcla de nuevo para que esté bien ligada, y pásala a un recipiente a través de un filtro de café. Utiliza el filtro de café para escurrir todo el líquido de las hojas.

Vierte de nuevo el alcohol sobre las hojas, y escurre el líquido.

Tendrás alrededor de dos tazas de tintura concentrada de cannabis lista para su uso. O puedes hervir la mixtura para concentrarla aún más. La tintura tendrá el 60% o más del THC contenido en los 112 gr de materia prima.

La tintura puede añadirse a las recetas en lugar de otros líquidos como agua, vino, etc.

Guarda las tinturas concentradas en un lugar fresco y oscuro para evitar su degradación prematura. El calor y la luz degradan las tinturas rápidamente. Utiliza la tintura en un plazo de uno a tres meses.

Ten mucho cuidado cuando bebas la tintura; ¡es potente! El zumbido es similar al que se obtiene cuando el cannabis se come, pero llega en menos tiempo.

Ésta es una versión abreviada sobre la extracción de cannabis con mantequilla, aceite y alcohol. Para una información más completa, consulta *La Cocina De La Marihuana*, por Tom Flowers, Virus Editorial.

## Aceite de hachís o de cannabis

El aceite de hachís es un concentrado de hachís o de marihuana (aceite de cannabis) que ha sido disuelto en sucios disolventes a base de hidrocarbono, como el éter y el alcohol, para extraer el THC. Frecuentemente, el aceite de hachís y de cannabis retiene residuos de los disolventes utilizados para extraer el THC. Estos residuos suponen un riesgo para la salud. Los aceites pueden ser muy concentrados y potentes.

El aceite de miel se hizo popular en Norteamérica a principios de la década de 1970. El aceite era de un color ámbar dorado translúcido. Cuando se calentaba, el aceite se licuaba, dejando de tener una consistencia dura, parecida a las pastillas de café. Los aceites de cannabis normalmente son de color oscuro porque contienen clorofila y otros contaminantes. Filtrar el aceite a través de carbón eliminará prácticamente todas las impurezas.

El aceite de hachís nunca llegó a ser demasiado popular porque es incómodo de fumar y muchos usuarios no quieren estar expuestos a los riesgos para la salud que están asociados con los disolventes empleados durante el proceso. Hay muchas formas seguras de separar del follaje las glándulas ricas en THC.

El aceite puede untarse en el papel de los porros, cigarrillos, rejillas para pipas, cuchillos calientes, etc. Un método popular para inhalarlo consiste en fumarlo en pipa de aceite, que consiste en un tubo con una burbuja de cristal en uno de los extremos. Se deposita un poco de aceite dentro de la burbuja de vidrio. Cuando se aplica calor, el THC se vaporiza y es inhalado a través del tubo.

### Extracción con disolventes volátiles

No recomendamos la extracción con disolventes volátiles porque requiere el uso de solventes químicos peligrosos, como puede ser el alcohol isopropílico, el alcohol etílico y el gas blanco.

El cannabis se empapa en el disolvente, y el disolvente se elimina por evaporación. El residuo resultante es un sedimento que contiene clorofila, ceras vegetales, restos varios y cannabinoides.

La isomerización es un proceso químico para extraer la resina que fue muy popular en la década de 1970 y a principios de los 80. El procedimiento ha caído en desuso debido a los disolventes fuertes y peligrosos -gas blanco, ácido sulfúrico, ácido hidroclorhídrico, etc.- que se usan durante el proceso.

El aceite de cannabis con butano se elabora haciendo pasar gas butano a través de cannabis picado. El butano disuelve el THC y lo transporta hasta un punto de drenaje, donde es recogido. El butano capturado contiene THC. El butano se evapora dejando el recipiente donde se ha recogido dentro de una cacerola con agua templada. Una vez que el butano se ha disipado por completo, el aceite residual color miel se raspa del fondo del recipiente.

La elaboración de aceite de hachís con butano es peligrosa, ya que el proceso implica usar una buena cantidad de butano en un contenedor abierto. Los vapores son tóxicos y una llama pequeña o una chispa podría hacer que el butano explotara. Aquellos que elaboran aceite de hachís con butano deberían hacerlo en un lugar bien ventilado o al aire libre.

La jalea de hachís (*jelly hash*) es una combinación de hachís de alta calidad y aceite de cannabis elaborado mediante una extracción con butano. La receta típica contiene ocho partes de hachís y una parte de aceite de cannabis (o aceite de hachís), habitualmente extraído con butano. Aunque es muy fuerte, la jalea oscura de hachís tiene una consistencia característica, pegajosa y aceitosa, que la hace difícil de manejar.

Puedes encontrar más información acerca de estos procesos en libros como *Cannabis alquimicum*, por R. B. Sancho, Editorial Phantastica, 2001; *Marijuana Chemistry: Genetics, Processing & Potency*, por Michael Starks, Ronin Press; y *Cannabis Alchemy: The Art of Modern Hashmaking: Methods for Preparation of Extremely Potent Cannabis Products*, por D. Gold, Ronin Press; y, por supuesto, en sitios web como www. solocannabis.com y www.cannabiscafe.net.

## Prensado del hachís
### Introducción

Una vez recogido, el polvo de resina suele prensarse para facilitar su manejo y conservación. El polvo de resina en crudo es incómodo de manejar. Se desparrama fácilmente, al igual que puede volarse y contaminarse con polvo y suciedad. El polvo de resina también es más dificultoso de fumar, especialmente si no hay rejillas disponibles. Una vez prensada en una pieza de hachís, la resina es fácil de manejar, almacenar, transportar y consumir. Un prensado correcto es esencial para el almacenamiento y para ralentizar la descomposición.

El prensado rotura las glándulas de resina y calienta la resina, haciendo que muchos terpenoides aromáticos volátiles liberen sus aromas y sabores.

Puedes prensar el polvo de resina a mano o con ayuda mecánica. Puedes elegir entre aplicar calor y añadir una o dos gotas de agua o de alcohol mientras prensas para hacer que el hachís de menor pureza se adhiera formando un bloque.

Las prensas mecánicas deben ser precisas y alinearse bien para que el hachís prensado no se salga de las juntas. Al prensar la resina, el calor y la fricción provocan que la capa externa del hachís prensado se oxide y se vuelva más oscuro que el interior. De hecho, el exterior del hachís puede ser oscuro mientras que el interior puede ser rubio y estar repleto de glándulas cremosas de resina.

Asegúrate de prensar previamente el hachís extraído con agua en un trozo de celofán para contenerlo y ayudar

*Saca del tubo unos terroncitos de hachís al agua.*

*Agrupa la resina y trabájala en la palma de la mano, prensándola con el pulgar.*

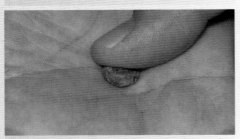

*Continúa amasando la resina en las manos hasta que adquiera una forma sólida.*

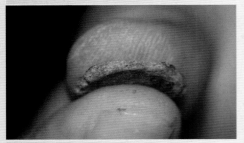

*Prensa la resina en forma de oblea. Observa este polvo de resina comprimido. Puede verse cómo relucen las glándulas.*

a deshacerse del agua. El celofán le dará un aspecto brillante a la superficie del hachís prensado.

## Prensado de cantidades pequeñas de hachís

Mediante el prensado manual, puedes experimentar la transformación del polvo de resina en tu propia pieza de hachís, denso y fragante.

Para prensar a mano, reúne entre uno y cuatro gramos de polvo de resina en la palma de la mano y aplica presión sobre el polvo, trabajándolo entre las palmas de las manos. Presiona también con el pulgar en la palma de la mano llena de polvo de resina para trabajarlo en una pieza de hachís. Continúa con este proceso durante 10-30 minutos, hasta que la pieza de hachís esté completamente unida y sea maleable. Se generará un calor que ayudará a romper y ligar las glándulas de resina. El polvo de resina relativamente puro se amasa más rápidamente que los polvos de resina que contienen impurezas y son menos potentes. Sin embargo, un poco de materia vegetal y restos le dan al hachís distintos sabores y más cuerpo.

El polvo de resina potente tiene un color entre blanco cremoso y dorado. Prensar el polvo para unirlo y trabajarlo en las manos rompe y oxida las glándulas de resina, lo cual hace que la masa se vuelva más oscura.

## Prensado con botellas

Prensa pequeñas cantidades de polvo de resina entre celofán para formar una tortita. Llena de agua templada una botella cilíndrica y utilízala a modo de rodillo para prensar la torta de hachís.

*Prensada en forma de oblea, ahora esta pieza de hachís será fácil de fumar y arderá de manera uniforme.*

## Hachís de zapato

Prensa pequeñas cantidades de hachís envolviendo el polvo de resina en celofán y colocándolo dentro de los zapatos, debajo del talón. Llévalo durante una hora más o menos, haciendo lo que harías normalmente. Quítate el zapato y ahí lo tienes, hachís fresco.

Puedes usar una máquina plastificadora -de las que se emplean para laminar las fotos y los documentos entre dos hojas de plástico- para prensar tu hachís. Simplemente, espolvorea el mejor polvo de resina que tengas sobre un trozo de celofán. Coloca otro trozo de celofán encima. Estíralo con una botella llena de agua caliente para que adopte una forma preliminar y para que sea fácil de trabajar. Retira el celofán de la pieza de hachís; trátalo como harías con un documento y plastifícalo. Si tu laminadora te permite controlar el nivel de temperatura, ¡estupendo! Ahora sí que estás listo para empaquetar hachís de cara a los días lluviosos.

## Prensado mecánico

Introduce el polvo de resina en una bolsa de plástico o en un envoltorio de celofán para contenerlo durante el prensado. Todo el polvo que haya dentro del envoltorio será prensado en un ladrillo o placa de hachís. Abre algunos agujeros pequeños en la bolsa antes de prensar para permitir que el aire atrapado pueda escapar. La bolsa se coloca en un molde de acero de uso intensivo, y la presión se aplica con un gato hidráulico. Los gatos hidráulicos tienen una capacidad de 10-20 toneladas y están montados en marcos de acero de alta resistencia, los cuales suelen contener un molde de 100 gramos.

La presión ejercida para formar un bloque compacto está en función del volumen de contaminantes que haya en el polvo. Cuanto más puro sea el polvo de resina, menos presión se requiere para que forme un bloque.

Si tu hachís fue extraído con agua, asegúrate de que esté totalmente seco antes de prensarlo para evitar el moho.

El hachís al agua no reacciona como el hachís cribado al prensarlo. La resina ha sido combinada de manera distinta al polvo seco.

Prensar la resina cuando está húmeda hará que la humedad quede atrapada dentro del hachís. El hachís no se secará por completo, y no cuajará bien. Mantendrá una consistencia polvorienta.

*Tres gramos de polvo de resina tamizado en seco que están listos para ser prensados.*

*Cubre la resina con celofán y llena una botella de vino con agua caliente.*

*Haz rodar la botella de vino sobre el polvo seco de resina envuelto en celofán.*

*Esta pequeña oblea de «polen» prensado puede trocearse y vaporizarse o fumarse en una pipa.*

El polvo de resina tamizado en seco se prensa fácilmente y permanece unido con poca presión cuando es relativamente puro. Si está adulterado con impurezas, será necesario aplicar calor y más presión para prensarlo en un bloque.

*Envuelve un gramo o dos de resina en un poco de celofán. Colócalo en el talón de tu zapato para prensarlo en forma de hachís de zapato.*

Añade un poco de calor al hachís que contiene impurezas y es difícil de prensar. El calor ayudará a que la masa tome forma, de manera que no resulte necesaria una presión excesiva para que las placas se mantengan unidas. Pero no calientes demasiado la resina o quedará dañada. No olvides que el prensado también aumenta el calor.

También puedes añadir una gota de alcohol en forma de brandy, whisky, bourbon, ron, etc. Los licores de contenido más alto en alcohol son preferibles. El alcohol hace que las glándulas se unan. Añade sólo una gota cada vez; el alcohol tarda unos minutos en penetrar completamente y actuar. ¡Ten cuidado, añade sólo un poco!

## Martilleo

Martillear el hachís es un método popular de prensado en Marruecos, pero nada común en Australia, Nueva Zelanda, Europa y Norteamérica. El martilleo revienta las glándulas y hace que se mezclen en una masa cohesiva. A menudo, las glándulas de resina se martillean antes de ser prensadas hidráulicamente en placas.

Para martillear el hachís, pon polvo de resina dentro de una bolsa de plástico que sea muy resistente. Coloca la bolsa sobre un banco de madera, un tocón, un tablón, etc. Sitúa un trozo de madera contrachapada encima de la bolsa. Golpea repetidamente el contrachapado con un martillo hasta que el polvo de resina forme una torta cohesiva. Retira el hachís de la bolsa y pliégalo una o dos veces para hacerlo más pequeño y grueso. Repite el proceso de martilleo y plegado hasta que las glándulas de resina se transformen en un trozo pegajoso de hachís. Aplica un poco de calor si el hachís tarda en formarse.

## Conservación del hachís

Asegúrate de que el hachís está seco antes de guardarlo. El hachís húmedo contrae hongos fácilmente y se descompone rápido. La descomposición reduce los niveles de THC. Si

*Este ladrillo de 100 gramos de hachís prensado muestra oxidación sobre la superficie y en la parte cercana a ésta.*

haces hachís empleando hielo y agua, asegúrate de secarlo bien. Puedes llevar a cabo el secado prensando el hachís al agua en una tortita plana, que tiene mucha superficie. Deja la torta al aire en una habitación seca durante unos días para que se seque por completo. Cubre el hachís con papel toalla para que el polvo no lo contamine. Si elaboras el hachís con un método en seco, como el tamizado, no tendrías que tomar ninguna precaución añadida antes de guardarlo, a menos que trabajes en un clima húmedo.

*Las pequeñas prensas de mano producen unas galletitas estupendas de hachís.*

Mi manera favorita de conservar el hachís al agua de alta calidad es dejándolo en un tubo de vidrio. De esta forma, toda la resina permanece intacta hasta su consumo. Cuando vayas a fumarlo, deberías prensarlo un poco para que arda de manera uniforme.

Guarda el hachís en un lugar fresco, oscuro y seco. Consérvalo en un contenedor hermético con un paquete de cristales de sílice. También puedes dejar el hachís en el congelador para almacenarlo a largo plazo.

Para llevar a cabo un recorrido completo por la historia y los métodos detallados de producción, consulta *HASHISH!*, por Robert Connell Clarke, Red Eye Press, 1998, www.fsbookco.com. Si quieres hacer el mejor hachís, este libro es el trampolín hacia los procesos avanzados.

Para conocer los métodos actuales de producción de hachís, así como para tener

acceso a discusiones y a una interacción estimulante, visita el foro sobre hachís y aceite en www.solocannabis.com.

*El hachís de alta calidad puede dejarse intacto para disfrutarlo con la máxima frescura, prensando a mano cada porción justo antes de consumirla.*

Este hermoso hachís marroquí es una masa de glándulas de resina doradas y cremosas.

El brillo satinado de esta pieza de hachís marroquí es el resultado de la oxidación y de haber estado envuelto en celofán.

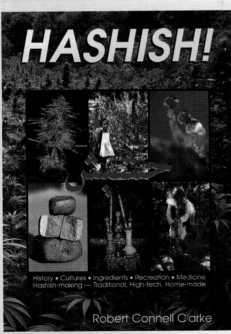

# HASHISH!

History • Cultures • Ingredients • Recreation • Medicine
Hashish-making --- Traditional, High-tech, Home-made

Robert Connell Clarke

¡HACHÍS! es el absoluto mejor libro escrito sobre el tema.

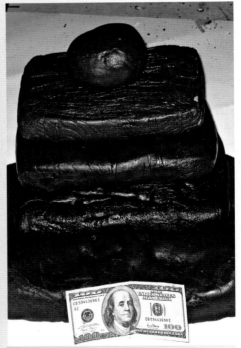

Los kilos de hachís como esto son extraído a razón de 10 gramos (0.35 onz.) de hachís por 100 gramos (3.5 onz.) de hojas buenas.

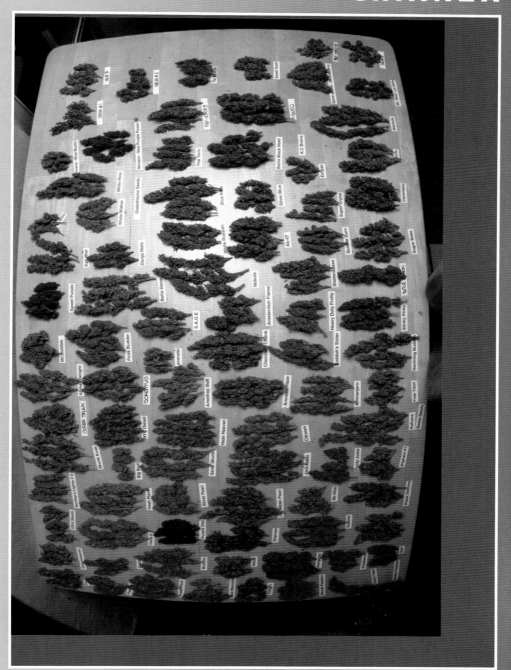

Noventa variedades distintas procedentes de Holanda fueron cultivadas en un programa colombiano de crianza.

Chimera, propietario de Chimera seeds.

*Los esquejes o clones tomados del mismo parental y cultivados en las mismas condiciones son idénticos.*

*Las plantas macho desarrollan flores que consisten en sacos de polen.*

## Introducción

*Chimera es, sin duda, una de las personas más dedicadas y mejor informadas que trabaja con cannabis hoy en día; aporta una pasión a la crianza e investigación del cannabis que rara vez puede verse en la industria. Fundador de Chimera Seeds, ha producido algunas variedades excelentes de cannabis, incluyendo C4, Frostbite, Calizahr y Schnazzleberry.*

*Chimera es un individuo bien instruido que, durante años, ha intentado comprender el cannabis y cómo funciona éste en el cerebro. Este camino le ha llevado a cursar estudios de Neurociencia y a realizar investigaciones de posgrado en el campo de la biotecnología y las ciencias de las plantas. Trabaja con los últimos avances de la investigación sobre el cannabis y, ciertamente, está llamado a contribuir en los años venideros con muchas ideas y tecnologías nuevas referentes al cannabis.*

*Me complace mucho presentar la contribución de Chimera a este libro en el tratamiento de este capítulo sobre crianza, ya que acaba con el misterio que envuelve la crianza y realiza un gran trabajo de simplificación en una materia muy compleja. Gracias, Chimera, por tus aportaciones. www.chimeraseeds.co.uk.*

*- Jorge Cervantes*

Este capítulo explica los procesos biológicos básicos de la propagación sexual del cannabis y la formación de una nueva generación de semillas. Armado con la información que aparece en este capítulo, cualquier cultivador será capaz de diseñar e iniciar un programa rudimentario de crianza y podrá crear nuevas generaciones de semillas para un uso posterior. Estas poblaciones nuevas componen un fondo de material genético del cual pueden seleccionarse plantas superiores de manera individual para su producción (material de clonación), o para usarlas en programas de crianza. Resulta difícil, para los pequeños cultivadores, criar variedades que sean mejores que las que están disponibles a través de las empresas de semillas premiadas; no obstante, para los muchos cultivadores faltos de semillas que residen en sociedades prohibitivas, hacer semillas para un uso posterior suele ser una necesidad.

El cannabis puede reproducirse de forma asexual o sexual. La propagación asexual se conoce más comúnmente como sacar esquejes o clonar. Las ramas o brotes de crecimiento se retiran de las plantas donantes elegidas y son inducidas a formar raíces en un medio aparte; estos esquejes enraizados luego son empleados para plantar un cultivo uniforme de individuos genéticamente idénticos. La mayoría de los cultivadores comerciales y muchos aficionados propagan sus cultivos asexualmente para asegurar la uniformidad del crecimiento, la producción y la consistencia del producto de sus cosechas. Mediante la plantación de jardines de esquejes idénticos genéticamente, obtenidos de sus plantas madre favoritas preseleccionadas, los cultivadores son capaces de mantener un jardín de perfil uniforme, producir de forma consistente una calidad y una cantidad ya conocida, y esperar que todas las plantas maduren al mismo tiempo. Esto asegura el mismo producto consistente y de calidad a lo largo de cosechas consecutivas, mientras se usen los mismos clones de alta calidad para cada plantación. Los jardines que se propagan únicamente a partir de clones son los más productivos y consistentes.

La propagación sexual es el proceso por el cual las células sexuales (gametos) masculinas y femeninas de distintos parentales se unen en la planta femenina para formar lo que, llegado el momento, madurará en un individuo nuevo y de genética distinta. Este proceso ocurre cuando el polen de un parental masculino (estaminífero) se une con un óvulo dentro del ovario de una flor femenina para crear un embrión. Este embrión se convertirá en una semilla cuando madure y esté completamente desarrollado.

Cada semilla es única genéticamente, y contiene algunos genes de cada una de sus plantas parentales. Con mucha frecuencia, la descendencia que se cultiva desde semilla suele ser diferente entre sí de alguna manera, igual que los hermanos y hermanas comparten algunas cualidades físicas de cada uno de sus padres, pero rara vez son idénticos a sus padres o hermanos. Debido a esta variación en los rasgos y caracteres de las plantas, los criadores son capaces de emplear la reproducción sexual para su provecho, cruzando distintos individuos dentro de una población o familia, o hibridando líneas sin relacionar y, subsecuentemente, cruzando la progenie entre sí. Esto da como resultado un fenómeno que se conoce como recombinación de rasgos, el cual permite que los criadores tenga la posibilidad de obtener individuos con una combinación de los rasgos positivos de ambas líneas parentales, siempre y cuando seleccionen plantas que no expresen los aspectos negativos. Esta reserva de plantas seleccionadas se usa entonces como base para el desarrollo de variedades nuevas y mejoradas.

*Una sóla flor masculina en una planta predominantemente femenina liberará gran cantidad de polen.*

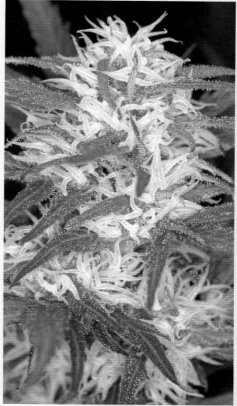

*Las plantas hembra desarrollan pistilos (blancos) para atraer el polen masculino.*

Distinguir las plantas macho (estaminíferas) de las hembra (pistilíferas) es fácil. Las plantas macho se distinguen por la aparición de *sacos de polen*, o anteras, que se desarrollan en las uniones de las ramas. Las anteras tienen un aspecto similar a un racimo de uvas o a una agrupación de pinzas de langosta en miniatura creciendo hacia arriba, invertidas, desde la unión de la rama. Típicamente, las plantas macho comienzan a producir flores entre una y cuatro semanas antes que las plantas hembra de la misma variedad, y suelen estirarse o alargarse cuando entran en su fase de desarrollo floral. Las plantas hembra pueden distinguirse por el desarrollo de dos pelos blancos, o estigmas, que se desarrollan formando parte del pistilo: la flor femenina que aparece en las uniones de las ramas o *nodos*.

El cannabis es una especie interesante en el sentido de que es una de las pocas plantas anuales que produce cada uno de los órganos sexuales, masculino y femenino, en individuos distintos. Ésta es una condición que se conoce como dioicismo; los grupos de plantas dioicas contienen plantas individuales que son macho (estaminíferas; productoras de estambres) o hembra (pistilíferas; productoras de pistilos). El dioicismo es una característica distintiva de las especies de polinización cruzada; en condiciones normales, las plantas de polinización cruzada sólo son capaces de fertilizar otros individuos, lo cual tiene implicaciones que trataremos más tarde.

Aunque el dioicismo es más común en el cannabis, existen variedades monoicas. Las variedades monoicas producen ambos tipos de flores, estaminíferas y pistilíferas, en el mismo individuo. Estas variedades monoicas se usan principalmente para la producción de semillas de cáñamo, ya que generan la producción más alta de semillas por acre. El monoicismo no es un rasgo deseable en el cultivo farmacológico, donde se persigue el cannabis *sinsemilla*, o sin semillas.

Con mucha frecuencia, los cultivadores de cannabis narcótico suelen referirse a las plantas que exhiben flores estaminíferas y pistilíferas a la vez como «hermafroditas», pero es más correcto llamarlas plantas intersexuales. Las plantas intersexuales son un problema para los cultivadores que desean producir cannabis sin semillas para su consumo; el hecho de que las uvas o las naranjas sin pepitas sean más deseables para el consumo también vale para el cannabis. Tener que retirar las semillas de las flores de cannabis antes de consumirlas es un inconveniente, y la combustión de las semillas tiene mal sabor y puede arruinar la experiencia de la fumada o de la vaporización. Trataremos el tema de las plantas intersexuales con más detalle en un punto posterior del capítulo.

## La creación de una semilla

El cannabis es una especie anemófila; ésta es una manera elaborada de decir que se poliniza con el viento. En estado natural, o salvaje, las plantas macho experimentan la dehiscencia (liberan polen) y dispersan grandes cantidades de polen al viento. El polen viaja con las corrientes de aire y, si se da la ocasión, se posa en el estigma o el estilo de un individuo pistilífero cercano, o no tan cercano. Éste es el acto de la polinización. Como el polen de muchas especies flota en el aire, y hay una probabilidad significativa de

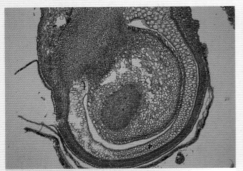

Fotografía al microscopio electrónico del interior de una semilla.

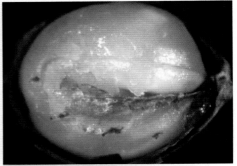

El interior de una semilla habiendo retirado la mitad de la cáscara.

que el polen de otras especies se pose en un estigma fértil de una planta hembra a la espera, el cannabis ha evolucionado sistemas de reconocimiento para asegurar que sólo el polen específico de la especie sea capaz de germinar en el estilo y, por lo tanto, fecundar los óvulos de la planta hembra. Hay un reconocimiento físico y bioquímico entre el grano de polen y la superficie estigmática; juntos, aseguran la identidad de la especie.

Si la señal bioquímica es correcta y el estigma reconoce el grano de polen como cannabis, el grano de polen se hidrata mediante un flujo de agua desde el pistilo y germina. Igual que una semilla germina y lanza la punta de una raíz dentro de la tierra, el grano de polen germina y envía un tubo de polen que avanza dentro del estigma hacia el óvulo. Una vez que el tubo alcanza el ovario, el material genético que porta el polen se entrega al óvulo, donde se une con el material genético de la planta pistilífera. El acto de fecundación tiene lugar, y se crea lo que ha de llegar a ser un embrión. Este embrión crece dentro de la cubierta de la semilla, y cuando

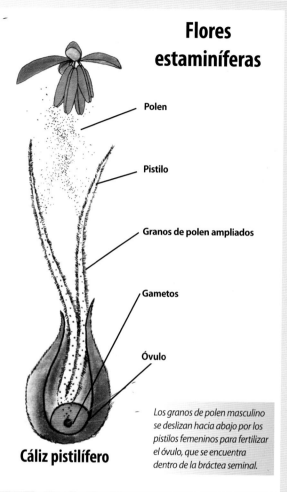

# Flores estaminíferas

Polen

Pistilo

Granos de polen ampliados

Gametos

Óvulo

**Cáliz pistilífero**

*Los granos de polen masculino se deslizan hacia abajo por los pistilos femeninos para fertilizar el óvulo, que se encuentra dentro de la bráctea seminal.*

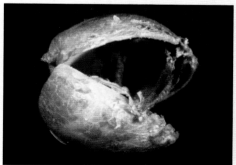

*Cáscara protectora de una semilla.*

*Esta semilla germinada es el resultado de una crianza muy selectiva.*

*Las nubes amarillentas de polen viajan muchos kilómetros hasta polinizar plantas hembra receptivas.*

querer poner énfasis en seleccionar según la potencia, el sabor, el rendimiento, el olor, la resistencia frente a las plagas, el color, la estatura de crecimiento, etc. El cannabis para consumo consiste en grupos de flores pistilíferas; cogollos (un cogollo es una agrupación de flores pistilíferas; una cola es un grupo de cogollos). Todo lo que tiene que hacer el cultivador/criador/fumador es observar el desarrollo de estas flores a lo largo del ciclo vital,

madure por completo, en un plazo de cuatro a cinco semanas, puede plantarse para que la vida florezca en una nueva generación.

## Visión general y consideraciones al hacer semillas

**Primero:** Elige los parentales de crianza. Seleccionar plantas hembra para criar es una tarea mucho más sencilla que seleccionar plantas macho, porque las plantas hembra dejan ver fácilmente todos los rasgos que son esencialmente importantes para un cultivador o un fumador (algunas veces los intereses de ambos entran en conflicto). El criador puede

### Cómo manejar y usar el polen

1. Recoger cuidadosamente
2. Trasladar la planta macho tan lejos como sea posible de las plantas hembra
3. Limitar el movimiento del polen con filtros y agua

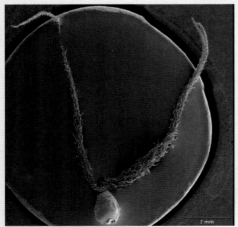

*La vista ampliada de un pistilo muestra la compleja estructura.*

*Ben Dronkers, propietario de Sensi Seeds, vestido de blanco y sentado en el centro, recogiendo semillas en Afganistán.*

cosechar, fumar un cogollo de muestra de cada planta, y determinar los caracteres positivos y negativos de cada planta, ya sea en cuanto a las características de su cultivo como a las de su fumada. La evaluación poscosecha permite una inspección adicional de los aromas y sabores, ya que estos pueden cambiar a medida que la flor se seca y se cura.

Elegir plantas macho con características deseables no es tan sencillo. Las plantas macho, obviamente, no producen flores femeninas; así que juzgar el contenido de resina, la estatura floral, los olores, etc., es más que una labor de inferencia: las plantas macho simplemente no muestran estos caracteres. Algunos criadores intuyen que frotar el tallo con los dedos es un buen método para elegir una planta macho en potencia. La idea consiste en que, si exuda un olor fuerte y resinoso, puede que sea una buena planta. Realmente, ésta es sólo una forma tosca de medir el olor de la candidata. Aunque puede ser una técnica útil, está claro que no debería constituir el criterio principal de selección.

El mejor método para determinar la contribución de una planta macho como parental potencial de cría es la prueba de la progenie. La prueba de la progenie se realiza tomando polen de una planta macho con potencial reproductor y utilizándolo para hacer semillas con la(s) planta(s) hembra elegida(s). La población de semilla resultante se cultiva y examina para determinar el efecto de la planta macho sobre la progenie. Las pruebas de progenie son, sin duda, el método más fiable para determinar el valor genético de la planta macho elegida para contribuir a la siguiente generación; concepto conocido como habilidad combinatoria. Uno de los inconvenientes de la prueba de la progenie es que lleva tiempo cultivar y evaluar la progenie, y que las plantas macho potenciales deben mantenerse vivas por si tienen que usarse de nuevo. A veces, los criadores prefieren no mantener vivas estas plantas macho, conservando solamente los lotes de progenie que corresponden a las mejores plantas macho y destruyendo el resto. Sólo se permite que las plantas macho con mejor comportamiento realicen su aportación genética a la generación siguiente.

**Segundo:** Recogida de polen. Una rama de flores masculinas proporcionará todo el polen necesario para que los criadores a pequeña escala puedan producir bastantes semillas

Neville, fundador del Seed Bank, viajó por todo el mundo para encontrar las mejores semillas de cannabis.

Una punta masculina saludable y de buen tamaño es todo lo que necesitas cuando vayas a recoger polen.

Corta una rama de flores masculinas y métela en una bolsa de plástico para recolectar el polen.

El polen masculino cubre literalmente esta gran hoja de una planta macho.

para su propio uso. Quita las demás ramas para impedir la polinización aleatoria accidental, y aísla la planta macho tan pronto como sean visibles las anteras para evitar una polinización prematura. Ten en cuenta el hecho de que el polen en suspensión puede desplazarse a kilómetros de distancia. Si sacudes una planta en dehiscencia, el polen se pondrá en suspensión y se trasladará por toda la zona.

Justo antes de que se abran las anteras, coloca una bolsa limpia de papel o de plástico sobre la rama. Asegura la bolsa por la base con un trozo de cuerda o con alambre de atar para evitar que el polen escape. Mantén la bolsa sobre la rama durante varios días para recoger el polen que caiga. Cuando parezca que se haya acumulado suficiente polen, golpea ligeramente la rama y sacúdela para que se suelte el polen restante dentro de la bolsa. Retira con cuidado la rama agotada y la bolsa para que el polen no escape.

Tercero: Guarda y protege el polen (opcional). El polen no tiene una vida útil larga en condiciones naturales; se destruye fácilmente debido a las temperaturas y a la humedad elevadas. Sin embargo, el polen puede conservarse en un congelador durante varios meses si es necesario. Esto se lleva a cabo retirando con cuidado el polen de la bolsa de recolección y, luego, pasándolo a través de un cedazo. Con ello se elimina cualquier resto de materia vegetal de las anteras que pudiera haber caído dentro de la bolsa y contaminado el polen, haciendo que se estropee. Se pone papel encerado debajo de la malla para recoger el polen. El polen puede retirarse con un

Reúne las flores masculinas y separa el polen con un tamiz fino.

**Polen**

F    C

32°    0°
20°    7°

Conserva el polen viable a temperaturas bajo cero.

**CONGELADOR**

Guarda el polen en un vial hermético dentro del congelador.

raspador esterilizado, guardarse en un sobre pequeño o en un tubo de muestras esterilizado, y depositarse en el congelador. ¡La limpieza cuenta! El polen no debería congelarse y descongelarse repetidamente, ya que se reduciría su viabilidad.

**Cuarto:** Polinización. La polinización tiene lugar cuando el polen entra en contacto con el pistilo. Dependiendo de la variedad, los pistilos frescos están listos para ser polinizados entre dos y doce semanas después de inducirse la floración. Cuanto más pistilos haya en el cogollo en el momento de la polinización, más semillas se producirán. Los pistilos frescos tienen un aspecto turgente y lo más habitual es que sean de color blanco o blancuzco. Los pistilos que están marchitos y de color rojizo o marrón han sobrepasado el punto en el que puede darse la polinización con éxito.

Para polinizar, cubre la rama femenina con la bolsa llena de polen, y sacude ligeramente la bolsa para cerciorarte de que el polen entre en contacto con tantos pistilos como sea posible. Deja la bolsa durante dos días y dos noches para asegurar una polinización completa. Ten cuidado de no esparcir el polen al retirar la bolsa, ya que el polen viable todavía puede quedar suspendido en el aire y polinizar cualquier planta cercana. Si hay otras plantas en el jardín y no se pretende polinizarlas, el cultivador puede mover las plantas receptoras de la zona principal de cultivo a un espacio aparte, más pequeño, para la polinización. Después de un par de días en la cámara de polinización con las plantas macho, las plantas hembra se rocían por completo con agua para destruir cualquier polen restante; luego, se llevan de vuelta a la zona principal de cultivo, donde estas semillas madurarán a lo largo de las semanas siguientes. Esta práctica minimiza la posibilidad de que el polen fecunde el resto del cultivo, manteniéndolo libre de semillas como requiere el cultivador. Para reducir o eliminar el riesgo de que el polen contamine futuros cultivos de semilla, asegúrate de limpiar la cámara de polinización entre cada suelta de polen.

Una aproximación alternativa consiste en usar un pincel fino para *pintar* los pistilos con el polen. Impregna el

Reúne el polen y pon un poco en un pincel fino.

Conserva una rama masculina en un vaso de agua.

Aplica un poco de polen sobre los pistilos femeninos para polinizarlos.

Cubre la rama femenina polinizada con una bolsa de plástico para impedir que el polen contamine otras plantas hembra.

Las flores masculinas han caído sobre esta planta hembra semillada y se han adherido a ella.

Esta semilla verde estará madura en unas pocas semanas. Rene, por cortesía de Chimera Seeds.

Planta hembra semillada.

El cuarto de baño es un buen lugar para aislar y criar plantas. La planta macho de la derecha está polinizando las plantas hembra que están dentro de la bañera.

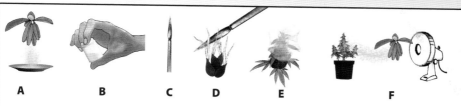

**A-recoge el polen, B-envasa y guarda el polen, C-pon un poco de polen en un pincel, D-aplica el polen sobre los pistilos femeninos, E-cubre para contener o F-sitúa la planta macho frente a un ventilador para polinizar todas las plantas hembra.**

pincel en el contenedor de polen y aplica suavemente el polen sobre los pistilos. De nuevo, el criador ha de tener un pulso seguro para evitar que el polen se suspenda en el aire durante el proceso. Esta técnica es perfecta si el cultivador sólo necesita hacer una pocas semillas.

Después de la fecundación, la mayoría de las semillas estarán completamente maduras en seis semanas aproximadamente, aunque algunas pueden ser viables antes. A medida que las semillas maduran, puede que abran los cálices por la mitad, permitiendo que el criador vea el desarrollo de la semilla en el interior. Las semillas están a punto cuando presentan un aspecto principalmente marrón oscuro o gris, bien moteado (atigrado) y suelto dentro del cáliz. Las semillas verdes, amarillas o blancas casi siempre están inmaduras y no son viables. (Añádelas a la ensalada o a los cereales.) Para comprobar la madurez de tu cultivo de semillas, puedes cosechar unas pocas semillas de prueba e intentar prensarlas entre los dedos índice y pulgar para evaluar su firmeza. Si la mayoría de las semillas no se aplastan con una cantidad razonable de presión, ha llegado el momento de cosechar. Si las semillas se dejan en la planta durante demasiado tiempo, algunas pueden caerse de los cogollos y germinar en el medio de cultivo que haya debajo. Este hecho es más común con las variedades de dominancia *sativa*. Normalmente, las variedades *indica* tienen flores más densas, las cuales mantienen más apretadas las semillas. Los criadores deben retirar las semillas de las plantas *indica* estrujando y apartando las semillas de la materia vegetal.

Las semillas están listas para ser plantadas inmediatamente, pero los índices iniciales de germinación pueden ser bajos. Pueden aumentarse los índices de germinación mediante el secado de las semillas tras su recolección, dejándolas en un sitio fresco, oscuro y bien ventilado durante unas semanas, y guardándolas después en el frigorífico durante uno o dos meses antes de hacerlas brotar.

*En el círculo, puede verse la semilla dentro de la bráctea seminal. El cogollo de la izquierda contiene una masa de brácteas seminales ocupadas por semillas.*

Ten en cuenta que esto es sólo una guía pensada para la producción de semillas a pequeña escala. Cualquier método por el cual el polen entre en contacto con pistilos dará lugar a semillas. Para crear semillas, los criadores y los productores de semillas suelen situar múltiples plantas macho, o múltiples copias de la misma planta macho (clones de una planta donante como padre), con sus plantas hembra elegidas en el cuarto de cultivo para la producción de semillas. Disponer estas plantas macho en una habitación bien ventilada y dejar que se libere todo el polen asegura que el cultivo se polinice por completo, y produce una gran cantidad de semillas por planta. Adapta el proceso para ajustarlo al número de semillas que precisas.

## Cuidado del cultivo de semillas

Por lo general, los cultivadores de cannabis emplean una dieta alta en fósforo y baja en nitrógeno durante el ciclo de floración. Mi filosofía personal consiste en darle a las plantas productoras de semilla una dieta completa y equilibrada

Los plantones jóvenes requieren una dieta equilibrada y completa.

Las plantas precisan el mismo fertilizante en vegetativo y en floración para un buen desarrollo de las semillas.

a lo largo de todo el periodo de gestación, de manera que estén disponibles todos los nutrientes precisos para un desarrollo apropiado de las semillas. Como la mayoría de los fertilizantes específicos para la floración son bajos en nitrógeno, puede que los cultivadores quieran combinar los fertilizantes de vegetativo y de floración para asegurar que sus plantas madre de semillas tengan una dieta completa. Las fórmulas de nutrientes para la floración suelen carecer de ciertos nutrientes, y el periodo de gestación no es momento de dejar que las plantas pasen necesidades. Proporciónales una nutrición completa y deja que las semillas dispongan de todo lo que necesitan.

Me he dado cuenta de que las mezclas de tierra con base orgánica, completas y equilibradas, producen las semillas más sanas y viables. Las tierras orgánicas contienen diversas poblaciones bacteriológicas que descomponen y digieren las enmiendas orgánicas y hacen que sean utilizables por las plantas. Las tierras *estériles* a base de sales fertilizantes no dan cabida a estas poblaciones de bacterias, y aunque sirven al crecimiento de las plantas, carecen de la cualidad *viva* de una tierra orgánica. Muchos cultivadores están de acuerdo en que la yerba que se cultiva orgánicamente tiene más sabor y gusto que la yerba cultivada a dieta de sales sintéticas. Bien podría ser que estas poblaciones orgánicas de bacterias aporten algún beneficio a la salud de la planta y que, por ello, se produzcan más semillas maduras, sanas y viables.

Con el fin de discutir sobre crianza, hay términos que debemos aprender para poder comprender los conceptos por completo. Hay más términos definidos en el «Glosario».

El material genético se hereda como se ha descrito anteriormente, en la sección dedicada a la producción de semillas, tanto de la planta donante de polen como de la planta madre. El material genético, o ácido desoxirribonucleico (ADN), está enrollado en tiras largas con forma de X, llamadas cromosomas, y almacenado en el núcleo de cada célula. En el cannabis, cada individuo hereda 10 cromosomas distintos del parental estaminífero de polen, y 10 cromosomas distintos de la planta madre de semillas o parental pistilífero. El individuo resultante tiene 20 cromosomas en total; 2 copias de cada uno de los 10 cromosomas, ó 2 genomas completos. Esto significa que hay 2 copias de cada gen en la planta, uno de la planta madre y otro de la planta padre. Cada una de las células de la planta tiene una copia de este conjunto único de ADN.

El código genético está escrito a lo largo de las tiras de los cromosomas, y cada gen tiene una localización específica a lo largo de su longitud.

**Fenotipo** – Consideramos fenotipo como la representación observable, calificable o cuantificable de un rasgo dado. Cualquier cosa que puedas medir, categorizar u observar de una u otra forma en un individuo puede considerarse un fenotipo. Cada planta tiene muchos fenotipos diferentes. Por ejemplo, la altura de la planta puede dividirse en tres categorías o fenotipos: estatura baja, media o alta. Hay un fenotipo bajo, un fenotipo medio y un fenotipo alto.

Las flores de cannabis también muestran distintos fenotipos de color. Lo más frecuente es que veamos cálices verdes, pero también hay plantas que tienen cálices morados. A veces, hay cálices verdes con marcas purpúreas. Todos ellos son fenotipos diferentes según el color del cáliz. También hay fenotipos en función del tamaño del cáliz y de la forma del cáliz, o fenotipos según el tamaño y la forma de la hoja. Cada rasgo tiene distintos fenotipos en función de los cuales puede seleccionarse a favor o en contra.

Todos los fenotipos son el resultado observable de la acción de los genes dentro de las células de la planta. A veces, un sólo gen controla un rasgo (rasgos monogénicos) y, otras veces, son grupos de genes los que operan juntos y contribuyen a producir lo que vemos como un fenotipo (rasgos poligénicos).

**Genotipo** – El genotipo de una planta es una manera de describir la verdadera condición genética que resulta en el fenotipo. Al igual que la constitución o el aspecto de un individuo, los genotipos no siempre están expresados. Algunos están latentes y sólo se expresan si se dan los estímulos ambientales adecuados. Por ejemplo, hay plantas que tienen hojas verdes, pero las hojas se pondrán moradas en condiciones frías. Otras plantas de hoja verde no se volverán moradas a pesar de que se den condiciones frías.

Esto sucede porque estas plantas tienen una versión diferente del gen o los genes que controlan si han de producirse pigmentos purpúreos en las hojas. Estas versiones distintas del gen se llaman *alelos*.

Dichas plantas tenían inicialmente el fenotipo de hoja verde, pero algunas plantas desarrollaron un fenotipo alterado (hoja morada) en respuesta a una condición ambiental. Esto se debe a una interacción de la genética de la planta en particular respecto a este rasgo (genotipo) y al entorno.

Una manera simplista de elaborar el concepto es:

## Fenotipo = Genotipo + Entorno

Recuerda que esto no es cierto al 100%. Más exactamente, el fenotipo o los fenotipos que se observan en un individuo dado son el resultado de una interacción del genotipo de la planta con el entorno.

Echemos un vistazo a unos posibles genotipos correspondientes a nuestro ejemplo de fenotipo de altura baja, media y alta. Recuerda que el genotipo es nuestra manera de describir la condición genética que es responsable del fenotipo, por lo que podemos asignarle los valores que queramos; es sólo un símbolo realmente.

| Fenotipos | Genotipos |
|---|---|
| Bajo | ss |
| Medio | Ss |
| Alto | SS |

Siempre hay dos alelos, o versiones de cada gen, incluyendo el gen responsable de la estatura. Cuando tenemos 2 «s» (s minúscula) o alelos de estatura pequeña, vemos el fenotipo bajo en la planta. Recíprocamente, cuando la planta tiene 2 «S» (S mayúscula) o alelos altos, el resultado fenotípico es una planta de estatura alta. Si sucede que la planta hereda una copia del alelo alto y bajo, el fenotipo resultante es una planta de estatura media.

A menudo, los criadores basan el símbolo del genotipo en la primera letra de la expresión recesiva de un rasgo. Lo que esto significa quedará claro a lo largo de los párrafos siguientes.

**Homocigótico / Heterocigótico** – Éstos son los términos que se emplean para describir la condición genotípica de una planta en función de la similitud de los alelos para un rasgo dado. Si una planta es *homocigótica* para un rasgo dado, tiene dos copias del mismo alelo (homo = igual). Si una planta es *heterocigótica*, tiene dos alelos *diferentes* para un rasgo dado (hetero = diferente).

## Dominancia

Pongamos por caso dos variedades de crianza verdadera; una variedad de pistilo blanco y una variedad que sólo muestra pistilos de color rosa. Ambas condiciones son de crianza verdadera y, por lo tanto, homocigóticas; en cada caso, la reproducción sexual por separado de cada grupo sólo conduce a pistilos rosas o pistilos blancos respectivamente. Un híbrido F1, o cruce de primera generación de estas dos variedades, da como resultado plantas que sólo producen pistilos blancos; no pueden verse pistilos rosas independientemente del número de semillas F1 que se cultiven.

Al llevar a cabo cruces filiales con estas plantas F1 (cruzar hermanos con hermanas, o emparejar hermanos F1), la generación F2 resultante produce el 75% de plantas de pistilo blanco y el 25% de plantas de pistilo rosa. Observa la *desaparición* de las plantas de pistilo rosa en la generación F1, y su posterior *reaparición* en la generación F2. En este caso, se dice que los pistilos blancos son *dominantes* sobre los pistilos rosas, y que los pistilos rosas son *recesivos* frente a los pistilos blancos.

De nuevo, consideremos los fenotipos vistos, y proporcionémosles símbolos y deduzcamos los genotipos:

P1 – Pistilos blancos x P2 – Pistilos rosas

I

I

V

Generación F1

(Todas las plantas tienen pistilos blancos)

F1 macho x F1 hembra

I

I

V

Generación F2

25% plantas de pistilo rosa, 75% plantas de pistilo blanco

Recuerda nuestra regla acerca de nombrar el símbolo del genotipo en base a la primera letra de la condición recesiva, rosa (*pink*) en este caso.

## Fenotipos: Rosa (recesivo) y Blanco (dominante)

| Fenotipo | Genotipo |
|---|---|
| P1 – (pistilos rosas) | pp |
| P2 – (pistilos blancos) | PP |
| | |
| F1 – (pistilos blancos) | Pp |

F2 – (plantas de pistilo blanco y de pistilo rosa)

| 25% Rosa | pp |
|---|---|
| 75% Blanco | PP or Pp |

Este 75% puede dividirse en dos clases genotípicas, PP y Pp.

Cuando cruzamos plantas Pp x Pp, obtenemos tres combinaciones posibles de genotipos. 25% PP, 50% Pp, 25% pp.

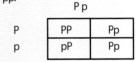

|  | P | p |
|---|---|---|
| P | PP | Pp |
| p | pP | Pp |

Por lo tanto, sabemos que el 75% de las plantas de pistilo blanco son, en realidad, 50% Pp + 25% PP, para un total del 75%.

**Recesivo:** interacción intraalélica por la cual uno de los alelos de un parental queda enmascarado por la presencia de un alelo de la otra planta parental a la hora de expresar un rasgo dado en la progenie. Este rasgo recesivo no se muestra en la primera generación de la progenie (F1), pero reaparecerá si se hacen cruces filiales, y la progenie F2 dará lugar a un 25% de plantas que muestren la condición recesiva.

**Dominante:** interacción intraalélica por la cual la presencia de un alelo de un parental enmascara la presencia de un alelo de otra planta parental a la hora de expresar un rasgo dado en la progenie. En la primera generación de descendientes, sólo se muestra el rasgo dominante. En la generación F2, el 75% también mostrará la condición dominante.

## Componentes principales de un programa de crianza

### 1 – Desarrolla una visión o un objetivo de crianza.

Todo programa de crianza debería comenzar por el desarrollo de una meta a alcanzar. ¿Por qué intentas hacer semillas? ¿Qué intentas conseguir al cruzar esos parentales? Puede que estés intentando hacer una población de semillas que represente los rasgos de una planta ideal, o casi ideal, que has seleccionado previamente. En este último caso, puede que estés intentando añadir rasgos nuevos a la planta cercana a tu ideal e incorporar esos rasgos nuevos a una nueva línea de semillas. Algunos puede que sólo quieran conseguir semillas para plantar el cultivo del año siguiente. Piensa en tu objetivo de crianza como destino final; el proceso de cría es el mapa de carreteras o la ruta para alcanzar esa meta.

### 2 – Encuentra o crea variabilidad.

Ciertamente, hallar hoy en día lotes de semillas que sean variables no es una tarea difícil, porque muy pocos criadores se toman el tiempo de estabilizar o fijar ciertos rasgos en una población determinada de crianza antes de su lanzamiento. Tus reservas iniciales de semilla probablemente representen unos márgenes de variación para la mayoría de los rasgos, dependiendo de la fuente del material inicial que tengas para empezar. La triste realidad es que la mayor parte de la industria de las semillas, a día de hoy, está más enfocada a la creación de semillas para la venta que al desarrollo de plantas mejoradas o más uniformes. Como criador que busca plasma germinal para trabajar con él, esto supone poblaciones inestables con amplias variaciones para una futura selección. Si se busca variación, este hecho podría considerarse positivo. Sin embargo, como lo que buscan los criadores al elegir material para sus programas son plantas estables de crianza verdadera, esto también supone un obstáculo. Es mucho más fácil criar con plantas de crianza verdadera porque uno puede ver cómo los patrones aparecen de manera predecible en las generaciones subsiguientes, así que pueden esperarse resultados fiables y consistentes cuando se hibridan parentales conocidos de crianza verdadera. Esto sólo puede conseguirse si el criador utiliza, desde el principio, reservas parentales que sean de crianza verdadera. Debido a la falta de reservas de auténtica crianza disponibles comercialmente

para trabajar con ellas, los criadores serios tienen que estabilizar su reservas iniciales de cría antes de empezar las fases de hibridación o de cruzamiento en sus programas de crianza.

### 3 – Cultiva y evalúa.

Así de simple. Cuantas más plantas cultives, más variaciones verás. De manera recurrente, me sorprende e incluso me asombra ver expresiones nuevas de rasgos al cultivar esta especie fabulosa. El cannabis es una especie extremadamente variable y polimórfica; muchos rasgos tienen numerosas expresiones posibles. Cultivar material variado de semilla, con distintas herencias (y muchas unidades de cada población), asegura que el criador disponga de un amplio repertorio de fenotipos y de combinaciones de rasgos para su posterior selección.

Elegir entre tantas plantas como sea posible es siempre lo preferible; tener una reserva inicial amplia y diversa asegura las máximas posibilidades de encontrar lo que se está buscando. Cuando se selecciona entre sólo unas pocas semillas, no es posible asegurar que todas las plantas sean vigorosas o que muestren los rasgos de interés, aunque se trate de semillas de calidad conocida. Los criadores han de entresacar poblaciones grandes de plantas potenciales, y retirar los individuos indeseables. En cualquier programa de crianza, los individuos que no se acerquen al objetivo deberían eliminarse de las poblaciones de cría.

Algunos rasgos recesivos, especialmente aquellos que están controlados por múltiples genes (rasgos poligénicos), tienen el potencial para mostrarse en fenotipos que sólo son aparentes en 1 de cada 100 plantas, o incluso 1 de cada 1.000. A menos que el criador cultive muchos individuos, tiene una probabilidad muy baja de descubrir estos fenotipos. En igualdad de condiciones, el criador que cultiva más plantas es el que tiene mayores posibilidades de encontrar los mejores candidatos de cría. Probar el producto final es una parte crucial del proceso de evaluación, así que saca ese *bong* o el papel de fumar y pon toda tu capacidad de trabajo al servicio de la prueba.

### 4 – Criba, selecciona y aplica presiones selectivas.

Parafraseando a uno de los grandes criadores del siglo XX, selecciona sólo las plantas que se ajustan

*De las muchas plantas disponibles de Skunk y Skunk # 1, Ultra Skunk es una de las más homogéneas y de crianza verdadera.*

*Durgamata.*

*Elimina las plantas hembra débiles.*

a tu meta, y rechaza todas las demás. Es importante seguir esta regla si las generaciones futuras han de aproximarse gradualmente a tu meta.

Los criadores seleccionan las plantas para su cría posterior en base a sus características deseables. No hay un orden de prioridades acertado o correcto para seleccionar un rasgo sobre otro; se basa puramente en qué rasgos son más importantes para el criador. Para el cultivo de interior, se incluye un crecimiento bajo, rechoncho y arbustivo; cogollos grandes y de formación densa; un gusto discernible o sabores y aromas particulares; alto contenido en THC y calidad del efecto (larga duración, elevación sostenida, sedante); y resistencia a insectos específicos o enfermedades. Una buena regla general consiste en buscar plantas con vigor general y buena salud.

A veces, encontramos una planta que es casi ideal en todos los aspectos, pero tiene algún rasgo negativo que resulta indeseable. Por ejemplo, el criador puede que seleccione una planta de potencia elevada que produce flores excepcionalmente aromáticas o sabrosas, pero es alta y espigada y difícil de cultivar en interior bajo luz artificial. Incluso con este rasgo negativo, el criador decide que merece la pena como candidata para la cría. El criador debe darse cuenta y observar que al seleccionar plantas que pueden tener una debilidad genética, los rasgos negativos no deseados deben eliminarse de la población en algún punto posterior. El criador tiene que sopesar los aspectos positivos y negativos de cada planta como posible contribuyente genético para las generaciones futuras.

Cuando se planta un gran número de semillas, suele hallarse que algunas plantas difieren ostensiblemente en relación a ciertos rasgos, mientras que son casi idénticas en todo lo demás. Por ejemplo, algunas plantas son más o menos susceptibles a las infecciones fúngicas como la botritis (moho gris) o el mildiu polvoriento. Una vez que se seleccionan las plantas apropiadas, pueden exponerse a un elemento patógeno en particular o a un medio ambiente a modo de presión selectiva; cultivar plantas potenciales de crianza en un entorno determinado puede dejar expuesta la fortaleza o la debilidad de la genética asociadas a ese entorno concreto. Para obtener variedades resistentes al moho, selecciona las plantas para cruces futuros entre aquellas que resistan el moho en un entorno propenso al moho. Para lograr variedades potentes, selecciona sólo las plantas más potentes tras la cosecha. Si precisas que tus plantas terminen con una altura de menos de 1,80 m, retira o conserva únicamente las semillas de las plantas que maduren con menos de 1,80 metros. Si requieres una variedad aclimatada al exterior, lleva a cabo tu selección en el exterior con esas condiciones concretas, y pon énfasis en seleccionar las plantas que maduren lo bastante temprano como para poder terminar en tu entorno particular. Seleccionar las plantas más tempranas entre las más potentes es mejor manera de preservar la potencia que seleccionar las plantas más potentes entre las que terminan pronto. En realidad, depende de los rasgos que el criador ordena de mayor a menor según su importancia para el programa, una decisión basada en el objetivo de la crianza.

En general, las variedades que se comportan bien bajo luces artificiales también se comportarán bien al aire libre o en un invernadero con luz natural tras dos o tres años de aclimatación. Lo contrario no se da con tanta frecuencia. Las variedades que funcionan bien en el exterior, las variedades *sativa* puras especialmente, suelen resultar decepcionantes cuando se cultivan con luz artificial.

La selección poscosecha requiere o que cada planta esté parcialmente semillada (únicamente las semillas de las plantas más potentes se siembran para las generaciones sucesivas) o que se conserven copias de cada una de las plantas en forma de clones para su uso en la producción futura de semillas, una vez que se hayan realizado las evaluaciones poscosecha.

### 5 – Comercialización.

Ésta es una parte opcional del programa de crianza. Algunas personas crían para crear una variedad que se ajuste a su entorno específico de cultivo y a sus gustos a la hora de fumar, sin ninguna intención de obtener beneficios de la venta de su trabajo. Simplemente, quieren semillas fiables para plantar ellos mismos y para su uso en el futuro. Hay quien está en el extremo opuesto; producen semillas exclusivamente para su venta. Estos *criadores* crían muy poco. Nos referimos a ellos como productores de semillas.

Como el cannabis es una especie que sufre el ataque de diversos gobiernos y otras fuerzas malvadas por todo el mundo, los verdaderos criadores con metas e intenciones aparte de las financieras son realmente necesarios para proteger los recursos genéticos que quedan del cannabis. Los años de persecución por parte de los gobiernos y las prácticas codiciosas de la producción de semillas, ajenas a la mejora o a la preservación, han llevado a un embudo genético: un estrechamiento de las reservas de cría potencialmente disponibles Ahora, más que nunca, la crianza ética debería ser de máxima prioridad para los entusiastas del cannabis. La especie necesita desesperadamente criadores que estén deseando mejorar las poblaciones bajo su posesión al tiempo que preservan los valiosos recursos genéticos para las generaciones futuras de criadores.

Sam, The Skunkman, un gran aliado del cannabis, dice que todos vamos sobre los hombros de aquellos que vinieron antes que nosotros. Podemos construir sobre las mejoras que nuestros ancestros han hecho a las razas puras y a las poblaciones silvestres, pero sólo podemos trabajar con lo que ellos nos han dejado. Las selecciones y los avances llegan a costa de la variabilidad genética. Los criadores suelen reducir la variabilidad estrechando el fondo genético de una población concreta como consecuencia derivada de fijar rasgos. Los mejores criadores se esfuerzan en hacer que avance y mejore una variedad o una población dada al tiempo que preservan la variación presente en los rasgos ajenos a la selección, lo cual puede resultar valioso para futuros criadores y cultivadores.

*Cultivar un gran número de plantones es la mejor manera de encontrar una buena planta madre.*

*Hoy en día, puedes encontrar en el mercado prácticamente cualquier semilla de marihuana que puedas imaginarte.*

## Tipos de poblaciones de semilla
## Línea endogámica/línea pura

Hay quien se refiere a ellas como IBL. Una línea endogámica es un lote de semillas que se ha criado a lo largo de generaciones mientras se seleccionaban repetidamente unos rasgos específicos, hasta el punto de que la población reproduce los rasgos seleccionados de manera fiable en cada generación sucesiva de cría. Se dice que estas plantas son de crianza verdadera para esas características. Hay poca o ninguna variación respecto a estos rasgos, por lo que se consideran puros. Las líneas puras constituyen el mejor material de crianza ya que la progenie de los cruces en los cuales se emplean líneas parentales puras y conocidas tienen consecuencias predecibles en las generaciones subsiguientes. Las líneas endogámicas son uniformes en sus patrones de crecimiento y en los rasgos que son estables genéticamente: cada generación de semillas endogámicas da como resultado plantas que son similares en muchos aspectos a la generación previa. Las líneas puras son homocigóticas en la mayoría de los alelos.

## Híbridos

Los híbridos son el producto de un cruce entre parentales genéticamente distintos. Los híbridos conservan sus caracteres distintivos si se reproducen asexualmente, pero no reproducen estos caracteres completamente o de manera fiable cuando se reproducen sexualmente. Los cultivares híbridos se desarrollan mediante el uso de las líneas endogámicas disponibles o creando otras nuevas a partir de poblaciones segregadas, y combinando entonces la selección con la endogamia para obtener homocigosis; con la evaluación de la habilidad combinatoria de la descendencia endogámica en las combinaciones híbridas; y con la subsiguiente multiplicación de las líneas endogámicas seleccionadas para la producción de semilla híbrida.

## Hay diversos tipos de variedades híbridas:

*Híbridos F1* (Northern Lights x Blueberry, Northern Lights x Haze, Frostbite)

*Cruces triples* ( Skunk #1 – un cruce de (Méjico x Colombia) x Afganistán)

*Híbridos de cruzamiento doble* (un cruce de 2 híbridos F1 sin relación: Haze (Afganistán x Tailandia) x (Méjico x Colombia).

## Variedades híbridas F1

Una población híbrida F1 se obtiene mediante el cruce de dos variedades de crianza verdadera y sin relación entre ellas. Los híbridos F1 son únicos por su uniformidad al ser cultivados desde semilla, pero, como todos los híbridos, son inestables genéticamente. Si se reproducen sexualmente a través de cruces endogámicos entre la población F1, la generación subsiguiente no será ni uniforme ni

similar a la generación F1.

Uno de los mayores beneficios para el cultivador de semilla F1 es una condición conocida como vigor híbrido, o heterosis. El vigor híbrido aparece cuando la progenie resultante de cruzar las dos líneas endogámicas parentales supera el comportamiento de las líneas parentales en algún carácter o, más frecuentemente, en grupos de caracteres (F1 < ó > P1 ó P2).

Los híbridos F1 suelen ser más grandes, más robustos y crecen más rápido que cualquiera de las poblaciones parentales empleadas para la creación de la población F1. Por ejemplo, un híbrido F1 (Skunk #1 x Blueberry) puede que crezca más rápido y que tenga un rendimiento mayor que cualquiera de las poblaciones parentales de Skunk #1 o Blueberry puras. A menudo, la heterosis es aparente en forma de tolerancia a condiciones ambientales adversas.

La producción de semilla F1 tiene beneficios para el criador o para el productor de semillas, al igual que para el cultivador. La semilla de crianza verdadera puede reproducirse fácilmente mediante la polinización abierta. La mayoría de las empresas de semillas no tienen interés en vender semillas que sean fáciles de reproducir. Esto es tan cierto para el maíz como para el cannabis. Muy pocas empresas que se toman el tiempo y el esfuerzo de criar reservas parentales estables las ofrecen en una forma pura. La mayoría producen y ofrecen híbridos, ya que la única misión de ciertas empresas competitivas consiste en crear versiones copiadas de las líneas ofrecidas por aquellos que realmente se han tomado tiempo para desarrollar nuevas líneas de auténtica crianza.

Al ofrecer únicamente híbridos de sus líneas puras, los bancos de semillas aseguran que el cliente vuelva a comprar más semilla F1 cada vez que quiera llevar a cabo una nueva plantación con semillas de la misma variedad. También protegen la inversión de su esfuerzo a largo plazo de crianza al eliminar la posibilidad de que un competidor reproduzca su trabajo y lo venda como propio.

Desafortunadamente, los criadores de variedades de cannabis narcótico no pueden recurrir a la ley cuando otros reproducen y mercadean con sus años de trabajo. Debido a la naturaleza ilegal de la planta, la variedades de cannabis de droga no están protegidas por la diversa legislación que hay en todo el mundo sobre los derechos de los criadores de plantas. No obstante, hay al menos un clon de cannabis de tipo narcótico registrado para la protección de plantas en Holanda. El clon, registrado como Medsins, es propiedad de una empresa farmacéutica con licencia para cultivar cannabis para la producción farmacéutica.

**Variedad** – Una subdivisión de una clase, grupo o familia que es distinta en algunos caracteres. Dentro de la variedad, todas las plantas exhiben un conjunto de características definidas de tipo morfológico, fisiológico o químico que diferencian la variedad del resto de variedades. *La variedad debe ser uniforme.* Las variaciones en los caracteres esenciales y distintivos están descritos y caracterizados por el criador. La variedad permanecerá inalterada hasta un grado razonable de fiabilidad en sus características esenciales y distintivas y en su uniformidad al ser reproducida.*

**Cultivar** (abreviado cv) – Término derivado de «variedad cultivada». Una población de plantas cultivadas claramente distinguibles por cierto número de características morfológicas, fisiológicas, citológicas o químicas. Cuando se reproduce sexual o asexualmente, la población retiene sus caracteres distinguibles.*

Las selecciones nuevas de un cultivar o variedad que muestren la suficiente variación respecto al cultivar parental para que merezca la pena darles un nombre, han de considerarse cultivares distintos.

*Observa que las Directrices para Clasificar Poblaciones de Plantas Cultivadas (1978) estipulan que variedad y cultivar están considerados términos equivalentes.*

**Raza** – Raza no es un término botánico aceptado científicamente aunque, a falta de un término más preciso, se utiliza mucho en la industria del cannabis para referirse a lotes de semillas que están a la venta. Raza es un término que se aplica incorrectamente a las selecciones de cultivares o variedades. En la industria de las semillas de cannabis, muy pocos lotes de semillas podrían considerarse variedades auténticas o cultivares, porque no son uniformes o no son de crianza verdadera. Todas las plantas de la población no reproducen las características definitorias y, generalmente, las variaciones en las características definitorias no están descritas. Muy a menudo, las semillas puestas a la venta comercialmente no son más que híbridos o híbridos con nombres, y no hay características que definan la *raza*. Quizá, *familia* o *grupo* sean términos más apropiados.

**Variedades de polinización abierta** – Poblaciones no hibridadas y reproducidas mediante polinización aleatoria dentro de la variedad. Todos los individuos pistilíferos tienen el potencial de aparearse con todos los individuos estaminíferos ya que el polen se dispersa de forma aleatoria, asegurando la preservación de la diversidad genética dentro de la población de cría. En el cannabis, la polinización abierta se lleva a cabo plantando junta la población de cría en una parcela aislada de otras fuentes de polen, y dejándola a merced del viento. Para mantener la pureza de la variedad, los criadores de cáñamo se aseguran de que no haya una fuente de polen distinto al de la variedad a menos de seis kilómetros y medio con el viento a favor, y a menos de un kilómetro y medio si el viento está en contra; esto demuestra lo lejos que puede trasladarse el polen con el viento.

**Variedades ancestrales/semillas ancestrales** – Estas poblaciones son el producto de muchos años de plantaciones selectivas y conservación de semillas. Las semillas originales produjeron una planta o una flor con unos rasgos particulares que gustaron al cultivador; típicamente, un sabor, color o efecto psicoactivo. El cultivador, entonces, conservó las semillas de la planta deseable y repitió el proceso la temporada siguiente, seleccionando las plantas de tipo parecido. El término «semillas ancestrales» surgió porque el proceso de selección de algunos cultivares ha estado sucediéndose durante generaciones, a menudo traspasadas dentro de una familia y/o compartidas con amigos.

Las variedades ancestrales son no híbridas (de polinización abierta). Esto simplemente quiere decir que son de crianza relativamente verdadera. Por ello, los cultivadores pueden guardar las semillas de sus cultivos, plantarlas al año siguiente y esperar una descendencia que se parezca mucho a la generación parental. En cada generación, cualquier individuo que no de el tipo debería entresacarse de la población de cría para mantenerla pura, ya que probablemente es el resultado de una contaminación con polen de una fuente externa.

**Multilínea** – Dos o más líneas de raza pura que son muy similares pero difieren en una pequeña parte del fenotipo general (p. ej., maduración,

*Purple Haze podría clasificarse como cultivar o variedad.*

*Mr. Bubble es un ejemplo de variedad de cannabis.*

resistencia a las enfermedades). Las variedades se cultivan y crían por separado, pero se mezclan subsiguientemente y se venden en el mismo paquete de semillas. Estas agrupaciones suponen un beneficio para los cultivadores si el entorno dado del cultivador es inconsistente de año en año, o para cultivadores que estén experimentando con cultivos en nuevas localizaciones. Por ejemplo, una multilínea puede incluir una variedad de maduración ligeramente más temprana con una variedad ligeramente más resistente al moho; la mayoría de los demás rasgos son equivalentes en cada población. Las variaciones en el comportamiento de cada variedad respecto al moho o a la rapidez de maduración aseguran que haya algo de cosecha incluso en un año en el que sólo terminan las variedades tempranas (como resultado de lluvias adelantadas), o incluso si el moho prevalece más durante una temporada de cultivo en particular. Si un cultivador es nuevo en una zona, las multilíneas pueden serle útiles en los primeros años de plantación. Siempre es vergonzoso plantar una sóla variedad para descubrir que no resulta válida en un clima particular, malgastando con ello el año de producción. Puede que el cultivador no alcance el rendimiento máximo que sería posible lograr con una sóla variedad híbrida particularmente adaptada al clima, pero el grado de variación presente en las multilíneas ayuda a asegurar que se cosechen algunas plantas como mínimo.

**Variedad sintética** – Una población intercruzada que deriva del apareamiento entre un grupo de genotipos específicos, cada uno de los cuales ha sido seleccionado por su buena habilidad combinatoria en todas las combinaciones híbridas posibles. El mantenimiento subsiguiente de la variedad se logra mediante polinización abierta, y generalmente implica rondas de selección recurrente a lo largo de una serie de generaciones.

La **intersexualidad** es un rasgo que puede expresarse debido a multitud de causas tanto genéticas como ambientales. Hay plantas intersexuales que son estrictamente genéticas; estas plantas han heredado un gen que activa la condición intersexual aunque se de un entorno perfecto de cultivo. Producen flores tanto pistilíferas como estaminíferas en el mismo individuo en condiciones ambientales típicas. Es preciso que los criadores y los cultivadores lleven a cabo una selección negativa estricta contra estas plantas con el fin de eliminar el rasgo intersexual de la población de cría. Tanto cultivadores como criadores han seleccionado sabiamente en contra de las plantas que muestran el más ligero grado de intersexualidad. Saben que incluso una sóla flor masculina en una planta que sea femenina en todo lo demás puede dar como resultado que la mayoría del cultivo sea polinizado y se llene de semillas.

En interior, donde los cultivadores intentan imitar la Madre Naturaleza, las plantas suelen sufrir diversos tipos de estrés que no están presentes en condiciones naturales. Cuando las plantas se estresan al ser cultivadas en un entorno inhospitalario, la expresión típica de las características puede verse alterada. La intersexualidad, por ejemplo, también puede ser inducida en el cannabis por parte del cultivador, como resultado de un entorno inconsistente de cultivo.

Se sabe de plantas hembra estresadas ambientalmente que muestran flores masculinas

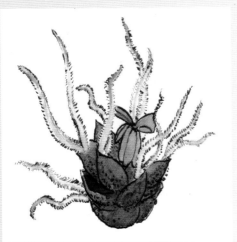

*Las plantas intersexuales suelen llamarse erróneamente hermafroditas.*

*Planta hermafrodita con flores femeninas junto a flores masculinas.*

*Aplicar una pulverización hormonal resulta fácil.*

ocasionalmente. Los ciclos de oscuridad interrumpidos y otros tipos de estrés pueden provocar el desarrollo de flores estaminíferas en individuos que serían pistilíferos únicamente. Las condiciones ambientales que pueden provocar la inversión sexual incluyen un fotoperiodo inconsistente, toxicidades y deficiencias de nutrientes, alteraciones del pH o temperaturas que fluctúan drásticamente durante el ciclo de floración. Las plantas hembra estresadas severamente, por alguna razón, son más tendentes a desarrollar unas pocas flores masculinas. Este estrés causa cambios en los niveles de una hormona vegetal que se llama etileno.

El etileno es una de las pocas hormonas vegetales conocidas, y juega muchos papeles en el desarrollo de la planta en una gran variedad de especies. En el cannabis, uno de los papeles más importantes del etileno es su implicación en la determinación del sexo. Regula qué flores deben producirse: estambres o pistilos. Sabemos esto porque aplicar concentraciones de etileno lo bastante altas a individuos estaminíferos en el ciclo de floración da como resultado la formación de pistilos. A la inversa, aplicar agentes inhibidores del etileno a individuos pistilíferos a medida que comienzan a florecer resulta en la formación de estambres en lugar de pistilos. Esta práctica puede ser de utilidad para los criadores en la creación de semillas *feminizadas*, o lotes de semillas completamente femeninas (ginoecias).

Las semillas hembra se producen obteniendo polen de un individuo hembra y, subsiguientemente, fertilizando otra planta hembra.

Cuando tratamos anteriormente el tema de los cromosomas, dijimos que había 20 cromosomas en cada célula de la planta. El décimo par de cromosomas, el par más pequeño, son los cromosomas del sexo. Las plantas hembra de cannabis tienen dos copias del cromosoma X, por lo que su genotipo es XX. Las plantas macho sólo tienen una copia del cromosoma X, y un cromosoma Y en vez del segundo cromosoma X. El genotipo de las plantas macho en términos de cromosomas sexuales es XY.

Cuando el polen se crea dentro de la planta, uno de los cromosomas de cada par se incluye en las células que dan lugar al polen. Cada grano de polen o cada óvulo contiene 10 cromosomas, una copia de cada par. Cuando el polen deposita el material genético dentro del óvulo, los 10 cromosomas del polen y del óvulo se unen para hacer un total de 20 cromosomas, un conjunto genético completo.

Examinemos un diagrama de Punnett de un cruce típico macho:hembra –

Genotipo masculino = XY

Genotipo femenino = XX

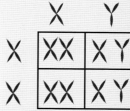

Arriba podemos ver que la mitad de las plantas son XY (macho) y la mitad de las plantas son XX (hembra).

Veamos ahora un diagrama de Punnett de un cruce hembra:hembra –

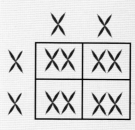

Este diagrama de Punnett nos muestra que los esquemas de reproducción hembra:hembra sólo producen descendencia femenina (XX).

Algunos cultivadores usan intencionadamente polen de plantas intersexuales para fecundar plantas hembra. Se han dado cuenta de que las semillas y la descendencia subsiguiente que produce esta unión son predominantemente femeninas. El mayor problema de esta técnica es que estas plantas tienen tendencias intersexuales. Al seleccionar plantas parentales que tienen tendencias intersexuales, nos aseguramos de que parte de la progenie también tenga tendencias intersexuales. Utilizar el polen de una planta intersexual o hermafrodita supone una selección intencionada de la intersexualidad: lo igual llama a lo igual.

Algunas empresas de semillas ofrecen «semillas feminizadas», producidas mediante la recolección del polen de plantas hermafroditas cuidadosamente seleccionadas, latentes e inducidas mediante estrés, y el uso de este polen para fecundar plantas hembra. Este proceso es arduo y lleva tiempo, pero produce plantas mayormente femeninas cuando se cultivan sin estrés. Sin embargo, bajo las condiciones de estrés que dieron como resultado la intersexualidad del parental de polen, la progenie también mostrará algún grado de intersexualidad frecuentemente. De nuevo, lo igual llama a lo igual.

¿Entonces cómo podríamos hacer que auténticas plantas hembra (que no muestran ningún grado de intersexualidad en condiciones normales) produzcan polen? ¿Podemos obtener polen de plantas hembra que no presentan algún grado de intersexualidad?

Hay tratamientos con hormonas que, al ser aplicados al cannabis, dan como resultado la formación de flores estaminíferas en plantas que, por lo demás, son pistilíferas. Para seleccionar en contra de la condición intersexual, tomamos nuestras candidatas femeninas elegidas para la reproducción y las cultivamos en condiciones estresantes, que puedan llevar a la formación de flores masculinas: ciclo lumínico irregular, mucho calor, etc. Sólo las plantas que resistan la intersexualidad bajo estas condiciones deberían considerarse como potenciales parentales de cría para la creación de líneas de semilla totalmente femeninas. Llamamos a estas plantas resistentes a la intersexualidad «plantas hembra verdaderas». La selección intencionada en contra de las plantas intersexuales es la única manera de asegurar una descendencia libre de intersexualidad.

Las copias clonadas de estas plantas pistilíferas resistentes a la intersexualidad son entonces rociadas con nuestro tratamiento hormonal y puestas en ciclo de floración, permitiendo que desarrollen estambres. Lo típico es que las plantas tarden de tres a cinco semanas en entrar en dehiscencia y empezar a liberar polen. Las plantas hembra verdaderas candidatas, que también resisten la intersexualidad bajo condiciones típicas de estrés, se polinizan con el polen obtenido de nuestras plantas hembra tratadas con hormonas, de género invertido y productoras de estambres. El resultado es una población ginoica, que consiste por completo en plantas hembra.

Una empresa norteamericana, Hybritech, fue la primera en presentar una tratamiento hormonal efectivo y listo para su uso: eliteXelite. Este producto ya no está disponible para el público en general. Desde entonces, otra firma de investigación con plantas, PG-Solutions, ha desarrollado y sacado al mercado una terapia hormonal lista para rociar las plantas, Stamen-It! Stamen-It! es extremadamente efectivo a la hora de provocar la inversión del género en los individuos pistilíferos. Algunos productos para pulverizar son capaces de inducir la formación de flores estaminíferas, pero no producen polen viable en cantidades significativas. PG-Solutions ha desarrollado una fórmula que causa una producción importante de polen, incluso en los genotipos más resistentes a la inversión. Si estás interesado en esta tecnología, visita su sitio web, www.PGSolutions.ca.

## Esquemas reproductivos para cultivos de polinización cruzada

Existen muchos tipos de programas de crianza, unos más complejos que otros. El método de crianza a emplear depende por completo del objetivo del criador. Idealmente, los criadores en potencia comprenden las ventajas e inconvenientes de cada estrategia, de forma que pueden elegir una estrategia adecuada para alcanzar la meta deseada. Las preferencias personales del criador siempre entran en juego al elegir un programa de crianza. Los éxitos previos pueden influenciar a un criador para que use una estrategia reproductiva en vez de otra. Algunos criadores confían mucho en la ciencia y las estadísticas al analizar el rendimiento de sus híbridos o progenie. Otros consideran más la crianza como un arte, y seleccionan en base a presentimientos. A lo largo del curso de un programa reproductivo, un criador suele usar más de un método para lograr los diversos aspectos del objetivo.

Cuando se crían especies de polinización cruzada, nos referimos al rendimiento híbrido en términos de habilidad combinatoria: la capacidad de una línea endogámica para dar un rendimiento característico en combinaciones híbridas con otras líneas. Las progenies se evalúan como poblaciones y en relación a la generación parental. Algunas de las mediciones de comportamiento que se usan a menudo son la habilidad combinatoria general (HCG) y la habilidad combinatoria específica (HCE). La habilidad combinatoria general es el rendimiento medio o general de una línea dada en combinaciones híbridas de polinización abierta con otras líneas.

La habilidad combinatoria específica es el rendimiento de una línea específica en comparación con el de otras líneas cuando se cruza con la misma fuente específica de polen.

La **polinización abierta** es un tipo de producción de semillas que requiere poco esfuerzo e implica una selección mínima o nula. Las semillas son plantadas y cultivadas hasta la madurez, y luego se deja que se entrecrucen. Los individuos fuera de tipo, o plantas que no representan las características definitorias de la variedad, se entresacan de la población de cría para asegurar que la variedad permanezca pura y ajustada al tipo. Las líneas endogámicas y otras poblaciones mantenidas a través de polinización cruzada suelen ser criadas por una persona y, luego, son reproducidas por otros para su producción y lanzamiento comerciales. Algunos criadores crean poblaciones de crianza verdadera y, a continuación, dan licencias a otras empresas para que planten y expandan las poblaciones de semilla cultivando gran cantidad de plantas y dejando que se llenen de semillas. Esto se llama un incremento de semillas.

## Endogamia

La endogamia no es más que cruzar un grupo, una familia o una variedad de plantas dentro de sí mismo/a sin ninguna adición de material genético procedente de una población ajena o sin relación. La forma más severa de endogamia es el autocruce, en el que sólo el material de un individuo conforma la base de las generaciones subsiguientes. Las poblaciones híbridas

*Planta macho fertilizando una planta hembra.*

*La endogamia consiste en cruzar un grupo, familia o variedad de plantas entre sí mismas.*

1:1 sólo son ligeramente menos estrechas, al derivar del material genético de 2 individuos. Estas reducidas o estrechas poblaciones de cría llevan consigo una condición llamada «depresión endogámica» tras repetidos cruces autoreproductivos o endogámicos.

La depresión endogámica consiste en una reducción del vigor (o de cualquier otro carácter) debido a una endogamia prolongada. Esto puede manifestarse como una reducción en la potencia o como un descenso del rendimiento o del ritmo de crecimiento. El progreso de la depresión es independiente, en parte, del sistema de reproducción del cultivo. Anteriormente, cuando tratamos el dioicismo, dijimos que el cannabis es una especie de polinización cruzada. Los cultivos de polinización cruzada suelen exhibir un grado más alto de depresión endogámica cuando se *autopolinizan* que los cultivos de autopolinización. Por ejemplo, el tomate (una especie endogámica o autoreproductiva) puede autofecundarse durante 20 generaciones sin pérdida aparente de vigor o de rendimiento, mientras que algunos experimentos han demostrado que el rendimiento por acre del maíz se reduce drásticamente cuando se cruzan de manera endogámica durante 20 generaciones.

En cultivos de polinización cruzada, los genes nocivos permanecen ocultos dentro de las poblaciones, y los atributos negativos de estos rasgos recesivos pueden revelarse o desenmascararse mediante la endogamia continua. La depresión endogámica puede ser aparente en las poblaciones S1 tras una sóla generación de autofecundación. Cuando se cría cannabis utilizando poblaciones pequeñas, como suele ser el caso de los esquemas de emparejamiento continuo 1:1, lo típico es que la depresión endogámica llegue a ser aparente entre tres y seis generaciones. Para afrontar este problema, los criadores suelen mantener en paralelo líneas de crianza separadas, cada una de las cuales se selecciona para un conjunto de rasgos similar o idéntico. Tras generaciones de crianza endogámica, cuando cada una de las líneas endogámicas, o las poblaciones autopolinizadas, comienzan a dar muestras de depresión endogámica, se hibridan o cruzan unas con otras para restaurar el vigor y eliminar la depresión endogámica al tiempo que se preserva la estabilidad genética de los rasgos seleccionados.

La gran mayoría de los textos escritos hasta la fecha sobre la crianza del cannabis se han circunscrito a estrategias de emparejamiento 1:1, lo cual ha ido en gran detrimento de la salud del germoplasma del cannabis. Por desgracia, éste es el esquema preferido de reproducción que se usa hoy en día en la mayoría de los bancos de semillas comerciales. Estos criadores no se dan cuenta de que el cannabis es, por naturaleza, una especie de polinización cruzada y que existía en poblaciones de reproducción silvestre de cientos o miles de individuos. En esta multitud de individuos reside una gama amplia de versiones de genes distintos. Cuando seleccionamos únicamente una o dos plantas de esa vasta extensión para que sea nuestra población de cría, reducimos drásticamente la variabilidad genética que se halla en la población original (un cuello de botella genético). Esta variabilidad se pierde en las poblaciones, y deja de estar disponible para las generaciones futuras.

**Exogamia** – El proceso de cruce o hibridación de plantas o grupos de plantas con otras plantas con las cuales no tienen relación o sólo existe una relación distante. Cada vez que un criador hibrida usando plantas que residen fuera de la familia, grupo o variedad, se produce semilla híbrida. Por ejemplo, una semilla híbrida F1 es la descendencia de primera generación que resulta del cruce entre dos plantas

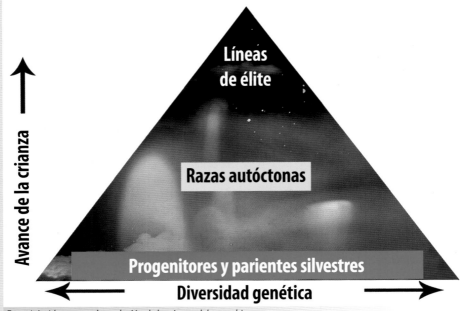

*Esta pirámide muestra la evolución de la crianza del cannabis.*

o poblaciones distintas de crianza verdadera. Cada una de las poblaciones parentales fueron hibridadas (cruzadas una con la otra) para producir la nueva generación, la cual se compone ahora de genética procedente de ambas poblaciones parentales. La exogamia da como resultado la introducción de material genético nuevo y distinto en cada uno de los fondos respectivos.

**Reproducción filial** – Un tipo de sistema de crianza en el que los hermanos del mismo lote y generación de progenie se entrecruzan para producir generaciones nuevas. La primera generación híbrida de dos líneas distintas de crianza verdadera se denota como generación F1 (F, filial). Si se cruzan dos hermanos, o la población F1 se deja en polinización abierta, la generación resultante se etiqueta como F2.

Emparejar hermanos elegidos de la F2 resulta en la población F3. Las generaciones F4, F5, F6, etc., se obtienen de igual manera, cruzando plantas del mismo lote de progenie y generación. Observa que, mientras se crucen hermanos de una generación (F[n]), la generación resultante se denota como (F[n+1]).

Cuando se crían especies de polinización cruzada, como el cannabis, la reproducción endogámica filial con selección de rasgos específicos es el método más común para establecer una población pura o de crianza verdadera.

**Reproducción por retrocruzamiento** – Tipo de crianza que implica cruzar repetidamente la progenie con uno de los genotipos parentales originales; lo más frecuente es que los criadores de cannabis crucen la progenie con la planta madre. Este parental se conoce como parental recurrente. El parental no recurrente se denomina parental donante. Más ampliamente, cuando una generación se cruza con una generación previa, se trata de una forma de reproducción por retrocruzamiento. La cría por retrocruzamiento ha llegado a ser uno de los métodos preferidos por los criadores clandestinos de cannabis, principalmente porque es un método simple y rápido cuando se trabaja en invernaderos o cuartos de cultivo, y porque sólo requiere poblaciones pequeñas. La meta principal de la reproducción por retrocruzamiento es crear una población de individuos derivados principalmente de la genética de un sólo parental (el parental recurrente).

El parental donante se elige en base a un rasgo de interés del cual carece el parental recurrente; la idea

*Al ser pulverizada con Stamen-It!, de PG-Solutions, esta planta, que empezó como hembra, ahora sólo expresa flores masculinas.*

es introgredir este rasgo en la población retrocruzada, de modo que la población nueva se componga principalmente de genética del parental recurrente pero también contenga los genes responsables del rasgo de interés observado en el parental donante.

El método de retrocruzamiento es un esquema adecuado para añadir nuevos rasgos deseables a un genotipo mayormente ideal y de crianza relativamente verdadera. Al embarcarse en un plan de cría por retrocruzamiento, el parental recurrente debería ser un genotipo altamente aceptable o casi ideal (por ejemplo, un cultivar o línea endogámica comercial ya existente). Los rasgos ideales considerados para su introgresión en la nueva línea de semilla debería heredarse de forma sencilla y poder puntuarse fácilmente en función del fenotipo. El mejor parental donante debe poseer el rasgo deseado, pero no debería tener serias deficiencias en cuanto a otros rasgos. La producción de la línea de retrocruzamiento es repetible si se emplean los mismos parentales.

El mejor uso de la cría por retrocruzamiento es cuando se añaden rasgos dominantes de herencia simple, que pueden identificarse fácilmente en la progenie de cada generación (Ejemplo 1). Los rasgos recesivos son más difíciles de seleccionar mediante reproducción por retrocruzamiento, ya que su expresión está enmascarada por la dominancia en cada retrocruce con el parental recurrente. Después de cada generación retrocruzada, se necesita una ronda adicional de polinización abierta o de cruces entre hermanos para que queden expuestas las plantas homocigóticas-recesivas. Los individuos que muestren la condición recesiva se seleccionan de las generaciones segregadoras F2 y se retrocruzan con el parental recurrente (véase Ejemplo 2).

## Ejemplo 1 - Retrocruzamiento: Incorporación de un rasgo dominante

**Primero** - Parental recurrente x Parental donante

I

V

Generación híbrida F1

**Segundo** - Selecciona las plantas deseables que muestren el rasgo dominante, y hibrida las plantas seleccionadas con el parental recurrente. La generación producida se denomina BC1 (algunos criadores de cannabis rompen con la convención botánica y denominan esta generación Bx1. [BC1 = Bx1]).

**Tercero** - Selecciona las plantas BC1 y hibrídalas con el parental recurrente; la generación resultante se denomina BC2.

**Cuarto** - Selecciona las plantas BC2 y hibrídalas con el parental recurrente; la generación resultante se denomina BC3.

## Ejemplo 2 - Retrocruzamiento: Incorporación de un rasgo recesivo

**Primero** - Parental recurrente x Parental donante

I

V

Generación híbrida F1

**Segundo** - Selecciona las plantas deseables y crea una población F2 mediante cruces filiales completos.

**Tercero** - Selecciona las plantas de la generación F2 que muestren el rasgo recesivo deseable, luego hibrida las plantas recesivas F2 que hayan sido seleccionadas con el parental recurrente. La generación producida se denomina BC1.

**Cuarto** - Selecciona las plantas BC1 y crea una

generación de plantas F2 por medio de cruces filiales; la generación resultante puede denominarse BC1F2.

**Quinto** - Selecciona las plantas BC1F2 deseables, que muestren la condición recesiva, y hibrídalas con el parental recurrente; la generación resultante se denomina BC2.

**Sexto** - Selecciona las plantas BC2 y crea una población F2 por medio de cruces filiales; denomina la generación resultante BC2F2.

**Séptimo** - Selecciona entre las plantas de la generación BC2F2 que muestren la condición recesiva, y hibrídalas con el parental recurrente; la generación resultante se denomina BC3.

**Octavo** - Cultiva la generación BC3, selecciona los candidatos más ideales y realiza cruces filiales entre ellos para crear una población F2, en la cual se seleccionan plantas que muestren la condición recesiva para usarlas, a continuación, como base para una nueva línea de semilla, endogámica o de polinización abierta.

Esta nueva generación creada a partir de la F2 es una población que consiste, de media, en un ~93,7% de genes del parental recurrente, y sólo el ~6,3% de genes restantes provienen del parental donante. Lo más importante que debería observarse es que, como únicamente se eligieron individuos homocigóticos-recesivos para cruzar en la generación BC3F2, toda la generación resultante BC3F3 es homocigótica para el rasgo recesivo, y reproduce de forma verdadera este rasgo recesivo. Nuestra nueva población deriva principalmente de la genética del parental recurrente, aunque es de crianza verdadera para nuestro rasgo recesivo introgredido.

Se espera que las líneas derivadas por retrocruzamiento estén bien adaptadas al entorno en el que serán cultivadas, lo cual constituye otra razón para que los criadores de cannabis que operan en interior usen el retrocruzamiento con frecuencia. Los cuartos de cultivo en interior son fáciles de reproducir por todo el mundo, de forma que el cultivador es capaz de cultivar las plantas en un entorno similar a aquél en el que fueron criadas. Por lo tanto, la progenie requiere del criador unas pruebas de campo menos extensas, al no tener que ser llevadas a cabo en una amplia diversidad de entornos.

Si han de introducirse dos o más caracteres en una nueva línea de semilla, generalmente se seguirán programas separados de retrocruzamiento, y los productos individuales se combinarían en un conjunto final de cruces una vez creadas por retrocruzamiento las nuevas poblaciones.

El esquema de retrocruzamiento tiene, sin embargo, inconvenientes específicos. Cuando el parental recurrente no tiene una reproducción muy verdadera, las generaciones resultantes de los retrocruces se segregan, y muchos de los rasgos considerados deseables fallan cuando se intenta reproducirlos de manera fiable. Otra limitación del retrocruzamiento es que la variedad *mejorada* sólo difiere ligeramente del parental recurrente (p. ej., en un rasgo). Si han de introgredirse rasgos múltiples en la nueva población, otras técnicas, como la endogamia o la selección recurrente, pueden compensar más.

## Autopolinización

La autopolinización es el proceso de creación de una semilla mediante la fecundación de una planta con polen obtenido de sí misma. El resultado de un autocruzamiento es una población de plantas que derivan de un único individuo. La población de primera generación derivada de la autopolinización de un individuo se llama población S1. Si se elige un individuo de la S1, y se autopoliniza a su vez, la población resultante se denomina generación S2. Las generaciones subsiguientes que derivan de la misma manera se denominan S3, S4, etc.

Los rasgos para los cuales la planta es homocigótica permanecen homocigóticos, mientras que los loci heterocigóticos se segregan, y muchos dan lugar a expresiones novedosas de estos caracteres.

Sabemos que los loci homocigóticos permanecen homocigóticos en generaciones posteriores por autopolinización, ¿pero qué ocurre con los loci heterocigóticos? Cada generación autopolinizada lleva a un incremento de la homocigosis en un 50% aproximadamente para cada locus heterocigótico, y cada generación subsiguiente, derivada de autopolinizar un individuo S1, es un 50% más homocigótico que el parental del que deriva. La autopolinización repetida o descenso uniseminal es la manera más rápida de lograr homocigosis en un grupo o familia. Otra vez, cuantas más plantas se cultiven de una población autopolinizada, mejores probabilidades tendrá el criador para encontrar la progenie autopolinizada que muestre todos los rasgos deseados.

**Descenso uniseminal** - Se autofecunda una planta y se recolecta la semilla resultante. Una de estas semillas es seleccionada y cultivada, se autofecunda a su vez y produce semilla. Toda la progenie y las generaciones posteriores habrán descendido de un único ancestro, ya que no se ha introducido polen de una familia ajena. Cada generación es el resultado de autopolinizar un individuo de la generación anterior.

Tras seis generaciones de autopolinización sin selección, el 98,44% de los genes de un individuo son homocigóticos; esto se refiere a los genes, no al número de plantas que son homocigóticas.

**Selección recurrente** - Todo programa de crianza que esté diseñado para concentrar genes favorables que se encuentran repartidos entre varios individuos mediante ciclos repetidos de selección de esos rasgos favorables.

Primero - Identifica los genotipos superiores para el rasgo en selección.

Segundo - Entrecruza los genotipos superiores y selecciona la progenie mejorada.

Tercero - Repite los pasos primero y segundo durante una serie de generaciones.

**Selección del pedigrí** - Sistema de cría por el cual se seleccionan plantas individuales de las generaciones segregadoras de un cruce en base a su idoneidad, juzgadas de forma individual, y sobre la base de un registro del pedigrí.

**Ploidismo** - Las plantas de cannabis son, por naturaleza, diploides con veinte cromosomas. En la meiosis, el gameto de cada parental contribuye con diez cromosomas al cigoto que han formado. Las células del cannabis pueden ser haploides (tener 1 copia de cada conjunto de cromosomas), como los gametos, o diploides (2 conjuntos de cromosomas por célula).

Algunos investigadores se han preguntado si el cannabis triploide o tetraploide (células con 3 ó 4 conjuntos de cromosomas respectivamente) sería importante agronómicamente. En algunas especies, las plantas poliploides se hacen más grandes, rinden más o su comportamiento supera el de los miembros diploides típicos de la misma especie. Al principio, algunos informes intentaban persuadir de que el cannabis poliploide era más potente. Esta investigación era endeble y poco científica como mínimo, y desde que apareció el informe, muchos cultivadores de cannabis han intentado inducir poliploidismo en muchas variedades sin ningún éxito agronómico.

Las plantas diploides se consideran normales y tienen un conjunto de cromosomas dispuesto por pares dentro de cada célula de la planta. Las plantas poliploides tienen más de un conjunto de cromosomas por célula. Los cromosomas de las plantas poliploides se disponen en grupos de 3-4 en vez de por pares. Los grupos de las plantas tetraploides están dispuestos con cuatro cromosomas en cada célula.

En un momento dado, los criadores creyeron que las plantas poliploides y tetraploides producirían una planta superior repleta de resina.

La característica poliploide puede inducirse con una aplicación de colchicina. Tan sólo recuerda que la colchicina es un veneno, y que las plantas poliploides no contienen más resina cargada de THC.

## Mutagénesis - Inducción de variaciones

Si no existe variabilidad para el rasgo o los rasgos de interés, o éstos no pueden encontrarse en otras poblaciones, teóricamente es posible inducir variaciones mediante la exposición de semillas u otros tejidos a radiación, agentes alquilantes u otros mutágenos, como colchicina o EMS (etilmetilsulfonato). Estos tratamientos causan alteraciones a nivel del ADN que tienen un potencial remoto para dar como resultado fenotipos novedosos y deseables.

Hay muchos rumores y especulaciones entre los criadores y cultivadores acerca de esta técnica. La creencia de que tratar las semillas con colchicina y cultivarlas da como resultado unas plantas de cannabis más potentes es un mito bastante común. Dejemos descansar este mito; es completamente incierto. Aunque la posibilidad existe a nivel teórico, ningún experimento válido ha demostrado jamás que esto sea cierto. Los criadores en potencia harían mejor en dedicar su tiempo y su espacio a seleccionar plantas mejores antes que intentar esta técnica como método de mejora vegetal.

Una vez dicho esto, echemos un vistazo a la teoría que hay detrás del concepto.

Imagina que tienes una población de plantas que, una vez cultivada desde semilla y reproducida en endogamia dentro de la misma población, produce

plantas con un alto contenido en THC de manera consistente. En teoría, es posible tratar muchas de estas semillas con un mutágeno, cultivar y criar las semillas de forma endogámica, y encontrar en las generaciones subsiguientes plantas que no producen THC. Estos mutágenos pueden destruir genes a lo largo de un cromosoma y, cuando las copias de este cromosoma son heredadas en generaciones posteriores, puede aparecer un fenotipo nuevo o *novedoso*. En nuestro ejemplo, la condición sin THC es el fenotipo novedoso.

Estas mutaciones, no obstante, ocurren de manera aleatoria y son extremadamente poco fiables. La probabilidad de encontrar plantas que tengan una mutación deseada en el gen de interés es muy baja. Un criador puede tratar muchos miles de semillas, cultivar 100.000 plantas y seguir sin ver los deseados fenotipos alterados. Esta técnica es costosa tanto en tiempo como en espacio. Suele usarse en la crianza de *plantas legales*, en la cual cultivar miles de individuos y buscar estos fenotipos novedosos no resulta problemático. Llevar a cabo estas cribas de población con cannabis no es práctico, especialmente para criadores clandestinos. La naturaleza potencialmente peligrosa de estos agentes mutagénicos es otra buena razón para decantarse por otras opciones de crianza. Inducir variabilidad parece no ser la mejor opción, al menos para el criador aficionado.

Si te interesa seriamente la crianza del cannabis, échale un vistazo a *Marijuana Botany, An Advanced Study: The Propagation and Breeding of Distinctive Cannabis*, por Robert Connell Clarke, Ronin Press. Con un nivel comprensible de detalle científico, Clarke trata la genética y la crianza, la química y muchos más aspectos de interés para el criador en ciernes. Este libro vale su peso en cogollos de Haze. Si no puedes encontrarlo en tu tienda de libros, búscalo en nuestro sitio web: www.marijuanagrowing.com.

# Tablas de conversión

## Hechos y cifras del dióxido de carbono

peso molecular = 44 gramos/mol
Se sublima (sólido a gas) a 78,5 °C y 1 atmósfera - densidad del aire = 1,2928 gramos/litro (p. ej., a igual temperatura y presión, el dióxido de carbono es más pesado que el aire, y el $CO_2$ cae al fondo en una mezcla de aire y $CO_2$).

**psi = 1 atmósfera**

**Propiedades físicas del propano:**

| | |
|---|---|
| gravedad específica del gas (aire = 1) | 1,50 |
| libras por galón de líquido @ 15 °C | 4,23 |
| galones por libra de líquido @ 15 °C | 0,236 |
| Btu por pie cúbico de gas @ 15 °C | 2.488 |
| Btu por libra de gas | 21.548 |
| Btu por galón de gas @ 15 °C | 90.502 |
| pies cúbicos de gas por galón de líquido | 36,38 |
| octanaje | 100+ |

**Datos de la combustión:**

| | |
|---|---|
| pies cúbicos de aire para quemar 1 galón de propano | 873,6 |
| pies cúbicos de $CO_2$ por galón de propano quemado | 109,2 |
| pies cúbicos de nitrógeno por galón de propano quemado | 688 |
| libras de $CO_2$ por galón de propano quemado | 12,7 |
| libras de nitrógeno por galón de propano quemado | 51,2 |
| libras de vapor de agua por galón de propano quemado | 6,8 |
| 1 libra de propano produce en kWh | 6,3 |
| Btu por kW hora | 3.412 |

| | | | |
|---|---|---|---|
| 1 termal | 100.000 Btu | gravedad específica del líquido | 0,509 |
| 1 pie cúbico de gas natural | 1.000 Btu | presión de vapor (psig) 00 F | 23,5 |
| 1 libra de vapor | 970 Btu | presión de vapor (psig) 700 F | 109 |
| 1 kilovatio | 3.413 Btu | presión de vapor (psig) 1.000 F | 172 |

## Cálculos para usuarios del sistema métrico

1 metro cúbico = 1 m x 1 m x 1 m = 1.000 litros
los extractores se clasifican en litros por minuto o en litros por segundo

pies cúbicos = Largo x Ancho x Alto
metros cúbicos = Largo x Ancho x Alto

Compra un extractor que pueda evacuar el volumen de aire del cuarto de cultivo en un plazo de uno a cinco minutos. Haz que el extractor funcione durante el doble del tiempo que tarda teóricamente en vaciar de aire el cuarto de cultivo.

Calcula la cantidad de $CO_2$ en gas que hay que añadir:

Por ejemplo, si quieres 1.500 ppm y el $CO_2$ ambiental es de 350 ppm, necesitarás añadir: 1.500 ppm menos 350 ppm = 1.150 ppm de $CO_2$.

Un cuarto de cultivo mal sellado puede tener un 20% de fugas, lo cual debería añadirse a la cantidad requerida de $CO_2$.

Por ejemplo, para obtener las 1.500 ppm de $CO_2$ deseadas en un cuarto de cultivo de 21,6 metros cúbicos, añade: 21,4 x 1.150 = 24,61 litros x 1,2 = 29,53 litros.

Esta información lleva a que debes ajustar el medidor de flujo a 6 litros por minuto y dejar que salga el gas durante 5 minutos.

Deja el aire enriquecido con gas durante 20 minutos y expulsa el aire fuera del jardín.

## Tabla de conversión métrica
## Aproximaciones

| Cuando sepas | Multiplica por | Para hallar |
|---|---|---|
| **Longitud** | | |
| milímetros | 0,04 | pulgadas |
| centímetros | 0,39 | pulgadas |
| metros | 3,28 | pies |
| kilómetros | 0,62 | millas |
| pulgadas | 25,40 | milímetros |
| pulgadas | 2,54 | centímetros |
| pies | 30,48 | centímetros |
| yardas | 0,91 | metros |
| millas | 1,16 | kilómetros |
| **Área** | | |
| centímetros cuadrados | 0,16 | pulgadas cuadradas |
| metros cuadrados | 1,20 | yardas cuadradas |
| kilómetros cuadrados | 0,39 | millas cuadradas |
| hectáreas | 2,47 | acres |
| pulgadas cuadradas | 6,45 | centímetros cuadrados |
| pies cuadrados | 0,09 | metros cuadrados |
| yardas cuadradas | 0,84 | metros cuadrados |
| millas cuadradas | 2,60 | kilómetros cuadrados |
| acres | 0,40 | hectáreas |
| **Volumen** | | |
| mililitros | 0,20 | cucharaditas |
| mililitros | 0,60 | cucharadas |
| mililitros | 0,03 | onzas fluidas |
| litros | 4,23 | tazas |
| litros | 2,12 | pintas |
| litros | 1,06 | cuartos |
| litros | 0,26 | galones |
| metros cúbicos | 35,32 | pies cúbicos |
| metros cúbicos | 1,35 | yardas cúbicas |
| cucharaditas | 4,93 | mililitros |
| cucharadas | 14,78 | mililitros |
| onzas fluidas | 29,57 | mililitros |
| tazas | 0,24 | litros |
| pintas | 0,47 | litros |
| cuartos | 0,95 | litros |
| galones | 3,790 | litros |

## Masa y peso

1 gramo = 0,035 onzas
1 kilogramo = 2,21 libras
1 onza = 28,35 gramos
1 libra = 0,45 kilogramos

1 pulgada (in) = 25,4 milímetros (mm)
1 pie (12 in) = 0.3048 metros (m)
1 yarda (3 ft) = 0.9144 metros
1 milla = 1,60937 kilómetros
1 pulgada cuadrada = 645,16 milímetros
1 pie cuadrado = 0,0929 metros cuadrados
1 yarda cuadrada = 0,8361 metros cuadrados
1 milla cuadrada = 2,59 kilómetros cuadrados

## Conversión de medidas líquidas

1 pinta (RU) = 0,56826 litros
1 pinta seca (EE.UU.) = 0,55059 litros
1 pinta líquida (EE.UU.) = 0,47318 litros
1 galón (RU) (8 pintas) = 4,5459 litros
1 galón seco (EE.UU.) = 4,4047 litros
1 galón líquido (EE.UU.) = 3,7853 litros

1 onza = 28,3495 gramos
1 libra (16 onzas) = 0,453592 kilogramos

1 gramo = 15,4325 granos
1 kilogramo = 2,2046223 libras

1 milímetro = 0,03937014 pulgadas (RU)
1 milímetro = 0,03937 pulgadas (EE.UU.)
1 centímetro = 0,3937014 pulgadas (RU)
1 centímetro = 0,3937 pulgadas (EE.UU.)
1 metro = 3,280845 pies (RU)
1 metro = 3,280833 pies (EE.UU.)
1 kilómetro = 0,6213722 millas
1 cm = 0,001 metro

mm = 0,0001 metro
nm = 0,000.000.001 metro
gr = gramos
cuadrado/a = al cuadrado
EC = electroconductividad
ppm = partes por millón
Celsius a Fahrenheit
temperatura Celsius = (°F - 32) × 0,55
temperatura Fahrenheit = (°C × 1,8) + 32

## Conversión de la luz
1 candela por pie = 10.76 = lux
1 lux = 0,09293

lux = 1 lumen/metro cuadrado
lúmenes por pie cuadrado = lúmenes por metro cuadrado
cfm (pies cúbicos por minuto) = litros por hora
pulgadas de lluvia = litros por metro cuadrado
psi (libras por pulgada cuadrada) = kg por metro cuadrado

1 litro = 1 kg (de agua pura)
1 kilómetro = 1.000 metros
1 metro = 100 centímetros
1 metro = 1.000 milímetros

## Empresas de semillas de cannabis

Muchas empresas no han podido ser incluidas en esta lista abreviada porque no tienen catálogos y fue demasiado difícil contactar con ellas.

### Almighty Seeds

www.almightyseeds .com

### BC Bud Depot
Catálogo no disponible
www.bcbudonline.com

### Black Label Seeds

www.highqualityseeds.nl

### British Colombia Seed Co.
Catálogo no disponible
www.thebcsc.com

### Kannabia

www.kannabia.net

### Chimera

www.chimeraseeds.co.uk

### DJ Short
Catálogo no disponible
Sitio web no disponible

### Dutch Passion

www.dutch-passion.nl

### Flying Dutchmen

www.flyingdutchmen .com

### Good House Seeds

www.goodhouseseeds. com

### Greenhouse
www.greenhouse seeds.nl

### Hemcy

www.hemcy.com

### High Quality Seeds

www.highquality seeds.nl

### Homegrown Fantaseeds

www.homegrown fantaseeds.com

# MARIHUANA: horticultura del cannabis

### Legend Seeds

www.legends seeds.com

### Magus Genetics

www.magusgenetics .com

### Mandala Seeds

www.mandalaseeds .com

### Mr. Nice-Swiss

www.mrnice.co.uk

### Nirvana

www.nirvana.nl

### No Mercy Supply
Catálogo no disponible
www.nomercy.nl

### Owl's Production

No dispone de sitio web

### Paradise Seeds

www. paradise-seeds.com

### Reeferman Seeds

www.reefermanseeds.com

### Sagarmatha
www.highestseeds.com

### Sensi Seeds

www.sensiseeds.
com

### Serious Seeds
www.seriousseeds.
com

**Soma Seeds -** Catálogo no disponible
www.somaseeds.nl

### Spice of Life

www.
spiceoflifeseeds.com

### T.H.Seeds

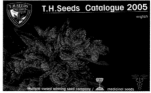

www.thseeds.com

### Valchanvre

www.valchanvre.ch

### Willy Jack
Catálogo no disponible
www.willyjack.com

### World Wide Seeds
Catálogo no disponible
www.world wideseeds.com

448

# Glosario

**absorber:** tomar o incorporar: Las raicillas absorben agua y nutrientes.

**AC** (*alternating current*): véase «CA».

**aceite de hachís:** solución de tetrahidrocannabinol con un alto contenido de THC; elaborado a partir de cannabis

**aceites esenciales:** aceites volátiles que dan a las plantas su olor o sabor característico; contenidos en la resina que segregan las plantas

**ácido/a:** sustancia ácida: Una tierra ácida tiene un pH bajo.

**aclimatación:** adaptación gradual de las plantas de invernadero o de interior a un entorno de exterior

**acolchado:** cubierta protectora para la tierra a base de compost, hojas viejas, papel, rocas, etc.: En interior, el acolchado mantiene la tierra demasiado húmeda y podría dar lugar a hongos. En exterior, el acolchado ayuda a que la tierra retenga y atraiga la humedad.

**activo:** sistema hidropónico que mueve activamente la solución nutriente

**adobe:** tierra arcillosa pesada que drena despacio: El adobe no es adecuado para cultivar en macetas.

**aeroponía:** cultivar plantas humedeciendo las raíces suspendidas en el aire

**agente humectante:** compuesto que reduce el tamaño de las gotas y disminuye la tensión superficial del agua, haciendo que moje más: El jabón lavavajillas concentrado es un buen agente humectante si es biodegradable.

**agotar:** dejar la tierra desprovista de nutrientes, haciendo que se vuelva estéril: Una vez que se usa para llevar a cabo un cultivo en macetas, la tierra queda agotada.

**agregado:** sustrato de tamaño casi uniforme que se emplea como medio hidropónico inerte

**agronómico/a:** relativo a la economía de la agricultura

**agua tibia:** agua ligeramente templada (21-27 °C): Utiliza siempre agua tibia alrededor de las plantas para facilitar los procesos químicos y disminuir el choque.

**AIA:** ácido indolacético, hormona vegetal que estimula el crecimiento

**aireación:** suministrar aire u oxígeno a la tierra y las raíces

**alambre recubierto:** el alambre recubierto de papel es excelente para atar las plantas o tutorarlas

**alcalino/a:** relativo a la tierra o a cualquier sustancia con un pH superior a 7,0

**alelos:** dos genes, cada uno de los cuales ocupa la misma posición o locus en dos cromosomas homogéneos

**alimentación foliar:** rociar solución fertilizante, la cual es absorbida por el follaje

**alquilación:** proceso en el cual se sustituye o añade un grupo alquil a un compuesto

**amperio:** unidad usada para medir la intensidad de una corriente eléctrica: Un circuito de 20 amperios se sobrecarga cuando consume más de 16 amperios.

**androcea:** planta con flores estaminíferas (MASCULINAS): Una población androcea consiste únicamente en plantas macho, o es completamente masculina.

**anemófila:** polinizada con polen dispersado por el viento

**anual:** planta que normalmente completa todo su ciclo vital en un año o menos: El cannabis es una planta anual.

**ápice:** véase meristemo

**arcilla:** tierra hecha de partículas orgánicas y minerales muy finas: La arcilla drena de forma lenta y no es adecuada para la jardinería de macetas.

**autóctona:** es una variedad de cannabis (silvestre) que no ha sido mejorada por el ser humano

**autopolinización:** fecundar con polen de la misma flor o de la misma planta

**auxina:** clasificación de hormonas vegetales: Las auxinas son responsables de la elongación del follaje y las raíces.

**azúcar:** producto alimenticio de una planta

**bacteria:** plantas muy pequeñas, unicelulares, que no tienen clorofila

**balasto:** unidad estabilizadora que regula el fluido eléctrico y pone en marcha una lámpara DAI: Un balasto consiste en un transformador y un cebador.

**bandeja:** contenedor plano utilizado para iniciar plántulas o clones

**biodegradable:** descomponer mediante la acción natural bacteriana: Las sustancias hechas de materia orgánica pueden descomponerse naturalmente.

**biosíntesis:** producción de un compuesto químico por una planta

**bonsái:** planta muy baja o atrofiada

**bráctea:** follaje pequeño de forma afilada que crece del tallo en el punto donde surgen las flores

*Planta de exterior.*

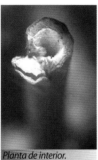

*Planta de interior.*

**brote:** 1. semilla recién germinada 2. crecimiento nuevo y pequeño de hojas o tallos

**búfer:** sustancia que reduce el choque y amortigua las fluctuaciones: Muchos fertilizantes contienen agentes búfer.

**bulbo:** cubierta exterior de vidrio o chaqueta que protege el tubo de descarga de una lámpara DAI

**CA (corriente alterna):** corriente eléctrica que invierte su dirección a intervalos regulares: Las casas tienen CA.

**caja de fusibles:** caja de circuito eléctrico que contiene circuitos controlados por fusibles

**caja de interruptores:** caja de circuito eléctrico con interruptores de encendido y apagado en vez de fusibles: El interruptor principal también se llama «diferencial».

cajonera en frío: estructura de exterior sin calefacción, revestida de cristal o plástico claro, que se usa para proteger y aclimatar plantones y plantas

**cáliz:** vaina que aloja los órganos reproductivos masculinos o femeninos

**caliza:** compuesto de calcio, como la dolomita o la cal hidratada, que determina o altera el nivel de pH de la tierra

**callo:** tejido hecho de células sin diferenciar producidas por hormonas de enraizamiento en los esquejes de las plantas

**cambium:** capa de células que se divide y diferencia en el xilema y el floema y es responsable del crecimiento

**camisa:** bombilla o recubrimiento protector externo de la lámpara

*Callo.*

**candela por pie (fc):** una fc es igual a la cantidad de luz que cae sobre una superficie de un pie cuadrado situada a un pie de distancia de una vela

**Cannabáceas:** familia científica a la que pertenecen el Cannabis (marihuana) y el Humulus (lúpulo)

**cannabinoide:** hidrocarbono que se encuentra únicamente en el cannabis

**Cannabis:** nombre científico del género específico de la marihuana

**cáñamo:** cannabis fibroso pobre en THC que se usa para la manufactura de gran variedad de productos, desde textiles hasta automóviles

**carbohidrato:** compuesto neutro de carbono, hidrógeno y oxígeno, formado mayormente por las plantas verdes: Los azúcares, los almidones y la celulosa son carbohidratos.

**casquillo:** portalámparas cableado para una bombilla

**caústico:** sustancia que destruye, mata o devora mediante actividad química

**CBC:** cannabicromeno: el segundo cannabinoide más abundante en el cannabis tipo droga

**CBDV:** cannabidiverol

**CBG:** cannabigerol

**CBN:** cannabinol

**CBNV:** cannabiverol

**CBT:** cannabitriol

**CC:** corriente eléctrica continua, que fluye en una sóla dirección

**CCI:** cannabiciclol

**célula:** la unidad estructural de base para las plantas: Las células contienen un núcleo, una membrana y cloroplastos.

**celulosa:** carbohidrato complejo que da rigidez a la planta: Los tallos al aire libre contienen más celulosa rígida que las plantas cultivadas en interior.

**centígrado:** escala para medir la temperatura en la que 100 grados es el punto de ebullición del agua, y 0 grados es el punto de congelación del agua

**cero cero (doble cero):** hachís de primer tamizado y máxima calidad

**cfm (*cubic feet per minute*):** pies cúbicos por minuto; mide la velocidad del aire. Los ventiladores y los extractores se miden en los cfm de aire que pueden mover.

**ciclo vital:** serie de etapas de crecimiento a través de las cuales debe pasar el cannabis en su vida natural: Las etapas son semilla, plantón, vegetativo y floración.

**cierre al vacío:** sellador hermético para bolsas de plástico que se usa para conservar la frescura de la marihuana

**cinta de Teflón:** cinta que resulta extremadamente útil para sellar todo tipo de uniones de tuberías. Prefiero la cinta de Teflón a la masilla.

**circuito:** ruta circular que recorre la electricidad desde una fuente de energía, a través de una toma de corriente, y de vuelta al suelo

**citoquininas:** hormonas vegetales que estimulan la división celular y el crecimiento, y que retardan el envejecimiento de las hojas

**clima:** condiciones medias del tiempo en un cuarto de cultivo o en el exterior

**clon:** 1. esqueje enraizado de una planta 2. propagación asexual

**clorofila:** la materia fotosintética verde de las plantas: La clorofila se encuentra en los cloroplastos de las células y es necesaria en la fotosíntesis.

**clorosis:** condición de planta enferma con hojas que amarillean debido a una formación inadecuada de clorofila: La clorosis está causada por una deficiencia de nutrientes, a menudo hierro, o por un pH desequilibrado.

**cogollo:** 1. brote o tallo pequeño y subdesarrollado. 2. colección de cálices (florales) en una rama

**cola:** vulgarismo oriundo de Méjico y Norteamérica para referirse a una punta floral de marihuana

**colchicina:** alcaloide venenoso del azafrán de otoño que se utiliza en la crianza de plantas para inducir mutaciones poliploides

**compactación:** condición de la tierra que resulta de estar muy apretada, lo cual limita la aireación y la penetración de las raíces

**composición genética:** genes heredados de las plantas parentales: La composición genética es el factor más importante que determina el vigor y la potencia.

*Clorosis.*

**compost:** mixtura de materia orgánica descompuesta, rica en nutrientes: El compost debe estar bien descompuesto antes de usarlo. Cuando está demasiado fresco, la descomposición utiliza nitrógeno; con la suficiente descomposición, el compost libera nitrógeno.

**constreñir:** eliminar una tira de corteza o quebrar el tallo de una planta. Las constricciones limitan el flujo de nutrientes, agua y productos vegetales, lo cual puede matar la planta.

**cortocircuito:** condición que se produce cuando los cables se cruzan y forman un circuito. Un cortocircuito hará que salten los fusibles y fundirá los fusibles.

**cotiledón:** hojas seminales, las primeras hojas que aparecen en una planta

**criar:** propagar sexualmente el cannabis en circunstancias controladas

**crisopa verde:** insecto depredador de pulgones, trips, moscas blancas, etc., y de las larvas y la descendencia de éstos

**cristal:** 1. aspecto de la resina que se encuentra sobre el follaje 2. los fertilizantes suelen estar elaborados con cristales solubles

**cromosomas homólogos:** miembros de cromosomas pareados en células no gaméticas; los cromosomas homólogos son similares en tamaño, forma y, supuestamente, función. Uno de los cromosomas homólogos de cada par deriva del parental masculino y, el otro, del femenino.

*Cola.*

Línea de goteo.

**cromosomas:** cuerpos microscópicos en forma de manchas oscuras, visibles en el núcleo de las células en el momento de la división celular; el número en cualquier especie suele ser constante. Los cromosomas contienen el material genético de la especie. El cannabis tiene 10 pares de cromosomas.

**cruce polihíbrido:** planta híbrida intercruzada para más de un rasgo

**cruzamiento externo:** proceso de reproducción en el que se utilizan individuos ajenos a la familia, población o grupo

**cultivar:** contracción que deriva de *variedad cultivada*, una variedad de planta que ha sido creada o seleccionada intencionadamente; no surgida naturalmente

**curar:** 1. proceso de secado lento que hace que la marihuana sea más agradable y gustosa de fumar 2. hacer que sane una planta enferma

**cutícula:** capa fina de cera vegetal en la superficie de la parte aérea de las plantas

**DC (*direct current*):** véase «CC»

**descomponerse:** pudrirse mediante cambios químicos orgánicos

**desecar:** provocar el secado: El jabón insecticida deseca sus víctimas.

**deshidratar:** eliminar agua del follaje

**deshumidificar:** eliminar humedad del aire

**detergente:** jabón líquido concentrado que se usa: 1. como agente humectante en pulverizaciones y riegos 2. pesticida. Nota: el detergente debe ser totalmente orgánico para que sea seguro para las plantas.

**diagrama de Punnett:** herramienta desarrollada por el genetista británico Reginald Punnett y utilizada por los biólogos para predecir la probabilidad de los genotipos posibles en la descendencia

**diapausa:** periodo de dormancia de las plantas durante el cual se suspende o queda disminuido el crecimiento o el desarrollo

**dioica:** población que consiste en plantas ginoceicas y androceicas

**dioicismo:** condición en la que sexos separados tienen lugar en individuos separados; cada planta muestra un sólo género

**dióxido de carbono (CO$_2$):** gas incoloro, inodoro y sin sabor que se encuentra en el aire; necesario para la vida vegetal

**dosis:** cantidad de fertilizante, insecticida, etc., que se da a una planta, normalmente en una solución con agua

**drenaje:** vaciar la tierra del exceso de agua. Buen drenaje: el agua pasa a través de la tierra, fomentando de manera uniforme el crecimiento de la planta. Mal drenaje: el agua de drenaje se estanca en la tierra, ahogando las raíces realmente.

**duración crítica del día:** duración máxima del día para provocar la floración en el cannabis

**electrodo:** conductor eléctrico sólido que se usa para establecer un arco eléctrico entre los contactos en cada extremo de una lámpara DAI

**elongación:** crecimiento a lo largo: El cannabis se alarga entre 7 y 30 cm cuando se induce la floración.

**embolia:** burbuja de aire en la corriente de transpiración de un esqueje; bloquea la toma de agua y nutrientes

**embolsamiento de tierra seca:** porción pequeña de tierra que permanece seca después de regar: Los embolsamientos de tierra seca pueden remediarse añadiendo un agente humectante (jabón) al agua y/o esperando 15 minutos entre uno y otro riego.

**embrión:** planta joven en desarrollo dentro de la semilla: En el cannabis, un embrión deriva de un óvulo fertilizado.

**emitir:** dar, enviar (luz, sonido, etc.)

**Encarsia formosa:** avispa parasitaria que depreda la mosca blanca

**endogamia:** proceso de cría únicamente dentro del lote de semillas sin introducciones de polen externo

**enfermedad:** afección de cualquier tipo

**engordacogollos:** nombre común para fertilizantes ricos en fósforo y potasio que promueven la formación y el crecimiento de la flor

**enmacetado doble:** técnica de transplante con dos macetas que minimiza el trastorno de las raíces

**enmiendas:** pueden ser orgánicas o tener una base mineral: Las enmiendas cambian la textura de un medio de cultivo.

**enraizar:** iniciar un esqueje o clon

**enrejado:** marco con pequeños huecos (celosía) que tutora o sirve de soporte para las plantas

**enrejar:** método para restringir el crecimiento de las plantas o alterar su forma y tamaño a base de atarlas a una celosía o alambrada

**enriamiento:** humedecer o remojar con el fin de ablandar y separar las fibras del tejido leñoso mediante descomposición parcial

**enriquecimiento con CO$_2$:** se emplea para aumentar la atmósfera del cuarto de cultivo o del invernadero para acelerar el crecimiento

**entorno hostil:** entorno que es desagradable e inhospitalario para las plagas y las enfermedades

**entresacar:** retirar las plantas inferiores, enfermas o indeseables de una zona de cultivo, campo o población

**envoltorio:** bombilla o cubierta exterior protectora de una lámpara

**equinoccio:** cuando el sol cruza el ecuador y el día y la noche duran 12 horas cada uno: El equinoccio sucede dos veces al año.

**espectro de color:** banda de colores (medidas en nm) emitida por una fuente de luz

**espigada:** planta anormalmente alta, con pocas hojas: Este hecho suele provocarlo la falta de luz.

**espora:** descendencia similar a las semillas de ciertas bacterias, hongos y algas, así como de algunas plantas que no florecen

**esqueje:** 1. punta de crecimiento cortada de una planta parental para su propagación asexual 2. clon 3. escisión

**estambre:** órgano floral masculino que da lugar a anteras, las cuales producen el polen que fertiliza las flores femeninas

**estaminífera:** flor masculina y productora de polen que tiene estambres pero no pistilos

**estancado/a:** aire o agua sin movimiento: Para que el cannabis crezca sano, el agua debe drenar y no quedar estancada.

**esterilizar:** limpiar a fondo, eliminando suciedad, gérmenes y bacterias; desinfectar los útiles de poda para evitar que se propaguen los males

**estigma:** punta del pistilo de la flor que recibe el polen

**estigmática:** parte del pistilo en la cual germina el polen

**estimulador del florecimiento:** fertilizante rico en fósforo y potasio que aumenta el rendimiento y el peso floral

*Etiolación.*

**estípula:** cada uno de los pequeños apéndices parecidos a hojas que se encuentran por pares en la base del peciolo de muchas plantas

**estoma:** pequeñas aberturas que parecen bocas o narices en el envés de las hojas, responsables de la transpiración y de muchas otras funciones: Los millones de estomas deben mantenerse muy limpios para que funcionen adecuadamente.

**estrés:** factor físico o químico que causa un esfuerzo añadido a las plantas, habitualmente restringiendo el flujo de los fluidos hacia el follaje: Una planta estresada crece mal.

**etano metil sulfonato:** un mutágeno químico que causa alteraciones a nivel del ADN; induce mutaciones genéticas

**etiolación:** crecimiento de una planta en oscuridad total para incrementar las posibilidades de que se inicien raíces

**exogamia:** reproducción entre plantas individuales de cannabis que no tienen un parentesco cercano

**F1:** primera generación filial, la descendencia de dos plantas P1 (parentales)

**F2:** segunda generación filial, resultante de un cruce entre dos plantas F1

**fenotipo:** la forma externa y el aspecto característicos de una planta, determinados por la interacción del genotipo individual con el entorno

**fertilizar:** 1. aplicar fertilizante (nutrientes) a las raíces y al follaje 2. fecundar, impregnar (unir) el polen masculino con el ovario de la planta femenina

**filotaxia verticilada:** tres o más hojas o ramas situadas en cada nudo a

*Bandeja de clones.*

lo largo de las ramas y los tallos: El término filotaxia verticilada suele confundirse con la condición triploide (una anomalía cromosómica).

**filotaxia:** disposición de las hojas en un tallo, y los principios que gobiernan tal disposición

**fitotrón:** espacio de interior completamente cerrado dotado de controles ambientales para el crecimiento experimental (y el estudio) de las plantas

**floema:** tejido vascular de las plantas que conduce los alimentos y el agua

**flor:** inflorescencia, masa de cálices en un tallo, punta o cogollo

**floración:** producción de flores

**follaje:** las hojas o, más en general, la parte verde de una planta

Constricción.

**fondo genético:** colección de combinaciones genéticas posibles en una población disponible

Fotosíntesis.

**fósforo (P):** uno de los macronutrientes que fomenta el crecimiento de las raíces y las flores

**fotoperiodo inductivo:** duración del día que se requiere para estimular la floración

**fotoperiodo:** relación entre la duración del día y de la noche en un periodo de 24 horas; afecta al crecimiento y a la maduración del cannabis

**fotosíntesis:** elaboración de compuestos químicos (hidratos de carbono que la planta necesita para crecer) a partir de energía luminosa, agua y $CO_2$

Fotoperiodo inductivo de 12 horas día/ noche.

**fototropismo:** movimiento de respuesta ambiental de una parte de la planta hacia una fuente de luz o para alejarse de ella

**frío:** para el cannabis, una temperatura del aire inferior a 10 ℃

**fritos:** fundir o incrustar nutrientes con un compuesto vítreo: Los microelementos fritos duran mucho y no se lixivian fácilmente del sustrato.

**fungicida:** producto que destruye o inhibe los hongos

**fungistático:** producto que inhibe los hongos

**fusible:** dispositivo de seguridad eléctrica hecho de un metal que se derrite e interrumpe el circuito cuando se sobrecarga

**gametos:** célula reproductiva especializada para la fecundación, teniendo un número haploide de cromosomas: Grano de polen maduro u óvulo capaz de fundirse con un gameto del sexo opuesto para producir el embrión.

**ganja:** término que, en el argot, se refiere al cannabis, de la palabra india (hindustaní) que significa marihuana

**gen:** parte del cromosoma que influye en el desarrollo y la potencia de una planta: Los genes son heredados a través de la propagación sexual.

**genotipo:** composición genética específica de un individuo, que determina la apariencia física de ese individuo

**germoplasma:** suma total de los materiales genéticos o hereditarios en una especie

**giberelina:** clase de hormona vegetal de crecimiento que se usa para promover la elongación del tallo: El ácido giberélico es una forma de giberelina.

**ginocea:** parte femenina de la flor que consiste en uno o más pistilos

**ginoceica:** planta individual que tiene todas las flores pistilíferas: Referido a una población, completamente femenina.

**glándulas de resina:** poros diminutos que segregan resina

**gpm:** galones por minuto

**guano:** excrementos de ave, ricos en nutrientes orgánicos: El guano de aves marinas destaca por su alto contenido en nitrógeno, y el guano de murciélago es rico en fósforo.

**hachís:** droga psicoactiva formada por cabezas comprimidas de resina, las cuales proceden de tricomas glandulares que se sacuden, lavan o frotan del follaje del cannabis

**halógeno:** cualquiera de los elementos no metálicos (flúor, cloro, bromo, yodo y astato) en estado libre: Los halógenos están encerrados en el tubo de descarga de una lámpara de halogenuro metálico.

**halogenuro:** compuesto químico binario de un halógeno(s) con un elemento(s) electropositivo

**harina de sangre:** fertilizante orgánico rico en nitrógeno hecho a partir de sangre seca: ¡A los perros les encanta la harina de sangre!

**hembra:** pistilífera, planta productora de óvulos y semillas

**hermafrodita:** individuo que tiene flores de ambos sexos en la misma planta. Es más correcto referirse a las hermafroditas como plantas *intersexuales*.

**Hercio (Hz):** unidad de frecuencia que realiza un ciclo cada segundo: Una casa con una corriente alterna de 60 hercios, tiene 60 ciclos por segundo.

**heterosis:** vigor híbrido por el cual un híbrido F1 supera los márgenes de comportamiento de los parentales respecto a uno o varios caracteres: Habitualmente, se aplica al tamaño, al ritmo de crecimiento o al vigor general.

**hibridizar:** véase polinización cruzada

**híbrido F1:** primera generación filial homocigótica

**híbrido:** descendencia de dos plantas de distinta raza, variedad o composición genética

**HID (*High Intensity Discharge*):** véase «DAI»

**hidrógeno:** gas ligero, incoloro, inodoro, altamente inflamable: El hidrógeno se combina con oxígeno para formar agua.

**hidroponía:** cultivo de plantas en solución nutriente, sin tierra, normalmente en una mezcla inorgánica inerte

**hielo seco:** sustancia sólida, blanca y fría que se forma cuado se comprime y enfría $CO_2$: El hielo seco pasa a ser $CO_2$ gaseoso a temperatura ambiente.

**higrómetro:** instrumento para medir la humedad relativa en la atmósfera: Un higrómetro ahorra tiempo, frustración y dinero.

**hoja ancha:** hojas grandes, como abanicos, de la marihuana: La hoja ancha normalmente tiene una potencia baja.

**hojarasca:** término coloquial para la picadura, el crecimiento bajo o la parte menos potente de la cosecha: partículas pequeñas de cannabis desmoronadas de los cogollos dentro de una bolsa debido a una manipulación tosca: Muchas veces, la hojarasca en copos o casi pulverizada se usa para cocinar.

*Vigor híbrido.*

**hongo:** planta menor (carente de clorofila) que puede atacar las plantas verdes: El moho, la roya, el mildiu, los champiñones y las bacterias son hongos.

**HOR:** abreviatura estampada en algunas bombillas DAI para informar de que deben funcionar en posición horizontal

**hormona de enraizamiento:** sustancia que induce la producción de raíces

**hormona:** sustancia química que controla el crecimiento y el desarrollo de una planta: Las hormonas inductoras del enraizamiento ayudan a que los clones enraícen.

**horticultura:** ciencia y arte de cultivar plantas

**humedad relativa:** proporción entre la cantidad de humedad que hay en el aire y la máxima cantidad de humedad que podría retener el aire a la misma temperatura

**humus:** materia animal o vegetal parcialmente descompuesta, oscura y fértil: El humus conforma la porción orgánica de la tierra.

**IBL (*inbred line*):** línea endogámica

**inducir:** provocar un efecto, causar o influenciar

*Poda baja.*

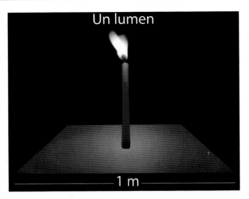
Un lumen

1 m

por medio de la estimulación: Un fotoperiodo de 12 horas estimula la floración.

**inerte:** sustancia que no reacciona químicamente. Los medios inertes de cultivo facilitan el control de la química de la solución nutriente.

**inflorescencia:** racimo de flores

**insecticida:** producto que mata o inhibe los insectos

**insecto beneficioso:** insecto que se come a otros insectos que mascan marihuana

**insecto depredador:** insecto o parásito beneficioso que caza y devora los insectos perjudiciales

**intensidad:** cantidad o fuerza de energía lumínica por unidad o área: La intensidad decrece cuanto mayor es la distancia respecto a la fuente.

**intersexual:** 1. individuo que expresa ambas flores, estaminíferas y pistilíferas 2. que tiene características tanto de las típicas plantas macho como de las típicas plantas hembra

**introgresión:** incorporar o añadir un rasgo a una población dada, sin alterar en lo demás la característica significativa de la población

**invernadero:** estructura calentada, con paredes y techo transparentes/translúcidos, que ofrece cierto control ambiental para favorecer el crecimiento de las plantas

**jabón:** 1. agente de limpieza 2. agente humectante 3. insecticida: Todos los jabones que se utilizan en la horticultura deberían ser biodegradables.

**kif:** palabra marroquí para las plantas de cannabis y sus flores. También es el término marroquí para designar una mezcla de tabaco y cannabis que se fuma. Kif no significa hachís marroquí.

**kilovatio hora (kWh):** medida de electricidad usada por hora: Una lámpara DAI de 1.000 vatios emplea

un kilovatio por hora.

**lejía:** la lejía de uso doméstico para la colada se usa en una solución suave con agua para esterilizar los cuartos de cultivo y como fungicida para la tierra

**Ley de Ohm:** ley que expresa la potencia de una corriente eléctrica: Voltios x Amperios = Vatios.

**línea de goteo:** línea alrededor de la planta directamente debajo de los extremos de sus ramas más alejadas: Las raíces rara vez crecen más allá de la línea de goteo.

**lixiviar:** disolver o lavar los compuestos solubles de la tierra mediante un riego a fondo

**llave de manguera:** toma de agua que suele encontrarse en exterior y que incluye una válvula para abrir y cerrar el paso

**loci heterocigóticos:** regiones que tienen alelos diferentes a lo largo de un cromosoma homólogo

**locus:** posición de un cromosoma donde se localiza un gen específico. Plural: loci

**lumen:** medida del rendimiento de la luz: Un lumen es igual a la cantidad de luz que cae sobre un metro cuadrado de superficie situado a un metro de la vela que emite la luz.

**maceta:** 1. contenedor para medio de cultivo 2. en inglés (*pot*), término coloquial norteamericano para referirse a la marihuana

**macronutriente:** uno o todos los nutrientes primarios N-P-K (nitrógeno, fósforo y potasio), o los nutrientes secundarios Mg (magnesio) y Ca (calcio)

**Madre Naturaleza:** los vastos exteriores y todo lo que contienen: El horticultor de interior asume el papel de la Madre Naturaleza.

**mal del vivero (*damping-off*):** enfermedad fúngica, también conocida como alternaria, que ataca las plántulas y los esquejes jóvenes causando la pudrición del tallo por la base: El exceso de riego es la causa principal del mal del vivero.

**manicura:** cortar las hojas y los tallos grandes de los cogollos con tijeras o podadoras finas para dejar la porción más potente en THC

**marchitarse:** 1. ponerse lacio por falta de agua 2. enfermedad/desorden de la planta

**marga:** mezcla orgánica de tierra con arcilla desmenuzable, sedimentos y arena

**marihuana:** cannabis; droga ilegal en muchos países, ingerida por su contenido en THC

**Mar verde:** método de cultivo intensivo por el cual se

florecen apiñadas muchas plantas pequeñas, dando un aspecto similar a un mar verde. Véase también «SOG (sea of green)».

**medidor de humedad:** dispositivo electrónico que mide el contenido de humedad de un sustrato en un punto dado

**medidor de pH:** instrumento electrónico o químico que se usa para medir el equilibrio ácido o alcalino en la tierra o en el agua

**melaza:** sustancia meliflua y pegajosa que segregan sobre el follaje los pulgones, las lapas y las cochinillas algodonosas

**meristemo: ápice:** 1. tejido vegetal del cual se forman células nuevas; 2. la punta de crecimiento activo de una raíz o de un tallo

**metro cuadrado:** longitud x anchura; medida de superficie

**mezcla sin tierra:** medio de cultivo hecho de partículas minerales, como vermiculita, perlita, arena, piedra pómez, etc.: La turba orgánica suele ser uno de los componentes de una mezcla sin tierra.

**micelio:** masa de hebras que forman la parte de los hongos similar a las raíces, a menudo por debajo de la superficie de la tierra o de un cuerpo anfitrión

**micra:** millonésima parte de un metro. Para denotar la micra, se usa el símbolo «μ».

**micronutrientes:** oligoelementos necesarios para la salud de la planta, incluyendo S, FE, Mn, B, Mb, Zn y Cu.

**milímetro:** 0,04 pulgadas

**monocromático:** que sólo produce un color: Las lámparas de sodio BP son monocromáticas.

**monoica:** 1. que tiene sistemas reproductivos o flores masculinas y femeninas en la misma planta 2. planta individual que tiene tanto flores estaminíferas como pistilíferas. Una población monoica consiste en plantas que expresan ambos géneros.

**morfología:** estudio de la forma y la estructura de los animales y las plantas

**mutación:** alteración heredada en el material genético

**nanometro (nm):** 0,000000001 metros, la cienmillonésima parte de un metro. Se utiliza como escala para medir las longitudes de onda electromagnéticas de la luz: El espectro de la luz y del color se expresan en nanometros.

**necrosis/necrótico:** muerte localizada de una parte de la planta debido a un daño o a una enfermedad

*Mar verde.*

**nitrógeno (N):** elemento esencial para el crecimiento de las plantas; uno de los tres nutrientes mayores N-P-K

**N-P-K:** nitrógeno, fósforo y potasio: los tres nutrientes mayores para las plantas

**núcleo:** el transformador que hay dentro del balasto suele llamarse el núcleo

**nudo:** 1. unión; 2. posición en el tallo de la cual crecen hojas, brotes o flores

**nutriente:** alimento para plantas, elementos esenciales N-P-K así como elementos secundarios y micronutrientes fundamentales para sostener la vida vegetal

**nutrientes secundarios:** calcio (Ca) y magnesio (Mg). El Ca y el Mg son considerados nutrientes primarios por algunas fuentes.

**óptimo:** 1. la condición más favorable para el crecimiento y la reproducción 2. producción máxima

**orgánico:** elaborado o derivado a partir de organismos vivos, o relacionado con éstos: Los cultivadores de cannabis orgánico emplean fertilizantes y métodos para controlar los insectos que tienen un origen animal o vegetal. Los distintos polvos de roca también se consideran orgánicos si están sin alterar.

**osmosis:** movimiento ecualizador de los fluidos a través de una membrana semipermeable, como en una

*Necrosis.*

Nudo.

célula viva

**óvulo:** huevo que contiene los genes femeninos y se encuentra dentro del ovario de la planta: Tras ser fecundado, el óvulo crece hasta convertirse en una semilla.

oxígeno: elemento insípido, incoloro e inodoro: Las plantas necesitan oxígeno en la tierra para poder crecer.

**papel tornasol:** papel químicamente sensible que se usa para indicar los niveles de pH en líquidos incoloros

**parásito:** organismo que vive sobre o dentro de otro organismo anfitrión sin beneficiar al anfitrión: Los hongos son parásitos.

**pasivo:** sistema hidropónico que mueve la solución nutriente mediante absorción o acción capilar

**patógeno:** microorganismo que provoca enfermedades, especialmente las bacterias, los hongos y los virus

**pelitre:** insecticida natural hecho a partir de las inflorescencias de diversos crisantemos

**perenne:** planta, como los árboles o los arbustos, que completan su ciclo vital a lo largo de varios años

**perfil de cannabinoides:** niveles y proporciones de los cannabinoides mayores que se encuentran en el cannabis analizado

**perlita:** enmienda de arena o de vidrio volcánico

Planta con las raíces restringidas.

expandido con calor que airea la tierra o el medio de cultivo

**pH:** escala de 0 a 14 que mide el equilibrio entre ácido y alcalino de un medio de cultivo o de cualquier otra cosa: un pH de 7,0

es neutro, los números más bajos indican una acidez cada vez mayor, y los números más altos indican mayor alcalinidad: El cannabis crece mejor en un rango de pH que va de 6,5 a 8,0.

**pie cúbico:** medida del volumen en pies: anchura x longitud x altura = pies cúbicos

**pigmento:** la sustancia que hay en la pintura o en cualquier cosa que absorba la luz, produciendo (reflejando) el mismo color del pigmento

**pistilífera:** hembra; que tiene pistilos y no estambres funcionales

**pistilos:** pequeño par de pelos blancuzcos que se extienden desde la parte superior del cáliz femenino: Los pistilos capturan el polen y lo canalizan para que entre en contacto con el óvulo para la fecundación.

**planta madre:** planta hembra de marihuana que se mantiene en fase vegetativa y se usa como productora de esquejes (clonación): Una planta madre puede cultivarse desde semilla o ser un clon.

**plantación asociada:** plantar ajo, caléndula, etc., junto al cannabis para prevenir las plagas de insectos

**poda baja:** cortar las ramas bajas y secundarias de las plantas para reforzar el crecimiento primario

**poda del meristemo:** cortar la punta de crecimiento para fomentar la ramificación y limitar la altura

**poda FIM:** acrónimo de «*Fuck, I missed!*» («¡Joder, fallé!»), con el cual se hizo popular este tipo de poda en www.overgrow.com. El portal Web esta cerrado por las autoridades Canadienses.

**podar:** cortar ramas o partes de las plantas para fortalecer aquellas que quedan, o para dar forma a la planta

**polen:** microesporas finas, amarillas y parecidas al polvo que contienen los genes masculinos

**polinización abierta:** polinización que sucede naturalmente, a diferencia de la polinización controlada, no hay un efecto de selección por interferencia humana

**polinización cruzada:** fecundación de una planta con polen de un individuo no relacionado de la misma especie

**polinización:** transferencia del polen masculino,

procedente de la antera, al estigma de la misma flor o de una distinta para fecundar los óvulos y producir semillas

**potasio (K):** uno de los macronutrientes necesarios para la vida vegetal

**potente:** capaz de tener efectos fisiológicos o químicos fuertes: marihuana rica en THC que proporciona un efecto psicoactivo deseable

**pozo seco:** agujero de drenaje rellenado con rocas para recibir el agua de drenaje

**primordio:** perteneciente o característico de la fase más temprana en el desarrollo de un organismo o una parte del mismo

**progenie:** 1. nacido, engendrado o derivado a partir de otro; 2. descendiente: la descendencia considerada como un grupo

**propagación asexual:** reproducir por medios ajenos a los sexuales, como sacar esquejes de una planta parental; produce réplicas genéticas exactas de la planta parental

**propagación sexual:** en las plantas, la reproducción por medio de semilla que sigue a la fecundación

**propagar:** 1. propagación sexual: producir una semilla mediante la reproducción de una planta masculina y una femenina 2. propagación asexual: producir una planta mediante clonación

**quelato:** nutrientes combinados en un anillo atómico que es fácil de absorber para la planta

**quemadura de fertilizante:** sobrefertilización; primero, las puntas de las hojas se queman (se tornan marrones), luego las hojas se rizan

**quimera:** 1. planta u organismo con tejidos de, al menos, dos parentales genéticamente distintos 2. monstruo femenino que escupe fuego, generalmente representado como una mezcla de león, cabra y serpiente

**radícula:** parte de la plántula que se desarrolla en una raíz, la punta de la raíz

**raíces adventicias:** raíces que crecen en lugares inusuales, como en el (tallo) periciclo o endodermis de una raíz más vieja. El nivel de auxinas puede tener

influencia en este tipo de crecimiento radicular.

**rail para luces:** dispositivo que mueve una o más lámparas adelante y atrás o en un trazado circular por el techo de un cuarto de cultivo para proporcionar una iluminación más equilibrada

**raíz apical:** raíz principal o primaria que crece de la semilla: Las raíces laterales se ramifican a partir de la raíz apical.

*Raíces adventicias.*

**raíz:** parte subterránea de una planta: Las raíces funcionan absorbiendo agua y nutrientes a la vez que anclan la planta al suelo.

**raspar:** frotar y poner áspera la superficie: Las semillas con la cáscara dura germinan más rápidamente cuando se raspan.

**rastrera:** marihuana alta en CBD, con cualidades psicoactivas que parecen subir reptando por el fumador: El efecto rastrero normalmente dura más.

**raza:** ancestro, linaje, fenotipo, un tipo particular de cannabis que tiene las mismas características

**recuperación:** sistema hidropónico que retoma la solución nutriente y la recicla

**reflector:** cubierta reflectora de una lámpara

**respiradero:** abertura, como una ventana o una puerta, que permite la circulación de aire fresco

**restricción de maceta:** sistema de raíces cuyo crecimiento normal está limitado, restringido o inhibido por un contenedor demasiado pequeño

**revegetación:** planta madura que, habiendo completado su ciclo vital (floración), es estimulada por un nuevo fotoperiodo de 18 horas para revegetarla o producir nuevo crecimiento vegetativo

**revestimiento de fósforo:** recubrimiento de la parte interior de los tubos fluorescentes que difunde la luz y afecta a la emisión de diversos colores

**roca esponjosa:** trozos grandes de perlita, una enmienda mineral y ligera para tierra

*Yema terminal.*

**rociar:** producir lluvia con la ayuda de un bote pulverizador

**saco de polen:** flor masculina que contiene el polen

**sal:** compuesto cristalino que resulta de un pH inadecuado o de una acumulación tóxica de fertilizante: La sal quema las plantas, impidiendo que absorban nutrientes.

**sales Epsom:** sulfato de magnesio hidratado en forma de sal blanca cristalina: Las sales Epsom añaden magnesio a la tierra.

**SCROG (*screen of green*):** malla verde: método de cultivo que implica tutorar los brotes de cannabis por la superficie de una red, entramado o malla de gallinero

**semilla bastarda:** término común empleado para designar las semillas de origen desconocido que se encuentran en el cannabis

**semilla:** óvulo fecundado y maduro de una planta pistilífera que contiene una cáscara protectora, un embrión y una provisión de alimento: Una semilla germina y crece si dispone de calor y humedad.

**senescencia:** fase (en declive) del desarrollo de una planta o de una parte de la planta desde que se inicia su muerte

*sinsemilla:* término norteamericano formado a partir de la combinación de las palabras «sin» y «semilla»: *Sinsemilla* significa marihuana potente obtenida a partir de plantas hembra de cannabis en floración que se han mantenido sin semillas, evitando la polinización, para producir un contenido alto de THC.

**síntesis:** producción de una sustancia, como la clorofila, al unirse la energía luminosa, los elementos o los compuestos químicos

**sistema de riego por goteo:** sistema eficiente de irrigación que emplea una manguera principal con pequeños emisores de riego (agujeros diminutos), los cuales proporcionan una gota de agua cada vez a intervalos frecuentes y regulares

**sobrecarga:** cargar en exceso: Un circuito eléctrico que usa más del 80% de su potencial está sobrecargado. Un circuito de 20 amperios que conduce 17 amperios está sobrecargado.

**SOG (*sea of green*):** mar verde: método que consiste en cultivar plantas clonadas muy juntas. Los clones se ponen a florecer casi inmediatamente después de enraizar para obtener un rendimiento pequeño por planta, pero sin dejar espacios desaprovechados.

**soluble:** capaz de disolverse en líquidos, especialmente en agua

**solución:** 1. mezcla de dos o más sólidos, líquidos o gases, a menudo con agua 2. respuesta a un problema

**subida de tensión:** alteración del fluido eléctrico

**sumidero:** depósito que recibe el drenaje; un desagüe o receptáculo para las soluciones nutrientes hidropónicas que se usan en el cultivo de cannabis

**sustrato:** medio en el cual vive un organismo, como tierra, mezcla inorgánica, roca, etc.

**taxonomía:** clasificación de las plantas y los animales según sus relaciones familiares

temporizador: aparato eléctrico para regular el fotoperiodo, la ventilación, etc.: Los temporizadores son de uso obligado en todos los cuartos de cultivo.

**termostato:** dispositivo para regular la temperatura: Un termostato puede controlar un calefactor, un horno o un extractor.

**terpeno:** hidrocarbonos que se hallan en los aceites esenciales (resinas) que producen las plantas; da a la resina un aroma fuerte

**testa:** cubierta externa y dura de una semilla

**THC:** tetrahidrocannabinol: ingrediente fisiológicamente activo que es el principal intoxicante de la marihuana

**THCV:** tetrahidrocannabiverol: compuesto químico que se encuentra en el cannabis

**tizón del cogollo:** una condición blancuzca que ataca los cogollos florales

**transformador:** dispositivo del balasto que transforma la corriente eléctrica de un voltaje a otro

**transpirar:** desprender vapor de agua y subproductos a través de los estomas que hay en las hojas

**trasplantar:** desenraizar una planta con su cepellón y replantarla en tierra nueva

**trazador de color:** agente colorante que se añade a muchos de los fertilizantes comerciales para que el horticultor sepa que hay fertilizante en la solución: Peters tiene un trazador de color azul.

**tricoma bulboso:** pelo vegetal en forma de bola, sin tallo, que produce resina

**tricoma capitado con tallo:** pelo vegetal productor de resina con un alto contenido en THC

**tricoma glandular:** glándula pilosa vegetal que segrega resina

**tricoma:** pelo vegetal secretor de resina

**triploide:** que tiene tres grupos de cromosomas en cada célula, lo cual puede contribuir a un mayor vigor

**tubo de descarga:** contenedor de gases luminosos; aloja el arco en una lámpara DAI

**tubo de PVC (cloro polivinilo):** tubo de plástico con el cual es fácil trabajar, está disponible ampliamente y se usa para el transporte de líquidos y aire

**tungsteno:** metal duro y pesado, con un punto elevado de fusión y buen conductor de la electricidad: El tungsteno se usa para el filamento de las lámparas halógenas de tungsteno.

**turba:** vegetación parcialmente descompuesta (normalmente, musgo) con una degradación lenta debido a las condiciones extremas de humedad, frío y acidez

**ultravioleta:** luz con longitudes de onda muy cortas, lejos del extremo azul del espectro visible

**vaina, semilla:** cáliz seco que contiene una semilla ya madura o en proceso de maduración

**variedad:** raza distinta, fenotipo (ver raza)

**vascular:** referido al sistema circulatorio de una planta, el cual transporta savia por toda la extensión de la planta

**vástago:** brote (que contiene retoños) que se usa para injertar

**vector:** 1. organismo (como puede ser un insecto) que transmite enfermedad, un patógeno 2. organismo que transmite genes, un polinizador

**vegetativo:** etapa del desarrollo en la cual el cannabis produce nuevo follaje y clorofila a un ritmo rápido

**ventilación:** circulación de aire fresco, fundamental para un jardín sano de interior: Un extractor crea ventilación.

**vermiculita:** mica procesada y expandida mediante calor: La vermiculita es una enmienda para tierra y un medio para enraizar esquejes.

**verticilo:** donde tres o más hojas o pétalos se desarrollan a partir del mismo punto y forman un círculo alrededor de él

**vida tóxica:** cantidad de tiempo que permanece activo o vivo un pesticida o un fungicida

**vigor híbrido:** mayor fuerza y salud o ritmo más rápido de crecimiento que se da en la descendencia como resultado de la reproducción cruzada de dos fondos genéticos

**vitamina B1:** vitamina que es absorbida por las raíces capilares tiernas, reduciendo el marchitamiento y el choque del trasplante

**vivero:** negocio de jardinería en el que se cultivan plantas para la venta o la experimentación: Un vivero es un buen sitio para recoger información.

**xilema:** tejido vascular que transporta agua y minerales desde las raíces por todos los tallos y hojas

**yema terminal:** punta de crecimiento del tallo central o de una rama

**yerba:** 1. palabra vulgar para referirse a la marihuana 2. cualquier planta indeseable: Lo que es yerba para uno es flor para otro.

# Índice alfabético

**Nota del índice:** Los títulos del índice figuran en negrita. El texto que precede al capítulo primero o que sucede al capítulo decimoséptimo no está indexado, excepto unas pocas referencias específicas a la introducción y a fotografías que aparecen en el glosario.

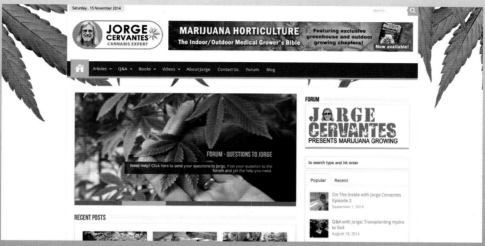

www.marijuanagrowing.com

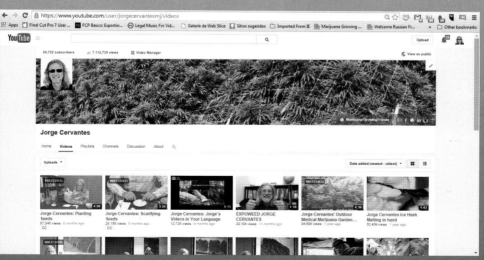

www.youtube.com/user/jorgecervantesmj